Rainer Foitzik
Renate Frischkorn
Robert Grünewald
Stephan Rossmann
Peter Schlinck
Olaf Will
Robert Wolff

Lebensversicherungen und Betriebliche Altersversorgung
Fach- und Führungskompetenz für die Assekuranz

2. Auflage

Rainer Foitzik
Renate Frischkorn
Robert Grünewald
Stephan Rossmann
Peter Schlinck
Olaf Will
Robert Wolff

Lebensversicherungen und Betriebliche Altersversorgung

Fach- und Führungskompetenz für die Assekuranz

Geprüfter Fachwirt für Versicherungen und Finanzen
Geprüfte Fachwirtin für Versicherungen und Finanzen

Herausgegeben vom Berufsbildungswerk
der Deutschen Versicherungswirtschaft (BWV) e.V.

2. Auflage

Bibliografische Information der Deutschen Nationalbibliothek

Die Deutsche Nationalbibliothek verzeichnet diese Publikation
in der Deutschen Nationalbibliografie;
detaillierte bibliografische Daten sind im Internet über
http://dnb.d-nb.de abrufbar.

Herausgeber:

Berufsbildungswerk der Deutschen Versicherungswirtschaft (BWV) e.V.
Arabellastraße 29
81925 München

Tel. 0 89 / 92 20 01-30
Fax 0 89 / 92 20 01-44
info-bb@bwv.de
www.bwv.de

Bandkoordinator:
Stephan Rossmann Köln

Leider ist es kaum vermeidbar, dass Buchinhalte aufgrund von Gesetzesänderungen
in immer kürzer werdenden Abständen schon bald nach Drucklegung nicht mehr dem
neuesten Stand entsprechen.

Beachten Sie bitte daher stets unseren Aktualisierungsservice auf unserer
Homepage unter **vvw.de→Service→Ergänzungen/Aktualisierungen**
Dort halten wir für Sie wichtige und relevante Änderungen und Ergänzungen zum Download bereit.

© 2015 Verlag Versicherungswirtschaft GmbH Karlsruhe

Das Werk einschließlich aller seiner Teile ist urheberrechtlich geschützt. Jede
Verwertung, die nicht ausdrücklich vom Urhebergesetz zugelassen ist, bedarf
der vorherigen Zustimmung des Verlags Versicherungswirtschaft GmbH, Karlsruhe.
Jegliche unzulässige Nutzung des Werkes berechtigt den Verlag Versicherungswirtschaft GmbH zum Schadenersatz gegen den oder die jeweiligen Nutzer.

Bei jeder autorisierten Nutzung des Werkes ist die folgende Quellenangabe an
branchenüblicher Stelle vorzunehmen:

© 2015 Verlag Versicherungswirtschaft GmbH Karlsruhe

Jegliche Nutzung ohne die Quellenangabe in der vorstehenden Form berechtigt
den Verlag Versicherungswirtschaft GmbH zum Schadenersatz gegen den oder
die jeweiligen Nutzer.

Gleichstellungshinweis:
Zur besseren Lesbarkeit wird auf geschlechtsspezifische Doppelnennungen verzichtet.

ISBN 978-3-89952-796-4

Vorwort

Die Rahmenbedingungen der Versicherungswirtschaft werden sich auch in den nächsten Jahren grundlegend ändern. Mit der neuen Verordnung zum anerkannten Abschluss „Geprüfter Fachwirt / Geprüfte Fachwirtin für Versicherungen und Finanzen" hat die Versicherungsbranche ein innovatives Bildungskonzept für die Zukunft des Wirtschaftszweigs erarbeitet und rüstet ihre Mitarbeiterinnen und Mitarbeiter für den gestalterischen Umgang mit dem Wandel.

Wissenschaft und Berufspraxis haben bei diesem Bildungskonzept wieder Hand in Hand gearbeitet und die Verordnung auf den Nachweis der Kompetenzen abgestellt, die die Branche heute und morgen benötigt, um erfolgreich zu sein. Vorstände und Führungskräfte der Assekuranz haben im Vorfeld Tätigkeitsfelder definiert, in denen Fachwirte für Versicherungen und Finanzen schwerpunktmäßig arbeiten werden:

- Produktmanagement
- Risikomanagement
- Schaden- und Leistungsmanagement
- Vertriebsmanagement

Aufbauend auf den Kenntnissen, Fertigkeiten und Fähigkeiten der Ausbildung zum Kaufmann / zur Kauffrau für Versicherungen und Finanzen werden die Studierenden in den grundlegenden Qualifikationen *Steuerung und Führung im Unternehmen, Marketing und Vertrieb von Versicherungs- und Finanzprodukten für Privatkunden* sowie *Personalführung, Qualifizierung und Kommunikation* ihr Know-how erheblich erweitern. In der anschließenden Spezialisierung auf einen aus sechs Produktmanagementbereichen und einen aus drei betrieblichen Kernprozessen können die Studierenden ihre Kompetenzen in den Feldern ausbauen, die ihrem beruflichen Werdegang und ihren Potentialen entsprechen.

Der vorliegende Band *Lebensversicherungen und Betriebliche Altersversorgung* begleitet die Fortbildung und kann darüber hinaus auch allen anderen an der Materie Interessierten als Fachliteratur empfohlen werden.

Die Fortbildung wie auch die zugehörige Literatur orientiert sich noch stärker als bisher an betrieblichen Praxisfällen. In der Fachwirtliteratur wird deshalb Bezug genommen auf Handlungssituationen der fiktiven Versicherungsgesellschaft „Proximus AG". Aus diesem Grund ist ein Profil der „Proximus AG" vorangestellt.

Mit dem vorliegenden Band bedanken sich Herausgeber und Redaktion sehr herzlich bei den Autoren und wünschen allen Studierenden viel Erfolg!

München, im April 2015

Profil Proximus Versicherung AG – über 125 Jahre Erfahrung

Historie

1885 Gründung der Dresdner Feuerversicherung AG mit den Geschäftszweigen: Feuer-, Transport- und Haftpflichtversicherung

1924 Übernahme der Chemnitzer Lebensversicherung AG (gegründet 1910)

1945 Verlegung des Gesellschaftssitzes nach München

1951 Fusion der Chemnitzer Lebensversicherung AG mit der Düsseldorfer Lebensversicherung AG, neuer Name: Proximus Lebensversicherung AG

1951 Umfirmierung der Dresdner Feuerversicherung AG in Proximus Versicherung AG

1965 Bestandsübernahme der Amboss Lebensversicherung a. G. (gegründet 1930)

1970 Gründung der Proximus Krankenversicherung AG als Tochter der Proximus Versicherung AG und der Proximus Lebensversicherung AG

1985 Gründung der Allgemeinen Deutschen Rechtsschutzversicherung AG gemeinsam mit fünf anderen Versicherern

1988 Kauf der Süddeutschen Handelsbank AG

1988 Gründung der Proximus Bausparkasse AG

1990 Gründung der Proximus Assicurazioni S.p.A., Italien

1991 Übernahme der Mehrheitsanteile der Allgemeinen Deutschen Rechtsschutzversicherung AG und Umbenennung zur Proximus Rechtsschutz Versicherung AG

1992 Gründung weiterer Gesellschaften in Belgien, Dänemark, Frankreich, Großbritannien, Niederlande und Polen

1998 Gründung der Proximus Invest GmbH

2008 Gründung der Proximus Kreditversicherung AG und Umbenennung der Proximus Bausparkasse AG in Proximus Bauspar AG

2014 Gründung der Proximus Vertriebs-GmbH

Ergebnisse der Proximus Gruppe (Gesamt)

Ergebnisse (in Mio. €)

Versicherungsdienstleistungen	2013	2012	2011
Gebuchte Beiträge, brutto, selbst abgeschlossenes Geschäft	7.613	7.507	7.211
Aufwendungen für Versicherungsfälle, brutto	6.813	6.789	6.535
Kapitalanlagen	52.159	48.993	44.387
Verträge in Mio. Stück	8,17	8,03	7,85
Finanzdienstleistungen			
Proximus Bauspar AG Bausparsumme Bauspareinlage Bilanzsumme	4.528 747 895	4.459 745 893	4.418 739 855
Süddeutsche Handelsbank AG Bilanzsumme	3.319	3.501	2.887
Proximus Invest GmbH Fondsvermögen	6.812	6.131	6.164
Vermögensanlagen der Proximus Gruppe (in Mrd. €)	66,2	63,6	61,5

Profil Proximus Versicherung AG

Konzernstruktur

Proximus Versicherung AG

- 100 % Anteil an der Proximus Lebensversicherung AG
- 100 % Anteil an der Proximus Kreditversicherung AG
- 100 % Anteil an allen Auslandsgesellschaften
- 100 % Anteil an der Proximus Vertriebs-GmbH
- 70 % Anteil an der Proximus Rechtsschutzversicherung AG
- 70 % Anteil an der Proximus Invest GmbH
- 50 % Anteil an der Proximus Krankenversicherung AG
- 10 % Anteil an der Proximus Bauspar AG
- 10 % Anteil an der Süddeutschen Handelsbank AG

Proximus Lebensversicherung AG

- 80 % Anteil an der Proximus Bauspar AG
- 60 % Anteil an der Süddeutschen Handelsbank AG
- 50 % Anteil an der Proximus Krankenversicherung AG
- 25 % Anteil an der Proximus Invest GmbH

Proximus Krankenversicherung AG

- 30 % Anteil an der Süddeutschen Handelsbank
- 10 % Anteil an der Proximus Bauspar AG

Süddeutsche Handelsbank AG

- 5 % Anteil an der Proximus Invest GmbH

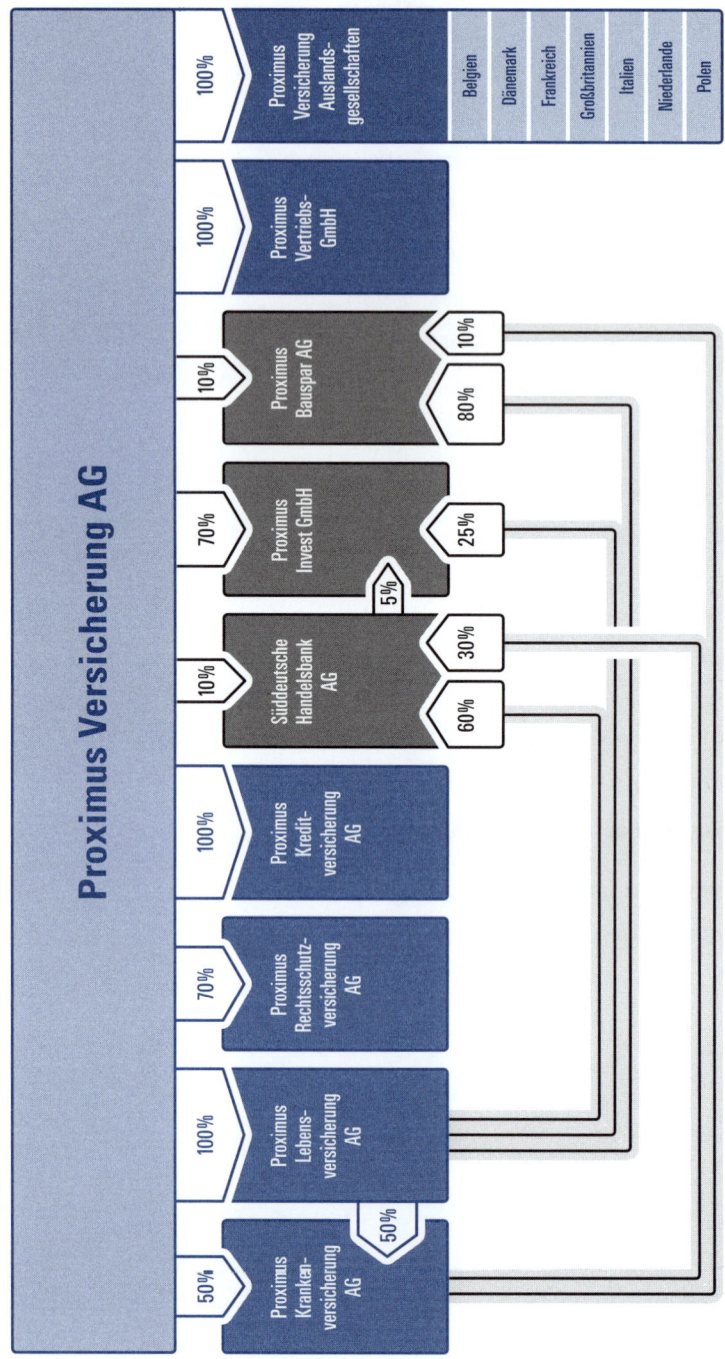

Adressen der Konzerngesellschaften

Proximus Versicherung AG, Proximus-Platz 1, 80333 München

Proximus Lebensversicherung AG, Proximus-Platz 1, 80333 München

Proximus Krankenversicherung AG, Proximus-Allee 6–8, 80333 München

Proximus Rechtsschutzversicherung AG, Proximus-Platz 1, 80333 München

Proximus Kreditversicherung AG, Proximus-Allee 7a, 80333 München

Süddeutsche Handelsbank AG, Proximus-Allee 7–9, 80333 München

Proximus Bauspar AG, Proximus-Allee 3–5, 80333 München

Proximus Invest GmbH, Proximus-Allee 4, 80333 München

Proximus Vertriebs-GmbH, Proximus-Allee 2, 80333 München

Filialnetz

Landesdirektion Nord, 22297 Hamburg

Landesdirektion Ost, 10333 Berlin

Landesdirektion Süd, 70583 Stuttgart

Landesdirektion West, 50117 Köln

30 Bezirksdirektionen

Weitere Betriebsstätten

Kunden-Service-Center Hannover, 30625 Hannover

Abrechnungszentrum für die Krankenversicherung, 44139 Dortmund

Proximus Akademie, 34117 Kassel

Weitere Angaben

Sitz: München, 3 HR B 62384711 AG, München

Gerichtsstand: München

USt-IdNr.: DE 199998888333

VersSt-Nr.: 1234/110/00011

Zum 31.12.2013 waren 8.270 Mitarbeiterinnen und Mitarbeiter bei der Proximus Gruppe beschäftigt, davon waren 589 Auszubildende.

Hinzu kommen 2.890 selbstständige Handelsvertreter, die ausschließlich für die Proximus Versicherungsgesellschaften vermitteln.

Es bestehen zu 270 Maklern und Mehrfachvermittlern Geschäftsbeziehungen.

Darüber hinaus unterhält die Süddeutsche Handelsbank AG einen eigenen Versicherungsvermittlungsdienst in der Rechtsform einer GmbH, welcher ausschließlich für die Gesellschaften der Proximus Gruppe vermittelt.

Die Süddeutsche Handelsbank AG fungiert als Verwahrstelle der Proximus Invest GmbH.

Die Hauptgeschäftsfelder der Proximus Gruppe sind die Lebens-, Kranken-, Kraftfahrt- und Haftpflichtversicherung. Die Lebensversicherung erzielt 50 % des gesamten Beitragsvolumens.

Die Versicherungsgesellschaften der Proximus Gruppe sind u. a. Mitglied
- des Gesamtverbandes der Deutschen Versicherungswirtschaft e. V. (GDV)
- des Verbandes der privaten Krankenversicherung e. V. (PKV-Verband, auch Ombudsmann für die Private Kranken- und Pflegeversicherung)
- des Arbeitgeberverbandes der Versicherungsunternehmen in Deutschland e. V.
- des Berufsbildungswerks der Deutschen Versicherungswirtschaft (BWV) e. V.
- der Versicherungsombudsmann e. V.
- der Verkehrsopferhilfe e. V.
- der Deutschen Gesellschaft für Versicherungs- und Finanzmathematik e. V.
- der Deutschen Kernreaktor-Versicherungsgemeinschaft (DKVG)
- der Pharma-Rückversicherungs-Gemeinschaft

Die Versicherungsgesellschaften sind dem
- Regressverzichtsabkommen der Deutschen Feuerversicherer,
- Teilungsabkommen Mieterregress,
- Code of Conduct und
- Verhaltenscodex für den Vertrieb beigetreten.

Legende

Zu Beginn eines Kapitels werden auf einer **Einstiegsseite** erläutert:

- Nachzuweisende Befähigung
  (Kompetenzen, die in den Prüfungen nachzuweisen sind)
- Qualifikationsinhalte des Kapitels

Verwendete Elemente und Symbole:

- **Handlungssituationen**
- **Beispiele**
- **Definitionen und Merksätze**
- **Exkurse**
- **Zusammenfassungen**
- **Aufgaben zur Selbstüberprüfung**

Lösungen zu den Aufgaben zur Selbstüberprüfung sind abrufbar unter:
www.bwv.de/fachwirtliteratur_loesungen
www.vvw.de → Service → Ergänzungen/Aktualisierungen

Inhaltsverzeichnis

Vorwort		V
Profil Proximus Versicherung AG		VII
Legende		XIII
Abkürzungsverzeichnis		XXIII
Abbildungsverzeichnis		XXVII
Tabellenverzeichnis		XXIX

Kapitel 1	**Ergebnisse von Marketingmaßnahmen im Prozess der Produktentwicklung**		**1**
1.		**Marktgegebenheiten**	**3**
1.1		Gesellschaftliche und politische Rahmenbedingungen	5
1.2		Nachfragestruktur der Lebensversicherung und insbesondere der betrieblichen Altersversorgung	7
1.2.1		Lebensversicherung für private und gewerbliche Versicherungsnehmer	7
1.2.2		Demografischer Wandel	9
1.3		Angebotsstruktur	11
2.		**Bestehende Deckungskonzepte**	**13**
2.1		Das 3-Schichten-Modell	13
2.1.1		Erste Schicht: Basisversorgung	15
2.1.2		Zweite Schicht: Zusatzversorgung	16
2.1.3		Dritte Schicht: Sonstige Kapitalanlageprodukte	19
2.2		Tarifformen im 3-Schichten-Modell	20
2.2.1		Risikolebensversicherung	20
2.2.2		Berufsunfähigkeitsversicherung	20
2.2.3		Rentenversicherung	21
2.2.4		Kapitallebensversicherung	21
2.2.5		Fondsgebundene Lebens- und Rentenversicherung	21
3.		**Betriebliche Rentenversicherung**	**25**
3.1		Die fünf Durchführungswege der betrieblichen Altersversorgung	25
3.1.1		Direktversicherung	26
3.1.2		Pensionszusage und Rückdeckungsversicherung	58
3.1.2.1		Pensionszusage	58
3.1.2.2		Betriebliche Altersversorgung für Gesellschafter-Geschäftsführer einer GmbH	74

3.1.3	Unterstützungskasse	80
3.1.4	Pensionskasse	94
3.1.5	Pensionsfonds	103
4.	**Einführung in das Betriebsrentengesetz (BetrAVG)**	**111**
4.1	Rechtliche Grundlagen der betrieblichen Altersversorgung	111
4.2	Stellung des Arbeitgebers und des Arbeitnehmers	113
4.3	Unverfallbarkeit	117
4.4	Insolvenzsicherung	136
4.5	Anpassung laufender Leistungen	136
5.	**Steuerliche Auswirkungen beim Arbeitgeber und beim Arbeitnehmer**	**143**
5.1	Entscheidend für die Produktabgrenzung: Basiswissen Einkommensteuer	143
5.1.1	Die persönliche Steuerpflicht in der Einkommensteuer	143
5.1.2	Die sieben Einkunftsarten in der Einkommensteuer	144
5.1.3	Altersentlastungsbetrag (§ 24a EStG)	149
5.1.4	Sonderausgaben (§§ 10 ff EStG)	149
5.1.5	Außergewöhnliche Belastungen (§§ 33 ff EStG)	151
5.1.6	Freibeträge in der Einkommensteuer	152
5.1.7	Ermittlung des zu versteuernden Einkommens	153
5.1.8	Einkommensteuertarif	154
5.1.9	Durchschnitts- und Grenzsteuersatz	154
5.1.10	Kirchensteuer und Solidaritätszuschlag	155
5.2	Sozialversicherungspflicht bei (Alters-)Vorsorgeleistungen	160
	Aufgaben zur Selbstüberprüfung	**163**
Kapitel 2	**Kriterien der Produktgestaltung unter Berücksichtigung von rechtlichen und kalkulatorischen Rahmenbedingungen**	**167**
1.	**Finanzierung von Vorsorgemaßnahmen**	**169**
1.1	Umlageverfahren	169
1.2	Kapitaldeckungsverfahren	171
2.	**Die gesetzliche Rentenversicherung**	**173**
2.1	Rechtsgrundlagen	175
2.2	Träger und Organisation	176
2.3	Versicherter Personenkreis	176
2.4	Höhe der Beiträge	178
2.5	Leistungsarten und Leistungsberechnung	179
2.5.1	Grundlagen der Rentenberechnung: Rentenformel	180
2.5.2	Rentenrechtliche Zeiten und Wartezeiten	185
2.5.3	Versorgungsausgleich	187

2.5.4	Rentenanpassungen	188
2.5.5	Steuer auf Renten	188
2.6	Ansprüche und Voraussetzungen einzelner Rentenarten	190
2.6.1	Altersrente	190
2.6.2	Erwerbsminderungsrente	191
2.6.3	Hinterbliebenenrenten	193
2.7	Renteninformation	195
3.	**Insolvenzsicherung**	**199**
3.1.1	Pensions-Sicherungs-Verein aG	199
3.1.2	Insolvenzgeschützte Betriebsrenten	199
3.2	Beitragspflicht der Arbeitgeber	200
3.3	Beitragssatz	200
3.4	Leistungspflicht des PSVaG	201
3.4.1	Eintritt des Sicherungsfalls	202
3.4.2	Leistungshöhe	202
3.4.3	Sonderregelung bei Entgeltumwandlung	203
4.	**Private Lebensversicherung auf Renten- und Kapitalbasis**	**205**
4.1	Bestimmungen des Aufsichtsrechts und der Einfluss der BaFin	205
4.1.1	Europäische Aufsichtsbehörde EIOPA	205
4.1.2	Bundesanstalt für Finanzdienstleistungsaufsicht (BaFin)	206
4.1.3	Aufgaben und Ziele der Versicherungsaufsicht	206
4.1.4	Aufgabenteilung zwischen Bund und Ländern	207
4.1.5	Reichweite der Versicherungsaufsicht	207
4.1.6	Voraussetzungen zur Erlaubniserteilung	208
4.1.7	Laufende Aufsicht (§§ 81 ff VAG)	208
4.1.8	Eingriffsmöglichkeiten (§§ 83 ff. VAG)	209
4.1.9	Sicherungsfonds (§§ 124 ff VAG)	210
4.2	Allgemeine Rechtsgrundlagen	213
4.2.1	Angebotsgestaltung und Verkauf Basis-Rente	213
4.2.1.1	Produktmerkmale der Basis-Rente	213
4.2.1.2	Steuer- und sozialversicherungsrechtliche Behandlung der Basis-Rente	217
4.2.2	Angebotsgestaltung und Verkauf Riester-Rente	221
4.2.2.1	Produktmerkmale der Riester-Rente	221
4.2.2.2	Steuer- und sozialversicherungsrechtliche Behandlung der Riester-Rente	223
4.2.3	Rentenlücken im Alter durch Produktkombinationen schließen	235
4.2.4	Angebotsgestaltung und Verkauf der Altersvorsorgeprodukte der 3. Schicht	235

4.2.5	Steuer- und sozialversicherungsrechtliche Behandlung der Altersvorsorgeprodukte der 3. Schicht	239
4.2.6	Angebotsgestaltung und Verkauf der Vorsorgeprodukte bei Erwerbsminderung, Berufs- und Erwerbsunfähigkeit	246
4.3	Besondere Rechtsgrundlagen	249
4.3.1	Rechtliche Position des Kunden als Vertragspartner	249
4.3.2	Zustandekommen des Lebensversicherungsvertrags: Vertragsabschlussmodelle	252
4.3.3	Umfang der mitzuteilenden Informationen vor Vertragsabschluss	255
4.4	Allgemeine und Besondere Versicherungsbedingungen	260
4.4.1	Welchen Zweck haben die Versicherungsbedingungen und wem nützen sie?	260
4.4.2	Bedingungsratings	261
4.4.3	Verbandsbedingungen	262
4.5	Kapitalanlage	263
4.5.1	Kapitalanlage aus Kundensicht	263
4.5.2	Kapitalanlage aus Unternehmenssicht	266
4.5.2.1	Kapitalanlagevorschriften	266
4.5.2.2	Bewertungsvorschriften	270
4.5.2.3	Bewertungsreserven	272
4.5.2.4	Überschussbeteiligung	275
4.5.2.5	Geldwäsche	275
4.5.2.6	Liquiditätsplanung	276
4.5.2.7	Asset Liability Management	276
4.5.2.8	Solvabilitätsspanne und Solvenzkapital	278
4.5.2.9	Unternehmensbesteuerung	279
5.	**Kalkulatorische Risiken**	**283**
5.1	Bedeutung der technischen Geschäftspläne für die private Lebensversicherung	283
5.2	Aufgaben des Verantwortlichen Aktuars	286
5.3	Beitragskalkulation: Risikobeitrag – Sparbeitrag – Kostenanteil	289
5.3.1	Risikofaktoren	289
5.3.2	Ausscheideordnungen	290
5.3.3	Risiko- und Sparbeitrag	292
5.3.4	Kostenanteil	294
5.4	Zillmerung	296
5.5	Nettobeitrag – Bruttobeitrag	297
5.5.1	Was sind die anerkannten Regeln der Versicherungsmathematik?	297
5.5.2	Welchen Einfluss hat der Rechnungszins auf die Deckungsrückstellung?	300

5.5.3	Nettobeitrag, gezillmerter Nettobeitrag und Bruttobeitrag	302
5.6	Deckungskapital	303
5.6.1	Gilt die Äquivalenzgleichung eigentlich auch während der Vertragslaufzeit?	303
5.6.2	Wie baut sich das Deckungskapital auf?	303
5.6.3	Wann wird der Rückkaufswert ausgezahlt?	305
5.6.4	Wertgleichheit in der bAV	306
5.7	Versicherungstechnische Rückstellungen	306
5.7.1	Beitragsüberträge	309
5.7.2	Deckungsrückstellung	309
5.7.3	Rückstellung für noch nicht abgewickelte Versicherungsfälle und Rückkäufe	310
5.7.4	Rückstellung für erfolgsabhängige und erfolgsunabhängige Beitragsrückerstattung	311
5.7.5	Sonstige Versicherungstechnische Rückstellungen	313
5.8	Überschussquellen	313
5.9	Überschussverteilung	317
5.9.1	Verursachungsorientierte Überschussverteilung	317
5.9.2	Verursachungsorientierte Zuordnung der Bewertungsreserven	320
5.9.3	Laufende Verzinsung und Gesamtverzinsung	321
5.10	Überschussverwendung	323
6.	**Tarife und Produkte**	**325**
6.1	Einzeltarife – Kollektivtarife	325
6.2	Haupttarife – Zusatztarife	326
6.3	Produktsystematik	326
6.3.1	Risikoversicherungen	329
6.3.2	Kapitalversicherungen	334
6.3.3	Rentenversicherungen	337
6.3.4	Fondswissen Kompakt	339
6.3.5	Steuerliche Anforderungen an die Produktgestaltung	344
	Aufgaben zur Selbstüberprüfung	**351**
Kapitel 3	**Regeln der Annahmepolitik im Hinblick auf die betriebswirtschaftlichen und vertrieblichen Auswirkungen**	**357**
1.	**Annahmerichtlinien**	**359**
1.1	Objektives und subjektives Risiko	364
1.2	Finanzielles Risiko	367
1.3	Annahmepolitik und die damit verbunden Möglichkeiten der Vertragsgestaltung	369

1.3.1	Was ist ein Vertrag und wie kommt er zustande?	369
1.3.1.1	Antragsmodell	372
1.3.1.2	Invitatiomodell	373
1.3.1.3	Policenmodell	374
1.3.2	Welchen Einfluss hat die Annahmepolitik auf die Vertragsgestaltung?	375
1.4	Versicherung anormaler Risiken	377
1.4.1	Annahme des Antrages	377
1.4.1.2	Annahme mit Erschwerung	377
1.4.2	Vorläufiger Versicherungsschutz	379
1.5	Gestaltung des Antrags	380
1.5.1	Antragsinhalt	383
1.5.2	Widerrufsbelehrung	384
1.5.2.1	Widerrufsbelehrung seit dem 1.1.2008	384
1.5.2.2	Widerspruchsbelehrung vor dem 1.1.2008	386
2.	**Umsatz- gegenüber Ertragsorientierung**	**387**
2.1	Umsatzorientierung: Die Masse machts	388
2.2	Ertragsorientierung: Klasse statt Masse	388
2.3	Folgerungen für die Lebensversicherung	388
3.	**Auswirkung auf die Kapitalanlagepolitik des Unternehmens**	**391**
3.1	Welche Auswirkungen hat die Annahmepolitik auf die Kapitalanlagepolitik des Unternehmens?	391
3.1.1	Besondere Produkte	391
3.1.2	Besondere Mittelzu- und -abflüsse	392
3.2	Welche Auswirkungen hat die Kapitalanlagepolitik auf die Annahmepolitik des Unternehmens?	392
	Aufgaben zur Selbstüberprüfung	**395**
Kapitel 4	**Die Auswirkungen der Entwicklung neuer Produkte auf die betrieblichen Kernprozesse**	**397**
1.	**Die Kundenberatung – Beratungs- und Dokumentationspflicht des Vermittlers**	**399**
1.1	Kundenberatung	399
1.2	Kundenbindung	404
1.3	Beratungshinweise	405
1.4	Beratung des Arbeitgebers	407
1.5	Hinweise und Erläuterungen	409
1.5.1	Einwilligungserklärung, Erklärung zur Datenverarbeitung	409
1.5.2	Hinweise zur Annahmefrist	410
1.6	Der Versicherungsbeginn	410
1.7	Vereinbarung der Vertragsgrundlagen	411

1.8	Veränderungen rechtlicher Rahmenbedingungen im Verlauf der Vertragsdauer	412
1.9	Informationsrechte und Informationspflichten	412
1.10	Aufzeichnungspflichtige Informationen	414
1.11	Informationen des Arbeitgebers an den Versorgungsträger	414
1.12	Gesetze und Rechtsgrundsätze	415
2.	**Reaktion auf Veränderungen der Lebenssituation der Versicherungsnehmer im Verlauf der Vertragsdauer**	**417**
2.1	Kurzfristige Zahlungsschwierigkeiten	417
2.2	Langfristige Zahlungsschwierigkeiten	418
3.	**Reaktion auf Veränderungen der rechtlichen Rahmenbedingungen während der Vertragsdauer**	**421**
3.1	Kündigung durch den Versicherungsnehmer	422
3.2	Kündigung durch den Versicherer	423
4.	**Rücktritts- und Anfechtungsgründe in der Lebensversicherung**	**425**
4.1	Verletzung der vorvertraglichen Anzeigepflicht	425
4.2	Der Versicherungsfall	426
	Aufgaben zur Selbstüberprüfung	**431**
Kapitel 5	**Prozess der Markteinführung neuer Produkte, Mechanismen der Steuerung und des Controllings bei der Einführung neuer Produkte**	**433**
1.	**Gestaltung der Absatzpolitik bei Produktneueinführungen**	**435**
1.1	Ableiten von Produktmaßnahmen aus strategischen Unternehmensentscheidungen	436
1.1.1	Festlegen der Produktstrategie	436
1.1.2	Zielmarktbestimmung	437
1.1.3	Festlegen von Zielgruppen	438
1.2	Gestaltung der Absatzpolitik	439
1.2.1	Produktpolitik	440
1.2.2	Preispolitik	442
1.2.3	Kommunikationspolitik	442
1.2.4	Vertriebspolitik	443
2.	**Ablauf der Produkteinführung und Auswirkungen auf bestehende Prozesse**	**451**
2.1	Beteiligte im Unternehmen und deren Aufgaben	451
2.2	Ablauf des Produkteinführungsprozesses: von der Ideenfindung zur Verkaufsfreigabe	452
2.3	Auswirkung auf Geschäftsprozesse und Qualitätsmanagement	456

3.	**Controlling bei Produkteinführungen**	**459**
3.1	Grundbegriffe und Aufgaben des Controlling im Unternehmen	459
3.1.1	Was bedeutet Controlling?	459
3.1.2	Einführung eines Controllings	460
3.2	Controlling-Routinen und Controlling-Daten bei Produkteinführungen	461
3.2.1	Controlling während der Produktentwicklung	462
3.2.2	Controlling während und nach der Produkteinführung	463
3.2.3	Verwendung von Ratings und Rankings	465
3.2.4	Besonderheiten des Versicherungscontrollings	467
3.2.5	Vertriebscontrolling	468
3.2.6	Controlling in der Praxis	471
4.	**Einführungskampagnen als begleitende Marketingmaßnahmen einer Produkteinführung**	**477**
	Aufgaben zur Selbstüberprüfung	**481**
Literaturverzeichnis		**483**
Stichwortverzeichnis		**485**

Abkürzungsverzeichnis

AG	Aktiengesellschaft / Arbeitgeber
AGB	Allgemeine Geschäftsbedingungen
AGG	Allgemeines Gleichbehandlungsgesetz
AGV	Arbeitgeberverband der Versicherungsunternehmen in Deutschland e.V.
AktG	Aktiengesetz
ALB	Allgemeine Bedingungen für die Lebensversicherung
AltvDV	Altersvorsorge-Durchführungsverordnung
AltZertG	Altersvorsorge-Zertifizierungsgesetz
AN	Arbeitnehmer
AnlV	Anlageverordnung
AR	aktueller Rentenwert
ArEV	Arbeitsentgeltverordnung
ARUK	Arbeitskreis rückgedeckter Unterstützungskassen e.V.
AV	Angestelltenversicherung
AVB	Allgemeine Versicherungsbedingungen
AVmG	Altersvermögensgesetz
BaFin	Bundesanstalt für Finanzdienstleistungsaufsicht
BAG	Bundesarbeitsgericht
bAV	betriebliche Altersversorgung
BAV	Bundesaufsichtsamt für das Versicherungswesen
BBG	Beitragsbemessungsgrenze
BDSG	Bundesdatenschutzgesetz
BetrAVG	Gesetz zur Verbesserung der betrieblichen Altersversorgung (Betriebsrentengesetz)
BfA	Bundesversicherungsanstalt für Angestellte
BFH	Bundesfinanzhof
BGB	Bürgerliches Gesetzbuch

BGBl.	Bundesgesetzblatt
BGH	Bundesgerichtshof
BMF	Bundesministerium der Finanzen
BilMoG	Bilanzrechtsmodernisierungsgesetz
BSC	Balanced Scorecard
BStBl	Bundessteuerblatt
BU-Versicherung	Berufsunfähigkeitsversicherung
BUZ-Versicherung	Berufsunfähigkeits-Zusatzversicherung
BVK	Bundesverband Deutscher Versicherungskaufleute e. V.
CPPI	Constant Proportion Portfolio Insurance
DAV	Deutsche Aktuarvereinigung e.V.
DeckRV	Deckungsrückstellungsverordnung
DRV	Deutsche Rentenversicherung
EDV	Elektronische Datenverarbeitung
EG	Europäische Gemeinschaft
eG	eingetragene Genossenschaft
EP	Entgeltpunkt (Rentenversicherung)
EStG	Einkommensteuergesetz
EStR	Einkommensteuer-Richtlinien
EU	Europäische Union
f. e. R.	für eigene Rechnung
FinDAG	Finanzdienstleistungsaufsichtsgesetz
Flexi II	Gesetz zur Verbesserung der Rahmenbedingungen für die Absicherung flexibler Arbeitszeitregelungen
FLV	Fondsgebundene Lebensversicherung
GbR	Gesellschaft bürgerlichen Rechts
GDV	Gesamtverband der Deutschen Versicherungswirtschaft e.V.
GenG	Genossenschaftsgesetz
GF	Geschäftsführer

GGF	Gesellschafter-Geschäftsführer
GKV	gesetzliche Krankenversicherung
gGmbH	gemeinnützige Gesellschaft mit beschränkter Haftung
GmbH	Gesellschaft mit beschränkter Haftung
GmbHG	GmbH-Gesetz
GRV	gesetzliche Rentenversicherung
GStB	Gemeinde- und Städtebund
GuV	Gewinn- und Verlustrechnung
HGB	Handelsgesetzbuch
IT	Informationstechnologie
KAGB	Kapitalanlagegesetzbuch
KESt	Kapitalertragsteuer
Kfz	Kraftfahrzeug
KG	Kommanditgesellschaft
KGaA	Kommanditgesellschaft auf Aktien
KiSt	Kirchensteuer
KStG	Körperschaftsteuergesetz
KV	Krankenversicherung
KVdR	Kranken- und Pflegeversicherung der Rentner
KVP	kontinuierlicher Verbesserungsprozess
LAG	Landesarbeitsgericht
Lkw	Lastkraftwagen
LStDV	Lohnsteuer-Durchführungsverordnung
LStR	Lohnsteuer-Richtlinien
Ltd.	Limited
LV(U)	Lebensversicherungs(unternehmen)
LVA	Landesversicherungsanstalt
MaRisk	Mindestanforderungen an das Risikomanagement
NachwG	Nachweisgesetz
OFD	Oberfinanzdirektion

OGAW	Organismus für gemeinsame Anlage in Wertpapiere
OHG	Offene Handelsgesellschaft
pAV	private Altersvorsorge
PF	Pensionsfonds
Pkw	Personenkraftwagen
RAF	Rentenartfaktor
RfB	Rückstellung für Beitragsrückerstattung
SGB	Sozialgesetzbuch
SV	Sozialversicherung
UWG	Gesetz gegen den unlauteren Wettbewerb
UZV	Unfall-Zusatzversicherung
VAG	Versicherungsaufsichtsgesetz
VAStrRefG	Gesetz zur Strukturreform des Versorgungsausgleichs
VDVM	Verband Deutscher Versicherungsmakler e.V.
VDR	Verband Deutscher Rentenversicherungsträger
VermBG	Vermögensbildungsgesetz
VersAusglG	Versorgungsausgleichsgesetz
VFHI	Verein zur Förderung des Handels, Handwerks und der Industrie e.V.
vGA	verdeckte Gewinnausschüttung
VL	Vermögenswirksame Leistungen
VN	Versicherungsnehmer
VP	Versicherte Person
VR	Versicherer
VU	Versicherungsunternehmen
VVaG	Versicherungsverein auf Gegenseitigkeit
VVG	Versicherungsvertragsgesetz
VVG-InfoV	VVG-Informationspflichtenverordnung
ZF	Rentenzugangsfaktor
ZfA	Zentrale Zulagenstelle für Altersvermögen

Abbildungsverzeichnis

Kapitel 1

1	Umfrage: „Versichert"	4
2	Milliardenmarkt Lebensversicherung	6
3	Rente vom Betrieb	8
4	Struktur des Versicherungsmarkts	9
5	Deutsche Lebensbäume	10
6	Neuzugänge nach Versicherungsarten	12
7	Bausteine der Alterssicherung	13
8	Persönliche Versorgungsbilanz für einen Kunden	20
9	Zusatzversicherungen	23
10	Unterschied bAV und Privatversicherung am Beispiel einer Direktversicherung	25
11	Bestand an versicherten Summen zur Direktversicherung	29
12	Fluss der Finanzmittel bei der kapitalbildenen Renten-/Kapitalversicherung	46
13	Betriebsrentengesetz: Unverfallbarkeit	48
14	Pensionsrückstellungen in der Steuerbilanz	64
15	Gewinnmindernde Rückstellung	72
16	Gründe für das Auslagern von Pensionszusagen	73
17	Pensionszusage – zivilrechtliche Wirksamkeit	75
18	Durchführungsweg Pensionsfonds	106
19	Der Pensionsfonds	106
20	Rechtsgebiete	112

Kapitel 2

1	Der Generationenvertrag	169
2	Generationenvertrag in Gefahr	170
3	Rentenhöhe	182
4	Rentenentwicklung	183
5	Renteninformation	197
6	Rentenbesteuerung	219
7	Abschlussmodelle	252
8	Antragsmodell	252
9	Informationen bei Antragsstellung	253
10	Verzichtsmodell	253
11	Invitatiomodell (unechte invitatio)	254
12	Funktionen einer Versicherung	264
13	Struktur des Neuzugangs in der Lebensversicherung	264

14	Zusammensetzung des Sicherungsvermögens gem. § 66 VAG	268
15	Struktur der Kapitalanlagen von Lebensversicherungen	270
16	Der Verantwortliche Aktuar in der Lebensversicherung	287
17	Risikofaktoren – Einflussgrößen auf die Sterblichkeit	289
18	Natürliche Entmischung	292
19	Überlebende und Tote	299
20	Herleitung des Höchstrechnungszinses	301
21	Beitragsüberträge	309
22	Ergebnisermittlung und Ergebnisverwendung	315
23	Gesamtverzinsung gem. Deklaration für 2014	322
24	Tarifausprägungen (dunkel) und Vertragsausprägungen (hell)	328
25	Anlageschwerpunkte offener Investmentfonds	341
26	Umschichtung im CCPI-Modell	343
27	Steuerpolitischer Balanceakt	344

Kapitel 3

1	Marktdifferenzierung durch Antiselektion	361
2	Ablauf der Risikobeurteilung	367
3	Der Vertrag	369
4	Gegenüberstellung von Antrags- und Invitatiomodell	371
5	Bausteine zum Unternehmenserfolg	387

Kapitel 4

1	Außerordentliches Kündigungsrecht des Versicherers	423
2	Leistung bei Berufsunfähigkeit	427
3	Beiträge und Leistungen einer BU-Versicherung	428
4	Wann ist der Versicherungsschutz ausgeschlossen?	428

Kapitel 5

1	Direkt- und Serviceversicherer	447
2	Prozess der Produkteinführung	453
3	Workflow „Policierung"	457
4	Balanced Scorecard	464
5	Regelkreis des Controllings	471

Tabellenverzeichnis

Kapitel 1

1	Angebotsstruktur im Rahmen des Alterseinkünftegesetzes	14
2	Förderung der Eigenbeiträge	24
3	Leistungen aus Direktversicherungen	31
4	Beitragssätze zur Sozialversicherung	31
5	Bezugsgröße in der Sozialversicherung	35
6	Übersicht Direktversicherung	36
7	Durchführungswege der bAV	37
8	Minijobs und bAV – Beiträge und Steuern	38
9	Berufsunfähigkeits-Angebot innerhalb der bAV	44
10	Unverfallbarkeit	47
11	Vermögenswirksame Leistungen	51
12	Verwendung der VL für eine Altersvorsorge	53
13	Vervielfältigungsregelung	54
14	Teilung der bAV bei einer Scheidung	55
15	BilMoG – Aktiva/Passiva	62
16	Jahresfestgehälter von GmbH-Geschäftsführern	79
17	Überblick U-Kasse	82
18	Übersicht steuer- und beitragsrechtliche Behandlung der U-Kasse	85
19	Die 5 größten Pensionskassen in Deutschland	95
20	Überblick Pensionskasse	103
21	Steuern beim Pensionsfonds	107
22	Übersicht der Unverfallbarkeitsfristen	119
23	§ 2 Betriebsrentengesetz	125
24	Übertragung und Übernahme der Versorgung bei Beendigung eines Arbeitsverhältnisses	130
25	Übersicht Anpassungspflichten nach Durchführungsweg	139
26	Frei- und Pauschbeträge der Lohnsteuerklassen	158

Kapitel 2

1	Eckdaten zur gesetzlichen Rentenversicherung	173
2	Faustdaten zu den Rentenfinanzen 2014	174
3	Finanzierung der deutschen Rentenversicherung	175
4	Sozialversicherungs-Rechengrößenverordnung 2015	178
5	Rentenformel	180
6	Durchschnittseinkommen aller Versicherten	181
7	Durchschnittliche Zahlbeträge der laufenden Altersrenten	182
8	Rentenartfaktor	184

9	Regelaltersgrenze	185
10	Durchschnittliche Rentenzahlbeträge	195
11	Maximaler Kapitalbetrag bei einer Riester-Rente	216
12	Umlaufvermögen und Anlagevermögen nach § 341b HGB	272
13	Vergleich zwischen technischem Geschäftsplan und 13d-Mitteilung	285
14	In die Prämie einkalkulierte Leistungen	302

Kapitel 3

1	Objektive und subjektive Risikomerkmale	365
2	Alternative Informationsquellen zur Risikoprüfung	366
3	Abschlussmodelle	376
4	Erschwerungsmöglichkeiten	379
5	Verschuldensgradabhängige Folgen bei vorvertraglicher Anzeigepflichtverletzung	384

Kapitel 4

1	Zielgruppen-Personenversicherung	404
2	Rücktritts- und Anfechtungsgrpnde in der LV	425

Kapitel 5

1	Selbstständige Versicherungsvermittler/-berater	446
2	Entscheidungsmatrix für Versicherer	449
3	Typische Aufgaben im Unternehmen	452
4	Ratingcodes	466

Kapitel 1

Ergebnisse von Marketingmaßnahmen im Prozess der Produktentwicklung

Nachzuweisende Befähigung

Die angehenden Fachwirte/Fachwirtinnen für Versicherungen und Finanzen sollen die Ergebnisse von Marketingmaßnahmen im Prozess der Produktentwicklung berücksichtigen (gemäß Erläuterungsbroschüre*, Qualifikationsinhalte und Handlungssituationen, 4. c) 4.1).

Qualifikationsinhalte des Kapitels

Die Absolventen können im Einzelnen:

- das Marktgeschehen aufbereiten (4.1.1)
- die gesellschaftlichen und politischen Rahmenbedingungen erkennen (4.1.1)
- die Nachfrage- und Angebotsstruktur erklären (4.1.1)
- bestehende Deckungskonzepte anwenden (4.2.2)
- die Bedeutung des Betriebsrentengesetzes erklären (4.2.3)
- die steuerlichen und sozialversicherungstechnischen Auswirkungen für den Arbeitgeber und Arbeitnehmer während der Anspar- und Leistungsphase darstellen (4.1.4)
- die Wettbewerbssituation erklären (4.1.5)
- eine bedarfsgerechte Ausgestaltung mit Hilfe des Durchführungsweges Pensions-/Direktzusage umsetzen (4.1.6)

---

* Berufsbildungswerk der Deutschen Versicherungswirtschaft (Hrsg.): Erläuterungen zur Fortbildung Geprüfter Fachwirt für Versicherungen und Finanzen, Verlag Versicherungswirtschaft, Karlsruhe 2013

1. Marktgegebenheiten

Markteintritt / Entwicklung von Produkten

Handlungssituation

Die betriebliche Altersversorgung gewinnt immer mehr an Bedeutung. Ihr Auftrag ist es, für den Vorstand eine Marktanalyse anzufertigen, aus der sich Möglichkeiten für ein transparentes Produkt ergeben, welches im Maklermarkt vertrieben werden kann. Um die Marktanalyse durchführen zu können, müssen Erhebungen über die Marktcharakteristika erfolgen. Zur Marktanalyse gehören: das Marktvolumen, das derzeitige und künftige Marktwachstum, die Kaufkraft und die Gewinnmargen im Markt sowie die Wettbewerbskräfte.

Lebensversicherung ist der Oberbegriff für Kapital-Lebensversicherungen, Rentenversicherungen und Risikoversicherungen. Also alle Versicherungen, in deren Mittelpunkt eine Person steht. Die Lebensversicherung dient der privaten Altersvorsorge. Sie kann mit zusätzlichen Leistungen beispielsweise bei Tod oder Berufsunfähigkeit, so genannten biometrischen Risiken, kombiniert werden. Von den 87,7 Mio. im Jahr 2013 bestehenden Verträgen entfielen 41,7 % auf Kapitalversicherungen, 45,1 % auf Rentenversicherungen und 13,2 % auf Risikoversicherungen. Zudem ergänzten in 2013 27,6 Mio. Zusatzversicherungen als Baustein den Versicherungsschutz. 48,5 % entfallen auf die Berufsunfähigkeits-Zusatzversicherung und Invaliditäts-Zusatzversicherung.

Die Lebensversicherungsunternehmen, Pensionskassen und Pensionsfonds sind als Instrument der Alters- und Hinterbliebenenvorsorge von herausragender Bedeutung; die Zahl der Vorsorgeverträge übersteigt die der Bevölkerung deutlich. Im Jahr 2013 gab es insgesamt 91,8 Mio. Verträge (2012: 93,0 Mio. Verträge). Von der Zahl der Gesamtverträge entfallen 2013 14,7 Mio. Verträge auf die betriebliche Altersversorgung. Dies war ein Plus von 1,8 % zum Vorjahr, getrieben durch Direkt- und Rückdeckungsversicherungen.

Die deutschen Lebensversicherer bauen für ihre Kunden immer mehr Kapital auf. Insgesamt ist das von den Lebensversicherern angelegte Geld im Jahr 2013 auf über 900 Mrd. € gestiegen. Dabei wuchs der Kapitalanlagebestand, den die Lebensversicherungen und Pensionskassen direkt verwalten, im Jahr 2013 um 32 Mrd. € auf 824 Mrd. € (Vorjahr: 792 Mrd. €). Hinzu kommen noch knapp 78 Mrd. € (Vorjahr: 66 Mrd. €) an Kapitalanlagen für fondsgebundene Policen.

Die deutschen Lebensversicherer tragen bereits heute erhebliche Verantwortung für die Sicherung der Alterseinkünfte. 2013 stiegen die von den Unternehmen an ihre Kunden ausgezahlten Leistungen um 4,9 % auf 80,2 Mrd. € (Vorjahr: 76,5 Mrd. €). Tag für Tag zahlen die Lebensversicherer damit über 200 Mio. € aus.

Die Anzahl der Versicherungsunternehmen im Bereich Lebensversicherungen ist in Deutschland in den vergangenen Jahren zurückgegangen. Waren es im Jahr 1995 noch rund 120 Unternehmen gewesen, so ging deren Anzahl bis zum Jahr 2013 auf knapp 93 zurück. 2013 waren 300.000 Personen in der deutschen Versicherungswirtschaft beschäftigt.

Der Trend zum Neuabschluss von Lebensversicherungen mit rentenförmiger Auszahlung setzt sich fort. Zum Ende 2013 bestanden 39,8 Mio. Rentenverträge – ein Anstieg um 0,8 Mio. Verträge gegenüber dem Vorjahr. Rund 15,5 Mio. Verträge davon entfallen bereits auf die betriebliche und private Vorsorge, die mit den Riester-Reformen entstand und staatlich gefördert wird.

Die Entwicklung der letzten Jahre war eher positiv, wenn man das gesamte wirtschaftliche Umfeld betrachtet. Die laufend sinkende Nettoverzinsung von ehemals über 6 % trägt zum gebremsten Abschlussverhalten der Bevölkerung bei. Nur muss man berücksichtigen, dass die meisten anderen Anlageformen noch weniger Rendite erbringen. Insgesamt fehlt es vielen Haushalten an ausreichender Altersversorgung und vor allem an einer ausreichenden Berufsunfähigkeitabsicherung, da nur ca. ein Viertel der Haushalte über eine Berufsunfähigkeitsversicherung verfügt.

(Quelle: GDV, Die deutsche Lebensversicherung in Zahlen 2014)

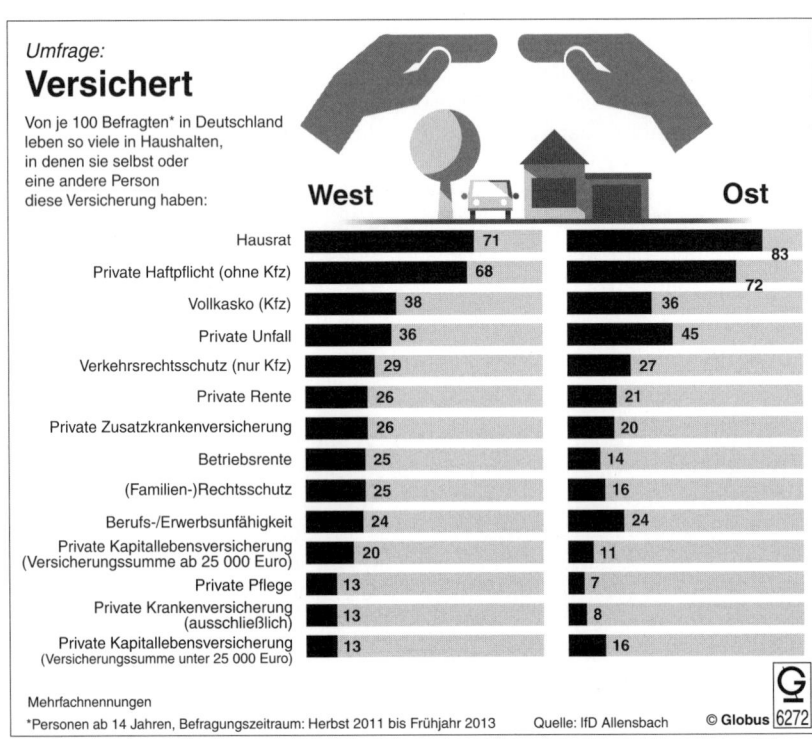

Abbildung 1: Umfrage: „Versichert"

Entwicklung der Beitragseinnahmen

Natürlich stehen Lebensversicherungen bei einer solchen Marktabdeckung unter Beobachtung von Aufsicht, Presse und Vergleichsportalen. Dies ist selbstverständlich, denn Altersvorsorge betreibt man ein Leben lang, und jeder will für seinen finanziellen Einsatz das beste Ergebnis erzielen. Deswegen wird die Leistungsfähigkeit von Lebensversicherungen mit anderen Finanzdienstleistungen verglichen. Dies gilt vor allem für die geförderten Produkte wie die Riester-Rente, bei der neben Rentenversicherungen auch Fondsverträge, Bankersparpläne und Bausparverträge ein größeres Gewicht im Markt erlangt haben. Die gesamten jährlichen Beitragseinnahmen der Lebensversicherer haben sich bei über 80 Mrd. € stabilisiert.

Lebensversicherungsunternehmen scheuen keine Vergleiche, sondern unterstützen diese. Allerdings zeigt sich sehr oft, dass viele Tests und Testmethoden die wesentlichen Merkmale von Versicherungen, die für die Eignung zur Altersvorsorge wichtig sind, nicht adäquat bewerten, insbesondere, wenn man sonstige Finanzprodukte mit Lebens- und Rentenversicherungen vergleicht oder den Risikoschutz außer acht lässt.

1.1 Gesellschaftliche und politische Rahmenbedingungen

Die Lebensversicherung spielt in Deutschland heute eine herausragende Rolle in der Alterssicherung. Dies hat auch zuletzt die Finanzmarktkrise gezeigt: Aufgrund konservativer Anlagepolitik musste – anders als bei den vielen Banken – kein Lebensversicherer gerettet werden. Nach wie vor ist die Lebensversicherung am besten für die ergänzende Altersvorsorge geeignet, denn kein anderes Produkt verfügt über eine vergleichbare Kombination von langfristig attraktiver Rendite und Risikoabsicherung, beispielsweise bei der Absicherung von Hinterbliebenen im Falle des Todes oder einer möglichen Berufsunfähigkeit. Diese Zweckbindung für die Altersvorsorge ist auch der Grund, warum sie im Steuerrecht besonders behandelt wird.

Die Stärken der Lebensversicherung liegen vor allem in der Beherrschung von Risiken und den langfristigen, lebenslangen Garantien, die den Kunden die Sicherheit geben, die sie von einer Altersvorsorge erwarten. Nur die Lebensversicherung kann einen Ausgleich der Risiken in der Gemeinschaft der Versicherten und über die Zeit ermöglichen. Dazu steht ihr neben der Technik auch ein passender Rechtsrahmen zur Verfügung. Lebensversicherungen passen sich ändernden Lebenslagen an, soweit dies im Rahmen einer langfristig angelegten Altersvorsorge möglich ist.

Letztlich zeigt sich darin auch ein Beweis des über Jahrzehnte hinweg erworbenen Vertrauens der Menschen in die Lebensversicherer – Vertrauen, das unerlässlich für die Altersvorsorge ist. Dieses Vertrauen haben sich die Lebensversicherer erarbeitet: Sie gewährleisten u. a. durch lebenslange Garantien die nötige Sicherheit, gerade auch in Krisenzeiten, die eine echte Altersvorsorge von allen anderen Kapitalanlagen unterscheidet.

Neben der Absicherung im Alter werden daher auch andere Sicherungsmotive an Bedeutung gewinnen: Konkret geht es um so genannte biometrische Risiken, wie das Berufs-, Unfähigkeits-, Pflege- und das Hinterbliebenenrisiko.

Biometrische Risiken

Der Begriff biometrische Risiken stammt aus dem Bereich der Lebensversicherung.

Unter biometrischen Risiken werden individuelle Risiken verstanden, die sich auf das Leben und den Lebensunterhalt beziehen. Besonders fällt darunter das nicht zu kalkulierende Risiko:

- des Todesfalles
- der Langlebigkeit
- der Invalidität
- des Unfalltodes
- der Unfallinvalidität
- der Berufsunfähgikeit
- der Pflegebedürftigkeit
- von schweren Erkrankungen

Im Zuge des demografischen Wandels wird sich nicht nur der Anteil älterer Menschen, sondern auch der von zeitlebens kinderlosen Personen und Doppelverdienerhaushalten an der Bevölkerung verändern. Die Bedürfnisse nach passender privater und betrieblicher Altersvorsorge werden daher so vielfältig sein wie die denkbaren Lebensmodelle und Erwerbsbiografien.

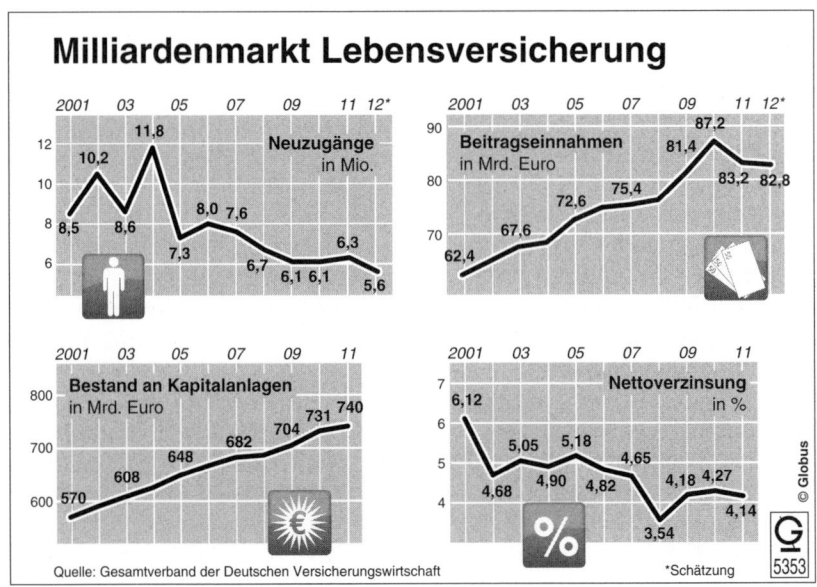

Abbildung 2: Milliardenmarkt Lebensversicherung

1.2 Nachfragestruktur der Lebensversicherung und insbesondere der betrieblichen Altersversorgung

1.2.1 Lebensversicherung für private und gewerbliche Versicherungsnehmer

Über die Rentenreformen der letzten 20 Jahre ist der Bevölkerung deutlich geworden, dass sie sich nicht allein auf die staatliche Alterssicherung verlassen kann, wenn es das Ziel ist, eine auskömmliche Versorgung zu erreichen.

Es entstehen Versorgungslücken im Alter, da sich eine massive Differenz zwischen dem Nettoeinkommen und der Absicherung beispielsweise im Alter oder im Falle einer Berufsunfähigkeit ergeben. Diese Versorgungslücken ergeben sich zwangsweise, da wegen der demografischen Entwicklung die Finanzierung der staatlichen Leistungen nur um den Preis von Leistungseinschränkungen gesichert werden konnte, und sind ihrer Natur nach Lücken im Versicherungsschutz. Die Reformen der Vergangenheit haben sich ganz überwiegend auf die Finanzierbarkeit der Leistungen konzentriert. Die Leistungsformen selbst, also Altersrenten, Hinterbliebenenrenten und Erwerbsminderungsrenten, standen hingegen nie infrage.

Die Versicherungswirtschaft ist daher der natürliche Partner für all jene, die ihre Versorgungslücken schließen möchten. Denn nur sie verfügt über eine breite Palette von modernen Produkten, die maßgeschneiderte Auszahlungsprofile in Abhängigkeit von Lebensereignissen bieten und nicht nur simplen „Kapitalverzehr". Sie bietet eine Vielzahl von Möglichkeiten, den Schutz gegen vorzeitigen Tod, gegen den Verlust der Arbeitskraft oder gegen Armut im Alter im Lebensverlauf anzupassen.

Jedoch ist bei der beschriebenen Marktabdeckung kein echter Nachfragemarkt vorhanden. Der Bedarf muss individuell ermittelt und aufgezeigt werden. Dieses entspricht dem Bild eines modernen Kundenberaters, der mehr kann, als nur ein Produkt anzupreisen. Vielmehr ist eine umfängliche Beratung und Dokumentation erforderlich.

Den Lebensversicherern wird oft vorgeworfen, ihre Produkte seien wenig flexibel. Im Vergleich zu Sparkonten oder Fondsanlagen wird bemängelt, dass Versicherungen eine stärkere Bindung des Kunden erfordern. Dabei darf aber nicht vergessen werden, dass Langfristigkeit, Stetigkeit und Disziplin die Kardinaltugenden einer erfolgreichen Altersvorsorge bleiben. Schließlich gilt es, eine Einkommensquelle für einen ganzen Lebensabschnitt aufzubauen. Dies zeigt auch der Vergleich mit staatlichen Sicherungssystemen: Sie basieren auf einer Pflichtmitgliedschaft, die für die allermeisten Versicherten mit dem Start in den Beruf beginnt und erst mit dem Tod endet. Es kommt deshalb darauf an, einen für die Altersvorsorge angemessenen Begriff von Flexibilität zu finden. Denn damit eine private Altersvorsorge tatsächlich spürbar zur Schließung der „Lücke" zwischen dem letzten Einkommen während des Berufslebens und der gesetzlichen Rentenversicherung beiträgt, ist bei den meisten Menschen ein langer Ansparprozess nötig. Nur so kann auch mit begrenzten Mitteln das Ziel erreicht werden. Die jederzeitige Flexibilität und nachteilslose Liquidierbarkeit von Vorsorgeverträgen hat dagegen gravierende Nachteile, weil die Spardisziplin der Nachfrager fehlt und das Angesparte oft vorzeitig konsumiert wird; weil die Anlagepolitik der Anbieter stärker auf Liquidität ausgerichtet werden muss und nicht auf Mehrrenditen, die nur bei langfristigem Anlagehorizont erzielt werden können; weil der effiziente Risikoausgleich stabile Gemeinschaften von Versicherten voraussetzt. Eine falsch verstandene Flexibilität konterkariert zwangsläufig das Ziel einer effizienten und erfolgreichen Altersvorsorge.

Immer mehr Menschen erkennen, dass sich die betriebliche Altersversorgung lohnt; auch Berechnungen bestätigen dies. Erfolgreich hat sie sich – ergänzend zur gesetzlichen Rente – in den letzten Jahren in immer mehr Betrieben etabliert.

Betriebliche Altersvorsorge gewinnt daher zunehmend an Bedeutung – doch noch lange nicht alle nutzen ihren Anspruch auf eine staatlich geförderte Rente.

Das Ergebnis ist ernüchternd. Laut einer Umfrage unter Angestellten im Mittelstand nutzen derzeit etwa nur 47 % die betriebliche Altersvorsorge. Mehr als die Hälfte der Angestellten lässt ihr Recht auf eine steuerbegünstigte Altersvorsorge ungenutzt.

Rente vom Betrieb
Von je 100 Arbeitnehmern* haben Anspruch auf eine betriebliche Altersversorgung

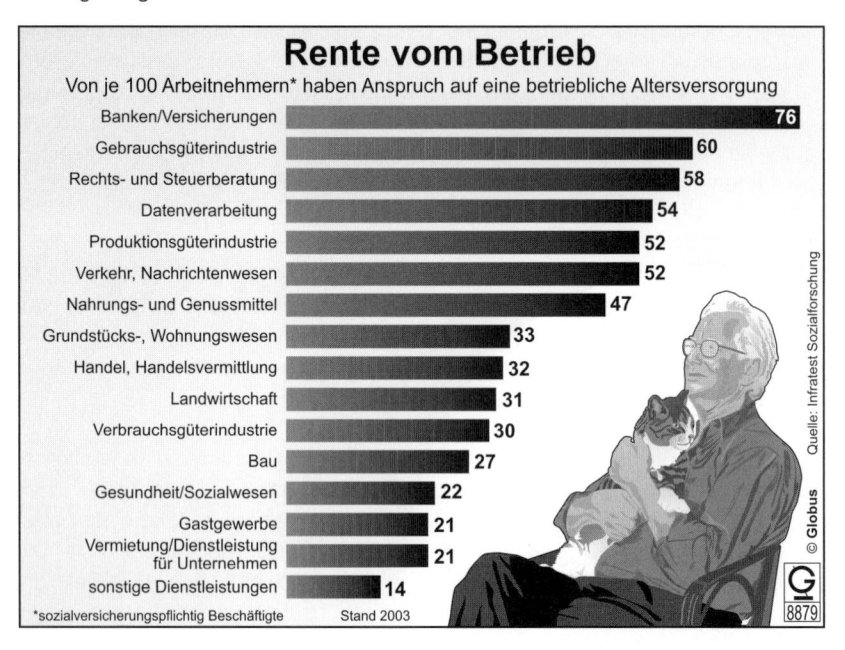

Banken/Versicherungen	76
Gebrauchsgüterindustrie	60
Rechts- und Steuerberatung	58
Datenverarbeitung	54
Produktionsgüterindustrie	52
Verkehr, Nachrichtenwesen	52
Nahrungs- und Genussmittel	47
Grundstücks-, Wohnungswesen	33
Handel, Handelsvermittlung	32
Landwirtschaft	31
Verbrauchsgüterindustrie	30
Bau	27
Gesundheit/Sozialwesen	22
Gastgewerbe	21
Vermietung/Dienstleistung für Unternehmen	21
sonstige Dienstleistungen	14

*sozialversicherungspflichtig Beschäftigte   Stand 2003
Quelle: Infratest Sozialforschung © Globus 8879

Abbildung 3: Rente vom Betrieb

Dabei schlagen Arbeitnehmer mit der betrieblichen Altersvorsorge zwei Fliegen mit einer Klappe: Sie sorgen fürs Alter vor und sparen gleichzeitig Steuern und Sozialabgaben. Alle können profitieren und hier liegen die Chancen für den Vertrieb, wenn man davon ausgeht, dass jeder Zweite seine Möglichkeiten nicht nutzt.

Der Versicherungsmarkt

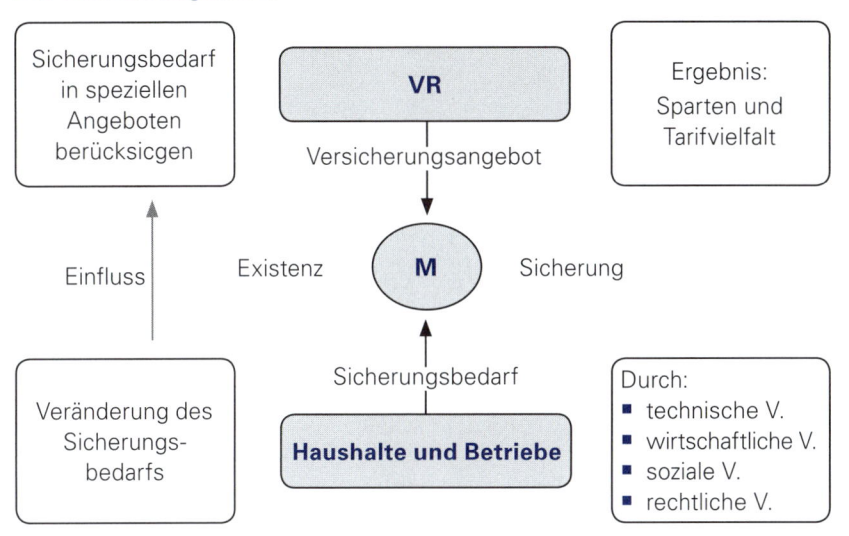

```
Sicherungsbedarf                                        Ergebnis:
in speziellen            VR                             Sparten und
Angeboten                                               Tarifvielfalt
berücksicgen       Versicherungsangebot


Einfluss    Existenz      M      Sicherung


                     Sicherungsbedarf    Durch:
Veränderung des                          ▪ technische V.
Sicherungs-       Haushalte und Betriebe ▪ wirtschaftliche V.
bedarfs                                  ▪ soziale V.
                                         ▪ rechtliche V.
```

Abbildung 4: Struktur des Versicherungsmarkts

Die gesetzlichen Rahmenbedingungen haben die richtigen Impulse in den letzten Jahren erzeugt: Arbeitnehmer haben Anspruch auf Entgeltumwandlung, also darauf, dass Teile ihres Lohns oder Gehalts für eine spätere Betriebsrente gespart werden. Aber auch eine Vielzahl weiterer Änderungen, wie im Jahre 2005 die Einführung des 3-Schichten-Modells oder aber auch die Überarbeitung des Betriebsrentengesetztes und die Einführung zeitgemäßer Durchführungswege haben die richtigen Akzente gesetzt.

Wichtiger denn je sind für den Produktentwickler und den späteren Vertrieb der Produkte die vom Gesetzgeber gegebenen steuerlichen und sozialversicherungsrechtlichen Rahmenbedingungen.

1.2.2 Demografischer Wandel

Die demografische Entwicklung in Deutschland

Schlank sein ist sicherlich für viele ein ersehnter oder zumindest anzustrebender Zustand. Aber wenn es um „den deutschen Lebensbaum" geht, gefällt der linke Baum in Abbildung 5 gewiss schon besser. Und dabei ist dieser doch schon mindestens einhundert Jahre von dem tannenbaumähnlichen Gebilde früherer Generationen entfernt. Damals war er unten noch breit und solide und verjüngte sich nach oben zu einer schönen Spitze. Gewiss, er war weniger hoch und mit dünner Spitze, aber ansehnlich und – übertragen auf das, was er aussagen soll – beruhigend und vielversprechend für die Zukunft.

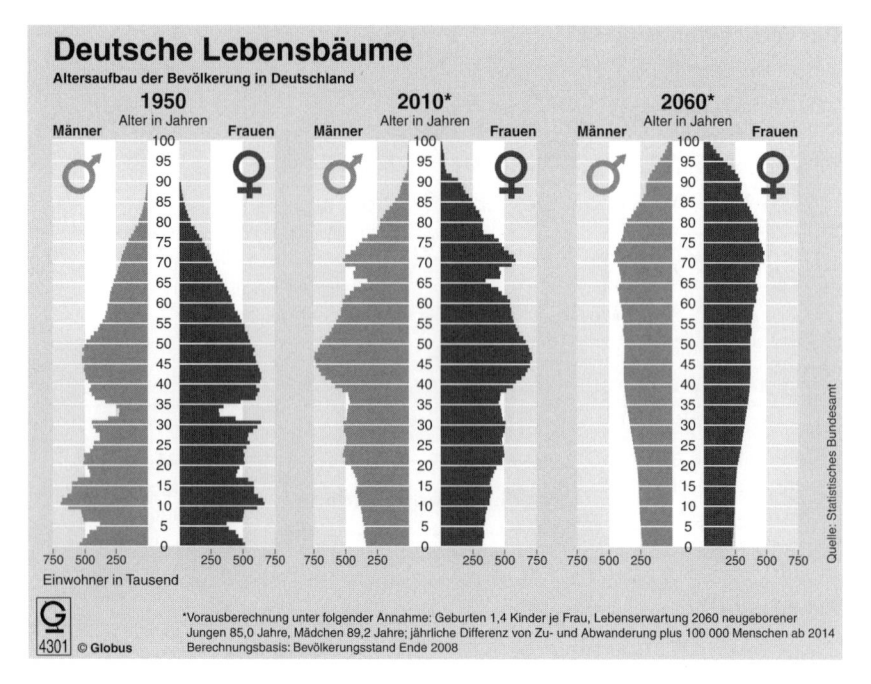

Abbildung 5: Deutsche Lebensbäume

Der deutsche Lebensbaum zeigte „viel Jugend", das heißt, ausreichend Nachwuchs für Deutschland, sowohl bei den Mädchen als auch bei den Jungen. Bezogen auf die Schulen, die Universitäten, die Lehrherren, die Bildungseinrichtungen konnten alle damit rechnen, dass es stets eine genügend große Anzahl junger Menschen gab, die da in Deutschland heranwuchs.

Der Lebensbaum wurde durch die Kriegseinwirkungen zuerst in der Mitte dünner, blieb aber unten noch recht stabil. Anfang der 60er-Jahre konnte man sogar von einem regelrechten Babyboom sprechen.

Mit dem Ende der nachkriegsbedingten und durch die Aufbruchstimmung des ganzen Volkes begünstigten Vollbeschäftigung ließ auch der Wunsch nach einem Kind oder gar mehreren bald nach. Die Antibabypille beschleunigte diese Entwicklung noch. Der Lebensbaum wurde unten immer dünner, die Mitte zeigte sich aber durch die ins Arbeitsleben hineinwachsende Jugend breit und stabil. Die Lebensversicherer konnten damit rechnen, auf eine große Zahl von Interessenten zu treffen. Dies wurde auch noch dadurch begünstigt, dass die gesetzliche Rentenversicherung nach einer längeren Blütezeit mit relativ geringen Beiträgen, aber einer ständigen Ausweitung ihrer Leistungen, zu schwächeln begann. Leistungskürzungen gehörten ebenso wie Beitragserhöhungen zu den mühevollen Bemühungen, das Umlageverfahren trotz der abnehmenden Zahl von Beitragszahlern und der zunehmenden Zahl von Rentnern mit steigender Lebenserwartung zu retten.

Die an einer privaten Vorsorge Interessierten waren zunächst noch in großer Zahl vorhanden und bescherten den Lebensversicherern von Jahr zu Jahr mehr

Versicherungsnehmer. Steuerliche Vorteile begünstigten diese Marktentwicklung.

Aber bald wurde absehbar, dass es so nicht weitergehen konnte: Der Lebensbaum verlor mehr und mehr seine stattliche Mitte.

Bietet schon der Lebensbaum des Jahres 2008 ein recht beunruhigendes Bild, so zeigt ein Ausblick auf die nächsten 50 Jahre, was es für ein Staatsvolk bedeutet, wenn der Nachwuchs fehlt und die Gruppe der aus dem Arbeitsleben Ausgeschiedenen immer größer wird:

- Manche Kindergärten, Schulen, Bildungseinrichtungen werden schließen müssen.
- Es wird einen Mangel an Arbeitskräften geben.
- Der Bedarf an privater Altersversorgung wird steigen, ohne dass die Mehrzahl der ernsthaft Interessierten ausreichende Mittel haben wird, um diese auch zu finanzieren. Der Markt für die Lebensversicherer wird sich weiter verengen.
- Die älter werdende Bevölkerung wird die gesetzlichen und privaten Krankenversicherer vor immer größer werdende Finanzierungsprobleme stellen.
- Die gesetzliche Rentenversicherung wird wegen der steigenden Lebenserwartung weitere Rentenkürzungen nicht vermeiden können und dabei nicht einmal an Beitragserhöhungen vorbeikommen.
- Die alternde Generation muss in noch stärkerem Maße als heute privat oder in Heimen gepflegt und versorgt werden, ohne dass heute schon sicher ist, ob die finanziellen Mittel dafür ausreichen und ob genügend helfende Hände zuhause und/oder in den Seniorenresidenzen verfügbar sein werden.

Mit anderen Worten: Der demografische Wandel stellt alle vor große, im Detail vielleicht gar nicht einmal lösbare Probleme.

1.3 Angebotsstruktur

Mit dem Begriff „Angebotsstruktur" beschreibt ein Lebensversicherungsunternehmen seine Sichtweise auf den Markt.

Im Markt finden wir daher Versicherungsgesellschaften, welche ein „Rundum-Angebot" anbieten bzw. auch Unternehmen, welche sich im Rahmen der Diversifikation auf einzelne Zielgruppen oder Produkte konzentrieren. Dies kann zum Beispiel der Fall sein, wenn ein Unternehmen im Rahmen der Diversifikation ausschließlich Produkte für Privat- oder Firmenkunden anbietet.

Hierbei müssen sich die Anbieter von Lebensversicherungsprodukten natürlich in dem gesetzlichen und steuertechnischen Rahmen bewegen.

Auch ist die Differenzierung des Neuzuganges nach Versicherungsarten sehr aufschlussreich. Der GDV veröffentlicht diese Zahlen regelmäßig:

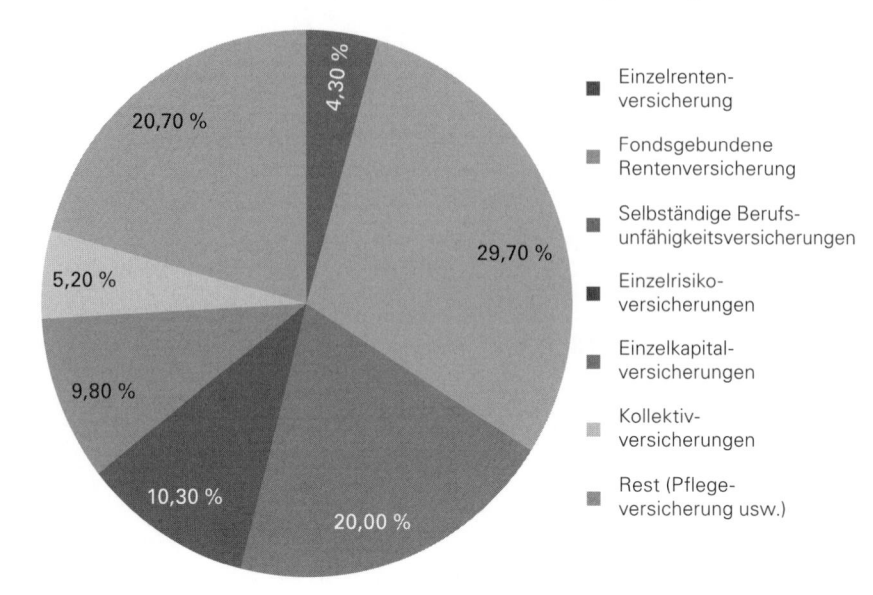

Werte im Kreisdiagramm:
- 29,70 %
- 20,00 %
- 10,30 %
- 9,80 %
- 5,20 %
- 20,70 %
- 4,30 %

Legende:
- Einzelrentenversicherung
- Fondsgebundene Rentenversicherung
- Selbständige Berufsunfähigkeitsversicherungen
- Einzelrisikoversicherungen
- Einzelkapitalversicherungen
- Kollektivversicherungen
- Rest (Pflegeversicherung usw.)

Abbildung 6: Neuzugänge nach Versicherungsarten
(Quelle: GDV, Die Lebensversicherung in Zahlen 2014)

Hieraus kann man ablesen, welche Produkte nachgefragt werden.

Natürlich ist die Frage des Angebotes auch davon geprägt, über welchen Vertriebsweg ein Produkt zu vermarkten ist. Auch hier gibt es aktuell im Markt ein heterogenes Bild von sehr einfachen Angeboten bis hin zu beratungsintensiven Gesamtversorgungslösungen für Kunden.

2. Bestehende Deckungskonzepte

2.1 Das 3-Schichten-Modell

Handlungssituation

Sie sind Mitarbeiter des Ausbildungsbereichs der Proximus Versicherung AG und bereiten für die Auszubildenden zum/zur Kaufmann/-frau für Versicherungen und Finanzen einen Überblick zum 3-Schichten-Modell vor.

Die Vorstellungen von einer idealen (Alters-)Versorgung basierten in den zurückliegenden Jahrzehnten auf der Überlegung, dass diese auf 3 Säulen ruhen sollte:

3 Säulen

- gesetzliche Rentenversicherung zur Grundversorgung
- betriebliche Altersversorgung als Ergänzung
- private Lebensversicherung zur Abrundung

Hierbei greifen die Menschen auf die folgenden Bausteine der Altersicherung aktuell zurück:

Bausteine der Alterssicherung

Leistungen in Deutschland 2011 in Milliarden Euro

Renten aus der gesetzlichen Rentenversicherung	225,4 Mrd. Euro
Lebensversicherungen	84,3
Beamtenpensionen	44,3
Betriebsrenten	23,2
Zusatzversorgung im öffentl. Dienst	9,9
Versorgungswerke	3,8
Altershilfe für Landwirte	2,8

Quelle: Dt. Rentenversicherung, GDV, BMAS © Globus 5299

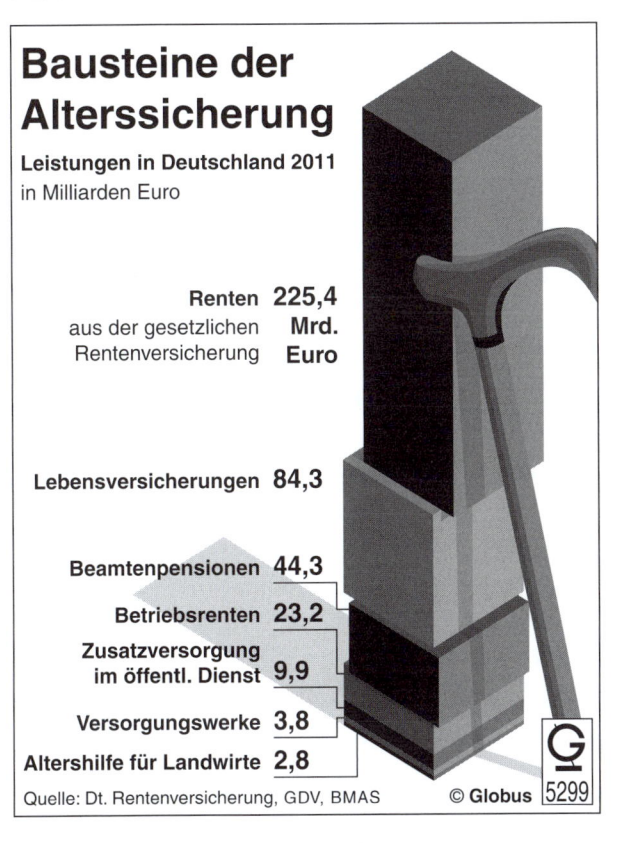

Abbildung 7: Bausteine der Alterssicherung

Man fragt sich, was sich dahinter verbirgt, wenn über die finanzielle Absicherung von Risiken gesprochen wird und man zeichnet folgendes Bild:

Finanzielle Absicherungen der Risiken

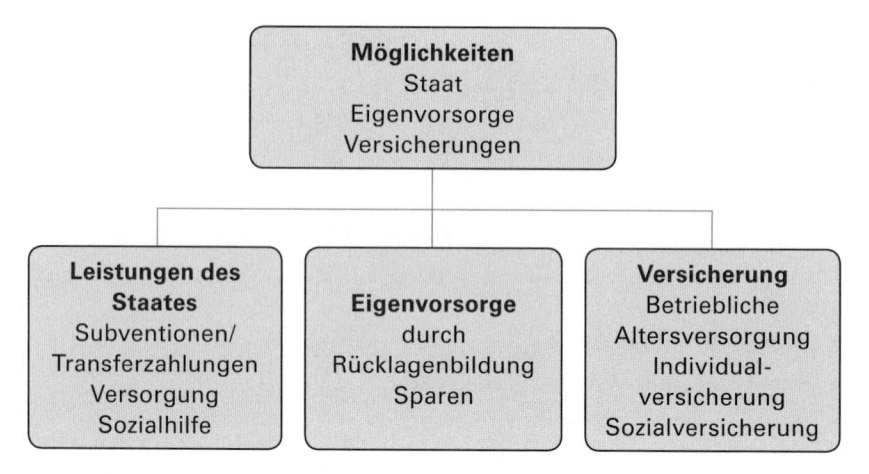

```
                    ┌─────────────────────┐
                    │   Möglichkeiten     │
                    │       Staat         │
                    │   Eigenvorsorge     │
                    │   Versicherungen    │
                    └─────────────────────┘
                              │
        ┌─────────────────────┼─────────────────────┐
        │                     │                     │
┌───────────────┐   ┌─────────────────┐   ┌──────────────────┐
│ Leistungen des│   │  Eigenvorsorge  │   │   Versicherung   │
│    Staates    │   │      durch      │   │    Betriebliche  │
│ Subventionen/ │   │ Rücklagenbildung│   │ Altersversorgung │
│Transferzahlung│   │     Sparen      │   │   Individual-    │
│   Versorgung  │   │                 │   │   versicherung   │
│   Sozialhilfe │   │                 │   │ Sozialversicherung│
└───────────────┘   └─────────────────┘   └──────────────────┘
```

3 Schichten Um die aufgeführten Maßnahmen auch in ein verständliches Gedankengebäude einzubinden, wurde aus dem Modell mit den 3 Säulen das 3-Schichten-Modell:

1. Schicht Basisversorgung

| gesetzliche Rentenversicherung | berufsständische Versorgung | landwirtschaftliche Alterskassen | private kapitalgedeckte Leibrentenversicherung |

2. Schicht Zusatzversorgung

Betriebliche Altersversorgung				Kapitalgedeckte Altersvorsorge
Direktzusage	Unterstützungskasse	Pensionskasse	Direktversicherung	Pensionsfonds

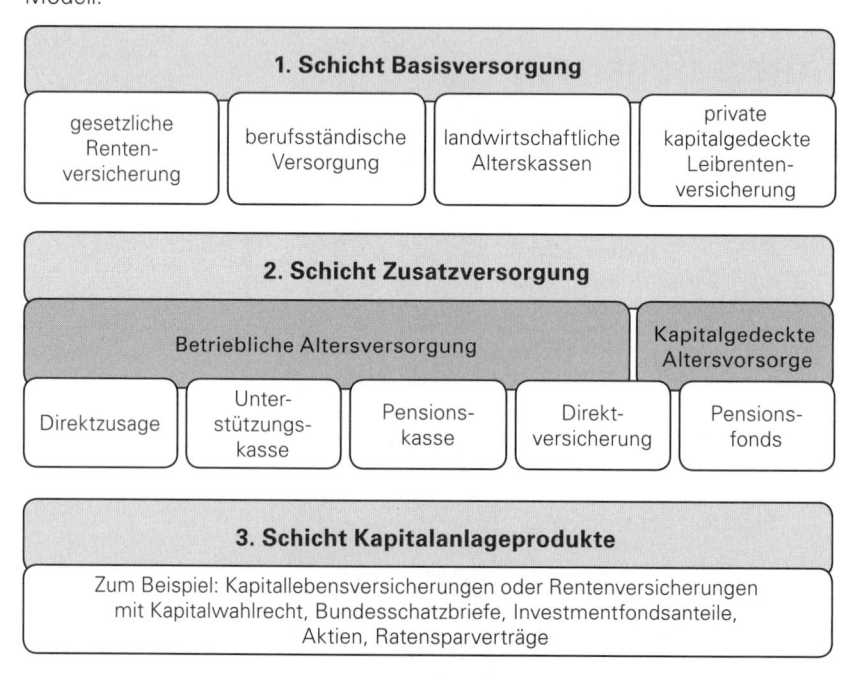

3. Schicht Kapitalanlageprodukte

Zum Beispiel: Kapitallebensversicherungen oder Rentenversicherungen mit Kapitalwahlrecht, Bundesschatzbriefe, Investmentfondsanteile, Aktien, Ratensparverträge

Tabelle 1: Angebotsstruktur im Rahmen des Alterseinkünftegesetzes

Die Neuregelung der Rentenbesteuerung wurde durch ein Urteil des Bundesverfassungsgerichts in Karlsruhe vom Jahr 2002 notwendig. Das Gericht hatte aufgrund einer Klage entschieden, dass die unterschiedliche Besteuerung von Beamtenpensionen und Renten der gesetzlichen Rentenversicherung gegen den Gleichheitsgrundsatz verstößt und damit verfassungswidrig sei.

Höhe der Besteuerung

Die Neuregelung der Alterseinkünftebesteuerung basiert auf einem Modell, in dem die verschiedenen Formen der Altersvorsorge drei Schichten zugeordnet werden:

2.1.1 Erste Schicht: Basisversorgung

Gesetzliche Rentenversicherungen

Die gesetzliche Rentenversicherung gehört, wie die berufsständischen Versorgungswerke, die landwirtschaftlichen Alterskassen und die neue Basisrentenversicherung (Rürup-Rente), zur ersten Schicht.

Die gesetzliche Rentenversicherung betreut 52 Millionen Versicherte und über 20 Millionen Rentner und ist damit die wichtigste Säule der Alterssicherung in Deutschland. Die gesetzliche Rentenversicherung kennt verschiedene Altersrenten mit unterschiedlichen Altersgrenzen und Zugangsbedingungen.

Kapitalgedeckte Rentenversicherungen (Basis- oder Rürup-Verträge)

Die Basisversorgung ist in ihrer Gestaltung sehr eng an die gesetzliche Rentenversicherung angelehnt.

Basis-Renten müssen, um steuerlich begünstigt zu werden, bestimmte Bedingungen erfüllen:

- Die Auszahlung muss als lebenslange Leibrente erfolgen und darf bei Verträgen, die ab 2012 abgeschlossen werden, nicht vor dem 62. Lebensjahr beginnen.
- Das angesparte Vorsorgekapital darf nicht vererblich, nicht übertragbar, nicht beleihbar, nicht veräußerbar und nicht kapitalisierbar sein.
- Absicherungen für den Fall der Erwerbsminderung oder für Hinterbliebene sind grundsätzlich möglich, in manchen Versicherungsformen sogar obligatorisch (z. B. Erwerbsminderungsrente der gesetzlichen Rentenversicherung).

Steuerbegünstigung der Beiträge

Die Aufwendungen zu zertifizierten Versicherungsformen der Basisversorgung konnten bei Alleinstehenden bisher bis zu einem Höchstbeitrag von 20.000 € (40.000 € für Verheiratete) berücksichtigt werden (Sonderausgabenabzug für Aufwendungen zur Basisversorgung). Die Fördergrenzen sind durch das Zollkodexanpassungsgesetz seit dem 1.1.2015 gestiegen – 22.172 € für Alleinstehende bzw. 44.344 € für Verheiratete – und an die BBG gekoppelt. Die Begrenzung wurde bewusst deutlich über dem Höchstbeitrag zur gesetzlichen Rentenversicherung gewählt, damit auch Arbeitnehmer, die den Höchstbeitrag zahlen, ein adäquates Beitragsvolumen zum Aufbau einer steuerlich begünstigten privaten Altersvorsorge haben.

Basisversorgung

Die Aufwendungen sind in der Übergangszeit bis 2024 noch mit dem für das jeweilige Jahr geltenden Prozentsatz zu multiplizieren. Dieser beträgt für 2005 60 % und steigt jährlich um 2 %, bis er schließlich ab dem Jahr 2025 100 % beträgt.

Besonderheit

§ 10 Abs. 3 EStG Bei Steuerpflichtigen, die als Arbeitnehmer in der gesetzlichen Rentenversicherung versicherungsfrei sind oder auf Antrag des Arbeitgebers von der Versicherungspflicht befreit waren *und* ohne eigene Beitragsleistungen (oder nur teilweise Beitragsleistung) Ansprüche auf Altersvorsorge erwerben, ist eine fiktive Beitragsleistung (Arbeitnehmer- und Arbeitgeberanteil) zur gesetzlichen Rentenversicherung zu berücksichtigen (§ 10 Abs. 3 EStG).

2.1.2 Zweite Schicht: Zusatzversorgung

Zur zweiten Schicht gehören die kapitalgedeckte Zusatzvorsorge in Form der Zulagen-Rente (Riester-Rente) und die betriebliche Altersversorgung.

Die Zulagen-Rente

Zulagen-Rente Seit 2002 fördert der Staat die zusätzliche Altersvorsorge. Als „Riester-Rente" oder „Zulagen-Rente" ist sie vielen Bürgern inzwischen ein Begriff. Wer selbst in einer bestimmten Höhe Beiträge zahlt, kann dafür Zulagen erhalten und diese mit den Beiträgen zusätzlich als Sonderausgaben steuerlich geltend machen.

Förderberechtigte Personen

Zu den Förderberechtigten zählen:

- in der gesetzlichen Rentenversicherung pflichtversicherte Arbeitnehmer und Auszubildende
- Landwirte, ihre Ehegatten und mitarbeitende Familienangehörige
- rentenversicherungspflichtige Selbstständige
- Mütter oder Väter, die während der ersten drei Lebensjahre eines Kindes die Kindererziehungszeiten in der gesetzlichen Rentenversicherung angerechnet bekommen
- Bezieher von Arbeitslosengeld I und Krankengeld
- Bezieher von Arbeitslosengeld II, sofern sie vor dem Leistungsbezug zulageberechtigt waren
- Personen, die eine Rente wegen Erwerbsunfähigkeit, eine Rente wegen voller Erwerbsminderung oder eine Versorgung wegen Dienstunfähigkeit erhalten
- nicht erwerbsmäßig tätige Pflegepersonen
- Personen, die im Rahmen des Bundesfreiwilligendienstes oder des Freiwilligen Sozialen oder Ökologischen Jahres tätig sind
- geringfügig Beschäftigte (Mini-Jobber), wenn Pflichtbeiträge zur gesetzlichen Rentenversicherung gezahlt werden

2. Bestehende Deckungskonzepte

- Beamte, Richter, Soldaten, Amtsträger und versicherungsfreie Angestellte mit Anspruch auf Beamtenversorgung
- Ehepartner von förderberechtigten Personen, sofern sie vom Ehepartner nicht dauernd getrennt leben, einen förderfähigen Altersvorsorgevertrag auf den eigenen Namen abschließen und mindestens 60 € in ihren Altersvorsorgevertrag einzahlen

Der Sockelbeitrag muss auch von unmittelbar Förderberechtigten geleistet werden (vgl. § 86 Abs. 1 EStG). Um die Förderung zu erhalten, müssen sie grundsätzlich in Deutschland einem gesetzlichen Altersvorsorgesystem angehören.

Förderung und Mindesteigenbeitrag

Der Mindesteigenbeitrag beträgt 4 % (maximal 2.100 €) des rentenversicherungspflichtigen Einkommens des Vorjahres abzüglich der zu gewährenden Zulagen. Dieses Geld muss in einen förderfähigen Altersvorsorgevertrag oder in ein begünstigtes Produkt der betrieblichen Altersversorgung fließen.

Bei Abschluss einer Zulagen-Rente erhalten die Anleger grundsätzlich eine Grundzulage. Dazu kommt pro Kind, für das Kindergeld bezogen wird, eine Kinderzulage. Bei verheirateten, zusammenveranlagten Eltern wird die Kinderzulage dem Vertrag der Mutter gutgeschrieben, nur auf Antrag dem Vater. Ansonsten erhält grundsätzlich die Person, die Kindergeld bezieht, die Kinderzulage.

Der Mindesteigenbeitrag für den Erhalt der maximalen Zulage hängt also neben der Höhe des Vorjahreseinkommens von der Höhe der Zulagen ab.

▶ Beispiel: ledig, keine Kinder, sozialversicherungspflichtig, Angestellte

rentenversicherungspflichtiger Verdienst 2013	30.000 €
Ausgangswert 2014 (= 4 %)	1.200 €
	(maximaler Beitrag 2.100 €)
abzüglich Grundzulage	154 €
Mindesteigenbeitrag	1.046 €

Die Sozialversicherungspflichtige aus diesem Beispiel muss mindestens 1.046 € im Jahr zahlen, um die volle Zulage zu erhalten.

Ist die Eigenleistung geringer als der Mindesteigenbeitrag, verringert sich auch die staatliche Zulage entsprechend im Verhältnis des tatsächlich geleisteten Beitrags zum erforderlichen Mindesteigenbeitrag.

Der mittelbar förderberechtigte Ehepartner erhält seine Zulage nur dann in vollem Umfang, wenn der unmittelbar förderberechtigte Ehepartner seinen Mindesteigenbeitrag gezahlt hat.

Sockelbeitrag

Um Anspruch auf die staatliche Förderung zu haben, muss ein Jahresbeitrag von mindestens 60 € gezahlt werden („Sockelbeitrag"). Dieser kommt dann zum Zuge, wenn der aus dem Vorjahreseinkommen errechnete Mindesteigenbeitrag niedriger als 60 € ist. Das gilt auch dann, wenn kein maßgebliches Einkommen erzielt kann.

Zulagenantrag

Um die Zulage zu erhalten, muss bis spätestens zwei Jahre nach Ablauf des Beitragsjahres ein Antrag auf Zulage gestellt. Diesen erstellt der Anbieter automatisch. Der Anbieter leitet den Antrag dann an die Zentrale Zulagenstelle für Altersvermögen (ZfA) weiter. Seit einiger Zeit kann auch der Anbieter bevollmächtigt durch einen Dauerzulagenantrag eine jährliche Meldung vornehmen. Änderungen in der Lebenssituation des Kunden, wie z. B. den Wegfall des Kindergeldes oder eine Einkommensverbesserung, müssen dem Anbieter mitgeteilt werden.

Sonderausgabenabzug

Der Aufbau der Altersvorsorge wird durch die Gewährung der Zulagen gefördert. Daneben können die Altersvorsorgebeiträge als Sonderausgaben bei der Steuererklärung geltend gemacht werden. Für den Sonderausgabenabzug gelten Höchstbeträge. Der Höchstbetrag liegt bei 2.100 € pro Jahr und unmittelbar förderberechtigter Person. Bei Ehepaaren mit einem unmittelbar und einem mittelbar förderberechtigten Partner erhöht sich dieser Betrag auf 2.160 €.

Anlage „AV" Für den Sonderausgabenabzug müssen bei der Steuererklärung in der Anlage „AV" Angaben gemacht werden. Das Finanzamt prüft dann, ob die Steuerersparnis durch den Sonderausgabenabzug höher ist als die Zulage. Ist diese günstiger als der Sonderausgabenabzug, erhält der Anleger nur die Zulage. Ist der Sonderausgabenabzug vorteilhafter, bekommt der Anleger den über die Zulage hinausgehenden Betrag gutgeschrieben über seine Steuerklärung.

Bedingungen für Förderfähigkeit

Private Vorsorgeprodukte müssen bestimmte Bedingungen erfüllen, um eine „Zertifizierung" zu erhalten:

- Zulagen-Renten müssen geschlechtsneutrale Tarife anbieten (Unisex-Tarife).
- Die Rente darf nicht vor Vollendung des 62. Lebensjahres ausgezahlt werden.
- Zu Beginn der Auszahlungsphase müssen mindestens die eingezahlten Beiträge zur Verfügung stehen.
- Wenn der Zulagen-Vertrag eine Absicherung gegen das Risiko der Erwerbsminderung oder Dienstunfähigkeit enthält, darf diese Garantie niedriger liegen.
- Die Auszahlung muss als lebenslange Rente erfolgen oder als Auszahlungsplan mit Restverrentung, wobei zu Beginn der Auszahlungsphase eine Einmalzahlung von 30 % des Kapitals möglich ist.

- Die Abschluss- und Vertriebskosten müssen auf fünf Jahre verteilt werden.
- Der Sparer darf den Vertrag ruhen lassen, ihn kündigen und den Anbieter wechseln.
- Unter bestimmten Bedingungen können Mittel für eine selbstgenutzte Wohnimmobilie entnommen werden.

Zudem unterliegt der Anbieter des Riester-Produktes verschiedenen Informationspflichten. Erfüllt der Vertrag diese Bedingungen, so erhält er vom Bundeszentralamt für Steuern eine Zertifizierungsnummer.

Die betriebliche Altersversorgung in der zweiten Schicht

Diese fünf Formen der betrieblichen Altersversorgung – so genannte Durchführungswege – gibt es:

- *Direktzusage (auch Pensionszusage):*

  Der Arbeitgeber verpflichtet sich, dem Arbeitnehmer und seinem Angehörigen eine Alters-, Invaliditäts- oder Hinterbliebenenrente zu zahlen.

- *Unterstützungskasse:*

  Die durch den Arbeitgeber – gegebenenfalls gemeinsam mit anderen Unternehmen – gegründete Unterstützungskasse ist eine rechtlich selbstständige Versorgungseinrichtung. Der Arbeitnehmer hat keinen formalen Rechtsanspruch auf die zugesagten Leistungen. Der Arbeitgeber ist aber verpflichtet, für die versprochenen Leistungen einzustehen.

- *Pensionskasse:*

  Pensionskassen sind rechtlich selbstständige Versorgungseinrichtungen, die ihren Mitgliedern – den versorgungsberechtigten Arbeitnehmern – einen Rechtsanspruch auf Leistungen gewähren.

- *Direktversicherung:*

  Eine Direktversicherung ist eine Lebens-/Rentenversicherung oder eine Berufsunfähigkeitsabsicherung, die der Arbeitgeber für den Arbeitnehmer abschließt.

- *Pensionsfonds:*

  Pensionsfonds sind rechtlich selbstständige Einrichtungen, die gegen Zahlung von Beiträgen eine betriebliche Altersversorgung für den Arbeitgeber durchführen.

2.1.3 Dritte Schicht: Sonstige Kapitalanlageprodukte

Die dritte Schicht besteht aus sonstigen Vorsorgemöglichkeiten wie der klassischen privaten Rentenversicherung oder Kapitallebensversicherungen. Diese Produkte können zwar der Altersvorsorge dienen, aber auch den Charakter einer Kapitalanlage haben. Beiträge zu diesen Vorsorgeprodukten müssen die Versicherten deshalb immer aus dem versteuerten Einkommen zahlen.

Die Aufgabe des Vertriebes ist es, optimierte Produkte für den Kunden, egal ob Angestellter, Beamter oder Selbstständiger, auszuwählen und in die Gesamtversorgung einzubinden. Auch müssen die persönlichen Gegebenheiten wie Familienstand, Anzahl der Kinder, Einzahlungshöhe und Alter des Kunden genau untersucht werden.

Persönliche Versorgungsbilanz für einen Kunden
Wichtigste Versorgungsziele bei: Krankheit, Berufsunfähigkeit, Alter, Pflege

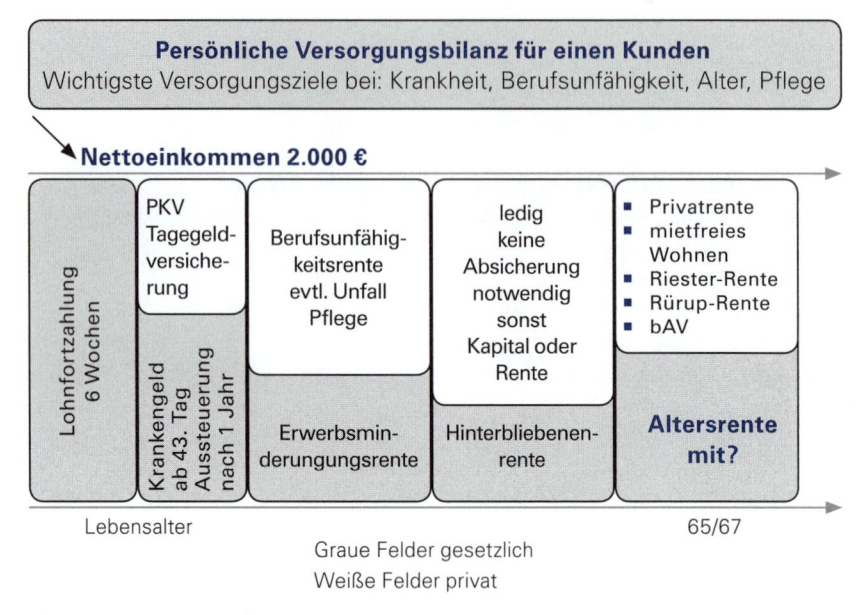

Nettoeinkommen 2.000 €

Lohnfortzahlung 6 Wochen	Krankengeld ab 43. Tag	Aussteuerung nach 1 Jahr	PKV Tagegeldversicherung	Berufsunfähigkeitsrente evtl. Unfall Pflege	ledig keine Absicherung notwendig sonst Kapital oder Rente	- Privatrente - mietfreies Wohnen - Riester-Rente - Rürup-Rente - bAV
				Erwerbsminderungsrente	Hinterbliebenenrente	**Altersrente mit?**

Lebensalter   65/67
Graue Felder gesetzlich
Weiße Felder privat

Abbildung 8: Persönliche Versorgungsbilanz für einen Kunden (Holthausen 2009, S. 14)

2.2 Tarifformen im 3-Schichten-Modell

In den letzten Jahren haben sich die Produkt- und damit die Angebotsstruktur stark verändert. Im Markt finden wir bei den unterschiedlichen Lebensversicherungsunternehmen häufig eine Durchmischung bzw. neue Zusammensetzung in einem Produkt, um den Bedürfnissen einzelner Zielgruppen gerecht zu werden:

2.2.1 Risikolebensversicherung

Todesfallrisiko

Mit einer Risikolebensversicherung kann das Todesfallrisiko für wenig Geld finanziell abgesichert werden. Sollte die versicherte Person während der Vertragsdauer versterben, wird die bei Vertragsabschluss vereinbarte Summe an die Begünstigten ausgezahlt. Selbst dann, wenn der Versicherte bereits nach Zahlung des ersten Beitrags stirbt. Dieser Schutz ist besonders wichtig, weil die Leistungen der gesetzlichen Rentenversicherung an Hinterbliebene im Laufe vieler Reformen reduziert wurden, bspw. indem die Anrechnung eigener Einkommen ausgeweitet wurde.

2.2.2 Berufsunfähigkeitsversicherung

Die Berufsunfähigkeitsversicherung bietet Schutz vor der finanziellen Katastrophe, wenn der Versicherte seinen Beruf nicht mehr ausüben kann. In diesem Falle wird eine monatliche Rente während der Dauer der Berufsunfähigkeit, längstens bis zum vereinbarten Vertragsablauf gezahlt. Die Tarife einiger Anbieter sehen sogar lebenslange Rentenleistungen vor. Häufig wird die volle vereinbarte Rente bereits ab einer Berufsunfähigkeit von 50 % gewährt. Wird die Berufsunfähigkeitsversicherung als Zusatzversicherung, also zusätzlich entweder zu einer Risikolebensversicherung, einer Kapitallebensversicherung oder einer Rentenversicherung abgeschlossen, befreit sie den Versicherten bei Berufsunfähigkeit von der weiteren Zahlung der Beiträge für die Hauptversicherung und für die Zusatzversicherung. Häufig wird jedoch zusätzlich noch eine Berufsunfähigkeitsrente vereinbart.

2.2.3 Rentenversicherung

Mit einer privaten Rentenversicherung wird der Lebensstandard im Rentenalter gesichert. Der Abschluss einer privaten Rentenversicherung ist sehr einfach und für jeden möglich, weil eine Gesundheitsprüfung nicht erforderlich ist. Es gibt verschiedene Formen der privaten Rentenversicherung. Die klassische Form ist die Rentenversicherung mit aufgeschobener Rentenzahlung. Hier wird Kapital mit laufenden Beitragszahlungen angespart und anschließend ab einem vertraglich vereinbarten Zeitpunkt in monatlichen, i. d. R. lebenslangen Renten ausgezahlt.

Rentenversicherungen müssen nicht laufend mit Beiträgen gespeist werden; sie können auch gegen einen – typischerweise größeren – Einmalbeitrag abgeschlossen werden. Aus dieser Form der Rentenversicherung erhält der Versicherte nach Zahlung des Einmalbeitrags frühestens zu Beginn des nächsten Monats lebenslange Rentenleistungen. Besonders geeignet ist diese Rentenform beispielsweise für die Verwendung der Ablaufleistung aus einer fällig werdenden Kapitallebensversicherung.

2.2.4 Kapitallebensversicherung

Die Kapitallebensversicherung verbindet die Vorteile der Risikolebensversicherung mit zusätzlicher Altersvorsorge. Der Versicherte kann mit dieser Vertragsvariante also seine Angehörigen absichern und gleichzeitig für einen sorgenfreien Ruhestand vorsorgen. Die Kapitallebensversicherung eignet sich vor allem für alle diejenigen, die neben der Hinterbliebenenversorgung Wert auf eine sichere Altersvorsorge mit stabiler Rendite legen. Die Versicherungswirtschaft bietet den Versicherten eine garantierte Alterskapitalleistung und sagt, vereinfacht dargestellt, eine garantierte Verzinsung des aufgebauten Kapitals zu (sog. Rechnungszins) und zwar für die gesamte Laufzeit des Versicherungsvertrages. Hinzu kommt eine Überschussbeteiligung. Für den Versicherten bedeutet diese Garantie zusätzliche Sicherheit, denn sein Versicherer nimmt ihm das Kapitalmarktrisiko weitgehend ab.

2.2.5 Fondsgebundene Lebens- und Rentenversicherung

Die fondsgebundene Lebensversicherung unterscheidet sich von den klassischen Produkten durch die Kapitalanlage und damit das Rendite-Risiko-Profil. Es gibt sie als Rentenversicherung oder als Kapitallebensversicherung. Der in dem Versicherungsbeitrag enthaltene Sparanteil wird direkt in einem oder

Sondervermögen

mehreren Investmentfonds – so genannten Sondervermögen – angelegt. Diese Sondervermögen werden von Kapitalanlagegesellschaften verwaltet und in einem gesonderten Anlagestock der Versicherungsunternehmen geführt. Investmentfonds investieren in unterschiedliche Wertpapiere und Anlageformen wie z. B. Aktien, Rentenpapiere und/oder Immobilien.

Der Versicherte hat die Möglichkeit, die Verteilung der zukünftigen Sparanteile auf die verschiedenen Fonds zu ändern („switchen") oder aber die bereits angelegten Sparanteile auf die bisherigen und/oder andere Fonds neu zu verteilen („shiften"). Wie hoch die spätere Auszahlung aus der Versicherung sein wird, hängt von der Wertentwicklung der ausgewählten Investmentfonds ab. Je nach Fondsauswahl können fondsgebundene Lebensversicherungen sehr unterschiedliche Rendite-Risiko-Profile aufweisen – von schwankungsarmen Garantiefonds bis hin zu reinen Aktienanlagen.

Der Versicherungsbeitrag wird im Allgemeinen monatlich gezahlt, um wegen der volatilen Kurse der Fondsanteile zu einem günstigeren Durchschnittskostenverlauf („cost-average-Effekt") zu kommen.

Beim Tod der versicherten Person wird die bei Vertragsabschluss vereinbarte garantierte Todesfallleistung ausgezahlt. Wenn der Wert der gutgeschriebenen Fondsanteile zu diesem Zeitpunkt größer ist als die garantierte Todesfallleistung, wird in der Regel dieser Wert ausgezahlt.

Wer das Vertragsende seiner Versicherung erlebt, erhält den Wert der gutgeschriebenen Fondsanteile. Bei zahlreichen Versicherungsgesellschaften kann aber bereits bei Vertragsabschluss die Auszahlung einer der Höhe nach garantierten Rente vereinbart werden. Bis zum Beginn der Rentenzahlung ist die fondsgebundene Rentenversicherung unmittelbar an der Wertentwicklung des oder der Investmentfonds beteiligt. Weil die Wertentwicklung der Fonds nicht vorhersehbar ist, kann eine bestimmte Rentenhöhe nicht garantiert werden. Bei guter Wertentwicklung des/der gewählten Fonds winken hohe Gewinnchancen. Allerdings müssen auch Verlustmöglichkeiten einkalkuliert werden.

Die Proximus Versicherung AG und das 3-Schichten-Modell

Die Proximus Versicherung AG bietet als Rund-um-Anbieter für jede Schicht ein passendes Produkt an:

Schicht 1
- Aufgeschobene Rentenversicherung
- Hinterbliebenenrenten-Zusatzversicherung

Schicht 2

AltZertG
- Rentenversicherung nach dem AltZertG („Zulagen-Rente")

Schicht 3
- Risikoversicherungen (Unterscheidung nach Raucher und Nichtraucher)
- Berufsunfähigkeitsversicherungen
- Kapitalbildende Lebensversicherungen

2. Bestehende Deckungskonzepte

- Aufgeschobene und sofortbeginnende Rentenversicherungen
- Fondsgebundene Rentenversicherungen
- Zusatzversicherungen
  - Berufsunfähigkeits-Zusatzversicherung
  - Unfalltod-Zusatzversicherung
  - Hinterbliebenenrenten-Zusatzversicherung

Die jeweiligen Leistungen ergeben sich in dem Bedingungswerk Proximus 3 in der Regel aus § 1 bzw. 2 unter dem Punkt „Welche Leistungen erbringen wir?".

Um eine leichtere Zuordnung innerhalb der Tarife in Proximus 3 zu erreichen, wurde in den Überschriften für die Bedingungen und Tarife bereits die Schicht-Angabe berücksichtigt.

Alle Tarife der
- Schicht 1 beginnen mit S1.
- Schicht 2 beginnen mit S2.
- Schicht 3 beginnen mit S3.

Ob der Einschluss von Zusatzversicherungen möglich ist, verrät ebenfalls das Bedingungswerk Proximus 3:

Bedingungswerk Proximus 3

	Produkte der 1. Schicht	Produkte der 2. Schicht	Produkte der 3. Schicht (außer selbstständige Berufsunfähigkeitsversicherung)
Unfalltod-Zusatzversicherung			X
Berufsunfähigkeits-Zusatzversicherung	X		X
Hinterbliebenenrenten-Zusatzversicherung	X		X

Abbildung 9: Zusatzversicherungen (Quelle: Proximus 3, S. 141)

Zusammenfassung

Überblick über die Vorteile bei den vor- oder nachgelagerten Steuer- und den Sozialabgaben eines Arbeitnehmers, dem diese drei Förderwege zur Verfügung stehen:

Optimale Förderung der Eigenbeiträge der Kunden ab 2005

	Höchstbetrag	Steuern: Beitrag	Steuern: Leistung
Förderrente	4 % Bruttolohn bis max. 2.100 € + 60 €	Förderbeträge bzw. Sonderausgaben	voll steuerpflichtig
Entgeltumwandlung und Eichel-Rente	z. B. Pensionskasse bis 4 % der BBG evtl. + 1.800 €	steuer- und sozialabgabenfrei	voll steuer- und sozialabgabenpflichtig*
Rürup-Rente	20.000 € jährlich	Sonderausgaben 60 % steigend um 2 %	steuerpflichtig 50 % steigend um 2 %

BBG

* Nur Privatpatienten zahlen keine zusätzlichen Sozialabgaben

Tabelle 2: Förderung der Eigenbeiträge

Auch wenn in der Rentenzeit Steuern auf die Rentenzahlungen aus der betrieblichen Altersversorgung oder der geförderten Riester-Rente gezahlt werden müssen, entstehen trotzdem erhebliche Vorteile. Denn die gesparten Steuern in der Ansparphase können bis zum Rentenalter einen zusätzlichen Gewinn erwirtschaften, wenn eine attraktive Anlage für die betriebliche Altersvorsorge (bAV) oder Riester-Rente gewählt wird.

3. Betriebliche Rentenversicherung

3.1 Die fünf Durchführungswege der betrieblichen Altersversorgung

Handlungssituation

Frau Klara Sommer ist in einem Kleinbetrieb beschäftigt. Ihr Chef sagte zu ihr, dass er keine betriebliche Altersvorsorge aufbauen kann, weil der Betrieb zu klein ist. Nun fragt Frau Sommer bei Ihnen nach, ob es nicht Wege der betrieblichen Altersvorsorge gibt, die auch für einen Kleinbetrieb möglich sind, ohne die Existenz des Betriebes zu gefährden.

Die betriebliche Altersversorgung (bAV) bildet im deutschen Rentensystem neben der privaten kapitalgedeckten Altersvorsorge (Riester-Rente) die zweite Schicht. Eine zusätzliche Absicherung durch eine bAV ist sinnvoll und notwendig, um den im Berufsleben erreichten Lebensstandard auch im Alter aufrechterhalten zu können.

Der Aufbau einer Zusatzrente wird durch Befreiung von der Steuer- und Beitragspflicht zur Sozialversicherung gefördert. Für die fünf Durchführungswege der bAV gelten gemäß Einkommensteuergesetz folgende Regelungen:

- Direktzusage (§ 6a EStG)
- Unterstützungskasse (§ 4d EStG)
- Pensionskasse (§ 4c EStG)
- Direktversicherung (§ 4b EStG)
- Pensionsfonds (§ 4e EStG)

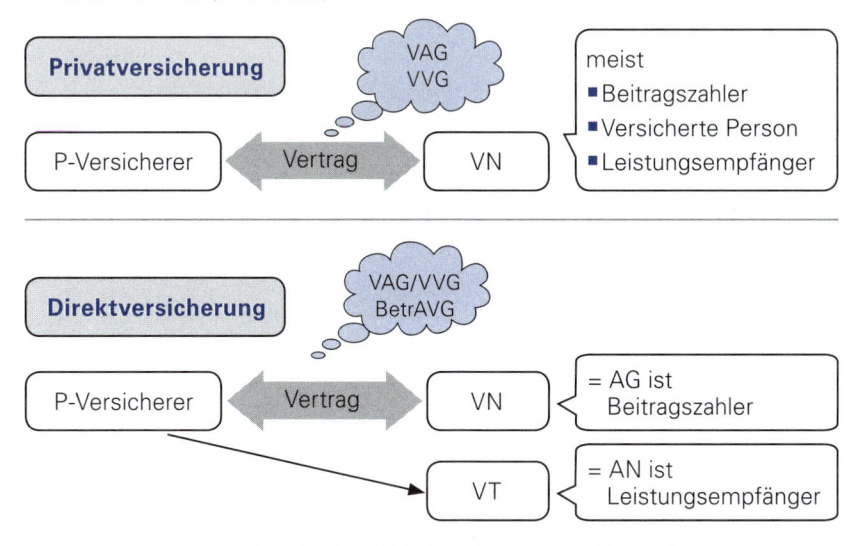

Abbildung 10: Unterschied bAV und Privatversicherung am Beispiel einer Direktversicherung

Die fünf Durchführungswege der bAV im Überblick

Fünf verschiedene Wege stehen für die betriebliche Altersvorsorge offen. Jeder dieser Durchführungswege weist Besonderheiten auf. Welcher Durchführungsweg jeweils der geeignete ist, lässt sich ohne eingehende Prüfung der tarif-, sowie der arbeits- und steuerrechtlichen Verhältnisse nicht sagen.

4 % BBG
1. *Direktzusage* ist die verpflichtende Zusage des Arbeitgebers, dem Arbeitnehmer bei Eintritt des Versorgungsfalles unmittelbar die vereinbarte Betriebsrente zu zahlen. Der Arbeitgeber wird dadurch zu einer Art Versicherer, ohne durch das Altersvermögensgesetz gebunden zu sein. Nahezu unbegrenzte steuerfreie Entgeltumwandlung, aber Sozialabgabenbefreiung nur bis 4 % BBG.

§ 18 SGB IV
2. *Unterstützungskassen* sind wie Pensionskassen oder Pensionsfonds rechtlich selbstständige Versorgungseinrichtungen für die Beschäftigten eines oder mehrerer Unternehmen. Doch ist die Unterstützungskasse nicht an die Vorschriften des Altersvermögensgesetzes gebunden, was ihr größere Freiräume verschafft. Nahezu unbegrenzt steuerfrei, aber Sozialabgabenbefreiung nur bis 4 % der BBG. Der Arbeitgeber haftet für die Anlage im Rahmen einer betrieblichen Altersvorsorge und sollte Auskünfte nur erteilen, wenn er sie mit dem Versicherer abgeklärt hat. Nur künftige Entgeltansprüche dürfen umgewandelt werden, eine rückwirkende Vereinbarung ist ausgeschlossen. Es muss mindestens jährlich ein Betrag in Höhe von $1/_{160}$ der Bezugsgröße nach § 18 SGB IV umgewandelt werden; für 2014 sind das 207,38 €. Umwandelbar sind die monatlichen Entgeltbestandteile und etwaige Jahressonderzahlungen. Die Umwandlung von Einmalzahlungen und vergleichbaren nicht monatlichen Entgeltbestandteilen ist ausgeschlossen. Bei Umwandlung monatlicher Entgeltbestandteile sollen für den Zeitraum eines Jahres gleichbleibende Beträge umgewandelt werden. Die Umwandlung hat in der Regel mindestens für 12 Monate zu erfolgen.
3. *Pensionskassen* sind ihrer Natur nach Lebensversicherer, die aber von einem oder mehreren Unternehmen ausschließlich für die betriebliche Altersversorgung der Beschäftigten gegründet werden. Ihre Angebote unterscheiden sich in der Regel nicht von Lebensversicherungen.
4. *Direktversicherung* wird die Lebensversicherung genannt, die der Arbeitgeber auf das Leben seiner Mitarbeiter abschließt. Versicherungsnehmer und Beitragszahler ist der Arbeitgeber. Die Arbeitnehmer sind begünstigt. Sie erhalten die vereinbarten Leistungen im Versorgungsfall direkt vom jeweiligen Versicherungsunternehmen.
5. *Pensionsfonds*, der jüngste Durchführungsweg der betrieblichen Altersvorsorge, hat angelsächsische Vorbilder. Er ist deutlich flexibler, was die Anlage der Vorsorgebeiträge anbetrifft, als Lebensversicherer oder Pensionskassen. Seine Renditechancen sind höher, die Risiken aber auch.

3.1.1 Direktversicherung

Verträge der Direktversicherung bis 2005

Die Verträge zur Gehaltsumwandlung nach § 40b EstG-alt bleiben bestehen und zusätzlich kann eine Entgeltumwandlung bis zu 4 % der BBG erfolgen. Nur der zusätzliche Betrag von 1.800 € pro Jahr kann nicht berücksichtigt werden.

Beiträge

Für die alte Form der Gehaltsumwandlung besteht die Vorschrift einer Pauschalversteuerung. Eine Sozialabgabenbefreiung gibt es nur dann, wenn die Beiträge aus Sonderzahlungen geleistet werden. Der Arbeitgeber kann diese Beiträge mit einem Pauschalsteuersatz von 20 % zzgl. pauschaler KiSt und Soli = 22,5 % besteuern.

Leistungen

Da für die alte Form der Gehaltsumwandlung pauschale Steuern abgeführt wurden, sind die Leistungen steuerlich begünstigt.

Zeitlicher Ablauf der Direktversicherung

Da der Arbeitgeber als Versicherungsnehmer auftreten muss, ergeben sich für eine Direktversicherung besondere Schritte bei Beratung und Abschluss:

1. Diensteintritt
2. Versorgungszusage
3. Abschluss der Direktversicherung
4. Während der Vertragslaufzeit
   - Informationen
   - Veränderungen des Versicherungsvertrages
   - vorzeitiges Ausscheiden des Arbeitnehmers
   - Veränderungen beim Arbeitgeber
   - Eintritt des Leistungsfalles
5. regulärer Ablauf der Direktversicherung
6. Rentenbeginn
7. Anpassungspflicht

Leistungsangebote

Der Gesetzgeber lässt zahlreiche Absicherungen der biometrischen Risiken zu. Erst durch Ermittlung der Versorgungslücke des Arbeitnehmers kann ein Produkt gezielt angeboten werden.

Anlageformen der Direktversicherung

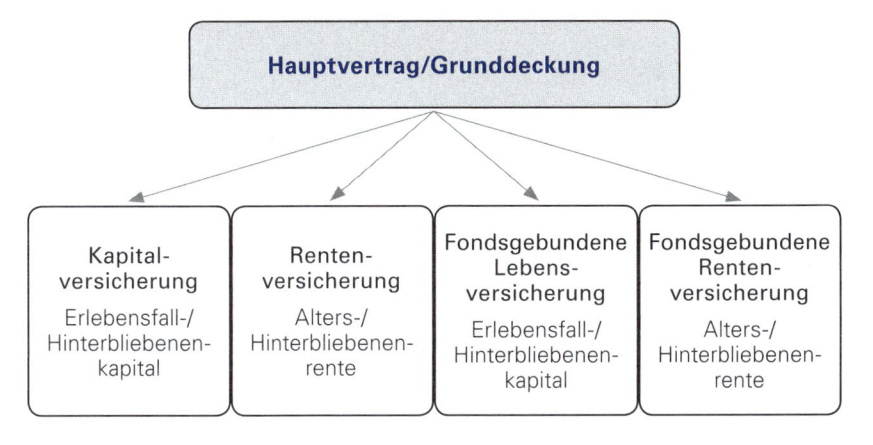

Hauptvertrag/Grunddeckung

Kapitalversicherung	Rentenversicherung	Fondsgebundene Lebensversicherung	Fondsgebundene Rentenversicherung
Erlebensfall-/ Hinterbliebenenkapital	Alters-/ Hinterbliebenenrente	Erlebensfall-/ Hinterbliebenenkapital	Alters-/ Hinterbliebenenrente

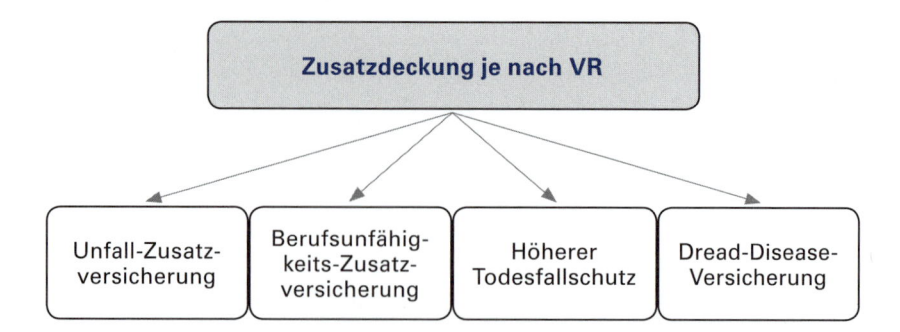

```
                    ┌─────────────────────────┐
                    │  Zusatzdeckung je nach VR │
                    └─────────────────────────┘
         ┌──────────────┬─────────┴────────┬──────────────┐
┌─────────────┐ ┌────────────────┐ ┌─────────────┐ ┌─────────────┐
│ Unfall-Zusatz-│ │ Berufsunfähig- │ │   Höherer   │ │Dread-Disease-│
│ versicherung │ │ keits-Zusatz-  │ │Todesfallschutz│ │ Versicherung │
│              │ │ versicherung   │ │             │ │              │
└─────────────┘ └────────────────┘ └─────────────┘ └─────────────┘
```

Steuerliche Behandlung und Sozialversicherungspflicht bei der Direktversicherung

Arbeitgebersituation

Volle Abzugsfähigkeit der Beiträge zur Direktversicherung als Betriebsausgaben. Einsparung des Arbeitgeberanteils zur Sozialversicherung, soweit der Beitrag auch beim Arbeitnehmer sozialversicherungsfrei ist.

Arbeitnehmersituation in der Ansparphase (aktive Zeit des Arbeitnehmers)

Ohne Riester-Förderung ist der Jahresbeitrag bis maximal 4 % der Beitragsbemessungsgrenze West zur Rentenversicherung zzgl. 1.800 € steuerfrei. Die Beiträge bis 4 % der BBG sind sozialversicherungsfrei, während die zusätzlichen 1.800 € sozialversicherungspflichtig sind.

Mit Riester-Förderung ist der Gesamtbeitrag stets voll steuer- und sozialversicherungspflichtig. Im Gegenzug erhält der Arbeitnehmer die Zulagen nach AVmG bzw. kann den Sonderausgabenabzug geltend machen (siehe auch 4.2.2.2).

Finanzierung der Direktversicherung

Verschiedene Formen der Finanzierung sind vertraglich möglich. So kann der Arbeitgeber oder der Arbeitnehmer alleine die Beiträge aufbringen. Ferner kann eine Umwandlung im Rahmen der vermögenswirksamen Leistungen erfolgen. Im Übrigen wäre eine Einbeziehung der Riester-Beiträge denkbar. Eine weitere Variante stellt die Mischfinanzierung dar, bei der sich Arbeitgeber und Arbeitnehmer am Beitragsaufkommen beteiligen.

Arbeitnehmersituation in der Rentenphase

Die Rente ist voll steuerpflichtig (nachgelagerte Besteuerung) und es sind die vollen Beiträge zur Kranken- und Pflegeversicherung abzuführen.

3. Betriebliche Rentenversicherung

Finanzierung der bAV

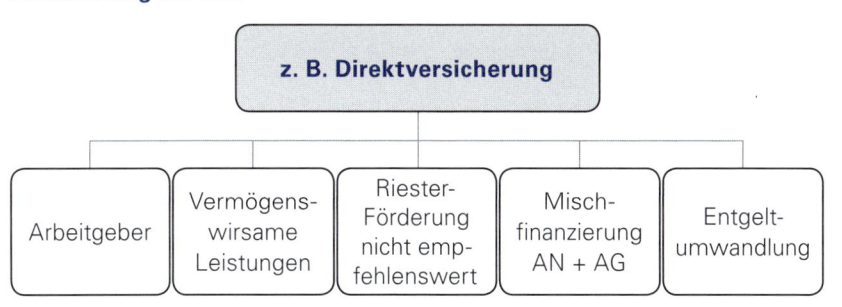

```
                    z. B. Direktversicherung
    ┌───────────┬───────────────┬───────────────┬───────────────┬───────────┐
 Arbeitgeber  Vermögens-     Riester-          Misch-         Entgelt-
              wirksame       Förderung         finanzierung   umwandlung
              Leistungen     nicht emp-        AN + AG
                             fehlenswert
```

Für bereits vor 2005 abgeschlossene Direktversicherungen gilt auf Antrag des Arbeitnehmers die alte Regelung weiter.

Für die betriebliche Altersvorsorge gilt nach dem Alterseinkünftegesetz das Prinzip der nachgelagerten Besteuerung. Die Steuerbelastung erfolgt somit in aller Regel erst während der Auszahlung im Rentenalter.

Alterseinkünftegesetz

Leistungen, die im Rahmen der betrieblichen Altersversorgung im Rentenalter ausgezahlt werden, sind zu versteuern. Dies gilt zumindest für die Zahlungen, die auf Beiträgen beruhen, die während der Einzahlungsphase nicht versteuert wurden. Dies wird als nachgelagerte Besteuerung bezeichnet.

Bestand an Versicherungssummen zur Direktversicherung

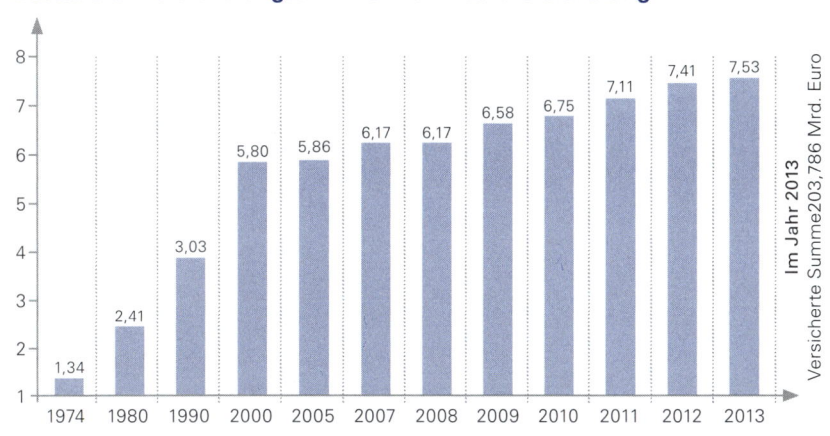

Jahr	Mrd. Euro
1974	1,34
1980	2,41
1990	3,03
2000	5,80
2005	5,86
2007	6,17
2008	6,17
2009	6,58
2010	6,75
2011	7,11
2012	7,41
2013	7,53

Im Jahr 2013 Versicherte Summe 203,786 Mrd. Euro

Abbildung 11: Bestand an versicherten Summen zur Direktversicherung (Quelle: GDV)

Leistungen aus Direktversicherungen sind unabhängig von der Auszahlungsform zu 100 % steuerpflichtig. Abgezogen werden kann lediglich ein pauschaler Betrag für Werbungskosten von 102 €. Wenn die Werbungskosten tatsächlich höher ausfallen, kann dieser Betrag auch etwas größer sein.

Wer im Jahr 2008 in Rente ging, erhält einen Freibetrag von 35,2 % der Rentenleistung, maximal jedoch einen Höchstbetrag von 2.640 € pro Jahr. Hinzu kommt auf den effektiven Versorgungsfreibetrag ein Zuschlag, der 2014 bei

Versorgungsfreibetrag

576 € liegt. Dabei verringert sich der Freibetrag jedes Jahr um 1,6 Prozentpunkte, bleibt für bestehende Rentenzahlungen aber in der Höhe, die bei Rentenbeginn galt, bestehen. Ab 2021 erfolgt die Reduzierung um jährlich 0,8 Prozentpunkte. Der Höchstbetrag reduziert sich jährlich um 120 €, der Zuschlag um 36 €; ab 2021 um 60 € beziehungsweise 18 €.

Jahr des Versorgungsgewinns	Prozent der Bezüge	Höchstbetrag	Zuschlag
bis 2005	40,0 %	3.000 €	900 €
ab 2006	38,4 %	2.880 €	864 €
2007	36,8 %	2.760 €	828 €
2008	35,2 %	2.640 €	792 €
2009	33,6 %	2.520 €	756 €
2010	32,0 %	2.400 €	720 €
2011	30,4 %	2.280 €	684 €
2012	28,8 %	2.160 €	648 €
2013	27,2 %	2.040 €	612 €
2014	25,6 %	1.920 €	576 €
2015	24,0 %	1.800 €	540 €
2016	22,4 %	1.680 €	504 €
2017	20,8 %	1.560 €	468 €
2018	19,2 %	1.440 €	432 €
2019	17,6 %	1.320 €	396 €
2020	16,0 %	1.200 €	360 €
2021	15,2 %	1.140 €	342 €
2022	14,4 %	1.080 €	324 €
2023	13,6 %	1.020 €	306 €
2024	12,8 %	960 €	288 €
2025	12,0 %	900 €	270 €
2026	11,2 %	840 €	252 €
2027	10,4 %	780 €	234 €
2028	9,6 %	720 €	216 €
2029	8,8 %	660 €	198 €
2030	8,0 %	600 €	180 €
2031	7,2 %	540 €	162 €
2032	6,4 %	480 €	144 €
2033	5,6 %	420 €	126 €
2034	4,8 %	360 €	108 €
2035	4,8 %	300 €	90 €

3. Betriebliche Rentenversicherung

Jahr des Versorgungsgewinns	Prozent der Bezüge	Höchstbetrag	Zuschlag
2036	3,2 %	240 €	72 €
2037	2,4 %	180 €	54 €
2038	1,6 %	120 €	36 €
2039	0,8 %	60 €	18 €
2040	0,0 %	0 €	0 €

Tabelle 3: Leistungen aus Direktversicherungen

Kapitalabfindungen

Kapitalabfindungen sind, außer bei Direktzusagen und Unterstützungskassen, nur noch als Einmalleistungen möglich. Da die gesamte Summe auf einmal ausgezahlt wird, führt dies durch die Steuerprogression zu einer höheren Belastung, was derartige Kapitalabfindungen vergleichsweise unattraktiv macht. Ähnliches gilt in abgeschwächter Form auch für Abfindungen im Rahmen von Auszahlungsplänen, die bis zu einer Höhe von 30 % des Kapitals möglich sind.

Steuerprogression

Beitragssätze zur Sozialversicherung 2014

Sozialversicherung	Beitragssatz Gesamt	Arbeitnehmer-Beitrag	Arbeitgeber-Beitrag
Krankenversicherung	allgemein: 15,5 % ermäßigt: 14,9 %	allgemein: 8,2 % ermäßigt: 7,9 %	allgemein: 7,3 % ermäßigt: 7 %
Pflegeversicherung	2,05 %	1,025 %	1,025 %
Kinderlose ab 24. Lebensjahr	2,3 %	1,275 %	1,025 %
Sachsen (Ausnahme)	2,05 %	1,525 %	0,525 %
Rentenversicherung	18,9 %	9,45 %	9,45 %
Arbeitslosenversicherung	3 %	1,5 %	1,5 %

Tabelle 4: Beitragssätze zur Sozialversicherung

Beratungshinweise

1. Herr Günter Meyer ist ledig und hat ein Jahresbruttogehalt in Höhe von 30.000 €. Er gehört der evangelischen Kirche an und wohnt in Düsseldorf. Herr Meyer überlegt, eine Direktversicherung / Versorgung über eine Pensionskasse gegen Entgeltumwandlung bei Ihnen abzuschließen. Der Jahresbeitrag soll 2.500 € betragen.

   Vor Abschluss des Vertrages bittet er Sie, den Jahresnettoaufwand zu berechnen für das Jahr 2014. Herr Meyer ist in einer gesetzlichen Krankenversicherung versichert.

Berechnung für Herrn Meyer:

		vor	bzw.	nach Umwandlung
Bruttoarbeitsentgelt		30.000,00 €		30.000,00 €
▪ Einzahlung in eine Direktversicherung		– €		2.500,00 €
Steuerpflichtiges Einkommen		30.000,00 €		27.500,00 €
▪ Einkommensteuer		5.807,09 €		5.025,09 €
▪ Soli	5,50 %	319,39 €		276,38 €
▪ Kirchensteuer	9 %	522,63 €		452,25 €
▪ AN Rentenversicherung	9,45 %	2.835,00 €		2.598,75 €
▪ AN Arbeitslosenversicherung	1,50 %	450,00 €		412,50 €
▪ AN Krankenversicherung	8,20 %	2.460,00 €		2.255,00 €
▪ AN Pflegeversicherung	1,275 %	382,50 €		350,63 €
Jahresnettoeinkommen		**17.223,49 €**		**16.129,50 €**

Jährlich fließen vom Bruttolohn in die Direktversicherung	2.500,00 €
Das Nettoeinkommen reduziert sich in diesem Fall nur um	**1.093,99 €**
Der Eigenanteil des Arbeitnehmers beträgt	**43,76 %**
Die Steuer- und Sozialabgabenersparnis beträgt	**56,24 %**

Betriebskrankenkasse

2. Frau Manuela Heimann verfügt über ein Jahresbruttoeinkommen in Höhe von 57.000 €. Sie möchte gerne eine Direktversicherung mit einem Beitrag von jährlich 2.000 € abschließen. Auch sie bittet um Berechnung des effektiven Nettoaufwandes für das Jahr 2014. Sie ist Mitglied einer Betriebskrankenkasse, gehört der katholischen Religionsgemeinschaft an und wohnt in Köln.

Berechnung der Abgabenvorteile für Frau Heimann:

		vor	bzw.	nach Umwandlung
Bruttoarbeitsentgelt		57.000,00 €		57.000,00 €
▪ Einzahlung in eine Direktversicherung		– €		2.000,00 €
Steuerpflichtiges Einkommen		57.000,00 €		55.000,00 €
▪ Einkommensteuer		16.026,00 €		15.087,00 €
▪ Soli	5,50 %	881,43 €		829,79 €
▪ Kirchensteuer	9 %	1.442,34 €		1.357,83 €
▪ AN Rentenversicherung	9,45 %	5.386,50 €		5.197,50 €
▪ AN Arbeitslosenversicherung	1,50 %	855,00 €		825,00 €
▪ AN Krankenversicherung von 48.000 BBG	8,20 %	3.985,20 €		
▪ AN Pflegeversicherung von 48.000 BBG	1,275 %	619,65 €		
Jahresnettoeinkommen		**27.803,88 €**		**27.098,04 €**

Jährlich fließen vom Bruttolohn in die Direktversicherung	2.000,00 €
Das Nettoeinkommen reduziert sich in diesem Fall nur um	705,84 €
Der Eigenanteil des Arbeitnehmers beträgt	35,29 %
Die Steuer- und Sozialabgabenersparnis beträgt	64,71 %

Leistungen aus einer Direktversicherung

Da auf die Direktversicherung vor 2005 eine Pauschalsteuer erhoben, also vorgelagert besteuert wird, werden die Kapitalleistungen aus dieser Versicherung steuerfrei ausgezahlt. Bei einer Verrentung wird nur der Ertragsanteil der Rente steuerpflichtig.

Direktversicherungen ab 2005, die durch eine steuerfreie Entgeltumwandlung finanziert werden, müssen bei einer Rentenzahlung voll versteuert werden. Eine Kapitalabfindung wird im Rahmen des Halbeinkünfteverfahrens voll steuerpflichtig.

Kapitalabfindung

Steuern bei der Direktversicherung – Änderungen ab dem 1.1.2005:

- Bei Neuabschlüssen ab 2005 werden die Beiträge nicht mehr pauschal besteuert, sondern sind bis 4 % der BBG p. a. (2014: 2.856 €) steuerfrei.
- Im Leistungsfall findet dann eine volle nachgelagerte Besteuerung statt (analog Pensionskasse).
- Damit die Arbeitnehmer durch den Wegfall der Pauschalbesteuerung jedoch nicht benachteiligt werden, können künftig weiterhin 1.800 € jährlich steuerfrei in eine Direktversicherung (oder Pensionskasse/Pensionsfonds) eingezahlt werden.
- Natürlich ist dieser „Ersatz" nur möglich, wenn der Arbeitnehmer die Pauschalbesteuerung in einer alten Direktversicherung oder Pensionskasse nicht mehr in Anspruch nimmt.
- Diese 1.800 € sind stets sozialversicherungspflichtig, während Beiträge bis 4 % BBG bei Entgeltumwandlung sozialversicherungsfrei sind (auch bei einer Arbeitgeberfinanzierung).

4 % BBG

Sozialabgabenrechtliche Aspekte der Direktversicherung

Rentner sind nicht zu Abgaben zur Renten- und Arbeitslosenversicherung verpflichtet. Doch fallen für sie Beiträge für die Kranken- und Pflegeversicherung der Rentner (KVdR) an. Für diese müssen sie den vollen Beitragssatz bis zur Beitragsbemessungsgrenze zahlen.

KVdR

Wer also im Alter eine betriebliche Rente erhält und beitragspflichtig oder freiwillig in der KVdR versichert ist, muss Beiträge abführen. Für die Pflegeversicherung fallen noch einmal 2,3 % an.

Für die Sozialabgabenpflicht ist es unerheblich, ob die betriebliche Altersvorsorge über eine Direktversicherung, Pensionskasse, einen Pensionsfonds oder über Direktzusagen oder Unterstützungskassen durchgeführt wurde. Ob die

Beiträge durch den Arbeitgeber oder durch Entgeltumwandlung finanziert wurden, hat ebenso wenig Einfluss wie der Zeitpunkt des Vertragsschlusses. Außerdem spielt es keine Rolle, ob die erworbene Anwartschaft in Form einer monatlichen Rente oder als Kapitalabfindung ausgezahlt wird. In diesem Fall wird die ausgezahlte Summe auf 10 Jahre verteilt und ist in dieser Zeit abgabenpflichtig.

Ausnahmen von der Beitragspflicht

Die Beitragspflicht gilt nicht für Renten, welche die Freigrenze unterschreiten, also für Rentenzahlungen, die geringer als der 20. Teil der monatlichen Bezugsgröße der Sozialversicherung sind. Für Kapitalabfindungen gilt, dass der 120. Teil der Summe die Freigrenze nicht überschreiten darf. Im Falle der Überschreitung dieser Grenze gilt die Beitragspflicht für die volle Höhe der Rente.

GMG   Gesetz zur Modernisierung der ges. Krankenversicherung (GMG) ab 1.1.2004

Beitragspflicht zur gesetzlichen Kranken- und Pflegeversicherung für Pflichtversicherte und freiwillig gesetzlich Versicherte. Betroffen sind alle Durchführungswege der betrieblichen Altersversorgung.

Auswirkungen entstehen auf:

- zugesagte Leistungen (z. B. Kapital-Direktversicherung)
- Abfindung von Rentenzusagen vor Fälligkeit der Rente
- Leistung aufgrund Ausübung einer Kapitaloption
- Abfindung von laufenden Renten

Beitragspflicht

- Der Bezugsberechtigte ist beitragspflichtig; er hat die Beiträge an die Krankenkasse zu zahlen.

Meldepflicht

Der Versicherer als zuständige Zahlstelle hat die gesetzliche Krankenkasse zu ermitteln und die Auszahlung der Kapitalleistung zu melden:

- bei Ablauf, sofern der Vertrag bAV- Anteile enthält, die volle Ablaufleistung
- bei Tod, sofern der Vertrag bAV- Anteile enthält, die volle Todesfallleistung

Beitragspflichtig ist der Bezugsberechtigte – ggf. sind alle Erben zu ermitteln – bei vorzeitiger Kündigung, sofern der Vertrag bAV- Anteile enthält, den Auszahlungsbetrag (z. B. nach Ausscheiden aus dem Arbeitsverhältnis)

Bezugsgröße in der Sozialversicherung (§ 18 SGB IV / § 1 a Abs. 1 BetrAVG)

§ 18 SGB IV
§ 1 a Abs. 1 BetrAVG

Als Ausgangswert für die Berechnung von Leistungen und Einkommensgrenzen in der Sozialversicherung wird u. a. die Bezugsgröße verwendet. Sie ist das durchschnittliche Arbeitsentgelt aller Versicherten der gesetzlichen Rentenversicherung im vorvergangenen Kalenderjahr.

3. Betriebliche Rentenversicherung

Jahr	Alte Bundesländer		Neue Bundesländer	
	monatlich	jährlich	monatlich	jährlich
2014	2.765 €	33.180 €	2.345 €	28.140 €
2013	2.695 €	32.340 €	2.275 €	27.300 €
2012	2.625 €	31.500 €	2.240 €	26.880 €
2011	2.555 €	30.660 €	2.240 €	26.880 €
2010	2.555 €	30.660 €	2.170 €	26.040 €
2009	2.520 €	30.240 €	2.135 €	25.620 €
2008	2.485 €	29.820 €	2.100 €	25.200 €
2007	2.450 €	29.400 €	2.100 €	25.200 €
2006	2.450 €	29.400 €	2.065 €	24.780 €
2005	2.415 €	28.980 €	2.030 €	24.360 €
2004	2.415 €	28.980 €	2.030 €	24.360 €
2003	2.380 €	28.560 €	1.995 €	23.940 €
2002	2.345 €	28.140 €	1.960 €	23.520 €

Tabelle 5: Bezugsgröße in der Sozialversicherung

▶ Beispiel

Arbeitnehmer Müller erhält mit Eintritt in das Rentenalter eine Kapitalabfindung in Höhe von 12.000 € aus einer Direktversicherung und zusätzlich eine monatliche Rente in Höhe von 50 € aus einer Direktzusage seines Arbeitgebers. Er ist mit 15,5 % Krankenversicherungs- und 2,3 % Pflegeversicherungsbeitrag (kinderlos) pflichtversichert (insgesamt 17,8 % bis zur Beitragsbemessungsgrenze). Hätte Herr Müller Kinder, so würde der Beitragssatz zur Pflegepflichtversicherung 2,05 % betragen.

Kapitalabfindung

Renteneinkünfte gemäß den Vorschriften der Sozialversicherung

12.000 € / 120 Monate: 100,00 € fiktive Rente nach 120-Regelung
100,00 € + 50,00 € = 150,00 € sozialversicherungspflichtige Monatsrente

Da die Summe die Höchstgrenze von 138,25 € (im Jahr 2014) übersteigt, ist die gesamte Summe für Herrn Müller beitragspflichtig. Die Höhe der Beiträge beläuft sich auf 26,70 € (17,8 % von 150,00 €). Die 17,80 € Beitrag, die für die Leistung aus der Direktzusage zu zahlen sind, werden über 10 Jahre geleistet, es sei denn, Herr Müller stirbt innerhalb dieser Zeit.

Beitragsbemessung bei freiwillig Versicherten in gesetzlichen Krankenkassen

Das BSG hat entschieden, dass bei einem freiwillig in der gesetzlichen Krankenkasse Versicherten auch Kapitalzahlungen aus rein privaten Lebensversicherungen der Beitragspflicht ($1/_{120}$) unterliegen. Nochmals zur Klarstellung: Die Beitragspflicht trifft nur freiwillig in der gesetzlichen Krankenkasse Versicherte, nicht Pflichtversicherte.

BSG

Ergebnisse von Marketingmaßnahmen im Prozess der Produktentwicklung

	Beiträge		Leistungen			
			Rente		Kapital	
	Steuern	Sozial-abgaben	Steuern	Sozial-abgaben	Steuern	Sozial-abgaben
Gehaltsumwandlung Höhe: 1.752,00 € Gültig bis: 31.12.2004	Pauschal 22,5 %	Ja – aber nicht auf Sonder-zahlungen	Ertrags-anteil § 22 EStG	Ja AN führt ab	steuerfrei	120er Rege-lung

Entgeltumwandlung
Höhe: a) 4 % BBG-GRV
    2014 = 2.856 €
  b) 1.800 €
Gültig ab: 1.1.2005
	nein
	
	nein
		nein
		
		ja
			voll steuer-pflichtig	ja AN führt ab	voll steuer-pflichtig**	120er Rege-lung

** Neuverträge nach § 40b EStG Halbeinkünfteverfahren

Tabelle 6: Übersicht Direktversicherung

Zielgruppenbeschreibung

§ 3 Nr. 63 EStG
§ 3 Nr. 66 EStG

Die Entgeltumwandlung nach § 3 Nr. 63 EStG, die Direktversicherung und die Pensionskasse, bzw. nach § 3 Nr. 66 EStG der Pensionsfonds, sind für alle Mitarbeiter, vom Arbeiter über den Angestellten bis hin zur Chefetage, sinnvoll und lukrativ.

Zielgruppen einer betrieblichen Altersversorgung

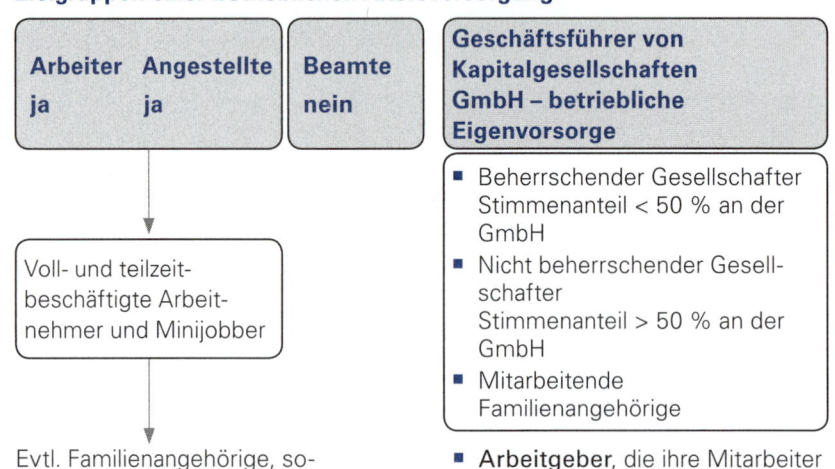

Arbeiter	Angestellte	Beamte
ja	ja	nein

↓

Voll- und teilzeit-beschäftigte Arbeit-nehmer und Minijobber

↓

Evtl. Familienangehörige, sofern über Arbeitnehmer des Partners beim AG ein Vertrag abgeschlossen wurde

Geschäftsführer von Kapitalgesellschaften GmbH – betriebliche Eigenvorsorge

- Beherrschender Gesellschafter Stimmenanteil < 50 % an der GmbH
- Nicht beherrschender Gesellschafter Stimmenanteil > 50 % an der GmbH
- Mitarbeitende Familienangehörige
- **Arbeitgeber**, die ihre Mitarbeiter versorgen wollen, unabhängig von der Rechtsform und der Größe des Betriebs

Insbesondere die Direktversicherung und die Pensionskasse (im Folgenden werden im Schwerpunkt diese beiden Durchführungswege betrachtet, da der Pensionsfonds in der Praxis bisher nur für Großunternehmen eine Rolle gespielt hat) bieten eine Reihe von Vorteilen, die insbesondere für kleine und mittlere Unternehmen besonders attraktiv sind.

3. Betriebliche Rentenversicherung

Zu nennen sind insbesondere folgende Vorteile:
- verwaltungsarm
- einfache Handhabung
- keine spürbare Kostenbelastung
- Haftungssicherheit
- mittlerweile große Bekanntheit in der Öffentlichkeit
- gesetzlich normierte Portabilität

Im Allgemeinen wird die Entgeltumwandlung somit insbesondere über diese beiden Durchführungswege abgewickelt. Erst aufgrund steuerlicher Begrenzungen bei höheren Volumina kann es sinnvoll sein, einen weiteren Durchführungsweg zu verwenden.

Zusammenfassend lässt sich feststellen, dass der erste Zugang fast immer über den Weg des § 3 Nr. 63 EStG, der Direktversicherung und/oder der Pensionskasse erfolgt, da sich diese Durchführungswege vom Grundsatz her für alle Mitarbeiter – vom Arbeiter bis zum angestellten Geschäftsführer – eignen.

§ 3 Nr. 63 EStG

Lebensphase \ Durchführungsweg	UK*	PK*	DV*	PZ*
Berufsstarter		✗	✗	
Arbeitnehmer im mittleren Alter	✗	✗	✗	
Leitende Angestellte, Geschäftsführer/Vorstände	✗		✗	✗
Ältere Angestellte mit mittlerem/hohem Einkommen	✗		✗	✗
Arbeitnehmer mit Familien		✗	✗	

* DV = Direktversicherung, PK = Pensionskasse, UK = Unterstützungskasse, PZ = Pensionszusage

Tabelle 7: Durchführungswege der bAV

Die weiteren Durchführungswege wie die Unterstützungskasse und die Direktzusage können als Ergänzung in Betracht kommen. Die Gesellschafter-Geschäftsführer-Versorgung stellt gänzlich einen Sonderfall dar, der in einem Extrakapitel dargestellt wird (siehe 3.2.2.2).

Die Rürup-Rente und die Riester-Rente sind für den privaten Bereich sinnvoll und attraktiv, sollten jedoch nicht mit der bAV vermischt werden. Gerade die Riester-Rente ist für den Arbeitgeber mit hohem Verwaltungsaufwand verbunden und führt für den Kunden zu keinen Vorteilen gegenüber einem privaten Vertrag. Im Übrigen würden die Riester-Beiträge in den 4-prozentigen Entgeltumwandlungsrahmen eingerechnet und die Maximalförderung kürzen.

Maximalförderung

Minijob – bAV

Minijobber

Geringfügig Beschäftigte – auch Minijobber genannt – gibt es heute in vielen Bereichen der Arbeitswelt: in der Gastronomie, im Handel, in Dienstleistungsunternehmen oder in Handwerksbetrieben. Über sieben Millionen Menschen arbeiten in Deutschland mittlerweile in Minijobs – davon etwa die Hälfte in längerfristigen Arbeitsverhältnissen. Die Tendenz ist steigend. Als Minijobber verdient man bis zu 450,00 € im Monat. Die pauschalen Sozialabgaben und Steuern trägt der Arbeitgeber gemäß folgender Aufstellung. Bei einer Aufstockung der Arbeitszeit, die oft von Arbeitnehmern bzw. Arbeitgebern gewünscht wird, würde der Minijobber seinen Status verlieren, es sei denn, die Lohnsteigerung über 450,00 € wird in die bAV eingezahlt.

Minijobs (Einzugsstelle und Anmeldung Minijob-Zentrale)		
Beiträge/Steuern/Umlagen	**Beitragsgruppe/ Formular**	**Prozentsatz**
Pauschaler Arbeitgeberbeitrag zur Krankenversicherung	6000	13,0 %
Pauschaler Arbeitgeberbeitrag zur Krankenversicherung bei Beschäftigung im privaten Haushalt	6000	5,0 %
Pauschaler Arbeitgeberbeitrag zur Rentenversicherung	0500	15,0 %
Pauschaler Arbeitgeberbeitrag zur Rentenversicherung bei Beschäftigung im privaten Haushalt	0500	5,0 %
Aufstockungsbeitrag zur Rentenversicherung	0100	3,9 %
Aufstockungsbeitrag zur Rentenversicherung bei Beschäftigung im privaten Haushalt	0100	13,9 %
Einheitliche Pauschalsteuer	Steuer	2,0 %
Umlage für Krankheitsaufwendungen (80 %)	U1	0,7 %
Umlage für Mutterschaftsaufwendungen (100 %)	U2	0,14 %

Tabelle 8: Minijobs und bAV – Beiträge und Steuern

Entgeltumwandlungen bei Minijobs

Gesetz zu Änderungen im Bereich der geringfügigen Beschäftigung

Der Bundesrat hat dem „Gesetz zu Änderungen im Bereich der geringfügigen Beschäftigung" am 23.11.12 zugestimmt. Ab 1.1.13 beträgt die Entgeltgrenze somit 450 €. Durch die Anhebung der Minijob-Grenze um 50 € wird eine signifikante Gehaltserhöhung aber kaum möglich sein. Umso interessanter ist da eine Entgeltumwandlung zugunsten einer betrieblichen Altersversorgung. Die Gestaltungsmöglichkeiten und -grenzen werden nachfolgend skizziert.

Ausgangssituation

Würden Arbeitgeber ihren Minijobbern eine Gehaltserhöhung zahlen und würde man hierdurch die Geringfügigkeitsgrenze überschreiten, hätte dies gleich zwei negative Effekte. Zum einen würde Lohnsteuerpflicht entstehen und zum anderen würden nun innerhalb der Gleitzone gesetzliche Sozialversicherungsbeiträge fällig. Alternativ zur Gehaltserhöhung sollte der Arbeitgeber die Möglichkeit einer betrieblichen Altersversorgung in Höhe des die Geringfügigkeitsgrenze übersteigenden Betrags durch Entgeltumwandlung in Erwägung ziehen. Unter einer Entgeltumwandlung ist die Umwandlung von künftigen Entgeltansprüchen in eine wertgleiche Anwartschaft auf Versorgungsleistung zu verstehen. Sie liegt also vor, wenn Teile des Arbeitslohns nicht als Barlohn ausgezahlt werden, sondern als Beiträge zum Aufbau einer betrieblichen Altersvorsorge dienen.

▶ Beispiel

Entgeltumwandlungen im Januar 2014 – Frau Klara Fey

Bruttoarbeitslohn	530 €
Minus Entgeltumwandlung	100 €
Bruttoarbeitslohn nach Entgeltumwandlung	430 €

Da der Bruttoarbeitslohn nach der Entgeltumwandlung die Geringfügigkeitsgrenze (nach neuem Recht) nicht übersteigt, kann der Arbeitnehmer von den Regelungen für einen Minijob profitieren. Aber auch der Arbeitgeber partizipiert: Unter Vernachlässigung der Umlagen U1 und U2 sowie des Insolvenzgeldes zahlt er den Pauschalbeitrag von 30 % nämlich nur auf den Bruttoarbeitslohn nach Entgeltumwandlung (430,00 €), sodass sein Aufwand insgesamt 659,00 € beträgt.

Umlagen U1 und U2

Voraussetzungen zu einer bAV für Minijobber

Damit eine Entgeltumwandlung auch einer späteren Lohnsteuer- oder Sozialversicherungsprüfung standhält, sind gesetzliche Vorgaben zu beachten.

Rechtsanspruch nur bei Aufstockung der GRV

Arbeitnehmer haben bereits seit mehr als 10 Jahren einen Rechtsanspruch auf den Aufbau einer betrieblichen Altersversorgung durch Entgeltumwandlung. Die Spitzenverbände der Sozialversicherung haben dies im Besprechungsergebnis vom 15./16.11.2005 auch für Minijobs grundsätzlich bestätigt.

GRV

Ein Rechtsanspruch besteht allerdings nur für Arbeitnehmer, die in der gesetzlichen Rentenversicherung pflichtversichert sind. Demzufolge müssen Minijobber auf die Versicherungsfreiheit in der Rentenversicherung verzichten, das heißt, sie müssen die Differenz vom Pauschalbeitrag des Arbeitgebers (15 %) zum regulären Beitragssatz (ab 2013: 18,9 %) also 3,9 % entrichten. Ohne Aufstockung der Rentenversicherungsbeiträge sind Entgeltumwandlungen davon abhängig, ob der Arbeitgeber hierzu freiwillig bereit ist.

Für den Minijobber, der freiwillig den Eigenanteil zahlt, besteht der Hauptvorteil darin, dass er vollwertige Pflichtbeitragszeiten erwirbt. Darüber hinaus eröffnet ein rentenversicherungspflichtiger Minijob die unmittelbare Zulagenberechtigung für eine Riester-Förderung.

Opt-out-Modell

Für ab 2013 neu aufgenommene Beschäftigungsverhältnisse wird das so genannte Opt-out-Modell (engl. für „nicht mitmachen" – ein Begriff aus dem Arbeitsrecht) eingeführt. Hierunter ist eine gesetzliche Rentenversicherungspflicht zu verstehen, wobei eine Befreiung auf Antrag möglich ist. Für bestehende Minijobs bleibt es bei der Versicherungsfreiheit, wobei hierauf wie bisher verzichtet werden kann.

Sozialversicherungsfreiheit

Für die betriebliche Altersvorsorge verwendete Entgeltbestandteile zählen nicht zum beitragspflichtigen Arbeitsentgelt, soweit sie 4 % der Beitragsbemessungsgrenze in der gesetzlichen Rentenversicherung nicht übersteigen. Da die Beitragsbemessungsgrenze in 2014 bei 71.400 € liegt, ergibt sich für 2014 ein Betrag von 2.856 € (= 238 € im Monat).

> **▶ Beispiel**
>
> Herr Meyer ist mit 600 € monatlich beschäftigt.
>
> Aufgrund der Entgeltumwandlung werden für eine betriebliche Altersversorgung 224 € im Monat aufgewendet. Da das maßgebliche Arbeitsentgelt im vorliegenden Fall 376 € beträgt, liegt für Herrn Meyer ein geringfügiges Beschäftigungsverhältnis vor.
>
> **Wichtig:** Würde Herr Meyer bereits im Rahmen einer Hauptbeschäftigung über eine durch Entgeltumwandlung finanzierte Form verfügen, wäre sein Rechtsanspruch auf Entgeltumwandlung insoweit ausgeschlossen. In diesem Fall besteht jedoch ein „Auffüllungsanspruch", soweit die Obergrenze von 2.856 € (Jahr 2014) durch die bisherige Entgeltumwandlung noch nicht ausgeschöpft ist.

§ 40b EStG-alt

Im Rahmen des § 40b EStG-alt weiterhin pauschal versteuerte Beiträge aus Gehaltsumwandlung vermindern das sozialversicherungspflichtige Arbeitsentgelt nur, wenn sie aus einer Sonderzahlung finanziert werden (alte Direktversicherung bis 31.12.2004).

Das Konzept Minijob-bAV ist die betriebliche Altersversorgung (bAV), die sich speziell an Minijobber richtet. Damit ist eine spürbare Erhöhung der Versorgung im Alter ohne direkten zusätzlichen finanziellen Aufwand für den Arbeitnehmer möglich. Je nach Situation des Arbeitnehmers sind zwei Versorgungsalternativen, sog. „Durchführungswege" der betrieblichen Altersversorgung möglich: Direktversicherung und Unterstützungskasse.

> **▶ Beispiel**
>
> Der Minijobber erhöht seine Arbeitszeit ein wenig und die Vergütung für diese Arbeitszeit fließt vollständig in eine betriebliche Altersversorgung. Dabei bleibt der Status als Minijobber unangetastet und der Minijobber baut sich eine eigene betriebliche Altersversorgung auf.

3. Betriebliche Rentenversicherung

Rechenbeispiel zur Minijob-bAV:

mtl. Arbeitszeit	45 Std.	55 Std.
mtl. Gehalt	450,00 €	550,00 €
abzgl. Versicherungsbeitrag		– 100,00 €
im Rahmen der Minijob-bAV		
Nettoeinkommen	450,00 €	450,00 €
Steuern/Sozialabgaben pauschal	135,00 €	135,00 €
voraus. Rentenanspruch	99,50 €	99,50 €
Minijob-bAV	–	381,00 €
mtl. Rentengesamtanspruch	99,50 €	480,50 €

Das Nettoeinkommen des Minijobbers ändert sich nicht – und die Entlohnung für die Mehrarbeit fließt ohne Abzüge zu 100 % in die betriebliche Altersversorgung.

Zentrale Anlaufstelle für alle Formalitäten rund um den Minijob ist die **Minijob-Zentrale**. Sie wurde im Jahr 2003 eingerichtet und gehört zu einem der größten deutschen Sozialversicherungsträger mit dem etwas komplizierten Namen „Deutsche Rentenversicherung Knappschaft-Bahn-See" (KBS).

Vorteile des Arbeitnehmers mit einer Minijob-bAV:
- Man baut sich eine attraktive Altersvorsorge auf.
- Der Status des Arbeitsverhältnisses bleibt unangetastet.
- Es entsteht kein finanzieller Mehraufwand für den Arbeitnehmer.
- Auf Wunsch lassen sich auch Angehörige absichern und sich gegen Berufsunfähigkeit schützen.
- Die Versorgung wird nicht auf Arbeitslosengeld II angerechnet und ist Hartz-IV geschützt. *Hartz-IV*
- Von Anfang an sind die Ansprüche des Arbeitnehmers unverfallbar.

Tarife/Angebote
Von zentraler Bedeutung für die Bestimmung der individuell risikoadäquaten Nettorisikoprämie (Barwert der erwarteten Entschädigungszahlungen) ist die Klassifizierung und Segmentierung des heterogenen Gesamtbestandes in Teilbestände, die sich hinsichtlich der Ausprägung risikorelevanter Merkmale erkennbar unterscheiden und die in sich weitgehend identisch sind (quasi-homogene Teilkollektive).

Biometrische Risiken
Der Begriff biometrische Risiken stammt aus dem Bereich der Lebensversicherung. Unter den biometrischen Risiken versteht man individuelle Risiken, die sich auf das Leben und den Lebensunterhalt beziehen.

Besonders fällt darunter das nicht zu kalkulierende Risiko:
- des Todesfalles
- der Langlebigkeit
- der Invalidität
- des Unfalltodes
- der Unfallinvalidität
- der Berufsunfähigkeit
- der Pflegebedürftigkeit
- von schweren Erkrankungen

Die Risikomerkmale ergeben sich aus den Angaben des Antragsstellers im Antrag auf Versicherung. Versicherungsgesellschaften unterscheiden subjektive von objektiven Risiken. Subjektive Risikomerkmale ergeben sich aus der Person des Antragsstellers selbst und sind abhängig von seiner Lebensführung. Ein Raucher hat ein höheres gesundheitliches Risiko als ein Nichtraucher. Übergewicht einer Person bedeutet für die Versicherungsgesellschaft ein höheres Risikomerkmal als Normalgewicht. Auch die Risiken des Berufs sind mit einzubeziehen sowie die Risiken, die sich eventuell durch Sport in der Freizeit ergeben. Ein Büroangestellter hat bezüglich der Ausübung seines Berufes ein geringeres Risiko als beispielsweise ein Dachdecker. Ein Mensch, der in seiner Freizeit joggt, bringt weniger Risikomerkmale mit sich als ein Bergsteiger. Hinzu addieren sich die objektiven Risikomerkmale, die sich aus den bekannten Gesundheitsverhältnissen heraus ergeben. Die Versicherungsgesellschaften dürfen einen Risikoaufschlag erheben, wenn sich durch das Risikomerkmal eindeutig ein höheres Versicherungsrisiko ergibt.

Die spezifischen Ausprägungen der risikorelevanten Merkmale des Einzelvertrages bestimmen dann dessen Zuordnung zum entsprechenden Teilbestand. Der auf der Grundlage von Beobachtungswerten prognostizierte durchschnittliche Leistungsverlauf des quasi-homogenen (Teil-)Kollektivs ermöglicht schließlich die Prognose der individuellen Gesamtleistungsverteilung des zu zeichnenden Vertrages.

Risikoklassifizierung und -segmentierung sind damit Ausgangspunkt für die Entwicklung des Versicherungstarifs. Grundlage der Tarifentwicklung ist die differenzierte Erfassung schadenkostenorientierter Informationen. Ausgehend vom vertraglich vereinbarten Versicherungsschutz wird im Rahmen der Risikoklassifikation zunächst das Schadenursachensystem analysiert.

Hierbei ist nicht selten auf die Erkenntnisse der Natur- und Ingenieurwissenschaften oder auf Erkenntnisse der Versicherungsmedizin zurückzugreifen. Aus der Menge der so erkannten Risikofaktoren werden dann diejenigen als Tariffaktoren ausgewählt, die die individuell unterschiedliche Schadenneigung besonders gut erklären. Mit der Bestimmung der Ausprägungen der einzelnen Risikofaktoren folgt dann ein weiterer bedeutender Schritt zur Abgrenzung von Risikogruppen, da die Anzahl der Faktorausprägungen erheblichen Einfluss auf die Anzahl der möglichen Risikogruppen besitzt. Die individuell risikoadäquate Beitragsbestimmung findet schließlich ihre statistische Grenze in der für eine

3. Betriebliche Rentenversicherung

glaubwürdige Schätzung notwendigen Besetzungsstärke der abgegrenzten Risikogruppen. Der Zielkonflikt zwischen individuell risikogerechter Prämienermittlung und statistischer Glaubwürdigkeit kann durch Einsatz geeigneter Ausgleichsverfahren zwar reduziert, aber nicht vollständig gelöst werden. Neben der rein statistischen Eignung von Risikofaktoren zur Tarifbildung sind rechtliche Grenzen der Differenzierung sowie Fragen der praktischen Beobachtbarkeit, der Stabilität im Zeitverlauf und der potenziellen Beeinflussbarkeit durch den Versicherungsnehmer zu beachten. Aufgrund der dynamischen Veränderungen komplexer Schadenursachensysteme, aber auch aufgrund der Wettbewerbsrahmenbedingungen, erweist sich die Identifikation von Risikofaktoren und die Bildung von Risikosegmenten schließlich als permanente Aufgabe des Versicherungsmanagements.

Insbesondere bei der Tarifgestaltung von großen Kollektiven in der bAV sind die Besonderheiten der Firmen bei der Beitragsberechnung zu beachten.

Tarife für die Direktversicherung:
- Kapitalversicherung auf den Todes- und Erlebensfall
- Risikoversicherung
- aufgeschobene Rentenversicherung
- fondsgebundene Lebensversicherung
- Dread-Desease-Versicherung
- selbstständige Berufsunfähigkeitsversicherung
- Unfallversicherung

▶ Beispiel
Willi Wacker ist Personalleiter der Bauunternehmung Wacker, die im Tiefbau tätig ist. Insgesamt zählt die Firma 250 Angestellte, welche beinahe ausschließlich körperlich tätig sind. Mit seinem langjährigen Freund Walter Reinartz hat er sich wegen der betrieblichen Altersversorgung ausgetauscht, da auch Herr Reinartz als Personalleiter in einem etwa gleich großen Softwarehaus tätig ist. Bei einem Vergleich der Berufsunfähigkeitsabsicherung stellen sie fest, dass für die Bauunternehmung ein höherer Beitrag zu entrichten ist.

Auf eine Nachfrage bei der Proximus Versicherung AG stellt der Versicherer klar: Je höher das Risiko einer Berufsunfähigkeit ist, desto höher fällt der Beitrag aus.

Proximus Versicherung AG

In welcher Berufsgruppe man sich wiederfindet, kann man in untenstehender Tabelle erkennen. Eine höhere Berufsgruppe bedeutet auch einen höheren Beitrag.

Berufsgruppen

Berufsunfähigkeitsrisiko:	Beispielberufe:
1 normal = Normaltarif	kaufmännische Berufe
2 gering = 20 % Abschlag auf Tarif	akademische Berufe
3 erhöht = 30 % Zuschlag auf Tarif	handwerkliche Berufe

Die BU-Deckung kann in nahezu allen Tarifangeboten und Durchführungswegen angeboten werden. Aufgrund der niedrigen gesetzlichen Absicherung durch eine Erwerbsminderungsrente sollte die BU nach Möglichkeit immer eingeschlossen werden.

Pensionszusage	ja
Unterstützungskasse	nein
Pensionskasse	ja
Direktversicherung	ja
Pensionsfonds	nicht bekannt

Tabelle 9: Berufsunfähigkeits-Angebot innerhalb der bAV

Finanzierung von Vorsorgemaßnahmen

Wegen der Entgeltumwandlung kann der Arbeitnehmer die betriebliche Altersversorgung selbst finanzieren, indem er auf einen Teil seines Gehalts verzichtet. Für das Unternehmen fällt hier keine Belastung aus Beitragszahlungen an. Im Gegenteil: Es ergeben sich bei entsprechender Gestaltung noch finanzielle Vorteile.

Beiträge als betriebliche Zusatzleistung

Daneben ist es auch möglich, dass ein Arbeitgeber seinen Mitarbeitern eine betriebliche Altersversorgung als besondere Leistung zusätzlich zum Gehalt oder anstatt einer Gehaltserhöhung anbietet. Dies hat für das Unternehmen weitere Vorzüge: Motivation und Zufriedenheit der Mitarbeiter werden gesteigert und die Leistungsbereitschaft erhöht. Es vermindert die Fluktuation und hilft bei der Suche nach qualifiziertem Personal. Arbeitgeber und Arbeitnehmer finanzieren gemeinsam.

Auch Mischformen sind üblich, bei denen der Arbeitgeber dann einen Teil des Beitrags zahlt, wenn der Arbeitnehmer auch einen Eigenanteil leistet.

Tarifvertragliche Regelungen

Wenn ein Unternehmen einem Tarifvertrag unterliegt, finden sich in den meisten Fällen darin schon Regelungen zur betrieblichen Altersversorgung. Eine Entgeltumwandlung ist üblicherweise zulässig. Eine Förderung durch vermögenswirksame Leistungen ist immer attraktiv, weil die meisten Arbeitnehmer keine staatlichen Förderungen mehr erhalten, aber die vermögenswirksame Leistungen des Arbeitgebers dem Bruttolohn zugerechnet werden und damit voll sozialabgabenpflichtig als auch steuerpflichtig sind. Dies kann durch die Einzahlung der vermögenswirksamen Leistung in eine bAV vermieden werden.

Ferner wäre die Finanzierung im Rahmen eines so genannten Riester-Vertrages möglich. Weil aber Nachteile sowohl für den Arbeitnehmer als auch für den Arbeitgeber bestehen, die an anderer Stelle dieses Buches beschrieben sind, ist hiervon abzuraten.

Haftung des Arbeitgebers – Durchgriffshaftung des AG

Ist ein anderer Träger der betrieblichen Altersversorgung als der Arbeitgeber nicht in der Lage, eine versprochene Leistung der betrieblichen Altersversorgung zu erbringen, so muss der Arbeitgeber einspringen (§ 1 Abs. 1 BetrAVG).

§ 1 Abs. 1 BetrAVG

Gefahren für den Arbeitgeber:
- Versicherer geht in Insolvenz
- Verträge sind durch Zillmerung im Wert gemindert
- Riester-Verträge – Zulagenförderung
- Leistungen werden nicht erfüllt
- geringes Elterngeld durch Entgeltumwandlung

Überschussbeteiligung (Quellen, Verteilung, Verwendung)

Als Überschussbeteiligung werden die Überschüsse bezeichnet, die Lebensversicherungsunternehmen ihren Versicherungsnehmern in Form zusätzlicher Versicherungsleistung oder reduzierter Beiträge wieder zukommen lassen. Die Überschüsse entstehen dadurch, dass der Beitrag vorsichtiger kalkuliert wird als tatsächlich notwendig. Im Wesentlichen entstehen Überschüsse aus:

Zinsgewinn

Die Zinserträge aller Kapitalanlagen der Versicherungsgesellschaft fallen höher aus, als im Rechnungszins berücksichtigt.

Sterblichkeitsgewinn

Der Sterblichkeitsverlauf bei den Versicherten ist günstiger als ursprünglich kalkuliert. Bei Todesfallversicherungen wirkt sich eine geringere Sterblichkeit positiv aus, bei Rentenversicherungen eine höhere Sterblichkeit.

Kostengewinn

Die im Beitrag einkalkulierten Abschluss- und Verwaltungskosten fallen geringer aus, als erwartet.

Die Summe aus garantierter Versicherungssumme und Überschussbeteiligung nennt man „Ablaufleistung einer Lebensversicherung". Den größten Einfluss auf die Höhe der Ablaufleistung hat die tatsächliche Verzinsung des angelegten Kapitals. Dieser Zinssatz kann nur aufgrund von Vergangenheitserfahrungen für die Zukunft hochgerechnet werden. Wegen der schon lange andauernden Niedrigzinsphase, die aktuell nicht durch Erträge aus dem Aktiengeschäft ausgeglichen werden kann, sind etliche Versicherer gezwungen, ihre Überschussprognosen zu senken.

▶ **Merke**

Die Überschussbeteiligung, die im Verkauf von Kapital- und Rentenversicherungen sowie bei betrieblichen Versorgungsformen angegeben wird, ist immer unverbindlich!

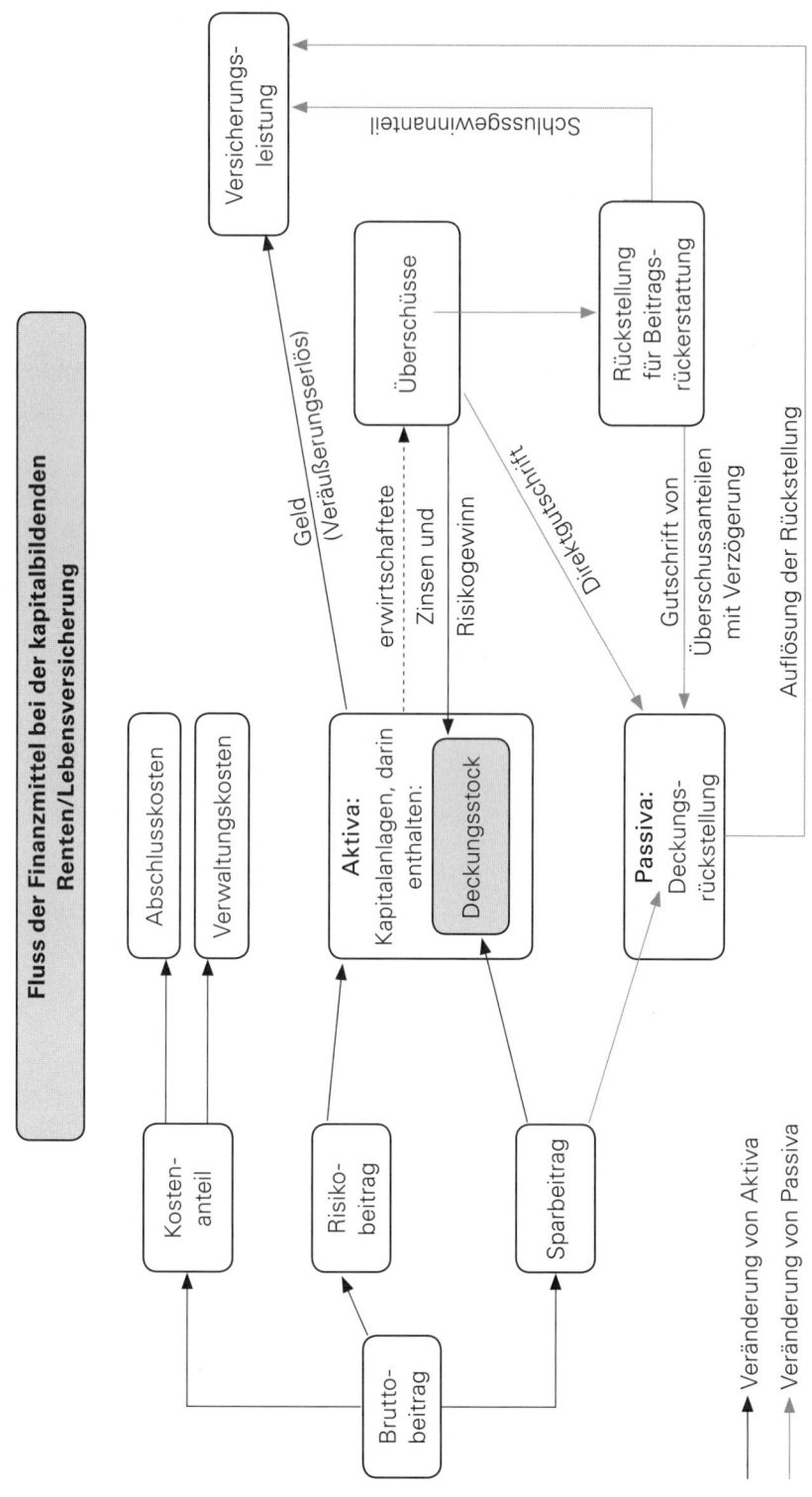

Abbildung 12: Fluss der Finanzmittel bei der kapitalbildenen Renten-/Kapitalversicherung

3. Betriebliche Rentenversicherung

Liquiditätsbelastung

Die Liquiditätsbelastung des Unternehmens bei einer arbeitgeberfinanzierten Direktversicherung besteht aus den laufend fälligen Versicherungsbeiträgen, die als Betriebsausgaben abzugsfähig sind und somit ohne weitere Auswirkungen auf die Bilanz bleiben.

Die Direktversicherung durch Entgeltumwandlung (arbeitnehmerfinanziert) ist eine attraktive Form der Altersvorsorge. Die steuerliche Absetzbarkeit der Beiträge (für neue Verträge ab dem 1.1.2005) und die Sozialversicherungsfreiheit führen zu einer deutlichen Reduzierung des Aufwandes für den Arbeitnehmer.

Bilanzausweis

Nach § 4b EStG ist der Versicherungsanspruch aus einer Direktversicherung während der Vertragsdauer vom Arbeitgeber nicht zu aktivieren.

§ 4b EStG

Die Vorteile der Direktversicherung im Überblick:

- Steuerfreiheit der Beitragszahlung
- Sozialversicherungsfreiheit der Beitragszahlung
- Riester-Förderung möglich
- einfaches Handling bei Arbeitgeberwechsel
- kein Nachfinanzierungsrisiko des Arbeitgebers bei vorzeitigem Ausscheiden
- kein Beitrag zur gesetzlichen Insolvenzsicherung
- keine separaten Verwaltungskosten beim Arbeitgeber
- keine Bilanzauswirkung beim Arbeitgeber nach § 4b EStG
- kein Haftungsrisiko für den Arbeitgeber bei nicht gezillmerten Tarifen

Unverfallbarkeit

Für ab 2009 erteilte arbeitgeberfinanzierte Versorgungszusagen sind die gesetzlichen Unverfallbarkeitsfristen erfüllt, wenn der Versorgungsbegünstigte das 25. Lebensjahr vollendet hat und die Versorgungszusage mindestens 5 Jahre besteht.

Unverfallbarkeitsfristen

	AG-Finanzierung	Entgeltumwandlung
Direktzusage	nach 5 Jahren und Mindestalter 30 Jahre* bzw. Mindestalter 25 Jahre**	sofort
Unterstützungskasse		
Pensionskasse		
Direktversicherung		
Pensionsfonds		

*Bei Zusagen bis Ende 2008   **Pensionsrückstellung erst ab 27 Jahre

Tabelle 10: Unverfallbarkeit

Sollte ein Arbeitnehmer aus dem Betrieb ausscheiden, so werden die unverfallbaren Ansprüche nach der m/n-tel-Methode ermittelt.

m/n-tel-Methode

Ausscheiden bei Unverfallbarkeit (§ 2 BetrAVG)

§ 2 BetrAVG

Für alle leistungsorientierten Zusagen und bei allen Durchführungswegen gilt die ratierliche m/ntel-Methode:

- m = Zahl der erreichten Dienstjahre beim Ausscheiden
- n = Zahl der möglichen Dienstjahre bis zur vereinbarten Altersgrenze
- Anspruch: m/n

Beispielrechnung der unverfallbaren Rentenansprüche bei Beendigung der Tätigkeit:

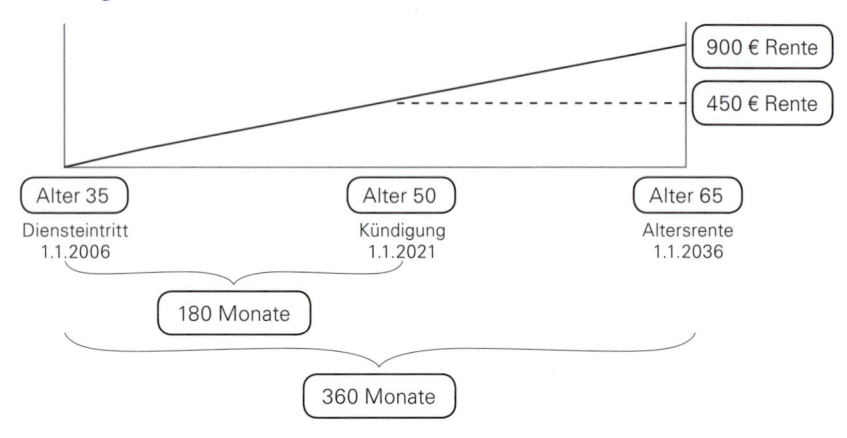

```
                                                    900 € Rente
                                                    450 € Rente

    Alter 35              Alter 50              Alter 65
    Diensteintritt        Kündigung             Altersrente
    1.1.2006              1.1.2021              1.1.2036

              ⎧ 180 Monate ⎫
              ⎧     360 Monate     ⎫
```

Formel: 180 Monate / 360 Monate × 900 € Rente = 450 € Rente

Abbildung 13: Betriebsrentengesetz: Unverfallbarkeit

Für Direktversicherungen besteht nur dann Insolvenzsicherungspflicht, wenn die versicherten Personen nach Eintritt der Unverfallbarkeit widerruflich bezugsberechtigt sind oder wenn Verträge bei unwiderruflichem Bezugsrecht nach Eintritt der Unverfallbarkeit durch den Arbeitgeber beliehen, abgetreten oder verpfändet werden (Insolvenzsicherung siehe Kapitel 3).

Elternzeit

Berechnung des Elterngeldes bei Entgeltumwandlung

§ 3 Nr. 63 EStG

Das BSG hat entschieden, dass steuerfreie Beitragszahlungen des Arbeitgebers nach § 3 Nr. 63 EStG im Rahmen der Entgeltumwandlung bei der Ermittlung des für das Elterngeld maßgeblichen Einkommens unberücksichtigt bleiben. Maßgeblich für die Berechnung ist die Summe der nach den steuerlichen Bestimmungen ermittelten Einkünfte.

> **▶ Tipp**
>
> Den Arbeitgeber und den Arbeitnehmer auf diesen Umstand in Entgeltumwandlungsvereinbarungen hinweisen, damit nicht später vom Arbeitnehmer Haftungsansprüche an den Arbeitgeber gestellt werden können.

3. Betriebliche Rentenversicherung

Unterbrechung des Arbeitsverhältnisses

- *Mutterschutz:*
  Das Arbeitsverhältnis bleibt bestehen, die Arbeitgeberbeiträge sowie das Gehalt werden weiter gezahlt.

- *Elternzeit:*
  Das Arbeitsverhältnis ruht. Das Gehalt wird nicht weiter gezahlt. Der Arbeitnehmer kann innerhalb von 3 Monaten die Fortführung zu alten Konditionen verlangen.

- *Längere Krankheit:*
  Das Arbeitsverhältnis ruht nach 6 Wochen. Das Gehalt wird nicht weiter gezahlt. Der Arbeitgeber kann, wenn er will, die Beiträge für die Direktversicherung zahlen.

Wiederherstellung des Versicherungsumfangs nach Elternzeit
BMF-Schreiben vom 1.10.2009

- Klarstellung, dass eine Direktversicherung nach § 40b EStG-alt, die während der Elternzeit beitragsfrei oder mit reduziertem Beitrag fortgesetzt wurde, weiterhin steuerlich begünstigt wird, wenn innerhalb von drei Monaten nach Beendigung der gesetzlichen Elternzeit die Beitragszahlung wieder aufgenommen bzw. der ursprüngliche Versicherungsumfang wiederhergestellt wird. *§ 40b EStG-alt*

- Dies gilt für Vertragsschlüsse vor und nach 2005.

Praktische Auswirkungen: Bisher war lediglich eine Unterbrechung von 3 Jahren steuerunschädlich. Jetzt sind aufeinanderfolgende Elternzeiten abgesichert (siehe auch § 212 VVG 2008). *§ 212 VVG 2008*

Riester-Förderung

Die betriebliche Altersversorgung als Ergänzung zu einem Riester-Vertrag oder umgekehrt ist eine sinnvolle Vorsorge für das Alter. Weniger sinnvoll ist die Integration des Riester-Vertrages direkt in eine Betriebsrente. Mitarbeiter können die Riester-Zulagen auch für die betriebliche Rente beanspruchen. Zumindest für Mitglieder der gesetzlichen Krankenkasse (GKV) ist dies jedoch nicht zu empfehlen. Denn nach den bisherigen Riester-Bestimmungen fallen auf die Auszahlungen aus einem privaten Riester-Vertrag keine Beiträge zur gesetzlichen Krankenversicherung oder Pflegeversicherung an. *GKV*

Unterschiede zur privaten Riester-Rente

Aus betrieblichen Riester-Verträgen kann kein angesammeltes Kapital entnommen werden, um privates Wohneigentum zu kaufen. Außerdem ist keine Zertifizierung erforderlich – also keine Prüfung, ob der Vorsorgevertrag förderfähig ist. Die gesetzlichen Regelungen für Betriebsrenten sorgen dafür, dass betriebliche Vorsorgeprodukte grundsätzlich förderfähig gestaltet werden.

Aus einer Betriebsrente müssen im Alter Beiträge zur Kranken- und Pflegeversicherung gezahlt werden. Das gilt sowohl für betriebliche Riester-Verträge als auch für alle anderen Betriebsrenten. Von Renten aus privaten Riester-Verträgen müssen dagegen keine Kranken- und Pflegeversicherungsbeiträge abgeführt werden.

Unternehmen können zwar häufig aufgrund ihrer Größe im Vergleich zu einem privaten Riester-Vertrag ein kostengünstigeres Angebot aushandeln. Neben dem Nachteil für gesetzlich Versicherte sind auch zwei flexible Varianten nicht möglich:

- indirekte staatliche Förderung des Ehepartners
- Entnahme eines Teils zum Erwerb einer selbstgenutzten Immobilie

Ausscheiden aus dem Unternehmen

Wer einen betrieblichen Riester-Vertrag abgeschlossen hat und später aus dem Unternehmen ausscheidet, kann wählen, ob er den Riester-Vertrag privat fortführt oder nicht.

bAV-Riester   *Zulagengeförderte bAV-Riester*

- nur für Pensionskasse, Pensionsfonds und Direktversicherungen, sofern nicht ausschließlich der Arbeitgeber einzahlt
- Auf Wunsch des Mitarbeiters können die Beiträge zur bAV staatlich gefördert werden (Riester).
  - Grundzulage sowie Kinderzulage
- Zusätzlich kann in der Einkommensteuererklärung ein Sonderausgabenabzug für die Altersvorsorge beantragt werden.
  - Günstigerprüfung: Steuerersparnis > Zulagen = Differenz wird vom Finanzamt zusätzlich erstattet

Hinweis: nachgelagerte Besteuerung

Vermögenswirksame Leistungen

Handlungssituation

Frau Klara Brück erfährt von ihrem Finanzamt, dass sie keine Arbeitnehmersparzulage mehr erhält, weil sie mit ihrem steuerpflichtigen Einkommen die Einkommenshöchstgrenze überschritten hat. Laut ihrem Tarifvertrag hat sie aber Anspruch auf den Zuschuss des Arbeitgebers in Höhe von 40 €.

In Deutschland gibt es schon seit Jahrzehnten ein so genanntes Vermögensbildungsgesetz, dessen Aufgabe es im Wesentlichen ist, das private Sparen der Arbeitnehmer zu fördern. Es gab bei diesem Gesetz bereits mehrere Änderungen, sodass heutzutage das Fünfte Vermögensbildungsgesetz aktuell ist.

Vermögensbildungsgesetz   Ein wesentlicher Kern des Vermögensbildungsgesetzes ist, dass Arbeitnehmer unter bestimmten Bedingungen einen Anspruch auf den Erhalt einer staatli-

3. Betriebliche Rentenversicherung

chen Förderung in Form der Arbeitnehmersparzulage haben. Diesen Ansatz gibt es beim Vermögensbildungsgesetz bereits seit dem Jahr 1970. Er beinhaltet übrigens auch, dass neben dem Staat und den Arbeitnehmern möglichst auch die Arbeitgeber mit einbezogen werden sollen. Und zwar soll dies durch die Zahlung von vermögenswirksamen Leistungen (VL) geschehen, zu der Arbeitgeber allerdings nicht generell verpflichtet sind, außer der Tarifvertrag sieht die VL-Leistungen vor.

Allerdings unterstützt der Staat die Vermögensbildung mit immer weniger Mitteln und stellt sie für Personen mit einem zu versteuerndem Jahreseinkommen von 17.900 € bzw. 20.000 € ganz ein.

Vermögenswirksame Leistungen ab 2009

Förderbetrag bis **470 €** pro Jahr	Förderbetrag bis **400 €** pro Jahr
Anlage auf Bausparverträge (§ 2 Abs. 1 Ziff. 4 VermBG)	Anlage in Form von Beteiligungen an Produktivvermögen 1. Sparverträge über Wertpapiere oder andere Vermögensbeteiligungen (Fonds) 2. Aufwendungen des AN aufgrund eines Wertpapier-Kaufvertrags 3. Aufwendungen aufgrund eines Beteiligungs-Kaufvertrages (am Unternehmen des Arbeitgebers)
Arbeitnehmer-Sparzulage: 9 %	Arbeitnehmer-Sparzulage 20 %
Zu versteuerndes Einkommen Alleinstehende: 17.900 € Verheiratete: 35.800 €	Zu versteuerndes Einkommen Alleinstehende: 20.000 € Verheiratete: 40.000 €

Tabelle 11: Vermögenswirksame Leistungen

Folgende Anlageformen sind für die vermögenswirksamen Leistungen zulässig:
- betriebliche Sparformen wie Aktienfonds oder Mitarbeiterkapitalbeteiligung
- Bausparvertrag
- Darlehenstilgung bei selbst genutzter Immobilie
- Lebensversicherung (nicht mehr durch Arbeitnehmersparzulage gefördert!)
- Investmentfonds
- Banksparplan (nicht durch Arbeitnehmersparzulage gefördert!)
- Geschäftsguthaben an eingetragenen Genossenschaften (eG)

Die Arbeitnehmersparzulage wird auf Antrag durch das für die Besteuerung des Arbeitnehmers nach dem Einkommen zuständige Finanzamt festgesetzt. Die Festsetzung der Arbeitnehmersparzulage ist regelmäßig mit der Einkommensteuererklärung zu beantragen, kann jedoch auch gesondert beantragt werden. Die festzusetzende Arbeitnehmersparzulage ist auf den nächsten vollen Euro-Betrag aufzurunden. Der Arbeitnehmer hat die vermögenswirksamen Leistungen durch eine Bescheinigung des Anlageinstituts nachzuweisen. Die Verwaltung der Arbeitnehmersparzulage obliegt den Finanzämtern. Die Arbeitnehmersparzulage wird aus den Einnahmen an Lohnsteuer gezahlt.

Der Antrag auf Arbeitnehmersparzulage muss spätestens bis zum Ende des vierten Jahres nach dem Erstsparjahr gestellt werden. Diese Antragsfrist gilt erstmals für vermögenswirksame Leistungen, die ab dem 1.1.2007 angelegt wurden, weil insoweit die bislang zweijährige Ausschlussfrist noch nicht abgelaufen ist.

Der Arbeitgeber hat auf schriftliches Verlangen des Arbeitnehmers einen Vertrag über die vermögenswirksame Anlage von Teilen des Arbeitslohns abzuschließen. Vermögenswirksame Leistungen werden nur dann gefördert, wenn der Arbeitnehmer die Art der vermögenswirksamen Anlage und das Unternehmen oder Institut, bei dem sie erfolgen soll, frei wählen kann.

Vermögenswirksame Leistungen in den Tarifverträgen

In vielen Branchen bestehen Tarifverträge über vermögenswirksame Leistungen. In diesen Verträgen ist geregelt, dass der Arbeitgeber die vermögenswirksamen Leistungen ganz oder teilweise trägt, sofern der Mitarbeiter einen entsprechenden Vertrag abschließt. Diese Leistungen werden vom Arbeitgeber unabhängig vom Anspruch des Arbeitnehmers auf die Arbeitnehmersparzulage (also auch an Mitarbeiter über den genannten Einkommensgrenzen) gezahlt.

Einige Tarifverträge, z. B. bei der IG-Metall, binden die VL-Leistungen an die betriebliche Altersvorsorge. Für solche Verträge gilt die sechsjährige Sparzeit nicht. Einzahlungen erfolgen zumeist in Kapital- und Rentenversicherungen. Auszahlungen sind grundsätzlich erst im Rentenalter möglich. Auch im öffentlichen Dienst regelt der Tarifvertrag die Höhe der VL-Leistungen.

Viele Arbeitnehmer werden bei einer vollen Anstellung nach ihrer Ausbildung mit ihrem zu versteuernden Einkommen über der 17.900 € bzw. über der 20.000 € Einkommensgrenze liegen und dann als ledige keine Arbeitnehmersparzulage erhalten.

Noch eindrucksvoller wird das Ergebnis, wenn man noch die vermögenswirksamen Leistungen in die betriebliche Altersvorsorge einfließen lässt. Viele Arbeitnehmer bekommen diese Zulage tariflich von iuhrem Arbeitgeber und besparen damit einen Bausparvertrag oder einen Fondssparplan (wenn das Geld in eine private Lebensversicherung fließt, hat man die ungünstigste aller für die VL zur Verfügung stehenden Möglichkeiten gewählt). Was viele dabei aber auf ihrer Gehaltsabrechnung übersehen ist, dass die Vermögensleistungen zum Brutto gezählt werden, so dass davon noch Lohnsteuer und Sozialversicherungsbeiträge abzuführen sind.

Wenn die vermögenswirksamen Leistungen dagegen in eine betriebliche Altersversorgung fließen, drückt nachfolgende Tabelle die Steuervorteile und Sozialabgabenvorzüge aus:

3. Betriebliche Rentenversicherung

Verwendung der vermögenswirksamen Leistungen für eine Altersvorsorge

	VL-Sparen Investment-/Bausparen	bAV Direktversicherung
Bruttogehalt	2.500 €	2.500 €
Vermögenswirksame Leistungen des Arbeitgebers lt. Tarifvertrag	+ 40 €	+ 40 €
Umwandlung VL in bAV	0 €	– 40 €
Zusätzliche Umwandlung in bAV	0 €	– 80 €
Gesamt-Bruttogehalt	2.540 €	2.420 €
Steuern: Einkommensteuer, Soli und Kirchensteuer	– 386,33 €	– 352,27 €
Sozialabgaben: Kranken-, Pflege-, Arbeitslosen- und gesetzliche Rentenversicherung	– 518,80 €	– 494,29 €
Vermögenswirksame Leistungen	– 40 €	0 €
Nettoauszahlung	1.594,87 €	1,573,44 €
Anlage in die gewählte Anlageform	40 €	120 €

Tabelle 12: Verwendung der VL für eine Altersvorsorge

Das bedeutet, dass Frau Klara Brück durch die Umwandlung der vermögenswirksamen Leistungen des Arbeitgebers in Höhe von 40 € und zusätzlich durch eine Bruttolohnumwandlung in Höhe von 80 € monatlich in eine Direktversicherung einen Sparbeitrag von 120 € über den Arbeitgeber einzahlt und netto im Vergleich zur vorherigen Gehaltsabrechnung nur ca. 20 € weniger monatlich zur Verfügung hat. Nur durch solche geförderten Alterssicherungen (Betrieb und Staat) lassen sich die Versorgungslücken im Alter bezahlbar schließen.

Vervielfältigung

Handlungssituation

Herr Manfred Wiese erhält mit 58 Jahren eine hohe Abfindung des Betriebes. Nun erfährt er, dass er diese Abfindung versteuern muss. Er sucht nach Wegen, die Steuerlast zu mindern.

Sie weisen ihm einen Weg über die betriebliche Altersvorsorge auf. Herr Wiese hatte vor vielen Jahren eine Direktversicherung gegen Gehaltsumwandlung abgeschlossen.

Die Vervielfältigungsregelung, die anlässlich des Ausscheidens eines Arbeitnehmers und zur Milderung der steuerlichen Auswirkung auf eine Abfindungs-

§ 3 Nr. 63 EStG

zahlung angewendet werden kann, ist in die Vorschriften des § 3 Nr. 63 EStG integriert. Zwar erhöht sich damit der zu vervielfältigende Betrag auf 1.800 € je Dienstjahr, abzuziehen sind allerdings die im Jahr des Ausscheidens und in den sechs vorangegangenen Jahren nach § 3 Nr. 63 EStG tatsächlich geleisteten Gesamt-Beiträge, also 4 % der Beitragsbemessungsgrenze zuzüglich ggf. 1.800 €. Zudem dürfen für die „neue" Vervielfältigungsregelung (EStG 2005) Kalenderjahre vor 2005 nicht berücksichtigt werden.

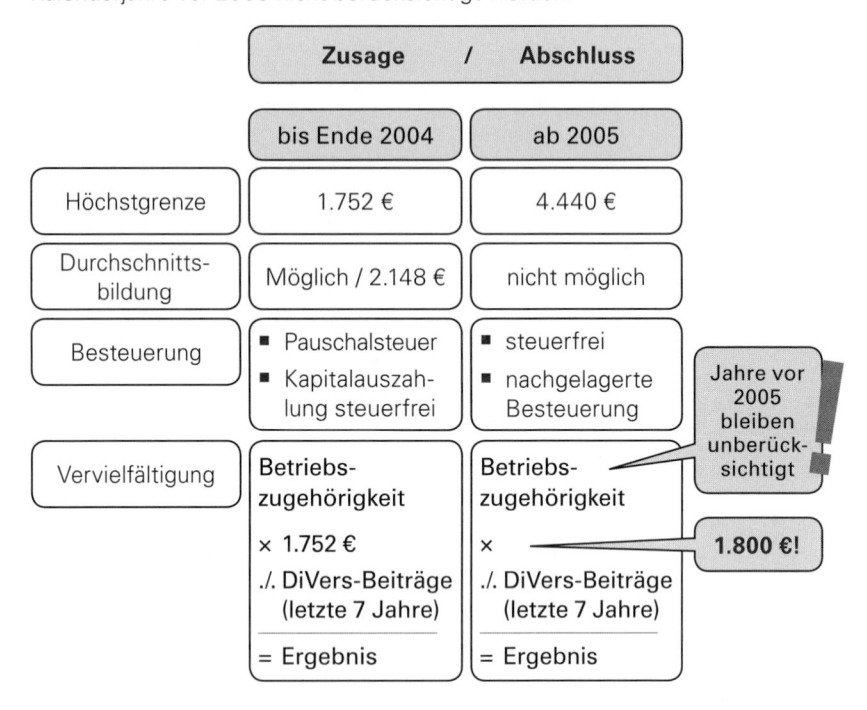

	Zusage / Abschluss	
	bis Ende 2004	ab 2005
Höchstgrenze	1.752 €	4.440 €
Durchschnitts-bildung	Möglich / 2.148 €	nicht möglich
Besteuerung	▪ Pauschalsteuer ▪ Kapitalauszahlung steuerfrei	▪ steuerfrei ▪ nachgelagerte Besteuerung
Vervielfältigung	Betriebszugehörigkeit × 1.752 € ./. DiVers-Beiträge (letzte 7 Jahre) = Ergebnis	Betriebszugehörigkeit × ./. DiVers-Beiträge (letzte 7 Jahre) = Ergebnis

Jahre vor 2005 bleiben unberücksichtigt

1.800 €!

Tabelle 13: Vervielfältigungsregelung

Fazit

§ 40b EStG

In der Praxis wird die neue Fassung der Vervielfältigung in der Regel bis zum Jahr 2012 meist nur eine stark eingeschränkte Wirkung haben. Anders, wenn der Arbeitnehmer eine pauschal besteuerte Direktversicherung über 2004 hinaus aktiv weiterführt. In diesem Fall wird bei Ausscheiden die Vervielfältigungsregelung gemäß der alten Fassung des § 40b EStG weiterhin Anwendung finden können.

§ 40b oder § 3 Nr. 63 EStG

Abfindungen und Wertguthaben aus Arbeitszeitkonten können über die Vervielfältigungsregel steuerfrei in die betriebliche Altersvorsorge integriert werden, jedoch nicht zu 100 %. Wie viel eingezahlt werden kann, ist abhängig davon, ob bereits ein Direktversicherungsvertrag bestand oder ein neuer abgeschlossen wird, sowie von der Vertragsart (also nach § 40b oder § 3 Nr. 63 EStG) und von der Betriebszugehörigkeit.

Tatsächlich ist die Vervielfältigungsregelung für Arbeitnehmer mit einem Vertrag ab 2005 erst sinnvoll, wenn sie jüngeren Alters sind und nicht bereits vor

3. Betriebliche Rentenversicherung

2005 einige Jahre dem Betrieb angehörten. Denn die Vervielfältigungsregel rechnet bei ihnen die Betriebszugehörigkeit vor 2005 nicht mit ein und zieht, wie auch bei den vor 2005 geschlossenen Verträgen, die letzten sieben steuerfrei geleisteten Beiträge davon ab. Daher ist die Vervielfältigungsregel erst bei Ausscheiden ab 2012 von Vorteil.

Würde sich der Arbeitnehmer bspw. eine Abfindung auszahlen lassen, anstatt sie direkt in eine Direktversicherung fließen zu lassen, müsste er sie voll versteuern. Das gilt auch dann, wenn er sie in andere Vorsorgeprodukte einbringen möchte. In dem Falle erhielte er wegen der kleineren Einzahlungssumme auch eine geringere Rente.

▶ Beispiel

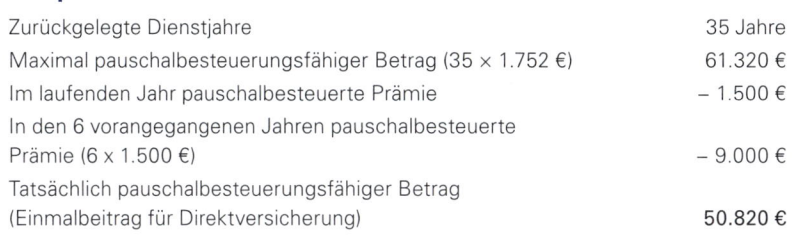

Zurückgelegte Dienstjahre	35 Jahre
Maximal pauschalbesteuerungsfähiger Betrag (35 × 1.752 €)	61.320 €
Im laufenden Jahr pauschalbesteuerte Prämie	– 1.500 €
In den 6 vorangegangenen Jahren pauschalbesteuerte Prämie (6 × 1.500 €)	– 9.000 €
Tatsächlich pauschalbesteuerungsfähiger Betrag (Einmalbeitrag für Direktversicherung)	50.820 €

Steuerlicher Vorteil: 40 % nach Steuertabelle – Pauschalsteuer 22,50 % = 17,50 % von 50.820 € = 8.893,50 €

Situation nach einer Scheidung

Die Reform des Versorgungsausgleichs gilt seit September 2009. Jetzt werden alle Versorgungsanrechte direkt bei der Scheidung geteilt – auch die betriebliche Altersversorgung. Bisher wurde bei der Scheidung nur die gesetzliche Rente aufgeteilt. Häufig wurde dieser Anspruch dann aber schlicht vergessen und somit verzichtete der Berechtigte unfreiwillig auf eine Rente.

Bei der internen Teilung erhalten Frau oder Mann einen eigenen bAV-Anspruch beim Versorgungsträger des Ex-Partners, obwohl sie selbst gar nicht im Betrieb arbeiten. *interne Teilung*

Die externe Teilung kann nicht gegen den Willen des Versorgungsträgers erfolgen, damit kein Kapitalabfluss erzwungen werden kann. *externe Teilung*

Übersicht: Das wird jetzt geteilt in der Altersversorgung

Staatliche Vorsorge	Betriebliche Altersversorgung	Private Vorsorge
▪ Gesetzliche Rentenversicherung ▪ Beamtenversorgung ▪ Berufsständische Versorgungswerke	▪ Pensionszusage ▪ Unterstützungskasse ▪ Pensionskasse ▪ Direktversicherung ▪ Pensionsfonds	▪ Riester-Rente ▪ Rürup-Rente ▪ Private Rente

Tabelle 14: Teilung der bAV bei einer Scheidung

Ausnahmen

Versorgungsansprüche werden generell nicht geteilt:

- wenn die Ehe nur max. drei Jahre bestanden hat
- wenn beide Exehepartner nahezu gleich hohe Ausgleichswerte haben
- wenn entsprechende vertragliche Vereinbarungen existieren
- wenn zum Zeitpunkt der Scheidung die Anwartschaften noch nicht vertraglich oder gesetzlich unverfallbar sind
- wenn Kapitalzusagen für beherrschende Gesellschafter-Geschäftsführer vorliegen, weil diese dem Zugewinnausgleich unterliegen

Ausgleich von Versorgungsansprüchen aus der betrieblichen Altersversorgung

Bei Direktversicherung, Pensionskasse und Pensionsfonds bietet der Gesetzgeber mit der internen Teilung eine für alle Beteiligte gute Lösung.

Bei der Pensionszusage und bei der firmenverbundenen Unterstützungskasse ist eine externe Teilung zu empfehlen. Der Arbeitgeber als Verfahrensbeteiligter entscheidet, ob intern oder extern geteilt wird. Bei der rückgedeckten Unterstützungskasse ist die interne Teilung zu empfehlen.

Direktversicherung bei Scheidung:

- Versorgungsausgleich bei Renten-Direktversicherungen:
  Wertausgleich erfolgt nach dem Quotierungsprinzip.
- Zugewinnausgleich bei Kapital-Direktversicherungen:
  Es besteht ein unwiderrufliches Bezugsrecht bzw. es bestehen unverfallbare Ansprüche.

Unterbrechung der bAV

- *Arbeitslosigkeit:*
  Der Anspruch auf Entgeltumwandlung ist vom laufenden Arbeitsverhältnis abhängig. Wenn man keinen Arbeitgeber mehr hat, der das Gehalt zahlt, dann ist keine Entgeltumwandlung mehr möglich. Allerdings können Verträge bei Ausscheiden aus dem Arbeitsverhältnis als privater Vorsorgevertrag weitergeführt oder ruhend gestellt werden.

- *Mutterschutz:*
  Das Arbeitsverhältnis bleibt in diesen Fällen bestehen, die Arbeitgeberbeiträge zur bAV sowie das Gehalt werden weiter gezahlt.

- *Längere Krankheit:*
  Das Arbeitsverhältnis ruht in der Regel nach 6 Wochen. Das Gehalt wird nicht weiter gezahlt. Der Arbeitgeber kann, wenn er will, die Beiträge für die Direktversicherung zahlen.

3. Betriebliche Rentenversicherung

- *Elternzeit:*
    Das Arbeitsverhältnis ruht. Das Gehalt wird nicht weiter gezahlt. Der Arbeitnehmer kann innerhalb von drei Monaten die Fortführung des Vertrages zu alten Konditionen verlangen. Wer im Rahmen der betrieblichen Altersvorsorge für eine Zusatzrente spart, wird dafür bei der Elterngeld-Berechnung „bestraft". Denn der Teil des Gehalts, der in die betriebliche Altersvorsorge fließt, zählt nicht als Einkommen bei der Elterngeldberechnung. Das hat das Bundessozialgericht (AZ: B 10 EG 9/08 R) entschieden und darauf hingewiesen, dass steuerfreie Einkünfte bei der Berechnung des Elterngelds nicht berücksichtigt werden dürfen. Die Beiträge für die betriebliche Altersvorsorge sind aber steuerfrei und können damit nicht berücksichtigt werden. Bei einem Kinderwunsch sollten Eltern also darüber nachdenken, die Zusatzvorsorge auszusetzen, um das Elterngeld nicht unnötig zu schmälern.

Bundessozialgericht (AZ: B 10 EG 9/08 R)

Vorruhestand

Im Falle des Vorruhestandes bestehen folgende Möglichkeiten für den Arbeitnehmer:

- Vereinbarungen i. d. R. in Tarifverträgen oder Betriebsvereinbarungen
- Beendigung des Arbeitsverhältnisses
    - Sonderregelung: Unverfallbarkeitsfrist
- Möglichkeiten des Arbeitgebers
    - Weiterzahlung der Beiträge bis zum Beginn der Altersrente (Pauschalversteuerung)
    - Beitragsfreistellung ggf. mit einmaliger Zuzahlung (steuerlich: Vervielfältigungsregelung)
    - Freigabe der Versicherung zugunsten des Arbeitnehmers

Anhebung der gesetzlichen Regelaltersgrenze in der betrieblichen Altersversorgung

Das Bundesarbeitsgericht (BAG) hat mit Urteil vom 15.5.2012 (Az. 3 AZR 11/10) die Altersgrenze für Leistungen aus der betrieblichen Altersversorgung neu definiert. Altersleistungen aus einer betrieblichen Altersversorgung, die zum 65. Lebensjahr zugesagt waren, müssen jetzt erst später, nämlich bei Erreichen der Regelaltersgrenze, gezahlt werden. Dadurch haben Arbeitgeber in bestimmten Fällen eine Rentenersparnis bis zu zwei Jahren und betroffene Arbeitnehmer möglicherweise erhebliche Einbußen.

Az. 3 AZR 11/10

Das neue Einzelurteil des BAG kann Auswirkungen auf alle Versorgungsordnungen haben, die bereits vor Einführung der Regelaltersgrenze von 67 Jahren in der gesetzlichen Rentenversicherung entstanden sind, also vor dem 20.4.2007. Der Grund: Nach Meinung der Richter gingen Arbeitgeber früher bei der Festlegung der Altersgrenze von 65 Jahren für ihre betriebliche Altersversorgung regelmäßig davon aus, dass damit der Zeitpunkt gemeint ist, an dem typischerweise auch die gesetzliche Rente ohne Abzüge fällig wird. Das war über 90 Jahre lang mit Vollendung des 65. Lebensjahrs der Fall. Erst seit 20.4.2007 steht fest, dass die Regelaltersgrenze stufenweise auf 67 Jahre steigt.

RV-Altersgrenzen-anpassungsgesetz

Mit dem RV-Altersgrenzenanpassungsgesetz vom 20.4.2007 wurde die bis dahin geltende Altersgrenze in der gesetzlichen Rentenversicherung von 65 Jahren durch die neue Regelaltersgrenze ersetzt. Diese sieht ab dem 1.1.2008 unterschiedliche Altersgrenzen je nach Geburtsjahrgang vor:

geboren bis 1946	Altersgrenze bleibt bei 65 Jahren
geboren ab 1947 bis 1963	Altersgrenze steigt pro Jahr um 1 bis 2 Monate
geboren ab 1964	Altersgrenze 67 Jahre

Wer also einem Arbeitnehmer schon vor dem 20.4.2007 eine Betriebsrente ab Vollendung des 65. Lebensjahrs versprochen hatte, der sollte die Rente zukünftig erst bis zu zwei Jahre später zahlen. Bei genauerem Hinsehen hat das „Mitwandern" der Altersgrenze aber noch weitere Auswirkungen: Je nach Ausgestaltung der Versorgung können die Renten sinken oder auch steigen. Ebenso ändern sich unverfallbare Anwartschaften, wenn ein Mitarbeiter beim Arbeitgeber ausscheidet. Selbst Scheidungsfälle sind betroffen: Weil der Ehezeitanteil von der unverfallbaren Anwartschaft oder der laufenden Rente abhängt, wirkt sich auch hier die neue Altersgrenze aus. Da das Urteil eine Einzelentscheidung darstellt, zeigt es zwar die Tendenz der Rechtsprechung auf, aber rechtlich ganz sicher sind der Arbeitgeber und die Versorgungsträger erst, wenn sie mit den Arbeitnehmern eine schriftliche Klarstellung vereinbaren.

Altersgrenze 65 beibehalten

Soll die Möglichkeit, die Betriebsrente weiterhin mit 65 Jahren zu beziehen, erhalten bleiben, könnte eine ausdrückliche schriftliche Klarstellung, z. B. in einem Nachtrag oder einer Protokollnotiz zu einer bestehenden Betriebsvereinbarung, arbeitsrechtlich sinnvoll sein. Es empfiehlt sich, in diesem Zusammenhang auch zu klären, ob und inwieweit eine etwaige Dienstzeit nach dem 65. Lebensjahr die Höhe der Versorgung beeinflusst und ob hierzu dann ebenfalls eine Klarstellung erforderlich ist. Insbesondere bei Berufsunfähigkeitsdeckung wird man die Altersgrenze von 65 Jahren von den Versorgungsträgern beibehalten wollen.

3.1.2 Pensionszusage und Rückdeckungsversicherung

3.1.2.1 Pensionszusage

Handlungssituation

Walter Jung ist neu in die Personalabteilung des mittelständischen Unternehmens Systembau eingetreten und liest dort die Betriebsvereinbarung zur Altersversorgung. Hierbei stößt er auf eine Regelung, welche für die Mitarbeiter eine spätere Altersrente vorsieht. Da er bisher noch nicht mit einer solchen Vereinbarung in Berührung bekommen war, bittet er den betreuenden Makler um weitere Informationen.

Wie funktioniert der Durchführungsweg?

Von einer Pensions-/Direktzusage spricht man, wenn sich der Arbeitgeber gegenüber seinen Arbeitnehmern zur Leistung einer Alters-, Invaliden- und/oder Hinterbliebenenversorgung verpflichtet.

3. Betriebliche Rentenversicherung

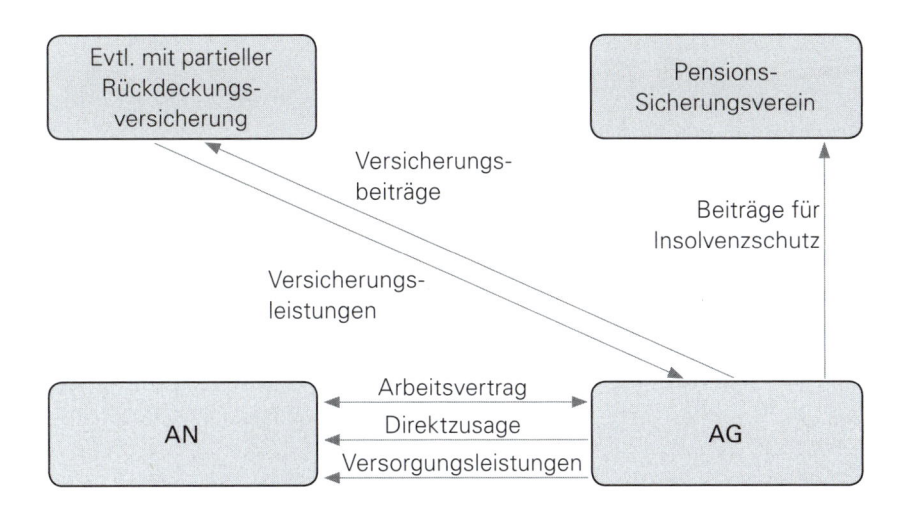

```
┌─────────────────────┐                          ┌─────────────────────┐
│ Evtl. mit partieller│                          │     Pensions-       │
│   Rückdeckungs-     │                          │  Sicherungsverein   │
│    versicherung     │                          │                     │
└─────────────────────┘                          └─────────────────────┘
          ▲   │         Versicherungs-                     ▲
          │   │           beiträge                         │
          │   │                           Beiträge für     │
          │   │                          Insolvenzschutz   │
          │   │       Versicherungs-                       │
          │   ▼         leistungen                         │
┌─────────────────────┐      Arbeitsvertrag      ┌─────────────────────┐
│                     │ ◄──────────────────────► │                     │
│         AN          │       Direktzusage       │         AG          │
│                     │ ◄──────────────────────  │                     │
│                     │    Versorgungsleistungen │                     │
└─────────────────────┘ ◄──────────────────────  └─────────────────────┘
```

Ein entscheidendes Merkmal ist, dass das Unternehmen selbst Träger der Versorgung ist. Deshalb bezeichnet man die Pensionsverpflichtung auch als „Direktzusage" und als „unmittelbare Versorgungszusage".

Der Arbeitgeber muss selbst dafür sorgen, dass im Leistungsfall die benötigten Mittel zur Verfügung stehen. Ob und in welcher Form die erteilte Zusage von dem erteilenden Unternehmen eine Kapitalvorsorge betreibt, aus der die späteren Versorgungsverpflichtungen geleistet werden sollen, ist nicht vorgeschrieben. Damit bietet die Pensionszusage ein höheres Maß an Flexibilität als andere Durchführungswege, aber auch ein erhöhtes Risiko, z. B. bei der Veräußerung des Unternehmens.

Die Pensionszusage wird erteilt in Form einer Leistungszusage oder einer beitragsorientierten Leistungszusage. Die Leistungshöhe ist nahezu unbegrenzt im Vergleich zu anderen Durchführungswegen. Einzige Grenze ist das Überversorgungsverbot im Leistungsfall.

Die Zusage kann als Einzelzusage oder als Gesamtzusage erteilt werden. Von einer Einzelzusage spricht man, wenn die Zusage einer konkreten Person gegeben wird. Eine Gesamtzusage liegt dann vor, wenn auf eine individuell gestaltete Zusage verzichtet wird und stattdessen eine Versorgungsordnung – d. h. eine Regelung für eine Mehrzahl von Personen – die zuzusagenden Leistungen regelt. Eine Besonderheit der Gesamtzusage besteht darin, dass eine ausdrückliche Annahmeerklärung des begünstigten Arbeitnehmers nicht erwartet wird.

Lohngleichheitsgebot nach Art. 119 EG-Vertrag

Bei der Erteilung einer Zusage ist grundsätzlich der sog. Gleichheitsgrundsatz zu beachten. Er findet insbesondere dann Anwendung, wenn mehreren Arbeitnehmern eine Zusage erteilt werden soll. Der Gleichbehandlungsgrundsatz besagt, dass Arbeitnehmer nicht unterschiedlich behandelt werden dürfen, es sei denn, sachliche Gründe rechtfertigen eine solche Differenzierung. Grundsätzlich nicht differenziert werden darf zwischen Männern und Frauen (Lohngleichheitsgebot nach Art. 119 EG-Vertrag).

Art. 119 EG-Vertrag

Die Pensionszusage ist aufgrund der historischen Entwicklung der betrieblichen Altersversorgung die häufigste Zusageform bei arbeitgeberfinanzierten Zusagen:

Bestimmung gemäß § 6a EStG

§ 6a Abs.1 EStG

Gemäß § 6a Abs.1 EStG ist es zwingend erforderlich, dass der Pensionsberechtigte einen Rechtsanspruch auf die ihm zugesagte Leistung erhält. Für die spätere Bildung der Rückstellung in der Bilanz sieht der entsprechende Paragraph des Einkommensteuergesetzes bei der Erteilung der Zusage die Schriftform vor.

§ 6a Abs. 3 und 4 EStG

Zudem muss nach § 6a Abs. 3 und 4 EStG ein Dienstverhältnis bestehen, damit eine Rückstellungsbildung möglich ist. Damit sind alle Arbeitsverhältnisse, aber auch sonstige Dienstverhältnisse wie z. B. Vorstands- oder Geschäftsführerverträge erfasst.

Welche Angaben sollte eine Versorgungszusage enthalten?

- *Versorgungsträger:* Wer hat die Zusage erteilt, d. h. wer ist aus der Zusage verpflichtet?
  - Firmenname mit Firmierung
- *Versorgungsberechtigte:* Wer kommt in den Genuss der Leistungen?
  - Versorgungsberechtigter selbst und eventuell der Ehegatte und die Kinder. Es können der „jeweils gültige" Ehegatte bzw. die Kinder berechtigt sein oder die Personen können namentlich genannt sein.
- *Gültigkeitsdatum:* Wann wurde die Zusage rechtsgültig erteilt?
  - entscheidend für die Beantwortung der Frage, ob ein Leistungsanspruch besteht, aber auch für die Bestimmung der gesetzlichen oder vertraglichen Unverfallbarkeit
- *Pensionsalter:* Ab welchem Alter werden Altersrenten bzw. ein einmaliges Erlebensfallkapital gezahlt?

Zugesagte Leistungen:
Welche Leistungen werden gewährt?
- i. d. R. Alters-, Invaliden-, Hinterbliebenenleistungen
- vorgezogenes Altersruhegeld

In welchem Maße wird die zugesagte Leistung bei vorzeitiger Inanspruchnahme gekürzt? (z. B. 0,5 % pro Monat)

Welche Leistung bleibt bei Ausscheiden erhalten?
- z. B. Reduzierung auf unverfallbare Anwartschaft. GGF-Zusagen ohne Kürzungsregelung werden i. d. R. von der Finanzverwaltung als unüblich eingestuft.
- Anpassungen während der Anwartschaft (z. B. Anwartschafts- oder Gehaltsdynamik, Anpassung an Bezugsgrößen)
- Anpassungen während der Rentenbezugszeit (z. B. Rentendynamik, Anpassung an Bezugsgrößen)

3. Betriebliche Rentenversicherung

- *Wartezeiten:* Werden Versorgungsleistungen erst nach Ablauf bestimmter Dienstjahre oder eines Lebensalters gewährt?
- *Anrechnungen:* Werden Leistungen auf die zugesagten Leistungen angerechnet?
  - z. B. Sozial- oder Direktversicherungsrente
- *Besitzstand:* Wird ein Mindestanspruch (z. B. aus einer abgelösten Altzusage) gewährt?
- *Verweis auf Rückdeckungsversicherung:* Hat der Versorgungsberechtigte Kenntnis vom Abschluss einer Rückdeckungsversicherung?
  - Unterschrift zwingend erforderlich
  - Bereitschaft zur Gesundheitsprüfung; bei Verweigerung eventuell keine Versorgungszusage
- *Realteilung:* Soll der Ehegatte im Falle der Ehescheidung einen direkten Anspruch aus der Versorgungszusage erhalten?
  - Regelung nur im Bereich des öffentlichen Dienstes üblich

In der Regel werden Versorgungsleistungen als Rentenleistungen gepaart mit Invaliden- bzw. Hinterbliebenenleistungen zugesagt; Versorgungen über einmalige Kapitalzahlungen kommen aber auch vor.

Versorgungszusage: Welche Leistungen sind in einer Pensionszusage einschließbar?

- Altersrenten (Erlebensfallkapital)
- Berufsunfähigkeitsrenten
  - lebenslang, d. h. mit Übergang in die Altersrente
  - abgekürzt, d. h. die BU-Rente endet zum Altersrentenbeginn; anschließend wird die vereinbarte Altersrente gezahlt
- Hinterbliebenenversorgung
  - Witwen-/Witwerrente: max. 67 % der Altersrente
  - Witwen-/Witwerrente & Waisenrente: max. 100 % der Altersrente
- Anpassung der Rentenleistungen entsprechend der Gehaltsentwicklung in der Anwartschaftszeit möglich
- garantierte Rentenanpassung bis max. 3 % in der Rentenbezugszeit

Steuerliche Behandlung beim Arbeitgeber vor Eintritt des Versorgungsfalles

Mit der Erteilung einer Pensionszusage geht der Arbeitgeber gegenüber dem Arbeitnehmer eine in der Zukunft liegende Zahlungsverpflichtung ein. Für diese Verpflichtung muss der Arbeitgeber Rückstellungen bilden und diese auf der Passivseite der Bilanz ausweisen.

Rückstellungen führen dazu, dass der Arbeitgeber bereits vor Eintritt des Versorgungsfalles einen steuermindernden Betriebsaufwand geltend machen kann. Und das, obwohl noch keine Zahlungen geleistet werden. In Höhe der auf diesen Aufwand gesparten Steuern hat das Unternehmen einen Liquiditätsvorteil.

Da sich der Arbeitnehmer den Anspruch auf die vollen Versorgungsleistungen erst nach und nach erdient, bauen sich die Rückstellungen nur allmählich auf. Ihren Höchststand erreichen sie bei Eintritt des Versorgungsfalles.

Bildung von Pensionsrückstellungen

§ 6a EStG   Um einen Missbrauch der liquiditätserhöhenden Bildung von Rückstellungen zu verhindern, knüpft der Gesetzgeber bestimmte Voraussetzungen an die Bildung von Rückstellungen. Diese sind für die Steuerbilanz in § 6a EStG geregelt:

- *Rechtsanspruch:*

  Der begünstigte Arbeitnehmer muss einen Rechtsanspruch auf die zugesagten Versorgungsleistungen haben.

- *Schriftliche Pensionszusage ohne schädlichen Widerrufsvorbehalt:*

  Die Pensionszusage muss schriftlich erteilt worden sein und darf keinen schädlichen Widerrufsvorbehalt beinhalten. Formulierungen wie „Widerruf jederzeit möglich" oder „freiwillig ohne Rechtsanspruch" werden in diesem Zusammenhang als schädliche Vorbehalte angesehen. Unschädlich sind hingegen Widerrufsvorbehalte aufgrund grober Treuepflichtverletzungen.

- *Bestimmtes Mindestalter:*

  Pensionsrückstellungen dürfen erst gebildet werden, wenn der Arbeitnehmer ein bestimmtes Mindestalter erreicht hat:

  Für Pensionszusagen, die bis zum 31.12.2000 erteilt wurden, gilt ein Mindestalter von 30 Jahren. Unabhängig davon, ob es sich um eine arbeitgeber- oder um eine arbeitnehmerfinanzierte Pensionszusage handelt. Das Mindestalter von 30 Jahren gilt für solche "Altfälle", aber auch für Erhöhungen der Zusagen nach dem 31.12.2000.

  Für Pensionszusagen, die erstmals nach dem 31.12.2000 erteilt wurden, dürfen Rückstellungen bereits ab Vollendung des 27. Lebensjahres gebildet werden.

  Beruhen solche „Neuzusagen" auf einer Entgeltumwandlung gelten gar keine Altersgrenzen. Das bedeutet, dass mit der Rückstellungsbildung unabhängig vom Alter sofort begonnen werden kann.

Rückstellungen in der Bilanz

Bilanzrechtsmodernisierungsgesetz: ab 2010 zwingend höhere Pensionsrückstellungen in der Handelsbilanz

Aktiva	Passiva
Anlagevermögen Umlaufvermögen - Forderungen gegen Versicherungsunternehmen Nicht durch Eigenkapital gedeckter Fehlbetrag	Eigenkapital - gezeichnetes Kapital - Rücklagen - Gewinn Rückstellungen (Pensionszusagen) Verbindlichkeiten
Bilanzsumme **Kapitalmittelverwendung**	**Bilanzsumme** **Kapitalmittelherkunft**

Tabelle 15:   BilMoG – Aktiva/Passiva

3. Betriebliche Rentenversicherung

Sind die genannten Voraussetzungen erfüllt, ist der Arbeitgeber verpflichtet, Pensionsrückstellungen zu bilden. Er hat hinsichtlich der Bildung von Rückstellungen, die aufgrund eines versicherungsmathematischen Gutachtens ermittelt werden, kein Wahlrecht (BilMoG).

BilMoG

▶ Beispiel

Die Firma Willi Weber hatte bislang keine betriebliche Altersversorgung in ihrem Betrieb. Hierdurch würde sich folgendes Bild in der Bilanz zum 31.12. (ohne Direktzusage) ergeben:

Aktiva		Passiva	
Anlagevermögen		Eigenkapital	
▪ Immobilien	160.000 €	▪ gezeichnetes Kapital	450.000 €
▪ EDV	50.000 €	▪ Gewinn	140.000 €
▪ Fuhrpark	350.000 €		
Umlaufvermögen		Verbindlichkeiten	20.000 €
▪ Kasse	50.000 €		
Bilanzsumme	610.000 €	Bilanzsumme	610.000 €
Steuer bei einem Gesamtertragssteuersatz von 52 % = 72.800 €			

Um seine Mitarbeiter an die Firma Willi Weber langfristig zu binden, hat der Geschäftsführer eine Pensionszusage für die Beschäftigten erteilt. Hierdurch ergibt sich zum 31.12. folgendes Bilanzergebnis, nachdem das versicherungsmathematische Gutachten eine erforderliche Pensionsrückstellung in Höhe von 91.440 € ausgewiesen hat:

Rückstellungen in der Bilanz per 31.12. mit Direktzusage

Das Bilanzrechtsmodernisierungsgesetz schreibt ab 2010 zwingend höhere Pensionsrückstellungen vor, um die Zusagen zu erfüllen.

Aktiva		Passiva	
Anlagevermögen		Eigenkapital	
▪ Immobilien	160.000 €	▪ gezeichnetes Kapital	450.000 €
▪ EDV	50.000 €	▪ Gewinn	48.560 €
▪ Fuhrpark	350.000 €	Pensionsrückstellungen	91.440 €
Umlaufvermögen		Verbindlichkeiten	20.000 €
▪ Kasse	50.000 €		
Bilanzsumme	610.000 €	Bilanzsumme	610.000 €
Steuer bei einem Gesamtertragssteuersatz von 52 % = 25.251 €			

Höhe der Pensionsrückstellungen

Um einen Missbrauch der liquiditätserhöhenden Bildung von Rückstellungen zu verhindern, nennt der Gesetzgeber in § 6 a EStG einige Voraussetzungen, die in R 41 EStR näher erläutert werden. Danach dürfen Pensionsrückstellungen nur gebildet werden, wenn der begünstigte Arbeitnehmer einen Rechtsanspruch auf die zugesagte Leistung hat.

§ 6 a EStG
R 41 EStR

Die Pensionsrückstellungen werden gemäß § 6a EStG mit dem Teilwert der Pensionsverpflichtung angesetzt. Die Höhe des Teilwertes wird für jeden Versorgungsberechtigten versicherungsmathematisch berechnet. Darüber hinaus werden für die Berechnung folgende Daten benötigt:

- Art, Höhe und Fälligkeit der Versorgungsleistungen
- Betriebseintritt des Arbeitnehmers
- Alter und Geschlecht des Arbeitnehmers
- je nach Zusage: Alter und Geschlecht der Hinterbliebenen

Zur Erstellung der Bilanz benötigt der Arbeitgeber jedes Jahr eine versicherungsmathematische Berechnung der Pensionsrückstellungen.

Jährliche Zuführung (**Teilwerte**) zur Rückstellung bauen sich bis zum Pensionszeitpunkt so auf, dass dann der voraussichtliche

Altersrentenbarwert der Versorgungsverpflichtung

ausgewiesen wird.

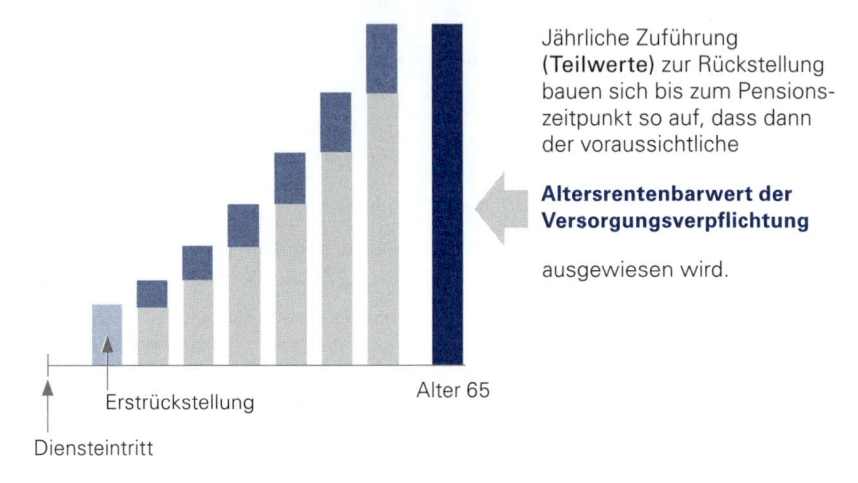

Abbildung 14: Pensionsrückstellungen in der Steuerbilanz

Wichtig für den Arbeitgeber

Auch wenn eine Pensionszusage erst Jahre nach Betriebseintritt erteilt wird, kann im Jahr der Zusage der gesamte Teilwert unter Berücksichtigung der bereits zurückgelegten Jahre der Betriebszugehörigkeit angesetzt werden.

§ 6a Abs. 11 Satz 1 EStR 2005

Bei der Ermittlung des Teilwertes einer Pensionsanwartschaft ist weiterhin grundsätzlich das vertraglich vereinbarte Pensionsalter zugrunde zu legen (§ 6a Abs. 11 Satz 1 EStR 2005).

§§ 35 und 235 SGB VI

Sofern in der Pensionszusage als vertragliches Pensionsalter auf die Regelaltersgrenze der gesetzlichen Rentenversicherung verwiesen wird, sind grundsätzlich die folgenden gerundeten Pensionsalter zu verwenden (vgl. §§ 35 und 235 SGB VI):

für Geburtsjahrgänge:	Pensionsalter:
bis 1952	65. Lebensjahr
ab 1953 bis 1961	66. Lebensjahr
ab 1962	67. Lebensjahr

3. Betriebliche Rentenversicherung

Durch diese „Erstrückstellung" ergibt sich im Jahr der Erteilung einer Pensionszusage häufig eine sehr hohe Gewinnminderung und damit wegen der Steuerersparnis ein entsprechender Liquiditätsvorteil für den Arbeitgeber.

Richttafeln nach Heubeck

Bilanzrechtmodernisierungsgesetz (BilMoG)

Gemäß BilMoG gelten für die Rückstellungsberechnung für die Handelsbilanz strengere Vorschriften, um die Versorgungsverpflichtungen realitätsnäher auszuweisen:

- Der Rechnungszins ist der Marktzins von Null-Kupon-Festzinswaps mit Dauer 15 im Durchschnitt der letzten sieben Jahre. Er wird monatlich von der Deutschen Bundesbank ermittelt und veröffentlicht. Zum 31.12.2009 betrug er 5,25 % p. a., während er zum 31.12.2013 auf 4,88 % p. a. zurückging.
- Gehaltstrend: Bei Aktivenbeständen muss die zu erwartende Gehaltsentwicklung berücksichtigt werden.
- Rententrend: Bei Aktiven- und Rentnerbeständen muss die zu erwartende Rentenentwicklung berücksichtigt werden.
- Mitarbeiterfluktuation: Sofern bei einem Aktivenbestand mit einer signifikanten Fluktuation zu rechnen ist, muss diese bei der Rückstellungsberechnung berücksichtigt werden.

BilMoG – Welche Firma und welcher Weg sind betroffen?

Auswirkungen sind abhängig vom:

- Zeitpunkt der Bilanzierung:
  Geschäftsjahre, die nach dem 31.12.2009 beginnen
- Schwellenwert:
  jeder Kaufmann
  Ausnahme: Einzelkaufleute, die nicht kapitalmarktorientiert sind gem. § 241a HGB, sind bis zu einem Schwellenwert von 500.000 € Umsatz *und* 50.000 € Gewinn von der Buchführungspflicht befreit

§ 241a HGB

Nur die Pensionszusage ist betroffen.

Wegen des niedrigeren Rechnungszinses ergibt sich für die Handelsbilanz eine höhere Pensionsrückstellung als für die Steuerbilanz. Der Übergang kann einmalig oder in Raten vollzogen werden. Dazu war bei bestehenden Zusagen auch eine Eröffnungsbilanz zum 01.01.2010 zu erstellen.

Nach BilMoG ist außerdem die Differenz zwischen den Rückstellungen am Jahresende und am Jahresanfang aufzuteilen in einen Zins- und einen Personalaufwand.

Steuerliche Behandlung beim Arbeitgeber nach Eintritt des Versorgungsfalles

Laufende Rentenzahlungen nach Eintritt des Versorgungsfalles verringern schrittweise die Verpflichtung des Arbeitgebers gegenüber seinem Arbeitnehmer. Dementsprechend müssen auch die Rückstellungen wieder aufgelöst werden. Diese Auflösung wirkt sich gewinnerhöhend aus, obwohl dem Unternehmen keinerlei Einnahmen zufließen. Allerdings stehen der Auflösung die Rentenzahlungen als steuermindernde Betriebsausgaben gegenüber. In Höhe der Steuern, die auf den jeweiligen Auflösungsbetrag gezahlt werden müssen, wird die Liquidität des Unternehmens belastet. Bis zur vollständigen Auflösung der Rückstellungen fließt die vor Eintritt des Versorgungsfalles gewonnene Liquidität wieder aus dem Unternehmen. Wird statt laufender Renten eine einmalige Kapitalleistung vorgenommen, werden die Rückstellungen zum Zeitpunkt der Auszahlung in einem Betrag gewinn- und damit steuererhöhend aufgelöst.

Bis zur endgültigen Auflösung der Rückstellungen stehen dem Unternehmen die liquiden Mittel aber über einen so langen Zeitraum zur Verfügung, dass damit erhebliche Zinserträge erwirtschaftet werden können.

Steuerliche Behandlung beim Arbeitnehmer

Vor Eintritt des Versorgungsfalles

Bei einer Pensionszusage fließen dem Arbeitnehmer vor Eintritt des Versorgungsfalles (Anwartschaftszeit) keine Leistungen zu. Die Bildung von Rückstellungen beim Arbeitgeber hat für den Arbeitnehmer keinerlei Auswirkungen. Damit fehlt es in dieser Zeit an den Grundlagen für eine Besteuerung beim Arbeitnehmer.

Nach Eintritt des Versorgungsfalles

Nach Eintritt des Versorgungsfalles muss der Arbeitnehmer die erhaltenen Leistungen gemäß 10 EStG in voller Höhe versteuern. Unabhängig davon, ob es sich um einmalige Kapitalzahlungen oder um regelmäßige Rentenzahlungen handelt.

Diese Versorgungsleistungen sind wie Einkünfte aus nichtselbstständiger Tätigkeit zu versteuern. Danach ist der Arbeitgeber auch verpflichtet, die anfallende Lohnsteuer einzubehalten und an das Finanzamt abzuführen.

Obwohl die Versorgungsleistungen voll zu versteuern sind, fällt in der Praxis oftmals gar keine Steuer an. Das liegt zum einen an dem im Alter regelmäßig niedrigen Einkommen und zum anderen an den verschiedenen Vergünstigungen, die ein ehemaliger Arbeitnehmer im Alter hat: Arbeitnehmer-Pauschbetrag, Sonderausgaben-Pauschbetrag, Vorsorgepauschale sowie Versorgungsfreibetrag.

> ▶ **Hinweis**
>
> Die Versteuerung erfolgt über die Anlage N (wie Arbeitnehmereinkünfte) und nicht über Anlage R, so dass die Freibeträge eines Arbeitnehmers zu berücksichtigen sind.

Besondere Steuervorteile bei einmaligen Kapitalzahlungen

§ 34 EStG — Grundsätzlich gelten für Kapitalzahlungen einmalig die gleichen Steuervorteile, wie sie für laufende Renten jedes Jahr gewährt werden. Besteht die Versorgungsleistung aber in einer einmaligen Kapitalzahlung, kann sie als Vergütung für eine mehrjährige Tätigkeit nach § 34 EStG begünstigt besteuert werden.

3. Betriebliche Rentenversicherung

Um die Steuerlast so gering wie möglich zu halten, sollte darauf geachtet werden, dass die einmalige Kapitalzahlung erst in dem Jahr erfolgt, in dem der Arbeitnehmer keine Einkünfte aus seiner aktiven beruflichen Tätigkeit mehr bezieht.

Sozialversicherungsrechtliche Behandlung

Während bei einer vom Arbeitgeber finanzierten Pensionszusage die Aufwendungen für die Zusage in voller Höhe beitragsfrei sind, gilt dies bei einer durch Entgeltumwandlung vom Arbeitnehmer selbst finanzierten Pensionszusage nur bis zu einem Betrag in Höhe von 4 % der Beitragsbemessungsgrenze in der Rentenversicherung. Über den Betrag von 4 % hinausgehende Beträge sind beitragspflichtig.

Alle Gehaltsteile, die oberhalb der BBG liegen, können dagegen sozialversicherungsfrei in die Versorgung eingebracht werden.

Rückdeckungsversicherung beim Lebensversicherer

Rückdeckungsversicherungen werden regelmäßig im Zusammenhang mit Pensionszusagen abgeschlossen. Der Abschluss einer derartigen Versicherung dient dem Arbeitgeber dazu, ihm die später erforderlichen Mittel zur Leistung einer dem Arbeitnehmer zugesagten betrieblichen Versorgung zu verschaffen. Die Abgrenzung zur Direktversicherung ist deshalb von Bedeutung, weil Beitragszahlungen für eine Rückdeckungsversicherung anders als bei einer Direktversicherung keinen gegenwärtig zufließenden Arbeitslohn darstellen. Das entscheidende Abgrenzungskriterium liegt darin, wem gegenüber dem Versicherungsunternehmen der Rechtsanspruch auf die im Versicherungsfall eintretende Versorgung zusteht (BFH, 27.5.1993 – VI R 19/92, BStBl II 1994, 246). Und dies ist hier der Arbeitgeber selbst.

BFH, 27.5.1993 – VI R 19/92 BStBl II 1994, 246

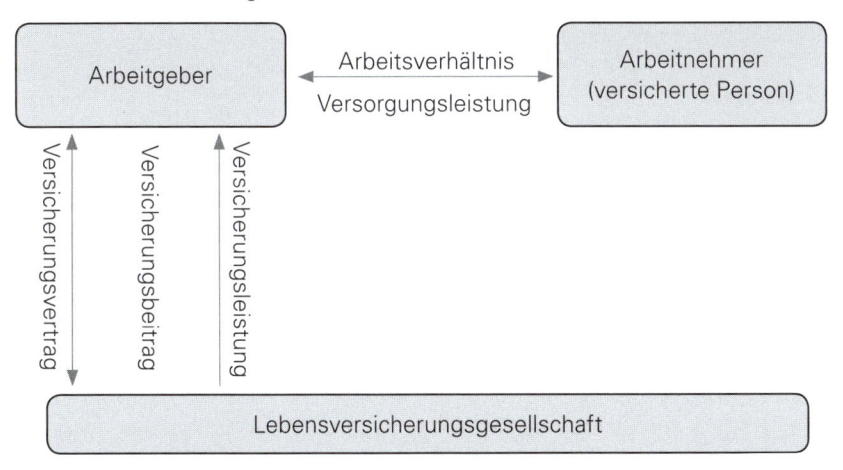

Finanzierung der Versorgungsleistungen

Die Finanzierung und Sicherstellung der Versorgungsleistungen obliegt allein dem Arbeitgeber. Eine Rückdeckungsversicherung wird vom Arbeitgeber bei einem Lebensversicherungsunternehmen abgeschlossen, um eine Finanzierungshilfe für die Erfüllung von Zusagen auf Leistungen der betrieblichen Altersversorgung zu haben.

Der Arbeitnehmer ist die versicherte Person. Versicherungsnehmer und Bezugsberechtigter ist der Arbeitgeber. Das heißt: An ihn werden die Leistungen gezahlt, wenn der Versicherungsfall eintritt. Die Beiträge für eine Rückdeckungsversicherung sind für den Arbeitgeber gewinn- und damit auch steuermindernde Betriebsausgaben.

§ 246 Abs. 2 HGB

Stellt die Zusage auf Leistungen der betrieblichen Altersversorgung in der Bilanz des Arbeitgebers eine Passivposition dar (Pensionsrückstellung), so wird das Deckungskapital (mit Überschussbeteiligung) der Rückdeckungsversicherung mit einem Aktivwert angesetzt (aktiviert), da insoweit das Saldierungsverbot des § 246 Abs. 2 HGB greift.

Unter einer Rückdeckung versteht man die Ansammlung von Kapital durch das Unternehmen. Das Kapital soll dazu dienen, die Versorgungsverpflichtungen zu erfüllen. Für den Arbeitgeber besteht kein rechtlicher Zwang, die Pensionszusagen rückzudecken.

Bei der Frage: Rückdeckung, „ja" oder „nein"? ist vor allem auch an vorzeitige Versorgungsfälle wie Berufsunfähigkeit oder Todesfall zu denken. Denn dann kommen auf die Unternehmen enorme finanzielle Belastungen zu. Es müssen kurzfristig zusätzliche Mittel zur Erfüllung der Versorgungsverpflichtung aufgebracht werden. Zusätzlich müssen die Pensionsrückstellungen auf den vollen Barwert der Versorgung angehoben werden. Das kann im schlimmsten Fall zu einer Überschuldung und damit zur Insolvenz des Unternehmens führen. Gefährlich wird auch der Fortfall der Versorgungsverpflichtung – beispielsweise durch Tod, ohne dass Hinterbliebenenleistungen anfallen. Dann muss nämlich die Rückstellung steuererhöhend aufgelöst werden.

▶ Beispiel

Sie haben einen Termin bei dem Geschäftsführer der Firma Willi Weber, die ihre Versorgungsverpflichtungen aus der Pensionszusage bei der Proximus Versicherung AG rückgedeckt haben. Die Bilanzwerte sind Ihnen bereits bekannt. Aus den Unterlagen der Proximus Versicherung AG erkennen Sie, dass ein Aktivwert von 9.603 € aus den bestehenden Rückdeckungsversicherungen gebildet wurde. Auf der Basis der bisherigen Darstellung der Bilanz zum 31.12. des letzten Kalenderjahreszeigen Sie dem Geschäftsführer die folgende Erweiterung:

3. Betriebliche Rentenversicherung

Bilanz mit Berücksichtigung der Direktzusage und der Rückdeckungsversicherung

Bilanz per 31.12.

Aktiva		Passiva	
Anlagevermögen		Eigenkapital	
▪ Immobilien	160.000 €	▪ gezeichnetes Kapital	450.000 €
▪ EDV	50.000 €	▪ Gewinn	37.851 €
▪ Fuhrpark	350.000 €		
Umlaufvermögen		Pensionsrückstellungen	91.440 €
▪ Kasse	50.000 €	Verbindlichkeiten	20.000 €
▪ Aktivwert	9.603 €		
Bilanzsumme	599.291 €	Bilanzsumme	599.291 €
Steuer bei einem Gesamtertragssteuersatz von 52 % = 19.683 €			

Anerkennung der Rückdeckungsversicherung

Dabei wird Folgendes oft vergessen: Die Rückstellungen mindern zwar den Gewinn des Unternehmens und führen damit zu temporären Liquiditätsgewinnen, diese reichen aber bei weitem nicht aus, um die Versorgungsleistungen sicherzustellen. Sind im Versorgungsfall keine ausreichenden Mittel vorhanden, muss der Arbeitgeber die Versorgungsleistung aus den laufenden Einnahmen leisten. Um dies zu vermeiden, empfiehlt sich die Rückdeckung der Versorgungsleistungen.

Um bei Eintritt des Versorgungsfalls über ausreichende Mittel zu verfügen, schließt er bei einem Versicherer Rückdeckungsversicherungen ab und lagert somit das Versorgungsrisiko voll oder teilweise auf den Versicherer aus.

Arten der Rückdeckungsversicherung

- kongruente Rückdeckung
- quasi-kongruente Rückdeckung
- partielle Rückdeckung

Rückdeckung

Kongruente Rückdeckung
Alle zugesagten Leistungen sind nach ihrer Art und in ihrer Höhe vollständig rück gedeckt.

Im Idealfall: Abstimmung der Zusage auf die Tarifbedingungen und Bestimmungen der Rückdeckungsversicherung

Quasi-kongruente Rückdeckung
Wie bei der kongruenten Rückdeckung, jedoch mit Einrechnung der Überschussanteile bei der voraussichtlichen Ablaufleistung

Ein fehlender Todesfallschutz kann evtl. durch eine zusätzliche Risikoversicherung ergänzt werden.

Partielle Rückdeckung

Nur ein Teil der zugesagten Leistungen wird durch eine Rückdeckungsversicherung abgesichert. Sehr häufig werden das Todesfallrisiko und das Berufsunfähigkeitsrisiko über einen Rückdeckungsvertrag abgesichert. Die Altersrente wird dann durch eigene Rückstellungen finanziert.

Grundsätzlich gilt, dass der Arbeitgeber die absolute Gestaltungsfreiheit über die Rückdeckungsversicherung besitzt.

Die Beiträge, die in die Rückdeckungsversicherung einfließen, sind der Höhe nach unbegrenzt. Die Gesamtversorgung aus gesetzlicher Rentenversicherung und betrieblicher Altersversorgung (inklusive Entgeltumwandlung) darf jedoch 75 % der Bruttobezüge nicht überschreiten.

R 40b.1 Abs. 3 Satz 2 Nr. 3 LStR

Rückdeckungsversicherungen, die Pensionszusagen einer Kapitalgesellschaft gegenüber Gesellschafter-Geschäftsführern (Arbeitnehmer) absichern, werden regelmäßig zugunsten des pensionsberechtigten Arbeitnehmers verpfändet oder mit aufschiebender Bedingung an ihn abgetreten. Hierin liegt noch kein Zufluss von Arbeitslohn, weil der Arbeitnehmer gegenwärtig noch keine unmittelbaren Ansprüche aus der Versicherung erwirbt (R 40b.1 Abs. 3 Satz 2 Nr. 3 LStR).

Zielgruppenbeschreibung

Die Pensionszusage mit Rückdeckung ist insbesondere für Spitzenverdiener interessant. Hiermit können Versorgungssysteme optimal individuell ergänzt werden.

Speziell für Führungskräfte und den Kreis der Gesellschafter-Geschäftsführer bietet diese Versorgungsform ein hohes Maß an Flexibilität bei der Gestaltung ihrer Altersversorgung.

Mit einer Rückdeckung verschafft sich der Arbeitgeber die notwendigen finanziellen Mittel zur Erfüllung seiner Versorgungsverpflichtung. Der versorgungsberechtigte Arbeitnehmer kann seine Ansprüche ausschließlich gegenüber dem Arbeitgeber geltend machen. Er hat keinen Zugriff auf die Rückdeckung. Deshalb gehört die Rückdeckung auch zum Betriebsvermögen des Arbeitgebers.

Die Vor- und Nachteile auf einen Blick

Vorteile für den Arbeitgeber:

- Liquiditätsvorteil, da Mittel im Unternehmen bleiben. Erträge sind frei verwendbar.

Nachteile für den Arbeitgeber:

- schwer kalkulierbar
- Bilanzverlängerung
- Verwaltungsaufwand
- PSV-Beitragspflicht zur Insolvenzsicherung

3. Betriebliche Rentenversicherung

Vorteile für den Arbeitnehmer:

- Unbegrenzte Steuerfreiheit der Aufwendungen mangels Lohnzufluss
- Besonders geeignet für AN mit höherem Einkommen
- Nahezu unbeschränkte Leistungshöhe

Nachteile für den Arbeitnehmer:

- Keine Fortführung mit eigenen Beiträgen nach Ausscheiden möglich.

Tarife/Angebote für eine Rückdeckungsversicherung

Risikoversicherungen für vorzeitige Versorgungsfälle

Hat der Arbeitgeber zur Rückdeckung vorzeitiger Versorgungsfälle (Invalidität oder Tod) eine Risikoversicherung abgeschlossen, so kann er die Beiträge hierfür als Betriebsausgaben geltend machen. Im Gegenzug muss er den Wert der Versicherung aber gewinnerhöhend aktivieren. Allerdings haben Risikoversicherungen aufgrund ihrer Kalkulation (keine Sparbeiträge) gar keinen oder nur einen sehr geringen Aktivwert.

Kapitalbildende Versicherungen

Schließt ein Arbeitgeber zur Finanzierung der Altersleistungen so genannte kapitalbildende Lebensversicherungen ab, so muss er deren Wertsteigerung jährlich versteuern. Denn der tatsächlich vorhandene Wert der Versicherung muss jedes Jahr in der Bilanz aktiviert werden. Die Beiträge sind auch hier Betriebsausgaben.

Investmentfonds-Rückdeckung

Finanziert der Arbeitgeber die Altersleistung über einen Investmentfonds, so muss der Wert der Fondsanteile ebenfalls jedes Jahr aktiviert werden. Allerdings ist für die Aktivierung nicht der tatsächliche Kurswert maßgeblich, sondern lediglich die Anschaffungskosten der Fondsanteile. Hierdurch können erhebliche stille Reserven gebildet werden. Der Aufwand gehört zu den Betriebsausgaben.

Pensionszusage mit Fondsrückdeckung

Eine Rückdeckung der Pensionszusage ist zwar nicht gesetzlich vorgeschrieben, jedoch besteht ohne diese das Risiko, dass das Unternehmen seine Leistungen einmal aus dem laufenden Betriebsprozess finanzieren muss. Bei Gesellschafter-Geschäftsführer-Versorgungen ist die Rückdeckung sogar unumgänglich. Denn die Finanzämter machen gerade hier die Anerkennung von Rückstellungen gelegentlich davon abhängig, ob die Pen-sionszusage zumindest teilweise rückgedeckt ist.

Liquiditätsbelastung

Bei der Pensionszusage muss eine gewinnmindernde Rückstellung gebildet werden.

Als Faustformal ist folgender Ansatz wählbar:

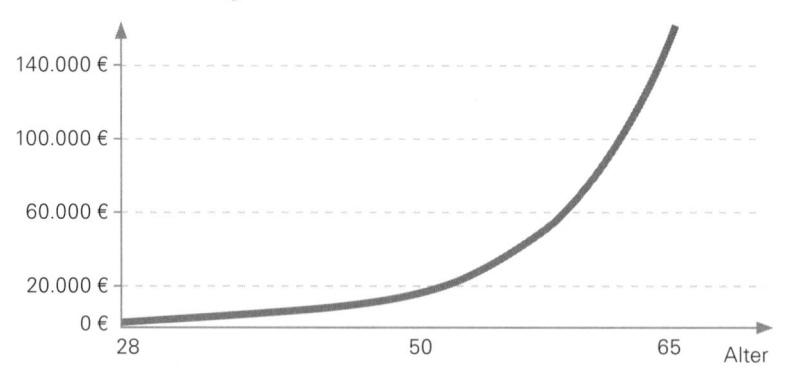

Abbildung 15: Gewinnmindernde Rückstellung (Quelle: www.sfba-ag.de)

Beitrag an den Pensionssicherungs-Verein (PSV)

Laufende Versorgungsleistungen und unverfallbare Anwartschaften sind sicherungsfähig und -pflichtig, wenn die Anwartschaft auf einer unmittelbaren Versorgungszusage des Arbeitgebers beruht. Der Arbeitgeber hat jährlich Insolvenzbeiträge zu zahlen, wobei als Bezugsgröße die Pensionsrückstellung aus der Steuerbilanz (aber einschließlich etwaiger Fehlbeträge) maßgebend ist.

Vertraglicher Insolvenzschutz

PSV In den Fällen, in denen keine gesetzliche Insolvenzsicherung gegeben ist (z. B. bei beherrschenden Gesellschafter-Geschäftsführern) oder die Höchstbetragsgrenzen des PSV überschritten werden, ist der Versorgungsberechtigte auf einen vertraglichen Insolvenzschutz angewiesen.

Häufigstes Instrument der privatrechtlichen Insolvenzsicherung in der betrieblichen Altersversorgung ist jedoch die Verpfändung von Vermögenswerten. Dies kann eine Rückdeckungsversicherung sein, aber auch Wertpapiere, Fondsanteile usw. Auch weiteres Vermögen, wie z. B. Immobilien, kann verpfändet werden.

Im Fall der Insolvenz des Arbeitgebers ist der Versorgungsberechtigte als Pfandgläubiger berechtigt, das Pfandrecht bei Pfandreife, d. h. wenn ein Versorgungsfall eingetreten und die Zahlung fällig geworden ist, zur Erfüllung seiner Ansprüche zu verwerten.

Bei Versorgungszusagen besteht zudem die Möglichkeit, vertraglichen Insolvenzschutz zu erwerben, indem eine Rückdeckungsversicherung abgeschlossen wird und die Ansprüche daraus an den versorgungsberechtigten Arbeitnehmer verpfändet werden. Der Arbeitgeber bleibt Versicherungsnehmer und Bezugsberechtigter; allerdings kann er nicht mehr ohne Zustimmung des Begünstigten über die Versicherung verfügen. Der Arbeitnehmer selbst erhält durch die Einräumung des Pfandrechtes lediglich eine Sicherheit für den Fall der Insolvenz, jedoch keinerlei Verfügungsrechte. Somit liegt auch kein lohnsteuerlicher Zufluss vor und die Vorteile der nachgelagerten Besteuerung (Besteuerung im Rentenbezug mit dann in der Regel deutlich niedrigeren Steuersätzen) bleiben erhalten.

3. Betriebliche Rentenversicherung

Die wichtigsten Argumente für eine Rückdeckungsversicherung:
- Auslagerung betriebsfremder Risiken
- Finanzierung der Altersrente
- Absicherung der vorzeitigen Risiken (z. B. Berufsunfähigkeit, Tod)
- Abdeckung des Langlebigkeitsrisikos (bei Rentenrückdeckung)
- Bereitstellung liquider Mittel
- Verbesserung der Bilanzpolitik
- erleichterter Firmenverkauf
- Insolvenzsicherung für GGF durch Verpfändung möglich *GGF*
- Ernsthaftigkeit der Zusage für GGF wird belegt

Gründe für das Auslagern von Pensionszusagen

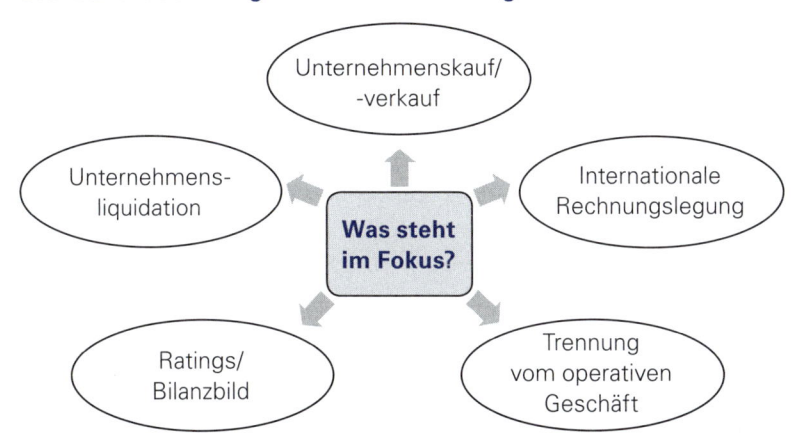

Was steht im Fokus?
- Unternehmenskauf/-verkauf
- Unternehmensliquidation
- Internationale Rechnungslegung
- Ratings/Bilanzbild
- Trennung vom operativen Geschäft

Abbildung 16: Gründe für das Auslagern von Pensionszusagen

Obwohl viele Betriebe aus den genannten Gründen auslagern möchten, stehen hier erhebliche Mittelabflüsse im Wege, wie folgendes Rechenbeispiel zeigt:

▶ **Beispiel zu § 3.66 EStG: Übertragung von Anwartschaften**
(siehe auch Direktzusagen – BilMoG)   *BilMoG*

Altersrente ab 65 Jahre:	2.000 € p.M.
Diensteintrittsalter:	35 Jahre
Alter bei Auslagerung auf Versicherer:	50 Jahre
m/n-tel-Faktor:	15 Jahre / 30 Jahre (0,5)
erreichte Anwartschaft (§ 3 Nr. 66 EStG):	1.000 € p.M.
künftige Anwartschaft:	1.000 € p.M.
Pensionsrückstellung:	71.619 €
Einmalbeitrag für Past Service:	144.293 €
laufender Beitrag für Future Service:	13.644 € pro Jahr

> **Fazit:**
> - Die Pensionsrückstellung in Höhe von 71.619 € ist voll aufzulösen, jedoch kann im Übertragungsjahr nur der Einmalbeitrag bis in Höhe der Pensionsrückstellung als Betriebsausgabe abgezogen werden (71.619 €).
> - Verteilung von jeweils 10 % der Differenz zwischen dem Einmalbeitrag und der Pensionsrückstellung in den folgenden 10 Wirtschaftsjahren als Betriebsausgaben (7.267,40 €).
> - Beitrag für Future Service ist in den Folgejahren als Betriebsausgabe abzugsfähig (13.644 €).

§ 3 Nr. 66 EStG Leistungen des Arbeitgebers (Direktzusage) oder einer Unterstützungskasse an einen Versicherer zur Übernahme bestehender Versorgungsverpflichtungen oder Versorgungsanwartschaften werden gemäß § 3 Nr. 66 EStG steuerfrei gestellt.

Dem Arbeitgeber wird in § 4e EStG die Möglichkeit eingeräumt, die an den Versicherer eingezahlten Beiträge über 11 Jahre verteilt als Betriebsausgaben steuerlich geltend zu machen. Dabei kann im Wirtschaftsjahr der Übertragung ein Betrag in Höhe der gewinnerhöhend aufzulösenden Pensionsrückstellung gewinnmindernd als Betriebsausgabe abgezogen werden.

Der die Rückstellung übersteigende Betrag, der zur vollen Ausfinanzierung des Rückdeckungsvertrages erforderlich ist, ist in den dem Wirtschaftsjahr der Übertragung folgenden 10 Wirtschaftsjahren gleichmäßig verteilt steuerlich geltend zu machen.

§ 3 Nr. 66 EStG Macht der Arbeitgeber von seinem Wahlrecht Gebrauch, wird die Steuerfreiheit der Zuführungen zum Pensionsfonds beim Arbeitnehmer nach § 3 Nr. 66 EStG gewährt.

3.1.2.2 Betriebliche Altersversorgung für Gesellschafter-Geschäftsführer einer GmbH

Arbeitnehmer – vor allem leitende Angestellte – erhalten vielfach von ihren Arbeitgebern eine betriebliche Altersversorgung. Doch wie sieht es mit der Versorgung der Gesellschafter-Geschäftsführer einer GmbH aus?

Gesellschafter-Geschäftsführer sind i. d. R. über die Deutsche Rentenversicherung (DRV) nicht oder nur unzureichend abgesichert, da Beiträge über der Beitragsbemessungsgrenze nicht mehr rentenwirksam sind. Eine betriebliche Altersversorgung durch das Unternehmen selbst erhält daher zentrale Bedeutung für die Versorgung des Gesellschafter-Geschäftsführers. Ist ein Geschäftsführer einer GmbH zugleich Gesellschafter, so kann er als Arbeitnehmer in einem abhängigen Beschäftigungsverhältnis stehen, also versicherungspflichtig in der gesetzlichen Rentenversicherung sein. Er kann aber auch unternehmerisch im eigenen Betrieb tätig und damit versicherungsfrei sein.

Hier bietet sich eine zusätzliche Versorgung in Form der betrieblichen Altersversorgung an. Denn alle Vorteile, die der Gesetzgeber für Arbeitnehmer eingeräumt hat, können auch für einen Gesellschafter-Geschäftsführer genutzt werden, weil er steuerlich als Arbeitnehmer anzusehen ist. Speziell für Gesellschafter bietet sich die Pensionszusage an.

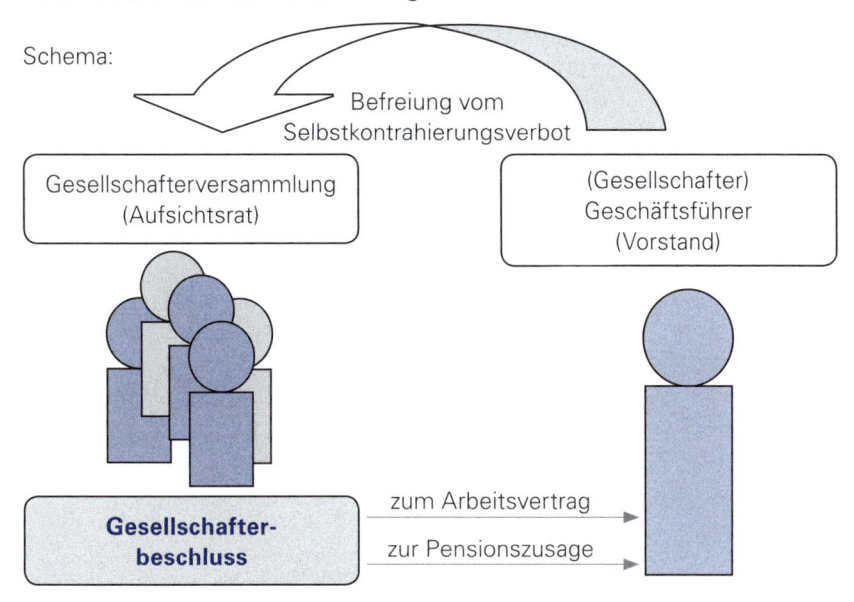

Schema:

```
Gesellschafterversammlung       Befreiung vom
(Aufsichtsrat)                  Selbstkontrahierungsverbot
                                (Gesellschafter)
                                Geschäftsführer
                                (Vorstand)

Gesellschafter-    zum Arbeitsvertrag
beschluss          zur Pensionszusage
```

Abbildung 17: Pensionszusage – zivilrechtliche Wirksamkeit

Die Pensionszusage

Eine über die Grundversorgung hinausgehende Absicherung erreicht der Gesellschafter-Geschäftsführer dadurch, dass ihm die GmbH eine Pensionszusage auf Alters-, Invaliditäts- und Hinterbliebenenrente erteilt. Zur Finanzierung der Pensionszusage werden Pensionsrückstellungen nach § 6 a EStG gebildet. Die Pensionszusage muss schriftlich erteilt werden.

§ 6 a EStG

Beherrschende Gesellschafter-Geschäftsführer fallen nicht unter die Regelungen des BetrAVG, da sie Unternehmer sind und eine Arbeitnehmerstellung nicht bejaht werden kann.

Wann ist ein GGF im steuerlichen Sinne beherrschend?

Gesellschafter-Geschäftsführer (GGF) sind nach ihrer Stellung im Unternehmen zu unterscheiden. So ist ein GGF als beherrschend anzusehen, wenn er mehr als 50 % der Kapital- und Stimmanteile auf sich vereinigt.

Auch bei einer nur geringen Kapitalbeteiligung kann eine beherrschende Stellung eingenommen werden, wenn der GGF aufgrund seiner Kenntnisse und Erfahrungen die Belange der Gesellschaft maßgeblich beeinflusst. Wesentliches Entscheidungskriterium für die Sozialversicherungsfreiheit von Gesellschafter-Geschäftsführern mit einer geringen Kapitalbeteiligung ist somit die Weisungsfreiheit.

GGF hält ≤ 50% der Stimmrechte des Unternehmens und es treten besondere Umstände hinzu, wie z. B.:

- Mitgesellschafter verzichten auf ihre Stimmrechtsausübung.
- Es werden mittelbar weitere Beteiligungen am Unternehmen gehalten.
- Es liegen gleichgerichtete wirtschaftliche Interessen bei mehreren GGFs vor (dies gilt auch für Familienangehörige).

▶ Beispiel

Drei GGFs halten jeweils 33 1/3 % der Stimmrechte und allen wird eine Versorgungszusage erteilt. Zwei Gesellschafter-Geschäftsführer sind verheiratet.

Zusammenrechnung der Stimmrechte = beherrschende Stellung!

bAV / Beherrschungsbegriff

Es ist wichtig zu wissen, ob ein GGF „beherrschend" ist, damit folgende Punkte geklärt sind:

- arbeitsrechtliche Beurteilung einer bAV
  - fällt ein GGF unter das Betriebsrentengesetz
- steuerliche Anerkennung einer bAV
  - dem Pensionierungsalter (mind. das 65. Lebensjahr)
  - der Erdienbarkeit/Finanzierbarkeit
  - der Angemessenheit
  - der Ernsthaftigkeit
- insolvenzrechtliche Behandlung
  - gesetzlich insolvenzgesichert
- sozialversicherungsrechtliche Behandlung
  - Befreiung

Angemessenheit der Versorgungszusage

Die Finanzverwaltung prüft, ob die Vergütung (sog. Aktivenlohn) eines Geschäftsführers im Vergleich zur Branche und vergleichbaren Position angemessen ist. Hierzu zählen:

- laufendes Gehalt und Tantieme
- Arbeitgeber-Beiträge zur Altersvorsorge (Pensionskasse, Direktversicherung, Unterstützungskasse und Pensionszusage)
- ggf. Geschäftswagen, Dienstwohnung etc.

Sind mehrere Gesellschafter-Geschäftsführer in einer Firma vorhanden, wird zusätzlich danach geschaut, ob die Vergütungen auch zueinander passen. Die Altersversorgung des Gesellschafter-Geschäftsführers darf nicht mehr als 75 % des letzten Aktivenlohns betragen!

Angerechnet werden:

- Leistungen aus der Gesetzlichen Rentenversicherung, sofern Leistungen hieraus vorhanden sind, da der Gesellschafter-Geschäftsführer sich auch befreien lassen kann
- Leistungen aus der betrieblichen Altersversorgung; angerechnet werden:
  a) Leistungen aus der Unterstützungskasse und der Pensionszusage
  b) Leistungen aus der Pensionskasse bzw. Direktversicherung

Erdienbarkeit

Die verbleibende Dienstzeit von der Zusage bis zum Rentenbeginn muss mindestens 10 Jahre betragen (taggenau!). Der späteste Rentenbeginn darf das 70. Lebensjahr sein.

Folge: Das Zusagealter darf max. das 60. Lebensjahr sein.

▶ **Beispiel**

Gesellschafter-Geschäftsführer Willi Wacker trat am 01.01.1993 mit 39 Jahren in die Firma ein. Die Zusage wird am 20.04.2004 erteilt. Bilanzstichtag ist der 31.12. eines Jahres.

Wann ist die Zusage erdient?

| 20.4.2004 | 21.4.2014 |

Bei einer Erhöhung der Pensionszusage beginnt für den Erhöhungsteil die Erdienbarkeitsfrist erneut.

Finanzierbarkeit von Zusagen

Gerade bei Firmenneugründungen ist es schwierig, etwas über die längerfristige Gewinnsituation der Firma zu sagen. Es handelt sich eher um Prognosen, welche auch für die Bereitstellung von Krediten benötigt werden. Diese sind für eine Bewertung der Finanzierbarkeit von Pensionszusagen jedoch nicht ausreichend.

Aus diesem Grunde fordert die Finanzverwaltung bei Neugründungen eine sog. Konsolidierungsfrist von 5 Jahren. Besteht die Firma schon seit 5 Jahren und es wird lediglich die Rechtsform gewechselt, so entfällt diese „Probezeit". Die Frage der Finanzierbarkeit wird nach der Konsolidierungsfrist anhand der dann vorliegenden Gewinnsituation entschieden. Bis September 2005 wurde die Finanzierbarkeit anhand des sog. Bilanzsprungrisikos geprüft. Man ermittelt den Barwert eines möglichen Versorgungsfalles und subtrahiert hiervon die im Unternehmen vorhandenen Aktiva. Eine mangelnde Finanzierung besteht dann, wenn der Barwert nicht gedeckt ist.

BMF Mit Schreiben vom 6.9.2005 veröffentlichte das BMF einschlägige Urteile zur Frage der Finanzierbarkeit von Pensionszusagen, mit der Folge, dass nunmehr die folgenden Regelungen Anwendung finden:

- Beurteilt wird die Finanzierbarkeit anhand einer fiktiven Überschuldungsbilanz nach insolvenzrechtlichen Grundsätzen.
- Ansatz der Pensionszusage mit dem so genannten Anwartschaftsbarwert. Finanzierbarkeit wird für jede einzelne Leistung getrennt geprüft, ggf. hat eine Aufteilung in finanzierten und nicht finanzierten Teil zu erfolgen.
- Die Prüfung ist im Zusagezeitpunkt und bei wesentlichen Änderungen der Pensionszusage zu prüfen.

Die Finanzierbarkeit wird nun anhand der einzelnen Leistungen einer Pensionszusage (z. B. Alters-, Hinterbliebenen- oder Invalidenrente) geprüft, nicht mehr anhand der gesamten Pensionszusage. Dies kann z. B. dazu führen, dass eine Hinterbliebenenrente ausfinanziert sein kann, eine Altersrente hingegen nicht.

Die Frage der Werthaltigkeit einer Pensionszusage wird somit an den einzelnen Leistungskomponenten festgemacht und in Verbindung mit der Überschuldungsbilanz der Firma nach insolvenzrechtlichen Grundsätzen bewertet.

Ernsthaftigkeit der Zusage

Die Finanzverwaltung geht davon aus, dass eine Pensionszusage nur dann ernsthaft gewollt ist, wenn die Zusage für beherrschende GGF regelmäßig mindestens das 65. Lebensjahr als ernsthaftes Rentenalter vorsieht.

Bei nicht beherrschenden Gesellschafter-Geschäftsführern und Fremdgeschäftsführern ist die Einhaltung des 65. Lebensjahres als Rentenbeginn nicht strikt erforderlich.

Die Vereinbarung von vorgezogenen Altersrenten sollte jedoch schon bei der Einrichtung der Pensionszusage berücksichtigt werden. Diese Vereinbarung verstößt nicht gegen die geforderte Ernsthaftigkeit für eine Pensionszusage.

Der Abschluss einer Rückdeckungsversicherung wird als ein Indiz für die ernsthaft gewollte Erteilung einer Pensionszusage gewertet.

Weshalb diese Vielzahl von Sondervorschriften für den Gesellschafter-Geschäftsführer?

Sondervorschriften Der Gesellschafter-Geschäftsführer hat als Kapitalvertreter und gleichzeitig auch Angestellter größere Spielräume bei der Gestaltung seiner Pensionszusage. Für die erteilte Pensionszusage dürfen sog. Pensionsrückstellungen gebildet werden, die für die Firma eine Steuerverschiebung in die Zukunft zur Folge haben. Je höher die Pensionsrückstellungen, desto größer die Steuerverschiebungen und umso größer die entgehenden Steuereinnahmen des Finanzamtes.

Fazit: Pensionszusage

Warum müssen diese Punkte alle geprüft werden?

- Gesellschafter-/Aufsichtsratsbeschluss
- schriftliche Pensionszusage
- Angemessenheitsprüfung
- Erdienbarkeit
- Finanzierbarkeit
- Ernsthaftigkeit

Der Gesellschafter-Geschäftsführer hat als Kapitalvertreter und gleichzeitig Angestellter größere Spielräume bei der Gestaltung seiner Pensionszusage.

Für die erteilte Pensionszusage dürfen sog. Pensionsrückstellungen gebildet werden, die für die Firma eine Steuerverschiebung in die Zukunft zur Folge haben.

Je höher die Pensionsrückstellungen, desto größer die Steuerverschiebungen und desto größer die entgehenden Steuereinnahmen des Finanzamtes.

Die Vorteile für die GmbH auf einen Blick:

- Die Beiträge zur Rückdeckungsversicherung sind abzugsfähige Betriebsausgaben.
- Zuführungen zu Pensionsrückstellungen wirken sich gewinnmindernd aus.

Für den Gesellschafter-Geschäftsführer:

- Versorgungsfreibetrag bei Renten aus der Pensionszusage
- Sicherung der Versorgung unabhängig vom Schicksal des Unternehmens

Angemessene Gehaltshöhen orientieren sich in der letzten Zeit häufig an Vergleichszahlen aus anderkannten Vergütungsstudien, beispielsweise die BBE-Studie über „GmbH-Geschäftsführer-Vergütung" aus dem Jahr 2014.

Ein Blick auf die durchschnittlichen Jahresbruttogehälter zeigt, weshalb diese Zielgruppe von einem solchen Interesse ist:

Jahresfestgehälter von GmbH-Geschäftsführern (Durchschnittswerte in €)

Branche	Festbezüge (gerundet)	Tantieme (gerundet)
Industrie	134.000	14.000
Handwerk	91.000	10.000
Großhandel	120.000	14.000
Einzelhandel	89.000	10.000
Dienstleister	108.000	13.000

Tabelle 16: Jahresfestgehälter von GmbH-Geschäftsführern

3.1.3 Unterstützungskasse

> **Handlungssituation**
>
> Susanne Michalke ist Geschäftsführerin einer kleinen Marketing GmbH. Sie sucht – auch für ihre eigene betriebliche Altersversorgung – nach einem Angebot, das ihr zum einen eine möglichst hohe Sicherheit und zum anderen Kostenkontrolle ermöglicht. In ihrem Erstkontakt wünscht Frau Michalke sich ebenfalls, dass die Bilanzen der Marketing GmbH nicht mit Rückstellungen belastet werden und nur ein geringer Verwaltungsaufwand für die Firma vonnöten ist.

Historische Entwicklung

Die Unterstützungskasse hat in den letzten Jahren, insbesondere in der Form der rückgedeckten Unterstützungskasse, einen enormen Aufschwung erfahren. Das zeigt sich auch daran, dass viele Versicherer eigene Unterstützungskassen gegründet haben, um diesen Finanzierungsweg für das wachsende Potenzial der betrieblichen Altersversorgung nutzen zu können. Dies geschieht insbesondere dann, wenn die Möglichkeiten der übrigen Durchführungswege der betrieblichen Altersversorgung (Direktversicherung, Pensionskasse und Pensionsfonds) ausgeschöpft sind.

Die Unterstützungskassen selbst blicken auf eine langjährige Geschichte zurück. So gibt es Hilfseinrichtungen von Unternehmen der Gründerzeit wie

- Gutehoffnungshütte   1850
- Krupp / Henschel   1858
- Siemens   1872

Die ersten gesetzlichen Regelungen stammen aus dem Jahr 1934, wo die Unterstützungskasse als selbstständige, rechtsfähige Hilfseinrichtung Anerkennung fand. Seither erleben wir laufend neue Regelungen.

Wie funktioniert der Durchführungsweg?

Die Unterstützungskasse zählt zu den mittelbaren Durchführungswegen in der betrieblichen Altersversorgung. Der Arbeitgeber erteilt dem Arbeitnehmer eine Versorgungszusage, bei Erreichen der Altersgrenze, bei Tod oder bei Berufsunfähigkeit an ihn bzw. seine im Leistungsplan beschriebenen Hinterbliebenen Leistungen zu erbringen. Um die versprochenen Leistungen zu erfüllen, schaltet der Arbeitgeber die Unterstützungskasse ein.

Generell können in der Unterstützungskasse nur die Leistungszusage und die beitragsorientierte Leistungszusage durchgeführt werden. Die Beitragszusage mit Mindestleistung ist nicht möglich.

Eine Unterstützungskasse ist zunächst eine rechtsfähige Versorgungseinrichtung zur Durchführung der betrieblichen Altersversorgung, die auf ihre Leistungen keinen Rechtsanspruch gewährt. Die Unterstützungskasse stellt stets ein eigenständiges, unabhängiges Rechts- und Steuersubjekt dar und kann in Form

- einer GmbH,
- eines eingetragenen Vereins
- oder einer Stiftung

organisiert sein. Die Unterstützungskasse ist daher eine mit Sondervermögen ausgestattete, rechtlich selbstständige Einrichtung, die von einem oder mehreren Arbeitgebern (Trägerunternehmen) getragen wird.

Die Unterstützungskasse gewährt zwar formal keinen Rechtsanspruch auf die Versorgungsleistungen. Faktisch ist dies für den berechtigten Arbeitnehmer aber nicht relevant, da in § 1 (1) BetrAVG geregelt ist: Der Arbeitgeber steht für die Erfüllung der von ihm zugesagten Leistungen auch dann ein, wenn die Durchführung nicht unmittelbar über ihn erfolgt. *§ 1 (1) BetrAVG*

Da eine Unterstützungskasse auf ihre Leistungen keinen Rechtsanspruch gewährt, unterliegt sie nicht der Versicherungsaufsicht (§ 1 Abs. 3 VAG) und ist in der Anlage ihres Vermögens „frei". Dieses unterscheidet die Unterstützungskasse z. B. von einer Pensionskasse oder einer Direktversicherung. Ein übliches Modell ist die Investition des Kapitals beim Trägerunternehmen. Der Arbeitgeber finanziert die von ihm zugesagte Versorgungsleistung über Zuwendungen an die Unterstützungskasse. Diese Zuwendungen können in den Grenzen des § 4 d Einkommensteuergesetz als Betriebsausgabe geltend gemacht werden. *§ 1 Abs. 3 VAG*

§ 4 d Einkommensteuergesetz

Unterteilung der Unterstützungskassen – Einteilung nach Trägerunternehmen

- *Firmen-Unterstützungskasse:*

  Sie wird nur von einem einzigen Unternehmen getragen und gewährt nur dessen Zugehörigen Versorgungsleistungen.

- *Konzern-Unterstützungskasse:*

  Sie wird von mehreren Unternehmen getragen, die alle einem Konzern angehören. Versorgungsberechtigte können hier alle dem Konzern aktuell oder ehemals Zugehörige sein.

- *Gruppen-Unterstützungskasse:*

  Träger dieser Form der Unterstützungskasse ist eine beliebige Anzahl von Unternehmen, die ihre betriebliche Altersversorgung über eine gemeinsame „überbetriebliche" Kasse abwickeln wollen. Dies ist insbesondere für kleine Unternehmen besonders interessant, da sie auf diesem Wege nicht selbst mit der Verwaltung einer Unterstützungskasse belastet werden.

Überblick: Unterstützungskasse

Funktionsweise	Finanzierung
▪ wie Direktzusage; nur externe Kasse ▪ unterliegt nicht der Versicherungsaufsicht ▪ freie Vermögensanlage ▪ variable Beitragszahlung ▪ für die Risiken evtl. eine Rückdeckungsversicherung	▪ mittelbar über einen Versorgungsträger ▪ AG-Finanzierung zusätzlich zu Lohn/Gehalt

Tabelle 17: Überblick U-Kasse

Zu unterscheiden sind weiterhin die reservepolsterfinanzierte Unterstützungskassen, i. d. R. Firmen- oder Konzern-Unterstützungskassen, und die rückgedeckte Unterstützungskasse, i. d. R. versicherungsnahe Unterstützungskassen.

▪ *Rückgedeckte Unterstützungskasse:*

Bei der rückgedeckten Unterstützungskasse sagt der Arbeitgeber dem Arbeitnehmer aus Anlass des Arbeitsverhältnisses Leistungen der Alters-, Hinterbliebenen- oder Invaliditätsabsicherung zu. Dabei erfolgt die Zusage über den Versorgungsträger Unterstützungskasse.

Die biometrischen Risiken (vorzeitiger Versorgungsfall durch Invalidität oder Tod des Berechtigten) der Versorgungszusage werden ganz (kongruent) oder teilweise auf ein Versicherungsunternehmen ausgelagert.

In den letzten Jahren tritt jedoch die Ausfinanzierung von Versorgungsverpflichtungen in den Vordergrund, so dass insbesondere durch die rechtlich fundierte Möglichkeit der Entgeltumwandlung verstärkt „rückgedeckte Unterstützungskassen" eingerichtet werden.

Dabei leitet die Unterstützungskasse die Beitragszahlung – nach Abzug von Gebühren für die Verwaltung – an ein Versicherungsunternehmen weiter. Dabei wird die Auswahl der möglichen Tarife durch die Steuergesetzgebung stark eingeschränkt. Wichtigster Punkt ist, dass die Dotierung gleichbleibend oder steigend sein muss. Einmalbeiträge sind in Unterstützungskassen nicht möglich!

3. Betriebliche Rentenversicherung

Abwicklung

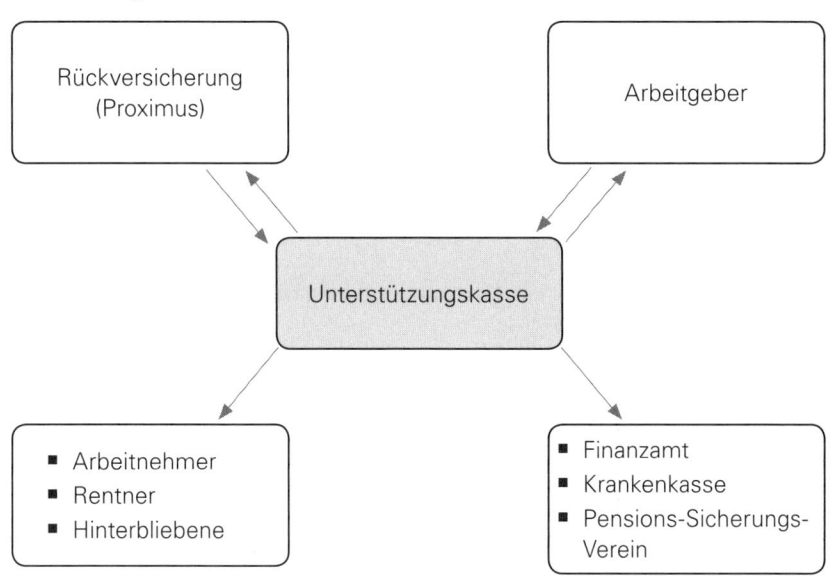

```
Rückversicherung            Arbeitgeber
  (Proximus)

          →  Unterstützungskasse  ←

   Arbeitnehmer              Finanzamt
   Rentner                   Krankenkasse
   Hinterbliebene            Pensions-Sicherungs-
                             Verein
```

Keine Zuschusspflicht für Leistungsempfänger und Leistungsanwärter

Gemäß § 3 Körperschaftsteuer-Durchführungsverordnung (KStDV) dürfen die Leistungsempfänger zu keiner Zahlung von laufenden Beiträgen oder sonstigen Zuschüssen verpflichtet werden. Ansonsten würde der soziale Charakter der Unterstützungskasse fehlen und die Körperschaftssteuerpflicht ausgelöst werden.

KStDV

Dem Leistungsempfänger steht es allerdings jederzeit offen, freiwillige Zuwendungen an die Unterstützungskasse zu leisten. So ist sichergestellt, dass auch betriebliche Altersversorgung, die durch Entgeltumwandlung finanziert wird, über eine Unterstützungskasse möglich ist. Dieses wurde auch zwischenzeitlich durch die Finanzverwaltung entschieden.

Die Leistungsempfänger/-Anwärter haben ein Mitspracherecht

Die Leistungsempfänger bzw. ihre Vertreter im Unternehmen müssen satzungsgemäß und tatsächlich ein Mitspracherecht an der Verwaltung der Unterstützungskasse eingeräumt bekommen (§ 3 Nr.2 KStDV). Dieses Mitspracherecht muss aber nicht jedem Leistungsempfänger eingeräumt werden. Es genügt die Bildung eines Beirates.

§ 3 Nr.2 KStDV

In der Praxis übernimmt diese Aufgabe i. d. R. der Betriebsrat für die versorgungsberechtigten Arbeitnehmer. Dieses so genannte „Beiratsmitglied" muss aus dem Kreis der Versorgungsberechtigten gewählt werden und darf nicht aus dem Kreis der Unternehmer bzw. Gesellschafter oder deren Familienangehörigen stammen.

Das Mitspracherecht erstreckt sich auf die Verwaltung der zugeflossenen Zuwendungen und die daraus resultierenden Erträge. Das Beiratsmitglied hat das Recht, darüber von der Unterstützungskasse informiert zu werden und kann dazu Stellung nehmen.

Zu dokumentieren sind die tatsächliche Mitwirkung des Beirates durch die Abhaltung einer jährlichen Beiratsversammlung und die Mitwirkung des Beiratsvorsitzenden an der alljährlich stattfindenden Mitgliederversammlung der Unterstützungskasse.

Das Kassenvermögen darf nur für satzungsgemäße Zwecke verwendet werden (Zweckbindung)

Die Unterstützungskasse muss gewährleisten, dass das Vermögen und die Einkünfte daraus der Kasse auf Dauer und unmittelbar gesichert sind. Diese so genannte Zweckbindung muss sich aus der Satzung und auch aus der Geschäftsführung ergeben.

§ 5 Abs. 1 KStG Durch die Regelungen des § 5 Abs. 1 KStG soll verhindert werden, dass ein steuerlicher Missbrauch von Zuwendungen an die Unterstützungskasse und die spätere Rückführung wieder ins Trägerunternehmen möglich wird.

§ 3 BetrAVG Die Zweckbindung gilt z. B. auch als erfüllt, wenn die Unterstützungskasse den Versorgungsberechtigten Alters-, Invaliditäts- und/oder Hinterbliebenenleistungen gewährt oder wenn einem Versorgungsberechtigten eine Abfindung nach § 3 BetrAVG gezahlt wird. Verwendet die Unterstützungskasse ihr Vermögen für nicht in der Satzung festgeschriebene Zwecke, ist die Zweckbindung verletzt und führt zur Körperschaftsteuerpflicht.

Bei Auflösung der Unterstützungskasse muss ebenfalls die Zweckbindung eingehalten werden. Das erfolgt durch eine spezielle Regelung in der Satzung, welche besagt, dass das vorhandene Vermögen nur den Leistungsempfängern bzw. deren Angehörigen zur Verfügung steht. Möglich ist auch, dass das Vermögen für gemeinnützige oder mildtätige Zwecke verwendet wird. Dieses kommt in der Praxis allerdings selten vor.

Steuerliche Behandlung der rückgedeckten Unterstützungskasse

KStG Bei einer Unterstützungskasse handelt es sich um eine soziale Einrichtung. Diese Einrichtung ist grundsätzlich von der Körperschaft- und Vermögensteuer befreit, wenn die Voraussetzungen des § 5 Abs.1 Ziff.3 Körperschaftssteuergesetz (KStG) erfüllt sind. Dazu gehört unter anderem, dass

- lediglich Zugehörige bzw. ehemalige Zugehörige in dem Versorgungsrahmen erfasst werden
- die Unterstützungskasse eine soziale Einrichtung im Sinne des Körperschaftsteuerrechts ist

KStDV Die Voraussetzungen dafür regelt die Körperschaftsteuer-Durchführungsverordnung (KStDV).

Übersicht über die steuer- und beitragsrechtliche Behandlung der Unterstützungskasse

Steuerrecht	Sozialversicherungsrecht	
Beitrag: kein steuerpflichtiger Arbeitslohn, da kein Zufluss § 11 EStG (ohne Obergrenze) AG: unbegrenzt steuerfrei auf Unternehmensebene (Betriebsausgaben) rückgedeckte UK	Arbeitgeber finanzierte bAV	Gehaltsumwandlung
	SV-beitragsfrei, da keine Einnahme (ohne Obergrenze)	SV-frei bis zu 4 % der Beitragsbemessungs-Grenze (BBG) beitragsfrei
Leistung: • als nachträglicher Arbeitslohn in vollem Umfang steuerpflichtig • Möglichkeit der Nutzung von Versorgungsfreibetrag und Werbungskosten		

Tabelle 18: Übersicht steuer- und beitragsrechtliche Behandlung der U-Kasse

So dürfen sich die Leistungsempfänger in der Mehrzahl nicht aus dem Unternehmer/Gesellschafter oder dessen Angehörigen zusammensetzen und das Kassenvermögen darf nur zugunsten der Leistungsempfänger oder für soziale Zwecke verwendet werden.

Beschränkung der Leistungshöhe

Die gesetzlich zulässigen Höchstgrenzen für Versorgungsleistungen, die von einer rückgedeckten (Gruppen-)Unterstützungskasse im Leistungsfall erbracht werden können, dürfen nach § 3 Ziff. 3 i. V. m. § 2 KStDV folgende maximalen Altersrenten nicht übersteigen:

§ 2 KStDV

Mitarbeiteranteil pro Mitarbeiter	Jährliche Höchstgrenzen für Pensionen
• für 88 % der Mitarbeiter	25.769 €
• für 8 % der Mitarbeiter	38.654 €
• für 4 % der Mitarbeiter	keine

Für Witwen/Witwer dürfen jeweils max. 66,66 %, für Waisen max. 20,00 % der genannten Werte erbracht werden. An andere Personen kann ein einmaliges Sterbegeld bis max. 7.669 € gezahlt werden.

Die vorstehenden Höchstgrenzen gelten im Übrigen auch sinngemäß für Kapitalleistungen. Wird anstatt einer laufenden Rente eine einmalige Kapitalabfindung gewährt, müssen die Grenzen eingehalten werden. Hierbei wird ein Zinsfuß von 5,5 % zugrunde gelegt (Abschnitt 6 Abs. 16 KStR). Dem Leistungsempfänger darf damit durch die Auszahlung der Kapitalleistung nicht mehr zufließen, als er bei einer laufenden Rentenzahlung voraussichtlich erhalten würde.

16 KStR

Das zulässige Kassenvermögen darf um nicht mehr als 25 % überschritten werden.

Um eine Körperschaftssteuerbefreiung zu erreichen, darf das zulässige Kassenvermögen der Unterstützungskasse nicht überschritten werden. Dieses ist abhängig von der Art der Zuwendungen und von der Anzahl und der Höhe der Versorgungsverpflichtungen.

Die Steuerbefreiung geht nicht bei sofortigem Überschreiten des zulässigen Kassenvermögens verloren, sondern erst wenn dieses um mehr als 25 % überschritten wird. Diese Toleranzgrenze soll vermeiden, dass Unterstützungskassen sofort durch geringes Überschreiten der Grenze steuerpflichtig werden.

Überdotierung

Eine Unterstützungskasse ist überdotiert, wenn das tatsächliche Kassenvermögen das zulässige um mehr als 25 % am Ende eines Wirtschaftsjahres übersteigt. Die Steuerpflicht erstreckt sich allerdings nur auf den überdotierten Teil des Kassenvermögens.

Die partielle Steuerpflicht beginnt immer am Anfang des Wirtschaftsjahres, an dessen Ende die Überdotierung festgestellt wurde. Sie gilt für einen Veranlagungszeitraum von einem Wirtschaftsjahr.

§ 6 Abs. 6 KStG

Eine Überdotierung des Kassenvermögens unterliegt nicht mehr der Zweckbindung (§ 6 Abs. 6 KStG). Das bedeutet, dass dieser Teil auch für nicht satzungsgemäße Zwecke verwendet werden kann. Alle anderen Voraussetzungen zur Steuerbefreiung der Unterstützungskasse müssen allerdings weiterhin eingehalten werden. Der überdotierte Teil kann z. B. zum Trägerunternehmen zurückfließen. Dies muss nicht am Ende des Wirtschaftsjahres geschehen, sondern kann sofort bei Eintritt der Überdotierung erfolgen. Da die partielle Steuerpflicht immer erst am Ende des Wirtschaftsjahres festgestellt wird, kann diese vermieden werden, indem der überdotierte Teil rechtzeitig an das Trägerunternehmen zurückgeführt wird. Für das Trägerunternehmen ist die Rückübertragung steuerpflichtig.

Bei einer steuerbefreiten Unterstützungskasse sehen die Vermögensverhältnisse z. B. am 31.12.2014 wie folgt aus:

Zulässiges Kassenvermögen der Unterstützungskasse	200.000 €
Tatsächliches Kassenvermögen der Unterstützungskasse	300.000 €
Einkommen der Unterstützungskasse	40.000 €

Eine Überdotierung liegt vor, wenn 25 % überschritten sind:

Zulässiges Kassenvermögen + 25 % =	250.000 €
./. tatsächliches Kassenvermögen	300.000 €
= überdotiertes Kassenvermögen	50.000 €

Partielle Steuerpflicht

Der Anteil des überdotierten Vermögens am Gesamtvermögen
50.000 : 300.000 =   16,67 %

Steuerpflichtiges Einkommen der U-Kasse x Anteil der Überdotierung
= (40.000 € × 16,67 %)   6.668 €

Volle Steuerpflicht

Wie bereits beschrieben, wird die Unterstützungskasse partiell steuerpflichtig, wenn das zulässige Kassenvermögen überschritten wird. Der übersteigende Teil ist steuerpflichtig. Wenn sie die weiteren Voraussetzungen erfüllt, bleibt die Unterstützungskasse von der Körperschaftsteuer befreit. Die Unterstützungskasse wird erst dann steuerpflichtig, wenn sie gegen die übrigen beschriebenen Voraussetzungen verstößt.

Die volle Steuerpflicht tritt mit Beginn des Wirtschaftsjahres ein, an dessen Ende der Verstoß festgestellt wurde. Die Steuerpflicht gilt für ein Jahr und wird dann aufgehoben, wenn die Unterstützungskasse die Voraussetzungen wieder erfüllt. Verstößt die Unterstützungskasse jedoch gegen die Zweckbindung des Kassenvermögens, führt dies zu einer rückführenden Steuerpflicht, rückwirkend bis auf die vergangenen 10 Jahre.

Die Zweckbindung muss auf Dauer, das bedeutet „für alle Zeiten", gesichert sein. Die Einhaltung dieser steuerrelevanten Bedingungen wird von dem Verwalter der Unterstützungskasse laufend überprüft und sichergestellt.

Gründung einer Unterstützungskasse

Unterstützungskassen sind wie bereits beschrieben rechtsfähige Versorgungseinrichtungen und dienen der betrieblichen Altersversorgung. Sie zählen zu den internen Durchführungswegen (neben der Pensionszusage).

Weitaus häufigste Form sind eingetragene Vereine, die für alle Trägerunternehmen offen stehen und deren Leistungen bei Versicherern kongruent rückgedeckt werden. Hierdurch kommt es zu einer größtmöglichen Sicherheit der Anlage, da die Versicherer dem VAG unterliegen.

kongruent

Jedes Trägerunternehmen erhält ein Konto innerhalb der Unterstützungskasse. Eine Quersubventionierung von Trägerunternehmen ist daher ausgeschlossen. Das Trägerunternehmen muss zur Begründung der betrieblichen Altersversorgung einen Beschluss erwirken. Hier ein Beispiel für die Schaffung eines Gesellschafterbeschlusses bei einer Neuzusage:

Muster für einen Gesellschafterbeschluss bei Neuzusagen
(nach dem BMF-Schreiben vom 16.5.1994)

Unter Verzicht auf Form- und Fristerfordernisse traten heute am ....

die Gesellschafter der Firma ....
zu einer Gesellschafterversammlung zusammen.

Anwesend waren:

....	Anteil am Stammkapital	.... EUR/%
....	Anteil am Stammkapital	.... EUR/%
....	Anteil am Stammkapital	.... EUR/%

Damit waren 100 % des Stammkapitals vertreten.

Herr/Frau .... nahmen an dieser Gesellschafterversammlung auch in ihrer Eigenschaft als Geschäftsführer teil. Einziger Tagesordnungspunkt war die Festlegung einer betrieblichen Versorgung für den Geschäftsführer

Herr/Frau ....

Beschlüsse:

Der Anstellungsvertrag vom .... wird, wie folgt, ergänzt:

Die Firma ....
gewährt dem Geschäftsführer eine betriebliche Versorgung folgenden Inhalts:

1. ☐ arbeitgeberfinanziert ☐ Entgeltumwandlung (Bitte ankreuzen!)

1.1. ☐ Eine betriebliche Direktversicherung mit einem Beitrag von .... Euro pro Jahr

1.2. ☐ Eine betriebliche Pensionskassenversorgung mit einem Beitrag von .... Euro p. a.

1.3. ☐ Eine Zuwendung in Höhe von ....EUR entsprechend dem Leistungsplan der gewählten Unterstützungskasse

1.4. ☐ Eine Pensionszusage über eine lebenslängliche Altersrente von monatlich .... Euro nach vollendetem 65. Lebensjahr bzw. eine Berufsunfähigkeitsrente von monatlich .... Euro, wenn und solange der Geschäftsführer infolge Krankheit, Körperverletzung oder Kräfteverfalls, die ärztlich nachzuweisen sind, voraussichtlich sechs Monate ununterbrochen außerstande ist, seinen zuletzt ausgeübten Beruf nachzugehen.

Den Angehörigen wird im Falle des Todes eine Witwen(Witwer)rente in Höhe von ...... % und eine Waisenrente in Höhe von ...... % des zugesagten Altersruhegeldes gewährt.

Die näheren Zahlungsvoraussetzungen werden in der zu erteilenden Pensionszusage geregelt.

Zur Sicherstellung der Pensionszusagen wird die Firma Rückdeckungsversicherungen abschließen.

Alle Rechte und Ansprüche aus diesen Versicherungsverträgen stehen ausschließlich der Firma zu.

Zur Sicherung aller Ansprüche der Versorgungsberechtigten aus der Pensionszusage räumt die Firma diesen an der Rückdeckungsversicherung ein erstrangiges Pfandrecht ein.

2. Herr/Frau .... wird von der Gesellschafterversammlung mit der Durchführung aller zur Einrichtung der beschlossenen Altersversorgung notwendigen Schritte sowie zur Abgabe der notwendigen Willenserklärung beauftragt und bevollmächtigt.

....
Ort, Datum Gesellschafter 1

....
Gesellschafter 2

....
Gesellschafter 3

3. Betriebliche Rentenversicherung

Für die abzuschließende Rückdeckungsversicherung ergeben sich dann folgende Rollen:

- Trägerunternehmen leistet die Zuwendungen an die Unterstützungskasse
- Unterstützungskasse ist Versicherungsnehmer, Bezugsberechtigter und Beitragszahler der Rückdeckungsversicherung
- Mitarbeiter ist die zu versichernde Person in der Rückdeckungsversicherung

Leistungen

Unterstützungskassen können lebenslängliche Leistungen wie auch nicht lebenslängliche Leistungen gewähren. In der Praxis finden wir aber ausschließlich Unterstützungskassen mit lebenslänglichen Leistungen und richten hierauf den Blick bei Proximus Versicherung AG, da beide Leistungsarten eine komplett unterschiedliche steuerliche Behandlung erfahren.

Versorgt werden können:

- Arbeitnehmer
- Arbeitnehmerähnliche Personen mit enger Bindung zum Trägerunternehmen, z. B.:
  - Handelsvertreter
  - freie Mitarbeiter
- Gesellschafter-Geschäftsführer
- Hinterbliebene dieser Gruppen

Hinterbliebene in einer Unterstützungskasse können sein:

- Ehegatten
- eingetragene Lebenspartner
- Kinder (bis 25 Jahre plus Grundwehrdienst, kindergeldberechtigt)
- Lebensgefährte bei gemeinsamer Haushaltsführung
- andere Personen wie Verlobte, Verwandte (§ 15 AO): Maximal 7.669 € bei Nachweis der Übernahme der Beerdigungskosten   *§ 15 AO*

Voraussetzungen für die Inanspruchnahme einer Rückdeckung der Unterstützungskasse und damit zur Anerkennung der Beitragszahlung sind:

- schriftliche Zusage
- Einhaltung der Altersanforderungen:
  - Mindestalter 28 Jahre
  - Endalter mindestens 55 Jahre
- Beitragszahlung nur:
  - gleich bleibende Beiträge
  - steigende Beiträge
- keine abgekürzten Beitragszahlungsdauern
- keine Beleihung
- max. kongruente Rückdeckung, d. h. keine Überfinanzierung
- zulässiges Kassenvermögen wird nicht überschritten

- zulässige Überschusssysteme in der Rückdeckung:
  - Verrechnung der Überschüsse mit den Beiträgen
  - Umwandlung der Überschüsse in Deckungskapital (Bonussystem)

Achtung: Keine verzinsliche Ansammlung!

Steuerliche Aspekte unterteilt nach AG und AN

Während der Ansparphase

§ 4d Einkommensteuergesetz

§ 4d Abs. 1 S. 1 Nr. 1 Buchst. c S. 3 EStG

Die Zuwendungen des Arbeitgebers (Trägerunternehmen) an die Unterstützungskasse mindern im Rahmen des § 4d Einkommensteuergesetz (EStG) als Betriebsausgaben den Gewinn, sofern der Versorgungsberechtigte das 28. Lebensjahr vollendet hat oder die Anwartschaft auf Altersleistung unverfallbar ist (§ 4d Abs. 1 S. 1 Nr. 1 Buchst. c S. 3 EStG).

Bilanzneutralität beim Arbeitgeber

Die Versorgungsverpflichtungen müssen nicht – wie bei einer Pensionszusage – als Pensionsrückstellungen passiviert werden.

Da die (Gruppen-)Unterstützungskasse Versicherungsnehmer der Rückdeckungsversicherungen ist, scheidet auch ein Ausweis der Versicherungsansprüche in der Unternehmensbilanz aus.

Es erfolgt also keine Aktivierung der Versicherungswerte in der Bilanz des Unternehmens. Die Unternehmensbilanz wird grundsätzlich nicht berührt.

Keine Steuerbelastung in der Anwartschaftszeit für den Arbeitnehmer

Zuwendungen des Trägerunternehmens an eine rückgedeckte Unterstützungskasse stellen – im Gegensatz zu den Beiträgen für eine Direktversicherung wegen des fehlenden Rechtsanspruches auf Leistungen keinen Zufluss von Arbeitslohn dar. Somit fällt keine steuerliche Belastung (z. B. Lohnsteuer) an und auch keine Pauschalsteuer. Dies gilt bei Arbeitgeberfinanzierung und bei Arbeitnehmerfinanzierung durch Entgeltumwandlung.

Eine Steuerpflicht entsteht erst im Zeitpunkt des Versorgungsfalles, in der Regel also mit Eintritt in den Ruhestand (nachgelagerte Besteuerung).

Die betriebliche Altersversorgung mit Hilfe der Unterstützungskasse zeichnet sich durch eine ganze Reihe attraktiver Steuervorteile aus: Die Beiträge senken in vollem Umfang das zu versteuerndes Einkommen.

Während des Leistungsempfanges

Der Versorgungsberechtigte erhält im Versorgungsfall die Rentenleistungen direkt von der Unterstützungskasse (Kapitalleistungen werden über die Firma) ausgezahlt.

Anlage N

Es greift ebenfalls – wie bei der Pensionszusage – das Prinzip der nachgelagerten Besteuerung. Die Erteilung der Zusage wie auch ihre Finanzierung haben für den Arbeitnehmer keine steuerlichen Konsequenzen. Stattdessen unterlie-

3. Betriebliche Rentenversicherung

gen die späteren Versorgungsbezüge als Einkünfte aus nichtselbstständiger Arbeit (Anlage N) im Sinne des § 19 Abs. 1 Nr. 2 EStG der Besteuerung.

§ 19 Abs. 1 Nr. 2 EStG

Wie bei der Pensionszusage kommt auch hier die Gewährung eines Versorgungsfreibetrages sowie eines Zuschlages zum Versorgungsfreibetrag in Betracht.

Durch das Alterseinkünftegesetz belief sich der Versorgungsfreibetrag im Jahr 2005 auf 40 % der Alterseinkünfte, jedoch begrenzt auf 3.000 €, und wird schrittweise abgesenkt:
- von 2005 bis 2020 um 1,6 %-Punkte pro Jahr auf maximal 1.200 €
- von 2020 bis 2040 um 0,8 %-Punkte pro Jahr auf 0,00 €

Im Jahr 2009 liegt dieser Versorgungsfreibetrag bei 33,6 % der Versorgungsbezüge, maximal 2.520 € und im Jahr 2014 auf 25,6 % der Versorgungsbezüge, maximal 1.920 €.

Hinzu kommt ein Zuschlag zum Versorgungsfreibetrag, der ebenfalls seit 2005 von ursprünglich 900 € analog des Versorgungsfreibetrages auf 0,00 € im Jahr 2040 fällt. Somit belief sich der Zuschlag zum Versorgungsfreibetrag im Jahr 2009 auf 756 € und reduzierte sich in 2014 auf 576 €.

Der Versorgungsfreibetrag sowie der Zuschlag werden seit 2006 bis zum Jahr 2040 allmählich abgeschmolzen. Die Umstellung wird nach dem sog. Kohortenprinzip durchgeführt, das heißt, bei Empfängern von Versorgungsbezügen bleiben der bei Beginn des Versorgungsbezuges ermittelte Versorgungsfreibetrag und der Zuschlag zum Versorgungsfreibetrag auf Dauer unverändert (§ 19 Abs. 2 EStG). Betroffen sind auch Rentner, die schon Versorgungsbezüge erhalten (vgl. auch die gesetzliche Rentenversicherung).

§ 19 Abs. 2 EStG

Außerdem kann ein Arbeitnehmer-Pauschbetrag als Werbungskostenpauschale in Höhe von 102 € pro Jahr geltend gemacht werden.

Verteilung der Versteuerung auf mehrere Jahre bei einer Kapitalabfindung

Wählt der Arbeitnehmer anstatt der laufenden Renten eine einmalige Kapitalleistung, so kann unter Umständen der besondere Steuersatz nach § 34 EStG für Einkünfte aus mehrjähriger Tätigkeit angewendet werden, die so genannte Fünftelungsregelung. Sie führt dann zu einer Steuervergünstigung, wenn der Arbeitnehmer nicht bereits mit seinem sonstigen zu versteuernden Einkommen den Spitzensteuersatz erreicht.

§ 34 EStG

Während der Ansparphase

Arbeitgeberfinanzierte Versorgungen über eine Unterstützungskassenzusage sind beitragsfrei (§ 14 Sozialgesetzbuch Viertes Buch (SGB IV)). Dies gilt unabhängig von der Höhe der Zusage.

§ 14 Sozialgesetzbuch Viertes Buch (SGB IV)

Bei einer Entgeltumwandlung besteht im Kalenderjahr eine Beitragsfreiheit in Höhe von 4 % der Beitragsbemessungsgrenze in der allgemeinen Rentenversicherung (§ 14 SGB IV i. V. m. § 115 SGB IV).

§ 14 SGB IV i. V. m. § 115 SGB IV

Während des Leistungsempfanges

§ 229 Sozialgesetzbuch Fünftes Buch (SGB V)

Die Leistungen aus einer Versorgungszusage unterliegen bei Mitgliedern der gesetzlichen Krankenversicherung der Beitragspflicht zur gesetzlichen Krankenversicherung (§ 229 Sozialgesetzbuch Fünftes Buch (SGB V)). Für Versicherte der gesetzlichen Pflegeversicherung werden zudem Beiträge zur Pflegeversicherung auf die Versorgungsleistungen erhoben.

§ 226 Abs. 1 Satz 1 Nr. 3 und 4 SGB V
§ 18 SGB IV
§ 226 Abs. 2 SGB V

Die Beiträge sind jedoch nur zu entrichten, wenn die monatlichen beitragspflichtigen Einnahmen im Sinne des § 226 Abs. 1 Satz 1 Nr. 3 und 4 SGB V insgesamt ein Zwanzigstel der monatlichen Bezugsgröße nach § 18 SGB IV übersteigen (§ 226 Abs. 2 SGB V).

Zielgruppenbeschreibung

Reicht die Einzahlung in eine Direktversicherung, eine Pensionskasse oder einen Pensionsfonds nicht aus, um vorhandene Rentenlücken zu schließen, ermöglicht eine Unterstützungskasse die intelligente Lösung für die zusätzliche Altersvorsorge.

Für die Unterstützungskasse sprechen der hohe Dotierungsrahmen sowie ein geringer Verwaltungsaufwand beim Arbeitgeber. Auch für ältere Arbeitnehmer kann mit entsprechend hohem Aufwand noch eine bedarfsgerechte Altersversorgung aufgebaut werden. Der Arbeitgeber wird in diesem Durchführungsweg jedoch mit zusätzlichen Kosten belastet und bei vorzeitigem Ausscheiden des Arbeitnehmers kann dieser die Versorgung nicht mit eigenen Beiträgen fortsetzen.

Insofern handelt es sich bei der Unterstützungskasse um einen Durchführungsweg, der sich vorrangig für die Versorgung von Geschäftsführern und leitenden Angestellten eignet, bei der auch eine langfristige Bindung des Arbeitnehmers an den Arbeitgeber erreicht werden kann.

▶ Beispiel

Walter Neumann ist Gruppenleiter bei einem Maschinenhersteller. Herr Neumann hat ein Bruttoeinkommen von 4.000 € im Monat. Auf seiner aktuellen Gehaltsabrechnung wurde die folgende Abrechnung vorgenommen: Herr Neumann ist verheiratet, Ehepartner ebenfalls berufstätig – keine Kinder.

Lohn	Euro	Abzüge 2014	Gehaltsabrechnung
Lohn (brutto):	4.000,00 €	Lohnsteuer:	745,58 €
		Solidaritätszuschlag:	41,00 €
		Kirchensteuer:	0,00 €
Lohn (nach Steuer):	3.170,95 €	Steuern gesamt:	786,58 €
		Rentenversicherung:	378,00 €
		Arbeitslosenversicherung:	60,00 €
		Krankenversicherung:	328,00 €
		Pflegeversicherung:	51,00 €
Lohn (netto):	2.396,42 €	Sozialversicherung gesamt:	817,00 €

3. Betriebliche Rentenversicherung

Aufgrund von sehr guten Leistungen Herrn Neumanns überlegt sein Unternehmen, die Gehaltsbezüge neu zu ordnen und damit eine Gehaltserhöhung von 250 € vorzunehmen. Würde das Unternehmen diese Gehaltserhöhung vornehmen, ergäbe sich die folgende Abrechnung:

Lohn	Euro	Abzüge 2014	
Lohn (brutto):	4.250,00 €	Lohnsteuer:	876,61 €
		Solidaritätszuschlag:	45,70 €
		Kirchensteuer:	0,00 €
Lohn (nach Steuer):	3.403,39 €	Steuern gesamt:	876,61 €
		Rentenversicherung:	401,63 €
		Arbeitslosenversicherung:	63,75 €
		Krankenversicherung:	332,10 €
		Pflegeversicherung:	51,64 €
Lohn (netto):	2.524,28 €	Sozialversicherung gesamt:	849,12 €

Tatsächlich würde sich mit der Gehaltserhöhung von 250 € pro Monat der Auszahlungsbetrag von 127,86 € ergeben. Daraufhin beschließen Herr Neumann und sein Arbeitgeber, diese Gehaltserhöhung in eine Unterstützungskasse einzuzahlen. Hierdurch fließen die vollen 250 € der Pensionskasse zu!

Der Arbeitgeber von Herrn Neumann spart zudem die Sozialabgaben in Höhe von zusätzlich 28,38 € pro Monat. Für die Verwaltung des Vertrages fallen in der Unterstützungskasse Honorare an. Diese übernimmt der Arbeitgeber.

Die Vorteile und Nachteile einer Unterstützungskasse im Überblick

Vorteile des Arbeitgebers:

- Bilanzneutralität beim Trägerunternehmen
- Senkung von Lohnnebenkosten durch Einsparung von Sozialversicherungsbeiträgen bei Entgeltumwandlung bis 4 % der BBG
- Unterstützungskasse kann zur Absicherung der Versorgungsrisiken Rückdeckungsversicherung abschließen

Nachteile des Arbeitgebers:

- eingeschränkte Flexibilität bei der Finanzierung
- Entgeltumwandlungsanspruch des Arbeitnehmers mit Riester-Förderung nicht umsetzbar
- keine Beitragszusage mit Mindestleistung möglich
- PSV-Beitragspflicht (siehe Kapitel 3, Insolvenzsicherung)   *PSV*

Vorteile des Arbeitnehmers:

- unbegrenzte „Steuerfreiheit" der Aufwendungen mangels Lohnzufluss
- Sozialversicherungsfreiheit der Entgeltumwandlungsbeträge bis 4 % der BBG

- nachgelagerte Besteuerung der Leistungen
- besonders geeignet für die Altersvorsorge von Arbeitnehmern mit höherem Einkommen

Nachteile des Arbeitnehmers:

- keine Fortführung mit eigenen Beiträgen nach Ausscheiden möglich

Tarife/Angebote

Es kommen bei einer rückgedeckten Unterstützungskasse Kapital- und Rententarife infrage. Dies trifft auch auf die entsprechenden Proximus-Tarife der dritten Schicht zu, wie z. B.:

- die Tarife als reine Risikoversicherung
- die Tarife als Berufsunfähigkeits-Absicherung
- die Tarife als Rentenversicherung

Insbesondere Rentenversicherungen mit einer Beitragsrückgewähr sind sehr gut geeignet. Tarife mit einer verzinslichen Ansammlung scheiden aus.

In den letzten Jahren und mit einer fortschreitenden Verbreitung der fondsgebundenen Lebensversicherung kam sehr häufig der Wunsch auf, diese unter Renditegesichtspunkten insbesondere bei jüngeren Versicherten mit einzubeziehen. Problematisch ist aber bei dieser Tarifart, dass es zunächst keine garantierten Versicherungssummen gibt.

BMF

Das BMF hat hierzu mit seinem Schreiben vom 13.5.1998 Stellung genommen und hiermit die fondsgebundene Lebensversicherung als Rückdeckungsmöglichkeit anerkannt. Mit BMF-Schreiben vom 11.12.1998 wurde jedoch klargestellt, dass eine garantierte Erlebensfallleistung in der fondsgebundenen Lebensversicherung enthalten sein muss. Weiterhin ist es aber problematisch, wenn bei einem positiven Fondsverlauf der Wert des Vertrages die garantierte Leistung überschreitet, da Zuwendungen dann nicht mehr möglich sind.

BMF-Schreiben vom 11.12.1998

Proximus

Da die Proximus-Tarife zur fondsgebundenen Rentenversicherung solche Garantien nicht kennen, scheiden sie ebenfalls aus. Im Rahmen der Produktentwicklung wären solche Tarife jedoch darstellbar.

3.1.4 Pensionskasse

Handlungssituation

Herrn Wilhelm Schneider wurde neben einer Direktversicherung auch eine Pensionskasse als betriebliche Altersvorsorge angeboten. Da ihm die Unterschiede nicht klar sind, bittet er um Aufklärung. Sie berichten ihm über die Pensionskasse.

3. Betriebliche Rentenversicherung

Es sind verschiedene Formen von Pensionskassen zu unterscheiden. Es bestehen solche, die von einem oder auch von mehreren Unternehmen ins Leben gerufen wurden. Diese nehmen ausschließlich Mitarbeiter der Trägerunternehmen als Versicherte auf. Es handelt sich dabei um so genannte geschlossene Pensionskassen. Daneben bestehen solche, die bestimmten Branchen offen stehen und meist von Verbänden wie Gewerkschaften oder Arbeitgebervertretungen gegründet wurden. Offene Pensionskassen, die oft von Lebensversicherungsunternehmen gegründet wurden, haben keine Beschränkungen, was den Kreis der Versicherten betrifft – diese sind Arbeitnehmern und Arbeitgebern aller Branchen zugänglich. Bei neu gegründeten Kassen können sich Gründungskosten allerdings negativ auf die Rendite auswirken.

Die fünf größten Pensionskassen in Deutschland nach der Bilanzsumme im Jahr 2013

	Bilanzsumme in Mio. €
BVV Versicherungsverein des Bankgewerbes	24.705
Bayer-Pensionskasse	8.180
Allianz PK AG	7.958
Hoechst-Gruppe PK	6.617
BASF Pensionskasse	6.630

Tabelle 19: Die 5 größten Pensionskassen in Deutschland

Pensionskassen kommen in verschiedenen Rechtsformen vor. Zum einen besteht die Rechtsform „Versicherungsverein auf Gegenseitigkeit" (VVaG). Besonderheit dieses Typs von Pensionskasse ist, dass sie es auch Arbeitnehmern ermöglicht, Mitglied zu werden. Diese werden so in die Lage versetzt, über ihre betriebliche Rente mit zu bestimmen. Heute spielt jedoch, vor allem nach der Rentenreform von 2001, die Rechtsform der Aktiengesellschaft (AG) eine wichtige Rolle. Bei solchen Pensionskassen, die auch gewinnorientiert arbeiten, sind die Versicherten nicht mitspracheberechtigt.

VVaG

AG

Eine Pensionskasse ist ein eigenständiger Versorgungsträger (Lebensversicherungsunternehmen), der von einem oder mehreren Unternehmen gegründet wird. Die Pensionskasse ist eine von fünf Durchführungswegen der betrieblichen Altersversorgung. Man unterscheidet zwischen umlagefinanzierten und kapitalgedeckten Pensionskassen.

Entsprechend der Anzahl der Trägerunternehmen wird unterschieden zwischen:

- *Einzelpensionskasse:*
  Sie wird nur von einem einzigen Unternehmen getragen und gewährt nur dessen Zugehörigen Versorgungsleistungen.

- *Konzernpensionskasse:*
  Sie wird von mehreren Unternehmen getragen, die alle einem Konzern angehören. Versorgungsberechtigte können hier alle dem Konzern aktuell oder ehemals Zugehörige sein.

- *Gruppenpensionskasse:*
  Träger dieser Form der Pensionskasse sind eine beliebige Anzahl von Unternehmen, die ihre betriebliche Altersversorgung über eine gemeinsame „überbetriebliche" Kasse abwickeln wollen. Dies ist insbesondere für kleine Unternehmen besonders interessant, da sie auf diesem Wege nicht selbst mit der Verwaltung einer Pensionskasse belastet werden.

- *Branchen-Pensionskasse:*
  Daneben gibt es vereinzelt diese Form, die sich an die Arbeitnehmer einer bestimmten Branche wendet. Beispielhaft hierfür sind die Pensionskasse des Baugewerbes und die Pensionskasse der Banken zu erwähnen.

Die Pensionskasse sichert Vorsorgerisiken ab. Zu den Vorsorgerisiken zählen Renteneintritt, Invalidität und Tod. Der Versorgungsberechtigte hat einen direkten Rechtsanspruch auf die Leistungen der Pensionskasse. Anders als bei der Unterstützungskasse sind die Arbeitnehmer bei der Pensionskasse selbst versichert und nicht über den Arbeitgeber.

BaFin Würde die Pensionskasse insolvent werden, müssten die Arbeitgeber einspringen (subsidiäre Haftung). Dass bedeutet: Für die Pensionsverbindlichkeiten haftet zunächst die Pensionskasse und erst danach muss der Arbeitgeber einspringen. Pensionskassen werden von der Bundesanstalt für Finanzdienstleistungsaufsicht (BaFin) kontrolliert. Seit dem 1.1.2006 sind die meisten Pensionskassen dereguliert und unterliegen den gleichen Anforderungen wie normale Lebensversicherungsunternehmen.

Steuern – Pensionskasse

§ 5 Abs. 1 r. 3 Buchst. B KStG Pensionskassen sind als Versicherungsunternehmen zunächst grundsätzlich voll körperschaftssteuerpflichtig. Als Voraussetzung für die Körperschaftssteuerbefreiung der Pensionskasse muss nach § 5 Abs. 1 r. 3 Buchst. B KStG sichergestellt sein, dass der Betrieb der Pensionskasse nach dem Geschäftsplan und nach Art und Höhe der Leistungen eine soziale Einrichtung darstellt.

Die Empfänger der Leistung dürfen sich in der Mehrzahl nicht aus dem Unternehmer oder bei Gesellschaften in der Mehrzahl nicht aus den Gesellschaftern nebst Angehörigen zusammensetzen. Bei Auflösung der Pensionskasse darf das Vermögen satzungsgemäß nur den Leistungsempfängern oder deren Angehörigen ausgezahlt oder ausschließlich für mildtätige oder gemeinnützige Zwecke verwendet werden.

Um von der Körperschaftssteuer befreit zu werden, müssen zusammenfassend folgende Voraussetzungen erfüllt sein:
- Leistungen nur an Zugehörige des Trägerunternehmens
- Vermögensbindung bei Auflösung der Pensionskasse

3. Betriebliche Rentenversicherung

- Mehrzahl der Leistungsempfänger darf nicht aus Unternehmern oder Gesellschaftern bestehen.
- Zulässiges Kassenvermögen wird nicht überschritten.
- Beschränkung der Leistungshöhe
- Soziale Einrichtung

Beschränkung der Leistungshöhe

Bei rechtsfähigen Pensions- oder Sterbekassen, die den Leistungsempfängern einen Rechtsanspruch gewähren, dürfen die jeweils erreichten Rechtsansprüche der Leistungsempfänger vorbehaltlich des Absatzes 2 die folgenden Beträge nicht übersteigen:

Demnach dürfen für 88 % der Leistungsempfänger maximal folgende Höchstbeträge geleistet werden (§ 2 Abs. 1 KStDV)

§ 2 Abs. 1 KStDV

als Pension	25.769 €	jährlich,
als Witwengeld	17.179 €	jährlich,
als Waisengeld	5.154 €	jährlich für jede Halbwaise,
	10.308 €	jährlich für jede Vollwaise,
als Sterbegeld	7.669 €	als Gesamtleistung.

Die jeweils erreichten Rechtsansprüche, mit Ausnahme des Anspruchs auf Sterbegeld, dürfen in nicht mehr als 12 vom Hundert aller Fälle auf höhere als die in Absatz 1 bezeichneten Beträge gerichtet sein. Dies gilt in nicht mehr als 4 vom Hundert aller Fälle uneingeschränkt. Im Übrigen dürfen die jeweils erreichten Rechtsansprüche die folgenden Beträge nicht übersteigen:

als Pension	38.654 €	jährlich,
als Witwengeld	25.769 €	jährlich,
als Waisengeld	7.731 €	jährlich für jede Halbwaise,
	15.461 €	jährlich für jede Vollwaise.

Ein Drittel dieses Personenkreises, also insgesamt 4 % aller Leistungsanwärter und Leistungsempfänger, kann völlig unbeschränkt versorgt werden. Jedoch ist zu beachten, dass auch diesem Personenkreis nur eine angemessene und maßvolle Versorgung zugesagt werden sollte. Monatsrenten von mehreren Zehntausend Euro oder gar noch höhere Beträge dürften wohl schwerlich in Einklang zu bringen sein mit dem Begriff der sozialen Einrichtung.

Verwendung des Kassenvermögens nur für satzungsgemäße Zwecke

Am Ende des Wirtschaftsjahres müssen diese Voraussetzungen nachgewiesen werden, damit eine Steuerbefreiung gewährt werden kann. Die meisten im Markt tätigen Pensionskassen sind nach diesen Vorgaben keine steuerbefreiten, sondern steuerpflichtige Pensionskassen. Denn ihre Tätigkeit ist üblicherweise auf Gewinnzielung ausgerichtet. Die Steuerpflicht trifft in der Hauptsache aber nur den Gewinn, den die Pensionskasse für sich behält, also nicht die Kapitalanlagen zu Gunsten der Versicherungsnehmer bzw. der Versorgungsberechtigen. Unter diesem Gesichtspunkt sind die Pensionskassen auch steuerlich den übrigen Lebensversicherungsunternehmen weitgehend gleichgestellt.

EU-Kommission Nach einer kürzlich geplanten Regelung der EU-Kommission hätten die Pensionskassen ihr Reservekapital erhöhen müssen. Vorerst wurde die Gleichsetzung mit privaten Versicherungen abgewendet. Für die Zukunft ist mit einem Rückgang der Pensionskassen zu rechnen.

Wie funktioniert der Durchführungsweg?

Ein Arbeitnehmer kann nicht ohne Zutun des Arbeitgebers in eine Pensionskasse eintreten. Die betriebliche Altersversorgung erfordert eine Zusage des Arbeitgebers. Der Arbeitgeber bestimmt auch die Pensionskasse. Auch bei der Entgeltumwandlung zahlt der Arbeitgeber den vom Gehalt einbehaltenen Teil direkt in die Pensionskasse ein. Bei Ausscheiden des Arbeitnehmers kann der Arbeitnehmer diese Altersversorgung mit eigenen Beiträgen fortführen.

Das Konzept der Pensionskasse

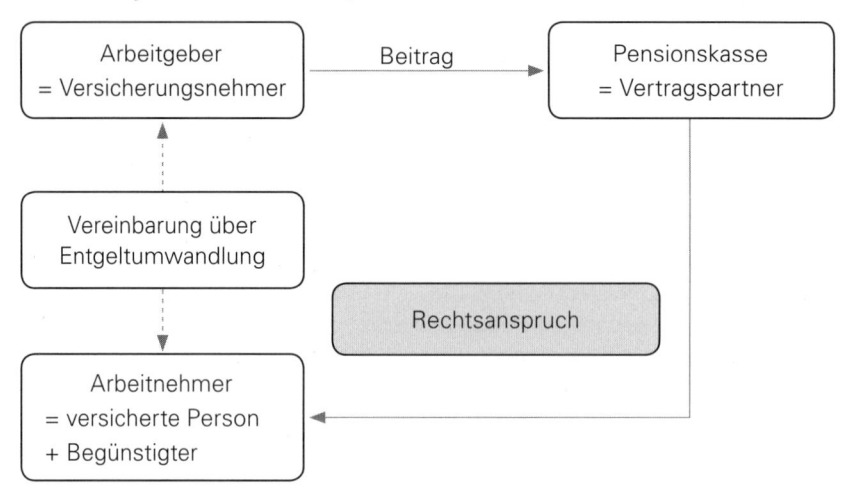

```
┌─────────────────┐   Beitrag    ┌─────────────────┐
│   Arbeitgeber   │─────────────▶│  Pensionskasse  │
│=Versicherungs-  │              │=Vertragspartner │
│    nehmer       │              │                 │
└─────────────────┘              └─────────────────┘
         ▲                                │
         ┊                                │
┌─────────────────┐                       │
│ Vereinbarung    │                       │
│ über Entgelt-   │         ┌───────────────┐
│ umwandlung      │         │ Rechtsanspruch│
└─────────────────┘         └───────────────┘
         ┊                                │
         ▼                                │
┌─────────────────┐                       │
│  Arbeitnehmer   │◀──────────────────────┘
│=versicherte     │
│  Person         │
│ +Begünstigter   │
└─────────────────┘
```

Es gelten die Kapitalanlagevorschriften für die Lebensversicherung.

Da Pensionskassen eine Garantieverzinsung gewähren, investieren sie ihr anvertrautes Kapital auch konservativ, d.h. deutlich mehr in festverzinsliche Wertpapiere als in Aktien. Im Gegensatz zu Pensionsfonds garantieren Pensionskassen eine Mindestverzinsung, während die Entwicklung von Pensionsfonds bis auf die garantierte Mindestleistung wesentlich von der Entwicklung am Aktienmarkt abhängt. Wie bei Lebens- und Rentenversicherungen üblich, ist der Anteil, der in Aktien investiert werden darf, auf 35 % begrenzt.

Pensionskassen sind mit Direktversicherungen vergleichbar. Daher ist auch hier der Verwaltungsaufwand für Arbeitgeber gering. Einzig die Gestaltung der Angebote unterscheidet sich etwas von der Direktversicherung. Es handelt sich bei Pensionskassen um rechtlich selbstständige Versorgungseinrichtungen, die von Unternehmen mit der Durchführung der betrieblichen Altersvorsorge beauftragt werden.

Aus dem Blickwinkel der versicherungsaufsichtsrechtlichen Betrachtung sind Pensionskassen private Lebensversicherungsunternehmen, da sie gegen Zahlung von Beiträgen versicherungsmathematisch kalkulierte Versorgungsleistungen bieten und darauf auch einen Rechtsanspruch gewähren.

Anders als bei der Unterstützungskasse ist der Arbeitgeber bei der Pensionskasse kein Mitglied, sondern lediglich derjenige, der die Zuwendungen an die Pensionskasse leistet. Mitglieder einer Pensionskasse (in Form eines VVaG) sind vielmehr die Versorgungsberechtigten. Hat ein Arbeitgeber eine Pensionskasse eingerichtet, so muss der Arbeitnehmer den Durchführungsweg akzeptieren. In der Pensionskasse sind alle Zusagearten möglich, also die Leistungszusage, die beitragsorientierte Leistungszusage und die Beitragszusage mit Mindestleistung.

VVaG

Leistungen

Neben der Altersversorgung können auch Leistungen bei Berufsunfähigkeit und eine Hinterbliebenenvorsorge für die Angehörigen vereinbart werden. Im Falle der Berufsunfähigkeit erhält man so eine monatliche Rente. Außerdem übernimmt in der Regel die Pensionskasse danach anstelle des Arbeitnehmers die Beitragszahlung für die Altersvorsorge.

Im Todesfall zahlt die Pensionskasse die vereinbarten Leistungen aus der Hinterbliebenenabsicherung an die Angehörigen aus. Das sind widerruflich in dieser Reihenfolge:

- Ehegatte bzw. Lebenspartner in einer eingetragenen Lebenspartnerschaft
- kindergeldberechtigte Kinder
- namentlich benannter Lebensgefährte bzw. Lebenspartner einer nicht eingetragenen Lebenspartnerschaft (eheähnliche Lebensgemeinschaft)

Die Vorteile der Pensionskasse für den Arbeitnehmer:

- hohe Steuerersparnisse: Bis zu 4 % der Beitragsbemessungsgrenze der gesetzlichen Rentenversicherung West zuzüglich einem Festbetrag von 1.800 € können steuerfrei angelegt werden.
- keine Sozialabgaben auf die Beiträge im Rahmen der 4 %-Grenze
- Besteuerung der Leistungen erst im Leistungsfall zu einem meist geringeren Abgabensatz
- zugeschnittene Versorgungslösungen durch flexible Produktbausteine
- optimale Gestaltungsmöglichkeiten durch flexible Beitragszahlung und flexiblen Rentenbeginn
- direkter Leistungsanspruch gegenüber der Pensionskasse
- Wahlmöglichkeit einer Kapitalzahlung anstelle einer lebenslangen Altersrente: Hinterbliebenen- und Waisenrenten sind als selbstständige Bausteine einschließbar (klassisches Produkt).
- Berufsunfähigkeit kann versichert werden.
- einfache Mitnahme des Versorgungsanspruchs bei Ausscheiden aus dem Unternehmen
- garantierte Verzinsung und Gewinnguthaben

Anlage R Im Alter versteuert man die Leistungen als Renteneinkünfte (Anlage R) zu einem dann meist geringeren Steuersatz als im aktiven Berufsleben, weil man im Alter von geringen Bezügen ausgehen muss. Zudem sind die Leistungen der Pensionskasse in der Krankenversicherung der Rentner beitragspflichtig.

Die Vorteile der Pensionskasse für den Arbeitgeber:

- Einsparung von Lohnnebenkosten im Rahmen der 4 %-Grenze
- einfacher Weg zur Erfüllung des Entgeltumwandlungsanspruchs
- keine zusätzlichen Verwaltungskosten
- einfacher Weg zur Erfüllung des neuen Übertragungsanspruchs
- einfache Handhabung bei vorzeitigem Ausscheiden des AN durch Übertragung der Versorgung auf den AN oder ggf. den neuen Arbeitgeber
- keine Anpassungsprüfungspflicht bei laufenden Rentenleistungen
- kein Bilanzausweis
- einfache und verwaltungsarme Abwicklung
- Mitarbeitermotivation, -bindung, -gewinnung
- Die Pensionskasse ist kompatibel zu anderen bAV-Wegen.
- Auch vermögenswirksame Leistungen und Überstundenguthaben können grundsätzlich in eine Pensionskassenversorgung eingezahlt werden.
- kein Nachfinanzierungsrisiko bei vorzeitigem Ausscheiden des Mitarbeiters

Die Vorteile der Pensionskasse für den Arbeitgeber

Je mehr Mitarbeiter mitmachen, desto mehr spart der Arbeitgeber Lohn-Nebenkosten von ca. 20 % des Bruttolohnes!

Entgeltumwandlung von Arbeitslohn (lfd. Gehalt, Sonderzahlungen)	Barauszahlung Bruttolohn (100 € mtl.)	
	Brutto p. a.	1.200,00 €
	Lohn-Nebenkosten +	240,00 €
Entgeltumwandlung von Überstundenguthaben	Gesamtkosten p. a.	1.440,00 €
	Ersparnis pro AN	
Verwendung der vermögenswirgsamen Leistungen für bAV	240 € p. a.	
	2.400 € bei 10 AN	
	12.000 € bei 50 AN	
Entgeltumwandlung mit zusätzlichem Arbeitgeberzuschuss	Beitragsanlage in PK (100 € mtl.)	
	Brutto p. a.	1.200,00 €
	Lohn-Nebenkosten +	0,00 €
Arbeitgeberfinanzierte bAV anstatt Gehaltserhöhung	Gesamtkosten p. a.	1.200,00 €

3. Betriebliche Rentenversicherung

Zielgruppenbeschreibung

Die Entgeltumwandlung nach § 3 Nr. 63 EStG über eine Pensionskasse ist für alle Mitarbeiter, vom Arbeiter über den Angestellten bis hin zur Chefetage, sinnvoll und lukrativ.

§ 3 Nr. 63 EStG

Die Pensionskasse, aber auch die Direktversicherung, bietet eine Reihe von Vorteilen, die insbesondere für kleine und mittlere Unternehmen besonders attraktiv sind.

Zu nennen wären insbesondere folgende Vorteile:
- verwaltungsarm
- einfache Handhabung
- keine spürbaren Kostenbelastung
- Haftungssicherheit
- mittlerweile große Bekanntheit in der Öffentlichkeit
- gesetzlich normierte Portabilität

Tarife/Angebote

Unisex-Tarife und Rechnungszins in der betrieblichen Altersversorgung

Durch Rechtsprechung des Europäischen Gerichtshofes (EuGH) dürfen Versicherer ab 21.12.2012 in ihrer Beitragskalkulation nicht mehr zwischen Frauen und Männern unterscheiden. Das Urteil bezieht sich jedoch nicht auf die betriebliche Altersversorgung. Dennoch haben viele Pensionskassen auch ohne explizite Verpflichtung auf einheitliche Tarife für Männer und Frauen umgestellt.

EuGH

Mit Wirkung zum 1.1.2015 wurde die Deckungsrückstellungsverordnung (DeckRV) geändert. Der Höchstrechnungszins für die Berechnung der Deckungsrückstellung für Verträge mit Beginn ab diesem Datum beträgt 1,25 %.

DeckRV

Der neue Höchstrechnungszins führt zu geringeren Garantieleistungen. Aber maßgeblich für die tatsächliche Rentenleistung bei Vertragsablauf ist die während der Vertragslaufzeit erzielte Gesamtverzinsung.

Eine weitere wichtige Änderung betrifft das frühestmögliche Rentenbeginnalter für Versorgungszusagen ab 2012. Für Zusagen ab 1.1.2012 ist der früheste Rentenbeginn 62 Jahre; bisher war er 60 Jahre. Diese Änderung ist in die Bedingungen für alle neuen Tarife entsprechend aufgenommen worden.

Bei der Altersversorgung kann der Arbeitnehmer zwischen einer einmaligen Kapitalzahlung und einer lebenslangen Altersrente wählen. Der Vorteil: Die Wahl des Auszahlungsmodells muss erst kurz vor dem Ruhestand getroffen werden, frühestens mit 62 Jahren. Verstirbt der Arbeitnehmer vorzeitig, bieten einige Pensionskassen den Hinterbliebenen Sterbegeld bis zu einer Höhe von 7.669 € an. Das Risiko der Berufsunfähigkeit kann darüber hinaus durch Beitragsbefreiung und eine Berufsunfähigkeitsrente abgesichert werden.

Bezugsrecht / Rechte Dritter in der Pensionskasse im Unterschied zur Direktversicherung

Eine Hinterbliebenenversorgung im steuerlichen Sinne darf nur Leistungen vorsehen an:

- die Witwe bzw. den Witwer des Arbeitnehmers / der Arbeitnehmerin
- *§ 32 EstG* die Kinder im Sinne § 32 EstG („Kindergeldberechtigung muss vorliegen")
- die Lebensgefährtin / den Lebensgefährten (auch gleichgeschlechtlich) bei
  - eingetragener Lebenspartnerschaft
  - Lebenspartnern mit gemeinsamer Haushaltsführung
- Die Möglichkeit, andere Personen als Begünstigte für den Fall des Todes zu benennen, führt steuerrechtlich dazu, dass es sich nicht mehr um eine Hinterbliebenenversorgung handelt, sondern dass von einer Vererblichkeit der Anwartschaften auszugehen ist.
- Lediglich die Möglichkeit, ein einmaliges angemessenes Sterbegeld an andere Personen auszuzahlen, führt nicht nur Versagung der steuerlichen Anerkennung als bAV.
- Abtretung der Recht und Ansprüche oder Gewährung einer Vorauszahlung aus einer Pensionskasse: Bei Pensionskassen sind Abtretungen oder Beleihungen (Vorauszahlungen) durch den Arbeitgeber generell ausgeschlossen.

Liquiditätsbelastung

Bei der arbeitgeberfinanzierten Pensionskasse ist ein Liquiditätsabfluss in Höhe der Beiträge minus Steuerersparnis gegeben. Sollte der Arbeitnehmer auf die Lohnerhöhung verzichten und der Arbeitgeber überweist diesen Betrag in eine Pensionskasse, so spart der Arbeitgeber die kompletten Lohnnebenkosten. Bei einer arbeitnehmerfinanzierten Pensionskasse spart der Arbeitgeber seine anteiligen Sozialbeiträge, wenn die Entgeltumwandlung unterhalb der 4 %-Grenze erfolgt.

Bilanzausweis

Nach den rechtlichen Vorschriften ist der Versicherungsanspruch aus einer Pensionskasse während der Vertragsdauer vom Arbeitgeber nicht zu aktivieren. Seit 2005 gelten auch für Direktversicherungen die gleichen Regelungen wie für Pensionskassen.

PSV-Beitrag

Versicherungsaufsicht Pensionskassen in Form einer Aktiengesellschaft sind durch eine Pflichtmitgliedschaft bei Protektor gegen Zahlungsausfall geschützt. Regulierte Pensionskassen (in der Rechtsform Versicherungsverein auf Gegenseitigkeit) dürfen Protektor nicht beitreten, für sie besteht auch keine Absicherung beim Pensions-Sicherungs-Verein. Pensionskassen unterliegen der Versicherungsaufsicht.

Fazit: Die Versorgungsansprüche im Rahmen einer Pensionskasse sind nicht insolvenzsicherungspflichtig. Auch der Beitritt sowie die gesamte Verwaltung und das Management der lebenslangen Rentenleistungen innerhalb der Pensionskasse bleiben für alle Arbeitgeber kostenfrei.

3. Betriebliche Rentenversicherung

Überblick: Pensionskasse

Behandlung des AG	Behandlung des AN
- keine Bilanzauswirkung (keine Rückstellungen) - Beiträge wirken gewinnmindernd in der GuV (Betriebsausgabe) - laufender Liquiditätsabfluss - Ersparnis von Sozialabgaben - keine Absicherung bei PSV erforderlich	- Beiträge sind bis 4 % der BBG der GRV steuerfrei; zusätzlich 1.800 € steuerfrei, wenn keine Pauschalversteuerung - alternativ Riester-Förderung möglich - VL-Beitrag ist möglich. - Die Rente ist voll steuerpflichtig und wird mit dem Einkommensteuersatz versteuert - Sozialabgaben in der Rentenphase

Tabelle 20: Überblick Pensionskasse

3.1.5 Pensionsfonds

Handlungssituation

Ihr Kunde Timo Möller ist Geschäftsführer eines mittelständischen Unternehmens, welches auch über Niederlassungen in Frankreich und den Niederlanden verfügt. Er sucht nach einem Durchführungsweg in der betrieblichen Altersversorgung, welche auch für seine Niederlassungen eine Basis für die betriebliche Altersversorgung bildet und zugleich weitreichende Chancen am Kapitalmarkt abbildet.

Der Pensionsfonds als fünfter Durchführungsweg

Mit der Rentenreform 2001 sind Pensionsfonds in Deutschland eingeführt und als fünfter Durchführungsweg der betrieblichen Altersversorgung anerkannt worden. Der Gesetzgeber begründete dies ausdrücklich auch mit dem Wunsch, einen „europatauglichen Durchführungsweg" anzubieten.

Mit dem Pensionsfonds wurde ein flexibler Durchführungsweg geschaffen, mit dem die Chancen am Kapitalmarkt optimal genutzt werden können. Aufgrund der liberalen Anlagevorschriften können renditestarke Anlagen erfolgen – jedoch nicht ohne ein gewisses Risiko.

BaFin

Alle privaten und öffentlich-rechtlichen Versicherungsunternehmen, die im Geltungsbereich des Versicherungsaufsichtsgesetzes (VAG) die Privatversicherung betreiben und ihren Sitz in Deutschland haben, stehen entweder unter der Aufsicht der BaFin oder der Länderaufsichtsbehörden. Bis heute (2014) unterliegen 30 Pensionsfonds der Versicherungsaufsicht nach dem VAG, die durch die BaFin wahrgenommen wird.

Was ist ein Pensionsfonds?

§ 112 VAG

Nach § 112 VAG ist der Pensionsfonds eine rechtsfähige Versorgungseinrichtung, welche im Wege des Kapitaldeckungsverfahrens Leistungen der betrieblichen Altersversorgung für einen oder mehrere Arbeitgeber zugunsten von Arbeitnehmern erbringt, die Höhe der Leistungen oder die Höhe der für diese Leistungen zu entrichtenden künftigen Beiträge nicht für alle Leistungsfälle garantieren darf, den Arbeitnehmern einen eigenen Anspruch auf Leistung gegen den Pensionsfonds einräumt und verpflichtet ist, die Versorgungsleistung als lebenslange Altersrente oder in Form eines Auszahlungsplans mit unmittelbar anschließender Restverrentung gemäß § 1 Abs. 1 Satz 1 Nr. 4 AltZertG zu erbringen.

§ 1 Abs. 1 Satz 1 Nr. 4 AltZertG

Der Pensionsfonds ist damit eine rechtlich selbstständige Versorgungseinrichtung, die gegen Zahlung von Beiträgen Leistungen der Alters-, Invaliditäts- oder Hinterbliebenenversorgung zugunsten des Arbeitnehmers zusagt. Damit ist der Pensionsfonds Träger der Versorgung.

Der Pensionsfonds kann alle drei Leistungsarten anbieten:
- Leistungszusage
- beitragsorientierte Leistungszusage
- Beitragszusage mit Mindestleistung

Ein Pensionsfonds kann zudem versicherungsartige Leistungen anbieten, z. B. lebenslange Altersleistungen mit Mindestgarantie nach § 1 Abs. 1 Satz 1 Nr. 4 AltZertG.

Merkmale eines Pensionsfonds

Nach der Pensionsfondsrichtlinie seit 1.1.2002 ist ein Pensionsfonds eine Einrichtung zur betrieblichen Altersversorgung, die:
- europaweit tätig werden kann
- aufsichtspflichtig ist
- rechtlich unabhängig von einem Trägerunternehmen ist
  - Einzelpensionsfonds
  - Konzernpensionsfonds
  - Gruppenpensionsfonds, z. B. Chemie Pensionsfonds
- den alleinigen Zweck hat, Versorgungsleistungen zu erbringen
- nur Arbeitnehmer versorgt – keine Einzelunternehmer oder Personengesellschafter

§ 54 VAG

In diesem Fall unterliegt er wie eine Lebensversicherung Anlagevorschriften, vor allem muss er einen Höchstrechnungszins von derzeit 1,25 % (2013) und die Kapitalanlagevorschriften nach dem Versicherungsaufsichtsgesetz (§ 54 VAG) berücksichtigen.

Zum anderen kann ein Pensionsfonds seit der VAG-Novelle 2005 nicht-versicherungsförmige Leistungen anbieten, bei denen keine Mindestleistung garantiert wird, sondern sich die Leistung aus den erbrachten Beiträgen sowie den erzielten Erträgen ergibt. In diesem Falle gelten keine quantitativen Vorgaben beim Zins oder bei den Anlagequoten. Allerdings ist dann der Arbeitgeber zu (nicht befristeten) Beitragszahlungen auch in der Rentenbezugszeit verpflichtet. Falls das Fondsvermögen nicht ausreicht, die betrieblich zugesagten Leistungen zu erfüllen, muss der Arbeitgeber in diesem Fall für laufenden Leistungen (nicht für Anwartschaften) Nachschüsse leisten (§ 112 Abs. 1a VAG).

VAG-Novelle 2005

§ 112 Abs. 1a VAG

Besonderheiten des Pensionsfonds

Nach der Pensionsfondsrichtlinie ist ein Pensionsfonds eine Einrichtung zur betrieblichen Altersversorgung:

- die nach dem Kapitaldeckungsverfahren arbeitet
- für die liberalere Anlagevorschriften gelten als für die Lebensversicherungsunternehmen: Ihre Kapitalanlagen soll nach dem Prinzip der Sicherheit, Liquidität, Streuung und Ertragsorientierung durchgeführt werden.
- für die eine Fokussierung auf *Aktienanlagen* zu erwarten ist (mindestens 70 % des Portfolios können in *Aktien* angelegt werden; wenn der Versorgungsanwärter das Anlagerisiko trägt, sogar 100 %)
- die höhere Renditechancen hat durch Anlage in Aktien oder Investmentfonds, *aber*: Risiko für beide Parteien

Grundsätzlich sind für Pensionsfonds nur Rentenleistungen vorgesehen. Unschädlich ist jedoch, wenn bei Eintreten des Versorgungsfalls eine Kapitalleistung von weniger als 30 % des angesparten Kapitals als Teilkapitalisierung ausgezahlt wird. Gemäß § 112 Abs. 1 Satz 3 Nr. 1 VAG betragen die Leistungen zumindest die Summe der dem Pensionsplan zugeführten Beiträge. Die Leistungen, die vom Pensionsfonds erbracht werden, unterliegen im Versorgungsfall der vollen Steuerpflicht und sind mit dem individuellen Steuersatz zu versteuern.

§ 112 Abs. 1 Satz 3 Nr. 1 VAG

Pensionsfonds werden durch Beiträge eines oder mehrerer Trägerunternehmen und den daraus resultierenden Erträgen finanziert. Die Beiträge können auch im Wege der Entgeltumwandlung durch den Arbeitnehmer erbracht werden (§ 1a Abs. 1 Satz 1 BetrAVG)

§ 1a Abs. 1 Satz 1 BetrAVG

Ein Vorteil dieses Durchführungsweges liegt darin, dass auch hier das Versorgungsrisiko auf den Pensionsfonds ausgelagert wird. Das heißt, die Bilanz des Unternehmens weist keinerlei betriebsfremdes Risiko aus. Der Arbeitgeber wird von der Verwaltung der Versorgung entlastet. Er zahlt dafür einen Beitrag an den Pensionsfonds.

Vereinfacht dargestellt ergibt sich folgendes Konstrukt:

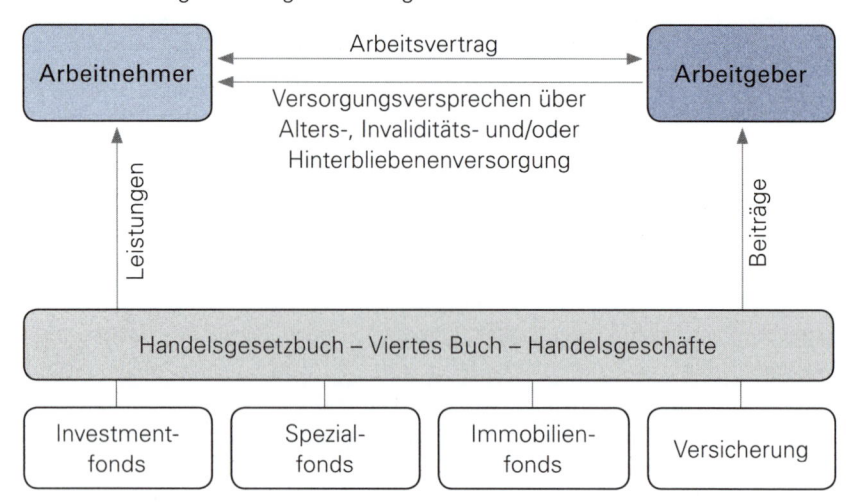

Abbildung 18: Durchführungsweg Pensionsfonds

Damit übernimmt die Pensionskasse die professionelle Verwaltung der betrieblichen Altersversorgung:

Der Pensionsfonds

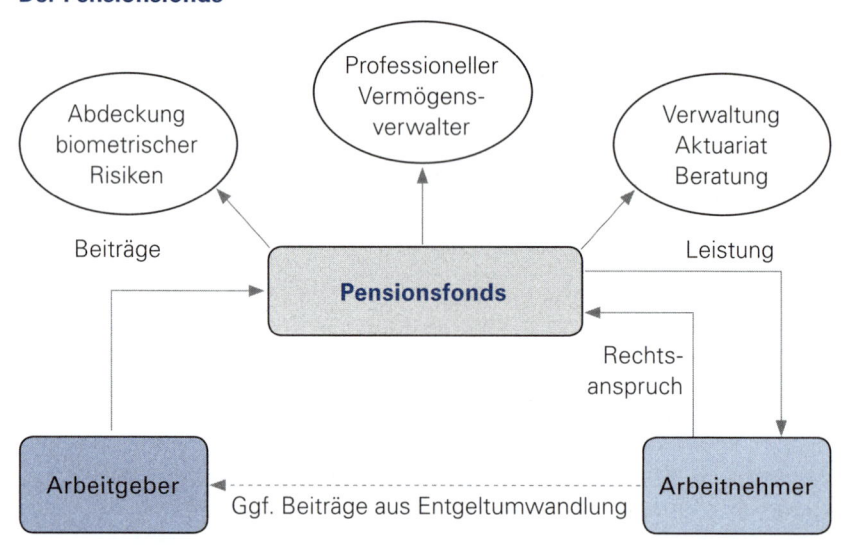

Abbildung 19: Der Pensionsfonds

Bestand

Der gesamte Neuzugang bei den Pensionsfonds belief sich im Jahr 2013 auf 30.000 gesicherte Personen. Der laufende Beitrag für ein Jahr aus diesem Neuzugang erreichte 10,2 Mio. € (minus 20,0 %), der Einmalbeitrag 299 Mio. € (Vorjahr: 261 Mio. €; plus 14,5 %). Für den Bestand ergab sich zum

3. Betriebliche Rentenversicherung

Jahresende eine Zahl von rund 488.000 Personen (plus 5,3 %). Die gebuchten Brutto-Beiträge beliefen sich im gleichen Zeitraum auf 435 Mio. € (Vorjahr: 396 Mio. €; plus 10,0 %) und die ausgezahlten Leistungen auf 202 Mio. € (Vorjahr: 191 Mio. €; plus 5,8 %). Allerdings besitzt die betriebliche Altersversorgung insgesamt noch Wachstumspotenzial. Vor allem in kleinen und mittleren Unternehmen ist die Verbreitung immer noch zu gering.

Den Lebensversicherern kommt dabei eine Schlüsselrolle zu, denn sie bieten bereits heute vielen kleinen Unternehmen, die keinen Zugang zu großen Versorgungswerken haben, attraktive Lösungen zur Betriebsrente.

Steuerliche Behandlungen von Beitrag und Leistung

Voraussetzung für die steuerliche Förderung nach § 3 Nr. 63 EStG ist, dass der Versorgungsvertrag eine Leistung nicht vor Vollendung des 62. Lebensjahres vorsieht und diese als lebenslange Rente oder in Form eines Auszahlungsplanes mit Restverrentung erbracht wird.

§ 3 Nr. 63 EStG

Die späteren Leistungen sind nach § 22 Abs. 5 EStG in voller Höhe steuerpflichtig, soweit sie auf nach § 3 Nr. 63 EStG steuerfreien Zuwendungen beruhen. Der Arbeitnehmer kann auch hier – wie bei der Pensionskasse und der Direktversicherung – den Altersentlastungsbetrag (§ 24a EStG) geltend machen. Er beträgt im Jahr 2014 höchstens 1.216 € und wird bis zum Jahr 2040 auf Null abgeschmolzen.

§ 22 Abs. 5 EStG
§ 3 Nr. 63 EStG

Wie bei der Pensionskasse und der Direktversicherung können in den Pensionsfonds Beiträge in Höhe von bis zu 4 % der Beitragsbemessungsgrenze (§ 3 Nr. 63 EStG) in der gesetzlichen Rentenversicherung steuerfrei eingebracht werden. Für Neuzusagen seit dem 1.1.2005 kann für die Entgeltumwandlung zusätzlich ein Betrag von 1.800 € genutzt werden.

§ 3 Nr. 63 EStG

Steuern beim Pensionsfonds

Behandlung des AG	Behandlung des AN
- keine Bilanzauswirkung (keine Rückstellung) - Beiträge wirken gewinnmindernd (Betriebsausgabe) → keine steuerliche Belastung	- Beiträge sind bis 4 % der BBG der RV steuerfrei – plus 1.800 € - alternativ Riester-Förderung möglich - Leistungen aus dem Pensionsfonds unterliegen komplett der nachgelagerten Versteuerung

Tabelle 21: Steuern beim Pensionsfonds

Sozialversicherungsrechtliche Behandlung

Beiträge an einen Pensionsfonds, die nach § 3 Nr. 63 Satz 1 und 2 EStG steuerfrei gezahlt werden, sind nach § 2 Abs. 2 Nr. 5 Arbeitsentgelt-Verordnung nicht beitragspflichtig in der **Sozialversicherung**. Die Beitragsfreiheit ist allerdings begrenzt auf 4 % der Beitragsbemessungsgrenze in der Rentenversicherung.

§ 3 Nr. 63 Satz 1 und 2 EStG
§ 2 Abs. 2 Nr. 5 Arbeitsentgelt-Verordnung

| § 3 Nr. 63 Satz 3 EStG | Nicht in diese Beitragsfreiheit einbezogen sind die nach § 3 Nr. 63 Satz 3 EStG steuerfrei zahlbaren 1.800 €.

Die Leistungen unterliegen für gesetzlich Krankenversicherte bis zur Beitragsbemessungsgrenze in der gesetzlichen Krankenversicherung der Beitragspflicht in der Kranken- und Pflegeversicherung.

Riester-Förderung

| § 10a EStG | Beim Pensionsfonds ist – wie bei der Pensionskasse – die Nutzung der staatlichen Riester-Förderung nach § 10a EStG möglich, aber wie bereits dargelegt nicht empfehlenswert. Für diese Eigenbeiträge können Zulagen bzw. ein Sonderausgabenabzug geltend gemacht werden.

Die Beitragszahlung zu einem Riester-Vertrag erfolgt aus dem Nettogehalt. Der verbleibende Altersvorsorgebeitrag wird durch den Staat dann in Form einer Zulagengewährung und eventuell eines zusätzlichen Sonderausgabenabzugs bei der Einkommensteuer steuerlich gefördert. Die Förderung ergibt sich dabei aus einer vom Gesetzgeber für das Finanzamt vorgeschriebenen Günstigerprüfung.

Ist der Sonderausgabenabzug vorteilhafter, fließt die Differenz zwischen dem hieraus abzuleitenden Steuervorteil und der Zulage in das Privatvermögen des Mitarbeiters. Die Leistungen ab Rentenbezug sind in voller Höhe steuerpflichtig.

Das Wichtigste in der Kundenberatung auf einen Blick

- *Renditechancen:*
  Je nach Anbieter kann eine weitreichende Aktienanlage gewählt werden. Das erhöht die Renditechancen (kapitalmarktorientierte Strategie).

- *Nachteil:*
  Die garantierte Leistung ist auf die eingezahlten Beiträge beschränkt.

- *Sicherheit:*
  Eine Reihe von Pensionsfonds legt das Geld der Sparer vorsichtiger an (versicherungsorientierte Strategie). Hier spielen sicherlich die Kosten innerhalb der Produkte eine entscheidende Rolle, aber auch, ob Zusatzbausteine wie die Berufsunfähigkeits-Absicherung oder die Hinterbliebenen versorgt werden können.

- *Garantierte Leistung:*
  Mehr als den Erhalt der eingezahlten Beiträge zu Rentenbeginn garantieren auch die Pensionsfonds mit versicherungsorientierter Strategie nicht. Wenn ein Kunde auf eine höhere garantierte Leistung Wert legen, sollte eine Pensionskasse oder eine Direktversicherung vorgeschlagen werden.

- *Rentenfaktor:*
  Wie viel Rente von einem Pensionsfonds später einmal gezahlt wird, hängt auch vom Umrechnungsfaktor ab, der für die Verrentung des angesparten Kapitals benutzt wird. Zum Teil finden wir auf dem Markt Produkte mit einem festen Rentenfaktor.

3. Betriebliche Rentenversicherung

Portabilität

Auch im Fall des vorzeitigen Ausscheidens bleiben die Versorgungsanwartschaften erhalten. Nur 20 % der gesetzlich unverfallbaren Versorgungsansprüche sind durch den Arbeitgeber beim Pensions-Sicherungs-Verein kostenpflichtig zu sichern. So bleiben die Anwartschaften auch bei Insolvenz geschützt. Wechselt der Arbeitnehmer seinen Arbeitgeber können unverfallbare Versorgungsanwartschaften im Rahmen der Portabilität auf den Nachfolgearbeitgeber übertragen werden.

Vor- und Nachteile auf einen Blick

Vorteile des Arbeitgebers:

- Rechtsanspruch des Arbeitnehmers auf Entgeltumwandlung mit Möglichkeit der Riester-Förderung erfüllbar
- Bilanzneutralität
- Beitragszusage mit Mindestleistung möglich
- Senkung von Lohnnebenkosten durch Einsparung von Sozialversicherungsbeiträgen bei Entgeltumwandlung bis 4 % der BBG   *4 % der BBG*

Nachteile des Arbeitgebers:

- PSV-Beitragspflicht (20 % des Regelbeitrags)   *PSV*

Vorteile des Arbeitnehmers:

- gute Renditechancen durch Freiheit in der Mittelanlage
- Steuerfreiheit der Beiträge nach § 3 Nr. 63 EStG bis 4 % der BBG zzgl. 1.800 €   *§ 3 Nr. 63 EStG*
- Riester-Förderung (§§ 10a, 79 ff. EStG) möglich   *§§ 10a, 79 ff. EStG*
- Beitragsfreiheit in der Sozialversicherung bei Entgeltumwandlung bis 4 % der BBG
- Absicherung der Hinterbliebenen möglich
- lebenslange garantierte Rentenleistungen

Nachteile des Arbeitnehmers:

- Guten Renditechancen steht in der Regel ein höheres Ertragsrisiko gegenüber.

4. Einführung in das Betriebsrentengesetz (BetrAVG)

> **Handlungssituation**
>
> Als Gruppenleiter bAV der Proximus Lebensversicherung AG ist es Ihre Aufgabe die praktische Umsetzung der Regelungen des Betriebsrentengesetz (BetrAVG), das ursprünglich zu Recht „Gesetz zur Verbesserung der betrieblichen Altersversorgung (BetrAVG)" hieß, sicherzustellen. Dazu müssen Sie Ihren Mitarbeitern die Bedeutung des Gesetzes vermitteln.

4.1 Rechtliche Grundlagen der betrieblichen Altersversorgung

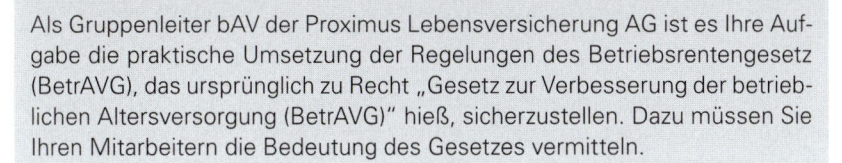

Die historische Entwicklung der betrieblichen Altersversorgung begann in der 1850er Jahren, z. B. mit der Versorgungseinrichtung der „Gutehoffungshütte" und anderen mehr – dies alles ohne eine gesetzliche Flankierung.

Die Einführung erfolgte meist aus einer fürsorglichen patriarchalischen Haltung der damals meist gründergeführten Unternehmen. Dies geschah aus der Erkenntnis heraus, dass Arbeiter, die meist aus bäuerlichen Familien in die industrialisierten Städte zogen, eine Grundabsicherung gegen Invalidität und ein Mindesteinkommen bei altersbedingtem Wegfall der Arbeitskraft benötigten. Erstmals wurde 1891 eine gesetzliche Absicherung der Arbeiterschaft im Invaliditätsfall eingeführt. Die daraus zu erwartende Leistung diente hauptsächlich zur Absicherung von Notfällen. Angestellte wurden erst 1911 mit einbezogen.

Vor Einführung des Betriebsrentengesetzes wurde die betriebliche Altersversorgung über das allgemeine Vertragsrecht des Bürgerlichen Gesetzbuches geregelt. Spezielle Regelungen zu Unverfallbarkeitsfristen, Abfindung, Übertragung und Insolvenzschutz gab es nicht. Durch ein Urteil des Bundesarbeitsgerichts aus dem Jahr 1972 (BAG, 10.3.1972 – 3 AZR 278/71) wurde entschieden, dass unter bestimmten Voraussetzungen eine Anwartschaft aufrechtzuerhalten ist, auch wenn der Arbeitnehmer vor Erreichen des ruhegeldfähigen Alters ausscheidet. Aus der daraufhin erkannten Notwendigkeit einer gesetzlichen Regelung wurde das Betriebsrentengesetz geschaffen.

Mit dem Inkrafttreten des Betriebsrentengesetzes am 22.12.1974 wurden die arbeitsrechtlichen Rahmenbedingungen der betrieblichen Altersversorgung für die Arbeitnehmer verbessert und eine allgemeinverbindliche Rechtsnorm geschaffen. Mit dem 1.1.1992 sind die neuen Bundesländer im Geltungsbereich einbezogen. Mit der Einführung des Gesetzes hat sich die betriebliche Altersversorgung endgültig als zweite Säule der sozialen Sicherung etabliert.

Das Altersvermögensgesetz, das zum 26.6.2001 in Kraft trat, berührte auch das BetrAVG nicht nur mit der Möglichkeit der Riester-Förderung bei einzelnen Durchführungswegen, sondern auch durch die Absenkung des Mindestrentenniveaus von 53 % auf 43 % im Jahr 2030. Angesichts des Versorgungsgrades der gesetzlichen Rentenversicherung kann damit nur eine Grundlage geschaffen und nicht mehr von einer Sicherung des Lebensstandards gesprochen werden.

Es wurde die Möglichkeit eingeräumt, eine kapitalgedeckte Altersversorgung über Tarifverträge oder Betriebsvereinbarung mit Breitenwirkung einzurichten. Mit dem Pensionsfonds wurde ein neuer (fünfter) Durchführungsweg der bAV geschaffen.

Eine der wichtigsten Ergänzungen ist die Einführung eines individuellen Rechtsanspruchs auf Entgeltumwandlung im § 1a BetrAVG mit sofortiger gesetzlicher Unverfallbarkeit und Insolvenzschutz.

Arbeitsrecht:
- BetrAVG
- BetrVG
- TVG

Zivilrecht:
- BGB
- HBG
- InsO

Rechtsgebiete

Versicherungsrecht:
- VVG
- VAG

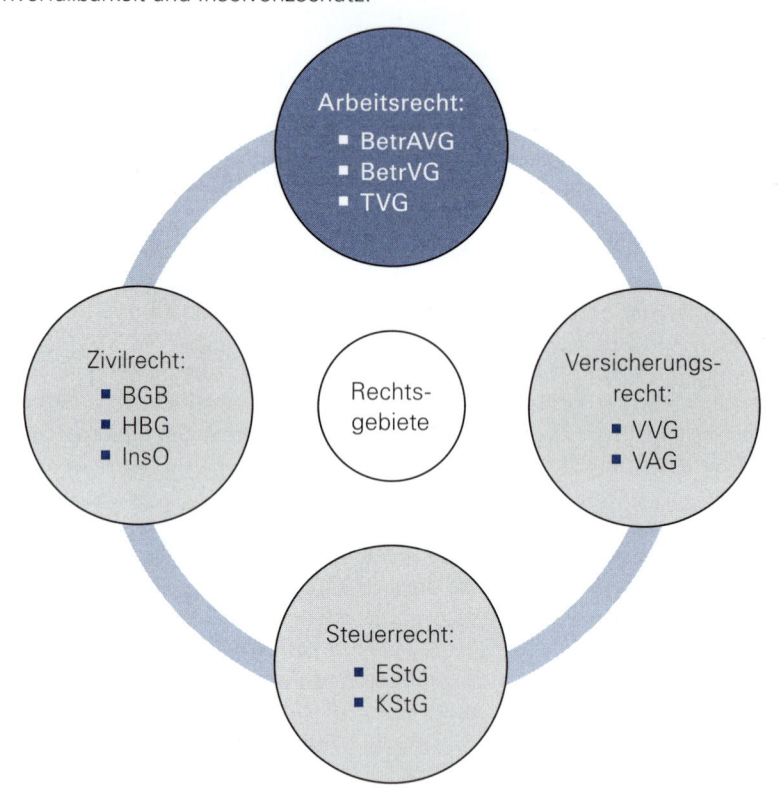

Steuerrecht:
- EStG
- KStG

Abbildung 20: Rechtsgebiete

> **Exkurs**
>
> Grundsätzlich ist anzumerken, dass die Bestimmungen des Gesetzes Anwendung finden, wenn ein Arbeitsverhältnis vorliegt und dem Mitarbeiter eine Altersversorgung aus Anlass seiner Tätigkeit im Unternehmen zugesagt worden ist. Dies gilt ebenfalls für Organe von Kapitalgesellschaften wie Vorstände und Geschäftsführer, solange sie nicht eine beherrschende Funktion innehaben.

4. Einführung in das Betriebsrentengesetz (BetrAVG)

Wie bei allen Arbeitnehmer-Schutz-Gesetzen kann grundsätzlich nicht zulasten des Arbeitnehmers abgewichen werden.

> **Zusammenfassung**
>
> Mit dem Betriebsrentengesetz wurde ein arbeitsrechtlicher Rahmen für die betriebliche Altersversorgung geschaffen. Damit hat sich die betriebliche Altersversorgung endgültig als zweite Säule der sozialen Sicherung etabliert.
>
> Seit dem 26.6.2001 wurde die Möglichkeit der Riester-Förderung bei einzelnen Durchführungswegen geschaffen.
>
> Außerdem kann eine kapitalgedeckte Altersversorgung über Tarifverträge oder Betriebsvereinbarung mit Breitenwirkung eingerichtet werden und es besteht ein individueller Rechtsanspruch auf Entgeltumwandlung mit sofortiger gesetzlicher Unverfallbarkeit sowie Insolvenzschutz.

4.2 Stellung des Arbeitgebers und des Arbeitnehmers

> **Handlungssituation**
>
> Erklären Sie den Mitarbeitern im Bereich Lebensversicherung, wo betriebliche Altersversorgung im Gesetz definiert ist und welche Stellung Arbeitnehmer und Arbeitgeber dabei einnehmen.

Wie wird betriebliche Altersversorgung definiert?

> **§ 1 Abs. 1 Satz 1 BetrAVG**
>
> Werden einem Arbeitnehmer Leistungen der Alters-, Invaliditäts- oder Hinterbliebenenversorgung aus Anlass seines Arbeitsverhältnisses vom Arbeitgeber zugesagt (betriebliche Altersversorgung), gelten die Vorschriften dieses Gesetzes. Die Durchführung der betrieblichen Altersversorgung kann unmittelbar über den Arbeitgeber oder über einen der in § 1b Abs. 2 bis 4 genannten Versorgungsträger erfolgen. Der Arbeitgeber steht für die Erfüllung der von ihm zugesagten Leistungen auch dann ein, wenn die Durchführung nicht unmittelbar über ihn erfolgt.

§ 1 Abs. 1 Satz 1 BetrAVG

Sie liegt vor, wenn die zugesagte Leistung einem Versorgungszweck dient und wenn sie im Rahmen eines Arbeitsverhältnisses von einem Arbeitgeber an einen Arbeitnehmer erteilt wird. Der Leistung muss ein biologisches Ereignis zugrunde liegen, wie Alter, Tod oder Invalidität.

Wie eine Versorgung ausgestaltet ist, lässt das Gesetz weitgehend offen. Sie kann unmittelbar durch Sachleistungen wie lebenslangen Kohle- oder Lebensmittelbezug oder auch über Wohnrecht in einer Werkswohnung erfolgen. Sie kann über eine Rentenzahlung durch den Arbeitgeber oder mittels eines in § 1b genannten Versorgungsträgers durchgeführt werden.

Eine Altersversorgung liegt erst mit dem Erreichen eines bestimmten Lebensalters vor. Das Gesetz definiert zwar kein Mindestalter, aber steuerrechtlich liegt das Mindestalter bei Zusagen, die vor dem 31.12.2011 erteilt wurden, bei 60 Jahren. In Folge des Rentenanpassungsgesetzes mit der Anhebung der Altersgrenze der GRV von 65 auf 67 Jahre wurde die Untergrenze auf die Vollendung des 62. Lebensjahres angehoben. Ansonsten liegt keine betriebliche Altersversorgung im Sinn des Betriebsrentengesetzes vor, dies wurde im BMF-Schreiben vom 31.3.2010 klargestellt.

biologisches Ereignis

Das biologische Ereignis wird wie folgt definiert: Das altersbedingte Ausscheiden aus dem Arbeitsleben löst einen Anspruch auf Altersleistung aus. Der Tod des Arbeitnehmers bewirkt einen Anspruch auf Hinterbliebenenversorgung, der festgestellte Invaliditätseintritt (Feststellung der Erwerbs-, bzw. Berufsunfähigkeit) einen Anspruch auf Invalidenversorgung.

§ 32 EStG

LPartG

Eine Hinterbliebenenversorgung darf aus steuerlichen Gründen nur an die Witwe / den Witwer des versicherten Arbeitnehmers, den früheren Ehepartner, den Kindern nach § 32 EStG (kindergeldberechtigte Kinder), den nach LPartG eingetragenen (gleichgeschlechtlichen) Lebenspartner und die Lebensgefährtin erfolgen.

▶ Hinweis

In § 32 EStG ist der steuerliche Kinderbegriff definiert.

In § 1 Abs. 2 Nr. 1 u. 2 BetrAVG wird auf die unterschiedlichen Zusagearten eingegangen – diese wurden in den vorangegangenen Kapiteln beschrieben.

▶ Hinweis

Hier ist im Besonderen zu beachten, dass bei der Beitragszusage mit Mindestleistung nur ein Mindestanspruch auf die Summe der zugesagten Beiträge besteht. Falls ein Arbeitgeber seine zugesagten Beiträge an einen externen Versorgungsträger nicht abführt, besteht dieser Anspruch auch nach dem Ausscheiden aus einem Arbeitsverhältnis gegenüber dem ehemaligen Arbeitgeber fort.

Entgeltumwandlung: § 1 Abs. 2 Nr. 3 und 4 BetrAVG

In § 1 Abs. 2 Nr. 3 und Nr. 4 BetrAVG ist definiert, dass betriebliche Altersversorgung auch vorliegt, wenn künftige Entgeltansprüche in eine wertgleiche Anwartschaft auf Versorgungsleistungen umgewandelt werden oder der Arbeitnehmer Beiträge aus seinem Arbeitsentgelt zur Finanzierung von Leistungen der betrieblichen Altersversorgung an einen Pensionsfonds, eine Pensionskasse oder eine Direktversicherung leistet und die Zusage des Arbeitgebers auch die Leistungen aus diesen Beiträgen umfasst. Die Regelungen für Entgeltumwandlung sind hierbei entsprechend anzuwenden, soweit die zugesagten Leistungen aus diesen Beiträgen im Wege der Kapitaldeckung finanziert werden.

4. Einführung in das Betriebsrentengesetz (BetrAVG)

§ 1a Abs. 1 BetrAVG definiert den Anspruch auf betriebliche Altersversorgung durch Entgeltumwandlung

Seit dem 1.1.2002 besteht ein individueller Anspruch auf Entgeltumwandlung. Anspruchsberechtigt sind alle Personen, die aufgrund ihrer Beschäftigung in der gesetzlichen Rentenversicherung pflichtversichert sind.

§ 1a Abs. 1 BetrAVG Entgeltumwandlung

Der Arbeitnehmer kann vom Arbeitgeber verlangen, dass von seinen künftigen Entgeltansprüchen bis zu 4 % der jeweiligen Beitragsbemessungsgrenze (2015 = 2.904 €) in der allgemeinen Rentenversicherung durch Entgeltumwandlung steuerfrei für seine betriebliche Altersversorgung verwendet werden.

Der Anspruch auf Entgeltumwandlung reduziert sich, wenn der Arbeitgeber bereits eine arbeitgeberfinanzierte betriebliche Altersversorgung innerhalb derselben Förderung betreibt.

> **Beispiel**
> Der Arbeitnehmer wünscht sich eine AG-finanzierte Direktversicherung nach § 3 Nr. 63 EStG in Höhe von 180 € monatlich und Entgeltumwandlung in Höhe von 100 €. Die Summe der Beiträge von 280 € übersteigt den maximalen Förderbeitrag im Jahr 2014. Dieser beträgt 238 €. Somit wird die Entgeltumwandlung auf 58 € beschränkt.

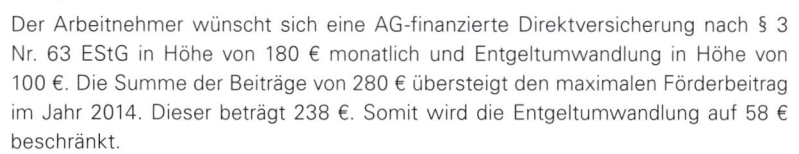

Die Durchführung des Anspruchs wird durch eine Vereinbarung geregelt. Dies kann durch eine tarifliche Vereinbarung, eine Betriebs- oder Dienstvereinbarung oder einzelvertraglich vereinbart werden.

Soweit ein Tarifvertrag vorliegt, muss im Vorfeld geprüft werden, ob Entgeltumwandlung überhaupt zugelassen ist. Dies kann über eine so genannte „Öffnungsklausel" für die Entgeltumwandlung geregelt werden.

Besteht eine Pensionskasse oder ein Pensionsfonds, darf der Arbeitgeber den Anspruch darauf beschränken. Bietet der Arbeitgeber weder das eine noch andere an, so kann der Arbeitnehmer die Umwandlung über eine Direktversicherung verlangen. Die Anbieterauswahl obliegt dem Arbeitgeber.

Der Arbeitgeber hat das Recht, auf einem umzuwandelnden Mindestbeitrag zu bestehen (1/160 der Bezugsgröße gemäß § 18 SGB IV = 212,63 € in 2015).

Handelt es sich um Entgelt, das der Arbeitnehmer regelmäßig bezieht, kann der Arbeitgeber verlangen, dass während eines laufenden Kalenderjahres gleichbleibende Beiträge verwendet werden.

In § 1a Abs. 2 BetrAVG ist geregelt, dass der Arbeitgeber, wenn er bereits eine Entgeltumwandlung anbietet, nicht zum Abschluss einer Direktversicherung verpflichtet werden kann. Dies kann auch über eine Pensionszusage oder U-Kasse erfolgen.

§ 1a Abs. 3 BetrAVG regelt den Anspruch auf Riester-Förderung nach § 10a EStG. Der Arbeitgeber ist verpflichtet, sobald der Arbeitnehmer einen Anspruch auf Entgeltumwandlung für die betriebliche Altersversorgung nach Abs. 1 hat, die Entgeltumwandlung so zu gestalten, dass der Arbeitnehmer die Förderung nach § 10a EStG nutzen kann.

Dies ist nur in den Durchführungswegen Direktversicherung, Pensionskasse und Pensionsfonds möglich. Auf mögliche Nachteile durch eine Vermischung privater und betrieblicher Altersversorgung sowie der Doppelverbeitragung in der Sozialversicherung geht das Gesetz nicht ein.

§ 1a Abs. 4 BetrAVG beinhaltet das Recht des Arbeitnehmers, bei Wegfall des Entgeltbezugs im bestehenden Arbeitsverhältnis die Versicherung mit eigenen Beiträgen fortzusetzen. Dies ist insbesondere der Fall bei einem ruhenden Arbeitsverhältnis, bei Mutterschutz und Elternzeit, bei langanhaltender Krankheit oder einem Sabbatical. Aufgrund der unterschiedlichen steuerlichen Behandlung des Ursprungs der Beiträge (Entgeltumwandlung aus dem Netto- und Eigenbeiträge aus dem Bruttogehalt) kann im Leistungsfall die Abgrenzung der steuerlichen Belastung problematisch sein.

Falls der Arbeitnehmer bei fortbestehendem Arbeitsverhältnis kein Entgelt erhält, hat er das Recht, die Versicherung oder Versorgung mit eigenen Beiträgen fortzusetzen. Der Arbeitgeber steht auch für die Leistungen aus diesen Beiträgen ein. Die Regelungen zur Entgeltumwandlung gelten entsprechend.

Wertgleichheit

Bei Entgeltumwandlung werden künftige Entgeltanspruche in eine wertgleiche Anwartschaft auf Versorgungsleistungen umgewandelt (§ 1 Abs. 2 Nr. 3 BetrAVG). Bei den Durchführungswegen Direktzusage und Unterstützungskassenzusage wird die Wertgleichheit nach versicherungsmathematischen Grundsätzen berechnet, bei Direktversicherung, Pensionskasse und Pensionsfonds ist Wertgleichheit geben, wenn der Arbeitgeber die umgewandelten Entgeltbestandteile vollständig an den Versicherer abführt.

▶ **Definition**

Wertgleich bedeutet, dass kein Wertverlust des Arbeitsentgeltes durch die Abführung seiner Entgeltanteile in eine betriebliche Altersversorgung für den Arbeitnehmer entstehen darf. Auf die Problematik mit gezillmerten Verträgen geht das BetrAVG nicht ein

▶ **Exkurs**

Das BAG hat mit seinem Urteil vom 15.9.2009 entschieden, dass gezillmerte Verträge nicht gegen das Wertgleichheitsgebot des § 1 Abs. 2 Nr. 3 BetrAVG verstoßen. Nach seiner Auffassung können diese Verträge jedoch eine unangemessene Benachteiligung der versicherten Arbeitnehmer darstellen. Diese können daraus aber nur einen Anspruch auf eine höhere betriebliche Altersversorgung begründet ableiten, der Vertrag an sich bleibt unverändert bestehen.

Das Problem entsteht vor allem bei kurzer Dienstzugehörigkeit der versicherten Arbeitnehmer und löst regelmäßig Irritationen bei diesen aus.

4. Einführung in das Betriebsrentengesetz (BetrAVG)

> **Zusammenfassung**
>
> Betriebliche Altersversorgung liegt vor, wenn einem Arbeitnehmer Leistungen der Alters-, Invaliditäts- oder Hinterbliebenenversorgung aus Anlass seines Arbeitsverhältnisses vom Arbeitgeber zugesagt werden. Dies kann unmittelbar über den Arbeitgeber oder über einen der genannten Versorgungsträger erfolgen. Der Leistung muss ein biologisches Ereignis wie Alter, Tod oder Invalidität zugrunde liegen.
>
> Betriebliche Altersversorgung liegt auch vor, wenn künftige Entgeltansprüche unabhängig vom Durführungsweg in eine wertgleiche Anwartschaft auf Versorgungsleistungen umgewandelt werden.
>
> Diese muss im Leistungsfall mindestens wertgleich mit der Höhe des umgewandelten Arbeitsentgeltes sein.

4.3 Unverfallbarkeit

> **Handlungssituation**
>
> Bei der Proximus Lebensversicherung AG wurde festgestellt, dass es Weiterbildungsbedarf bei der Anwendung der Unverfallbarkeitsregeln des BetrAVG in der Praxis gibt. Sie sollen diese kurz vorstellen.

Unverfallbarkeit in der betrieblichen Altersversorgung

Der Gesetzgeber geht davon aus, dass eine arbeitgeberfinanzierte bAV als Belohnung für die Betriebstreue des Arbeitnehmers gewährt wird. Scheidet ein Arbeitnehmer vorzeitig aus dem Unternehmen aus und erfüllt somit die Erwartung auf Betriebstreue nicht, kann ihm die Versorgungszusage wieder entzogen werden.

Zum Ausscheidezeitpunkt ist zu prüfen, ob die gesetzlichen Unverfallbarkeitsvoraussetzungen gemäß § 1b BetrAVG erfüllt sind. Das bedeutet, es wird geprüft, unter welchen zeitlichen Rahmenbedingungen der Arbeitnehmer einen unentziehbaren Anspruch auf eine bestimmte Höhe hat. Werden die Unverfallbarkeitsvoraussetzungen erfüllt, ist dem Arbeitnehmer die Anwartschaft aufrechtzuerhalten. Bei Eintritt eines Versorgungsfalles muss eine Leistung an ihn gezahlt werden.

Bis zum Eintritt des Versorgungsfalles liegt eine **Anwartschaft** auf Leistungen aus der betrieblichen Altersversorgung vor. Eine Anwartschaft ist ein Rechtsanspruch auf eine künftige Leistung. Die Anwartschaft entsteht mit der Zusage des Arbeitgebers auf eine betriebliche Altersversorgung. Bei Eintritt des Leistungsfalles oder nach Übertragung der Versorgungsanwartschaft auf den ausgeschiedenen Mitarbeiter wandelt sich die Anwartschaft um in einen **Anspruch**. *Anwartschaft*

Anspruch

Der Gesetzgeber unterscheidet bei den Regelungen zur Unverfallbarkeit zwischen „im Grunde nach" im § 1b BetrAVG und „in der Höhe" im § 2 BetrAVG. Damit werden die beiden wesentlichen Fragen zur Unverfallbarkeit gestellt: „War der Arbeitnehmer lange genug im Betrieb, dass überhaupt ein Anspruch besteht?" und „Wie hoch ist der Anspruch beim Austritt"?

> **Tipp**
>
> Prüfen Sie immer zuerst, ob ein Anspruch nach § 1b BetrAVG überhaupt besteht und im Anschluss erst, wie hoch dieser nach § 2 BetrAVG ausfällt

Unverfallbarkeit bei arbeitgeberfinanzierter bAV

§ 1b Abs. 1 BetrAVG: Unverfallbarkeit und Durchführung der betrieblichen Altersversorgung

Einem Arbeitnehmer, dem Leistungen aus der betrieblichen Altersversorgung zugesagt worden sind, bleibt die Anwartschaft erhalten, wenn das Arbeitsverhältnis vor Eintritt des Versorgungsfalls, jedoch nach Vollendung des 25. Lebensjahres endet und die Versorgungszusage zu diesem Zeitpunkt mindestens 5 Jahre bestanden hat (unverfallbare Anwartschaft). (Regelung ab dem 1.1.2009)

Aufgrund mehrerer Gesetzesnovellen haben sich die Fristen, die notwendig sind, um einen unverfallbaren Anspruch zu erwerben, mehrmals geändert, bis es zu den jetzt geltenden 5 Jahren gekommen ist.

> **Hinweis**
>
> Heutzutage ist in der bAV nur die aktuelle Frist gültig. Wenn Sie aber z. B. Kündigungsersuchen von ehemaligen Direktversicherungen bearbeiten, müssen Sie die seinerzeit bei Dienstaustritt gültige Unverfallbarkeitsregelung heranziehen und prüfen, ob der Vertrag kündbar ist.

Vor Inkrafttreten des Betriebsrentengesetzes am 22.12.1974 gab es keine gesetzlichen Regelungen zur Unverfallbarkeit, nur Richterrecht.

Bis zum 31.12.2000 waren 10 Jahre Zusagedauer und die Vollendung des 35. Lebensjahres zur Unverfallbarkeit notwendig. Daneben gab es die zweite Regelung, die 3 Jahre Zusagedauer bei einer Mindestbetriebszugehörigkeit von 12 Jahren forderte und die Vollendung des 35. Lebensjahres.

Vom 1.1.2001 bis zum 31.12.2008 galten 5 Jahre Zusagedauer und die Vollendung des 30. Lebensjahres.

Um Arbeitnehmer mit Zusagen bis zum Jahr 2000 und ab dem 1.1.2009 nicht langfristig schlechter zu stellen, wurde mit dem § 30f BetrAVG eine Übergangsregelung geschaffen.

Bei Zusagen, welche nach dem 31.12.2000 und vor dem 1.1.2009 erteilt wurden, ist § 1b Abs. 1 Satz 1 BetrAVG mit der Maßgabe anzuwenden, dass die Anwartschaft erhalten bleibt, wenn das Arbeitsverhältnis vor Eintritt des Versorgungsfalls, jedoch nach Vollendung des 30. Lebensjahres endet und die Versorgungszusage zu diesem Zeitpunkt 5 Jahre bestanden hat. In diesen Fällen bleibt die Anwartschaft auch erhalten, wenn die Zusage ab dem 1.1.2009 5 Jahre bestanden hat und bei Beendigung des Arbeitsverhältnisses das 25. Lebensjahr vollendet ist (§ 30f Abs. 2 BetrAVG).

4. Einführung in das Betriebsrentengesetz (BetrAVG)

Versorgungszusagen ab dem 1.1.2009 sind aufgrund der Übergangsregelung bei Dienstaustritt ab dem 31.12.2013 stets erfüllt. Es muss nur noch geprüft werden, ob das 25. Lebensjahr vollendet ist.

Übersicht der Unverfallbarkeitsfristen

bis zum 31.12.2000	1.1.2001 bis 31.12.2008	ab 1.1.2009
10 Jahre Zusagedauer und Vollendung des 35. Lebensjahres oder Die Zusage bestand mindestens 3 Jahre bei einer Mindestbetriebszugehörigkeit von 12 Jahren bei Vollendung des 35. Lebensjahres.	Mindestalter 30 Jahre Die Zusage bestand zu diesem Zeitpunkt mindestens 5 Jahre.	Mindestalter 25 Jahre Die Zusage bestand zu diesem Zeitpunkt mindestens 5 Jahre.

Tabelle 22: Übersicht der Unverfallbarkeitsfristen

▶ **Beispiel**

Drei Arbeitnehmer scheiden zum 31.12.2013 vorzeitig ohne Vorliegen eines Versorgungsfalles aus. Sie prüfen, ob eine gesetzlich unverfallbare Anwartschaften zu diesem Zeitpunkt nach den „neuen" Regelungen vorliegt.

	Geburtsdatum	Diensteintritt	Zusagedatum
Fred Fleißig	12.01.1979	01.03.2010	01.03.2010
Karl Klotz-Ran	14.05.1984	01.01.2008	01.01.2008
Liselotte Lobreich	23.03.1988	01.01.2009	01.01.2009

Fred Fleißig ist bei Ausscheiden 34 Jahre alt und die Zusage hat 3 Jahre bestanden.
→ keine gesetzlich unverfallbare Anwartschaft

Karl Klotz-Ran ist bei Ausscheiden 29 Jahre alt und die Zusage hat 6 Jahre bestanden.
→ gesetzlich unverfallbare Anwartschaft. Für AG-finanzierte Zusagen, die am 31.12.2013 mindestens 5 Jahre bestanden haben, wird geprüft, ob der AN zum Zeitpunkt des Ausscheidens mindestens 25 Jahre alt ist (§ 30f Abs. 2 letzter Satz).

Liselotte Lobreich ist bei Ausscheiden 25 Jahre alt und die Zusage hat 5 Jahre bestanden.
→ gesetzlich unverfallbare Anwartschaft

Versorgungsfälle vor Eintritt der Unverfallbarkeit

Ein Arbeitnehmer behält seine Anwartschaft auch dann, wenn er aufgrund einer Vorruhestandsregelung ausscheidet oder in die Passivphase bei Altersteilzeit eintritt und ohne das vorherige Ausscheiden die Wartezeit und die sonstigen Voraussetzungen für den Bezug von Leistungen der betrieblichen Altersversorgung hätte erfüllen können.

▷ Beispiel

Mitarbeiter A und B beginnen am gleichen Tag im Betrieb und erhalten beide zu ihrem Diensteintritt eine bAV mit Alters- und Invalidenrente. Mitarbeiter A scheidet nach 3 Jahren aus und unternimmt eine Bergtour mit seinem ehemaligen Kollegen B. Bei dieser verunglücken beide und werden dauerhaft berufsunfähig.

Bei Mitarbeiter A war die Anwartschaft bei Dienstaustritt verfallbar; er hat somit keinen Anspruch auf Leistung aus der Invalidenrente.

Bei Mitarbeiter B ist die Anwartschaft ebenfalls verfallbar, aber durch den Eintritt des Leistungsfalls ohne Dienstaustritt wandelt sich seine Anwartschaft in diesem Augenblick zu einem Anspruch auf Leistung aus der Invalidenrente um.

Europäische Union

Wechselt ein Arbeitnehmer vom Geltungsbereich dieses Gesetzes in einen anderen Mitgliedstaat der Europäischen Union, bleibt die Anwartschaft in gleichem Umfang erhalten wie bei Personen, die auch nach Beendigung eines Arbeitsverhältnisses innerhalb des Geltungsbereichs dieses Gesetzes verbleiben.

Wann gilt die Zusage als erteilt?

Grundsätzlich wenn sich die beteiligten Parteien einig sind; das kann in folgenden Formen passieren:

- Einzelzusage: Datum bei Annahme des Angebots
- Gesamtzusage: z. B. Datum, Aushang am Schwarzen Brett, im Intranet oder
  Bekanntmachung in Betriebsversammlung
- Betriebsvereinbarung: mit Gültigwerden
- Betriebliche Übung: Beginn ist schwer zu beweisen
- Gleichbehandlung: zum Datum, zu dem die Zusage hätte erteilt werden müssen

Zusage

Bei Arbeitnehmern beginnt die Zusage i. d. R. mit dem Diensteintritt. Außer sie ist mit einem bestimmten Status wie Prokura gekoppelt.

In § 1b Abs. 2 und Abs. 3 BetrAVG wird der Zeitpunkt der Erteilung einer Versorgungszusage im Sinne des Absatzes 1 der Versicherungsbeginn genannt, frühestens jedoch der Beginn der Betriebszugehörigkeit.

Soweit die Betriebszugehörigkeit zur Berechnung der Unverfallbarkeitsfristen hergenommen wird, ist zu beachten, dass Unterbrechungen wie Wehr- oder Zivildienst, Mutterschutz und Elternzeit zur Betriebszugehörigkeit gehören.

Warte oder Vorschaltzeiten

Wartezeit

Der Ablauf einer vorgesehenen Wartezeit wird durch die Beendigung des Arbeitsverhältnisses nach Erfüllung der Voraussetzungen der Sätze 1 und 2 nicht berührt.

4. Einführung in das Betriebsrentengesetz (BetrAVG)

Vorschaltzeiten werden durch BAG-Rechtsprechung in (leistungsausschließende) Wartezeiten umgedeutet; Fristen beginnen auch hier mit Diensteintritt.

Das bedeutet, dass eine Warte- oder Vorschaltzeit keine Auswirkungen auf einen unverfallbaren Anspruch auf die betriebliche Altersversorgung hat, dafür aber eine Auswirkung auf die Leistung bei einen Versicherungsfall vor Ablauf der Wartezeit.

Vorschaltzeit

▶ **Beispiel**

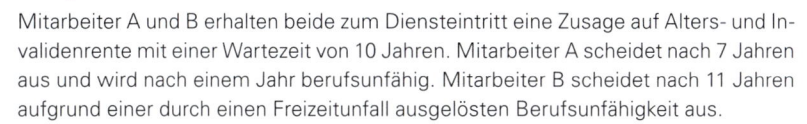

Mitarbeiter A und B erhalten beide zum Diensteintritt eine Zusage auf Alters- und Invalidenrente mit einer Wartezeit von 10 Jahren. Mitarbeiter A scheidet nach 7 Jahren aus und wird nach einem Jahr berufsunfähig. Mitarbeiter B scheidet nach 11 Jahren aufgrund einer durch einen Freizeitunfall ausgelösten Berufsunfähigkeit aus.

Beide erheben Ansprüche auf die Invalidenrente aufgrund unverfallbarer Ansprüche auf die Leistung.

Bei Mitarbeiter A war die Wartezeit von 10 Jahren bis zum Eintritt der Berufsunfähigkeit nicht erfüllt und er hat somit keinen Anspruch auf Leistung aus der Invalidenrente.

Mitarbeiter B hat die Wartezeit bei Eintritt der Berufsunfähigkeit erfüllt und hat somit einen Anspruch auf Leistung aus der Invalidenrente.

Veränderung einer Versorgungszusage

Ändert sich eine Versorgungszusage z. B. durch Wechsel des Durchführungsweges, hat dies keine Auswirkungen auf die Maßgabe des ursprünglichen Zusagebeginnes. Im Arbeitsrecht gilt der „Grundsatz der Einheit einer Versorgungszusage", außer es besteht kein sachlicher Zusammenhang. Dies ist z. B. der Fall, wenn ein Arbeitgeber seine arbeitgeberfinanzierte Pensionszusage schließt und die Arbeitnehmer künftig in eine über Entgeltumwandlung finanzierte Direktversicherung eintreten können.

Unverfallbarkeit durch Entgeltumwandlung finanzierter bAV

Bis zum 31.12.2000 wurde im BetrAVG nicht zwischen durch Entgeltumwandlung und arbeitgeberfinanzierter bAV unterschieden. Zwar war es üblich, Arbeitnehmern einen vertraglichen unverfallbaren Anspruch einzuräumen, aber es fehlte die gesetzliche Norm. Mit der Einführung des § 1b Abs. 5 BetrAVG wurde ab dem 1.1.2001 nun eine gesetzliche Regelung geschaffen.

Soweit betriebliche Altersversorgung durch Entgeltumwandlung erfolgt, behält der Arbeitnehmer seine Anwartschaft, wenn sein Arbeitsverhältnis vor Eintritt des Versorgungsfalles endet; in den Fällen der Absätze 2 und 3

1. dürfen die Überschussanteile nur zur Verbesserung der Leistung verwendet,
2. muss dem ausgeschiedenen Arbeitnehmer das Recht zur Fortsetzung der Versicherung oder Versorgung mit eigenen Beiträgen eingeräumt und
3. muss das Recht zur Verpfändung, Abtretung oder Beleihung durch den Arbeitgeber ausgeschlossen werden.

Im Fall einer Direktversicherung ist dem Arbeitnehmer darüber hinaus mit Beginn der Entgeltumwandlung ein unwiderrufliches Bezugsrecht einzuräumen.

Für die externen Durchführungswege Direktversicherung (§ 1b Abs. 2 BetrAVG) sowie Pensionskasse und Pensionsfonds (§ 1b Abs. 3 BetrAVG) wurden spezielle Vorschriften erlassen. Diese schließen aus, dass der Arbeitgeber den Vertrag nicht mehr beleihen oder verpfänden darf. Sämtliche Überschüsse müssen zur Leistungserhöhung verwendet werden. Der Arbeitnehmer muss seinen Vertrag privat oder über einen neuen Arbeitgeber weiterführen können.

Bei einer Direktversicherung ist dem Arbeitnehmer mit Beginn der Entgeltumwandlung ein unwiderrufliches Bezugsrecht einzuräumen.

Die Besonderheiten zur Unterstützungskasse ist im § 1b Abs. 4 BetrAVG geregelt. Weil sie keinen Rechtsanspruch auf Leistung gewährt, sind die ausgeschiedenen Arbeitnehmer den Arbeitnehmern im Betrieb gleichgestellt. Im Leistungsfall würde die arbeitsrechtliche Durchgriff-Haftung gegenüber dem Arbeitgeber ins Spiel kommen.

Unverfallbarkeit der Höhe nach

Scheidet ein Arbeitnehmer mit einer unverfallbaren Anwartschaft aus dem Unternehmen aus, hat er Anspruch auf den bereits „erdienten" Teil seiner Versorgung.

Die Höhe der unverfallbaren Anwartschaft bestimmt sich nach § 2 BetrAVG. Dabei sind folgende Berechnungsvorschriften ja nach Durchführungsweg und Zusageform zu unterscheiden:

Ratierliches Verfahren bei Leistungszusagen

ratierliche Verfahren, Quotierungsverfahren, pro-rata-temporis, m/n-tel-Verfahren

Bei Leistungszusagen ist das ratierliche Verfahren, alternative Bezeichnung Quotierungsverfahren, pro-rata-temporis-Verfahren oder m/n-tel-Verfahren, anzuwenden.

Es ist eine zeitratierliche Berechnung des unverfallbaren Anspruches, die bei arbeitgeberfinanzierten Versorgungszusagen für vorzeitig ausgeschiedene Arbeitnehmer und Leistungsfälle in der Anwartschaftsphase anzuwenden ist.

Das ratierliche Verfahren ist bei allen Durchführungswegen anzuwenden, sofern eine Leistungszusage zugrunde liegt.

Vollanspruch

Die Versorgungsleistung nach Leistungsplan, die ohne Beendigung des Arbeitsverhältnisses mit dem 65. Lebensjahr zu erbringen ist

1. Schritt: Mögliche Dienstzeit

Im ersten Schritt wird die Leistung festgestellt, die der Arbeitnehmer ohne Beendigung des Arbeitsverhältnisses bei Eintritt eines Versorgungsfalles erhalten hätte (auch ruhende Arbeitsverhältnisse werden mitgezählt).

4. Einführung in das Betriebsrentengesetz (BetrAVG)

2. Schritt: Tatsächlich erbrachte Dienstzeit

Beim zweiten Schritt wird die tatsächliche Betriebszugehörigkeit zur möglichen Betriebszugehörigkeit ins Verhältnis gesetzt.

▶ Beispiel

Arbeitnehmer A bekommt bei Betriebseintritt eine Versorgungszusage ab dem 65. Lebensjahr von 1.000 €. A ist bei Diensteintritt 40 Jahre alt. Mit 50 Jahren scheidet A aus dem Unternehmen aus. Sein ratierlicher Anspruch rechnet sich wie folgt:

$$\text{Vollanspruch} \times \frac{\text{tatsächliche Dienstzeit}}{\text{mögliche Dienstzeit}}$$

Rentenanspruch zum 65. Lebensjahr beträgt 1.000 € $\quad \frac{10 \text{ Jahre}}{25 \text{ Jahre}}$

Arbeitnehmer A hat einen Rentenanspruch von 400 € in seiner Dienstzeit erworben.

Wenn ein Arbeitnehmer erst nach einer mehrjährigen Wartezeit einen Anspruch auf Versorgungsleistungen erhält, hat dies bei der Berechnung der tatsächlichen Dienstzeit keine Auswirkung. Hier wird die Dienstzeit ohne Berücksichtigung der Wartezeit ab Firmeneintritt bis zum Ausscheidetermin genommen.

Dieser Rechenweg ist im Betriebsrentengesetz deshalb vorgesehen, weil die Anwartschaften in vielen Versorgungsordnungen nicht immer linear ansteigen.

▶ Beispiel

Ein Arbeitnehmer, der mit 35 Jahre in den Betrieb eintritt, erhält eine Versorgungszusage auf das 65. Lebensjahr mit 10 % des Arbeitsentgelts von 3.000 € für die ersten 10 Jahre und 0,5 % für jedes weitere Jahr. Das wären nach 30 Jahren 20 % des Arbeitsentgeltes.

Der Arbeitnehmer scheidet nach 15 Jahren aus, die unverfallbare Anwartschaft wird aber nach der ratierlichen Methode berechnet:

3.000 € × 0,20 (nach 30 Jahren) × 0,5 (15 Jahre : 30 Jahre) = 300 €

Wenn andere Leistungsarten vorgesehen sind, z. B. Invalidenrente und/oder abweichende Todesfallleistung, ist bei Eintritt des entsprechenden Versorgungsfalles die Leistung immer neu zu berechnen.

Das ratierliche Verfahren gilt für die Berechnung der Höhe des Anspruches für herkömmliche Leistungszusagen bei allen Durchführungswegen. Bei Direktversicherungen und Pensionskassen gilt das ratierliche Verfahren zusätzlich bei beitragsorientierter Leistungszusage, siehe § 2 Abs. 2 Satz 1 BetrAVG.

Erreichte Anwartschaft bei beitragsorientierten Leistungszusagen

Bei Entgeltumwandlung und beitragsorientierten Leistungszusagen beschränkt sich die Höhe der Leistungen aus den bis zum Ausscheiden umgewandelten Entgeltbestandteilen (§ 2 Abs. 5a BetrAVG) und lässt die Betriebszugehörigkeit außer Acht. Sie gilt für die Durchführungswege Direktzusage, Unterstützungskasse und Pensionsfonds.

Das Verfahren ist für alle beitragsorientierten Leistungszusagen ab den 1.1.2001 anzuwenden. Für Altzusagen kann das ratierliche Verfahren noch angewendet werden. Wenn sich Arbeitgeber und Arbeitnehmer einig sind, kann auch die erreichte Anwartschaft bei Altzusagen verwendet werden § 30g Abs. 1 BetrAVG.

> ▷ **Exkurs**
>
> Die Berechnung der erreichten Anwartschaft ist nicht im BetrAVG festgelegt. Um späteren Streitigkeiten vorzubeugen, empfiehlt es sich, dies in der Versorgungszusage oder per Vereinbarung zu definieren.

Gezahlte Beiträge zuzüglich Erträge

Im § 2 Abs. 5b BetrAVG ist bei Ausscheiden des Arbeitnehmers die Anwartschaft bei einer Beitragszusage mit Mindestleistung aufrechtzuerhalten. Die Anwartschaft errechnet sich aus der Summe der gezahlten Beiträge zuzüglich Erträge abzüglich der Risikoanteile bei Eintritt des Versorgungsfalls. Dabei ist unwesentlich, ob die Versorgung über den Arbeitgeber oder per Entgeltumwandlung finanziert ist.

Die Beitragszusage mit Mindestleistung wurde erst durch das AVmG ab den 1.1.2002 ins BetrAVG aufgenommen und gilt nur für die Durchführungswege Direktversicherung, Pensionskasse und Pensionsfonds.

Versicherungsvertragliches Verfahren oder Versicherungsförmige Lösung

versicherungsvertragliches Verfahren

Die Regelung des § 2 Abs. 2 und 3 BetrAVG ist ausschließlich für die Durchführungswege Direktversicherung und Pensionskasse für Leistungszusagen und beitragsorientierte Leistungszusagen anzuwenden. Das erwirtschaftete Guthaben im Direktversicherungs- oder Pensionskassenvertrag wird als ausreichend für die erdiente Anwartschaft gewertet.

versicherungsförmige Lösung

Da das Deckungskapital oftmals niedriger ist als die erdiente Anwartschaft nach dem ratierlichen Verfahren, ist ein Arbeitgeber daran interessiert, das versicherungsvertragliche Verfahren anzuwenden. Der Arbeitgeber hat alleine das Wahlrecht, ob das ratierliche oder versicherungsvertragliche Verfahren genutzt werden soll. Der Arbeitnehmer hat darauf keinen Einfluss. Für den Arbeitgeber bedeutet das versicherungsvertragliche Verfahren, dass er mit schuldbefreiender Wirkung aus dem Vertrag genommen wird und dadurch kein Nachfinanzierungsrisiko trägt, wenn folgende Voraussetzungen für die Anwendung des versicherungsvertraglichen Verfahrens erfüllt sind:

- Spätestens 3 Monate nach dem Ausscheiden des Arbeitnehmers ist das Bezugsrecht unwiderruflich.
- Es darf keine Abtretung oder Beleihung bestehen.
- Es darf kein Beitragsrückstand vorhanden sein.
- Vom Beginn der Versicherung, frühestens jedoch vom Beginn der Betriebszugehörigkeit an, sind alle Überschußanteile zur Erhöhung der Leistung zu verwenden.
- Dem Arbeitnehmer steht das Recht zu, die Versicherung mit eigenen Beiträgen fortzuführen.

4. Einführung in das Betriebsrentengesetz (BetrAVG)

- Die Entscheidung für die Anwendung des versicherungsvertraglichen Verfahrens muss dem Arbeitnehmer innerhalb von 3 Monaten nach dem Ausscheiden des Arbeitnehmers und dem Versicherer mitgeteilt werden.

Dies ist die einfachste Möglichkeit für den Arbeitgeber, sich von seiner Verpflichtung zu entbinden.

Sobald dem Arbeitnehmer die Versicherungsnehmereigenschaft übertragen ist, kann er entscheiden, ob er den Vertrag auf einen neuen Arbeitgeber übertragen, beitragsfrei stellen oder mit eigenen Beiträgen fortführen möchte.

§ 2 Betriebsrentengesetz (BetrAVG)

	Leistungszusage	Beitragsorientierte Leistungszusage	Beitragszusage mit Mindestleistung
Direktzusage	§ 2 Abs. 1 BetrAVG ratierliches Verfahren bei Entgeltumwandlung §2 Abs. 5a BetrAVG	§ 2 Abs. 5a BetrAVG Erreichte Anwartschaft	
Unterstützungskasse	§ 2 Abs. 4 i. V. m. Abs. 1 BetrAVG ratierliches Verfahren bei Entgeltumwandlung §2 Abs. 5a BetrAVG	§ 2 Abs. 5a BetrAVG Erreichte Anwartschaft	
Direktversicherung	§ 2 Abs. 2 Satz 1 BetrAVG ratierliches Verfahren oder Satz 2 ff. BetrAVG Versicherungsvertragliches Verfahren	§ 2 Abs. 2 Satz 1 BetrAVG ratierliches Verfahren oder Satz 2 ff. BetrAVG Versicherungsvertragliches Verfahren	§ 2 Abs. 5b BetrAVG Gezahlte Beiträge zuzüglich Erträge
Pensionskasse	§ 2 Abs. 3 Satz 1 BetrAVG ratierliches Verfahren oder Satz 2 ff. BetrAVG Versicherungsvertragliches Verfahren	§ 2 Abs. 3 Satz 1 BetrAVG ratierliches Verfahren oder Satz 2 ff. BetrAVG Versicherungsvertragliches Verfahren	§ 2 Abs. 5b BetrAVG Gezahlte Beiträge zuzüglich Erträge
Pensionsfonds	§ 2 Abs. 3a i. V. m. Abs. 1 BetrAVG ratierliches Verfahren bei Entgeltumwandlung § 2 Abs. 5a BetrAVG	§ 2 Abs. 5a BetrAVG Erreichte Anwartschaft	§ 2 Abs. 5b BetrAVG Gezahlte Beiträge zuzüglich Erträge

Tabelle 23: § 2 Betriebsrentengesetz

Veränderung von Versorgungswerken

Zuerst ist zu prüfen, ob das Versorgungswerk nur verändert wird oder verschlechtert. Dies kann durch einen Wechsel des Durchführungsweges geschehen. Selbst bei einer wertgleichen Versorgung ändert es sich meist durch steuerliche oder tarifliche Unterschiede. Dies geht nur mit Zustimmung des Versorgungsberechtigten oder des Betriebsrates.

Drei-Stufen-Theorie

Eine Verschlechterung der Versorgung unterliegt immer der gerichtlichen Billigkeitskontrolle selbst bei Zustimmung des Betriebsrates. Dabei wird anhand der „Drei-Stufen-Theorie" die Angemessenheit der Reduzierung geprüft. Je stärker in den Besitzstand der Arbeitnehmer eingegriffen wird, desto schwerwiegender müssen die Gründe sein.

- *Künftiger noch zu erdienender Anspruch oder Future Service:*

Future Service

Sachliche Gründe wie z. B. zugesagte Erhöhungen aufgrund unvorhergesehener Mehrbelastung wegen Gesetzesänderung.

- *Erdiente Anwartschaft oder Past-Service:*

Triftige Gründe wie z. B. Einfrieren einer gehaltsabhängigen Versorgung auf den heutigen Stand. Bereits erworbene Ansprüche bleiben hiervon unberührt. Dies kann passieren, wenn die Erhöhungen die Substanz des Unternehmens gefährden.

- *Erdiente unverfallbare Besitzstände:*

Kürzung ist nur bei einer schweren wirtschaftlichen Notlage zulässig, die zu einer Gefährdung der Versorgung führen kann, oder bei einer planwidrigen Überversorgung. Um das Vertrauen der Arbeitnehmer zu schützen, sind hier zwingende Gründe für eine Kürzung von nöten.

Nach § 2 Abs. 5 Satz 1 BetrAVG bleiben bei der Berechnung der aufrechtzuerhaltenden Anwartschaft Veränderungen der Versorgungsregelung und der Bemessungsgrundlagen für die Versorgungsleistungen außer Betracht, soweit sie nach dem Ausscheiden des Arbeitnehmers eintreten. Maßgeblich sind also die Bemessungsgrundlagen nach den Verhältnissen im Zeitpunkt des vorzeitigen Ausscheidens und nicht des späteren Versorgungsfalles.

Bemessungsgrundlagen sind alle rechnerischen Größen zur Bestimmung des Leistungsumfangs wie z. B. Gehaltsstufen bei einer gehaltsabhängigen Versorgung, Beitragsbemessungsgrenzen bei einer von der Sozialversicherung abhängigen Versorgung oder der Grad der Teilzeitbeschäftigung bei einer gehaltsabhängigen Versorgung.

Die Vorschrift schließt die Berücksichtigung künftiger Daten nicht aus, sie will lediglich erreichen, dass die Daten, die im Zeitpunkt des Ausscheidens noch ungewiss sind, bei der Berechnung außer Betracht bleiben.

Abfindung von Betriebsrenten

Ein Arbeitgeber muss grundsätzlich die Versorgungszusage gemäß § 1 Abs. 1 BetrAVG erfüllen. Aber wenn ein junger Arbeitnehmer vorzeitig aus dem Unternehmen ausscheidet, ist das Aufrechterhalten von geringen unverfallbaren Anwartschaften oftmals mit einem hohen Verwaltungsaufwand verbunden. Deshalb lässt der Gesetzgeber im geringen Maß auch bei unverfallbaren Betriebsrentenanwartschaften und laufenden Leistungen innerhalb der engen Grenzen des § 3 BetrAVG eine Abfindung zu.

Mit Inkrafttreten des AltEinkG wurden 2005 die Abfindungsmodalitäten für unverfallbare Anwartschaften und laufende Leistungen deutlich eingeschränkt. Damit sollte die Möglichkeiten geschaffen werden, eine Anwartschaft bei einem neuen Arbeitgeber fortzuführen, sowie diese eines Schutzes der unverfallbaren Anwartschaft für den Arbeitnehmer bedarf, damit er nicht bei Eintritt des Leistungsfalles keine Versorgung hat. Außerdem wird damit ein möglicher Anspruch von Dritten eingeschränkt.

Abgefunden werden dürfen nur unverfallbare Anwartschaften von ausgeschiedenen Angestellten bis zu 1 % der monatlichen Bezugsgröße nach § 18 SGB IV; bei Kapitalleistungen ist der 120-fache Betrag möglich.

▶ Beispiel

Die Obergrenze für eine mögliche Abfindung einer versicherungsförmigen Altersversorgung ist nicht der Rückkaufswert zum Zeitpunkt des Dienstaustrittes, sondern der Wert der erreichten Anwartschaft. Dieser ist meistens mit der beitragsfreien Versicherungssumme identisch.

Dem Abfindungsverbot des § 3 BetrAVG unterliegt nicht eine Abfindung von einer vertraglich unverfallbaren Anwartschaft. Nach dem Inhalt der gesetzlichen Regelung erfasst das Abfindungsverbot nur die Abfindung unverfallbarer Anwartschaften im Zusammenhang mit der Beendigung eines Arbeitsverhältnisses, also nicht die Abfindung unverfallbarer Anwartschaften bei Fortdauer des Arbeitsverhältnisses.

▶ Tipp

Achten Sie im Einzelfall darauf, dass kein Umgehungstatbestand vorliegt. Dies kann der Fall sein, wenn eine Abfindung kurz vor Beendigung eines Arbeitsverhältnisses beantragt wird.

Die Abfindung ist ferner unzulässig, wenn der Arbeitnehmer von seinem Recht auf Übertragung der Anwartschaft Gebrauch macht.

Die oben genannten Einschränkung hinsichtlich der Höhe der Rentenanwartschaft gilt entsprechend für die Abfindung einer laufenden Leistung. Gemäß § 30g Abs. 2 BetrAVG dürfen laufende Leistungen, die vor dem 1.1.2005 erstmals gezahlt worden sind, weiterhin mit Zustimmung des Rentners in unbeschränkter Höhe abgefunden werden.

Ob der § 3 BetrAVG auf eine Hinterbliebenenrente anwendbar ist, kann man außer Acht lassen, wenn vor der Hinterbliebenenrente bereits eine Altersrente gewährt wurde. Es zählt allein der Rentenbeginn der Hinterbliebenenrente. Entsprechendes gilt auch für den Übergang einer Invaliden- in eine Altersrente.

Kleinstrente Die Möglichkeit, eine Kleinstrente (< 1 % der monatlichen Bezugsgröße nach § 18 SGB IV) einseitig abzufinden, besteht nur für Renten, die ab den 1.1.2005 gewährt wurden. Eine zu diesem Zeitpunkt bereits laufende Rente kann nur mit Zustimmung des Leistungsberechtigten abgefunden werden.

Wenn die Beiträge zur gesetzlichen Rentenversicherung erstattet worden sind (z. B. bei endgültiger Rückkehr von Nicht-EU-Ausländern in ihr Heimatland), ist die Anwartschaft in unbegrenzter Höhe auf Verlangen des Arbeitnehmers gemäß § 3 Abs. 3 BetrAVG abzufinden.

Während eines Insolvenzverfahrens können ohne Zustimmung des Arbeitnehmers erdiente Anwartschaften bei Einstellen des Betriebes und Liquidation des Unternehmens vom Insolvenzverwalter abgefunden werden.

§ 93 EStG Bei einer nach § 10a EStG geförderten Versorgung darf die Leistung nur in Form von Renten gezahlt werden. Im § 93 EStG ist festgelegt, dass bei einem förderschädlichen Verstoß die Fördermittel zurückgezahlt werden müssen. Dies kann vermieden werden, wenn der Abfindungsbetrag in einen neuen Altersvorsorgevertrag eingezahlt wird.

Für die Berechnung des Abfindungsbetrages verweist § 3 Abs. 5 BetrAVG auf § 4 Abs. 5 BetrAVG, in dem der Übertragungswert definiert wird.

Danach gilt als Abfindungsbetrag bei einer Direktzusage oder einer über eine Unterstützungskasse durchgeführten betrieblichen Altersversorgung der Barwert der nach § 2 BetrAVG bemessenen künftigen Versorgungsleistungen zum Zeitpunkt der Abfindung. Bei der Berechnung des Barwertes sind die Rechnungsgrundlagen sowie die anerkannten Regeln der Versicherungsmathematik maßgebend.

> **▷ Hinweis**
>
> Da die gesetzlichen Vorschriften nicht eindeutig sind, empfiehlt es sich, die Berechnung einer möglichen Abfindung in der Versorgungszusage definieren.

Bei der Ermittlung der Höhe des Abfindungswertes bei versicherungsförmigen Durchführungswegen wird üblicherweise das geschäftsplanmäßige Deckungskapital oder der Rückkaufswert der jeweiligen Versicherung zum Austrittszeitpunkt als Abfindungsbetrag herangezogen.

Die Abfindung ist gesondert auszuweisen und einmalig auszuzahlen.

Übertragung einer Versorgung

Aktuell dauert ein Arbeitsverhältnis im Durchschnitt 7 Jahre an. Um zu vermeiden, dass eine Vielzahl von Betriebsrentenansprüchen verfällt, hat der Gesetzgeber in § 4 BetrAVG mehrere Möglichkeiten aufgeführt, unverfallbare Anwartschaften und laufende Leistungen auf einen anderen Versorgungsträger zu übertragen.

Dies ist nur bei Beendigung eines Arbeitsverhältnisses möglich. Im laufenden Arbeitsverhältnis besteht bei einer Übertragung weiterhin die Haftung des Arbeitgebers auf Erfüllung nach § 1 BetrAVG.

► Hinweis
Eine Übertragung ist nicht zu verwechseln mit dem Wechsel auf einen anderen Durchführungsweg wie die Übertragung einer Pensionszusage auf einen Pensionsfonds.

Nach Beendigung des einen Arbeitsverhältnisses kann im Einvernehmen mit dem ehemaligen und dem neuen Arbeitgeber sowie dem Arbeitnehmer die Zusage vom neuen Arbeitgeber gemäß § 4 Abs. 2 Nr. 1 BetrAVG übernommen werden. Der Wert der vom Arbeitnehmer erworbenen unverfallbaren Anwartschaft (Übertragungswert) kann auf den neuen Arbeitgeber übertragen werden, wenn dieser eine wertgleiche Zusage erteilt.

Allerdings gilt dann die neue Zusage als durch Entgeltumwandlung erfolgt (§ 4 Abs. 2 Nr. 2 BetrAVG). Während bei der Übernahme der Zusage (§ 4 Abs. 2 Nr. 1 BetrAVG) der neue Arbeitgeber die übernommene Zusage unverändert fortführen muss, verpflichtet sich der Arbeitgeber im Fall der Übertragung der Zusage (§ 4 Abs. 2 Nr. 2 BetrAVG) nur dazu, dem Arbeitnehmer eine dem Übertragungswert wertgleiche Zusage zu erteilen. Als Entgeltumwandlung unterliegt diese dem sofortigen Insolvenzschutz durch den PSVaG.

Mit der Übernahme einer Versorgungszusage steigt der neue Arbeitgeber in diese mit vollem Umfang und schuldbefreiend für den alten Arbeitgeber ein. Sämtliche Verpflichtungen (inkl. § 16 BetrAVG Anpassungsprüfungspflicht) werden auf ihn übertragen. Deshalb kommt eine schuldbefreiende Übernahme in der Regel meist nur bei einem konzerninternen Wechsel vor.

Übernahme

Einfacher gestaltet es sich, wenn die betriebliche Altersversorgung über Pensionsfonds, Pensionskasse oder Direktversicherung finanziert wird. Der Arbeitnehmer kann gemäß § 4 Abs. 3 BetrAVG innerhalb eines Jahres nach Beendigung des Arbeitsverhältnisses von seinem ehemaligen Arbeitgeber verlangen, dass der Übertragungswert auf den neuen Arbeitgeber übertragen wird, sofern der Übertragungswert die Beitragsbemessungsgrenze (2015 West: 72.600 €) in der Rentenversicherung nicht übersteigt. Liegt der Wert darüber, entfällt das Recht des Arbeitnehmers. Eine teilweise Übertragung ist nicht möglich. Nach der Jahresfrist ist eine Übertragung nur noch mit Zustimmung aller Beteiligten möglich.

übertragen

Das Gesetz lässt nicht zu, dass ein Arbeitnehmer von seinen ehemaligen Arbeitgeber gezwungen werden kann, die Versorgung zu übertragen.

Pensionsfonds, Pensionskasse oder Direktversicherung unterliegen der gleichen steuerlichen Förderung nach § 3 Nr. 63 EStG. Deshalb ist eine Übertragung auf den andern Durchführungsweg möglich. Unterstützungskassen können aufgrund ihrer der abweichenden Besteuerung gemäß § 4 Abs. 2 BetrAVG nur von einer anderen Unterstützungskasse übernommen werden.

Der neue Arbeitgeber ist dann verpflichtet, eine dem Übertragungswert wertgleiche Zusage zu erteilen und über einen Pensionsfonds, eine Pensionskasse oder eine Direktversicherung durchzuführen. Auch hier gilt die neue Anwartschaft als durch Entgeltumwandlung finanziert.

Gegenüberstellung der beiden Optionen

Arbeitsverhältnis ist beendet: Einvernehmen zwischen ehemaligen und neuen Arbeitgeber	
Übernahme	**Übertragung**
Unternehmen A — bisherige Zusage	Unternehmen A — bisherige Zusage erlischt / Übertragungswert
↓	↓
bisherige Zusage — Unternehmen B	neue Zusage wird erteilt / Übertragungswert — Unternehmen B
Übernahme der Versorgungsverpflichtung durch den neuen AG **unveränderte bisherige Zusage mit allen Pflichten**	Übertragung des Übertragungswertes auf den neuen Arbeitgeber ergibt eine **neu zu gestaltende Zusage**. Es wird eine wertgleiche Zusage erteilt.
Rechtsfolge: Schuldbefreiung des bisherigen Arbeitgebers aufgrund Vertrag („Einvernehmen")	Rechtsfolge: Schuldbefreiung des bisherigen Arbeitgebers nach § 4 Abs. 6 BetrAVG bei vollständiger Übertragung Regeln für die Entgeltumwandlung gelten entsprechend

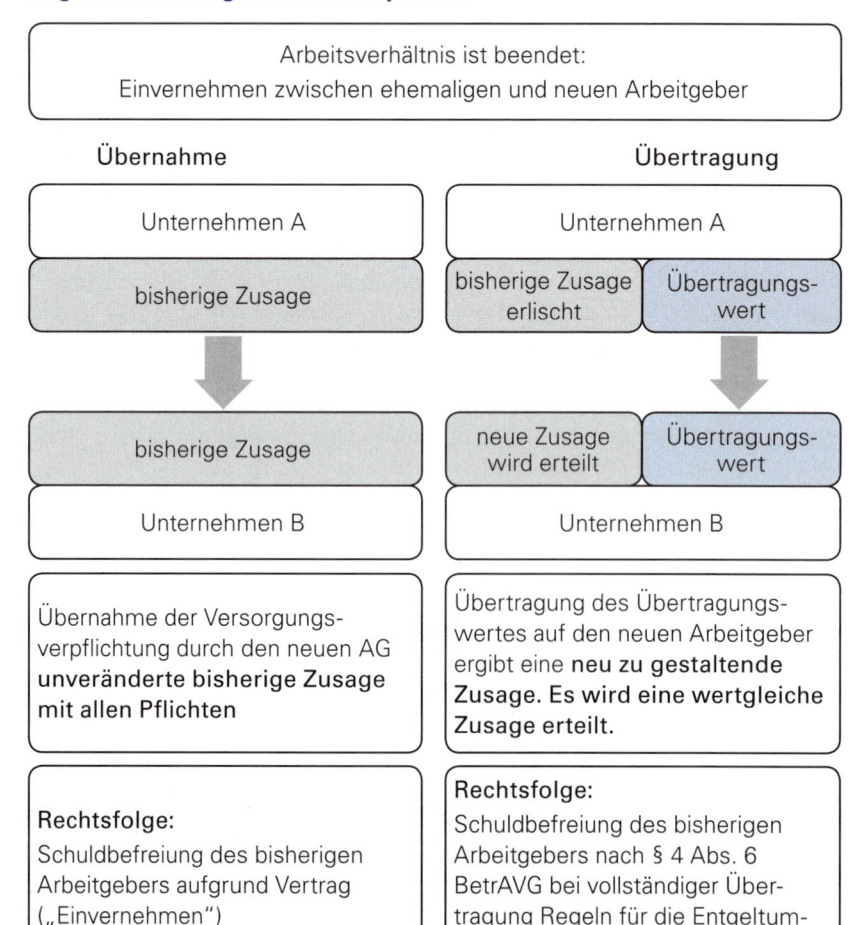

Tabelle 24: Übertragung und Übernahme der Versorgung bei Beendigung eines Arbeitsverhältnisses

4. Einführung in das Betriebsrentengesetz (BetrAVG)

Der beschriebene Übertragungsanspruch gilt gem. § 30b BetrAVG nur für Zusagen, die nach dem 31.12.2004 erteilt werden. Ältere Zusagen können mit Zustimmung der beteiligten Parteien auch ohne einen Anspruch des Arbeitnehmers übertragen werden.

Berechnung des Übertragungswertes

Der Übertragungswert entspricht bei einer unmittelbar über den Arbeitgeber oder über eine Unterstützungskasse durchgeführten betrieblichen Altersversorgung dem Barwert der nach § 2 BetrAVG bemessenen künftigen Versorgungsleistung im Zeitpunkt der Übertragung; bei der Berechnung des Barwerts sind die Rechnungsgrundlagen sowie die anerkannten Regeln der Versicherungsmathematik maßgebend.

Soweit die betriebliche Altersversorgung über einen Pensionsfonds, eine Pensionskasse oder eine Direktversicherung durchgeführt worden ist, entspricht der Übertragungswert dem gebildeten Kapital im Zeitpunkt der Übertragung. Dies ist der unverfallbare Anspruch zum Zeitpunkt der Übertragung.

Übertragungswert

Mit der vollständigen Übertragung des Übertragungswerts erlischt die Zusage des ehemaligen Arbeitgebers.

Um spätere Unstimmigkeiten zu vermeiden, empfiehlt es sich, die Modalitäten bereits in der Versorgungsordnung oder im Kollektivvertrag festzulegen.

Neues Deckungskapital-Übertragungsabkommen

Um die Portabilität der betrieblichen Altersversorgung zu fördern, sind praktisch alle auf dem deutschen Markt tätigen Versicherer in das so genannte Deckungskapital-Übertragungsabkommen der deutschen Versicherungswirtschaft eingetreten. Dieses wurde 2006 an die neue Rechtslage angepasst und um Pensionskassenverträge erweitert.

Portabilität

Deckungskapital-Übertragungsabkommen

In dem Abkommen ist geregelt, dass einem Arbeitnehmer bei einer Übertragung innerhalb von 15 Monaten zwischen den Mitgliedern kein finanzieller Verlust aus der Kündigung (Stornoabzüge) und dem Neuabschluss (Abschlusskosten) der Versicherung entstehen darf. Eine erneute Gesundheitsprüfung entfällt ebenfalls.

Das Abkommen ist eine Vereinbarung zwischen den beteiligten Versicherern und Pensionskassen. Es regelt nur die Kostenseite bei einer Übertragung der Versicherungsverträge.

Die arbeitsrechtliche Entscheidung, ob es sich um eine Übernahme gemäß § 4 Abs. 2 Nr. 1 BetrAVG oder eine Übertragung nach Nr. 2 handelt, bleibt weiterhin im Regelungsbereich zwischen altem und neuem Arbeitgeber sowie dem Arbeitnehmer.

> **Exkurs**
>
> Bei Deckungskapital-Übertragungen auf einen neuen Versorgungsträger richtet dieser einen neuen Vertrag mit dem derzeit gültigen Rechnungszins ein. Dies kann zu einer Reduzierung der Garantieleistung führen. Deshalb ist es bei solchen Fällen angeraten, die Gesamtleistung zu vergleichen. Die Überschussbeteiligung beim neuen Versicherer ist durch die geringere Garantieleistung in der Regel höher.

Auskunftsanspruch

Damit der Arbeitnehmer eine fundierte Informationsgrundlage für seine Entscheidung hat, ob er seine Versorgung übertragen will, hat der Gesetzgeber ihm in § 4a BetrAVG die Regelung eingeräumt, dass der alte Arbeitgeber oder der Versorgungsträger dem Arbeitnehmer bei einem berechtigten Interesse auf dessen Verlangen schriftlich mitteilt, in welcher Höhe aus der bisher erworbenen unverfallbaren Anwartschaft bei Erreichen der in der Versorgungsregelung vorgesehenen Altersgrenze ein Anspruch auf Altersversorgung besteht und wie hoch der Übertragungswert bei einer Übertragung der Anwartschaft nach § 4 Abs. 3 ist.

Der neue Arbeitgeber oder der Versorgungsträger hat dem Arbeitnehmer auf dessen Verlangen schriftlich mitzuteilen, in welcher Höhe aus dem Übertragungswert ein Anspruch auf Altersversorgung bzw. eine Invaliditäts- oder Hinterbliebenenversorgung bestehen würde.

Übertragung bei Liquidation des Unternehmens

Wenn ein Unternehmen liquidiert werden soll, ist dies nur möglich, wenn alle Versorgungsverpflichtungen auf einen externen Versorgungsträger ausgelagert sind. Um das zu erleichtern, hat der Gesetzgeber dafür eine Sonderregelung in § 4 Abs. 4 BetrAVG geschaffen. In diesem Fall kann die Übernahme der Versorgung durch ein Lebensversicherungsunternehmen oder eine Pensionskasse erfolgen.

Sämtliche Überschussanteile müssen dabei ab Rentenbeginn zur Erhöhung der Leistungen verwendet werden und der mit unverfallbaren Anwartschaften ausgeschiedene Arbeitnehmer darf keinen vorzeitigen Zugriff auf die Versorgungsleistung haben. Grundsätzlich muss der Arbeitnehmer dieser Übertragung nicht zustimmen; in der Praxis ist eine Zustimmung allein durch den Versicherungsabschluss erteilt.

Steuerliche Auswirkungen

Steuerrechtlich wird die Übertragung im § 3 Nr. 55 EStG flankiert. Für den Arbeitnehmer ergibt sich kein sofortiger steuerlicher Zufluss, sofern eine unmittelbare Versorgungszusage in eine unmittelbare Versorgungszusage beim neuen Arbeitgeber übertragen wird. Ebenso erfolgt kein steuerlicher Zufluss, wenn eine Unterstützungskassenversorgung von einem neuen Arbeitgeber übernommen wird und der neue Arbeitgeber in die U-Kasse eintritt. Auch kann die Versorgungszusage auf eine neue U-Kasse übertragen werden; dann wird die Rückdeckungsversicherung ebenfalls auf die neue U-Kasse übertragen.

Bei den versicherungsförmigen Durchführungswegen muss der neue Arbeitgeber die Zusage in einen der versicherungsförmigen Durchführungswege erteilen. Die spätere Leistung aus dem Übertragungswert wird so versteuert, als wäre die Übertragung nicht erfolgt.

Wird eine Direktversicherung, die nach § 40b EStG-alt abgeschlossen wurde, übertragen, gilt sie steuerrechtlich noch als Altzusage, obwohl eine neue Versorgungszusage bei dem neuen Arbeitgeber eingegangen wurde. Diese Sonderregelung gewährt, dass bei Altverträgen noch steuerfreie Auszahlungen möglich sind.

Auszehrung und Anrechnung

Auszehrungsverbot

Der § 5 Abs. 1 BetrAVG regelt bei Eintritt des Versorgungsfalls, dass die festgesetzten Leistungen der betrieblichen Altersversorgung nicht mehr gemindert oder entzogen werden dürfen.

Auszehrungsverbot

Dies bedeutet, dass nach dem Eintritt des Leistungsfalles Versorgungsbezüge nach diesem Zeitpunkt durch Anpassung an die wirtschaftliche Entwicklung erhöht (z. B. § 16 BetrAVG oder eine Rentensteigerung in der gesetzlichen Rentenversicherung nach § 65 SGB V), angerechnet oder bei der Begrenzung der Gesamtversorgung auf einen Höchstbetrag berücksichtigt werden.

§ 65 SGB V

Anrechnungsverbot

Das Anrechnungsverbot nach § 5 Abs. 2 Satz 1 BetrAVG regelt, dass die Anrechnung von Leistungen aus einer mit eigenen (Entgeltumwandlung oder eigenbeitragsfinanzierte Versorgungszusage) Beiträgen finanzierten Versorgung auf eine betriebliche Altersversorgung verboten ist. Eine Anrechnung ist überhaupt nur dann möglich, wenn die Versorgungszusage eine entsprechende Anrechnungsklausel enthält.

Anrechnungsverbot

Leistungen der betrieblichen Altersversorgung dürfen durch Anrechnung oder Berücksichtigung „anderer Versorgungsbezüge", soweit sie auf eigenen Beiträgen des Versorgungsempfängers beruhen, nicht gekürzt werden. Dies gilt nicht für Renten aus den gesetzlichen Rentenversicherungen, soweit sie auf Pflichtbeiträgen beruhen, sowie für sonstige Versorgungsbezüge, die mindestens zur Hälfte auf Beiträgen oder Zuschüssen des Arbeitgebers beruhen.

Im Anrechnungsverbot des § 5 Abs. 2 BetrAVG sind Arbeitseinkünfte, die im Ruhestand erzielt werden, nicht erfasst. Ebenso betriebliche Übergangsgelder, soweit sie Verdienstminderungen bei und nach der Beendigung des Arbeitsverhältnisses ausgleichen, und Lohnersatzleistungen wie Krankengeld oder Arbeitslosengeld.

Vorzeitige Altersleistung

Einem Arbeitnehmer, der die Altersrente (keine BU- oder EMI-Rente) aus der gesetzlichen Rentenversicherung als Vollrente in Anspruch nimmt, sind auf sein Verlangen nach Erfüllung der Wartezeit und sonstiger Leistungsvoraussetzungen Leistungen der betrieblichen Altersversorgung zu gewähren. Fällt die Altersrente aus der gesetzlichen Rentenversicherung wieder weg oder wird sie auf einen Teilbetrag beschränkt, so können auch die Leistungen der betrieblichen Altersversorgung eingestellt werden.

Folglich steht einem Arbeitnehmer nur eine anteilige Leistung zu. Da das Gesetz keinen Rechenweg definiert, kommt eine ratierliche Kürzung zur Anwendung. Außerdem wird durch die geringere Betriebszugehörigkeit der unverfallbare Wert des § 2 Abs. 1 BetrAVG anteilig gekürzt.

Hier wird nur die kürzere Ansparzeit und die längere Bezugszeit betrachtet. Außen vor bleiben die längere Bezugsdauer der Rente und der Anspruch auf laufende Anpassungsprüfung nach § 16 BetrAVG. Eine weitere „dritte Kürzung" ist aber rechtlich nicht zugelassen.

▶ Beispiel

Die Arbeitnehmer Herr A und Herr B haben seit ihrem Diensteintritt mit 30 Jahren eine Zusage auf eine monatliche Altersrente in Höhe von 100 € ab dem Alter 65. In der Versorgungsordnung sind keine Regelungen zur Kürzung bei vorzeitiger Inanspruchnahme aufgenommen. Herr A scheidet mit 45 Jahren aus dem Unternehmen aus. Herr A und Herr B gehen beide mit 62 Jahren in den vorzeitigen Ruhestand.

Der Anspruch von Herrn A:

Der Unverfallbarkeitsquotient beträgt 15/35 = 0,4286

Die Berechnung der erreichbaren vorgezogenen Altersrente ist wie bei Herrn B. Herrn A würden 91,43 € zur Verfügung stehen, wenn er das Unternehmen nicht vorzeitig verlassen hätte.

Herrn A stehen tatsächlich 39,19 € monatlich als Altersrente zur Verfügung (91,43 € erreichbare vorzeitige Altersrente multipliziert mit dem Unverfallbarkeitsquotienten 0,4286 = 39,19 €).

Der Anspruch von Herrn B:

Der Kürzungsquotient beträgt 32/35.

In Anrechnung auf die zugesagte Altersrente hat Herr B daraus einen Anspruch auf monatlicher Altersrente in Höhe von 91,43 €.

Wenn der Arbeitgeber in seiner Versorgungsordnung eine Kürzung bei vorzeitiger Inanspruchnahme um 0,5 % pro Monat vereinbart hätte, dann würden die Rentenansprüche für Herrn B und Herrn A wie folgt errechnet werden:

Der Anspruch von Herrn A: 100 € − (18 % × 0,4286) = 35,15 €

Der Anspruch von Herrn B: 100 € − (36 Monate × 0,5 %) = 82,00 €

Der ausgeschiedene Arbeitnehmer ist verpflichtet, die Aufnahme oder Ausübung einer Beschäftigung oder Erwerbstätigkeit, die zu einem Wegfall oder zu einer Beschränkung der Altersrente aus der gesetzlichen Rentenversicherung führt, dem Arbeitgeber oder dem sonstigen Versorgungsträger unverzüglich anzuzeigen.

Artikel 3 Abs. 2 GG   Eine Differenzierung unterschiedlicher Altersgrenzen bei Männern und Frauen ist sachlich nicht zu begründen und deshalb seit dem 18.5.1990 nicht mehr zulässig. Für Dienstzeiten vor dem 17.5.1990 wird nicht gegen Artikel 3 Abs. 2 GG verstoßen.

4. Einführung in das Betriebsrentengesetz (BetrAVG)

Nach diesem Gesetz dürfen die bisher noch für Frauen bestehenden Nachteile in der beruflichen Entwicklung durch die Festsetzung eines früheren Rentenalters ausgeglichen werden. Auf die Rechtsprechung des EuGH und des BAG hat der Gesetzgeber reagiert. Er stellt über § 30a BetrAVG die Männer den Frauen bei vorzeitigen Altersleistungen gleich.

Zusammenfassung

Scheidet ein Arbeitnehmer vorzeitig aus dem Unternehmen aus, kann ihm die Versorgungszusage wieder entzogen werden. Deshalb ist zum Ausscheidezeitpunkt zu prüfen, ob die gesetzlichen Unverfallbarkeitsvoraussetzungen erfüllt sind.

Es muss geprüft werden, unter welchen zeitlichen Rahmenbedingungen der Arbeitnehmer einen unverfallbaren Anspruch auf eine bestimmte Leistungshöhe hat. Werden die Voraussetzungen von mindestens das vollendete 25. Lebensjahr und 5 Jahre Zusagedauer erfüllt, ist dem Arbeitnehmer die Anwartschaft aufrechtzuerhalten und es muss bei Eintritt eines Versorgungsfalles die Leistung an ihn gezahlt werden.

Die Prüfung der Fristen wird „Unverfallbarkeit dem Grunde nach" genannt. Nun muss noch die Höhe des unverfallbaren Anspruches ermittelt werden.

Die Höhe der unverfallbaren Anwartschaft bestimmt sich nach § 2 BetrAVG. Dabei sind verschiedene Berechnungsvorschriften je nach Durchführungsweg und Zusageform zu unterscheiden. Das ratierliche Verfahren ist bei allen Durchführungswegen anzuwenden, sofern eine Leistungszusage zugrunde liegt. Bei Entgeltumwandlung und beitragsorientierten Leistungszusagen beschränkt sich die Höhe der Leistungen aus den bis zum Ausscheiden zugesagten Entgeltbestandteilen. Bei einer Beitragszusage mit Mindestleistung ist die Anwartschaft aus der Summe der gezahlten Beiträge zuzüglich Erträge abzüglich der Risikoanteile bei Eintritt des Versorgungsfalls zu berechnen.

Ausschließlich für die Durchführungswege Direktversicherung und Pensionskasse für Leistungszusagen und beitragsorientierte Leistungszusagen besteht die Möglichkeit, das versicherungsvertragliche Verfahren anzuwenden. Dabei wird die Versicherung mit schuldbefreiender Wirkung auf den ausgeschiedenen Arbeitnehmer oder einen Folge-Arbeitgeber übertragen.

Eine Übertragung ist nur bei Beendigung eines Arbeitsverhältnisses möglich.

Mit der Übernahme einer Versorgungszusage steigt der neue Arbeitgeber in diese mit vollem Umfang ein. Einfacher gestaltet es sich, wenn nur der Übertragungswert auf den neuen Arbeitgeber übertragen wird.

Versorgungszusagen können als Einzelzusage, Gesamtzusage oder als Betriebsvereinbarung sowie als betriebliche Übung erteilt werden. Bei Arbeitnehmern beginnt die Zusage i. d. R. mit dem Diensteintritt.

Ein Arbeitnehmer kann, wenn sein Versicherer dem Übertragungsabkommen der deutschen Versicherungswirtschaft beigetreten ist, innerhalb von 15 Monaten die Übertragung des Deckungskapitals aus seinem Vertrag auf einen neu abzuschließenden Vertrag bei einem/-r anderen der beteiligten Versicherer und Pensionskassen beantragen.

Bei einer Veränderung von Versorgungswerken unterliegt eine Verschlechterung immer der gerichtlichen Billigkeitskontrolle. Die Überprüfung erfolgt anhand der „Drei-Stufen-Theorie". Je stärker in den Besitzstand der Arbeitnehmer eingegriffen wird, desto schwerwiegender müssen die Gründe sein.

Bei Dienstaustritt dürfen nur unverfallbare Anwartschaften bis zu 1 % der monatlichen Bezugsgröße nach § 18 SGB IV abgefunden werden; bei Kapitalleistungen ist der 120-fache Betrag möglich.

4.4 Insolvenzsicherung

> **Handlungssituation**
>
> In Zeiten wirtschaftlicher Turbulenzen wird von den Versicherten häufig die gesetzliche Insolvenzsicherung nachgefragt. Sie erklären ihnen die Rahmenbedingungen.

Pensions-Sicherungs-Verein aG (PSVaG)

Seit der Schaffung des BetrAVG besteht eine gesetzliche Insolvenzsicherung von unverfallbaren Versorgungsanwartschaften und laufenden Betriebsrenten durch den Pensions-Sicherungs-Verein aG (PSVaG).

Arbeitnehmer, ausgeschiedene ehemalige Arbeitnehmer mit einer unverfallbaren Anwartschaft sowie Bezieher von laufenden Rentenleistungen und ihre Hinterbliebenen behalten bei einer Insolvenz des Betriebes ihre Versorgungsanrechte und werden nicht wie andere Gläubiger mit einer anteiligen Quote aus der Masse abgespeist.

Die gesicherten Versorgungsberechtigten haben vielmehr einen direkten Leistungsanspruch gegenüber dem PSV. Die Ansprüche gegen den Betrieb gehen auf den PSV über (§ 9 Abs. 2 BetrAVG) und werden vom ihm im Insolvenzverfahren angemeldet. Die Insolvenzsicherung besteht kraft Gesetz (§ 7 ff. BetrAVG) und leistet unabhängig davon, ob der Arbeitgeber seiner Verpflichtung zur Anmeldung der Versorgungsanwartschaften und zur Beitragszahlung an den PSVaG nachgekommen ist (siehe Kapitel 4.2.3 zur Insolvenzsicherung und zum PSVaG).

> **Zusammenfassung**
>
> Es besteht eine gesetzliche Insolvenzsicherung von unverfallbaren Versorgungsanwartschaften und laufenden Betriebsrenten durch den Pensions-Sicherungs-Verein aG (PSVaG). Bei einer Insolvenz des Betriebes sichert der PSV Anwartschaften von Arbeitnehmern, ausgeschiedene ehemaligen Arbeitnehmern mit einem unverfallbaren Anspruch sowie Beziehern von laufenden Rentenleistungen und deren Hinterbliebenen.

4.5 Anpassung laufender Leistungen

> **Handlungssituation**
>
> Einer Ihrer Kunde möchte wissen, wo im Gesetz geregelt ist, dass laufende Leistungen regelmäßig angepasst werden müssen, und ob er sich davon bei einer schlechten wirtschaftlichen Lage befreien kann.

Gemäß § 16 Abs. 1 BetrAVG hat der Arbeitgeber alle 3 Jahre eine Anpassung der laufenden Leistungen (inklusive Hinterblieben- und Invalidenrente) der betrieblichen Altersversorgung zu prüfen und hierüber nach billigem Ermessen zu

4. Einführung in das Betriebsrentengesetz (BetrAVG)

entscheiden; dabei sind insbesondere die Belange des Versorgungsempfängers und die wirtschaftliche Lage des Arbeitgebers zu berücksichtigen.

Die Prüfungspflicht beschränkt sich auf laufende Rentenleistungen. Nicht betroffen sind einmalige Kapitalzahlungen und anwartschaftliche Leistungsansprüche. Gemäß § 16 Abs. 6 BetrAVG besteht auch für die monatlichen Raten im Rahmen eines Auszahlungsplans und für die Renten ab Vollendung des 85. Lebensjahrs im Anschluss an einen Auszahlungsplan keine Anpassungsprüfungspflicht.

Der Arbeitgeber hat in zeitlichen Abschnitten von jeweils 3 Jahren nach dem individuellen Leistungsbeginn für jeden einzelnen Versorgungsberechtigten eine Anpassungsprüfung vorzunehmen. Er kann sich aber auch dafür entscheiden, die in einem Jahr fälligen Anpassungsprüfungen der Betriebsrenten zusammenzufassen und zu einem bestimmten Zeitpunkt (Stichtag) des Jahres vorzunehmen.

Die Verpflichtung nach § 16 Abs. 1 BetrAVG gilt als erfüllt, wenn die Anpassung nicht geringer ist als der Anstieg des Verbraucherpreisindexes für Deutschland oder der Nettolöhne vergleichbarer Arbeitnehmergruppen des Unternehmens im Prüfungszeitraum des Unternehmens. Eine Abweichung von § 16 BetrAVG ist durch tarifvertragliche Regelungen nach § 17 Abs. 3 BetrAVG zulässig.

Bei jedem Prüftermin kann der Arbeitgeber entscheiden, welche Anpassungsmodalitäten er wählt. Damit soll gewährleistet werden, dass Rentner netto nicht besser gestellt werden als die noch aktiven Arbeitnehmer im Betrieb.

Vor dem 1.1.2003 erfolgte die Anpassung nicht nach der Entwicklung des Verbraucherpreisindexes, sondern nach Maßgabe des Preisindexes für die Lebenshaltung eines Vier-Personen-Arbeitnehmerhaushalts mit mittlerem Einkommen.

▶ Beispiel

Frau A ist seit dem 1.1.2003 Rentnerin und bezieht eine Betriebsrente in Höhe von monatlich 100 €. Am 2.10.2006 erkundigt sie sich im Unternehmen, wie die gesetzliche Anpassung ihrer Altersrente erfolgt ist.

Preisindex im Jahr 2003: 104,1

Preisindex im Jahr 2006: 108,2

In diesem Fall ist die Altersrente von Frau A um 3,94 % anzupassen. Das bedeutet, dass Frau A ab dem 1.1.2006 Anspruch auf eine monatliche Altersrente in Höhe von 103,94 € hat.

Wirtschaftliche Lage des Arbeitgebers

Nach § 16 Abs. 4 Satz 2 BetrAVG gilt eine Anpassung als zu Recht unterblieben, wenn der Arbeitgeber dem Versorgungsempfänger die ungünstige wirtschaftliche Lage des Unternehmens schriftlich dargelegt, der Versorgungsempfänger nicht binnen 3 Kalendermonaten nach Zugang der Mitteilung schriftlich widersprochen hat und er auf die Rechtsfolgen eines nicht fristgemäßen Widerspruchs hingewiesen wurde.

BAG Urteil vom 23.4.1985 (3 AZR 156/83)

Die Anpassung der Betriebsrente kann ganz oder teilweise unterlassen werden, wenn und soweit eine übermäßige Belastung des Unternehmen verursacht würde. Die Voraussetzungen wurden im BAG Urteil vom 23.4.1985 (3 AZR 156/83) dargelegt

> **Beispiel**
>
> **Amtlicher Leitsatz**
>
> 1. Die Anpassung von Betriebsrenten an die Kaufkraftentwicklung kann nach § 16 BetrAVG ganz oder teilweise abgelehnt werden, wenn und soweit dadurch eine übermäßige Belastung des Unternehmens verursacht würde.
> 2. Als übermäßig ist die Belastung dann anzusehen, wenn es mit einiger Wahrscheinlichkeit unmöglich sein wird, den Teuerungsausgleich aus dem Wertzuwachs des Unternehmens und dessen Erträgen in der Zeit nach dem Anpassungsstichtag aufzubringen.
> 3. Die dazu erforderliche Prognose muss auf die Unternehmensentwicklung der zurückliegenden Zeit gestützt werden. Hat sich die Anpassungsentscheidung verzögert oder findet eine gerichtliche Nachprüfung statt, so darf die positive oder negative Entwicklung nach dem Anpassungsstichtag nicht außer Betracht bleiben.
> 4. Die Einschränkung des Personalbestands erlaubt für sich betrachtet keine Voraussagen für die Unternehmensentwicklung. Ebenso können negative Bilanzergebnisse in einzelnen zurückliegenden Jahren nur in Verbindung mit anderen Daten aussagekräftig sein.
> 5. Soweit das Unternehmen Versorgungsrückstellungen in seiner Bilanz ausweist, sind die steuerlichen und wirtschaftlichen Vorteile, die sich auf diese Weise erzielen lassen, bei der Anpassungsprüfung zu berücksichtigen.

Ausnahmen von der Anpassungspflicht

Die Verpflichtung nach § 16 Abs. 1 BetrAVG entfällt, wenn folgende Voraussetzungen erfüllt sind:

- wenn der Arbeitgeber sich verpflichtet, die laufenden Leistungen jährlich um wenigstens 1 % anzupassen. Der Arbeitgeber kann sich aber dann nicht mehr auf die wirtschaftlich schlechte Lage berufen. Diese Möglichkeit ist auf Neuzusagen, welche ab dem 1.1.1999 erteilt wurden, beschränkt. Hierbei handelt es sich um die so genannte „Escape-Klausel".
- wenn die betriebliche Altersversorgung über eine Direktversicherung im Sinne des § 1b Abs. 2 BetrAVG oder über eine Pensionskasse im Sinne des § 1b Abs. 3 durchgeführt wird, ab Rentenbeginn sämtliche auf den Rentenbestand entfallende Überschussanteile zur Erhöhung der laufenden Leistungen verwendet werden und zur Berechnung der garantierten Leistung der nach § 65 Abs. 1 Nr. 1 VAG festgesetzte Höchstzinssatz zur Berechnung der Deckungsrückstellung nicht überschritten wird.
- wenn eine Beitragszusage mit Mindestleistung erteilt wurde; Absatz 5 findet insoweit keine Anwendung.
- wenn anstelle einer Altersrente ein Auszahlungsplan mit Restverrentung vereinbart wurde.
- wenn es um eine Zusage geht, die ab den 1.1.2001 erteilt wurde und sie über Entgeltumwandlung finanziert wurde (§ 30c Abs. 3 BetrAVG).

4. Einführung in das Betriebsrentengesetz (BetrAVG)

Übersicht über die einzelnen Anpassungspflichten nach Durchführungsweg

	Keine Anpassung Erforderlich	Garantie-anpassung 1 % jährlich nur für neu-Zusagen ab 1.1.1999	Überschuss-anpassung	Preisindex-anpassung
Arbeitgeber-finanzierte				
PZ	–	ja	–	ja
UK	–	ja	–	ja
PK Beitrags-zusage	ja	–	–	–
PK sonstige Zusagen	–	ja	ja	ja
DV Beitrags-zusage	ja	–	–	–
DV sonstige Zusagen	–	ja	ja	ja
PF Beitrags-zusage	ja	–	–	–
PF sonstige Zusagen	–	ja	–	ja
Entgelt-umwandlung ab 1.1.2001				
PZ	–	ja	–	–
UK	–	ja	–	–
PK Beitrags-zusage	ja	–	–	–
PK sonstige Zusagen	–	ja	ja	–
DV Beitrags-zusage	ja	–	–	–
DV sonstige Zusagen	–	ja	ja	–
PF Beitrags-zusage	–	–	–	–
PF sonstige Zusagen	–	ja	–	–

Tabelle 25: Übersicht Anpassungspflichten nach Durchführungsweg

Persönlicher Geltungsbereich

Im § 17 Abs. 1 BetrAVG ist definiert, dass Arbeitnehmer im Sinne der §§ 1 bis 16 BetrAVG alle Arbeiter und Angestellte sind, einschließlich der zu ihrer Berufsausbildung Beschäftigten. Ein Berufsausbildungsverhältnis ist einem Arbeitsverhältnis gleichgestellt.

Die §§ 1 bis 16 BetrAVG gelten auch für Personen, die nicht Arbeitnehmer sind, wenn ihnen Leistungen der Alters-, Invaliditäts- oder Hinterbliebenenversorgung aus Anlass ihrer Tätigkeit für ein Unternehmen zugesagt worden sind. Zu den geschützten Nicht-Arbeitnehmern im Sinn des § 17 Abs. 1 BetrAVG gehören arbeitnehmerähnliche Personen, nicht abhängige Selbstständige wie Handelsvertreter sowie Organpersonen ohne gesellschaftsrechtliche Beteiligung, wenn ihnen aus Anlass ihrer Tätigkeit für das Unternehmen Leistungen der Alters-, Invaliditäts- oder Hinterbliebenenversorgung zugesagt worden sind.

Arbeitnehmer im Sinne von § 1a Abs. 1 BetrAVG sind nur Personen nach den Sätzen 1 und 2, soweit sie aufgrund der Beschäftigung oder Tätigkeit bei dem Arbeitgeber, gegen den sich der Anspruch nach § 1a richten würde, in der gesetzlichen Rentenversicherung pflichtversichert sind.

Geschäftsführer   Allein- und Mehrheitsgesellschafter/Geschäftsführer unterliegen nicht dem Anwendungsbereich des BetrAVG. Minderheitsgesellschafter mit Leitungsmacht und einer Beteiligung von mindestens 10 % sind ebenfalls vom Schutz des Gesetzes ausgenommen, wenn sie gemeinsam mit anderen geschäftsführenden Gesellschaftern über die Gesellschaftsmehrheit verfügen. Ob eine Person hierunter fällt, muss immer im Einzelfall geprüft werden.

Tariföffnungsklausel

Tarifverträgen   Von den §§ 1a, 2 bis 5, 16, 18a Satz 1, 27 und 28 BetrAVG kann jedoch gemäß § 17 Abs. 3 BetrAVG in Tarifverträgen (nicht aber Betriebsvereinbarungen oder in Individualverträgen, mit Ausnahme von solchen mit Organpersonen) abgewichen werden.

Die abweichenden Bestimmungen haben zwischen nichttarifgebundenen Arbeitgebern und Arbeitnehmern Geltung, wenn zwischen diesen die Anwendung der einschlägigen tariflichen Regelung vereinbart ist.

Von den Bestimmungen dieses Gesetzes kann nicht zuungunsten des Arbeitnehmers abgewichen werden.

Nach § 17 Abs. 5 BetrAVG können Entgeltansprüche, sofern sie auf einem Tarifvertrag beruhen, für eine Entgeltumwandlung nur dann vorgenommen werden, soweit dies durch Tarifvertrag vorgesehen oder durch Tarifvertrag zugelassen ist.

4. Einführung in das Betriebsrentengesetz (BetrAVG)

Verjährung

Nach § 18a BetrAVG ist der Anspruch auf Leistungen aus der betrieblichen Altersversorgung in 30 Jahren verjährt.

Ansprüche auf regelmäßig wiederkehrende Leistungen unterliegen der regelmäßigen Verjährungsfrist nach den Vorschriften des Bürgerlichen Gesetzbuchs.

> **Zusammenfassung**
>
> Der Arbeitgeber hat alle 3 Jahre eine Anpassung der laufenden Leistungen zu prüfen und hierüber nach billigem Ermessen zu entscheiden; dabei sind die Belange des Versorgungsempfängers und die wirtschaftliche Lage des Arbeitgebers zu berücksichtigen.
>
> Die Verpflichtung gilt als erfüllt, wenn die Anpassung nicht geringer ist als der Anstieg des Verbraucherpreisindexes für Deutschland oder der Nettolöhne vergleichbarer Arbeitnehmergruppen des Unternehmens im Prüfungszeitraum.
>
> Eine Anpassung gilt als zu Recht unterblieben, wenn der Arbeitgeber dem Versorgungsempfänger die wirtschaftliche Lage des Unternehmens dargelegt und der Versorgungsempfänger widersprochen hat.
>
> Die Verpflichtung entfällt, wenn folgende Voraussetzungen erfüllt sind:
>
> - Die laufenden Leistungen werden jährlich um wenigstens 1 % angepasst.
> - Die betriebliche Altersversorgung wird über eine Direktversicherung oder über eine Pensionskasse durchgeführt.
> - Ab Rentenbeginn werden sämtliche auf den Rentenbestand entfallende Überschussanteile zur Erhöhung der laufenden Leistungen verwendet.
>
> Das BetrAVG gilt für alle Arbeitnehmer, die aufgrund ihrer Beschäftigung oder Tätigkeit bei dem Arbeitgeber in der gesetzlichen Rentenversicherung pflichtversichert sind.
>
> Von Tarifverträgen kann zugunsten von Arbeitnehmern abgewichen werden, wenn dies der Tarifvertrag zulässt.

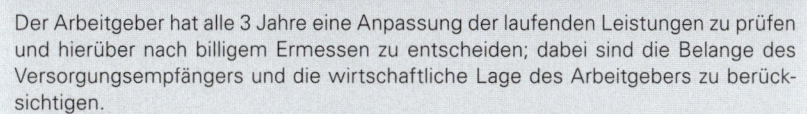

5. Steuerliche Auswirkungen beim Arbeitgeber und beim Arbeitnehmer

Handlungssituation

Die Proximus Versicherung AG stellt zum Jahresbeginn neue Vermittler im angestellten Außendienst ein. Im Rahmen der Basisausbildung übernehmen Sie den Teil steuerliche und sozialversicherungsrechtliche Grundlagen. Diese Grundlagen sollen die neuen Verkäufer in die Lage versetzen, den Kundennutzen der jeweiligen Produktschicht zu erkennen und zu erklären.

5.1 Entscheidend für die Produktabgrenzung: Basiswissen Einkommensteuer

5.1.1 Die persönliche Steuerpflicht in der Einkommensteuer

Nach § 1 Einkommensteuergesetz (EStG) sind natürliche Personen einkommensteuerpflichtig; die persönliche Einkommensteuerpflicht beginnt mit der Geburt und endet mit dem Tod. Personenzusammenschlüsse, Personenvereinigungen, Personengesellschaften usw. sind selbst nicht einkommensteuerpflichtig. Die Gewinne werden hier nicht der Gesellschaft, sondern dem Gesellschafter steuerlich zugeordnet. Kapitalgesellschaften und andere juristische Personen sind körperschaftsteuerpflichtig.

Einkommensteuerpflicht

Die unbeschränkte Steuerpflicht

Natürliche Personen, die im Inland einen Wohnsitz oder ihren gewöhnlichen Aufenthalt haben, sowie bestimmte andere Personen gem. § 1 Abs. 2 u. 3 EStG, z. B. deutsche Auslandsbeamte, sind unbeschränkt einkommensteuerpflichtig.

> **Beispiel**
> Herr Baumann ist mit Wohnsitz im Ausland gemeldet, hält sich aber an 200 Tagen im Kalenderjahr in Frankfurt auf. Da der gewöhnliche Aufenthalt von Herrn Baumann überwiegend im Inland ist, ist er unbeschränkt einkommensteuerpflichtig.

> **Definition**
> **Unbeschränkt einkommensteuerpflichtig** heißt, dass alle in- und ausländischen Einkünfte der deutschen Einkommensteuer unterliegen.

> **Beispiel**
> Erzielt Herr Baumann Erträge aus einer Lebensversicherung in Liechtenstein, so sind diese ausländischen Einkünfte in Deutschland grundsätzlich einkommensteuerpflichtig.

Im Ausland erzielte Einkünfte unterliegen in der Regel dort der Besteuerung. Aufgrund eines Doppelbesteuerungsabkommens bleiben solche Einkünfte in Deutschland häufig steuerfrei. Sieht das Doppelbesteuerungsabkommen zwischen zwei Ländern jedoch vor, dass die Einkünfte eines unbeschränkt Steuerpflichtigen aus dem Ausland auf die Bemessung des Steuersatzes im Inland mit anzurechnen sind, ergibt sich ein erhöhter Steuersatz (Progressionsvorbehalt).

Die beschränkte Steuerpflicht

Alle anderen natürlichen Personen, die im Inland weder einen Wohnsitz noch ihren gewöhnlichen Aufenthalt haben, sind beschränkt einkommensteuerpflichtig, wenn sie inländische Einkünfte im Sinne des § 49 EStG haben.

Beschränkt einkommensteuerpflichtig heißt, dass nur die im Inland erzielten Einkünfte der deutschen Einkommensteuer unterliegen.

> **Beispiel**
>
> In Abwandlung zum vorangegangenen Beispiel hat sich Herr Baumann nur an 100 Tagen im Kalenderjahr in Frankfurt aufgehalten und ist somit nicht unbeschränkt einkommensteuerpflichtig. Seine Rentenleistungen aus der Basisrente (Schicht 1) eines deutschen Versicherungsunternehmens sind jedoch grundsätzlich beschränkt einkommensteuerpflichtig. Allerdings geht dieses Besteuerungsrecht aufgrund bestehender Doppelbesteuerungsabkommen in der Regel ins Leere.

5.1.2 Die sieben Einkunftsarten in der Einkommensteuer

Einkunftsarten

Das Einkommensteuerrecht kennt 7 Einkunftsarten (§ 2 EStG); dabei wird zwischen Gewinneinkünften und Überschusseinkünften unterschieden. Einnahmen, die keiner dieser 7 Einkunftsarten zugerechnet werden können (z. B. ein Lottogewinn), sind einkommensteuerfrei.

Gewinneinkünfte aus:		
Land- und Forstwirtschaft	Gewerbebetrieb	Selbstständige Arbeit

Überschusseinkünfte aus:			
Nichtselbstständige Arbeit	Kapitalvermögen	Vermietung & Verpachtung	Sonstige Einkommen i. S. d. § 22 EStG

Gewinneinkünfte

Bei Bilanzierung wird der Gewinn grundsätzlich wie folgt ermittelt:

Betriebsvermögen am Ende des Veranlagungsjahres

– Betriebsvermögen am Ende des Vorjahres

– Einlagen

+ Entnahmen

= Gewinn des Veranlagungsjahres

5. Steuerliche Auswirkungen beim Arbeitgeber und beim Arbeitnehmer

Ansonsten gilt als Gewinn der Überschuss der Betriebseinnahmen über die Betriebsausgaben.

Zu den Gewinneinkünften zählen folgende Einkunftsarten:
- Einkünfte aus Land- und Forstwirtschaft (§ 13 EStG)
- Einkünfte aus Gewerbebetrieb (§ 15 EStG)
- Einkünfte aus selbstständiger Arbeit (§ 18 EStG)

▶ Definition
Gewerbebetrieb ist jede selbstständige nachhaltige Betätigung, die mit der Absicht unternommen wird, Gewinn zu erzielen, und die sich als Beteiligung am allgemeinen wirtschaftlichen Verkehr darstellt. Die Betätigung darf weder als Ausübung von Land- und Forstwirtschaft noch als Ausübung eines freien Berufes noch als eine andere selbstständige Arbeit (z. B. Vermögensverwaltung) anzusehen sein.

▶ Beispiel
Herr Christ erzielt als Versicherungsmakler Provisionseinnahmen. Hierbei handelt es sich um Einkünfte aus Gewerbebetrieb.

Einkünfte aus Gewerbebetrieb sind auch die Gewinnanteile, Vergütungen etc. der Gesellschafter einer OHG, KG und einer anderen Gesellschaft, bei der der Gesellschafter als Unternehmer (Mitunternehmer) des Betriebs anzusehen ist (z. B. Gesellschaft bürgerlichen Rechts, GmbH & Co. KG, atypisch stille Gesellschaft), wenn sich diese Gesellschaft gewerblich betätigt.

▶ Beispiel
Frau Dahlmann hat als Kommanditistin eine Beteiligung am Windpark Windmühlen, einem geschlossenen Fonds, erworben.

Einkünfte aus selbstständiger Arbeit (§ 18 EStG)
Einkünfte aus selbstständiger Arbeit sind insbesondere Einkünfte aus freiberuflicher Tätigkeit und Einkünfte aus sonstiger selbstständiger Arbeit.

▶ Beispiel
Zur freiberuflichen Tätigkeit gehört die selbstständige Berufstätigkeit der Ärzte, Rechtsanwälte, Notare, Patentanwälte, Ingenieure, Architekten, Wirtschaftsprüfer, Steuerberater, Heilpraktiker oder Journalisten. Zu den Einkünften aus sonstiger selbstständiger Arbeit zählen die Vergütung für die Vollstreckung von Testamenten und für die Tätigkeit als Aufsichtsratsmitglied.

Überschusseinkünfte
Bei den Überschusseinkünften gilt als Einkünfte der Überschuss der Einnahmen über die Werbungskosten (§ 9 EStG).

▶ Definition
Werbungskosten sind Aufwendungen zur Erwerbung, Sicherung und Erhaltung der Einnahmen. Sie sind bei der Einkunftsart abzuziehen, bei der sie entstanden sind.

Der Begriff „Werbungskosten" entspricht weitgehend dem der Betriebsausgaben bei den Gewinneinkünften.

Einkünfte aus nichtselbstständiger Arbeit (§ 19 EStG)

Zunächst ist zu prüfen, ob eine Arbeitnehmereigenschaft vorliegt, damit die Einkünfte aus dieser Tätigkeit dieser Einkunftsart zugerechnet werden können.

Arbeitnehmer sind Personen, die in öffentlichem oder privatem Dienst angestellt oder beschäftigt sind oder waren und die aus diesem oder einem früheren Dienstverhältnis Arbeitslohn beziehen. Zu Arbeitnehmern zählen also auch Rechtsnachfolger dieser Person, sofern sie Arbeitslohn aus dem früheren Arbeitsverhältnis erhalten (z. B. eine betriebliche Witwenrente).

Angestellte Geschäftsführer von Kapitalgesellschaften sind Arbeitnehmer, auch wenn sie selbst Gesellschafter sind. Vorstandmitglieder einer AG sind steuerrechtlich Arbeitnehmer. Gesellschafter einer Personengesellschaft, die bei dieser angestellt sind, sind dagegen steuerrechtlich keine Arbeitnehmer, obwohl handels- und arbeitsrechtlich ein Arbeitsverhältnis bestehen kann.

Einnahmen aus nichtselbstständiger Arbeit sind:
- Gehälter, Löhne, Gratifikationen, Tantiemen und andere Bezüge und Vorteile, die für eine Beschäftigung im öffentlichen oder privaten Dienst gewährt werden.
- Wartegelder, Ruhegelder, Witwen- und Waisengelder und andere Bezüge und Vorteile aus früheren Dienstleistungen (Versorgungsbezüge).

Versorgungsfreibetrag

Im Jahr 2015 bleiben von den Versorgungsbezügen 24,0 %, höchstens 1.800 € steuerfrei (Versorgungsfreibetrag). Im Zuge der Neuregelungen des Alterseinkünftegesetzes werden beim Versorgungsfreibetrag sowohl der Prozentsatz als auch der Höchstbetrag schrittweise bis 2040 abgebaut. Andererseits wird jedoch durch die jährliche Werbungskosten-Pauschale für Versorgungsbezüge von 102 € (2005 bis 2039) ein Zuschlag zum Versorgungsfreibetrag gewährt.

Von den Einnahmen aus nichtselbstständiger Arbeit ist der sog. Arbeitnehmer-Pauschbetrag nach § 9a S. 1 Nr. 1 EStG in Höhe von € 1.000 abzuziehen. Bei Versorgungsbezügen beträgt der Pauschbetrag seit 2005 102 €. Mit diesem Betrag werden die Werbungskosten pauschal abgegolten. Weist der Steuerpflichtige höhere Aufwendungen nach, werden diese angesetzt.

Einkünfte aus Kapitalvermögen (§ 20 EStG)

Zu den Einkünften aus Kapitalvermögen gehören (auszugsweise):
- Gewinnanteile (Dividenden), andere Bezüge aus Aktien und aus Anteilen an GmbHs, verdeckte Gewinnausschüttungen
- der Unterschiedsbetrag zwischen der Versicherungsleistung (Kapitalleistung) und der Summe der auf sie entrichteten Beiträge (also ohne Beiträge für etwaige Zusatzversicherungen) im Erlebensfall oder bei Rückkauf des Vertrags bei Rentenversicherungen mit Kapitalwahl und bei Kapitalversicherungen mit Sparanteil, wenn der Vertrag nach dem 31.12.2004 abgeschlossen worden ist. Wird die Versicherungsleistung nach Vollendung des 62. Lebensjahres des Steuerpflichtigen und nach Ablauf von 12 Jahren seit dem Vertragsabschluss ausgezahlt, ist die Hälfte des Unterschiedsbetrages anzusetzen.

5. Steuerliche Auswirkungen beim Arbeitgeber und beim Arbeitnehmer

- Zinsen aus sonstigen Kapitalforderungen jeder Art, z. B. aus Einlagen und Guthaben bei Kreditinstituten, aus Darlehen und Anleihen
- Einkünfte aus privaten Veräußerungsgeschäften mit Wertpapieren

Für die meisten privaten Kapitalerträge wurde zum 1.1.2009 eine Abgeltungsteuer in Höhe von 25 % (zzgl. Solidaritätszuschlag und ggf. Kirchensteuer) eingeführt. Führt die pauschale Besteuerung der Kapitaleinkünfte zu einer höheren Steuerbelastung, so kann der Steuerpflichtige die Einkünfte in seiner Einkommensteuererklärung angeben und somit die Besteuerung nach den allgemeinen Grundsätzen erreichen.

▶ Hinweis
Für Leistungen aus Lebensversicherungen, bei denen nur die Hälfte des Unterschiedsbetrags zwischen Versicherungsleistung und geleisteten Beträgen als Ertrag anzusetzen ist, ist die Abgeltungsteuer nicht anwendbar.

Für die Einkünfte aus Kapitalvermögen gilt ein Sparer-Pauschbetrag in Höhe von 801 € jährlich. Ein Abzug von tatsächlichen Werbungskosten wird ausdrücklich ausgeschlossen.

▶ Beispiel
Herr Schmidt erhält aus einer 2006 abgeschlossenen Rentenversicherung eine Kapitalleistung. Der steuerpflichtige Ertrag beträgt 1.000 €. Die Voraussetzungen für die hälftige Besteuerung des Unterschiedsbetrags liegen nicht vor. Einen Freistellungsauftrag hat er nicht gestellt.

Berechnung der fälligen Abgeltungsteuer:

Ertrag = 1.000 €, davon 25 % Abgeltungsteuer = 250 €

Hinzu kommen 5,5 % Solidaritätszuschlag (von 250 €) und ggf. Kirchensteuer.

Herr Schmidt bekommt nicht die volle Kapitalleistung ausbezahlt, sondern den um die Abgeltungsteuer (zzgl. Soli und ggf. KiSt) verminderten Betrag.

Anmerkung: Ein Freistellungsauftrag wäre hier nicht nach der einbehaltenen Abgeltungsteuer in Höhe von 250 €, sondern nach dem steuerpflichtigen Ertrag von 1.000 € zu bemessen.

Einkünfte aus Vermietung und Verpachtung (§ 21 EStG)

▶ Beispiel
Frau Neurer ist als Kommanditistin an einem geschlossenen Immobilienfonds beteiligt. Sie erzielt laufende Einkünfte aus Vermietung und Verpachtung.

Sonstige Einkünfte (§ 22 EStG)

- *Produkte der Basisversorgung (Schicht 1):* *Rentenarten*
  Leistungen aus der gesetzliche Rentenversicherung (Alters-, Hinterbliebenen- und Erwerbsminderungsrente), der berufsständischen Versorgung, der Alterssicherung der Landwirte und der kapitalgedeckten Leibrentenversicherungen (Rürup-Rente) gehören zu dieser Einkunftsart (§ 22 Abs. 1 a) aa) EStG).

- *Betriebliche Altersversorgung / Riester-Verträge (Schicht 2):*

    Weiterhin zählen zu den sonstigen Einkünften aus dem Bereich der betrieblichen Altersversorgung Leistungen aus einem Pensionsfonds oder einem nach dem 31.12.2004 abgeschlossenen Pensionskassen-Vertrag oder einer Direktversicherung sowie generell Leistungen aus geförderten Altersvorsorgeverträgen/Riester-Verträgen.

Schließlich gehören zu den sonstigen Einkünften insbesondere „Einkünfte aus wiederkehrenden Bezügen", soweit sie nicht unter die übrigen Einkunftsarten fallen. Wegen der unterschiedlichen Besteuerung sind zu unterscheiden:

- *Ungekürzte Leibrenten (Produkte der Schicht 3):*

    Dies sind Renten, die einer oder mehreren Personen lebenslang gezahlt werden. Darunter fallen z. B. alle privaten Altersrenten. Bei ungekürzten Leibrenten wird der Ertragsanteil besteuert (§ 22 Abs. 1 a) aa) EStG). Das gilt auch für die während einer evtl. Rentengarantiezeit gezahlten Renten.

- *Abgekürzte Leibrenten (Produkte der Schicht 3):*

    Dies sind Renten, die einer oder mehreren Personen bis zum Tode gezahlt werden; allerdings mit festgelegter Dauer. Beispiele für abgekürzte Leibrenten sind die privaten Erwerbs-und Berufsunfähigkeitsrenten. Bei abgekürzten Leibrenten wird der Ertragsanteil nach § 55 EStDV besteuert.

- *Zeitrenten (Schicht 3):*

    Dies sind Renten, die unabhängig vom Leben einer Person und nur für eine bestimmte Zeit gezahlt werden. Ein Beispiel für eine Zeitrente ist eine zeitlich begrenzte Rente aus einer Todesfall-Zusatzversicherung. Zeitrenten sind im Gegensatz zu den Leibrenten voll den steuerpflichtigen Einkünften zuzurechnen Eine Ausnahme gilt für die Rentenzahlung an den neuen Rentenbezieher bei zeitlich befristeter Rentengarantie. Hier übernimmt der neue Rentenbezieher den steuerpflichtigen Ertragsanteil des Vorgängers.

Werbungskostenpauschale

Von den sonstigen Einkünften ist eine Werbungskostenpauschale von 102 € abzuziehen, es sei denn, der Steuerpflichtige weist höhere Aufwendungen nach.

Rentenbezugsmitteilung

Mit § 22a EStG wurde ab 2005 eine neue Regelung geschaffen, die vorsieht, dass die Träger der gesetzlichen Rentenversicherung, der Gesamtverband der landwirtschaftlichen Alterskassen für die Träger der Alterssicherung der Landwirte, die berufsständischen Versorgungseinrichtungen, die Pensionskassen, die Pensionsfonds, die Versicherungsunternehmen und die Anbieter von Riester-Verträgen jährlich bis zum 1.3. des Folgejahres des Leistungsbezugs der zentralen Stelle bei der Deutschen Rentenversicherung personenbezogene Daten ihrer Mitglieder und Kunden sowie den Betrag der an diese fließende Leibrenten und andere Leistungen mitteilen (Rentenbezugsmitteilung).

Wegzug ins Ausland

Verzieht der Steuerpflichtige bei Rentenbezug ins Ausland, so gestaltet sich die Besteuerung der Leistungen aus Produkten der Schichten 1 bis 3 wie folgt:

Leistungen aus Produkten der Schicht 1 und Leistungen aus der bAV (Schicht 2) werden in die beschränkte Steuerpflicht einbezogen. Ob tatsächlich eine Besteuerung nach deutschem Einkommensteuerrecht möglich ist, hängt im Ergebnis davon ab, ob das Doppelbesteuerungsabkommen mit dem Land, in das der Rentner im Alter seinen Wohnsitz verlegt, Deutschland ein Besteuerungsrecht zuweist.

In Fällen der Beendigung der unbeschränkten Steuerpflicht treten bei Leistungen aus Altersvorsorgeverträgen (Riester-Verträge der Schicht 2) grundsätzlich die Folgen der schädlichen Verwendung ein. Folglich müssen die Förderungen zurückgezahlt werden. Es gilt jedoch eine wichtige Ausnahme: Die Rückzahlung der Förderung bei Wegzug entfällt dann, wenn dieser innerhalb des EU-/EWR-Auslands erfolgt.

Leistungen aus privaten Rentenversicherungen der Schicht 3 unterliegen der beschränkten Einkommensteuerpflicht.

Seit 1.1.2009 ist für im Ausland lebende Rentner das Finanzamt Neubrandenburg in Mecklenburg-Vorpommern zentral zuständig.

5.1.3 Altersentlastungsbetrag (§ 24a EStG)

Anspruchsberechtigt für den Altersentlastungsbetrag sind Steuerpflichtige, die vor dem Beginn des Kalenderjahres das 64. Lebensjahr vollendet haben. Der Altersentlastungsbetrag beträgt 24,0 % vom Arbeitslohn (2015) und/oder der positiven Summe der anderen Einkünfte (z. B. Vermietung und Verpachtung, Kapitalvermögen), aber ohne Versorgungsbezüge und Leibrenten. Er ist auf 1.140 € (2015) begrenzt. Bis zum Jahr 2040 werden sowohl der Prozentsatz als auch der Höchstbetrag schrittweise abgebaut.

Altersentlastungsbetrag

5.1.4 Sonderausgaben (§§ 10 ff EStG)

Bei Sonderausgaben handelt es sich um Aufwendungen, die weder Betriebsausgaben noch Werbungskosten sind und eigentlich der privaten Lebensführung zuzuordnen sind, also nicht im direkten Zusammenhang mit Einnahmen stehen. Sonderausgaben können nur abgezogen werden, soweit sie vom Steuerpflichtigen selbst geleistet werden.

Man unterscheidet zwischen allgemeinen Sonderausgaben und Vorsorgeaufwendungen.

> **Beispiel**
> Allgemeine Sonderausgaben sind die gezahlte Kirchensteuer, anteilige Kinderbetreuungskosten oder Beiträge und Spenden für steuerbegünstigte Zwecke.

Weist der Steuerpflichtige keine oder niedrigere allgemeine Sonderausgaben nach, so wird ihm (gemäß § 10 c EStG) ein jährlicher Sonderausgaben-Pauschbetrag von 36 € bzw. 72 € (bei Zusammenveranlagung) gewährt.

Sonderausgaben-Pauschbetrag

Günstigerprüfung

Das Alterseinkünftegesetz hat die Möglichkeiten beim Sonderausgabenabzug für Vorsorgeaufwendungen grundlegend geändert. Es soll ein schrittweiser Übergang zur vollständigen Freistellung der Altersvorsorgeaufwendungen erfolgen. Da dies für bestimmte Personengruppen (z. B. Selbstständige) zu Schlechterstellungen führen kann, hat der Gesetzgeber eine Günstigerprüfung zwischen altem und neuem Recht eingeführt (§ 10 Abs. 4a EStG). In den Jahren 2005 bis 2019 ist danach zu überprüfen, welches Recht für den Steuerpflichtigen zu günstigeren Ergebnissen führt. Ab dem Jahr 2020 gilt ausschließlich neues Recht. Da das alte Recht nur noch in wenigen Ausnahmefällen greift, wird an dieser Stelle ausschließlich das neue Recht dargestellt.

Vorsorgeaufwendungen nach neuem Steuerrecht

Vorsorgeaufwendungen bei der Basisversorgung

Die Aufwendungen zu zertifizierten Versicherungsformen der Basisversorgung konnten bei Alleinstehenden bis Ende 2014 zu einem Höchstbeitrag von 20.000 € (40.000 € für zusammenveranlagte Ehegatten / eingetragene Lebenspartner) berücksichtigt werden (Sonderausgabenabzug für Aufwendungen zur Basisversorgung).

Die Fördergrenzen sind durch das Zollkodexanpassungsgesetz seit dem 1.1.2015 gestiegen – 22.172 € für Alleinstehende bzw. 44.344 € für zusammenveranlagte Ehegatten / eingetragene Lebenspartner – und an die BBG gekoppelt. Der förderfähige Höchstbetrag für Beiträge zu einer Basisversorgung ist künftig dynamisch an den Höchstbetrag der knappschaftlichen Rentenversicherung (West) geknüpft. Der Wert für das Jahr 2015 errechnet sich dadurch beispielsweise wie folgt: Er ermittelt sich aus dem geltende Beitragssatz von 24,8% (Arbeitgeber- und Arbeitnehmerbeitrag) sowie der Beitragsbemessungsgrenze von 89.400 € in der knappschaftlichen Rentenversicherung (West).

Die steuerliche Abziehbarkeit begann in 2005 mit 60 % der begünstigten Beiträge, höchstens mit 60 % von 20.000/40.000 €. Der Vomhundertsatz stieg bzw. steigt in den Folgejahren jährlich um 2 Punkte (2015: 80 %) an, so dass im Jahr 2025 der Abzug bei 100 % der begünstigten Beiträge liegt (§ 10 Abs. 1 Nr. 2 i. V. m Abs. 3 EStG).

sonstige Vorsorgeaufwendungen

Neben Vorsorgeaufwendungen für die Basisversorgung und sind sonstige Vorsorgeaufwendungen als Sonderausgaben steuerlich abziehbar.

▶ **Beispiel**

Zu den sonstigen Vorsorgeaufwendungen gehören zum einem Beiträge zu Arbeitslosenversicherungen, Erwerbs- und Berufsunfähigkeitsversicherungen, die nicht die Voraussetzungen für die Basisversorgung erfüllen, Kranken-, Pflege- und Unfallversicherungen, Haftpflichtversicherungen sowie Risikolebensversicherungen.

Höchstbetrag

Die sonstigen Vorsorgeaufwendungen können je Kalenderjahr bis zu einer Höhe von 2.800 € (z. B. bei Selbstständigen) berücksichtigt werden. Allerdings ermäßigt sich der Höchstbetrag auf 1.900 €, wenn der Steuerpflichtige ganz oder teilweise ohne eigene Aufwendungen einen Anspruch auf vollständige/teilweise Erstattung/Übernahme von Krankheitskosten hat (z. B. Beamter, Arbeitnehmer). Im Fall der Zusammenveranlagung wird bei jedem Ehegatten / eingetragenen Lebenspartner gesondert geprüft, ob die Voraussetzungen für die Gewährung des (erhöhten) Abzugsbetrages gegeben sind (§ 10 Abs. 4 EStG). Darüber hinaus wird sichergestellt, dass die für eine Basiskranken- und Pflegepflichtversicherung gezahlten Beiträge voll abziehbar sind, auch wenn sie die genannten Höchstbeträge überschreiten. Eine betragsmäßige Deckelung gibt es insoweit nicht. Dies führt in der Regel dazu, dass die durch den Steuerpflichtigen geleisteten Beiträge zur Basiskranken- und Pflegepflichtversicherung als sonstige Vorsorgeaufwendungen abzugsfähig sind, da sie die genannten Höchstbeträge überschreiten.

▶ Beispiel

Im Jahr 2015 hat die gesetzlich krankenversicherte Arbeitnehmerin Frau Henning (kinderlos) ein Bruttoeinkommen von 30.000 €. Ihr Beitragsanteil zur GKV beträgt 2.460 € (8,2 % von 30.000 €). Davon können nach den Regelungen des EStG 96 % als sonstige Vorsorgeaufwendungen abgezogen werden, also 2.361,60 €. Zur gesetzlichen Pflegeversicherung entrichtet Frau Henning 427,50 € (1,425 % von 30.000 €), die zu 100 % als sonstige Vorsorgeaufwendungen abzugsfähig sind. Da die Summe der beiden Abzugsbeträge den Höchstbetrag von 1.900 € jährlich übersteigt, verbleibt es beim Abzug der Beiträge für die Basiskranken- und Pflegepflichtversicherung. Weitere sonstige Vorsorgeaufwendungen von Frau Henning, beispielsweise für eine selbstständige Berufsunfähigkeitsversicherung (Schicht 3), bleiben steuerlich unberücksichtigt.

Weiterhin sieht das EStG im Bereich der Sonderausgaben noch einen weiteren Abzugsbetrag für Beiträge zu Altersvorsorgeverträgen (Riester-Verträge) vor. Dieser zusätzliche Sonderausgabenabzug nach § 10a EStG ist auf 2.100 € jährlich pro Förderberechtigten beschränkt. Die unmittelbar auf den Altersvorsorgevertrag fließenden Grund- und Kinderzulagen werden der Steuerermäßigung aus dem Sonderausgabenabzug gegengerechnet.

5.1.5 Außergewöhnliche Belastungen (§§ 33 ff EStG)

Außergewöhnliche Belastungen sind bestimmte persönliche Aufwendungen, die weder Betriebsausgaben, Werbungskosten noch Sonderausgaben sind. Sie sind eigentlich Kosten der privaten Lebensführung, die allerdings unter bestimmten Voraussetzungen abzugsfähig sind.

Die außergewöhnlichen Belastungen sind im EStG in 3 Bereiche gegliedert:
- § 33: Allgemeine außergewöhnliche Belastungen
- § 33a: Außergewöhnliche Belastungen in besonderen Fällen, z. B. Ausbildungsfreibetrag
- § 33b: Pauschbeträge für Behinderte, Hinterbliebene und Pflegepersonen

> **Beispiel**
>
> Zu den allgemeinen außergewöhnlichen Belastungen zählen u. a.:
>
> - Krankheits- und Pflegekosten, Krankenhauskosten, soweit nicht erstattet
> - Zuzahlungen beim Zahnarzt
> - Wiederbeschaffungskosten für Hausrat und Kleidung nach Brand, Diebstahl, Naturkatastrophen (Versicherungsleistungen sind zu berücksichtigen)

zumutbare Belastung

Die genannten Aufwendungen können allerdings nicht voll abgezogen werden, sondern sind um die sog. zumutbare Belastung zu kürzen. Deren Höhe hängt vom Gesamtbetrag der Einkünfte, von der Veranlagungsart und von der Anzahl der Kinder ab.

> **Beispiel**
>
> Herr Schaller, verheiratet, 1 Kind, hat im Jahr 2015 Zuzahlungen zum Zahnarzt in Höhe von 2.500 €. Er hat Einkünfte von insgesamt 40.000 €.
>
> | | |
> |---|---:|
> | außergewöhnliche Belastungen | 2.500 € |
> | – zumutbare Belastung (nach § 33 EStG: 3 % von € 40.000.-) | 1.200 € |
> | abzugsfähige außergewöhnliche Belastungen | 1.300 € |

5.1.6 Freibeträge in der Einkommensteuer

Kinderfreibetrag

Für Kinder i. S. d. § 32 EStG erhalten die Eltern einen Kinderfreibetrag (§ 32 Abs. 2 EStG) in Höhe von 4.368 € pro Jahr; bei getrennt lebenden oder geschiedenen Eltern erhalten beide Elternteile je die Hälfte des o. g. Betrages, wenn sie ihren Unterhaltsverpflichtungen gegenüber dem Kind nachkommen.

Auf die Steuerersparnis aus diesem Kinderfreibetrag wird allerdings das Kindergeld (monatlich 184 € für das 1. und 2., 190 € für das 3. und 215 € für weitere Kinder) angerechnet, so dass er sich häufig nicht mehr auswirkt. Daher wird auch bei der Lohnsteuer kein Kinderfreibetrag berücksichtigt.

Kinder i. S. d. § 32 EStG sind die im ersten Grad mit dem Steuerpflichtigen verwandten Kinder sowie Pflegekinder und Adoptivkinder.

Voraussetzung für die Gewährung des Kinderfreibetrages ist, dass das Kind zu Beginn des Veranlagungszeitraums das 18. Lebensjahr noch nicht vollendet hat. Hat das Kind das 18. Lebensjahr, aber noch nicht das 25. Lebensjahr vollendet, wird der Kinderfreibetrag weiter gewährt, wenn sich das Kind in einer Berufsausbildung befindet. Ist das Kind wegen körperlicher, geistiger oder seelischer Behinderung außerstande, sich selbst zu unterhalten, wird der Kinderfreibetrag auch über das 25. Lebensjahr hinaus gewährt.

5. Steuerliche Auswirkungen beim Arbeitgeber und beim Arbeitnehmer

Der Betreuungsfreibetrag (§ 32 Abs. 6 EStG) in Höhe von 1.320 €/2.640 € (zusammenveranlagte Ehegatten, eingetragene Lebenspartner) deckt den Betreuungs- und Erziehungs- oder Ausbildungsbedarf für jedes steuerlich zu berücksichtigende Kind ab.

Betreuungsfreibetrag

Die Summe aus Kinder- und Betreuungsfreibetrag muss ab dem Veranlagungsjahr 2015 erhöht werden. Das geht aus dem Zehnten Existenzminimumbericht hervor. Sie muss um 144 € für 2015 und weitere 96 € für 2016 angehoben werden. Außerdem erhöht sich das Kindergeld ab dem 1.1.2015 um 4 € pro Monat und ab 1.1.2016 um weitere 2 € pro Monat.

Steuerpflichtige, die alleinstehend sind, bekommen für ein Kind, für das sie Kindergeld oder einen Kinderfreibetrag erhalten und das zu ihrem Hausstand gehört, den sog. Entlastungsbetrag für Alleinerziehende (§ 24b EStG) in Höhe von 1.308 €.

5.1.7 Ermittlung des zu versteuernden Einkommens

Einkünfte aus Land- und Forstwirtschaft

+ Gewerbebetrieb
+ selbstständige Arbeit
+ nichtselbstständige Arbeit
+ Kapitalvermögen
+ Vermietung und Verpachtung
+ sonstige Einkünfte

= Summe der Einkünfte
− Altersentlastungsbetrag
− Entlastungsbetrag für Alleinerziehende
− Abzug für Land- und Forstwirte nach § 13 Abs. 2 EStG

= Gesamtbetrag der Einkünfte
− Sonderausgaben
− außergewöhnliche Belastungen

= Einkommen
− Kinderfreibetrag
− Betreuungsfreibetrag

= zu versteuerndes Einkommen (zvE)

Bei Ehegatten / eingetragenen Lebenspartnern, die Zusammenveranlagung (§ 26 EStG) wählen, sind die Einkünfte getrennt voneinander zu ermitteln und ab der Summe der Einkünfte zusammenzurechnen.

5.1.8 Einkommensteuertarif

Der Einkommensteuertarif 2014 ist folgendermaßen aufgebaut:

Steuerbelastung Die Steuerbelastung beträgt bei einem zu versteuernden Einkommen von

0 bis 8.354 € (16.708 €)	0 %	Grundfreibetrag
bei höherem Einkommen auf die Beträge von		
8.355 € bis 52.881 € (16.709 €) (105.762 €)	14 – 42 %	Progressionszone in 2 Stufen
linear steigend und für darüber hinaus gehende Beträge	42 %	Proportionalzone

Reichensteuer: Für über 250.730 € (501.460 €) hinausgehende Beträge liegt die Steuerbelastung bei 45 %. Dieser Spitzensteuersatz gilt jedoch nur für Überschusseinkünfte, nicht für Gewinneinkünfte.

Die dargestellten Werte gelten für einzelne Steuerpflichtige; dargestellt ist der Grundtarif. Für zusammenveranlagte Ehegatten / eingetragene Lebenspartner gelten die doppelten Werte in Klammern (Splittingtarif).

Der Grundfreibetrag muss ab dem Veranlagungsjahr 2015 erhöht werden. Das geht aus dem Zehnten Existenzminimumbericht hervor, den das Bundeskabinett beschlossen hat. Er muss um 118 € für 2015 und weitere 180 € für 2016 erhöht werden.

5.1.9 Durchschnitts- und Grenzsteuersatz

Da sich der Einkommensteuertarif aus mehreren Berechnungsteilen zusammensetzt (Grundfreibetrag usw.) und vor allem in der Progressionszone theoretisch auf jeden Euro ein anderer Steuersatz zur Anwendung kommt, entsprechen die o. g. Prozentsätze nicht der Gesamtbelastung des zvE. Man unterscheidet daher Durchschnitts- und Grenzsteuersatz.

Durchschnittssteuersatz Der Durchschnittssteuersatz gibt die durchschnittliche Belastung mit Einkommensteuer bei einem bestimmten zvE an; er ergibt sich durch die Division:

Steuer : Einkommen × 100 = ... %

▶ Beispiel

Frau Dorner (ledig) hat bei einem zvE von 50.000 € eine Einkommensteuer von 12.847 € zu zahlen (Grundtarif nach der Grundtabelle).

Ihr Durchschnittssteuersatz beträgt:

12.847 EUR : 50.000 € × 100 = 25,69 %

Die Einkommensteuer bei gleichem zvE im Splittingtarif (Splittingtabelle) beträgt 8.212 €.

Dies ergibt einen Durchschnittssteuersatz von:

8.212 EUR : 50.000 € × 100 = 16,42 %

Der Grenzsteuersatz gibt an, wie hoch die Differenz der Einkommensteuer bei einer Erhöhung oder Verminderung des zvE in Prozent ist. Er ist nicht nur vom zvE, sondern auch von der Größe der Veränderung des zvE abhängig.

Grenzsteuersatz

▶ Beispiel

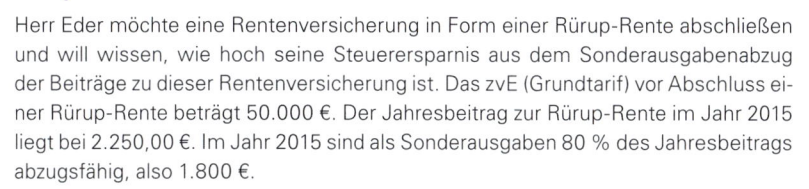

Herr Eder möchte eine Rentenversicherung in Form einer Rürup-Rente abschließen und will wissen, wie hoch seine Steuerersparnis aus dem Sonderausgabenabzug der Beiträge zu dieser Rentenversicherung ist. Das zvE (Grundtarif) vor Abschluss einer Rürup-Rente beträgt 50.000 €. Der Jahresbeitrag zur Rürup-Rente im Jahr 2015 liegt bei 2.250,00 €. Im Jahr 2015 sind als Sonderausgaben 80 % des Jahresbeitrags abzugsfähig, also 1.800 €.

Daraus ergibt sich folgender Grenzsteuersatz auf die letzten 1.800 € des zu versteuernden Einkommens:

zvE	50.000 €	Einkommensteuer	12.823 €
zvE	48.200 €	Einkommensteuer	12.098 €
Differenz	1.800 €		725 €

Die Berechnung ergibt also eine Steuerbelastung von 725 € für die letzten 1.800 zvE. Der Grenzsteuersatz beträgt demnach:

725 € : 1.800 € × 100 = 40,28 %

Der Grenzsteuersatz ist (abgesehen von der Null-Zone / dem Grundfreibetrag) grundsätzlich höher als der Durchschnittssteuersatz. Er ist aber maßgebend, wenn man näherungsweise die Steuerersparnis oder -mehrbelastung bei bestimmten Vorhaben ermitteln will.

5.1.10 Kirchensteuer und Solidaritätszuschlag

Bemessungsgrundlage für die Kirchensteuer bildet die Einkommensteuer, die sich nach Abzug der Kinderfreibeträge ergibt. Der Hebesatz der Kircheneinkommensteuer beträgt je nach Bundesland entweder 8 oder 9 %.

Bemessungsgrundlage für den Solidaritätszuschlag bildet die Einkommensteuer, die sich nach Abzug der Kinderfreibeträge ergibt. Der Solidaritätszuschlag beträgt seit 1998 5,5 % der Einkommensteuerschuld. Er wird nur erhoben, wenn die Einkommensteuer mehr als 972 € Grundtarif/1.944 € Splittingtarif beträgt.

5.1.11 Einzel- und Ehegattenveranlagung bzw. Veranlagung eingetragener Lebenspartner

Die Einzelveranlagung ist für Unverheiratete, Verwitwete, Geschiedene sowie von ihrem Ehegatten / eingetragenen Lebenspartner Getrenntlebende maßgebend. Die Besteuerung erfolgt nach der Grundtabelle.

Ehegatten / eingetragene Lebenspartner haben bezüglich der Veranlagungsform bestimmte Wahlrechte. Voraussetzung für dieses Wahlrecht ist, dass beide Ehegatten / eingetragenen Lebenspartner unbeschränkt einkommensteuerpflichtig sind, eine rechtsgültige Ehe / eingetragene Lebenspartnerschaft besteht und sie nicht dauernd getrennt leben. Diese Voraussetzungen müssen an mindestens einem Tag des Veranlagungszeitraums vorgelegen haben.

Einzelveranlagung

Bei der Einzelveranlagung werden die Ehegatten / eingetragenen Lebenspartner wie zwei getrennte Steuerpflichtige behandelt, d. h. es sind zwei Steuererklärungen abzugeben. Die Besteuerung erfolgt nach der Grundtabelle. Eine Besonderheit gibt es bei der Aufteilung von Sonderausgaben und außergewöhnlichen Belastungen. Hier kann für die steuerliche Geltendmachung der Aufteilungsmaßstab 50 zu 50 gewählt werden oder die Zurechnung erfolgt entsprechend der tatsächlichen wirtschaftlichen Belastung.

Zusammenveranlagung

Die Zusammenveranlagung dürfte die häufigste Form der Ehegattenbesteuerung / Besteuerung der eingetragenen Lebenspartner sein. Bei dieser Veranlagung werden zwar die Einkünfte der Ehegatten / eingetragenen Lebenspartner getrennt ermittelt, aber bei der Summe der Einkünfte zusammengerechnet. Ein weiterer Vorteil besteht darin, dass nur eine Einkommensteuererklärung abzugeben ist. Die Besteuerung erfolgt nach der Splittingtabelle.

5.1.12 Formen der Einkommensteuer-Vorauszahlung

Die Einkommensteuer ist eine Jahressteuer. Dennoch muss der Steuerpflichtige im Laufe des Jahres Vorauszahlungen leisten. Welche Form der Vorauszahlung anzuwenden ist, hängt von der Art der Einkünfte ab.

Lohnsteuer

ELStAM

Die Lohnsteuer ist die Vorauszahlung aller Arbeitnehmer. Sie wird bei Zahlung des Lohns bzw. Gehalts vom Arbeitgeber errechnet und abgezogen. Die Erhebung der Lohnsteuer erfolgt grundsätzlich durch ein papierloses elektronisches Verfahren mit dem Namen Elektronische Lohnsteuerabzugsmerkmale (ELStAM).

Lohnsteuerabzug

Grundlagen für den Lohnsteuerabzug vom laufenden Arbeitslohn können aber auch sein:

- die nach amtlichen Vorgaben des Bundesfinanzministeriums erstellten Monats-, Wochen- und Tageslohn-Steuertabellen
- eine nach amtlichem Programmablaufplan erstellte Software zur maschinellen Berechnung der einzubehaltenden Lohnsteuer

Mittels Lohnsteuerklassen werden bereits beim Lohnsteuerabzug bestimmte persönliche Merkmale wie der Familienstand und Freibeträge berücksichtigt, die sich aus dem Einkommensteuerrecht ergeben. Im Veranlagungszeitraum 2014 gilt z. B. ein Grundfreibetrag von 8.354 €. Weiterhin gelten für Arbeitnehmer ein Werbungskostenpauschbetrag von 1.000 €, eine bruttolohnabhängige Vorsorgepauschale und ein Pauschalbetrag für sonstige Sonderausgaben von 36 €. Hat der Steuerpflichtige nachweislich höhere Aufwendungen als die eingerechneten Frei- und Pauschbeträge, kann ein Freibetrag als elektronisches Lohnsteuerabzugsmerkmal (ELStAM) übermittelt werden.

▶ Beispiel

Frau Friedrich hat als Arbeitnehmerin einen längeren Anfahrtsweg zu ihrer regelmäßigen Arbeitsstätte. Da diese Werbungskosten (Entfernungspauschale) den jährlichen Pauschbetrag von 1.000 € nachweislich überschreiten, kann dies durch Berücksichtigung eines höheren Freibetrags bereits beim Lohnsteuerabzug berücksichtigt werden.

Für die von ihr geleisteten Beiträge zur privaten Altersversorgung (z. B. zu Riester- oder Rürup-Verträgen) gilt dies jedoch nicht, da für Vorsorgeaufwendungen kein Freibetrag für den Lohnsteuerabzug übermittelt werden darf.

Die ermittelte Jahreslohnsteuer entspricht aber nur für den unwahrscheinlichen Fall der jährlich festzusetzenden Einkommensteuer, wenn die eingerechneten Frei- und Pauschbeträge nicht überschritten werden, das Gehalt über das Jahr hinweg gleichbleibend ist und keine weiteren Einkünfte erzielt werden.

Lohnsteuerklassen berücksichtigen weitgehend die persönlichen Verhältnisse des Arbeitnehmers.

Lohnsteuerklassen

Das EStG sieht 6 Lohnsteuerklassen vor:

- *Lohnsteuerklasse I:* bei ledigen, verwitweten, geschiedenen oder dauernd getrennt lebenden Arbeitnehmern anzuwenden
- *Lohnsteuerklasse II:* bei alleinstehendem Arbeitnehmer mit mindestens einem Kind im eigenen Haushalt anzuwenden (Voraussetzungen der Lohnsteuerklasse I liegen vor und Anspruch auf den sog. Entlastungsbetrag für Alleinerziehende ist gegeben)
- *Lohnsteuerklasse III:* bei Ehegatten / eingetragenen Lebenspartnern anzuwenden, die zusammenveranlagt werden, wenn nur ein Ehegatte / eingetragener Lebenspartner Arbeitslohn bezieht oder der andere Ehegatte / eingetragene Lebenspartner selbstständig ist oder die Lohnsteuerklasse V hat
- *Lohnsteuerklasse IV:* bei verheirateten / verpartnerten Arbeitnehmern anzuwenden, wenn beide Ehegatten/eingetragene Lebenspartner Lohnsteuerklasse IV haben
- *Lohnsteuerklasse V:* bei verheirateten / verpartnerten Arbeitnehmern anzuwenden, wenn der andere Ehegatte / eingetragene Partner Lohnsteuerklasse III gewählt hat
- *Lohnsteuerklasse VI:* anzuwenden, wenn mehrere Arbeitsverhältnisse vorliegen

Folgende Frei- und Pauschbeträge (in €) sind in die Tabellen zu den Lohnsteuerklassen bereits eingerechnet:

Vorsorgepauschale

Steuerklasse	I	II	III	IV	V	VI
Grundfreibetrag	8.354	8.354	16.708	8.354	–	–
Arbeitnehmer-pauschbetrag	1.000	1.000	1.000	1.000	1.000	–
Sonderausgaben-pauschbetrag	36	36	36	36	36	–
Vorsorgepauschale	*	*	*	*	*	–
Alleinerziehenden-entlastung	–	1.308	–	–	–	–

* Die Höhe der Vorsorgepauschalen ist grundsätzlich vom Arbeitslohn abhängig.

Tabelle 26: Frei- und Pauschbeträge der Lohnsteuerklassen

Vorsorgepauschale Teil 1

Der Kranken- und Pflegeversicherungsbeitrag wird bei der Vorsorgepauschale wie folgt berücksichtigt (Stand 2015): Bei gesetzlich Krankenversicherten 12 % des Bruttolohns, max. 1.900 EUR, mindestens aber der vom Arbeitnehmer getragene Beitrag zur Basiskrankenversorgung (KV) und sein Pflegeversicherungs-Beitrag (PV), d. h. 7,9 % + PV % x Bruttolohn (max. Bemessungsgrenze), wobei sich PV % aus der Summe von halbem Pflegeversicherungs-Beitragssatz (2015: 1,175 %) (mit Sonderfall Sachsen 1,675 %) und dem eventuellen Kinderlosenbeitrag +0,25 % zusammensetzt.

▶ **Beispiel**

Jahresbruttolohn 30.000 € (2015), kinderlos, Bayern

7,9 % + 1,175 % + 0,25 % = 9,325 %

9,325 % x 30.000 € = 2.797,50 € = Vorsorgepauschale Teil 1

Berücksichtigt werden nur 7,9 % KV, da die zusätzlichen 0,3 % Krankentagegeldversicherung nicht zur Basisversorgung gehören. Bei privat Versicherten ist es der Beitrag des Basistarifs eventuell abzüglich des „typisierten" Arbeitgeberzuschusses. Damit ist der Arbeitgeberzuschuss gemeint, der einem gesetzlich Versicherten beim entsprechenden Bruttolohn zustände.

Vorsorgepauschale Teil 2

Der Rentenversicherungsbeitrag wird bei der Vorsorgepauschale wie folgt berücksichtigt (Stand 2015):

Bei rentenversicherungspflichtigen Arbeitnehmern mit 30 % des Rentenversicherungsbeitrags (2015: 18,7 %), d. h. von 18,7 % × Bruttolohn (bzw. max. Bemessungsgrenze Ost bzw. West).

Dieser Anteil steigt jährlich bis 2024 um jeweils weitere 2 %-Punkte, um so die für die zukünftige nachgelagerte Besteuerung der Renten notwendige steuerliche Freistellung der Rentenversicherungs-Beiträge zu realisieren.

▶ **Beispiel**

Jahresbruttolohn 30.000 € (2015)

30 % von 18,7 % × 30.000 € = 1.683,00 € = Vorsorgepauschale Teil 2

▶ **Exkurs: Steuerklassenwahl**

Ob die Steuerklassen-Kombination III+V oder IV+IV günstiger ist, muss im Einzelfall anhand der jährlich vom Bundesfinanzministerium herausgegebenen Tabellen geprüft werden. Der Gesetzgeber bietet Ehegatten / eingetragenen Lebenspartnern, die beide in einem Dienstverhältnis stehen, die Möglichkeit, anstelle der Steuerklassenwahl III/V die Anwendung des sog. Faktorverfahrens beim Finanzamt zu beantragen. Dieses Lohnsteuerabzugsverfahren für Doppelverdiener-Ehegatten / eingetragene Lebenspartner ist als zusätzliche Alternative zur Steuerklassenkombination III/V vorgesehen. Die gesetzliche Zielsetzung der „dritten Steuerklassenkombination" liegt darin, die hohe Abgabenlast in Fällen der Steuerklasse V zu beseitigen, die in der Praxis häufig der Aufnahme einer sozialversicherungspflichtigen Beschäftigung entgegenwirkt.

Einkommensteuer-Vorauszahlung i. e. S.

Steuerpflichtige, die erhebliche Einkünfte aus anderen Einkunftsarten als nichtselbstständiger Arbeit haben, müssen Einkommensteuer-Vorauszahlungen leisten. Diese bemessen sich i. d. R. nach der Einkommensteuer des vorangegangenen Veranlagungszeitraums. Die Vorauszahlungen sind vierteljährlich zum 10.3., 10.6., 10.9. und 10.12. zu entrichten. Voraussichtliche Veränderungen des Einkommens sowohl nach oben als auch nach unten sind bei der Festsetzung zu berücksichtigen.

▶ **Beispiel**

Herr Fischer, verheiratet, ist Inhaber einer Agentur der Proximus Versicherungs AG. Sein Gewinn aus Gewerbebetrieb betrug im Veranlagungszeitraum 2014 75.000 €; sein zu versteuerndes Einkommen hatte eine Höhe von 60.000 €. Die für 2014 festgesetzte Einkommensteuer war 11.116 €.

Für das Jahr 2015 ergeben sich dadurch folgende vierteljährlichen Vorauszahlungsbeträge:

11.116 € : 4 = 2.779 €

5.1.13 Kapitalertragsteuer

Eine besondere Form der Einkommensteuer-Vorauszahlung ist die sog. Kapitalertragsteuer (KESt). Diese ist eine Vorauszahlung auf Kapitalerträge und wird von demjenigen, der die Kapitalerträge auszahlt, einbehalten und an das Finanzamt abgeführt. Der Steuerpflichtige erhält hierüber eine Bescheinigung, die zur Vorlage bei seinem Finanzamt dient, da die KESt auf die später zu zahlende Einkommensteuer angerechnet wird.

Kapitalertragsteuer

▶ **Beispiel**

Diese Form der Vorauszahlung kommt bei Leistungen aus Lebensversicherungen in Betracht, bei denen nur die Hälfte des Unterschiedsbetrags zwischen Versicherungsleistung und geleisteten Beträgen als Ertrag anzusetzen ist.

In allen anderen Fällen wurde diese Vorauszahlung durch die Kapitalertragsteuer mit abgeltender Wirkung (Abgeltungsteuer) abgelöst.

5.1.14 Erhebung der Einkommensteuer

Erklärungsfrist — Die Einkommensteuer ist eine Jahressteuer. Der Steuerpflichtige hat zum Ende des Veranlagungszeitraums eine Einkommensteuer-Erklärung abzugeben. Dies muss bis zum 31.5. des dem betreffenden Veranlagungsjahr folgenden Jahres erfolgt sein. Sollte dieser Termin überschritten werden, kann das Finanzamt eine Fristverlängerung gewähren. Bei Einschaltung eines Steuerberaters wird i. A. automatisch eine Erklärungsfrist bis zum 30.9. angenommen.

Auf die Einkommensteuer-Erklärung hin erfolgt die Veranlagung durch das Finanzamt. Dabei wird das zu versteuernde Einkommen berechnet und die Einkommensteuer und ggf. der Solidaritätszuschlag festgesetzt. Auf die zu erhebende Einkommensteuer werden angerechnet:

- die Einkommensteuervorauszahlungen
- die gezahlte Lohnsteuer
- die abgeführte Kapitalertragsteuer

5.2 Sozialversicherungspflicht bei (Alters-)Vorsorgeleistungen

Auch Rentner werden an der Finanzierung der gesetzlichen Kranken- und Pflegeversicherung beteiligt. Jegliche Versorgungsbezüge unterliegen der Beitragspflicht in der gesetzlichen Kranken- und Pflegeversicherung, soweit keine private Krankenversicherung vorliegt. Dies gilt unabhängig davon, ob die Leistungen als laufende Rente oder einmalige Kapitalzahlung ausgezahlt werden.

Versorgungsbezüge — Der Beitragszahlung unterliegen zunächst die Alters-, Hinterbliebenen- und Erwerbsminderungsrenten der gesetzlichen Rentenversicherung. Darüber hinaus gilt dies auch für diesen Renten vergleichbare Einnahmen, für die das Gesetz den Begriff „Versorgungsbezüge" verwendet (§ 229 Absatz 1 SGB V).

Versorgungsbezüge sind u. a.:

- Versorgungsbezüge aus einem öffentlich-rechtlichen Dienstverhältnis oder entsprechenden Arbeitsverhältnis (VBL)
- Renten der Versicherungs- und Versorgungseinrichtungen, die für Angehörige bestimmter Berufsgruppen errichtet wurden (z. B. Ärzte, Architekten, Rechtsanwälte)
- Renten der betrieblichen Altersversorgung einschließlich der Zusatzversorgung im öffentlichen Dienst und hüttenknappschaftlicher Zusatzversorgungen
- Kapitalleistungen, die der Alters- und Hinterbliebenenversorgung und der Versorgung bei verminderter Erwerbsfähigkeit dienen, sofern ein Bezug zum (früheren) Erwerbsleben besteht (insbesondere Direktversicherung)

Pflichtversicherung der Rentner in der Krankenversicherung (KVdR)

9/10-Regelung — Rentner sind nach § 5 Abs. 1 Nr. 11 SGB V ab der Rentenantragstellung pflichtversichert, wenn sie in der zweiten Hälfte des Zeitraumes zwischen erstmaliger Ausübung der Erwerbstätigkeit und Rentenantragstellung 90 % in einer gesetzlichen Krankenversicherung pflicht-, freiwillig- oder familienversichert gewesen waren (9/10-Regelung).

5. Steuerliche Auswirkungen beim Arbeitgeber und beim Arbeitnehmer

Bis zum Höchstbeitrag werden bei der Berechnung der Beiträge folgende Einkunftsarten berücksichtigt:

- monatliche Rente der gesetzlichen Rentenversicherung: Rentenversicherungsträger und Rentner tragen die Beiträge zur gesetzlichen Kranken- und Pflegeversicherung hälftig; es gilt der allgemeine Beitragssatz; seit dem 1.7.2005 trägt jeder versicherte Rentner einen Sonderbeitrag in Höhe von 0,9 % alleine.
- der Rente vergleichbare Einkünfte, sog. Versorgungsbezüge: Hierfür wird der volle allgemeine Beitragssatz veranschlagt; einen Zuschuss vom Rentenversicherungsträger gibt es nicht.

Nicht für die Beitragsbemessung herangezogen werden Leistungen aus privaten Lebens- Renten- oder Berufsunfähigkeitsversicherungen (auch keine Beitragspflicht für Leistungen aus Riester- und Basis-Rentenversicherungen).

Freiwillig versicherte Rentner in der gesetzlichen Kranken- und Pflegeversicherung

Ist die Vorversicherungszeit (9/10-Regelung) nicht erfüllt, entfällt die Versicherungspflicht in der KVdR. Für eine freiwillige Versicherung sind die Voraussetzungen des § 9 SGB V zu prüfen.

Bei der Beitragsberechnung freiwillig versicherter Rentner wird die gesamte wirtschaftliche Leistungsfähigkeit bis zur Beitragsbemessungsgrenze herangezogen, z. B. auch Einkünfte aus Vermietung und Verpachtung, Zinseinkünfte, Leistungen aus privat abgeschlossenen Lebens-, Renten- oder Berufsunfähigkeitsversicherungen. Für dieses sonstige Einkommen gilt der ermäßigte Beitragssatz. Der Rentenversicherungsträger zahlt einen Zuschuss auf den Zahlbetrag der Rente aus der gesetzlichen Rentenversicherung. Für alle weiteren Einkünfte trägt der Rentner alleine den Beitrag.

gesamte wirtschaftliche Leistungsfähigkeit

> **Beispiel**
>
> Allgemeiner Beitragssatz KV 14,6 % + Zusatzbeitrag z. B. 0,9 % = 15,5 %, ermäßigter Beitragssatz KV 14,0 + Zusatzbeitrag z. B. 0,9 % = 14,9 %, Beitragssatz PV 2,35 % (Stand 2015)
>
> Herr Gründler, verheiratet, zwei Kinder, zahlt für die dargestellten Einkünfte (Gesamteinkommen 2.000,00 €) folgende Beiträge zur gesetzlichen Kranken- und Pflegeversicherung:
>
> Variante 1: Herr Gründler ist Mitglied in der Pflichtversicherung der Rentner in der Krankenversicherung (KVdR)
>
> | | | |
> |---|---|---|
> | Altersrente (GRV-Rente) (KV 8,2 % + PV 2,35 %) | 1.000,00 € | 105,50 € |
> | Versorgungsbezüge/bAV (KV 15,5 % + PV 2,35 %) | 400,00 € | 71,40 € |
> | EK aus Vermietung* | 350,00 € | – |
> | Rente aus priv. LV* | 250,00 € | – |
> | **Gesamtbeitrag KV und PV** | | **176,90 €** |

Variante 2: Herr Gründler ist freiwillig versicherter Rentner in der gesetzlichen Kranken- und Pflegeversicherung

Altersrente (GRV-Rente) (KV 8,2 % + PV 2,35 %)	1.000,00 €	105,50 €
Versorgungsbezüge/bAV (KV 15,5 % + PV 2,35 %)	400,00 €	71,40 €
EK aus Vermietung*	350,00 €	60,37 €
Rente aus privater Lebensversicherung*	250,00 €	43,12 €
Gesamtbeitrag KV und PV		**280,39 €**

* KV-Beitrag für Pflichtige 0,0 % aus sonstigem Einkommen; für Freiwillige wird bei sonstigem Einkommen der ermäßigte Beitragssatz KV inkl. Zusatzbeitrag (14,9 %) und der PV-Beitragssatz (2,35 %) zugrunde gelegt; Einkommensbetrachtung max. bis zur Beitragsbemessungsgrenze-KV, in 2015 = 4.125,00 €.

Zusammenfassung

Das deutsche Einkommensteuerrecht unterscheidet zwischen unbeschränkter und beschränkter Steuerpflicht. Unbeschränkt Einkommensteuerpflichtige müssen ihre in- und ausländischen Einkünfte in Deutschland versteuern. Von den sieben Einkunftsarten des Einkommensteuerrechts sind in erster Linie die Einkünfte aus nichtselbstständiger Arbeit (z. B. bei Versorgungsbezügen), die Einkünfte aus Kapitalvermögen (z. B. bei Kapitalleistungen aus Lebensversicherungen) und die sonstigen Einkünfte (z. B. bei Basis-Renten) für Versicherungsprodukte von Bedeutung. Zu den steuerlich abzugsfähigen Vorsorgeaufwendungen zählen auch die Beiträge zu Basis- und Riester-Rentenersicherungen. Grundlage der zu zahlenden Einkommensteuer ist das zu versteuernde Einkommen. Der Einkommensteuertarif sieht einen Grundfreibetrag, eine zweistufige Progressionsstufe und eine Proportionalzone vor. Neben der Einkommensteuer fallen der Solidaritätszuschlag und ggf. Kirchensteuer an. Zu den Formen der Einkommensteuer-Vorauszahlungen zählen die Lohnsteuer, die Einkommensteuer-Vorauszahlung i. e. S. (z. B. bei Selbstständigen) und die Kapitalertragsteuer. Zahlreiche (Alters-)Vorsorgeleistungen unterliegen der Sozialversicherungspflicht in der gesetzlichen Kranken- und Pflegeversicherung. In diesem Zusammenhang ist zwischen pflichtversicherten und freiwillig versicherten Rentnern zu unterscheiden.

Aufgaben zur Selbstüberprüfung

1. Beschreiben Sie, wie man eine Zulagenrente (Riester) in die bAV einbinden kann und welche Aspekte gegen einen derartigen Einschluss sprechen.

2. Welche Vorteile für den Arbeitnehmer bedeutet die Einbindung der vermögenswirksamen Leistungen in die bAV?

3. Erläutern Sie an einem Beispiel die Vorteile der Vervielfältigungsregelung bei Einzahlung der Abfindung in eine Direktversicherung, die vor 2005 abgeschlossen wurde.

4. Weshalb hat die Vervielfältigung bei neuen Verträgen noch keine große Bedeutung?

5. Der Kunde Max Meier erhält in diesen Tagen eine Kapitalleistung über 43.600 € aus seiner pauschal versteuerten Direktversicherung ausgezahlt.
   a. Er bezieht monatlich 2.000 € Rente aus der GRV und ist pflichtversichert.
   b. Er bezieht monatlich 3.980 € Rente aus der GRV und der bAV und ist freiwilliges Mitglied in der GKV.
   c. Er ist in der PKV und bezieht eine Rente von 2.500 € monatlich.
   Klären Sie die Auswirkungen auf die Pflege- und Krankenversicherung.

6. Weshalb ist dem Arbeitgeber bei der Pensionszusage eine externe Teilung zu empfehlen?

7. Frau Christa Schunck und deren Arbeitgeber haben einer Entgeltumwandlung über 4.000 € p. a. im Rahmen einer bAV (Direktversicherung) zugestimmt. Frau Schunck möchte nun von Ihnen wissen, wie sich hierdurch ihre Steuern und Sozialbgaben in der Ansparphase verändern. Sie ist keiner religiösen Gemeinschaft beigetreten. Ihre Sozialabgenquote beträgt genau 20 % vom sozialabgabenpflichtigen Gehalt. Nehmen Sie auch Stellung zur Höhe der Entgeltumwandlung.

8. Frau Leicht ist Kundenberaterin der Proximus Versicherung AG. Ihr Kunde, Herr Nummer, hat sich für den Abschluss einer fondsgebundenen Rentenversicherung in der dritten Schicht entschieden.
   Er bittet Frau Leicht darum, ihm die steuerliche Behandlung von Beiträgen und möglichen Versicherungsleistungen dieses Produkts zu beschreiben.

9. Herr Mertens möchte gemäß dem Betriebsrentengesetz eine geförderte Zulagenrente als betriebliche Altersversorgung abschließen. Beschreiben Sie ihm für diese Förderung 2 Vorteile und erläutern Sie ihm die sozialversicherungsrechtliche Behandlung der späteren Rentenleistungen.

10. Sie sind Spezialist für Lebensversicherungen bei der Proximus Versicherung AG und wollen den Teilnehmern einer Bausteinausbildung die Thematik des Grenzsteuersatzes erläutern. Als Beispielskunden wählen Sie einen 32-jährigen ledigen Arbeitnehmer mit einem Bruttoeinkommen von 40.000 EUR, der monatlich 150 EUR in eine Basisrente einbezahlt. Sein Grenzsteuersatz beträgt 37 % inkl. Solidaritätszuschlag und Kirchensteuer.

11. Nennen Sie 3 arbeitsrechtliche Normen der betrieblichen Altersversorgung.

12. Welche Voraussetzungen müssen für eine betriebliche Altersversorgung vorliegen?

13. Erklären Sie den Begriff „Biologisches Ereignis".

14. Wie hoch ist der maximale Anspruch eines Arbeitnehmers auf betriebliche Altersversorgung über Entgeltumwandlung?

15. Was kann ein Arbeitnehmer unternehmen, wenn er in Elternzeit geht und trotzdem seine betriebliche Altersversorgung weiterführen möchte?

16. Erklären Sie den Unterschied zwischen Anwartschaft und Anspruch.

17. Was muss geprüft werden bei einer Versorgungszusage vom 1.1.2008 ob ein unverfallbarer Anspruch besteht?

18. Ab wann gilt in der Regel eine Versorgungszusage als erteilt?

19. Erklären Sie den Begriff „Wartezeit".

20. Erklären Sie kurz die Formel für die Berechnung eines ratierlichen Anspruchs.

21. Welche Voraussetzungen müssen für die Anwendung des versicherungsvertraglichen Verfahrens erfüllt sein?

22. Nennen Sie die Prüfungsschritte der „Drei-Stufen-Theorie" für Veränderung von Versorgungswerken.

23. Bis zur welcher Höhe dürfen Anwartschaften von ausgeschiedenen Mitarbeitern abgefunden werden?

24. Kann ein ehemaliger Arbeitgeber seinen ehemaligen Arbeitnehmer verpflichten, seine betriebliche Altersversorgung auf den neuen Arbeitgeber zu übertragen?

25. Was regelt das Übertragungsabkommen der Versicherungswirtschaft?

26. Unterscheiden Sie Anrechnung und Auszehrung.

27. Unter welcher Voraussetzung kann ein Arbeitnehmer Altersrentenleistung vorzeitig abrufen?

28. Was muss in der betrieblichen Altersversorgung angepasst werden?

Aufgaben zur Selbstüberprüfung

29. Wann darf die gesetzliche Anpassung unterlassen werden?
30. Nenne Sie Ausnahmen von der gesetzlichen Anpassungspflicht.
31. Kann über eine tarifliche Lösung die Unverfallbarkeitsfristen auf 15 Jahre verändert werden?
32. Wer ist nach dem betrAVG ein Arbeitnehmer?
33. Wann verjähren Leistungen aus einer betrieblichen Altersversorgung?
34. Erklären Sie, was unter einem Pensionsfonds zu verstehen ist.
35. In welcher Rechtsform wird ein Pensionsfonds geführt?
36. Welche Leistungen können Pensionsfonds vorsehen?
37. In welcher Form muss ein Pensionsfonds die zugesagten Leistungen an die Versorgungsberechtigten auszahlen?
38. Welche Vorteile bietet ein Pensionsfonds?
39. Welche Nachteile hat ein Pensionsfonds?
40. Frau Stein hat im Jahr 2000 eine Gehaltsumwandlung in voller Höhe vorgenommen. Wie viel kann sie noch steuerbegünstigt in eine Pensionskasse einzahlen?
41. Welche Formen von Pensionsfonds gibt es?
42. Ist über den Pensionsfonds auch eine Versorgung des Gesellschafter-Geschäftsführers möglich?
43. Kann eine Direktzusage in einen Pensionsfonds umgewandelt werden und welche steuerlichen Vorschriften hat der Arbeitgeber zu beachten?
44. Unterliegen die Renten aus dem Pensionsfonds der Steuer und den Sozialabgaben?
45. Muss der Pensionsfonds Körperschaftsteuer abführen?
46. Diskutieren Sie die unterschiedlichen Anlagemöglichkeiten eines Pensionsfonds.

Kapitel 2

Kriterien der Produktgestaltung unter Berücksichtigung von rechtlichen und kalkulatorischen Rahmenbedingungen

Nachzuweisende Befähigung

Die angehenden Fachwirte/Fachwirtinnen für Versicherungen und Finanzen sollen Kriterien der Produktgestaltung unter Berücksichtigung von rechtlichen und kalkulatorischen Rahmenbedingungen darstellen und beispielhaft anwenden können (gemäß Erläuterungsbroschüre, Qualifikationsinhalte und Handlungssituationen, 4. c) 4.2).

Qualifikationsinhalte des Kapitels

Die Absolventen können im Einzelnen:

- die Finanzierung von Versorgungsleistungen aufbereiten (4.2.1)
- Beiträge und Leistungen der gesetzlichen Rentenversicherung erklären (4.2.2)
- die Insolvenzsicherung durch den Pensions-Sicherungs-Verein verstehen (4.2.3)
- rechtliche und steuerliche Grundlagen in der Alters- und Hinterbliebenenversorgung innerhalb der unterschiedlichen Schichten beschreiben (4.2.4)
- kalkulatorische Risiken analysieren (4.2.5)

1. Finanzierung von Vorsorgemaßnahmen

Handlungssituation

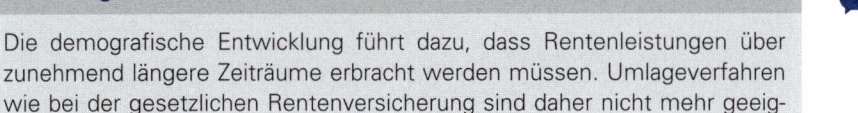

Die demografische Entwicklung führt dazu, dass Rentenleistungen über zunehmend längere Zeiträume erbracht werden müssen. Umlageverfahren wie bei der gesetzlichen Rentenversicherung sind daher nicht mehr geeignet, für eine dauerhafte Finanzierung ursprünglich einmal erwarteter Leistungen zu garantieren.

Auch die betriebliche Altersversorgung muss sich mit diesem Problem auseinandersetzen. Sie sind Teamleiter und diskutieren mit Ihrem Team über die Vor- und Nachteile des Umlage- und des Kapitaldeckungsverfahrens.

1.1 Umlageverfahren

Wie alles im Leben so müssen auch Vorsorgemaßnahmen bezahlt, also finanziert werden – vorschüssig, nachschüssig; einmalig, laufend; von einem selbst oder von einem Dritten, z. B. dem Arbeitgeber; für eine sofortige Leistung oder zur Kapitalansammlung für eine spätere Leistung.

Beim Stichwort „Umlageverfahren" denken wohl die meisten gleich an die gesetzliche Rentenversicherung und deren Probleme. Dabei ist „Umlage" etwas, das auch bei Privatpersonen nicht selten anfällt, wenn diese z. B. mit anderen eingeladen sind und ein gemeinsames Geschenk mitbringen wollen. Dann werden die Kosten dafür untereinander aufgeteilt oder es wird erst gesammelt und dann für das gesammelte Geld etwas gekauft. Sind es viele, die hier mitmachen, kann man sich entweder ein besonders teures Geschenk leisten oder es wird bei größerer Bescheidenheit für jeden recht günstig. Auch dabei handelt es sich um ein Umlageverfahren.

Umlageverfahren

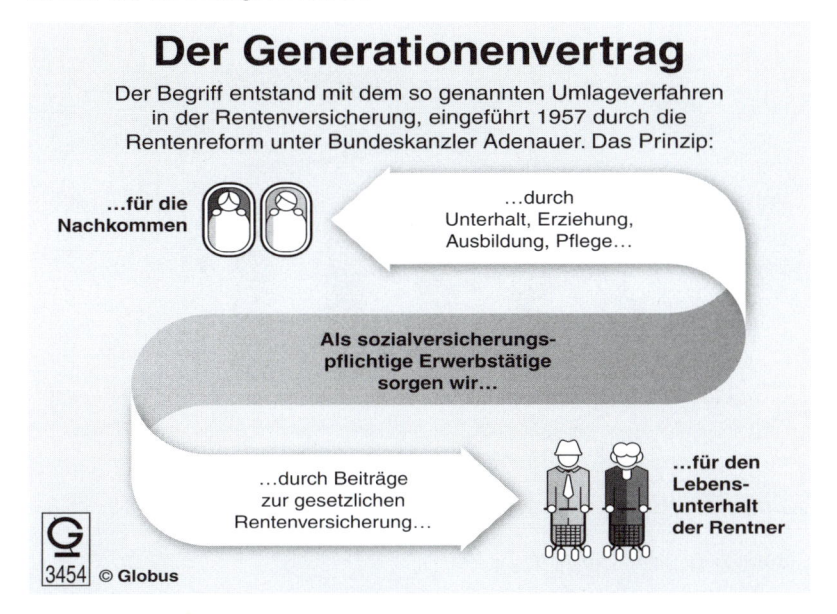

Abbildung 1: Der Generationenvertrag

Generationenvertrag

In der Sozialversicherung in Deutschland (u. a. in der gesetzlichen Rentenversicherung) erfolgt die Finanzierung der benötigten Leistungen durch die Versicherungspflichtigen zusammen mit deren Arbeitgebern und dem Staat. Dabei zahlen die Versicherten nicht für sich selbst ein, sondern für alle derzeitigen Leistungsempfänger – in der gesetzlichen Rentenversicherung vor allem für die älteren Generationen. Dieses Prinzip, wonach immer die jüngere für die ältere Generation aufkommt, wird auch „Generationenvertrag" genannt.

Damit dieses System dauerhaft funktionieren kann, ist das zahlenmäßige Verhältnis zwischen Versicherungspflichtigen und Leistungsempfängern von entscheidender Bedeutung. Gibt es viele Versicherungspflichtige wie bei der Vollbeschäftigung in den 50er- und 60er-Jahren und – als Kriegsfolge – wenige Rentner mit zudem noch recht kurzer Lebenserwartung, kann sich der Staat eine gesetzliche Altersversorgung leisten, die für viele ausreichend ist.

Kehren sich die Verhältnisse aber um, wie wir es durch die demografische Entwicklung seit Jahren erleben, dann müssen die Beitragszahler entweder immer mehr aufbringen und/oder die Leistungserwartungen müssen gekürzt werden. Beides haben die Bundesbürger in den letzten Jahrzehnten immer stärker zu spüren bekommen.

Generationenvertrag in Gefahr

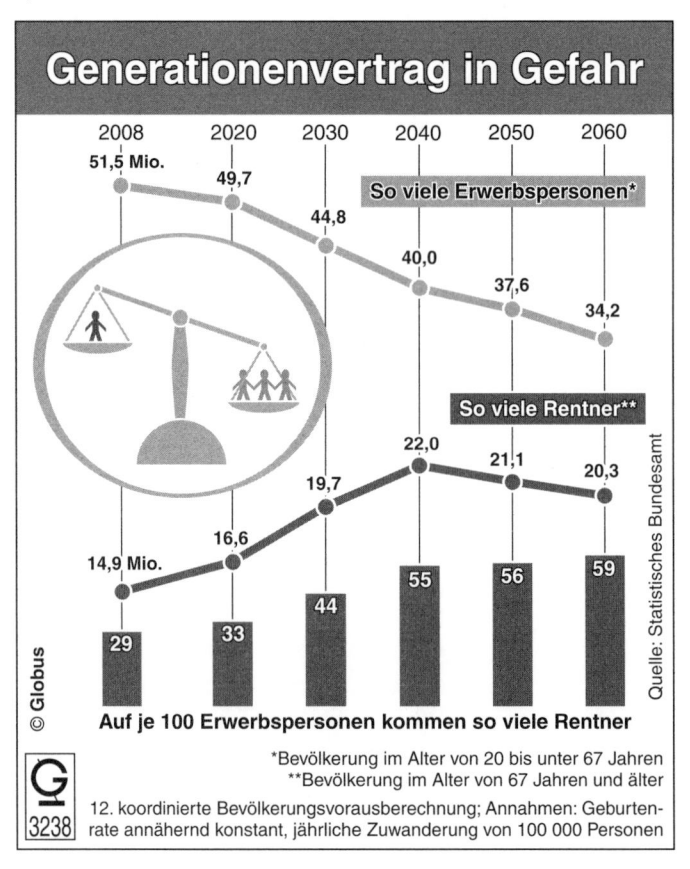

Jahr	Erwerbspersonen*	Rentner**	Auf je 100 Erwerbspersonen kommen so viele Rentner
2008	51,5 Mio.	14,9 Mio.	29
2020	49,7	16,6	33
2030	44,8	19,7	44
2040	40,0	22,0	55
2050	37,6	21,1	56
2060	34,2	20,3	59

*Bevölkerung im Alter von 20 bis unter 67 Jahren
**Bevölkerung im Alter von 67 Jahren und älter
12. koordinierte Bevölkerungsvorausberechnung; Annahmen: Geburtenrate annähernd konstant, jährliche Zuwanderung von 100 000 Personen

Quelle: Statistisches Bundesamt
© Globus 3238

Abbildung 2: Generationenvertrag in Gefahr

Zum anderen beeinflusst auch die wirtschaftliche Entwicklung das Umlageverfahren. Die Anzahl der Beitragszahler in der Sozialversicherung hängt ganz maßgeblich von der Anzahl der sozialversicherungspflichtig Beschäftigten ab. Dies führt in wirtschaftlich gesunden Zeiten, also in Zeiten geringer Arbeitslosigkeit, zu einem Anstieg der Einnahmen. In Krisenzeiten mit einer steigenden Anzahl an Kurzarbeitern, geringfügig Beschäftigten und Arbeitslosen verschärfen sich dagegen die Finanzierungsprobleme weiter.

1.2 Kapitaldeckungsverfahren

Im Rahmen eines Kapitaldeckungsverfahrens spart jeder Versicherte im Wesentlichen seine eigene zukünftige Leistung an:

Kapitaldeckungsverfahren

Soll sofort eine Leistung beginnen, wie z. B. bei einer sofort beginnenden Rentenversicherung, muss ein Einmalbeitrag gezahlt werden, der so hoch ist, dass er – zusammen mit den zu erwirtschaftenden Erträgen – für die Finanzierung ausreicht. Dass das nicht bezogen auf eine Einzelperson möglich ist, sondern nur bei einer großen, möglichst sogar sehr großen Gruppe, leuchtet ein, denn wer weiß schon vorher, wie lange er seine Rente beziehen wird.

Soll die Leistung erst später – etwa als Kapitalzahlung oder Rente – fällig werden, kann die Finanzierung außer durch einen Einmalbeitrag auch durch laufende Beiträge erfolgen. Das eingezahlte Geld wird angelegt, bringt Ertrag und steht dann im Leistungsfall zur Verfügung. Hier wird also in der Tat angespart: das Kapital, das später ausgezahlt werden soll, oder der Barwert der Rente, aus dem diese dann finanziert wird.

Finanzierungsmöglichkeiten im Kapitaldeckungsverfahren

Wichtig ist beim Kapitaldeckungsverfahren, dass bis zu einem späteren Leistungsbeginn und auch während einer laufenden Rentenzahlung der Ertrag (Zins) erwirtschaftet wird, den man bei der Kalkulation als möglich unterstellt hat, und dass das angesammelte Kapital nicht anderweitig verwendet wird. Sonst kann die Rente später nicht in der vorausberechneten Höhe geleistet werden.

Sowohl die gesetzliche Rentenversicherung als auch der Pensions-Sicherungs-Verein (PSVaG) mit der Insolvenzsicherung sahen sich im ersten Jahrzehnt dieses Jahrhunderts gezwungen, das Umlageverfahren durch ein Kapitaldeckungsverfahren zu ergänzen. So kam es einerseits zur Einführung der Riester- und Basis-Rente, mit denen die gesetzliche Versorgung auf freiwilliger, aber staatlich unterstützter Basis (Zulagen, Sonderausgaben-Abzug) ergänzt wird. Zum anderen ergaben sich dadurch zusätzliche Insolvenzbeiträge, um die künftige Belastung der Arbeitgeber so zu mindern, dass „schon jetzt" Kapital angesammelt wird, das sich durch Erträge erhöht, die dann zur Finanzierung mit herangezogen werden können.

2. Die gesetzliche Rentenversicherung

Handlungssituation

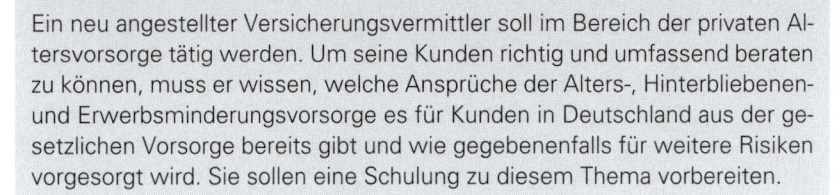

Ein neu angestellter Versicherungsvermittler soll im Bereich der privaten Altersvorsorge tätig werden. Um seine Kunden richtig und umfassend beraten zu können, muss er wissen, welche Ansprüche der Alters-, Hinterbliebenen- und Erwerbsminderungsvorsorge es für Kunden in Deutschland aus der gesetzlichen Vorsorge bereits gibt und wie gegebenenfalls für weitere Risiken vorgesorgt wird. Sie sollen eine Schulung zu diesem Thema vorbereiten.

Eckdaten zur gesetzlichen Rentenversicherung	
Anzahl Versicherte (Stand: 31.12.2012)	52,672 Mio.
Anzahl Rentenneuanträge 2013	1,535 Mio.
Anzahl laufende Renten (Stand: 31.12.2013)	25,164 Mio.
Zahl der Rentner am 1.7.2013	20,576 Mio.

Tabelle 1: Eckdaten zur gesetzlichen Rentenversicherung
(Quelle: Deutsche Rentenversicherung Bund)

Grundprobleme der gesetzlichen Rentenversicherung und Finanzierung

Die erste Schicht der Altersversorgung, die gesetzliche Rentenversicherung, bröckelt mehr und mehr. Man erinnert sich an die Zitate deutscher Sozialpolitiker: „Die Rente ist sicher!" Dass es eine gesetzliche Rente weiter geben wird, ist wohl unstrittig. Es stellt sich jedoch die Frage: In welcher Höhe? Nicht die Rente ist sicher, sondern die Versorgungslücke, weil die gesetzliche Altersvorsorge für eine Gesellschaft geschaffen wurde, die es so nicht mehr gibt: eine Gesellschaft mit vielen Jungen und wenig Alten.

Zukunft der gesetzlichen Rentenversicherung

Durch die Finanzierung im Wege des Umlageverfahrens ist die Solidarität zwischen Jung und Alt das Fundament unseres Rentensystems. Die Beiträge der Rentenversicherten werden direkt an die Rentner ausbezahlt, ein Ansparen von Kapital für die zukünftigen Renten findet nicht statt.

Die zunehmende „Vergreisung" der Bevölkerung setzt das System zunehmend unter Druck. Kamen 1962 noch 6 Beitragszahler auf einen Rentner, beträgt das Verhältnis heute bereits nur noch 2:1. In Zukunft wird sich dieses Verhältnis weiter reduzieren, weil beispielsweise die geburtenstarken Jahrgänge der „Baby-Boomer" (etwa 1955 bis 1969) dann in den Ruhestand gehen werden.

Medizinische Fortschritte verlängern die durchschnittliche Lebenserwartung und somit die Rentendauer. So stieg die so genannte fernere Lebenserwartung (d. h. die Lebenserwartung von Personen, die das 65. Lebensjahr vollendet haben) für Frauen seit 1960 von rund 79,3 auf heute 85,4 Jahre und für Männer von rund 77,4 auf 82,0 Jahre.

steigende Lebenserwartung

Die Finanzierungsprobleme einer umlagefinanzierten Rente werden hierdurch deutlich. Es muss erreicht werden, dass die Versicherten nicht wie bisher immer vorzeitiger in Rente gehen und damit das reguläre Rentenbeginnalter von 65 bzw. in Zukunft von 67 Jahren gar nicht erreichen. Ein „früher in Rente gehen" und gleichzeitig „länger Rente beziehen" kann ohne Beitragserhöhungen oder Leistungskürzungen nicht funktionieren.

Bundeszuschuss

Neben den laufenden Beitragseinnahmen werden inzwischen immer größere Teile des benötigten Geldes durch den so genannten Bundeszuschuss finanziert. Dieser Staatszuschuss wird aus Steuermitteln finanziert, so dass mittelbar auch alle nicht Rentenversicherungspflichtigen für die Finanzierung des Rentensystems sorgen. Für den deutschen Staat ist der Zuschuss zur Rentenversicherung inzwischen der größte einzelne Ausgabenposten.

Faustdaten zu den Rentenfinanzen 2014 allgemeine Rentenversicherung (ohne Knappschaftliche Rentenversicherung), gesamtes Bundesgebiet); Angaben in Mio. €	
1 Prozentpunkt Veränderung des Beitragssatzes der allg. RV:	± 12.310
davon: Beitragseinnahmen	± 10.420
Bundeszuschuss	± 1.890
1 Prozentpunkt Veränderung des Bruttoentgelts (Beiträge inkl. „Minijobber")	± 1.970
1 Prozentpunkt Veränderung der Rentenanpassung i. d. Folgejahren inkl. KVdR	± 2.440
Veränderung der Anzahl der Pflichtbeitragszahler um 100 000	± 510

Tabelle 2: Faustdaten zu den Rentenfinanzen 2014
(Quelle: Deutsche Rentenversicherung Bund – Schätzung Mai 2014)

Nachhaltigkeitsrücklage (früher: Schwankungsreserve)

Da die Deutsche Rentenversicherung jeweils aus den laufenden Beitragseinnahmen und staatlichen Zuschüssen die aktuellen Leistungszahlungen an die Versicherten erbringt, findet keine planmäßige Kapitalbildung statt. Die Höhe des Beitragssatzes muss daher vorausschauend so festgelegt werden, dass keine finanziellen Engpässe auftreten.

Im Lauf eines Jahres können die Beitragseinnahmen aber schwanken, z. B. aufgrund der Wirtschaftslage oder durch saisonale Effekte (Bauindustrie, Einzelhandel). Um kurzfristige Beitragsanpassungen zu vermeiden, bildet die Deutsche Rentenversicherung daher einen finanziellen Puffer, die so genannte Nachhaltigkeitsrücklage.

Unter- und Obergrenze für Anpassung des Rentenbeitrags

Ist am 31.12. eines Jahres vorherzusehen, dass die Nachhaltigkeitsrücklage für einen Kalendermonat des Folgejahres 0,2 Monatsausgaben der Rentenversicherung unterschreiten wird, ist eine Erhöhung des Beitragssatzes vorzunehmen. Umgekehrt ist eine Absenkung des Beitragssatzes durchzuführen, wenn

2. Die gesetzliche Rentenversicherung

die Nachhaltigkeitsrücklage voraussichtlich in einem Kalendermonat mehr als 1,5 Monatsausgaben beträgt.

Finanzierung der deutschen Rentenversicherung

Jahr	Einnahmen in Mio. €			Anteil Bundeszuschuss in %	Ausgaben insgesamt	Nachhaltigkeitsrücklage	
	gesamt	Davon: Beiträge	Davon: Bundeszuschuss			Am Jahresende in €	In Monatsausgaben
1990	108.621	89.433	15.184	14,0%	103.717	17.869	2,6
1995	170.856	138.199	30.445	17,8%	175.932	11.229	0,9
2000	206.343	162.165	42.419	20,6%	205.764	14.196	1,0
2005	224.182	167.980	54.812	24,4%	228.111	1.706	0,1
2010	244.692	184.404	58.980	24,1%	242.635	18.604	1,1
2012	254.322	192.889	60.018	23,6%	249.226	29.470	1,7

Tabelle 3: Finanzierung der deutschen Rentenversicherung
(Quelle: Deutsche Rentenversicherung – Rentenversicherung in Zahlen 2013)

2.1 Rechtsgrundlagen

Das sehr umfangreiche Sozialgesetzbuch besteht aus insgesamt zwölf Büchern und regelt u. a. die Ansprüche der Versicherten gegenüber den Sozialversicherungsträgern.

Inhalte des Sozialgesetzbuchs:

SGB I   Allgemeiner Teil für alle Sozialversicherungsträger

SGB II   Grundsicherung für Arbeitssuchende

SGB III   Arbeitsförderung

SGB IV   Gemeinsame Vorschriften für die Sozialversicherung

SGB V   Gesetzliche Krankenversicherung

SGB VI   Gesetzliche Rentenversicherung

SGB VII   Unfallversicherung

SGB VIII Kinder- und Jugendhilfe

SGB IX   Rehabilitation und Teilhabe behinderter Menschen

SGB X   Verwaltungsvorschriften

SGB XI   Soziale Pflegeversicherung

SGB XII   Sozialhilfe

Eine detaillierte Darstellung der Gesetzesinhalte würde an dieser Stelle den Rahmen sprengen. Als zusätzliche Rechtsgrundlagen gelten die Satzungen der Versicherungsträger (§ 34 SGB IV). Diese regeln insbesondere Aufgaben und Befugnisse der vertretungsberechtigten Organe eines Versicherungsträgers. Die Satzung ist öffentlich bekannt zu machen und bedarf der Genehmigung der dafür bestimmten Behörde.

2.2 Träger und Organisation

Am 1.10.2005 haben sich alle Rentenversicherungsträger unter dem Namen „Deutsche Rentenversicherung" zusammengeschlossen. Dabei wurde u. a. die frühere Unterscheidung zwischen Arbeitern und Angestellten zur Vereinfachung für die Arbeitgeber und zur Verringerung der Verwaltungskosten abgeschafft.

Deutsche Rentenversicherung Bund

Die **Deutsche Rentenversicherung Bund** (Zusammenschluss der früheren Bundesversicherungsanstalt für Angestellte und dem Verband Deutscher Rentenversicherungsträger) ist der mit Abstand größte einzelne Versicherungsträger (2014: ca. 32,8 Mio. Versicherte und Rentner). Dort werden außerdem die Grundsatz- und Querschnittsaufgaben gebündelt. Sie vertritt die gesetzliche Rentenversicherung als Gesamtheit und ist unter anderem für fachliche und rechtliche Grundsatzfragen sowie für grundsätzliche organisatorische und finanzielle Fragen zuständig.

Als zweiter Träger ist die **Deutsche Rentenversicherung Knappschaft-Bahn-See** aus der Zusammenlegung der Bundesknappschaft, der Bahnversicherungsanstalt und der Seekasse entstanden.

Regionalträger

Daneben können die früheren Landesversicherungsanstalten als so genannte Regionalträger fungieren. Diese wurden am 1.10.2005 umbenannt und heißen jetzt zum Beispiel Deutsche Rentenversicherung Baden-Württemberg oder Deutsche Rentenversicherung Nord. Sie verwalten den größten Teil des Auskunfts- und Beratungsdienststellennetzes.

Neuversicherte Arbeitnehmer werden seit dem 1.1.2005 durch die Datenstelle der Rentenversicherung einem Rentenversicherungsträger zugeordnet. Die Zuordnung erfolgt anhand der jeweiligen Versicherungsnummer in einem Ausgleichsverfahren und wird auf alle Rentenversicherungsträger gleichmäßig verteilt. Für Fragen zur Rentenversicherung stehen jedoch grundsätzlich alle Rentenversicherungsträger zur Verfügung.

2.3 Versicherter Personenkreis

Versicherungspflicht in der gesetzlichen Rentenversicherung

Versicherungspflicht in der gesetzlichen Rentenversicherung besteht grundsätzlich für alle Arbeitnehmer (bis auf wenige Ausnahmen), jeweils ohne Rücksicht auf die Höhe ihres Einkommens.

Außerdem sind unter anderem pflichtversichert:
- Auszubildende
- Eltern während der Kindererziehungszeiten
- nicht erwerbsmäßig tätige Pflegepersonen (Pflege von Angehörigen)
- Menschen mit Behinderung, die in gesetzlich anerkannten Werkstätten tätig sind
- Personen im Bundesfreiwilligendienst (oder früher Wehrdienst)
- Personen, die Unterhaltsersatzleistungen beziehen (z. B. Krankengeld oder Arbeitslosengeld)

2. Die gesetzliche Rentenversicherung

Nicht versicherungspflichtig sind Personen, die in einem anderen Sicherungssystem Anwartschaften erwerben, wie etwa Beamte, Richter, Freiberufler, Berufs- und Zeitsoldaten oder Landwirte.

Nicht versicherungspflichtig sind außerdem:
- satzungsmäßige Mitglieder geistlicher Genossenschaften
- geringfügig Beschäftigte (Minijobber)
- Selbstständige und Freiberufler, bei denen keine Pflichtversicherung besteht
- Altersrentner

Nicht Versicherungspflichtige ab dem 16. Lebensjahr können der Pflichtversicherung freiwillig beitreten (Antragspflichtversicherung).

Selbstständige

Selbstständige sind grundsätzlich nicht versicherungspflichtig. Es gibt davon aber eine ganze Reihe von Ausnahmen. Dies gilt unter gewissen Voraussetzungen für Handwerker sowie für Hebammen, Künstler, Publizisten, in der Pflege tätige Personen, Seelotsen, Küstenschiffer bzw. -fischer sowie für freiberufliche Lehrer und Erzieher. Diese Personenkreise sind per Gesetz versicherungspflichtig.

Versicherungspflicht bei Selbstständigen

Bei selbstständigen Handwerksmeistern ist dies dann der Fall, wenn sie in der so genannten Handwerksrolle eingetragen sind und tatsächlich selbstständig arbeiten. Die Eintragung ist dann erforderlich, wenn der Inhaber ein zulassungspflichtiges Gewerbe ausübt. Nach einer Versicherungszeit von 18 Jahren besteht die Möglichkeit, sich von der Rentenversicherungspflicht befreien zu lassen.

Ebenfalls versicherungspflichtig sind so genannte Scheinselbstständige. Dabei handelt es sich um Personen, die zwar auf dem Papier selbstständig sind, in der Praxis aber grundsätzlich wie ein Arbeitnehmer handeln müssen. Meist arbeitet der Selbstständige in diesem Fall nur für einen einzigen Auftraggeber. Ob eine Scheinselbstständigkeit vorliegt, muss immer im Einzelfall geprüft werden.

Scheinselbstständige

Als Kriterien dafür gelten z. B.:
- uneingeschränkte Verpflichtung, den Weisungen des Auftraggebers Folge zu leisten
- Verpflichtung, bestimmte Arbeitszeiten einzuhalten
- Berichtspflichten gegenüber dem Auftraggeber
- Verpflichtung, in bestimmten Räumen oder an einem bestimmten Ort zu arbeiten

Geringfügig Beschäftigte – Minijobber

In Deutschland existiert eine große Anzahl an geringfügigen Beschäftigungsverhältnissen, die häufig auch dauerhaft bestehen und ausgeübt werden. Für diese Minijobber (monatliche Einnahmen bis 450 €) gelten bezüglich der Rentenversicherungspflicht besondere Regelungen. Sie können mit reduzierten pauschalen Beiträgen Rentenansprüche für später erwerben.

Minijobber

Personen, die einen dauerhaften Minijob nach dem 31.12.2012 begonnen haben, sind grundsätzlich rentenversichert, können sich auf Antrag allerdings davon befreien lassen. Für ältere Beschäftigungsverhältnisse galt und gilt weiterhin die umgekehrte Regelung: Der Versicherte ist grundsätzlich nicht versicherungspflichtig, kann aber seinen Verzicht auf die Versicherungsfreiheit erklären. Durch diese Neuregelung zum 1.1.2013 sollten die meist sehr geringen Rentenansprüche von geringfügig Beschäftigten verbessert werden.

Pauschalbetrag

Sofern Versicherungspflicht besteht, bezahlt der geringfügig Beschäftigte einen Eigenbeitrag von 3,9 % seines Verdienstes. Vom Arbeitgeber ist ein Pauschalbetrag von 13 % zur Krankenversicherung (bei gesetzlich Versicherten), 15 % zur Rentenversicherung, insgesamt 0,99 % für verschiedene weitere Umlagen (Lohnfortzahlung im Krankheitsfall, Mutterschaftsgeld, Insolvenzgeldumlage) sowie eine Pauschalsteuer von 2 % zu bezahlen.

Kurzfristige geringfügige Beschäftigungen (bis zu zwei Monate) sind für Arbeitnehmer und Arbeitgeber sozialversicherungsfrei.

2.4 Höhe der Beiträge

Beitragsbemessungsgrenze

Die Beiträge zur gesetzlichen Rentenversicherung werden als Prozentsatz vom Erwerbseinkommen des Versicherten berechnet, maximal bis zur Höhe der Beitragsbemessungsgrenze.

Jahr	Beitragssatz zur allgemeinen Rentenversicherung in %	Beitragsbemessungsgrenze in Euro	
		Alte Bundesländer	Neue Bundesländer
2005	19,50	62.400	52.800
2006	19,50	63.000	52.800
2007	19,50	63.000	54.600
2008	19,50	63.600	54.000
2009	19,50	64.800	54.600
2010	19,90	66.000	55.800
2011	19,90	66.000	57.600
2012	19,60	67.200	57.600
2013	18,90	69.600	58.800
2014	18,90	71.400	60.000
2015	18,70	72.600	62.400

Tabelle 4: Sozialversicherungs-Rechengrößenverordnung 2015
(Quelle: Deutsche Rentenversicherung Bund – Rentenversicherung in Zahlen 2014)

2. Die gesetzliche Rentenversicherung

Bei Arbeitnehmern wird die Hälfte der Beiträge vom Arbeitgeber übernommen. Das führt dazu, dass eine Erhöhung des Beitragssatzes direkt die Kosten für die Unternehmen erhöht. Diese stehen in einem zunehmenden internationalen Wettbewerb mit steigendem Kostendruck. Damit die Unternehmen konkurrenzfähig bleiben, muss die Beitragssatzhöhe auch von Seiten der Politik genau beobachtet werden. Es ist daher nicht möglich, die demografischen Probleme des Rentensystems einfach durch eine beliebige Erhöhung des Beitragssatzes auszugleichen.

Auswirkung des Beitragssatzes auf die Arbeitskosten

Bei bestimmten Personenkreisen wird die so genannte Bezugsgröße zur Beitragsberechnung herangezogen. Dies ist beispielsweise bei den pflichtversicherten Selbstständigen der Fall. Die Bezugsgröße wird aus dem Durchschnittsentgelt der Versicherten der gesetzlichen Rentenversicherung des jeweils vorletzten Kalenderjahres berechnet. Für 2015 beträgt die monatliche Bezugsgröße 2.835 € in den alten Bundesländern bzw. 2.415 € in den neuen Bundesländern.

Bezugsgröße

Multipliziert man die Bezugsgröße mit dem Beitragssatz ergibt sich der Regelbeitrag, der grundsätzlich von pflichtversicherten Selbstständigen zu entrichten ist. Alternativ ist – auf Antrag des Selbstständigen – auch eine Beitragsberechnung aus dem tatsächlichen Einkommen, maximal bis zur Höhe der Beitragsbemessungsgrenze, möglich. Dies ist entsprechend dann sinnvoll, wenn der Selbstständige nur über ein geringes Einkommen verfügt.

Regelbeitrag

2.5 Leistungsarten und Leistungsberechnung

Die Leistungen der gesetzlichen Rentenversicherung gliedern sich in zwei zentrale Bereiche: Zum einen gehört die Zahlung von Altersrenten seit dem Bestehen der gesetzlichen Rentenversicherung zu ihren zentralen Aufgaben. Zudem sind die Versicherten aber auch vor den Folgen der verminderten Erwerbsfähigkeit und bei Tod des Ehepartners bzw. der Eltern mehr oder weniger umfangreich abgesichert.

Die andere große Aufgabe der Rentenversicherung ist die Rehabilitation. Sie sorgt dafür, die Erwerbsfähigkeit kranker und behinderter Menschen positiv zu beeinflussen und – wenn möglich – wiederherzustellen.

2.5.1 Grundlagen der Rentenberechnung: Rentenformel

einheitlichen Rentenformel

Die Höhe des Rentenanspruchs der Versicherten ergibt sich für alle Rentenformen aus einer einheitlichen Rentenformel. Sie besteht aus vier Faktoren, die miteinander multipliziert werden:

Persönliche Entgeltpunkte (EP)	Rentenartfaktor (RAF)
▪ Summe der vom Versicherten über alle Versicherungsjahre angesammelten Ansprüche ▪ Pro Jahr: Verhältnis Verdienst des Versicherten zum Durchschnittsverdienst **aller** Versicherten	▪ Faktor, der die Höhe der verschiedenen Rentenarten berücksichtigt, z. B. Altersrente = 1 Halbe Erwerbsminderungsrente = 0,5 Große Witwenrente = 0,55 Kleine Witwenrente = 0,25
Rentenzugangsfaktor (ZF)	**Aktueller Rentenwert (AR)**
▪ Bewertung, wann der Versicherte die Rente bezieht (zum „Normalzeitpunkt", vorzeitig oder verspätet): 65. Lebensjahr = 1,000 Vor dem 65. LJ – 0,003 je Monat Nach dem 65. LJ + 0,005 je Monat	▪ Aktueller Gegenwert in € für einen Entgeltpunkt (2014: 28,61 € West / 26,39 € Ost) ▪ Anpassung immer zum 1.7. eines Jahres

Tabelle 5: Rentenformel

Die Rentenberechnung erfolgt dann nach der Formel:

$$EP \times RAF \times ZF \times AR = \text{Monatsrente}$$

Von diesem Betrag sind noch ca. 10 % an die Kranken- und Pflegeversicherung sowie die Einkommen- und ggf. Kirchensteuer zu bezahlen (siehe Abschnitt 2.5.5).

Persönliche Entgeltpunkte

Rentenansprüche und Versichertenkonto

Basis für die individuelle Rentenhöhe ist die Anzahl der erreichten Entgeltpunkte. Die vom Versicherten im Lauf seines Lebens geleisteten Rentenbeiträge werden jedes Jahr in eine „Vergleichswährung" – die Entgeltpunkte – umgerechnet und auf dem Versichertenkonto gutgeschrieben. Damit wird berücksichtigt, wie lange und in welcher Höhe der Versicherte Rentenbeiträge geleistet hat. So lassen sich die meist über viele Jahre erworbenen Rentenansprüche summieren und bewerten.

Entgeltpunkte

Die Entgeltpunkte werden errechnet, indem das Einkommen des Einzelnen ins Verhältnis zum Durchschnittseinkommen aller Versicherten gesetzt wird. Hat der Versicherte genau im Durchschnitt verdient – und dafür Beiträge gezahlt – erhält er einen Entgeltpunkt. Lag sein Verdienst z. B. bei 75 % des Durchschnittseinkommens, erhält er für das betreffende Jahr 0,75 Entgeltpunkte. Hat er 50 % mehr als der Durchschnitt verdient, erhält er 1,5 Entgeltpunkte.

2. Die gesetzliche Rentenversicherung

Da Beiträge nur bis zur Höhe der Beitragsbemessungsgrenze entrichtet werden müssen, ist auch die Anzahl der maximal möglichen Entgeltpunkte pro Jahr begrenzt (möglich sind maximal etwa 2 pro Jahr). Für Versicherte mit einem Jahreseinkommen oberhalb der Beitragsbemessungsgrenze bedeutet dies einen zusätzlichen Vorsorgebedarf. Da diese Personen aus Teilen ihres Einkommens keine Rentenanwartschaften erwerben, wird ihre spätere Versorgungslücke – also die Differenz zwischen der gesetzlichen Altersrente und dem für den Lebensunterhalt benötigten Geldbetrag – noch größer ausfallen.

Das entsprechende Durchschnittseinkommen aller Versicherten wird durch Rechtsverordnung der Bundesregierung mit Zustimmung des Bundesrates jährlich unter Berücksichtigung der vom statistischen Bundesamt erhobenen Daten festgestellt.

Jahr	Durchschnitteinkommen in € (gem. SGB VI, Anlage 1)	
	Alte Bundesländer	Neue Bundesländer
2005	29.202	24.691
2006	29.494	24.938
2007	29.951	25.294
2008	30.625	25.829
2009	30.506	26.047
2010	31.144	26.560
2011	32.100	27.342
2012	33.002	28.004
2013*	33.659	28.617
2014**	34.857	29.359
2015	34.999	34.870

* vorläufig bis 31.12.2015   ** vorläufig für 2015

Tabelle 6: Durchschnittseinkommen aller Versicherten (Quelle: Statistisches Bundesamt)

Bei den Versicherungsjahren sowie den Entgeltpunkten ergeben sich eindeutige geschlechtsspezifische Unterschiede. Frauen haben infolge ihrer oft kurzen und/oder unterbrochenen Berufsbiografien erheblich weniger Versicherungsjahre aufzuweisen. Zugleich liegt ihr Verdienst unter dem Durchschnittsverdienst, so dass sie weniger Entgeltpunkte als Männer verzeichnen können. Hier wirken sich Teilzeitarbeit, schlechtere Einkommenspositionen und Arbeit in schlechter bezahlten Branchen aus. Die Versichertenrenten fallen deshalb für Frauen im Durchschnitt niedriger aus als für Männer.

geschlechtsspezifische Unterschiede

Durchschnittliche Zahlbeträge der laufenden Altersrenten am 31.12.2013 in Euro	Frauen	Männer
Alte Bundesländer	512	1.003
Neue Bundesländer	755	1.096

Tabelle 7: Durchschnittliche Zahlbeträge der laufenden Altersrenten
(Quelle: Deutsche Rentenversicherung Bund – Rentenversicherung in Zahlen 2013)

So hoch sind die Renten
Von je 1 000 Altersrenten in der gesetzlichen Rentenversicherung sind so hoch

	Westdeutschland		Ostdeutschland	
	Männer	Frauen	Männer	Frauen
1 500 Euro und mehr	153	8	96	8
1 200 bis unter 1 500	219	30	192	46
900 bis unter 1 200	221	97	371	174
600 bis unter 900	155	254	266	527
300 bis unter 600	116	282	57	204
unter 300 Euro	135	327	16	41

Quelle: Deutsche Rentenversicherung Stand Ende 2013 rundungsbed. Differenzen © Globus 6723

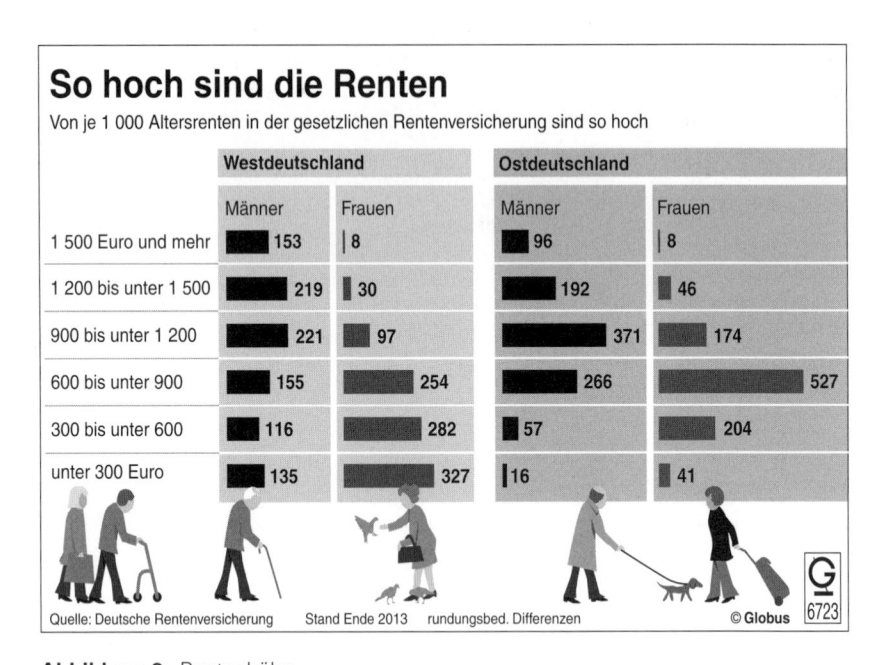

Abbildung 3: Rentenhöhe

Standard- oder Eckrente

Bei den in der Tabelle angegebenen Werten handelt es sich um die im Durchschnitt tatsächlich an die Rentner ausgezahlten Altersrenten (allerdings noch ohne Berücksichtigung der Sozialversicherungsbeiträge und der Steuer). Nicht damit verwechselt werden darf die in Politik und Medien häufig verwendete Standard- oder Eckrente. Sie ist lediglich eine Vergleichsgröße, mit deren Hilfe z. B. das allgemeine Rentenniveau über die Zeit verglichen werden kann.

Die Standardrente ist eine Altersrente, die auf 45 Entgeltpunkten beruht, d. h. sie gilt für einen Rentner, der 45 Jahre lang immer das Durchschnittseinkommen verdient hat. In der Praxis kommt eine solche Rente praktisch nicht vor. Sie liegt deutlich höher als der größte Teil der wirklich in der Bevölkerung vorhandenen Rentenansprüche.

So entwickeln sich die Renten

Verfügbare Eckrente* in Euro je Monat (jeweils ab 1. Juli)

Jahr	West	Ost	Ost in Prozent von West
1990	852	344	40,3 %
1995	988	778	78,8
2000	1 033	896	86,8
2005	1 063	937	88,1
2010	1 103	978	88,7
2014	1 155	1 065	92,2

* Rente nach 45 Versicherungsjahren mit durchschnittlichem Verdienst; nach Abzug der Beiträge zur Kranken- und Pflegeversicherung
Quelle: BMAS, Dt. Rentenversicherung © Globus 6605

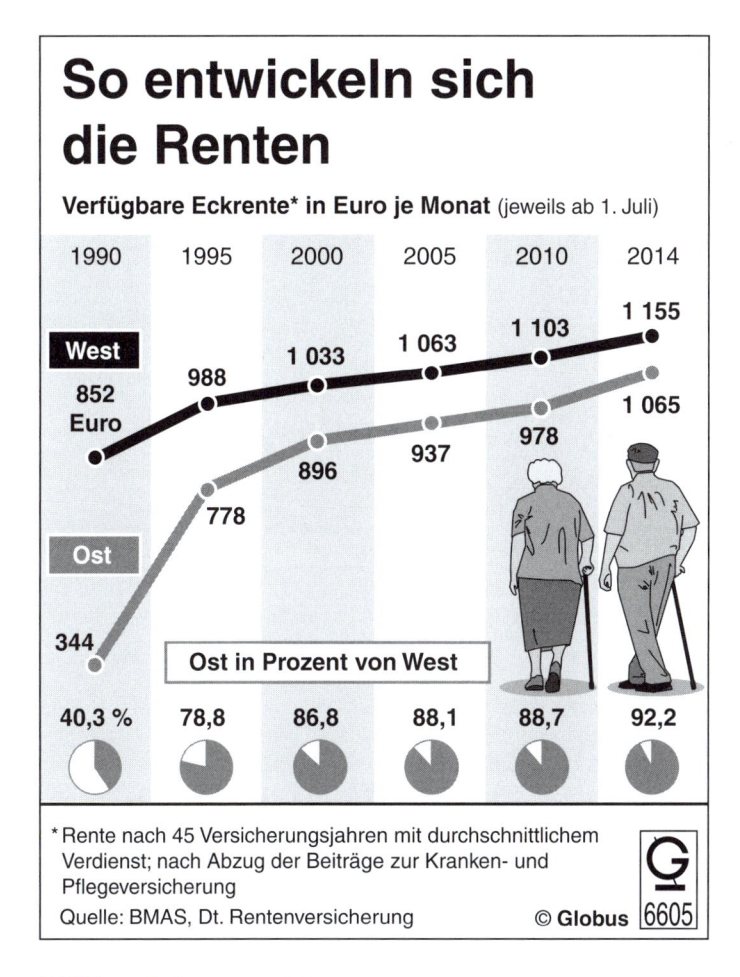

Abbildung 4: Rentenentwicklung

In bestimmten Fällen werden den Versicherten auch persönliche Entgeltpunkte gutgeschrieben, ohne dass sie aktuell Beiträge bezahlen. Dies gilt z. B. für Zeiten der Kindererziehung, des Wehr- oder Zivildienstes, der Krankheit, Arbeitslosigkeit oder der Pflege eines Pflegebedürftigen im eigenen Haushalt (weitere Details dazu siehe Abschnitt 2.5.2).

Rentenartfaktor

Der Rentenartfaktor ist abhängig von der betreffenden Rentenart. Er gibt die relative Höhe des Rentenanspruchs an. Diese bezieht sich auf die vorhandenen Rentenansprüche des Rentenbeziehers oder im Fall der Hinterbliebenenrenten auf die Rentenansprüche des Verstorbenen.

Rentenart	Rentenartfaktor
Altersrente	1,0
Rente wegen teilweiser Erwerbsminderung	0,5
Rente wegen voller Erwerbsminderung	1,0
Rente wegen Berufsunfähigkeit (nur für Versicherte, die vor 1.1.62 geboren sind)	0,667
Erziehungsrente	1,0

kleine Witwen- bzw. Witwerrente
    für die ersten drei Kalendermonate nach
    dem Todesmonat
	0,25
	
	1,0

große Witwen- bzw. Witwerrente:
    für die ersten drei Kalendermonate nach
    dem Todesmonat
	0,55
	
	1,0

Halbwaisenrente	0,1
Vollwaisenrente	0,2

Tabelle 8: Rentenartfaktor

▶ Beispiele

Bei der Altersrente und der vollen Erwerbsminderungsrente werden die vorhandenen Ansprüche in voller Höhe berücksichtigt. Daher haben beide den Rentenartfaktor 1,0. Die kleine Witwen-/Witwerrente beträgt dagegen 25 % der Rente des verstorbenen Versicherten. Der Rentenartfaktor beträgt daher in diesem Fall 0,25.

Bei der kleinen und großen Witwen-/Witwerrente wird für die ersten drei Monate nach dem Todesfall eine Übergangsleistung gezahlt (so genanntes Sterbevierteljahr) in dem für diesen Zeitraum die Altersrente des Verstorbenen in voller Höhe geleistet wird. Der Rentenartfaktor beträgt daher 1,0 für die ersten drei Monate und anschließend 0,25 bzw. 0,55.

Rentenzugangsfaktor

Unterschiede bei der Rentenbezugsdauer

Der Zugangsfaktor bewertet die Unterschiede bei der Rentenbezugsdauer. Er beträgt beim Renteneintritt mit derzeit noch 65 Jahren 1,0. Wer vorzeitig in Rente geht, hat einen Zugangsfaktor kleiner als 1 und erhält deshalb weniger Monatsrente. Beginnt die Rente erst nach der Regelaltersgrenze (65 Jahre, künftig 67 Jahre), so erhöht sich die Rente.

Pro Monat, den der Versicherte vor der Regelaltersgrenze in Rente geht, wird ein Abschlag von 0,3 % vorgenommen. Der Rentenzugangsfaktor sinkt somit pro Monat um 0,003. Der Rentenbezug kann maximal drei Jahre vorverlegt werden. In diesem Fall beträgt der Abschlag somit 36 × 0,3 % = 10,8 %; er entfällt nicht, wenn die Regelaltersgrenze erreicht wird. Der vorzeitige Rentenbezug ist allerdings nur unter bestimmten Voraussetzungen möglich (u. a. Altersrente für langjährig Versicherte, siehe Abschnitt 2.6.1)

2. Die gesetzliche Rentenversicherung

Der Zugangsfaktor ist größer als 1,0, wenn eine Rente wegen Alters trotz erfüllter Wartezeit erst nach Vollendung des 65. (künftig 67.) Lebensjahres in Anspruch genommen wird. Die Rente erhöht sich um 0,5 % für jeden Kalendermonat, in dem die Regelaltersrente nach der Vollendung des 65. Lebensjahres erstmalig beantragt wird, d. h. der Rentenzugangsfaktor steigt in diesem Fall pro Monat um 0,005.

Durch die letzte Rentenreform wird die Regelaltersgrenze stufenweise auf 67 Jahre erhöht:

Regelaltersgrenze

Geburtsjahr	Regelaltersgrenze	Geburtsjahr	Regelaltersgrenze
bis 1946	65	1956	65 + 10 Monate
1947	65 + 1 Monat	1957	65 + 11 Monate
1948	65 + 2 Monate	1958	66
1949	65 + 3 Monate	1959	66 + 2 Monate
1950	65 + 4 Monate	1960	66 + 4 Monate
1951	65 + 5 Monate	1961	66 + 6 Monate
1952	65 + 6 Monate	1962	66 + 8 Monate
1953	65 + 7 Monate	1963	66 + 10 Monate
1954	65 + 8 Monate	ab 1964	67
1955	65 + 9 Monate		

Tabelle 9: Regelaltersgrenze (Quelle: § 235 Abs. (2) SBG VI)

▶ Beispiel

Für einen 1958 geborenen Versicherten beträgt die Regelaltersgrenze 66 Jahre. Will er schon mit 64 Jahren und 6 Monaten in Rente gehen (d. h. 18 Monate vorher) und hat er die entsprechenden Voraussetzungen dafür erfüllt, werden von seiner Altersrente grundsätzlich 18 × 0,3 % = 5,4 % dauerhaft abgezogen.

Aktueller Rentenwert

Beim aktuellen Rentenwert handelt es sich um den Monatsbetrag der Rente, der für einen Entgeltpunkt gezahlt wird. Durch seine regelmäßige Anpassung erfolgt die Dynamisierung der Rente, um sie an die wirtschaftliche Entwicklung anzupassen.

aktueller Rentenwert

Der aktuelle Rentenwert beträgt 28,61 € (Stand: 01.07.2014) für die alten Bundesländer und 26,39 € für die neuen Bundesländer.

2.5.2 Rentenrechtliche Zeiten und Wartezeiten

In die Rentenberechnung fließen eine Reihe unterschiedlicher Zeiträume ein, welche die Versicherten im Lauf ihres Lebens zurückgelegt bzw. erfüllt haben. Dies sind zum einen **Beitragszeiten**: Dabei handelt es sich um Zeiten, in denen pflichtgemäß oder auf freiwilliger Basis Beiträge gezahlt wurden, oder für die ein fiktiver Beitrag angerechnet wird, obwohl die Versicherten keine eigenen Beiträge erbracht haben.

Beitragszeiten

- *Kindererziehungszeiten:*

  Hier übernimmt der Staat die Pflichtbeiträge in einer fiktiven Höhe. Diese richtet sich nach dem Verdienst eines Durchschnittsverdieners (2015 voraussichtlich 34.999 €). Für jedes vor dem 1.1.1992 geborene Kind werden seit Juli 2014 der Mutter oder dem Vater zwei Jahre Kindererziehungszeit angerechnet. Für nach dem 31.12.1991 geborene Kinder sind es drei Jahre. Jeder Monat der Kindererziehungszeit wird mit 0,0833 Entgeltpunkten bewertet. Das ergibt einen ganzen Entgeltpunkt pro Jahr. Damit ist ein Jahr der Kindererziehung so viel wert, als wäre in dem Jahr der Kindererziehung der Durchschnittsverdienst erzielt worden.

- *Pflegezeiten:*

  Auch für nicht erwerbsmäßig tätige Pflegepersonen werden Pflichtbeiträge in die Rentenversicherung eingezahlt. Wer nach dem 1.4.1995 einen Pflegebedürftigen, der Leistungen aus der Pflegeversicherung erhält, in häuslicher Umgebung pflegt, ist für diese Zeit versicherungspflichtig. Die Pflege muss wenigstens 14 Stunden pro Woche betragen. Die Pflichtbeiträge zahlt die Pflegekasse.

- *Wehr- und Zivildienst:*

  Für Wehr- und Zivildienstleistende werden seit dem Jahr 2000 Beiträge aus einem fiktiven Verdienst in Höhe von 60 % der sich jährlich ändernden Bezugsgröße gezahlt.

- *Zeiten mit Lohnersatzleistungen:*

  Für Zeiten des Bezugs von Lohnersatzleistungen, insbesondere Zeiten von Krankheit und Arbeitslosigkeit, werden ebenfalls Beiträge zur GRV gezahlt und gelten daher grundsätzlich seit 1992 als Pflichtbeitragszeit, wenn zuvor eine Versicherungspflicht bestand. Hier übernimmt dann die Agentur für Arbeit die Beitragszahlung. Der Beitrag wird auf der Grundlage von 80 % des letzten Bruttoarbeitsentgeltes berechnet.

  Für Bezieher des Arbeitslosengeldes II werden seit 1.1.2011 keine Beiträge zur Rentenversicherung mehr gezahlt. Die Zeiten des Leistungsbezugs gelten seitdem als Anrechnungszeiten.

beitragsfreie Zeiten

Zum anderen gibt es die beitragsfreien Zeiten (in denen also kein Beitrag gezahlt oder angerechnet wurde), die aber trotzdem den Rentenanspruch erhöhen können. Dazu zählen Anrechnungszeiten, Zurechnungszeiten und Ersatzzeiten. Es handelt sich um Zeiten, in denen die Beitragszahlung an die Rentenversicherung aus bestimmten persönlichen oder politischen Gründen unterblieben ist.

- *Anrechnungszeiten:*

  Hierzu zählen u. a. die ambulante Rehabilitation, Arbeitsunfähigkeit, Schwangerschaft, Mutterschaft, Arbeitslosigkeit, Ausbildungssuche, Krankheitszeiten zwischen dem 17. und 25. Lebensjahr sowie schulische Ausbildungszeiten nach dem 17. Lebensjahr.

  Für die tatsächliche Anerkennung einer Anrechnungszeit existieren einige Sonderregelungen bzw. Ausschlussgründe. So wird eine Anrechnungszeit z. B. nicht anerkannt, wenn aus dem gleichen Grund Sozialleistungen

gezahlt werden. Daher werden bei Arbeitsunfähigkeit und Arbeitslosigkeit häufig keine Anrechnungszeiten anerkannt.

- *Zurechnungszeiten:*

  Zurechnungszeiten werden bei einer Rente wegen Berufsunfähigkeit oder Erwerbsunfähigkeit oder einer Rente wegen Todes hinzugerechnet, wenn der Versicherte das 62. Lebensjahr (gilt seit dem 1.7.2014; vorher 55, dann mit Teilanrechnung der Zeit von 55 bis 60, zuletzt 60) noch nicht vollendet hat. Die Zurechnungszeit beginnt mit dem Eintritt der Minderung der Erwerbsfähigkeit bzw. bei Hinterbliebenenrenten mit dem Tod des Versicherten. Damit wird die Rentenberechnung so vorgenommen, als hätte der Versicherte Beiträge gezahlt, die dem jährlichen durchschnitt seiner bisher erworbenen Entgeltpunkte entsprochen hätten.

- *Ersatzzeiten:*

  Ersatzzeiten gibt es im Wesentlichen aus der Zeit vor dem 1.1.1992. Es handelt sich um Zeiten, in denen die Beitragszahlung aus Gründen, die die Versicherten nicht zu vertreten haben, unterblieben ist, vor allem aus politischen Gründen. Zu den Ersatzzeiten zählen z. B. Zeiten des Militärdienstes in den beiden Weltkriegen, Zeiten der Kriegsgefangenschaft, Zeiten der Vertreibung, Flucht, Umsiedlung oder Aussiedlung sowie gegebenenfalls Zeiten politischer Haft in der ehemaligen DDR.

Wartezeiten

Ob überhaupt Leistungen aus der gesetzlichen Rentenversicherung gezahlt werden, ist häufig von der Erfüllung von Wartezeiten (Mindestversicherungszeiten, § 51 SGB VI) abhängig.

Mindestversicherungszeiten

Je nach Rentenart gelten Wartezeiten zwischen fünf und 45 Jahren, auf die alle Beitragszeiten und unterschiedliche weitere rentenrechtliche Zeiten des Versicherten angerechnet werden. Die wichtigste ist die allgemeine Wartezeit von fünf Jahren. Sie ist beispielsweise für den Bezug einer Regelaltersrente oder einer Erwerbsminderungsrente zu erfüllen.

2.5.3 Versorgungsausgleich

Bei einer Scheidung werden die während der Ehe erworbenen Ansprüche auf eine Altersversorgung aufgeteilt. Das Familiengericht führt zu diesem Zweck den so genannten Versorgungsausgleich durch. Dem liegt der Gedanke zugrunde, dass derjenige Ehegatte, der während der Ehe das Haus geführt und Kinder betreut hat und deshalb nicht oder nur im geringen Umfang berufstätig sein konnte, im Alter eine eigenständige soziale Absicherung haben soll.

Der Versorgungsausgleich wird für die gesetzliche, betriebliche und private Altersversorgung durchgeführt, im Regelfall als so genannte interne Teilung beim jeweiligen Versorgungsträger. Dabei überträgt jeder Ehegatte jeweils die Hälfte seiner während der Ehe erworbenen Anrechte an den anderen Ehegatten. Haben beide Ehepartner Anwartschaften beim gleichen Versorgungsträger, z. B. der gesetzlichen Rentenversicherung, werden die übertragenen Ansprüche miteinander verrechnet.

interne Teilung

2.5.4 Rentenanpassungen

Zum 1.7. jedes Jahres wird eine Erhöhung der laufenden Rentenzahlungen geprüft. Die Höhe der gesetzlichen Renten orientiert sich dabei an der Entwicklung der Bruttolöhne in Deutschland.

Rentenanpassungsformel

Die Ermittlung der Rentenanpassung erfolgt für alte und neue Bundesländer getrennt nach der Rentenanpassungsformel. Diese enthält neben der Bruttolohnentwicklung noch den so genannten Nachhaltigkeitsfaktor und eine Schutzklausel, die sinkende Renten verhindert.

Der Nachhaltigkeitsfaktor, den es seit dem 1.7.2005 gibt, soll die demografische Entwicklung der deutschen Bevölkerung in die Rentenanpassung einbeziehen. Er berücksichtigt das Verhältnis von Leistungsbeziehern (Personen, die Rente erhalten) zu versicherungspflichtigen Beschäftigten (den Beitragszahlern). Nimmt die Zahl der Beitragszahler im Vergleich zur Zahl der Rentner ab, wie aktuell zu beobachten, fallen Rentenanpassungen geringer aus.

Schutzklausel verhindert Rentenkürzungen

Ergibt sich aus der Berechnung rechnerisch eine Rentenkürzung, wird diese nicht durchgeführt, da absolute Rentenkürzungen nach der Schutzklausel des § 68a SGB VI gesetzlich ausgeschlossen sind. Unterbliebene Kürzungen werden in Folgejahren allerdings durch geringere Rentensteigerungen ausgeglichen.

Die Höhe der Rentenanpassung wird letztlich von der Bundesregierung per Verordnung festgelegt und erfordert die Zustimmung des Bundesrates. Die Umsetzung erfolgt dadurch, dass der aktuelle Rentenwert für Ost bzw. West entsprechend erhöht wird.

In der Vergangenheit enthielt die Formel zusätzlich einen „Riester-Faktor", durch den die Rentensteigerungen ebenfalls geringer ausfielen. Dieser Faktor wirkte aber letztmalig auf die Rentenanpassung zum 1.7.2013.

2.5.5 Steuer auf Renten

Übergang zur nachgelagerten Besteuerung

Mit dem Alterseinkünftegesetz wurde im Jahr 2005 die Besteuerung von privaten und gesetzlichen Renten sowie die steuerliche Behandlung der zugehörigen Beiträge grundsätzlich überarbeitet und in ein einheitliches System überführt. Kernpunkt der Umgestaltung ist der langfristige Übergang zur nachgelagerten Besteuerung.

Beiträge für bestimmte Formen der Altersvorsorge – unter anderem zur gesetzlichen Rentenversicherung – können zwar weiterhin als Vorsorgeaufwendungen vom steuerpflichtigen Einkommen abgezogen werden. Dafür müssen aber später die Renteneinkünfte in voller Höhe versteuert werden. Sowohl für die abnehmende Absetzbarkeit der Beiträge als auch für die zunehmende Besteuerung der Leistungen gibt es sehr langfristige Übergangsregelungen.

2. Die gesetzliche Rentenversicherung

Die Besteuerung der gesetzlichen Alters-, Hinterbliebenen- oder Erwerbsminderungsrenten erfolgt seit 2005 gemäß § 22 EStG (sonstige Einkünfte) mit einem jährlich wachsenden steuerpflichtigen Anteil. Zuvor war nur der deutlich geringere Ertragsanteil der Rente einkommensteuerpflichtig, bei dem der Besteuerungsanteil vom Lebensalter des Rentners bei Renteneintritt abhing. Seit 2005 orientiert sich der Steuersatz nur noch am Jahr des Renteneintritts.

Steuersatz gemäß Jahr des Renteneintritts

Eintrittsjahr	Steuerpflichtiger Anteil
2005	50 %
2010	60 %
2014	68 %
2015	70 %
2020	80 %
2025	85 %
2030	90 %
2040	100 %

Alle Renten mit Beginn bis 2005 werden zu 50 % besteuert. Der steuerpflichtige Rentenanteil steigt in Schritten von 2 %-Punkten von 50 % im Jahre 2005 auf 80 % im Jahr 2020. Anschließend erfolgt eine Steigerung in 1 %-Schritten ab dem Jahr 2021 bis auf 100 % im Jahre 2040. Der steuerpflichtige Rentenanteil beträgt somit 50 % bei Rentenbeginn im Jahr 2005, 52 % bei Rentenbeginn 2006 usw. und schließlich 100 % bei Rentenbeginn ab 2040.

Der für das erste volle Kalenderjahr seit Rentenbeginn ermittelte Teil der Rente, der nicht zu versteuern ist, wird betragsmäßig festgeschrieben. Mit jeder Rentenerhöhung erhöht sich daher nur der steuerpflichtige Teil, der steuerfreie Betrag bleibt gleich. Folglich ist jede Rentensteigerung nach Rentenbeginn voll zu versteuern.

Auf die Steuerpflicht der Renten wird von der Deutschen Rentenversicherung zwar unter anderem in der Renteninformation hingewiesen, dennoch ist vielen Rentenversicherten nicht bewusst, dass von der gezahlten Rente noch Steuern sowie Pflege- und Krankenversicherungsbeiträge zu bezahlen sind.

In Beratungsgesprächen, bei denen auch der Altersvorsorgebedarf bzw. die Rentenlücke ermittelt wird, ist es daher von besonderer Bedeutung, von tatsächlichen gesetzlichen Rentenansprüchen, d. h. von Netto-Renten, auszugehen.

2.6 Ansprüche und Voraussetzungen einzelner Rentenarten

2.6.1 Altersrente

Arten der Altersrente

Nach den Vorschriften des Sechsten Buches Sozialgesetzbuch (SGB VI) gibt es in der gesetzlichen Rentenversicherung mehrere Arten der Altersrente. Jede ist mit unterschiedlichen Anforderungen wie z. B. Beitrags- oder Wartezeiten verbunden

- *Regelaltersrente:*

  Voraussetzungen für den Bezug der Regelaltersrente sind die Erfüllung der individuell geltenden Altersgrenze und der allgemeinen Wartezeit von fünf Jahren. Die Altersgrenze wird per Übergangsregelung derzeit vom 65. auf das 67. Lebensjahr erhöht (siehe Tabelle 9 „Regelaltersgrenze", Abschnitt 2.5.1).

  Eine vorzeitige Inanspruchnahme der Regelaltersrente ist nicht möglich. Möchten Versicherte eine Altersrente vor der Regelaltersgrenze beziehen, ist dies nur durch eine andere Rentenart möglich.

- *Altersrente für langjährig Versicherte nach § 36 SGB VI:*

  Der Rentenbezug ist ab Vollendung des 65. bis 67. Lebensjahres möglich, sofern eine Wartezeit von 35 Jahren erfüllt ist. Die exakte Altersgrenze ist abhängig vom Geburtsjahrgang der Versicherten analog zur Regelaltersgrenze; siehe Abschnitt 2.5.1 (Rentenzugangsfaktor).

  Eine vorzeitige Inanspruchnahme dieser Rentenart um bis zu vier Jahre ist möglich, dafür wird aber ein entsprechender Abschlag auf die Rentenhöhe vorgenommen (0,3 % pro Kalendermonat, max. 14,4 %).

- *Altersrente für besonders langjährig Versicherte nach § 236b SGB VI:*

Rentenversicherungs-Leistungsverbesserungsgesetz

  Zum 1.1.2012 wurde die Altersrente für besonders langjährig Versicherte eingeführt und durch das Rentenversicherungs-Leistungsverbesserungsgesetz zum 1.7.2014 noch einmal verbessert.

  Als Voraussetzung für den Rentenbezug muss eine Wartezeit von 45 Jahren erfüllt und die maßgebliche Altersgrenze von 63 bis 65 Jahren (je nach Geburtsjahrgang) erreicht sein.

  Die Auszahlung der Rente erfolgt bei Vorliegen dieser Voraussetzungen abschlagsfrei, obwohl die Regelaltersgrenze noch nicht erreicht ist. Eine noch frühere Inanspruchnahme (ggf. mit Abschlägen) ist nicht möglich.

Darüber hinaus gibt es spezielle Regelungen für die:

- Altersrente für schwerbehinderte Menschen

  Die Altersgrenze beträgt je nach Geburtsjahrgang und Zeitpunkt des Eintritts der Schwerbehinderung zwischen 60 und 65 Jahren. Voraussetzungen: Erfüllung einer Wartezeit von 35 Jahren und ein Grad der Behinderung von mindestens 50 % nach § 2 Abs. 2 SGB IX

- Altersrente für langjährig unter Tage beschäftigte Bergleute
  Diese wird in der Regel ab Vollendung des 62. Lebensjahres und Erfüllung von 25 Jahren Wartezeit gewährt.

Die gesetzlichen Regelungen zur Altersrente wegen Arbeitslosigkeit bzw. nach Altersteilzeitarbeit und die Altersrente für Frauen laufen inzwischen aus. Diese Altersrenten sind nur noch für Versicherte möglich, die vor dem 1.1.1952 geboren sind.

2.6.2 Erwerbsminderungsrente

Sind Versicherte nicht oder teilweise nicht mehr in der Lage, einer Erwerbstätigkeit auf dem allgemeinen Arbeitsmarkt nachzugehen, erhalten sie unter gewissen Voraussetzungen von der gesetzlichen Rentenversicherung eine Erwerbsminderungsrente.

Begriff der Erwerbsminderung

Der Begriff der Erwerbsminderung unterscheidet sich deutlich von dem der Berufsunfähigkeit, bei der es nur darauf ankommt, ob der Versicherte nicht mehr in seinem zuletzt ausgeübten Beruf tätig sein kann. Bei der Erwerbsminderung dagegen ist kein bestimmter Beruf, sondern die allgemeine Arbeitsfähigkeit versichert. Eine Rentenleistung wird nur dann gewährt, wenn der Versicherte generell nicht mehr in der Lage ist, irgendeine beliebige Erwerbstätigkeit auszuüben. Die Eintrittsschwelle für eine Erwerbsminderung ist also deutlich höher als bei einer Berufsunfähigkeit.

Unterschied Erwerbsminderung – Berufsunfähigkeit

> **Beispiel**
>
> Ein Fliesenleger, der aufgrund von Kniebeschwerden seinen Beruf nicht mehr ausüben kann, ist – je nach genauer Definition – möglicherweise berufsunfähig. Eine Erwerbsminderung liegt bei ihm aber nicht vor, denn er könnte ja stattdessen durchaus eine Bürotätigkeit ausüben.
>
> Ob für ihn in einem alternativ möglichen Beruf tatsächlich Anstellungsmöglichkeiten bestehen (Reichen seine Qualifikationen aus? Wie ist die Lage am Arbeitsmarkt?) und ob die gleichen Verdienstmöglichkeiten bestehen, spielt für die Beurteilung der Erwerbsminderung keine Rolle.

Leistungsvoraussetzungen

Grundsätzliche Voraussetzung für die Zahlung einer Erwerbsminderungsrente ist, dass die allgemeine Wartezeit von fünf Jahren erfüllt ist. Zusätzlich müssen in den letzten fünf Jahren vor Eintritt der Erwerbsminderung mindestens drei Jahre lang Pflichtbeiträge bezahlt worden sein (Ausnahme: bei Arbeitsunfällen oder Berufskrankheiten sowie bei Wehr- oder Zivildienstbeschädigungen gilt der Schutz bereits grundsätzlich ab der ersten Beitragszahlung). Für Berufsanfänger ist daher eine private zusätzliche Vorsorge besonders wichtig, weil sie im Ernstfall häufig keine oder nur eine sehr geringe Erwerbsminderungsrente zu erwarten haben.

Voraussetzungen

Zudem wird vor der Gewährung einer Erwerbsminderungsrente geprüft, ob durch Maßnahmen der medizinischen und/oder beruflichen Rehabilitation (z. B. Umschulungsmaßnahmen) die Erwerbsfähigkeit wiederhergestellt oder zumindest verbessert werden kann (Grundsatz „Reha vor Rente").

halbe und volle Erwerbsminderungsrente

Die Höhe der Erwerbsminderungsrente hängt vom Restleistungsvermögen des Versicherten ab. Je nachdem, wie viele Stunden er täglich noch arbeiten kann, wird ihm die volle oder halbe Erwerbsminderungsrente gewährt.

Erwerbsfähigkeit auf dem allgemeinen Arbeitsmarkt	Rentenanspruch
unter 3 Stunden täglich	volle Erwerbsminderungsrente
3 bis unter 6 Stunden täglich	halbe Erwerbsminderungsrente (bei Arbeitslosigkeit: volle Erwerbsminderungsrente)
6 Stunden oder mehr täglich	keine Rente

Exkurs

Ältere Versicherte (vor dem 2.1.1961 geboren) profitieren im Rahmen einer Vertrauensschutzregelung noch von der früher versicherten Berufsunfähigkeitsrente. Sie können ebenfalls die halbe Erwerbsminderungsrente erhalten, wenn sie ihren bisherigen Beruf nicht mehr für mindestens sechs Stunden pro Tag ausüben können – auch wenn sie in einem anderen Beruf noch ganztätig arbeiten könnten.

Allerdings wird in diesem Fall geprüft, ob es für den Versicherten zumutbar wäre, eine andere Tätigkeit aufzunehmen. Diese müsste dem Leistungsvermögen und den Fähigkeiten des Versicherten entsprechen und im Hinblick auf Ausbildung, bisherigen beruflichen Werdegang und die soziale Stellung zumutbar sein (analog zur so genannten „abstrakten Verweisung" in der privaten Berufsunfähigkeitsversicherung). Entsprechende Arbeitsplätze für eine solche Tätigkeit müssen grundsätzlich in ausreichender Zahl auf dem Arbeitsmarkt vorhanden sein. Es ist aber nicht erforderlich, dass diese Arbeitsplätze auch tatsächlich frei sind.

Ist eine teilweise Erwerbsminderung festgestellt und der Versicherte gleichzeitig arbeitslos, etwa weil kein entsprechender Teilzeitarbeitsplatz zur Verfügung steht, kann gegebenenfalls eine volle Erwerbsminderungsrente gewährt werden. Damit soll berücksichtigt werden, dass auf dem freien Arbeitsmarkt eine angemessene Beschäftigung für gesundheitlich beeinträchtigte Menschen häufig besonders schwer zu finden ist.

Befristung

befristete Bewilligung

Renten wegen verminderter Erwerbsfähigkeit werden in der Regel nur befristet bewilligt. Falls es unwahrscheinlich ist, dass die Erwerbsminderung wieder behoben werden kann, und der Rentenanspruch unabhängig von der Arbeitsmarktlage besteht, wird die Rente auch unbefristet gezahlt. Bei Ablauf einer Befristung kann die Rente erneut beantragt werden.

Eine befristete Rente wird frühestens ab dem siebten Kalendermonat nach Eintritt der Erwerbsminderung gezahlt (Karenzzeit).

Berechnung der Rentenhöhe

Die Rentenhöhe hängt von den bereits angesammelten Entgeltpunkten ab. Es werden in diesem Fall aber nicht nur die bereits zurückgelegten Berufsjahre gewertet, da sich sonst – gerade für bereits in jungen Jahren erwerbsgeminderte Personen – sehr geringe Renten ergeben würden.

Stattdessen wird eine so genannte Zurechnungszeit berücksichtigt. Diese stellt erwerbsgeminderte Personen so, als hätten sie bis zum 62. Lebensjahr mit ihrem bisherigen Durchschnittsverdienst weitergearbeitet. Dafür wird der Durchschnitt an Entgeltpunkten der bisherigen Versicherungszeiten bis zum 62. Lebensjahr (Neuregelung seit 1.7.2014 – vorher bis zum 60. Lebensjahr) fortgeschrieben (siehe auch Abschnitt 2.5.2).

Falls die Erwerbsminderungsrente vor der maßgeblichen Altersgrenze bezogen wird, was in der Regel der Fall ist, wird ein Abschlag von insgesamt bis zu 10,8 % der Rente (0,3 % pro Monat des vorzeitigen Bezugs) vorgenommen.

Im Durchschnitt beträgt die halbe Erwerbsminderungsrente ca. 15 bis 18 % des letzten Bruttoeinkommens, die volle Erwerbsminderungsrente ca. 30 bis 36 %.

2.6.3 Hinterbliebenenrenten

Im Todesfall des Ehepartners bzw. eingetragenen Lebenspartners oder eines Elternteils werden von der gesetzlichen Rentenversicherung unter bestimmten Voraussetzungen ebenfalls Rentenleistungen zur Sicherung des Lebensunterhalts gezahlt. Es handelt sich dabei um abgeleitete Rentenansprüche, d. h. sie werden nicht aus den Rentenansprüchen des Rentenempfängers berechnet, sondern aus der Versicherung des Verstorbenen.

abgeleitete Rentenansprüche

Im Jahr 2002 wurde die gesetzlichen Regelungen für Hinterbliebenenrenten und besonders für die Witwen-/Witwerrente geändert. Für die meisten Witwen und Witwer gilt heute aus Vertrauensschutzgründen noch nicht das neue, sondern das alte Hinterbliebenenrentenrecht. Die alten Regelungen treffen zu, wenn

- der Ehepartner vor dem 1.1.2002 verstorben ist oder
- der Ehepartner nach dem 31.12.2001 verstorben ist, die Ehe aber vor dem 1.1.2002 geschlossen wurde und ein Ehepartner vor dem 2.1.1962 geboren ist.

Im Folgenden wird vor allem auf die aktuellen gesetzlichen Regelungen eingegangen. An einigen Stellen werden die abweichenden Regelungen nach altem Recht ergänzend angegeben.

Witwen-/Witwerrente

Bei Tod des Ehepartners bzw. eingetragenen Lebenspartners wird an den überlebenden Partner eine Witwen-/Witwerrente gezahlt. Voraussetzung ist, dass die Ehe zum Todeszeitpunkt bestanden hat, d. h. sie darf nicht rechtskräftig geschieden, für nichtig erklärt oder aus sonstigen Gründen aufgehoben worden

Voraussetzungen für die Witwen-/ Witwerrente

sein. Ob die Partner tatsächlich zusammen oder getrennt gelebt haben, spielt keine Rolle. Die Ehe muss mindestens ein Jahr bestanden haben (Eheschließungen ab dem 1.1.2002). Ausnahmen gelten beispielsweise, falls der Ehepartner durch einen Unfall verstirbt.

Der verstorbene Partner muss die allgemeine Wartezeit von fünf Jahren erfüllt oder bereits eine Rente bezogen haben. Außerdem darf der Rentenempfänger nicht wieder geheiratet oder eine eingetragene Lebenspartnerschaft begründet haben.

Die Witwenrente kann als kleine oder große Rente gezahlt werden.

kleine Witwen-/Witwerrente
- Kleine Witwen-/Witwerrente
    - für Rentenempfänger, die das 47. Lebensjahr noch nicht vollendet haben, nicht erwerbsgemindert sind und kein Kind erziehen
    - Höhe: 25 % der Rente, auf die der Verstorbene Anspruch gehabt hätte (ggf. unter Berücksichtigung einer Zurechnungszeit) oder die er bereits bezogen hat
    - Minderung um einen Abschlag, falls der Partner vor seinem 65. Geburtstag verstorben ist
    - Zahlung auf zwei Jahre nach dem Tod des Ehepartners begrenzt (für Ansprüche nach altem Recht wird die Rente unbefristet gezahlt)

große Witwen-/Witwerrente
- Große Witwen-/Witwerrente
    - für Rentenempfänger, die das 47. Lebensjahr bereits vollendet haben oder erwerbsgemindert sind oder ein eigenes Kind bzw. Kind des Verstorbenen (bis 18 Jahre bzw. ohne Altersbeschränkung bei Kindern, die sich aufgrund einer Behinderung nicht selbst unterhalten können) erziehen
    - Höhe: 55 % (sofern das „alte Recht" gilt: 60 %) der Rente, auf die der Verstorbene Anspruch gehabt hätte (ggf. unter Berücksichtigung einer Zurechnungszeit) oder die er bereits bezogen hat
    - Minderung um einen Abschlag, falls der Partner vor seinem 65. Geburtstag verstorben ist
    - Zahlung erfolgt unbefristet

Waisenrenten

Wenn Vater, Mutter oder beide Eltern sterben, leistet die gesetzliche Rentenversicherung Halb- oder Vollwaisenrenten. Eine Waisenrente erhalten Kinder, wenn der Verstorbene Elternteil die allgemeine Wartezeit von fünf Jahren erfüllt hat oder er bis zum Tod eine Rente bezog. Eine Waisenrente können erhalten:

- leibliche oder adoptierte Kinder
- Stiefkinder und Pflegekinder (sofern sie im Haushalt des Verstorbenen lebten)
- Enkel und Geschwister (sofern sie im Haushalt des Verstorbenen lebten oder von ihm überwiegend unterhalten wurden)

Waisenrenten werden normalerweise bis zum 18. Lebensjahr des Kindes gezahlt, in bestimmten Fällen auch bis zum 27. Lebensjahr (z. B. während Schul-/Berufsausbildung, Ableistung des Bundesfreiwilligendienstes oder falls das Kind behindert ist und deshalb nicht selbst für sich sorgen kann).

Waisenrenten werden entweder als Halb- oder Vollwaisenrenten gezahlt

Halb- oder Vollwaisenrenten

- Halbwaisenrente
  - wenn noch ein unterhaltspflichtiger Elternteil lebt
  - Höhe: 10 % der Rente, auf die der Verstorbene Anspruch gehabt hätte (ggf. unter Berücksichtigung einer Zurechnungszeit) oder die er bereits bezogen hat
- Vollwaisenrente
  - wenn kein unterhaltspflichtiger Elternteil mehr lebt
  - Höhe: 20 % der Rente, auf die der Verstorbene Anspruch gehabt hätte (ggf. unter Berücksichtigung einer Zurechnungszeit) oder die er bereits bezogen hat

Abhängig von den zurückgelegten Beitragszeiten des verstorbenen Elternteils wird ein Zuschlag zur Waisenrente gezahlt. Bei Anspruch auf mehrere Waisenrenten, wird nur die jeweils höchste gezahlt. Ist der Elternteil bzw. sind die Eltern vor Vollendung des 65. Lebensjahres verstorben, wird die Waisenrente um einen Abschlag gemindert.

Durchschnittliche Rentenzahlbeträge am 31.12.2013 in Euro	Alte Bundesländer		Neue Bundesländer	
	Frauen	Männer	Frauen	Männer
Renten wegen verminderter Erwerbsfähigkeit insgesamt	669	733	714	665
darunter wegen: teilweiser Erwerbsminderung	400	543	434	428
voller Erwerbsminderung	683	752	730	695
Altersrenten insgesamt	512	1.003	755	1.096
Renten wegen Todes insgesamt	576	246	623	314

Tabelle 10: Durchschnittliche Rentenzahlbeträge (Quelle: Deutsche Rentenversicherung Bund)

An den Werten lässt sich erkennen, dass die Erwerbsminderungs- und Hinterbliebenenrenten in den meisten Fällen für die Finanzierung eines angemessenen Lebensunterhaltes nicht ausreichen. Sie können nur als ergänzende, teilweise vorübergehende finanzielle Unterstützung angesehen werden.

2.7 Renteninformation

Alle Versicherten, die mindestens 27 Jahre alt sind und bereits Beitragszeiten von mindestens fünf Jahren auf ihrem Versichertenkonto gutgeschrieben haben, erhalten automatisch einmal jährlich eine Information der Deutschen Rentenversicherung über den aktuellen Stand ihrer Rentenanwartschaft (Renteninformation). Insgesamt werden pro Jahr etwa 31 Millionen Renteninformationen versandt.

Versicherungsnummer:
65 070260 Z 999

Deutsche Rentenversicherung

Bund

Abteilung Versicherung und Rente

Deutsche Rentenversicherung Bund · 10704 Berlin

Ruhrstraße 2, 10709 Berlin
Postanschrift: 10704 Berlin
Telefon 030 865-0
Telefax 030 865-27240
Servicetelefon 0800 100048070
www.deutsche-rentenversicherung-bund.de
drv@drv-bund.de

Frau
Eva Musterfrau
Ruhrstr. 2
10709 Berlin

Datum 15.01.2014

Ihre Renteninformation

Sehr geehrte Frau Musterfrau,

in dieser Renteninformation haben wir die für Sie vom 01.08.1977 bis zum 31.12.2013 gespeicherten Daten und das geltende Rentenrecht berücksichtigt. Ihre **Regelaltersrente** würde am **01.07.2026** beginnen. Änderungen in Ihren persönlichen Verhältnissen und gesetzliche Änderungen können sich auf Ihre zu erwartende Rente auswirken. Bitte beachten Sie, dass von der Rente auch Kranken- und Pflegeversicherungsbeiträge sowie gegebenenfalls Steuern zu zahlen sind. Auf der Rückseite finden Sie zudem wichtige Erläuterungen und zusätzliche Informationen.

Rente wegen voller Erwerbsminderung
Wären Sie heute wegen gesundheitlicher Einschränkungen voll erwerbsgemindert, bekämen Sie von uns eine monatliche Rente von: **675,61 EUR**

Höhe Ihrer künftigen Regelaltersrente
Ihre bislang erreichte Rentenanwartschaft entspräche nach heutigem Stand einer monatlichen Rente von: **637,62 EUR**

Sollten bis zum Rentenbeginn Beiträge wie im Durchschnitt der letzten fünf Kalenderjahre gezahlt werden, bekämen Sie ohne Berücksichtigung von Rentenanpassungen von uns eine monatliche Rente von: **1.016,30 EUR**

Rentenanpassung
Aufgrund zukünftiger Rentenanpassungen kann die errechnete Rente in Höhe von 1.016,30 EUR tatsächlich höher ausfallen. Allerdings können auch wir die Entwicklung nicht vorhersehen. Deshalb haben wir - ohne Berücksichtigung des Kaufkraftverlustes - zwei mögliche Varianten für Sie gerechnet. Beträgt der jährliche Anpassungssatz 1 Prozent, so ergäbe sich eine monatliche Rente von etwa 1.150 EUR. Bei einem jährlichen Anpassungssatz von 2 Prozent ergäbe sich eine monatliche Rente von etwa 1.310 EUR.

Zusätzlicher Vorsorgebedarf
Da die Renten im Vergleich zu den Löhnen künftig geringer steigen werden und sich somit die spätere Lücke zwischen Rente und Erwerbseinkommen vergrößert, wird eine zusätzliche Absicherung für das Alter wichtiger ("Versorgungslücke"). Bei der ergänzenden Altersvorsorge sollten Sie - wie bei Ihrer zu erwartenden Rente - den Kaufkraftverlust beachten.

Mit freundlichen Grüßen
Ihre Deutsche Rentenversicherung Bund

Bitte nehmen Sie diesen Beleg zu Ihren Rentenunterlagen.

2. Die gesetzliche Rentenversicherung

Renteninformation 2014

Grundlagen der Rentenberechnung
Die Höhe Ihrer Rente richtet sich im Wesentlichen nach Ihren durch Beiträge versicherten Arbeitsverdiensten. Diese rechnen wir in **Entgeltpunkte** um. Ihrem Rentenkonto schreiben wir einen Entgeltpunkt gut, wenn Sie ein Jahr lang genau den Durchschnittsverdienst aller Versicherten (zurzeit 34.857 EUR) erzielt haben. Daneben können Ihnen aber auch Entgeltpunkte für bestimmte Zeiten gutgeschrieben werden, in denen keine Beiträge (z.B. für Fachschulausbildung) oder Beiträge vom Staat, von der Agentur für Arbeit, von der Krankenkasse oder anderen Stellen (z.B. für Wehr- oder Zivildienst, Kindererziehung, Arbeitslosigkeit und Krankheit) für Sie gezahlt wurden. Um die Höhe der Rente zu ermitteln, werden alle Entgeltpunkte zusammengezählt und mit dem so genannten aktuellen Rentenwert vervielfältigt. Der aktuelle Rentenwert beträgt zurzeit 28,14 EUR in den alten und 25,74 EUR in den neuen Bundesländern. Das heißt, ein Entgeltpunkt entspricht heute beispielsweise in den alten Bundesländern einer monatlichen Rente von 28,14 EUR. Beginnt die Altersrente vor oder nach dem 01.07.2026, kann dies zu Abschlägen bzw. Zuschlägen bei der Rente führen.

Rentenbeiträge und Entgeltpunkte
Bisher haben wir für Ihr Rentenkonto folgende Beiträge erhalten:

Von Ihnen	54.369,53 EUR
Von Ihrem/n Arbeitgeber/n	54.369,53 EUR
Von öffentlichen Kassen (z.B. Krankenkasse, Agentur für Arbeit)	267,41 EUR
Für Ihre Kindererziehungszeiten wurden vom Bund pauschale Beiträge gezahlt.	
Aus den erhaltenen Beiträgen und Ihren sonstigen Versicherungszeiten haben Sie bisher insgesamt Entgeltpunkte in folgender Höhe erworben:	22,6589

Rente wegen voller Erwerbsminderung
Bei einer Rente wegen Erwerbsminderung schreiben wir Ihnen, sofern Sie das 60. Lebensjahr noch nicht vollendet haben, zusätzliche Entgeltpunkte gut, ohne dass hierfür Beiträge gezahlt worden sind. Eine Erwerbsminderungsrente wird auf Antrag grundsätzlich nur gezahlt, wenn in den letzten fünf Jahren vor Eintritt der Erwerbsminderung mindestens drei Jahre Pflichtbeitragszeiten vorliegen.

Höhe Ihrer künftigen Regelaltersrente
Zur Berechnung Ihrer künftigen Rente ermitteln wir die durchschnittlichen Entgeltpunkte für die letzten fünf Kalenderjahre. Dabei können wir für das jeweils letzte Kalenderjahr vor der Renteninformation nur einen vorläufigen Durchschnittsverdienst aller Versicherten verwenden. Der endgültige Durchschnittsverdienst weicht regelmäßig von dem vorläufigen Wert ab. Daher kann sich die ermittelte Rente im Vergleich zu Ihrer vorherigen Renteninformation auch bei gleichbleibender Beitragszahlung erhöhen oder vermindert haben.

Rentenanpassung
Die Dynamisierung (Erhöhung) der Rente erfolgt durch die Rentenanpassung. Sie richtet sich grundsätzlich nach der Lohnentwicklung, die für die Rentenanpassung - insbesondere aufgrund der demografischen Entwicklung - nur vermindert berücksichtigt wird. Die Höhe der zukünftigen Rentenanpassungen kann nicht verlässlich vorhergesehen werden. Wir haben Ihre Rente daher unter Berücksichtigung der Annahmen der Bundesregierung zur Lohnentwicklung dynamisiert. Die ermittelten Beträge sind - wie alle weiteren späteren Einkünfte (z.B. aus einer Lebensversicherung) - wegen des Anstiegs der Lebenshaltungskosten und der damit verbundenen Geldentwertung (Inflation) in ihrer Kaufkraft aber nicht mit einem heutigen Einkommen in dieser Höhe vergleichbar (**Kaufkraftverlust**). So werden bei einer Inflationsrate von beispielsweise 1,5 Prozent pro Jahr bei Beginn Ihrer Regelaltersrente 100 EUR voraussichtlich nur noch eine Kaufkraft nach heutigen Werten von etwa 83 EUR besitzen.

Unser Service
Haben Sie Fragen, benötigen Sie einen Versicherungsverlauf oder unseren Rat? Rufen Sie uns einfach an. Sie erreichen uns unter der kostenfreien Nummer unseres Servicetelefons **0800 100048070** von Montag bis Donnerstag von 7:30 Uhr bis 19:30 Uhr und am Freitag von 7:30 Uhr bis 15:30 Uhr. Sie können sich auch in unseren Auskunfts- und Beratungsstellen oder im Internet informieren. Auch Fragen zur staatlich geförderten zusätzlichen Altersvorsorge oder zur Grundsicherung im Alter und bei Erwerbsminderung beantworten wir gern.

Abbildung 5: Renteninformation
(Quelle: Deutsche Rentenversicherung Bund)

Inhalte der Renteninformation

Neben dem Zeitpunkt, ab dem der Versicherte die Regelaltersrente beziehen kann, enthält die Renteninformation Angaben über die bereits gesammelten Rentenansprüche (Alters- und Erwerbsminderungsrente). Zusätzlich wird eine Hochrechnung der möglichen Altersrente ausgewiesen, unter der Voraussetzung, dass das Einkommen der vergangenen Jahre unverändert weiter verdient wird. Außerdem werden textliche Hinweise zur Steuerpflicht der Rente, zu möglichen Rentenanpassungen sowie zur Notwendigkeit privater Vorsorge verbunden mit einem Inflationsausgleich, gegeben.

Die Renteninformation – sofern vorhanden – ist ein wesentlicher und sinnvoller Bestandteil für Beratungsgespräche zum Thema Altersvorsorge. Neben den Informationen, die als Basis für die Berechnung von Versorgungslücken dienen, kann sie auch argumentativ gut eingebunden werden. Hier wird schließlich von neutraler, staatlicher Seite die Notwendigkeit privater Vorsorge ausdrücklich bestätigt.

Versorgungslücke wird größer

Fazit: Versorgungsniveau und Versorgungslücke

Die gesetzliche Rente deckt in immer geringerem Maße den Bedarf der Rentner ab. Die Differenz zwischen dem, was diese für eine ausreichende Altersversorgung erwarten, und dem, was letztlich gezahlt wird, also die Versorgungslücke, wird größer. Die Rentner müssen daher „gegensteuern".

Im Vergleich zu früheren Generationen sind Arbeitsverhältnisse heute bei weitem nicht mehr so stetig und dauerhaft angelegt. Längere Ausbildungszeiten, Wechsel von Arbeitgeber und Branche, Phasen der Selbstständigkeit oder Teilzeittätigkeit, Kindererziehungszeiten, längere Auslandsaufenthalte oder berufliche Auszeiten (Sabbaticals) kennzeichnen die Erwerbsbiografien der heute jungen Menschen.

Dies führt schon fast zwangsläufig zu Versorgungslücken in der gesetzlichen Rentenversicherung. Aufgrund der Rentenformel ist eine möglichst durchgängige Beitragspflicht mit mindestens durchschnittlichem Verdienst praktisch eine Grundvoraussetzung für einen späteren einigermaßen hohen Rentenanspruch.

Anhebung der Regelaltersgrenze

Parallel wurde die Erwerbsphase durch Anhebung der Regelaltersgrenze auf 67 Jahre deutlich verlängert. In vielen Berufen und für viele Personen ist aber kaum vorstellbar, bis zu diesem Alter auch tatsächlich zu arbeiten. In der Praxis wird es daher häufiger zum vorzeitigen Rentenbezug kommen, der dann allerdings mit deutlichen Rentenabschlägen verbunden ist. Die „Rente mit 67" wird also womöglich nicht bewirken, dass Menschen länger arbeiten, sondern dass sie deutlich geringere Renten beziehen.

Darüber hinaus werden die Rentenzahlungen auch noch zunehmend geschmälert durch Steuern und Sozialabgaben, was vielen Menschen nicht bewusst ist und auch daher in Beratungsgesprächen unbedingt Berücksichtigung finden muss.

Dies alles gilt sowohl für die Altersrenten, als auch für die Erwerbsminderungs- und Hinterbliebenenrenten. In allen Bereichen ist zusätzliche private Vorsorge unerlässlich, um einen angemessenen Lebensunterhalt oberhalb des staatlichen Grundsicherungsniveaus auch im Alter oder nach persönlichen Schicksalsschlägen (wie schwerer Krankheit oder bei Tod von Partner bzw. Eltern) weiter finanzieren zu können.

3. Insolvenzsicherung

Handlungssituation

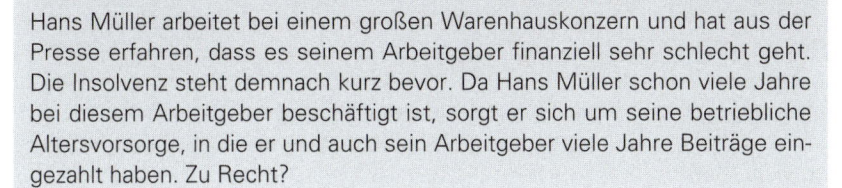

Hans Müller arbeitet bei einem großen Warenhauskonzern und hat aus der Presse erfahren, dass es seinem Arbeitgeber finanziell sehr schlecht geht. Die Insolvenz steht demnach kurz bevor. Da Hans Müller schon viele Jahre bei diesem Arbeitgeber beschäftigt ist, sorgt er sich um seine betriebliche Altersvorsorge, in die er und auch sein Arbeitgeber viele Jahre Beiträge eingezahlt haben. Zu Recht?

Gesetzlicher Insolvenzschutz

Der Gesetzgeber hat für die betriebliche Altersversorgung einen gesetzlichen Insolvenzschutz geschaffen. Dieser findet sich in den §§ 7 bis 15 des Betriebsrentengesetzes (BetrAVG). Der gesetzlich bestimmte Träger dieses Insolvenzschutzes ist gemäß § 14 Absatz 1 BetrAVG der Pensions-Sicherungs-Verein auf Gegenseitigkeit (PSVaG).

3.1.1 Pensions-Sicherungs-Verein aG

Der Pensions-Sicherungs-Verein auf Gegenseitigkeit ist ein Versicherungsunternehmen mit Sitz in Köln und dient als „Selbsthilfeeinrichtung der deutschen Wirtschaft" dem Schutz der betrieblichen Altersversorgung im Falle der Insolvenz eines Arbeitgebers. Die Finanzierung erfolgt über die Pflichtbeiträge der Arbeitgeber, denn die Gründungsidee des PSVaG ist diese freiwillige Verantwortung der Wirtschaft für die Altersversorgung der Mitarbeiter und das gemeinschaftliche Einstehen aller hierfür im Falle der Insolvenz eines der Unternehmen. Gerät ein Unternehmen in Insolvenz, übernimmt der PSVaG die Versorgung aller Versorgungsberechtigten mit laufenden Renten oder Ansprüchen von insolvenzgeschützten Versorgungsanwartschaften. Der PSVaG ist hierbei an die Vorgaben des Betriebsrentengesetzes gebunden. Hinter dem PSVaG steht ein Versichererkonsortium von 50 Lebensversicherungsunternehmen unter dem geschäftsführenden Versicherer des Konsortiums, der Allianz-Lebensversicherungs-AG, die im Falle der Insolvenz beispielsweise die übernommenen Renten auszahlt.

PSVaG

3.1.2 Insolvenzgeschützte Betriebsrenten

Dem Sicherungsnetz des PSVaG unterliegen gemäß § 10 Absatz 1 BetrAVG die Zusagen aus den folgenden Durchführungswegen:

- Direktzusage
- Unterstützungskasse
- Pensionsfonds
- bestimmte Arten der Direktversicherung, d. h. nur in der Form des widerruflichen Bezugsrechts bei unverfallbarer Anwartschaft oder bei unwiderruflichem Bezugsrecht mit Abtretung, Beleihung oder Verpfändung der Direktversicherung (§ 7 Absatz 1 Satz 2 und Absatz 2 Satz 1 Nr. 2 BetrAVG)

Der Gesetzgeber hat in diesen Fällen eine Insolvenzsicherungspflicht vorgesehen, weil eine Gefährdung der Deckungsmittel der betrieblichen Altersversorgung bei Insolvenz vorliegen könnte und dies zu einer Verschlechterung oder sogar zu einer vollständigen Auflösung der Ansprüche für den Versorgungsberechtigten führen könnte.

Nicht dem Insolvenzschutz durch den PSVaG unterliegen die Zusagen der Pensionskasse (§ 8 Absatz 1 BetrAVG). Die Pensionskasse ist eine Versicherung und unterliegt im Hinblick auf die sichere Anlage ihres Vermögens den aufsichtsrechtlichen Bestimmungen der Bundesanstalt für Finanzdienstleistungsaufsicht (BaFin).

3.2 Beitragspflicht der Arbeitgeber

Der Arbeitgeber hat gemäß § 10 BetrAVG aus öffentlich-rechtlicher Verpflichtung für die sicherungspflichtigen Durchführungswege Beiträge zu zahlen. Es handelt sich um eine Pflichtversicherung. Die Beitragshöhe errechnet sich durch die Multiplikation zweier Faktoren: zum einen der aktuelle Beitragssatz des PSVaG und zum anderen die Bemessungsgrundlage des jeweiligen Durchführungsweges.

3.3 Beitragssatz

Der Beitragssatz richtet sich jährlich aktuell nach dem von Jahr zu Jahr schwankenden Schadensverlauf. Die Kalkulation erfolgt am Ende des Jahres. Ein Kalenderjahr mit vielen den PSVaG betreffenden Unternehmensinsolvenzen hat einen höheren Beitragssatz zur Folge, da die Anzahl der Versorgungsberechtigten sowie der Leistungsaufwand für die Versorgungsempfänger steigt und auf alle beitragspflichtigen Arbeitgeber umgelegt wird. So war das Ergebnis in 2009 und 2012 durch Großschäden geprägt und mit hohen Beitragssteigerungen verbunden. Dagegen führt die Reduzierung des Schadensvolumens zu einer Beitragsermäßigung.

Der Beitragssatz für 2014 beträgt 1,3 ‰. Der gewichtete durchschnittliche Beitragssatz über die letzten fünf Jahre beträgt 4,5 ‰, über die letzten 10 Jahre 3,9. Über alle 39 Geschäftsjahre des PSVaG seit 1974 beträgt er 3,0 ‰ (Quelle: Geschäftsbericht 2013).

Beitragssätze des PSVaG über die Jahre 2009 bis 2014:

Jahr	Beitragssatz
2009	14,2 ‰
2010	1,9 ‰
2011	1,9 ‰
2012	3 ‰
2013	1,7 ‰
2014	1,3 ‰

Quelle: Geschäftsberichte des PSVaG

Die vorstehend beschriebene Finanzierung durch das Kapitaldeckungsverfahren existiert seit 2006. Auf Initiative des PSVaG hat der Gesetzgeber die Umstellung des damaligen Rentenwertumlageverfahrens auf die vollständige Kapitaldeckung festgesetzt und die Finanzierung der bislang nicht ausfinanzierten unverfallbaren Anwartschaften geregelt.

Bei dem Rentenwertumlageverfahren wurden die Deckungsmittel für alle laufenden Leistungen aus Sicherungsfällen des laufenden Kalenderjahres und für die erstmals fällig werdenden Leistungen aus Sicherungsfällen vergangener Jahre mit dem Beitragsaufkommen eines Kalenderjahres bereitgestellt. Eine Finanzierung der Anwartschaften erfolgte nicht, diese wurden erst dann berücksichtigt, wenn der Versorgungsfall eintrat. Seit 2006 werden auch die Anwartschaften in die Beitragsberechnung einbezogen.

Die bis 2005 aufgelaufenen „Altlasten", d. h. die aus Insolvenzen bis einschließlich 2005 gesicherten, aber bis dahin noch nicht finanzierten unverfallbaren Anwartschaften in Höhe von rd. 2,2 Mrd. €, wurden laut Geschäftsbericht 2013 durch einen einmaligen Beitrag nachfinanziert. Der Einmalbeitrag, der in Höhe von 8,66 ‰ festgesetzt wurde, ist grundsätzlich in 15 gleichen Jahresraten fällig, und zwar jeweils am 31.3. der Jahre 2007 bis 2021. Auf Wunsch war aber auch eine Einmalzahlung möglich. Die Nachversicherung ist damit erst 2021 abgeschlossen.

Bemessungsgrundlage

Die Bemessungsgrundlage ist für die verschiedenen Durchführungswege unterschiedlich. Der Arbeitgeber ist verpflichtet, diese Angaben gemäß § 11 Absatz 1 BetrAVG dem PSVaG jährlich zu melden. Danach setzt der PSVaG den Beitrag fest.

Als Beitragsbemessungsgrundlage gilt gemäß § 10 BetrAVG:
- bei einer Direktzusage der Teilwert der Pensionsverpflichtung gemäß § 6a Abs. 3 EStG
- bei einer Unterstützungskasse das Deckungskapital für die laufenden Leistungen zzgl. des Zwanzigfachen der nach § 4d EStG errechneten jährlichen Zuwendungen für Leistungsanwärter
- bei einem Pensionsfonds der Wert von 20 % des Teilwerts der Pensionsverpflichtung gemäß § 6a Abs. 3 EStG.
- Bei einer Direktversicherung mit widerruflichem Bezugsrecht und mit unwiderruflichem Bezugsrecht im Falle einer Abtretung Beleihung oder Verpfändung das geschäftsplanmäßige Deckungskapital zuzüglich Überschussguthaben

3.4 Leistungspflicht des PSVaG

Der PSVaG ist zur Leistung verpflichtet, wenn der Sicherungsfall eingetreten ist. In dem Falle hat der PSVaG die Versorgungsleistungen zu erbringen, die auch der Arbeitgeber erbracht hätte, wenn die Insolvenz nicht eingetreten wäre. Die Versorgungsberechtigten erhalten einen direkten Anspruch gegen den PSVaG.

Die Rentenzahlungen erfolgen nach Abschluss einer sofort beginnenden Rentenversicherung gegen Einmalbeitrag durch das Versichererkonsortium.

3.4.1 Eintritt des Sicherungsfalls

Damit der PSVaG die Leistungen übernimmt und die Eintrittspflicht entsteht, müssen nach § 7 Abs. 1 BetrAVG bestimmte Sicherungsfälle vorliegen:

- die Eröffnung eines Insolvenzverfahrens durch Beschluss des Insolvenzgerichts
- die Abweisung des Insolvenzantrags mangels Masse
- der außergerichtliche Vergleich (z. B. Stundungs- oder Liquidationsvergleich)
- die vollständige Beendigung der Betriebstätigkeit, wenn ein Antrag auf Eröffnung des Insolvenzverfahrens nicht gestellt worden ist und ein Insolvenzverfahren offensichtlich mangels Masse nicht in Betracht kommt

Die Versorgungsempfänger, die bisher vom Arbeitgeber eine betriebliche Alters-, Hinterbliebenen- oder Invaliditätsrente ausgezahlt bekommen haben, erhalten diese nun über den PSVaG. Die mit unverfallbaren Anwartschaften ausgeschiedenen Arbeitnehmer bekommen die Leistungen vom PSVaG bei Eintritt des Versorgungsfalles, sofern der unverfallbare Anspruch bereits zum Zeitpunkt der Eröffnung des Insolvenzverfahrens vorlag.

3.4.2 Leistungshöhe

Der PSVaG übernimmt bereits laufenden Versorgungsleistungen in voller Höhe. Die unverfallbaren Anwartschaften sind grundsätzlich in der nach § 2 BetrAVG berechneten Höhe in den Insolvenzschutz einbezogen. Für die Berechnungen der Höhe der Anwartschaft wird die Betriebszugehörigkeit bis zum Eintritt des Sicherungsfalles berücksichtigt.

Gemäß § 7 Absatz 3 BetrAVG sind Betriebsrenten bis zum Dreifachen der monatlichen Bezugsgröße gemäß § 18 SGB IV im Zeitpunkt der ersten Fälligkeit geschützt. Für Kapitalleistungen beträgt die Höchstgrenze das 120-fache der maximalen monatlichen Leistung.

Der PSVaG übernimmt auch Verbesserungen der Versorgungszusagen, die vertraglich z. B. durch eine Garantieanpassung in der Zusage vereinbart wurden.

Alle vertraglich vereinbarten Erhöhungen im Zeitraum von zwei Jahren vor dem Insolvenzfall werden jedoch nicht vom PSVaG übernommen, da verhindert werden soll, dass diese Erhöhungen in Vorahnung der Insolvenz und damit aus Missbrauchsabsicht zulasten des PSVaG vereinbart wurden (§ 7 Absatz 5 BetrAVG).

Der PSVaG nimmt auch keine Anpassung laufender Renten nach § 16 BetrAVG vor.

3.4.3 Sonderregelung bei Entgeltumwandlung

Wird die Zusage durch eine Entgeltumwandlung finanziert, leistet der PSVaG im Falle der Insolvenz des Arbeitgebers für Umwandlungsbeträge bis 4 % der Beitragsbemessungsgrenze. Wandelt ein Arbeitnehmer einen höheren Betrag um, ist dieser überschießende Teil nach einer Frist von zwei Jahren insolvenzgeschützt.

> **Zusammenfassung**
>
> Der Gesetzgeber hat für die betriebliche Altersversorgung einen gesetzlichen Insolvenzschutz geschaffen. In den §§ 7 bis 15 des Betriebsrentengesetzes (BetrAVG) werden die Voraussetzungen festgeschrieben. Der gesetzlich bestimmte Träger dieses Insolvenzschutzes ist der Pensions-Sicherungs-Verein auf Gegenseitigkeit (PSVaG). Arbeitgeber haben bei Einrichtung einer betrieblichen Altersversorgung, die dem Insolvenzschutz unterliegt, Pflichtbeiträge an den PSVaG zu entrichten. Die Beiträge an den PSVaG richten sich nach dem Beitragssatz und der Beitragsbemessungshöhe.
>
> Der Beitragssatz richtet sich nach dem Schadensverlauf und die Bemessungsgrundlage orientiert sich nach den Vorgaben zu den einzelnen Durchführungswegen der betrieblichen Altersversorgung. Der PSVaG tritt in die Verpflichtung des Arbeitgebers ein, wenn der Sicherungsfall vorliegt. Unter gewissen Umständen und solange kein Missbrauchsfall vorliegt, tritt der PSVaG auch in Verbesserungen der Versorgungszusage ein, er nimmt jedoch keine Rentenanpassungen nach § 16 BetrAVG vor.

4. Private Lebensversicherung auf Renten- und Kapitalbasis

4.1 Bestimmungen des Aufsichtsrechts und der Einfluss der BaFin

Handlungssituation

Die Aufsichtsbehörde BaFin hat sich zur örtlichen Prüfung von Geschäftsabläufen bei der Proximus Lebensversicherung AG angemeldet. Sie sind Sachbearbeiter im Bereich Vertragsverwaltung Leben Sonderaufgaben und bereiten den Prüfungstermin mit vor.

4.1.1 Europäische Aufsichtsbehörde EIOPA

Der Europäische Binnenmarkt ist im Finanzbereich mittlerweile Realität geworden. Die politisch gewollte Niederlassungs- und Dienstleistungsfreiheit sowie zahlreiche aufsichtsrechtliche Bestimmungen sind für Lebensversicherungen in der Europäischen Richtlinie 2002/83/EG beschrieben. Bereits 1992 hatte die Dritte Richtlinie Schadenversicherung 92/49/EWG ähnliche Grundsätze für die Schaden- und die Direktversicherung aufgestellt. In der Bundesrepublik Deutschland wurden diese Regelungen in das Versicherungsaufsichtsgesetz integriert. Beide Richtlinien wurden von der Solvency II-Richtlinie 2009/138/EG mittlerweile aufgehoben und ersetzt. Einige Besonderheiten dieser Richtlinie werden im Abschnitt 4.7.2.8 erläutert.

Die Proximus Versicherung AG betreibt ihr Niederlassungsgeschäft auf der Grundlage der europäischen Richtlinien in Belgien, Dänemark, Frankreich, Großbritannien, den Niederlanden und in Polen.

Die EU-Richtlinien sehen in jedem Mitgliedsstaat eine Aufsichtsbehörde vor, die die Aufsicht über das dort abgeschlossene Lebensversicherungsgeschäft führt und die auf die Einhaltung der europäischen Richtlinien und nationalen Vorschriften achtet. Sie arbeitet dabei mit der 2010 gegründeten europäischen Aufsichtsbehörde EIOPA (European Insurance and Occupational Pensions Authority) zusammen.

▶ **Merke**

Ohne Erlaubnis der zuständigen Aufsichtsbehörde darf im jeweiligen Mitgliedsstaat kein Unternehmen Versicherungsgeschäfte betreiben.

In der Bundesrepublik Deutschland obliegt diese Aufgabe der Bundesanstalt für Finanzdienstleistungsaufsicht (BaFin).

4.1.2 Bundesanstalt für Finanzdienstleistungsaufsicht (BaFin)

BaFin — Versicherungsnehmer müssen sich darauf verlassen können, dass ein Lebensversicherungsunternehmen über einen sehr langen Zeitraum hinweg stets die Leistungen erbringen kann, die es mit ihnen vereinbart hat. Die Bundesanstalt für Finanzdienstleistungsaufsicht (BaFin) trägt dazu bei, dass die Versicherungsunternehmen das Vertrauen, das die Versicherungsnehmer in sie setzen, rechtfertigen.

Funktionen und Tätigkeiten — Die BaFin ist eine selbstständige Bundesanstalt mit Sitz in Bonn und Frankfurt. Sie untersteht der Rechts- und Fachaufsicht des Bundesministeriums der Finanzen. Sie beaufsichtigt und kontrolliert als Finanzmarktaufsichtsbehörde im Rahmen einer Allfinanzaufsicht alle Bereiche des Finanzwesens in Deutschland. Diese Funktionen und Tätigkeiten werden „nur im öffentlichen Interesse" wahrgenommen. Die Hauptaufgabe der BaFin ist die Aufsicht über Banken, Versicherungen und den Handel mit Wertpapieren in Deutschland. Damit sollen die Funktionsfähigkeit, Integrität und Stabilität des deutschen Finanzsystems sichergestellt werden.

Verantwortungsbereiche der Bundesanstalt für Finanzdienstleistungsaufsicht

Bankenaufsicht	Versicherungsaufsicht	Wertpapieraufsicht	Querschnittsaufgaben
z. B. Solvenzaufsicht (Eigenkapital und Liquidität)	z. B. Wahrung der Belange der Versicherten	z. B. Produktaufsicht über Investmentfonds	z. B. Verbraucherschutz

4.1.3 Aufgaben und Ziele der Versicherungsaufsicht

§ 81 VAG — Gesetzliche Grundlage der Versicherungsaufsicht ist das Versicherungsaufsichtsgesetz (VAG). Die beiden Hauptziele der Versicherungsaufsicht bestehen nach § 81 VAG darin,

- die Belange der Versicherten ausreichend zu wahren und
- sicherzustellen, dass die Verpflichtungen aus den Versicherungsverträgen jederzeit erfüllbar sind.

Besondere Bedeutung kommt dabei der Solvenzaufsicht zu. Die Versicherungsunternehmen haben insbesondere ausreichende versicherungstechnische Rückstellungen zu bilden, die Vermögenswerte sicher und rentabel anzulegen und die kaufmännischen Grundsätze einzuhalten.

4. Private Lebensversicherung auf Renten- und Kapitalbasis

4.1.4 Aufgabenteilung zwischen Bund und Ländern

Die Versicherungsaufsicht ist auf Bund und Länder aufgeteilt – entsprechend dem föderalistischen System der Bundesrepublik Deutschland.

Die BaFin beaufsichtigt für den Bund die in Deutschland tätigen privaten Versicherungsunternehmen, die wirtschaftlich von erheblicher Bedeutung sind, und die öffentlich-rechtlichen Wettbewerbsversicherer, die über die Grenzen eines Bundeslandes hinaus tätig sind. Die Aufsichtsbehörden der Länder beaufsichtigen vor allem die öffentlich-rechtlichen Versicherer, deren Tätigkeit auf das jeweilige Bundesland beschränkt ist, und diejenigen privatrechtlichen Versicherer, die wirtschaftlich von geringerer Bedeutung sind.

4.1.5 Reichweite der Versicherungsaufsicht

Versicherungsunternehmen, die im Geltungsbereich des VAG die Privatversicherung betreiben und ihren Sitz in Deutschland haben, stehen somit entweder unter der Aufsicht der BaFin oder der Länderaufsichtsbehörden. Seit Anfang 2002 unterliegen auch Pensionsfonds und seit Dezember 2004 inländische Rückversicherer der uneingeschränkten Versicherungsaufsicht nach dem VAG, die durch die BaFin wahrgenommen wird.

Geltungsbereich des VAG

▶ Beispiel
Da der Sitz der Proximus Lebensversicherung AG München ist, unterliegt sie der Aufsicht durch die BaFin.

Versicherungsunternehmen mit Sitz in einem anderen EU-Staat oder einem Vertragsstaat des EWR, die im Wege des Dienstleistungsverkehrs Geschäfte in Deutschland betreiben, unterliegen primär der Aufsicht durch ihren Herkunftsstaat (Sitzland- oder Herkunftslandprinzip). Die BaFin schreitet in Absprache mit der ausländischen Aufsichtsbehörde aber ein, wenn sie Verstöße gegen allgemeine deutsche Rechtsgrundsätze feststellt.

Herkunftslandprinzip

▶ Beispiel
Hätte die Proximus Versicherung AG keine polnische Niederlassung, sondern eine polnische Tochter mit Sitz in z. B. Warschau gegründet, unterläge diese Tochter der polnischen Aufsicht durch die Polish Financial Supervision Authority.

Versicherungsunternehmen mit Sitz innerhalb oder außerhalb eines EU-Mitgliedsstaates, die über eine deutsche Niederlassung tätig sind, unterliegen insoweit zusätzlich auch der Aufsicht durch die BaFin (Tätigkeitslandprinzip).

Tätigkeitslandprinzip

▶ Hinweis
Die Durchführung der Aufsicht umfasst:
- Erteilung der Erlaubnis
- laufende Aufsicht
- Eingriffstatbestände

4.1.6 Voraussetzungen zur Erlaubniserteilung

Erlaubniserteilung

Versicherungsgeschäfte dürfen grundsätzlich erst dann betrieben werden, wenn das Unternehmen eine Erlaubnis der BaFin hat. Da ein Versicherungsunternehmen keine andere Geschäftstätigkeit („versicherungsfremde Geschäfte") durchführen darf, muss diese Genehmigung schon im Rahmen der Gründung eingeholt werden. Will ein Versicherungsunternehmen mit Sitz in Deutschland zum Betrieb des Versicherungsgeschäfts zugelassen werden, sind verschiedene Voraussetzungen zu erfüllen.

▷ **Beispiel**

- Das Versicherungsunternehmen muss eine bestimmte Rechtsform haben: die einer Aktiengesellschaft einschließlich der Europäischen Gesellschaft (SE), eines Versicherungsvereins auf Gegenseitigkeit oder einer öffentlich-rechtlichen Anstalt (§ 7 VAG).
- Das Versicherungsunternehmen darf nur Versicherungsgeschäfte und die damit unmittelbar zusammenhängenden Geschäfte betreiben, nicht aber versicherungsfremde Geschäfte. Außerdem gilt das Prinzip der Spartentrennung, d. h. Lebensversicherungsunternehmen dürfen jeweils nur die Lebensversicherung betreiben.
- Das Versicherungsunternehmen muss einen Geschäftsplan vorlegen (§ 5 VAG), in dem es beschreibt, welche Risiken es decken will. Der Geschäftsplan hat die Grundzüge der Rückversicherungspolitik darzustellen.
- Das Lebensversicherungsunternehmen muss darlegen, dass es über genügend Eigenmittel verfügt (§ 53c VAG). Die Mindesthöhe der Eigenmittel (Mindestgarantiefonds) hängt von der Versicherungssparte ab, die betrieben werden soll. Darüber hinaus muss das Lebensversicherungsunternehmen nachweisen, dass es über Mittel für den Aufbau des Betriebs und der Verkaufsorganisation verfügt.
- Außerdem hat das Lebensversicherungsunternehmen aufzuzeigen, dass es mindestens zwei Geschäftsleiter (Vieraugenprinzip) hat, die zuverlässig und fachlich geeignet sind (§ 7a VAG). Die Geschäftsleiter müssen ausreichende Kenntnisse im jeweiligen Versicherungsgeschäft und ausreichende Leitungserfahrung vorweisen können.
- Das Lebensversicherungsunternehmen muss darüber hinaus die natürlichen oder juristischen Personen nennen, die am Unternehmen eine bedeutende Beteiligung – mithin mindestens 10 % des Nennkapitals – halten (§ 7a VAG). Die Inhaber bedeutender Beteiligungen haben ebenfalls bestimmte Anforderungen zu erfüllen, um die Gewähr für eine solide und umsichtige Führung des Unternehmens zu bieten.

4.1.7 Laufende Aufsicht (§§ 81 ff VAG)

Die Versicherungsaufsicht überwacht Lebensversicherungsunternehmen, denen sie die Erlaubnis erteilt hat, laufend. Sie sammelt Informationen, wertet sie aus und beobachtet den Geschäftsbetrieb des Lebensversicherers, um Missständen vorzubeugen oder solche rechtzeitig zu erkennen. Treten Missstände auf, schreitet die Aufsichtsbehörde ein, um möglichst schnell wieder geordnete Verhältnisse herzustellen.

Bei der laufenden Aufsicht prüft die BaFin insbesondere folgende Punkte:

- Das Lebensversicherungsunternehmen muss seinen Geschäftsbetrieb ordnungsgemäß führen und alle gesetzlichen und aufsichtsbehördlichen Rahmenvorschriften einhalten – vor allem das Versicherungsaufsichtsgesetz (VAG), das Versicherungsvertragsgesetz (VVG) und das Bürgerliche Gesetzbuch (BGB). Beispielsweise haben bei Lebensversicherern die Mitarbeiter der Versicherungsaufsicht darüber zu wachen, dass die Überschussbeteiligungen angemessen sind und dass Leistungen korrekt erbracht werden.
- Das Lebensversicherungsunternehmen muss für die erwarteten Leistungen angemessene Beiträge erheben und ausreichende versicherungstechnische Rückstellungen bilden.
- Die Kapitalanlage muss risikogerecht sein. So muss zum Beispiel das Soll des Sicherungsvermögens und des sonstigen gebundenen Vermögens mit Vermögensanlagen bedeckt sein, die den gesetzlichen Qualifikationen genügen – insbesondere in Bezug auf Sicherheit und Rentabilität. Außerdem muss das Lebensversicherungsunternehmen über genügend freie Finanzmittel verfügen, um unerwartete Verluste verkraften zu können.
- Das Lebensversicherungsunternehmen muss die kaufmännischen Grundsätze einhalten (ordnungsgemäße Buchführung und Rechnungslegung). Bilanzen und Erfolgsrechnungen haben die tatsächliche Vermögens-, Finanz- und Ertragslage des Unternehmens widerzuspiegeln. Außerdem muss das Lebensversicherungsunternehmen zur Planung, Steuerung und Kontrolle ein angemessenes internes Kontrollsystem installieren.
- Die Eigenmittelausstattung (Solvabilität) des Lebensversicherungsunternehmens muss ausreichend sein, andernfalls hat der Lebensversicherer der Aufsicht einen Solvabilitäts- oder Finanzierungsplan vorzulegen.
- Es muss eine angemessene Rückversicherung bestehen.

4.1.8 Eingriffsmöglichkeiten (§§ 83 ff. VAG)

Informationsbeschaffung durch die BaFin

Wichtige Informationen erhält die Aufsicht aus der Rechnungslegung der Versicherungsunternehmen. Lebensversicherer müssen gegenüber der Öffentlichkeit und der Aufsichtsbehörde die Informationen liefern, die zur Feststellung der wirtschaftlichen und finanziellen Lage der Versicherungsunternehmen benötigt werden. Hier sind u. a. die Prüfungsberichte zum Jahresabschluss und die Geschäftsberichte zu nennen.

Örtliche Prüfungen durch die BaFin

In gewissen Abständen oder bei Bedarf verschafft sich die Aufsicht auch durch örtliche Prüfungen am Sitz des Versicherungsunternehmens vertiefte Einblicke über dessen Lage. Die Mitarbeiter der Aufsicht suchen auch die Geschäftsstellen oder Zweigniederlassungen in anderen Staaten der EU und des EWR auf. Ihnen sind auf Verlangen alle Unterlagen vorzulegen und alle gewünschten Auskünfte zu erteilen.

Eingriffsmöglichkeiten der BaFin

Die BaFin verfügt über mehrere Mittel, um gegenüber den Versicherungsunternehmen einzugreifen. Sie kann nach § 81 Absatz 2 VAG alle Anordnungen treffen, die „geeignet und erforderlich" sind, um Missstände, die die Belange der Versicherten gefährden, zu vermeiden oder zu beseitigen. Man spricht vor allem dann von einem Missstand, wenn ein Versicherungsunternehmen die für den Betrieb des Versicherungsgeschäftes geltenden gesetzlichen und aufsichtsbehördlichen Vorschriften nicht beachtet.

Sonderbefugnisse

Das VAG gibt der BaFin neben dieser Generalklausel eine Reihe von Sonderbefugnissen an die Hand, um bestimmten typischen Gefahren vorzubeugen. Diese Sonderbefugnisse sind weitreichend. Die Aufsichtsbehörde kann einen Sonderbeauftragten (§ 83a VAG) für den Vorstand, den Aufsichtsrat oder andere Organe der Gesellschaft einsetzen. Sie kann sogar die Erlaubnis zum Geschäftsbetrieb widerrufen (§ 87 VAG). Die BaFin kann auch anlassbezogene Umfragen durchführen, etwa zu den Auswirkungen einer möglichen, aber nicht sicheren Kapitalmarktentwicklung auf das Sicherungsvermögen (so genannte Stress-Tests als quantitatives Element des Risikomanagements der Kapitalanlagen).

4.1.9 Sicherungsfonds (§§ 124 ff VAG)

Protektor

Ergeben die Prüfungen Anlass zu Bedenken, wird die BaFin im Dialog mit der Unternehmensleitung zunächst versuchen, hier gegenzusteuern. Reicht dies nicht aus, wird sie bemüht sein, einen Versicherer zu finden, der in der Lage und interessiert ist, einen Teilbestand oder im Extremfall auch den ganzen Bestand zu übernehmen. Ergibt sich auch hier keine Lösung, muss das Lebensversicherungsunternehmen seinen Geschäftsbetrieb einstellen, während der gesamte Bestand auf die für solche Fälle gegründete Auffanggesellschaft, die Protektor Lebensversicherung AG, übertragen wird. Protektor stellt gleichzeitig den Sicherungsfonds der Lebensversicherer dar, wie er seit 2004 gesetzlich vorgeschrieben ist.

> **▷ Beispiel**
>
> Im Jahr 2003 musste eine solche Übertragung auf die Protektor Lebensversicherung AG erstmals vorgenommen werden, als die Mannheimer Lebensversicherung nicht mehr in der Lage war, für die dauernde Erfüllbarkeit der Verträge zu sorgen. Vorteil für die Versicherungsnehmer: Sie behielten ihren Anspruch auf die vertraglich zugesicherten Versicherungsleistungen und auf die bereits gutgeschriebenen Überschüsse. Auf neue Überschüsse zumindest aus dem Kapitalertrag müssen sie allerdings seither verzichten. Nur Risiko- und Berufsunfähigkeitsversicherungen blieben voll überschussberechtigt, weil es sich hier um Risikogewinne handelt.

Herabsetzung der Garantieleistungen

Reichen die Mittel des Sicherungsfonds nicht aus, um die Fortführung der Verträge zu gewährleisten, werden bei Lebensversicherungsunternehmen die Verpflichtungen aus den Verträgen um maximal 5 % der vertraglich garantierten Leistungen herabgesetzt.

4. Private Lebensversicherung auf Renten- und Kapitalbasis

Die BaFin kann Anordnungen treffen, um einen außergewöhnlichen Anstieg der Zahl vorzeitiger Vertragsbeendigungen zu verhindern, da eine hohe Zahl von Rückkäufen die Sanierung des übernommenen Versicherungsbestandes erschwert. Zu diesem Zwecke kann sie beispielsweise ein zeitweiliges Kündigungsverbot aussprechen.

4.1.10 Kundenbeschwerden

Ein weiterer Aspekt der Aufgabe der BaFin, die „Belange der Versicherungsnehmer und Versicherten" zu wahren, besteht darin, dass diese sich auch beschwerdeführend an die BaFin wenden können. Die BaFin setzt sich dann mit dem jeweiligen Versicherungsunternehmen in Verbindung und prüft deren Stellungnahme auf Richtigkeit. Bei Verstößen gegen Rechtsvorschriften, die Kalkulation oder den Umfang einer Leistung kann sie Abhilfe fordern. Bei Zunahme von bestimmten Beschwerden kann die BaFin auch örtliche Prüfungen vornehmen.

Versicherungsombudsmann

Der Versicherungsombudsmann e.V. ist eine unabhängige und für Verbraucher kostenfrei arbeitende Schlichtungsstelle. Die Neutralität des Ombudsmanns ist durch seine unabhängige Stellung sichergestellt. Der Ombudsmann muss besondere Voraussetzungen mitbringen, damit er in das Amt gewählt werden kann.

Ombudsmann

Beispielsweise soll er die Befähigung zum Richteramt haben und besondere Erfahrungen in Versicherungssachen vorweisen können. Auch darf er in den letzten drei Jahren vor Antritt des Amtes nicht hauptberuflich für ein Versicherungsunternehmen tätig gewesen sein. Die Amtsdauer beträgt fünf Jahre. Während dieser Zeit ist jede sonstige Tätigkeit untersagt, welche die Unparteilichkeit der Amtsausübung beeinträchtigen könnte. Der Ombudsmann wird vom Vorstand des Vereins vorgeschlagen und durch Beschlüsse der Mitgliederversammlung und des Beirats bestellt.

Kunde

Beschwerde beim Versicherer (z. B. Vorstandsbeschwerde), aber keine Einigung

⬇

Ombudsmann-Verfahren

Beschwerdeaufnahme
Untersuchung
Entscheidung

Der Ombudsmann ist nicht Angestellter des Vereins. Er ist hinsichtlich seiner Entscheidungen, seiner Verfahrens- und Amtsführung im Rahmen der Verfahrensordnung unabhängig und keinen Weisungen unterworfen. Eine Abberufung ist nur bei offensichtlichen groben Verfehlungen gegen seine Verpflichtungen möglich. Er ist in fachlicher Hinsicht weisungsbefugt gegenüber allen Mitarbeitern der Schlichtungsstelle. Als Entscheidungsgrundlagen hat der Ombudsmann Recht und Gesetz zu beachten. Das schließt Vorschläge zur gütlichen Einigung nicht aus.

Der Versicherungsombudsmann e.V. ist als eingetragener Verein organisiert. Die Gründung am 11.4.2001 erfolgte durch Präsidiumsmitglieder des GDV und somit auf Initiative der deutschen Versicherungswirtschaft, die auch die Kosten der Einrichtung trägt. Der Verein hat seinen Sitz in Berlin. Dort sind die Geschäftsstelle und das Büro des Ombudsmanns angesiedelt. Ombudsmann für Versicherungen ist derzeit Professor Dr. Günter Hirsch (Stand: 2015).

Hinweis

Die Entscheidung ist für das Versicherungsunternehmen bindend, wenn der Ombudsmann einen Bescheid des Versicherers beanstandet, durch den der Versicherungsnehmer einen Nachteil bis höchstens 10.000 € erlitten hat. Liegt der Wert höher, muss das Versicherungsunternehmen sich nicht daran halten. Erfahrungsgemäß folgen die Versicherer aber auch dann zumeist der Auffassung des Ombudsmanns.

Für den Versicherungsnehmer ist die Entscheidung stets unverbindlich. Der Weg zu den Gerichten bleibt ihm immer offen.

4.1.11 Ausübung der Geschäftstätigkeit als Lebensversicherer

Die speziellen Regelungen zur Ausübung der Geschäftstätigkeit als Lebensversicherer, zur Beitragskalkulation (§ 11 VAG), zum Verantwortlichen Aktuar (§ 11a VAG) und zum Treuhänder (§ 11b VAG) werden in Abschnitt 5. Kalkulatorische Risiken behandelt.

Zusammenfassung

Die Hauptaufgabe der Bundesanstalt für Finanzdienstleistungsaufsicht (BaFin) ist die Aufsicht über Banken, Versicherungen und den Handel mit Wertpapieren in Deutschland. Im Rahmen der Versicherungsaufsicht sind nach dem Versicherungsaufsichtsgesetz die Belange der Versicherten ausreichend zu wahren und es ist sicherzustellen, dass die Verpflichtungen aus den Versicherungsverträgen jederzeit erfüllbar sind. In Deutschland ist die Versicherungsaufsicht auf Bund und Länder aufgeteilt. Versicherungsunternehmen mit Sitz in einem anderen EU-Staat oder einem Vertragsstaat des EWR unterliegen primär der Aufsicht durch ihren Herkunftsstaat. Die Durchführung der Aufsicht umfasst die Erteilung der Erlaubnis, die laufende Aufsicht und verschiedene Eingriffstatbestände. Muss ein Lebensversicherungsunternehmen seinen Geschäftsbetrieb einstellen, wird der gesamte Bestand auf den Sicherungsfonds der Lebensversicherer übertragen. Kunden können sich mit ihren Beschwerden in bestimmten Fällen unmittelbar an die BaFin wenden. Darüber hinaus können Kunden den Versicherungsombudsmann als eine unabhängige und für Verbraucher kostenfrei arbeitende Schlichtungsstelle einschalten.

4.2 Allgemeine Rechtsgrundlagen

4.2.1 Angebotsgestaltung und Verkauf Basis-Rente

Handlungssituation

Sie sind Angestellter im Außendienst der Proximus Lebensversicherung AG. Für Ihren Termin beim Ehepaar Heberich liegen Ihnen folgende Informationen vor:

Frau Heberich ist 34 Jahre alt und seit 7 Jahren als selbstständige Rechtsanwältin tätig. Sie ist verheiratet und wohnt mit ihrem Ehemann in Stuttgart. Herr Heberich verdient als Angestellter im Bankenbereich 60.000 € brutto jährlich. Er ist gesetzlich rentenversichert, Frau Heberich bezahlt im Jahr 2015 13.576 € in das Versorgungswerk für Rechtsanwälte ein.

Während sich Herr Heberich im Rahmen der betrieblichen Altersvorsorge für später zusätzlich abgesichert hat, möchte Frau Heberich neben der Rechtsanwaltsversorgung privat für das Alter vorsorgen. In diesem Zusammenhang will sie einerseits Monat für Monat etwas zurücklegen, andererseits je nach Ertragslage des Anwaltsbüros jährlich schwankende Zuzahlungen leisten können.

Aufgrund der aktuellen Einkommenssituation des Ehepaares Heberich soll bei der gewählten Privatvorsorge auch die einkommensteuerliche Abzugsfähigkeit der angesparten Beiträge ermöglicht werden.

4.2.1.1 Produktmerkmale der Basis-Rente

Mit Einführung des Alterseinkünftegesetzes (Anfang 2005) wurde die Möglichkeit geschaffen, mit der Basis-Rente privat für das Alter vorzusorgen. Die „Kommission zur nachhaltigen Finanzierung der Sozialversicherungssysteme" unter Vorsitz von Prof. Dr. Dr. h. c. Bert Rürup hat dieses Vorsorgemodell in Form eines staatlich geförderten privaten Leibrentenvertrags entwickelt. Daher wird die Basis-Rente auch als „Rürup-Rente" bezeichnet.

Alterseinkünftegesetz

Die Basis-Rente zählt zur Schicht 1 und damit zur Basisversorgung. Im Versicherungsbereich wird die Basis-Rente insbesondere als konventionelle Rentenversicherung mit Garantieverzinsung, als fondsgebundene Rentenversicherung mit Garantien (z. B. mit Beitragserhaltungsgarantie zum vereinbarten Rentenbeginn) oder als fondsgebundene Rentenversicherung ohne Garantien angeboten.

Die Produktmerkmale einer Basis-Rente sind gesetzlich festgelegt (§ 10 Abs. 1 Nr. 2b EStG):

Produktmerkmale

- lebenslange Leibrente
- früheste Auszahlung der Rente mit 62 Jahren
- Zusatzabsicherungen möglich
- keine Vererbbarkeit der Ansprüche

- keine Übertragbarkeit der Ansprüche
- keine Veräußerbarkeit der Ansprüche
- Ansprüche nicht beleihbar
- Ansprüche nicht kapitalisierbar

Es gelten also nahezu die gleichen Merkmale wie bei der GRV-Altersrente.

Leistungen

Die Leistungen aus einem Basis-Rentenvertrag müssen als lebenslange Leibrente ausgezahlt werden. Leistungen in Form eines Auszahlplans, wie man sie aus dem Investmentfondsbereich kennt, sind nicht möglich.

Personenidentität

Bei einem Basis-Rentenvertrag müssen Versicherungsnehmer, versicherte Person, Beitragszahler und Rentenbezieher identisch sein. Die Leibrente darf frühestens mit vollendetem 62. Lebensjahr des Rentenbeziehers ausgezahlt werden. Bei vor 2012 abgeschlossenen Verträgen kann sie frühestens ab Vollendung des 60. Lebensjahres beginnen.

Zusatzabsicherung

Die private Altersvorsorge mit einer Basis-Rente kann auch um eine Zusatzversorgung für Hinterbliebene oder für den Fall der Berufsunfähigkeit oder Erwerbsminderung ergänzt werden. Hinterbliebenenrenten sind als Witwen/Witwer- oder Waisenrenten möglich (Voraussetzung ist Kindergeldberechtigung).

> **▷ Hinweis**
>
> Bei Einschluss einer ergänzenden Zusatzabsicherung müssen die Beiträge, die auf die Altersvorsorge der versicherten Person entfallen, mehr als 50 % des Gesamtbeitrags betragen. Ist beispielsweise eine Berufsunfähigkeits-Zusatzversicherung eingeschlossen, wird bei Eintritt der Berufsunfähigkeit der Beitrag zur Altersvorsorge vom Versicherer übernommen (Beitragsfreiheit). Dieser Teil der Beitragsfreiheit für die Altersvorsorge wird dem Beitragsteil der Altersvorsorge (> 50 %) zugerechnet. Daneben wird bei Berufsunfähigkeit eine Rente erbracht. Dieser Beitragsteil wird wie der Teil der Beitragsfreiheit für die Hinterbliebenenabsicherung dagegen dem Beitragsteil der Zusatzrisiken (< 50 %) zugerechnet.

Basis-Rente-Erwerbsminderung

Mit dem Altersvorsorge-Verbesserungsgesetz vom 24.3.2013 wurde die Möglichkeit ausgeweitet, sich steuerlich gefördert gegen den Eintritt der verminderten Erwerbsfähigkeit und Berufsunfähigkeit abzusichern. Aufwendungen für einen zertifizierten Absicherungsvertrag (Basis-Rente-Erwerbsminderung) können ab 2014 im Rahmen des Abzugsvolumens der Basisversorgung im Alter geltend gemacht werden. Der Vertrag muss im Versicherungsfall die Zahlung einer lebenslangen Rente vorsehen. Ebenso muss er verschiedene verbraucherschützende Regelungen berücksichtigen.

Merkmale

Nachfolgend die wichtigsten Merkmale der Basis-Rente-Erwerbsminderung:
- Absicherung der teilweisen und vollen Erwerbsminderung oder Berufsunfähigkeit
- Versicherungsschutz bis zum vollendeten 67. Lebensjahr
- Für Versicherungsfälle ab dem vollendeten 55. Lebensjahr ist eine verringerte Leistung zulässig.

4. Private Lebensversicherung auf Renten- und Kapitalbasis

- Auszahlung der Versicherungsleistung als lebenslange Rente. Bei Wegfall der medizinischen Voraussetzungen kann die Rente eingestellt werden.
- Leistung bei teilweiser und voller Erwerbsminderung
- Prognosezeitraum 12 Monate
- 36 Monate rückwirkende Leistung
- zinslose Stundung der Beiträge während der Leistungsprüfung
- Verzicht auf Kündigung bei schuldloser Verletzung der Anzeigepflicht
- Beschränkung der medizinischen Mitwirkungspflichten auf das Zumutbare

Die gesetzlichen Anforderungen an die Basis-Rente-Erwerbsminderung sind sehr hoch. Qualität und mehr Leistung haben jedoch ihren Preis, so dass das Produkt aktuell eine eher geringe Marktposition hat. Die Gründe dafür sind vielfaltig.

geringe Marktposition

Der Beitrag für die Basis-Rente-Erwerbsminderung liegt aufgrund der geforderten Merkmale erheblich über dem einer privaten BU-Absicherung, falls nicht in starkem Maße von der Leistungsverringerung ab dem 55. Lebensjahr Gebrauch gemacht wird. Angesichts dieser Beitragshöhe dürfte die Basis-Rente-Erwerbsminderung für Geringverdiener eher ungeeignet sein. Eine in der Erwerbsphase angemessene Absicherungshöhe führt aufgrund der lebenslangen Leistung in der Regel zu einer deutlichen Überversorgung im Rentenalter. Außerdem bestehen aus Sicht der Versicherungsunternehmen Fehlanreize zur Provokation eines Versicherungsfalls (moral hazard: „Ich bin ja versichert, kann also etwas leichtsinniger sein.") sowie die Gefahr von Vorzieheffekten.

Bei Tod der versicherten Person kommt das vorhandene Vermögen eines Basis-Rentenvertrags der Versichertengemeinschaft zugute. Eine Auszahlung an die Erben erfolgt nicht. Soll eine Kapitalleistung an Hinterbliebene bei Tod zur Verfügung stehen, kann dies durch eine zusätzliche Absicherung über eine Risikolebensversicherung in der Schicht 3 erfolgen.

Die Vertragsbedingungen dürfen keine Übertragung der Ansprüche des Leistungsempfängers auf Dritte vorsehen (Ausnahme: Regelung von Scheidungsfolgen). Die Pfändbarkeit der Ansprüche nach den Vorschriften der Zivilprozessordnung steht dem nicht entgegen.

▶ Exkurs: Insolvenzschutz der Basis-Rente

Basis-Rente

Gerade beim Aufbau der Altersvorsorge Selbstständiger wird von den Versicherungsnehmern häufig der Insolvenzschutz der Basis-Rente thematisiert. Eine Aussage dahingehend, dass eine Basis-Rente generell insolvenzgeschützt ist, lässt sich nicht treffen, da ggf. ein außerordentliches Kündigungsrecht des Insolvenzverwalters greift.

Will man eine praxisbezogene Antwort auf diese Themenstellung geben, so muss zunächst zwischen der Anspar- und Leistungsphase bei der Basis-Rente unterschieden werden.

Wurden die Leistungen aus der Basis-Rente mit steuerlich geförderten Beiträgen aufgebaut, so können die Rentenleistungen oberhalb des Pfändungsfreibetrags wie Arbeitseinkommen gepfändet werden (§ 851c i. V. m. § 850 ZPO).

Voraussetzungen für den Pfändungsschutz

Entscheidender in der Praxis ist allerdings die Frage, inwieweit das angesparte Vermögen in einem Basis-Rentenvertrag insolvenzgeschützt ist. Nach den Vorschriften der Zivilprozessordnung (§ 851c Abs. 1 ZPO) genießen Leistungen aus privaten Altersvorsorgeprodukten Pfändungsschutz, wenn

- die Leistung in regelmäßigen Zeitabständen lebenslang und nicht vor Vollendung des 60. Lebensjahres oder nur bei Eintritt der Berufsunfähigkeit gewährt wird,
- über die Ansprüche aus dem Vertrag nicht verfügt werden darf,
- die Bestimmung von Dritten mit Ausnahme von Hinterbliebenen als Berechtigte ausgeschlossen ist und
- die Zahlung einer Kapitalleistung, ausgenommen eine Zahlung für den Todesfall, nicht vereinbart wurde.

Die Basis-Rente erfüllt diese Voraussetzungen. Insbesondere kann der Versicherungsnehmer nicht durch Kündigung über vorhandene Vertragswerte verfügen und erhält bei Fälligkeit keine Kapital-, sondern nur eine Rentenleistung.

gestaffelte Höchstbeträge

Weiterhin kann nun der Versicherungsnehmer bei einer Basis-Rente nach seinem Lebensalter gestaffelt jährlich einen bestimmten Betrag unpfändbar bis zu einer Gesamtsumme von 256.000 € ansammeln (§ 851c Abs. 2 ZPO).

Lebensalter	Einzahlung pro Jahr maximal in €	Kapitalbetrag maximal in €
18–29	2.000	24.000
30–39	4.000	64.000
40–47	4.500	100.000
48–53	6.000	136.000
54–59	8.000	184.000
60–67	9.000	256.000

Tabelle 11: Maximaler Kapitalbetrag bei einer Riester-Rente

Übersteigende Beträge unterliegen zu 70 % der Pfändung. Erst ab dem Dreifachen der sich oben ergebenden Vermögensgrenzen unterliegen übersteigende Beträge vollständig der Pfändung.

▶ Beispiel

Frau Heberich könnte zum Aufbau einer angemessenen Alterssicherung auf der Grundlage eines in § 851c Absatz 1 ZPO bezeichneten Vertrags einen Betrag bis zu einer Gesamtsumme von 44.000 € insolvenzgeschützt ansammeln:

  12 × 2.000 € (18–29 je 2.000 €)
+ 5 × 4.000 € (30–34 je 4.000 €)
───────────────
= 44.000 €

Im Basis-Rentenvertrag muss geregelt sein, dass Ansprüche aus dem Vertrag nicht an Dritte veräußert werden können. Außerdem dürfen keine Ansprüche als Sicherheit abgetreten oder verpfändet werden.

4. Private Lebensversicherung auf Renten- und Kapitalbasis

Schließlich darf vertraglich nicht vorgesehen sein, dass der Basis-Rentenanspruch kapitalisiert oder abgefunden wird.

▶ Hinweis

Ob ein Basis-Rentenvertrag diese Voraussetzungen erfüllt, muss nicht im Einzelfall geprüft werden. Basis-Rentenverträge unterliegen einem Zertifizierungsverfahren, d. h. auf Basis eines Vertragsmusters des Versicherungsunternehmens wird vom Bundeszentralamt für Steuern bindend festgelegt, ob der Vertrag den Förderbestimmungen der Basis-Rente entspricht.

4.2.1.2 Steuer- und sozialversicherungsrechtliche Behandlung der Basis-Rente

Abzug der Beiträge als Sonderausgaben

Die bereits erwähnte Zertifizierung ist Voraussetzung dafür, dass Beiträge zu einem Basis-Rentenvertrag als Sonderausgaben berücksichtigt werden. Im Rahmen des Vertragsabschlusses willigt der Steuerpflichtige ein, dass der Anbieter der Basis-Rente dessen Daten an die Finanzbehörden elektronisch übermitteln darf. Liegt die Einwilligung vor, teilt der Anbieter unter Angabe der Vertragsdaten und der Steuer-Identifikationsnummer die Höhe der geleisteten Beiträge im Beitragsjahr mit.

elektronische Datenübermittlung

Die Beiträge zur Basisversorgung können als Sonderausgaben geltend gemacht werden. Maßgebend ist der Höchstbetrag zur knappschaftlichen Rentenversicherung, d.h. für das Jahr 2015 22.172 € bzw. 44.344 € bei zusammen veranlagten Ehegatten/eingetragenen Lebenspartnern (BBG 2015 = 89.400 € × 24,8 % = 22.172 €). Zum Höchstbetrag zählen auch der steuerfreie Arbeitgeber-Anteil zur gesetzlichen Rentenversicherung und gleichgestellte steuerfreie Zuschüsse des Arbeitgebers. Diese für die Ermittlung des Höchstbetrages zu berücksichtigenden steuerfreien Leistungen, müssen bei der Berechnung der Sonderausgaben wieder abgezogen werden. Weiterhin ist zu beachten, dass der Höchstbetrag zu 100 % im Jahr 2025 greift. Im Jahr 2015 sind 80 % der Beiträge zur Basisversorgung den abzugsfähigen Sonderausgaben zuzurechnen. Bis zum Jahr 2025 erhöht sich dieser Prozentsatz um zwei Prozentpunkte jährlich (§ 10 Abs. 3 EStG).

Höchstbetrag

▶ Beispiel

Beim Ehepaar Heberich gestaltet sich die Ermittlung der abzugsfähigen Sonderausgaben im Bereich der Basisversorgung im Jahr 2015 wie folgt:

13.576 €		(Versorgungswerk Frau Heberich)
+ 11.220 €		(GRV Herr Heberich, max. 18,7 % der BBGWest)
24.796 €		(Höchstbetrag 44.344 €)
19.837 €		(80 % im Jahr 2015)
− 5.610 €		(steuerfreier AG-Anteil zur GRV Herr Heberich)
14.227 €		(abzugsfähige Sonderausgaben Basisversorgung im Jahr 2015)

Im Rahmen einer privaten Altersvorsorge (Basis-Rente) sind 2015 Beitragsleistungen von Frau Heberich bis zur Ausschöpfung des Höchstbetrags steuerwirksam (vorliegend 44.344 € − 24.796 € = 19.548 €). Maximal führt dies zu zusätzlichen Sonderausgaben in Höhe von 15.638 € (19.548 € × 80 %).

gekürzter Höchstbetrag

Bei bestimmten Steuerpflichtigen wird der Höchstbetrag zur Basisversorgung gekürzt (§ 10 Abs. 3 EStG), wenn ihnen eine eigene Altersversorgung zusteht. Die Kürzung umfasst den Gesamtbeitrag zur Gesetzlichen Rentenversicherung (maximal bis Beitragsbemessungsgrenze Ost).

Zu diesen Personengruppen gehören insbesondere:
- Beamte
- Geistliche
- Richter
- Berufssoldaten, Soldaten auf Zeit
- bestimmte Gesellschafter-Geschäftsführer einer Kapitalgesellschaft

▶ **Beispiel**

Herr Jäger, ledig, ein von der Sozialversicherung befreiter Gesellschafter-Geschäftsführer mit einem Jahresbruttogehalt von 40.000 € hat im Rahmen einer Entgeltumwandlung 2010 eine Direktversicherung abgeschlossen. Da ihm aufgrund vertraglicher Vereinbarung Anwartschaftsrechte auf eine Altersversorgung zustehen, wird der Höchstbetrag für die Basisversorgung reduziert. Im Jahr 2015 ist der Höchstbetrag von 22.172 € um 7.480 € (40.000 € × 18,7 %) auf 14.692 € zu kürzen. Unerheblich ist, ob die betriebliche Altersversorgung selbst oder vom Arbeitgeber finanziert wurde.

Nachgelagerte Besteuerung der Basis-Rente

Leistungen aus der Basisversorgung werden nachgelagert besteuert. Dabei wird nicht unterschieden, ob es sich um Alters-, Hinterbliebenen-, Berufsunfähigkeits- bzw. Erwerbsunfähigkeitsrenten handelt.

Ab dem Jahr 2040 unterliegen diese Leistungen als sonstige Einkünfte voll der Einkommensteuer. Bis dahin gilt folgende Übergangsregelung: Erfolgt der Rentenbeginn im Jahr 2015, werden 70 % der Rente besteuert. Der Prozentsatz steigt bei späteren Rentenbeginnen jährlich bis 2020 um 2 Prozentpunkte, danach um 1 Prozentpunkt auf 100 % im Jahr 2040.

Kohortenprinzip

Folglich wird für jeden neuen Rentnerjahrgang ein prozentualer Besteuerungsanteil der Rente festgelegt (Kohortenprinzip). Die Differenz zwischen dem Besteuerungsanteil der Rente und dem Jahresbetrag der Rente ist der steuerfreie Teil der Rente (Rentenfreibetrag), der auf Dauer festgeschrieben wird. Die Festschreibung des Rentenfreibetrags wird in dem Kalenderjahr vorgenommen, das auf das Jahr des ersten Rentenbezugs folgt. Erhöhungen durch Rentenanpassungen beeinflussen die Höhe des Freibetrages nicht, so dass Rentenerhöhungen der vollen Besteuerung unterliegen.

4. Private Lebensversicherung auf Renten- und Kapitalbasis

Die Rentenbesteuerung

Zurzeit werden gesetzliche Renten so besteuert:

Der „Ertragsanteil" der Rente unterliegt der Steuer:

= 17 % der Rente (Rente mit 67)

= 21 % der Rente (Rente mit 62)

Nur sehr hohe Renten werden teilweise besteuert

Vorschlag der Rürup-Kommission:

Für Neurentner werden so viel Prozent der Rente besteuert: 100 %

50 %

2005 — 2040

Aufwendungen für die gesetzliche Rente

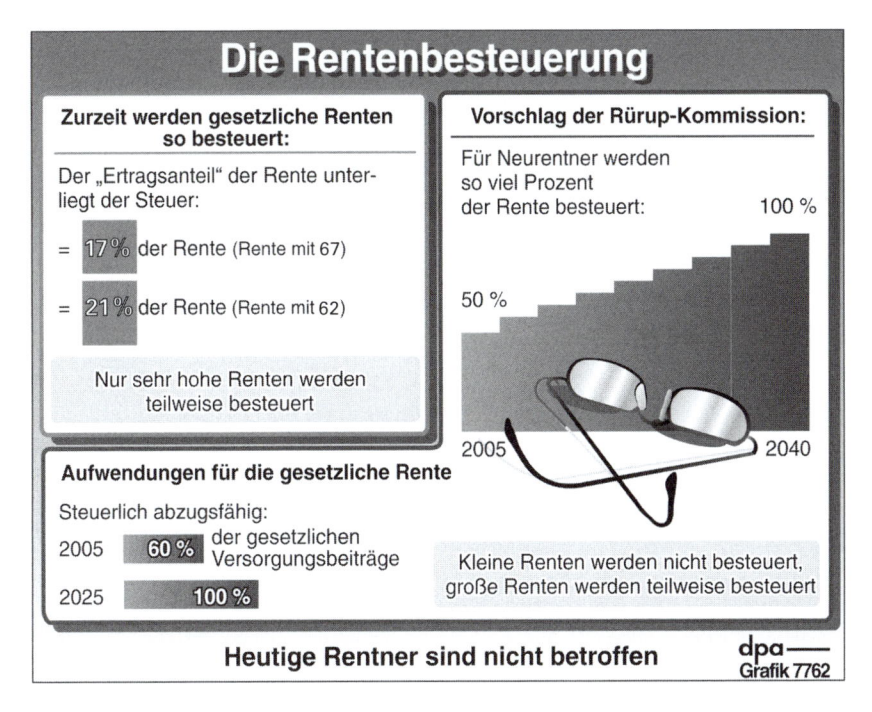

Steuerlich abzugsfähig:
2005 60 % der gesetzlichen Versorgungsbeiträge
2025 100 %

Kleine Renten werden nicht besteuert, große Renten werden teilweise besteuert

Heutige Rentner sind nicht betroffen

dpa — Grafik 7762

Abbildung 6: Rentenbesteuerung

▶ **Hinweis**

Nach § 22a EStG müssen die Träger der gesetzlichen Rentenversicherung, der Gesamtverband der landwirtschaftlichen Alterskassen für die Träger der Alterssicherung der Landwirte, die berufsständischen Versorgungseinrichtungen, die Pensionskassen, die Pensionsfonds, die Versicherungsunternehmen und die sonstigen Anbieter von Basis- und Riester-Rentenverträgen jährlich bis zum 1.3. des Folgejahres des Leistungsbezugs der zentralen Stelle bei der Deutschen Rentenversicherung Bund personenbezogene Daten ihrer Mitglieder und Kunden sowie den Betrag der an diese fließende Leibrenten und andere Leistungen mitteilen (Rentenbezugsmitteilungen per Datenfernübertragung). Bei dieser Stelle werden die Daten zusammengeführt und an die jeweils zuständige Landesfinanzbehörde übermittelt.

Basis-Rente und Sozialversicherung

Leistungen aus Basis-Rentenversicherungen im Rahmen der privaten Altersvorsorge werden grundsätzlich nicht in die Beitragspflicht der gesetzlichen Kranken- und Pflegeversicherung einbezogen. Dies gilt zumindest für die Pflichtversicherung der Rentner in der Krankenversicherung. Anders stellt sich die Situation für freiwillig in der gesetzlichen Krankenversicherung versicherte Rentner dar. Bei der Beitragsberechnung freiwillig versicherter Rentner wird die gesamte wirtschaftliche Leistungsfähigkeit bis zur Beitragsbemessungsgrenze herangezogen (§ 240 SGB V), z. B. auch Einkünfte aus privat abgeschlossenen Basis-Rentenversicherungen.

Zusammenfassung

Vorteile der Basis-Rente

- Die Beiträge zu einer Basis-Rente führen in der Ansparphase zu Sonderausgaben. Durch die nachgelagerte Besteuerung tritt bei den Steuerpflichtigen ein Steuerstundungseffekt ein.

- Für Selbstständige ist die Basis-Rente grundsätzlich die einzige Möglichkeit, steuerbegünstigte Altersvorsorge zu betreiben, da eine geförderte Riester-Rente oder eine betriebliche Altersversorgung nicht abgeschlossen werden können. Ist der Selbstständige nicht rentenversicherungspflichtig und nicht über ein berufsständisches Versorgungswerk versichert, steht ihm der jährliche Höchstbetrag bei den Sonderausgaben (22.172 € bzw. 44.344 €) uneingeschränkt für die Basis-Rente zur Verfügung.

- Weiterhin ist die Basis-Rente aufgrund ihrer Flexibilität in der Ansparphase ein passendes Produkt für die Zielgruppe der Selbstständigen mit schwankendem Gewinn bzw. Einkommen. Die laufende Beitragszahlung kann mit Zuzahlungen kombiniert werden. Die insgesamt auf den Basis-Rentenvertrag fließenden Beiträge führen zu Sonderausgaben und zur individuellen Steuerersparnis.

- Rentennahe Jahrgänge können durch Leistung eines Einmalbeitrags in einen Basis-Rentenvertrag mit kurzer Aufschubdauer bis zum Rentenbeginn positive steuerliche Effekte erzielen. Der Effekt ist am größten bei einem Einmalbeitrag in eine sofort beginnende Basis-Rente. Beispielsweise liegt im Jahr 2015 der Prozentsatz der steuerlichen Abzugsfähigkeit bei 80 %, während der steuerpflichtige Teil der sofort beginnenden Basis-Rente 70 % beträgt.

- Ergänzend zur Altersvorsorge können über eine Basis-Rente steuerlich gefördert auch Hinterbliebene abgesichert sowie das Berufsunfähigkeitsrisiko abgedeckt werden.

- Gefördertes Vermögen in Basis-Rentenverträgen zählt nicht zum verwertbaren Vermögen im Rahmen der Grundsicherung für Arbeitssuchende. Folglich wird diese Anwartschaft nicht auf das Arbeitslosengeld II angerechnet.

Nachteile der Basis-Rente

- Eine Kapitalleistung aus einem Basis-Rentenvertrag am Ende der Laufzeit ist nicht möglich. Dies gilt auch bei Kündigung des Vertrags. In diesem Fall wird der Vertrag beitragsfrei gestellt und die ursprünglich vereinbarte Rentenleistung herabgesetzt.

- Eine Beleihung oder Übertragung der Ansprüche aus dem Basis-Rentenvertrag scheidet aus.

- Eine freie Vererbung des angesparten Vermögens ist nicht möglich. Renten an enge Hinterbliebene (Ehegatten oder kindergeldberechtigte Kinder) können vereinbart werden. Todesfallleistungen bei Tod der versicherten Person müssen ebenfalls als Hinterbliebenenrente ausgezahlt werden. Das bedeutet, dass Kapital aus einer Beitragsrückgewähr in der Ansparphase oder die Kapitalisierung einer Rentengarantie in der Rentenphase nur als lebenslange Leibrente an Ehegatten oder kindergeldberechtigte Kinder fließen darf. Sind solche nicht vorhanden, kommt das vorhandene Kapital der Versichertengemeinschaft zugute.

- Aufgrund der stufenweisen Freistellung der Beiträge zu Basis-Rentenverträgen im Bereich der Sonderausgaben bis 2025 einerseits und des Übergangs zur vollen nachgelagerten Besteuerung bis 2040 andererseits kann es zu steuerlichen Nachteilen kommen. Beispielsweise zahlt ein 30-Jähriger monatlich einen Betrag in einen Basis-Rentenvertrag ein. Wenn er frühestens mit 62 (bzw. mit 60 bei Vertragsabschluss vor 2012) Leistungen aus dem Vertrag beziehen kann, muss er diese zu 100 % versteuern. Die 100-prozentige Abzugsfähigkeit der Beitragsleistungen greift nicht von Anfang an, sondern erst ab 2025.

4. Private Lebensversicherung auf Renten- und Kapitalbasis

- Wird ein Basis-Rentenvertrag durch Überschreitung des jährlichen Höchstbetrags überzahlt, sind auch die späteren Leistungen aus dem überzahlten und steuerlich nicht geförderten Teil nachgelagert zu versteuern. Eine Aufteilung wie bei der Riester-Rente erfolgt nicht.

4.2.2 Angebotsgestaltung und Verkauf Riester-Rente

Handlungssituation

Als Mitarbeiter des Fachbereichs erstellen Sie eine Vermittlerbroschüre, um den Außendienstmitarbeitern die Riesterförderung transparent zu machen. Nachfolgendes Praxisbeispiel soll die Thematik veranschaulichen:

Herr und Frau Keller (beide 33 Jahre alt) leben mit den beiden 2004 und 2007 geborenen Töchtern in Leipzig. Als leitender Angestellter in einem IT-Unternehmen bezieht er ein Jahresbruttogehalt von 75.000 € . Die Ehefrau erstellt als Angestellte eines mittelständischen Unternehmens die Reisekostenabrechnungen für die dort beschäftigten Außendienstmitarbeiter. Diese Tätigkeit übt sie seit drei Jahren von einem Home-Office in Form einer geringfügigen Beschäftigung aus und erzielt dabei ein Einkommen von 450 € monatlich.

Herr und Frau Keller möchten die entstehenden Lücken ihrer gesetzlichen Altersvorsorge mit einer Privatvorsorge verringern, am besten durch staatlich geförderte Produkte. Sie sind bereit, hierzu jeweils etwa 150 € pro Monat zurückzulegen.

4.2.2.1 Produktmerkmale der Riester-Rente

Die Produktmerkmale der Riester-Rente finden sich in § 1 Gesetz über die Zertifizierung von Altersvorsorge- und Basis-Rentenverträgen (Alt-ZertG):

Produktmerkmale

- lebenslange Leistungen
- Teilkapitalisierbarkeit der Leistungen
- früheste Auszahlung der Leistungen mit 62 Jahren
- Zusatzabsicherungen möglich
- uneingeschränkte Vererbbarkeit nur an Ehegatten / eingetragene Lebenspartner
- Ansprüche nicht beleihbar, verpfändbar oder übertragbar
- Anbieterwechsel mit Kapitalübertragung möglich
- Beitragsgarantie zum Beginn der Leistungsphase
- auf die ersten fünf Versicherungsjahre verteilte Abschlusskosten
- besondere Informationspflichten des Anbieters

Außerdem ist u. a. die Förderung selbst genutzter Wohnimmobilien in die geförderte Altersvorsorge einbezogen (Erwerb, Bau oder Entschuldung selbst genutzter Wohnimmobilien).

Bei einer Riester-Leibrentenversicherung werden als Rentenbeginn die Leistungen in Form einer lebenslangen gleichbleibenden oder steigenden monatlichen Leibrente ausgezahlt. Außerhalb dieser Leistungen können bis zu 30 % des zu Beginn der Auszahlungsphase zur Verfügung stehenden Kapitals in Form einer einmaligen Teilkapitalauszahlung ausgezahlt werden. Das Restkapital wird lebenslang verrentet.

Die Auszahlung von Altersvorsorgevermögen aus einem Riester-Vertrag darf grundsätzlich frühestens mit Vollendung des 62. Lebensjahres des Leistungsbeziehers erfolgen, bei vor 2012 abgeschlossenen Verträgen frühestens ab Vollendung des 60. Lebensjahres. Zu beachten ist, dass anstelle des 62. Lebensjahres der Beginn einer Versorgung nach beamten- oder soldatenversorgungsrechtlichen Regelungen wegen Erreichen der Altersgrenze treten kann.

Einzahlungen in einen Riester-Vertrag können auch zur Abdeckung des Risikos verminderter Erwerbsfähigkeit (auch Berufsunfähigkeit) und für eine Hinterbliebenenversorgung verwendet werden. Hinterbliebene in diesem Sinn sind der Ehegatte / eingetragene Lebenspartner und kindergeldberechtigte Kinder.

Stirbt der Inhaber eines Riester-Vertrags, kann das geförderte Altersvorsorgevermögen auf einen auf den Namen des nicht getrennt lebenden Ehegatten / eingetragenen Lebenspartners lautenden Altersvorsorgevertrag übertragen werden. Der überlebende Ehegatte / eingetragene Lebenspartner kann auch nur zum Zweck dieser Übertragung einen Riester-Vertrag abschließen. In allen anderen Fällen führt die Vererbung von Altersvorsorgevermögen zu einer so genannten „schädlichen Verwendung" (siehe Abschnitt 4.2.2.2).

Arbeitslosengeld II Wegen fehlender Übertragbarkeit ist gefördertes Altersvorsorgevermögen insolvenzgeschützt. Außerdem wird es im Rahmen des Bezugs von Arbeitslosengeld II nicht als Vermögen angerechnet (§ 12 Abs. 2 S. 1 Nr. 2 SGB II).

Anbieterwechsel Während der Ansparphase eines Riester-Vertrags kann der Vertragsinhaber jederzeit den Vertrag ruhen lassen (d. h. beitragsfrei stellen). Er hat aber auch die Möglichkeit, mit einer Frist von drei Monaten zum Quartalsende den Vertrag zu kündigen, um das gebildete Kapital auf einen anderen auf seinen Namen lautenden Riester-Vertrag zu übertragen (Anbieterwechsel).

Beitragserhaltungsgarantie Zum Beginn der Leistungsphase wird bei Riester-Verträgen die gesetzlich geforderte Beitragserhaltungsgarantie gewährleistet, indem die Summe der eingezahlten Beiträge als Mindestwert für die Auszahlungsphase zur Verfügung steht.

Die vertraglich angesetzten Abschluss- und Vertriebskosten eines Riester-Vertrags müssen gleichmäßig mindestens auf die ersten fünf Jahre der Vertragslaufzeit verteilt werden.

Generell zeichnen sich Riester-Verträge durch ein hohes Maß an Transparenz für Kunden aus. So muss beispielsweise vor Vertragsabschluss über die Kosten eines Anbieterwechsels aufgeklärt werden. Außerdem ist darüber zu informieren, ob und wie ethische, soziale und ökologische Belange bei der Verwendung der eingezahlten Beiträge berücksichtigt werden. Nach Vertragsabschluss wird z. B. jährlich über das bisher gebildete Kapital und die erwirtschafteten Erträge informiert.

4.2.2.2 Steuer- und sozialversicherungsrechtliche Behandlung der Riester-Rente

Förderberechtigung

Die Förderberechtigung bei Riester-Verträgen ist auf den Personenkreis begrenzt, der von der Herabsetzung des Absicherungsniveaus der öffentlich-rechtlichen Pflichtsysteme (z. B. GRV) unmittelbar betroffen ist.

Insbesondere zählen zu den Förderberechtigten (§ 10a Abs. 1 EStG):   *Förderberechtigte*

- alle gesetzlich Pflichtversicherten, auch Arbeiter und Angestellte des öffentlichen Dienstes
- Pflichtversicherte in der Alterssicherung der Landwirte
- Beamte, Richter, Berufs- und Zeitsoldaten
- versicherungspflichtige Selbstständige (z. B. Landwirte, Gärtner, Hebammen, Krankenschwestern, Altenpfleger, Erzieher, Lehrer, Künstler, Publizisten und Handwerker, die noch keine 18 Jahre Pflichtmitgliedschaft nachweisen können)
- Versicherte während der Erziehungszeit (Versicherungspflicht wegen Kindererziehung besteht für 36 Kalendermonate nach dem Geburtsmonat des Kindes. Werden innerhalb des 36-Monats-Zeitraums mehrere Kinder erzogen, verlängert sich die Zeit der Versicherung um die Anzahl an Kalendermonaten, in denen gleichzeitig mehrere Kinder erzogen werden.)
- geringfügig Beschäftigte
- Bezieher von Krankengeld, Verletztengeld, Versorgungskrankengeld, Übergangsgeld, Unterhaltsgeld (= Arbeitslosengeld bei beruflicher Weiterbildung), Arbeitslosengeld- und Arbeitslosengeld II-Empfänger
- Freiwillig Wehrdienstleistende
- Teilnehmer am Bundesfreiwilligendienst
- Bezieher von Vorruhestandsgeld
- Erwerbsminderungsrentner und dienstunfähige Beamte
- nicht erwerbsmäßig tätige Pflegepersonen (Die Pflege beträgt wenigstens 14 Stunden wöchentlich in der häuslichen Umgebung des Pflegebedürftigen. Der Pflegebedürftige hat Anspruch auf Leistungen aus der sozialen oder der privaten Pflegeversicherung.)
- Behinderte in Werkstätten
- Grenzgänger aus dem EU-/EWR-Ausland, die in Deutschland in der GRV pflichtversichert sind

keine Förderberechtigten

Von der Förderung ausgenommene Personen:

- Pflichtversicherte in berufsständischer Versorgungseinrichtung, z. B. Ärzte, Rechtsanwälte
- Nicht-Versicherungspflichtige in der gesetzlichen Rentenversicherung, z. B. freiwillig GRV-Versicherte oder Selbstständige
- Sozialhilfeempfänger
- Grenzgänger, die in einer ausländischen Rentenversicherung pflichtversichert sind

Für die Förderberechtigung ist es ausreichend, wenn die Voraussetzungen für die Zugehörigkeit zum begünstigten Personenkreis während eines Teils des Kalenderjahres vorgelegen haben.

Begünstigt sind auch von der Förderung ausgenommene Ehegatten / eingetragene Lebenspartner der oben genannten Personengruppen, wobei diese nur Zulagen erhalten (mittelbare Förderberechtigung). Voraussetzungen sind allerdings die Zusammenveranlagung, ein eigener Riester-Vertrag (§ 79 EStG) und die Leistung eines Eigenbeitrags von mindestens 60 € jährlich.

▶ **Beispiel**

Sie klären die Förderberechtigung im Praxisbeispiel:

Herr Keller ist als Angestellter in der GRV versicherungspflichtig und somit unmittelbar förderberechtigt.

Gleiches gilt für Frau Keller als geringfügig Beschäftigte, da das geringfügige Beschäftigungsverhältnis nach der seit dem 1.1.2013 geltenden Rechtslage rentenversicherungspflichtig ist. Jedoch hat Frau Keller die Möglichkeit, sich auf Antrag von der Versicherungspflicht befreien zu lassen. In diesem Fall ist Frau Keller nicht mehr unmittelbar förderberechtigt. Allerdings ist sie als Ehegattin von Herrn Keller mittelbar förderberechtigt. Voraussetzung für den Erhalt der Zulagen ist der Abschluss eines Riester-Vertrags durch den Ehemann.

Grund- und Kinderzulage

Die Förderung von Riester-Verträgen erfolgt zunächst durch eine Zulage (Grund-, Kinderzulage, § 84 und § 85 EStG). Zulageberechtigt sind alle unmittelbar und mittelbar förderberechtigten Personen.

Grundzulage

Grundzulage: 154 €

Ein Berufseinsteigerbonus in Höhe von 200 € für Förderberechtigte, die zu Beginn des Kalenderjahrs das 25. Lebensjahr noch nicht vollendet haben, erhöht einmalig die Grundzulage.

Kinderzulage

Kinderzulage: 300 € (für vor dem 1.1.2008 geborene Kinder: 185 €)

Die Kinderzulage wird für jedes Kind gezahlt, für das der Förderberechtigte tatsächlich Kindergeld erhält. Um die volle Kinderzulage zu erhalten, ist der Kindergeldbezug für einen Monat im Kalenderjahr ausreichend. Bei unbeschränkt steuerpflichtigen und nicht dauernd getrennt lebenden Eltern wird die Zulage regelmäßig der Mutter zugeordnet. Es kommt nicht darauf an, welchem Elternteil das Kindergeld ausgezahlt wird. Der Vater erhält nur dann die Kinderzulage, wenn beide Elternteile dies gemeinsam beantragen. Ein entsprechender Antrag ist unwiderruflich und gilt jeweils für ein Beitragsjahr. Liegen die Voraussetzungen der Zusammenveranlagung nicht vor, ist Anspruchsberechtigter für die Kinderzulage grundsätzlich derjenige, der auch das Kindergeld erhält. Zulagen werden unmittelbar auf den begünstigten Riester-Vertrag überwiesen, maximal auf zwei Verträge des Förderberechtigten.

Spätestens bis zum Ablauf des zweiten Kalenderjahres, das auf das Beitragsjahr folgt, muss also der Zulageberechtigte auf amtlichem Vordruck einen Antrag auf die Zulage stellen (§ 89 Abs. 1 EStG). Der Antrag ist bei dem Anbieter einzureichen, an den die Beiträge geleistet wurden.

Zulageantrag

▶ Hinweis

Für die im Jahr 2015 in den Riester-Vertrag einbezahlten Beiträge muss der Antrag auf Zulage spätestens bis zum 31.12.2017 beim Anbieter eingereicht werden.

Der Anbieter leitet die Daten bzw. den Zulageantrag an eine zentrale Stelle bei der Deutschen Rentenversicherung Bund weiter. Der Zulageberechtigte kann die Antragstellung durch eine schriftliche Vollmacht auf den Anbieter seines Vertrags übertragen (Dauerzulageantrag). In diesem Fall wird die Zulage vom Anbieter Jahr für Jahr auf elektronischem Weg bei der zentralen Stelle beantragt.

Damit die Zulage in der korrekten Höhe festgesetzt werden kann, muss der Zulageberechtigte dem Anbieter Änderungen seiner Daten (z. B. weiteres Kind, Wegfall des Kindergeldes für ein Kind, Änderung der Zuordnung der Kinder, Änderung der sozialversicherungspflichtigen Bezüge), die zu einer Erhöhung/Minderung der Zulage führen, unverzüglich mitteilen.

Die zentrale Stelle berechnet und überweist die Zulage zunächst ohne Prüfung der übermittelten Daten an den Anbieter, also direkt auf den geförderten Vertrag. Später wird von der zentralen Stelle ein Datenabgleich mit anderen staatlichen Stellen (z. B. Träger der GRV, Familienkasse, Finanzämter) durchgeführt. Ergibt diese Prüfung, dass die Zulage zu Unrecht bzw. zu hoch ausgezahlt wurde, muss der Anbieter die Rückforderungsbeträge an die zentrale Stelle abführen.

Überweisung auf geförderten Vertrag

Beamte sowie Empfänger von Amtsbezügen haben keine Sozialversicherungsnummer. Diese Personengruppen beantragen über ihre Besoldungsstelle die Vergabe einer Zulagenummer bei der zentralen Stelle, die von dort der zuständigen Stelle nach § 81a EStG (z. B. Besoldungsstelle) mitgeteilt wird. Außerdem wird der Besoldungsstelle das Einverständnis erteilt, damit diese die für die Zulageermittlung notwendigen Daten (Vorjahresbezüge, Kindergeldbescheinigung) an die zentrale Stelle weiterleiten darf.

Zulagenummer

Mindest-Eigenbeitrag

Die Zulagen werden nur dann in voller Höhe gewährt, wenn der Altersvorsorgebeitrag in einer bestimmten Mindesthöhe (Mindest-Altersvorsorgebeitrag) gezahlt wird (§ 86 EStG). Diese beträgt zusammen mit den Zulagen:

4 % der im vorhergehenden Kalenderjahr erzielten beitragspflichtigen Einnahmen zur gesetzlichen Rentenversicherung, beziehungsweise der bezogenen Besoldung und Amtsbezüge.

Beitragspflichtige Einnahmen sind diejenigen Einnahmen, die den Trägern der GRV gemeldet werden (bis zur jeweils gültigen Beitragsbemessungsgrenze). Die Besoldung und Amtsbezüge ergeben sich aus entsprechenden Mitteilungen der anordnenden Stelle.

Ausgewählte Sonderfälle:

- Land- und Forstwirte: Für die Berechnung des Mindest-Altersvorsorgebeitrags ist auf die Einkünfte aus Land- und Forstwirtschaft des zweiten dem Beitragsjahr vorangegangenen Veranlagungszeitraumes abzustellen.
- Bezieher von Kranken- oder Arbeitslosengeld: Maßgebend ist der Zahlbetrag der Entgeltersatzleistung.
- Auszubildende oder Bezieher von Kurzarbeitergeld: Auch wenn die rentenrechtlich berücksichtigten beitragspflichtigen Einnahmen höher sind als die tatsächlich erzielten Einnahmen, so sind für die Berechnung des Mindest-Altersvorsorgebeitrags die tatsächlichen Einnahmen zugrunde zu legen.
- Beschäftigte im Altersteilzeitarbeitsverhältnis: Maßgebend ist das aufgrund der abgesenkten Arbeitszeit erzielte Arbeitsentgelt (ohne Aufstockungs- und Unterschiedsbetrag).
- Bezieher von Elterngeld: Das Elterngeld ist keine Einnahme i. S. d. Mindest-Altersvorsorgebeitragsberechnung und scheidet daher bei der Bemessungsgrundlage aus.

Der Mindest-Altersvorsorgebeitrag wird begrenzt durch den um die Zulage verminderten Höchstbetrag für den Sonderausgabenabzug (2.100 €).

Sockelbetrag

Damit es in besonderen Fällen (z. B. bei Personen mit geringen Einkommen und mit vielen Kindern) nicht dazu kommt, dass überhaupt keine Eigenleistung erforderlich ist, muss ein bestimmter Betrag als Sockelbetrag erreicht werden. Förderberechtigte müssen mindestens 60 € im Jahr als Sockelbetrag (Mindesteigenbeitrag, Mindestspareigenleistung) in einen Riester-Vertrag einbezahlen.

Sind die tatsächlich gezahlten Beiträge niedriger als der Mindest-Altersvorsorgebeitrag bzw. der Sockelbetrag, wird die Zulage nach dem entsprechenden Verhältnis gekürzt.

▶ Hinweis

Bei zwei unmittelbar förderberechtigten Ehegatten / eingetragenen Lebenspartnern hat jeder Ehegatte / eingetragene Lebenspartner seinen eigenen Mindest-Altersvorsorgebeitrag auf seinen Riester-Vertrag zu leisten. Zählt nur ein Ehegatte / eingetragener Lebenspartner zum begünstigten Personenkreis, so erbringt auch nur er den Mindest-Altersvorsorgebeitrag. In diesem Fall hat der nicht förderberechtigte Ehegatte / eingetragene Lebenspartner Anspruch auf eine ungekürzte Zulage, wenn der förderberechtigte Ehegatte / eingetragene Lebenspartner seinen Mindest-Altersvorsorgebeitrag unter Berücksichtigung der beiden Ehegatten / eingetragenen Lebenspartnern insgesamt zustehenden Zulagen erbracht hat. Beiträge, die der nur mittelbar zulageberechtigte Ehegatte / eingetragene Lebenspartner zugunsten seines eigenen Vertrags geleistet hat, bleiben außer Ansatz.

▶ Beispiel

Im Hinblick auf das gewählte Praxisbeispiel bedeutet dies:

Schließen Herr und Frau Keller jeweils einen Riester-Vertrag ab, so stehen ihnen maximal zweimal 154 € Grundzulage und zweimal 185 € an Kinderzulagen zu.

Die vollen Zulagen erhält das Ehepaar Keller jedoch nur dann, wenn Herr und Frau Keller als unmittelbar Förderberechtigte ihren Mindest-Altersvorsorgebeitrag erbringen.

Geht man davon aus, dass sich das Einkommen von Herrn Keller im aktuellen Jahr gegenüber dem Vorjahr nicht erheblich verändert hat und die Kinderzulagen nicht seinem Vertrag gutgeschrieben werden, berechnet sich der Mindest-Altersvorsorgebeitrag wie folgt:

2.100 € (Höchstbetrag greift) – 154 € = 1.946 €

Der monatliche Mindest-Altersvorsorgebeitrag von Herrn Keller beträgt demnach 1.946 € : 12 = 162,17 €.

Für Frau Keller sieht die Berechnung wie folgt aus:

450 € × 12 = 5.400 €

5.400 € × 4 % = 216 €

216 € – 154 € – 185 € – 185 € = negativ, also 0 €

Folglich muss Frau Keller den Sockelbetrag von 60 € jährlich als Mindest-Altersvorsorgebeitrag erbringen, um die vollen Zulagen zu erhalten.

Hat sich Frau Keller hinsichtlich ihrer geringfügigen Beschäftigung von der Versicherungspflicht in der GRV befreien lassen, ändert sich die Berechnung des Mindest-Altersvorsorgebeitrags für Herrn Keller:

2.100 € (Höchstbetrag greift) – 154 € – 154 € – 185 € – 185 € = 1.422 €

Der monatliche Mindest-Altersvorsorgebeitrag von Herrn Keller beträgt demnach 1.422 € : 12 = 118,50 €.

Zusätzlich fließt eine Grundzulage von 154 € jährlich auf seinen Riester-Vertrag. Auf den Riester-Vertrag von Frau Keller fließen neben ihrer Grundzulage auch die beiden Kinderzulagen. Die Erbringung eines eigenen Mindest-Altersvorsorgebeitrags ist in diesem Fall gesetzlich nicht vorgeschrieben, aber auch mittelbar Förderberechtigte müssen eine Mindestspareigenleistung in Höhe von 60 € jährlich erbringen. Im Übrigen ist die Bezahlung eines Eigenbeitrags durchaus sinnvoll, um auch für Frau Keller von Beginn an eine zusätzliche private Altersvorsorge aufzubauen. Schließlich fallen die Kinderzulagen später weg bzw. kann durch Aufnahme einer rentenversicherungspflichtigen Tätigkeit die Erbringung eines Mindest-Altersvorsorgebeitrags durch Frau Keller erforderlich werden.

Abzug der Beiträge als Sonderausgaben

Für Beitragsleistungen auf einen geförderten Riester-Vertrag einschließlich der vom mittelbar Förderberechtigten erbrachten Mindestspareigenleistung und der auf dem Vertrag gutgeschriebenen Zulage kann im Rahmen der Günstigerprüfung ein Sonderausgabenabzug gewährt werden (§ 10a Abs. 1 und 2 EStG).

Die Höhe der geleisteten Altersvorsorgebeiträge wird gegenüber der Finanzverwaltung durch einen Datensatz nachgewiesen, den der Anbieter der zentralen Stelle bei der Deutschen Rentenversicherung Bund übermittelt.

Einwilligungserklärung für die Datenübermittlung

▷ **Hinweis**

Der zusätzliche Sonderausgabenabzug für Altersvorsorgebeiträge ist nur dann möglich, wenn der Förderberechtigte seinem Anbieter spätestens bis zum Ablauf des zweiten Jahres, das auf das Beitragsjahr folgt, eine schriftliche Einwilligungserklärung für die Datenübermittlung erteilt. Die Einwilligung gilt solange für Folgejahre erteilt, bis sie der Förderberechtigte widerruft. Ohne gesonderte Erklärung gilt die Einwilligung als erteilt, wenn der Förderberechtigte beim Anbieter einen Dauerzulageantrag gestellt hat. Der Förderberechtigte wird über die erfolgte Datenübermittlung jährlich vom Anbieter unterrichtet.

> Der zusätzliche Sonderausgabenabzug ist der Höhe nach begrenzt:
> Förderung bis zu 2.100 € jährlich (Altersvorsorgebeiträge zuzüglich Altersvorsorgezulage).

Ehegatten

Bei zusammen veranlagten Ehegatten / eingetragenen Lebenspartnern wird ein gesonderter Sonderausgabenabzug für jeden Ehegatten / eingetragenen Lebenspartner vorgenommen. In diesem Zusammenhang ist die Ausschöpfung des Höchstbetrages für jeden Ehegatten / eingetragenen Lebenspartner möglich. Voraussetzungen sind jeweils ein eigener Riester-Vertrag und die unmittelbare Förderberechtigung beider Ehegatten / eingetragener Lebenspartner. Eine Übertragung des durch einen Ehegatten / eingetragenen Lebenspartner nicht ausgeschöpften Sonderausgabenvolumens ist nicht zulässig.

Bei nur einem unmittelbar förderberechtigten Ehegatten / eingetragenen Lebenspartner beträgt der Abzugsbetrag max. 2.160 € jährlich. Die vom mittelbar förderberechtigten Ehegatten / eingetragenen Lebenspartner erbrachte Mindestspareigenleistung in Höhe von 60 € erhöht den Höchstbetrag von 2.100 € auf max. 2.160 € jährlich.

Günstigerprüfung

Die Berechnung des zusätzlichen Steuervorteils durch den Sonderausgabenabzug erfolgt durch das Finanzamt im Rahmen der Einkommensteuerveranlagung des Förderberechtigten. Der Sonderausgabenabzug wirkt sich nur dann aus, wenn er bei der Einkommensteuerfestsetzung einen höheren Steuervorteil bewirkt als die Summe der Zulagen (außer Berufseinsteigerbonus). Diese Günstigerprüfung wird von Amts wegen vorgenommen.

4. Private Lebensversicherung auf Renten- und Kapitalbasis

▶ Hinweis

Erfolgt aufgrund der Günstigerprüfung eine zusätzliche Erstattung, erhöht sich die unter Berücksichtigung des Sonderausgabenabzuges ermittelte Einkommensteuer um den Anspruch auf die Zulage. Folglich verbleibt dem Förderberechtigten die über den Zulageanspruch hinausgehende Steuerermäßigung.

Somit bleibt festzuhalten, dass der Förderberechtigte stets die Zulage beantragen muss, um die volle Förderung zu erhalten.

Es greift eine Rückzahlungsverpflichtung des Förderberechtigten hinsichtlich der Zulagen und der (zusätzlichen) Steuerermäßigung aus dem Sonderausgabenabzug, falls Altersvorsorgevermögen

schädliche Verwendung

- nicht als lebenslange Rente oder
- nicht im Rahmen eines Auszahlungsplanes mit Restkapitalverrentung (z. B. bei Investment-Sparplan) oder
- nicht im zulässigen Rahmen der Regelungen des Eigenheimrentengesetzes („Wohn-Riester") ausgezahlt wird.

Man spricht in diesen Fällen von einer so genannten „schädlichen Verwendung" (§ 93 EStG).

Ausnahmen von der Rückzahlungsverpflichtung bestehen wie folgt:

Ausnahmen von der Rückzahlungsverpflichtung

- Auszahlung des für eine ergänzende Hinterbliebenenabsicherung (Ansparphase) oder eine Hinterbliebenenversorgung (Leistungsphase) angesparten Kapitals als Hinterbliebenenrente aus einer Zusatzversicherung
- Übertragung des angesparten Kapitals bei Tod eines Ehegatten / eingetragenen Lebenspartners auf einen Altersvorsorgevertrag (bestehend oder neu) des überlebenden Ehegatten / eingetragenen Lebenspartners
- Auszahlungen im Rahmen eines unmittelbaren Wechsels zu einem anderen begünstigten Altersvorsorgevertrag

▶ Beispiel

Im vorliegenden Praxisbeispiel ist der Abzugsbetrag für Altersvorsorgebeiträge zuzüglich Altersvorsorgezulage nur dann auf 2.160 € beschränkt, wenn Herr Keller unmittelbar und Frau Keller mittelbar förderberechtigt sind.

Beantragt Frau Keller nicht die Befreiung von der Versicherungspflicht in der GRV, so kann dem Wunsch des Ehepaares, jeweils 150 € monatlich in ein staatlich gefördertes Produkt einzuzahlen, auch im Rahmen der Riester-Förderung nachgekommen werden. Da beide Ehegatten unmittelbar förderberechtigt sind, stünde Herrn und Frau Keller jeweils ein gesonderter Sonderausgabenhöchstbetrag von 2.100 € zu. Ein Nebeneffekt besteht darin, dass Frau Keller einen vollwertigen Rentenversicherungsschutz in der GRV mit höheren Altersrentenansprüchen und Schutz bei Erwerbsminderung erwirbt.

	Herr Keller	Frau Keller
Gesamtaufwand	2.100 €	2.100 €
– Zulagen	– 154 €	– 524 € (154 € + 2 x 185 €)
= Eigenbeiträge	1.946 €	1.576 €

Im Praxisbeispiel würde sich unter Annahme der Ausschöpfung der Höchstbeträge, der maximal möglichen Zulagen und eines Grenzsteuersatzes von 35 % die Ermittlung der Steuerersparnis aus dem zusätzlichen Sonderausgabenabzug wie folgt darstellen:

Gesamte staatliche Förderung: 1.470 € (4.200 € × 35 % = 1.470 €)

Zusätzliche Steuerersparnis durch Sonderausgabenabzug: 792 €
(1.470 EUR − 678 €)

Altersvorsorge-Eigenheimbetrag („Wohn-Riester")

Wohn-Riester

Neben den 2008 neu eingeführten Wohn-Riester-Darlehen (Förderung eines reinen Baufinanzierungsdarlehens) und Wohn-Riester-Bausparverträgen (Förderung eines Bausparvertrags in Anspar-und Darlehensphase) ermöglichen auch die schon bisher bekannten Riester-Produkte die Förderung selbst genutzter Immobilien. Bei Rentenversicherungen und Sparplänen bietet das Eigenheimrentengesetz die Möglichkeit zur Entnahme von gefördertem Altersvorsorgekapital für eine wohnwirtschaftliche Verwendung (§ 92a EStG).

Es dürfen bis zu 100 % des in einem Riester-Vertrag angesparten steuerlich geförderten Altersvorsorgevermögens entnommen werden:

- bis zum Beginn der Auszahlungsphase zur unmittelbaren Anschaffung oder Herstellung eines selbst genutzten Wohneigentums im Inland oder EU-/EWR-Ausland.
- während der Ansparphase zur Entschuldung eines selbst genutzten Wohneigentums im Inland oder EU-/EWR-Ausland.

Außerdem kann Altersvorsorgekapital zur Anschaffung von Geschäftsanteilen an einer eingetragenen Genossenschaft für die Selbstnutzung einer Genossenschaftswohnung unschädlich entnommen werden. Als begünstigtes Wohneigentum zählt auch ein eigentumsähnliches oder lebenslängliches Dauerwohnrecht, so dass auch der Einkauf in einem Senioren- oder Pflegeheim gefördert wird. Schließlich ist eine Entnahme auch für behinderten-/altersgerechte Umbaumaßnahmen selbstgenutzter Wohnungen (Mindestentnahmevolumen 20.000 €) möglich.

Es besteht keine Verpflichtung, den Entnahmebetrag wieder in einen Riester-Vertrag zurückzuführen. Eine Rückzahlung ist aber zur Bildung von Alterseinkommen möglich.

> **Hinweis**
>
> Die Kapitalentnahme zur Eigenheimfinanzierung läuft nach folgendem Verfahren ab:
>
> - Der Zulageberechtigte beantragt die Verwendung des Kapitals bei der zentralen Stelle (Deutsche Rentenversicherung Bund), erbringt die notwendigen Nachweise und bestimmt, aus welchen Altersvorsorgeverträgen welche Beträge ausgezahlt werden sollen.
> - Die zentrale Stelle teilt dem Zulageberechtigten durch Bescheid und den Versicherern nach amtlich vorgeschriebenem Datensatz durch Datenfernübertragung mit, welche Beträge förderunschädlich ausgezahlt werden können.
> - Die Versicherer dürfen dann den Altersvorsorge-Eigenheimbetrag auszahlen.

Nach Auszahlung hat der Anbieter der zentralen Stelle nach amtlich vorgeschriebenem Datensatz durch Datenfernübertragung

- den Auszahlungszeitpunkt und den Auszahlungsbetrag,
- die Summe der bis zum Auszahlungszeitpunkt dem Altersvorsorgevertrag gutgeschriebenen Zulagen,
- die Summe der bis zum Auszahlungszeitpunkt geleisteten Altersvorsorgebeiträge und
- den Stand des geförderten Altersvorsorgevermögens im Zeitpunkt der Auszahlung

anzuzeigen.

Nachgelagerte Besteuerung der Riester-Rente

Die Leistungen aus zertifizierten Altersvorsorgeverträgen sind grundsätzlich in vollem Umfang nach § 22 Nr. 5 EStG steuerpflichtig (= Prinzip der nachgelagerten Besteuerung). Diese nachgelagerte Steuerpflicht umfasst die eigenen Beitragszahlungen, die während der Ansparphase gewährten Zulagen und die Erträge und Wertsteigerungen.

Die volle Besteuerung erfolgt aber nur, wenn die Beiträge tatsächlich als Sonderausgaben steuerbefreit waren bzw. mit Zulage gefördert wurden. Ansonsten fallen die Leistungen auch weiterhin unter die Einkunftsart der „sonstigen Einkünfte" (insbesondere keine Abgeltungsteuer), werden aber wie Produkte der 3. Schicht besteuert. Bei evtl. Überzahlungen (Beiträge über die steuerliche Förderung bzw. Zulagenförderung hinaus) gibt es eine (steuerliche) Aufspaltung der Leistungen.

Überzahlungen

▶ Beispiel

Würde ein unmittelbar Förderberechtigter ohne Kinder monatlich 200 € in einen Riester-Rentenvertrag einbezahlen, so übersteigt die jährliche Beitragsleistung (2.400 €) zuzüglich der Grundzulage (154 €) die Förderhöchstgrenze von 2.100 €.

- Die Rentenleistungen aus dem Vertragsteil, die auf steuerfreien oder geförderten Beiträgen beruhen, sind in vollem Umfang steuerpflichtig.
- Die restlichen Rentenleistungen, die auf nicht steuerfreien oder geförderten Beiträgen beruhen, werden mit dem Ertragsanteil wie bei Schicht 3-Produkten besteuert.

Die Aufteilung der Leistungen nimmt der Versicherer vor und stellt eine Bescheinigung über den Leistungsbezug aus.

Im Falle einer schädlichen Verwendung (z. B. bei Kündigung eines geförderten Riester-Vertrags) ist nicht nur die Förderung zurückzuzahlen, sondern es werden auch die im ausgezahlten Altersvorsorgekapital enthaltenen Erträge und Wertsteigerungen nachversteuert. Der steuerpflichtige Ertrag ist die Differenz, die sich nach Abzug der Eigenbeiträge und Beträge der steuerlichen Förderung von dem Auszahlungsbetrag ergibt.

Nachgelagerte Besteuerung bei Wohn-Riester-Verträgen

Wohnförderkonto

Bei Wohn-Riester-Verträgen wird das steuerlich geförderte Kapital (Entnahmebeträge) auf ein so genanntes Wohnförderkonto (§ 92a Abs. 2 EStG) „gebucht". Auf diesem Konto werden die in der Immobilie gebundenen steuerlich geförderten Beiträge erfasst. Sie bilden die Grundlage für die spätere Versteuerung, die mit der vertraglich festgelegten Auszahlungsphase im Alter beginnt. Grundlage der nachgelagerten Besteuerung ist nur der Umfang der tatsächlich in Anspruch genommenen Förderung und nicht der Nutzungswert der Immobilie. Die Führung des Wohnförderkontos erfolgt bei der zentralen Stelle (Deutsche Rentenversicherung Bund).

- Im Wohnförderkonto werden der Entnahmebetrag sowie die hierfür gewährten Zulagen eingestellt und addiert.
- In der Phase bis zur nachgelagerten Besteuerung wird der im Wohnförderkonto enthaltene Betrag jährlich um 2 % erhöht.
- Der Versicherer hat Mitteilungs- und Informationspflichten gegenüber dem Kunden.

Wahlrecht hinsichtlich der nachgelagerten Besteuerung

Zu Beginn und während der Auszahlungsphase besteht ein Wahlrecht des Förderberechtigten hinsichtlich der nachgelagerten Besteuerung der Entnahmebeträge:

- Einmalbesteuerung von 70 % des in der Wohnimmobilie gebundenen steuerlich geförderten Kapitals mit dem individuellen Steuersatz (§ 92a Abs. 2 S. 6 i. V. m. § 22 Nr. 5 S. 5 EStG).
- Besteuerung des Betrags des Wohnförderkontos sukzessive über einen Zeitraum von 17 bis 23 Jahren mit seinem individuellen Steuersatz.

Im letzteren Fall gilt als Beginn der Auszahlungsphase der vom Förderberechtigten und Anbieter vereinbarte Zeitpunkt, der zwischen der Vollendung des 62. Lebensjahres und des 68. Lebensjahres des Förderberechtigten liegen muss. Besteht keine Vereinbarung, so gilt die Vollendung des 67. Lebensjahres (§ 92a Abs. 2 S. 5 EStG).

Aufgabe der Selbstnutzung

Entscheidet der Förderberechtigte innerhalb oder außerhalb der Ansparphase, die Selbstnutzung der Wohnimmobilie aufzugeben (schädliche Verwendung, § 92a Abs. 3 EStG), erfolgt die Besteuerung der im Wohnförderkonto erfassten Beträge als Leistungen aus einem Altersvorsorgevertrag. Der Förderberechtigte ist verpflichtet, seinem Anbieter bzw. der zentralen Stelle den Zeitpunkt der Aufgabe mitzuteilen. Wurde der Betrag der nachgelagerten Besteuerung zugeführt, ist das Wohnförderkonto aufzulösen.

Auf Antrag bei der zentralen Stelle erfolgt bei einer nur vorübergehenden Nichtnutzung des geförderten Wohneigentums nach § 92a Abs. 4 EStG keine Besteuerung der im Wohnförderkonto erfassten Beträge, wenn

- die selbst genutzte Wohnung aufgrund eines beruflich bedingten Umzugs für die Dauer der beruflich bedingten Abwesenheit nicht selbst genutzt wird (im Fall einer Vermietung ist diese entsprechend zu befristen),

- der Steuerpflichtige beabsichtigt, die Selbstnutzung wieder aufzunehmen und
- die Selbstnutzung spätestens mit der Vollendung des 67. Lebensjahres des Steuerpflichtigen wieder aufgenommen wird.

Weitere Ausnahmefälle, in denen die Folgen der Aufgabe der Selbstnutzung der geförderten Wohnimmobilie nicht eintreten, liegen nach § 92a Abs. 2 S. 9 EStG vor, wenn

- der Förderberechtigte einen Betrag in Höhe des noch nicht zurückgeführten Betrags im Wohnförderkonto innerhalb eines Jahres vor und vier Jahre nach Ablauf des Veranlagungszeitraums, in dem er die Wohnung letztmals zu eigenen Wohnzwecken genutzt hat, für eine weitere Wohnung verwendet.
- der Förderberechtigte einen Betrag in Höhe des noch nicht zurückgeführten Betrags im Wohnförderkonto innerhalb eines Jahres nach Ablauf des Veranlagungszeitraums, in dem er die Wohnung letztmals zu eigenen Wohnzwecken genutzt hat, auf einen auf seinen Namen lautenden zertifizierten Altersvorsorgevertrag zahlt.
- der Ehegatte / eingetragene Lebenspartner eines verstorbenen Förderberechtigten innerhalb eines Jahres Eigentümer der Wohnung wird, er sie zu eigenen Wohnzwecken nutzt und die Ehegatten / eingetragenen Lebenspartner im Zeitpunkt des Todes des Förderberechtigten zusammen veranlagt werden. In diesem Fall führt die zentrale Stelle das Wohnförderkonto für den überlebenden Lebenspartner fort.
- die Ehe-/Partnerwohnung aufgrund einer richterlichen Entscheidung (Getrenntleben) dem anderen Ehegatten/Lebenspartner zugewiesen wird.
- der Förderberechtigte krankheits- oder pflegebedingt die Wohnung nicht mehr bewohnt, sofern er Eigentümer dieser Wohnung bleibt.

Stirbt der Förderberechtigte, bevor das Wohnförderkonto vollständig zurückgeführt ist, ist das Wohnförderkonto aufzulösen und der Auflösungsbetrag nachgelagert zu versteuern. Der Auflösungsbetrag ist der noch nicht versteuerte Restbetrag des Wohnförderkontos. Dieser wird dem Erblasser zugerechnet (§ 92a Abs. 3 S. 6 EStG), so dass in dessen letzter Einkommensteuererklärung die nachgelagerte Besteuerung vorgenommen wird. Dadurch wird die anfallende Einkommensteuer aus der Erbschaft entnommen und die Erben übernehmen die Immobilie ohne eine sich aus dem Wohnförderkonto ergebende zusätzliche Steuerlast.

Auflösungsbetrag beim Wohnförderkonto

Riester-Rente und Sozialversicherung

In der Pflichtversicherung der Rentner in der Krankenversicherung zählen Leistungen aus Riester-Verträgen im Rahmen der privaten Altersvorsorge nicht zu den Versorgungsbezügen und werden nicht für die Beitragsbemessung herangezogen. Nur bei freiwillig versicherten Rentnern würde auf Leistungen aus Riester-Verträgen der ermäßigte Beitragssatz in der gesetzlichen Krankenversicherung zuzüglich Zusatzbeitrag (2015: 14,0 % + X) zum Tragen kommen und der Beitrag zur gesetzlichen Pflegeversicherung anfallen.

> **Hinweis**
>
> *Riester als bAV*
>
> Wird ein Riester-Vertrag in einem riester-geförderten Durchführungsweg der betrieblichen Altersversorgung (Direktversicherung, Pensionskasse oder Pensionsfonds) angeboten, so unterliegen die Leistungen bis zur Beitragsbemessungsgrenze sowohl in der Pflichtversicherung der Rentner in der Krankenversicherung als auch bei freiwillig versicherten Rentnern dem allgemeinen Beitragssatz in der gesetzlichen Krankenversicherung zuzüglich Zusatzbeitrag (2015: 14,6 % + X) und es fällt der Beitrag zur gesetzlichen Pflegeversicherung an (Versorgungsbezüge nach § 229 Abs. 1 S. 1 Nr. 5 SGB V). Im Übrigen sei noch erwähnt, dass Beitragsleistungen zu Pensionsfonds, Pensionskassen oder in eine Direktversicherung nur dann mit einer Zulage oder dem Sonderausgabenabzug gefördert werden können, wenn es sich hierbei um individuell versteuerten Arbeitslohn des Arbeitnehmers handelt.

Zusammenfassung

Vorteile der Riester-Rente

- Die steuerunabhängige Zulageförderung führt bei Arbeitnehmern mit geringem Einkommen und mehreren Kindern zu hohen Förderquoten.
- Auch für besser verdienende Arbeitnehmer sind geförderte Riester-Produkte interessant. Aus dem Sonderausgabenabzug ergibt sich ein Steuervorteil. Im Rahmen der Höchstgrenze sind im Vergleich zu Basis-Rentenprodukten bereits jetzt 100 % des Beitrags als Sonderausgaben abzugsfähig – und dies bei gleicher nachgelagerter Besteuerung ab einem Rentenbeginn im Jahr 2040.
- Bei Riester-Produkten müssen aufgrund gesetzlicher Regelung zum Ende der Ansparphase zumindest die eingezahlten Beiträge zur Verfügung stehen.
- Gefördertes Vermögen in Riester-Verträgen wird im Rahmen der Grundsicherung für Arbeitssuchende nicht auf das Arbeitslosengeld II angerechnet.
- Gefördertes Vermögen in Riester-Verträgen ist nicht pfändbar und somit insolvenzgeschützt. Leistungen aus diesen Verträgen sind wie Arbeitseinkommen erst nach Überschreiten der Pfändungsfreigrenze pfändbar.
- Erträge und Wertsteigerungen aus der Zulage-Förderung bleiben bei schädlicher Verwendung im Vertrag und müssen nicht zurückgezahlt werden.
- Im Gegensatz zu den Basis-Rentenprodukten ist Vermögen in Riester-Verträgen nach Rückführung der Förderung frei vererbbar. Eine Übertragung ist in diesem Fall nicht auf enge Hinterbliebene beschränkt.

Nachteile der Riester-Rente

- Der steuerlich geförderte Höchstbetrag ist auf 2.100 € jährlich begrenzt.
- Der Sparer-Pauschbetrag ist nicht anwendbar, da es sich um sonstige Einkünfte handelt.
- Gegebenenfalls sind Beitragsanpassungen in den Riester-Verträgen erforderlich, um wegen Unterschreitens des Mindesteigenbeitrags eine Kürzung der Zulageförderung zu vermeiden (z. B. Einkommenssteigerungen, Wegfall von Kindern).
- Die mögliche Eigenheimförderung von Riester-Verträgen ist sehr komplex und intransparent.
- Riester-Produkte sind in der Regel mit höheren Verwaltungskosten belastet, da sie im Vergleich zu anderen Produkten sehr verwaltungsintensiv sind (z. B. Zulagegutschrift auf Einzelvertrag, Wohn-Riester).
- Bei Riester-Verträgen können das Risiko der Berufsunfähigkeit und die Absicherung von Hinterbliebenen nur eingeschränkt abgedeckt werden, da für diese Risiken maximal 20 % des Gesamtbeitrags zur Verfügung stehen.

4.2.3 Rentenlücken im Alter durch Produktkombinationen schließen

Eine Schließung der Rentenlücke im Alter allein durch die Riester-Rente ist nur in Ausnahmefällen möglich. Der förderfähige Höchstbetrag beträgt 2.100 € jährlich. Je älter der Kunde und je höher sein Einkommen ist, umso stärker muss auf eine Kombination verschiedener Altersvorsorgeprodukte zurückgegriffen werden.

Schließung der Rentenlücke

Im Bereich der privaten Altersvorsorge wird zur Lückenschließung häufig die Kombination von Riester- und Basis-Rente angeboten. Berechnungstools unterstützen in vielen Fällen von technischer Seite aus. Natürlich sind auch Kombinationen unter Einbeziehung der Produkte aus Schicht 3 möglich oder es wird private und betriebliche Altersvorsorge kombiniert.

4.2.4 Angebotsgestaltung und Verkauf der Altersvorsorgeprodukte der 3. Schicht

Handlungssituation

Die Proximus Versicherung AG stellt Überlegungen zur Einführung eines modernen Kinderversorgungsprodukts an. Sie sind Projektmitglied und die vertriebliche Vermarktung des Produkts zählt zu ihren Aufgaben. In diesem Zusammenhang haben Sie nachfolgendes Praxisbeispiel entwickelt.

▶ **Beispiel**

Vor drei Jahren hat Herr Langer sein Lehramtsreferendariat erfolgreich abgeschlossen und ist seitdem als Gymnasiallehrer für Mathematik und Physik tätig. Denkt er an seine Zeit als Heranwachsender und an seine Ausbildung zurück, so wird ihm klar, dass seine Eltern hier einiges in ihn investiert haben. Für Führerschein, Studium und den Aufbau des Grundstocks für seine spätere Versorgung mussten sie sich schon „finanziell strecken".

Jetzt hat Herr Langer eine eigene Familie mit einem vor zwei Monaten geborenen Sohn, dem er seine Zukunft finanziell erleichtern möchte. Deshalb überlegt er, einen Teil des Kindergeldes anzulegen. Er weiß, dass in diesem Fall auch mit kleinen Beträgen über einen langen Zeitraum eine beträchtliche Summe zur Altersvorsorge seines Sohnes erreicht werden kann. Einerseits ist ihm wichtig, dass – falls erforderlich – zu bestimmten Anlässen Liquidität zur Verfügung steht, andererseits soll sein Sohn diese Vorsorge auch übernehmen können, wenn er auf eigenen Beinen steht.

Ausgewählte Produktmerkmale

Vorsorgeprodukten der Schicht 3

Mit dem Inkrafttreten des Alterseinkünftegesetzes wurde die noch teilweise bestehende steuerliche Begünstigung von Vorsorgeprodukten der Schicht 3 abgeschafft. Seit 2005 (Zeitpunkt des Vertragsabschlusses ist entscheidend) sind die Beiträge zu konventionellen Kapitalversicherungen gegen laufende Beitragszahlung mit Sparanteil und konventionellen Rentenversicherungen mit Kapitalwahlrecht gegen laufende Beitragsleistung nicht mehr als Sonderausgaben abzugsfähig. Außerdem greift für die genannten Produkte und für fondsgebundene Lebens- und Rentenversicherungen eine generelle Steuerpflicht für Kapitalerträge (§ 20 Abs. 1 Nr. 6 EStG).

Auf der anderen Seite bedeutet dies, dass eine Vorsorge mit diesen Produkten sehr viel flexibler aufgebaut werden kann als mit den staatlich geförderten Produkten der 1. und 2. Schicht. Gesetzlich eng gefasste Voraussetzungen gibt es für private Vorsorgeprodukte der 3. Schicht nicht.

Im Rahmen der Altersvorsorge sind grundsätzlich unter dieser 3. Schicht alle Kapitalanlageprodukte zu fassen, die nicht zur 1. oder 2. Schicht gehören. Folglich kommen alle Geldanlagemöglichkeiten in Betracht (Spareinlagen, Anleihen, Zertifikate, Aktien, Immobilien etc.). Im Hinblick auf das Ziel des schrittweisen Aufbaus einer privaten Altersvorsorge mit regelmäßigen Auszahlungen im Alter spielen jedoch nur Sparpläne und Versicherungsprodukte (laufende Besparung) in der Praxis eine größere Rolle.

Banksparplan

Die wichtigsten Kennzeichen eines Banksparplans sind:
- geringes Risiko (Einlagensicherung)
- Grundverzinsung (fest, variabel), Zinstreppe, mit Bonuszinsen
- Zinsänderungsrisiko
- geringe Rendite
- keine Zusatzkosten
- eingeschränkte Flexibilität
- Kapitalentnahme zum Laufzeitende

Fondssparplan

Ein Fondssparplan zeichnet sich im Wesentlichen aus durch:
- Anlagerisiko beim Sparer (schwankende Anteilskurse)
- hohe Renditechancen
- Kosten für Erwerb, für Anteilsverwahrung und Kosten auf Fondsebene

4. Private Lebensversicherung auf Renten- und Kapitalbasis

- flexibel durch Anteilsverkauf
- Ablaufmanagement durch Umschichtung
- Auszahl- bzw. Entnahmeplan

Zu den Kennzeichen konventioneller Kapitalversicherungen mit Sparanteil zählen in der Regel: *Kapitalversicherungen mit Sparanteil*

- zusätzlicher Todesfallschutz in der Ansparphase (Risikokosten)
- Garantieverzinsung (moderat) zuzüglich Überschussbeteiligung auf Sparanteil
- Abschluss- und Verwaltungskosten
- eingeschränkte Flexibilität durch Beleihung oder Teilrückkauf
- Verrentungsmöglichkeit (Kapitalleistung als Einmalbeitrag in Sofortrentenversicherung)

Hinsichtlich der Kennzeichen fondsgebundener Lebensversicherungen gilt grundsätzlich: *fondsgebundene Lebensversicherung*

- zusätzlicher Todesfallschutz in der Ansparphase (Risikokosten)
- Anlagerisiko beim Sparer (schwankende Anteilskurse)
- Risikoverminderung durch Garantiemodelle und Wertsicherungen
- Renditechancen
- Abschluss-, Verwaltungs- und Fondskosten
- eingeschränkte Flexibilität durch Teilrückkauf
- standardisiertes Ablaufmanagement durch Umschichtung
- verschiedene Auszahlvarianten bei Ablauf (Euro-Betrag der Anteile, Anteilsausgabe)
- Verrentungsmöglichkeit (Kapitalleistung als Einmalbeitrag in Sofortrentenversicherung)

Entscheidende Kennzeichen einer konventionellen Rentenversicherung mit Kapitalwahlrecht sind: *Rentenversicherung mit Kapitalwahlrecht*

- Garantieverzinsung (moderat) zuzüglich Überschussbeteiligung
- Abschluss- und Verwaltungskosten
- eingeschränkte Flexibilität durch Beleihung oder Teilrückkauf
- Wahlmöglichkeit: Kapitalleistung oder lebenslange Rente in der Leistungsphase
- Garantierente zuzüglich Überschussrente

▶ Hinweis

Die konventionelle Rentenversicherung als privates Altersvorsorgeprodukt bietet nicht nur eine lebenslange Leistung, sondern garantiert bereits bei Abschluss des Rentenversicherungsvertrags eine Rentenleistung. Das Versicherungsunternehmen hat grundsätzlich keine Möglichkeit, von sich aus die Beiträge während der Vertragslaufzeit zu erhöhen.

fondsgebundene Rentenversicherung

Zu den Kennzeichen fondsgebundener Rentenversicherungen gehören dem Grunde nach:

- Anlagerisiko beim Sparer (schwankende Anteilskurse)
- Risikoverminderung durch Garantiemodelle und Wertsicherungen
- Renditechancen
- Abschluss-, Verwaltungs- und Fondskosten
- eingeschränkte Flexibilität durch Teilrückkauf
- standardisiertes Ablaufmanagement durch Umschichtung
- Wahlmöglichkeit: Kapitalleistung oder lebenslange Rente in der Leistungsphase
- verschiedene Varianten bei Kapitalleistung (Euro-Betrag der Anteile, Anteilsausgabe)
- garantierter Rentenfaktor bei Verrentung des vorhandenen Kapitals

▶ **Hinweis**

Bei fondsgebundenen Rentenversicherungen wird bereits bei Abschluss des Rentenversicherungsvertrags mit dem Versicherungsnehmer ein garantierter Rentenfaktor vereinbart. Das bedeutet, dass das zu Rentenbeginn vorhandene Kapital mit diesem konkret bezifferten Faktor multipliziert wird und zu einer bestimmten Rentenleistung führt. Das Versicherungsunternehmenn darf diesen bei Vertragsabschluss aktuellen Rentenfaktor in der Praxis nicht zu einem späteren Zeitpunkt anpassen oder den Rentenfaktor erst bei Rentenbeginn zu den dann gültigen Rechnungsgrundlagen festlegen.

▶ **Beispiel**

Risikoversicherungen

Fondsgebundene Rentenversicherungen werden in der Praxis auch im Bereich der Kinderversorgungsprodukte angeboten. Diese Verträge schließt der Versorger als Versicherungsnehmer, im vorne dargestellten Praxisbeispiel Herr Langer, für das Kind (Sohn von Herrn Langer) ab. Später (z. B. bei Volljährigkeit des Kindes) wird der Vertrag vom Kind als Versicherungsnehmer übernommen. Aufgrund der Langfristigkeit der Verträge (frühestes Eintrittsalter des Kindes 0 Jahre) bis zum Rentenbeginn wird die fondsgebundene Rentenversicherung gegenüber der konventionellen Variante bevorzugt, zumal das Anlagerisiko durch Garantien, Wertsicherungen, Umschichtungen, Ablaufmanagement und flexible Abrufzeitpunkte reduziert wird. Der Einstieg in diese Verträge ist bereits mit geringen Monatsbeiträgen (in der Regel ab 25 € monatlich) möglich.

Risikoversicherungen insbesondere als Berufsunfähigkeits-, Pflegerenten- oder Dread-Disease-Versicherungen werden in Schicht 3 als selbstständige Versicherungen oder als Zusatzversicherungen angeboten.

4.2.5 Steuer- und sozialversicherungsrechtliche Behandlung der Altersvorsorgeprodukte der 3. Schicht

Bank- und Fondssparpläne

Die Sparbeiträge zu Bank- und Fondssparplänen sind steuerlich nicht abzugsfähig.

Kapitalerträge aus Bank- und Fondssparplänen der Schicht 3 unterliegen der Abgeltungsteuer zuzüglich Solidaritätszuschlag und ggf. Kirchensteuer. Die Abgeltungsteuer wird von der auszahlenden Stelle (z. B. Bank, Kapitalverwaltungsgesellschaft) einbehalten und an die Finanzverwaltung abgeführt.

Abgeltungsteuer

Dies gilt sowohl für laufende Erträge:
- Zinsen bei Banksparplänen
- Zinsen, Dividenden und Mieterträge bei Fondssparplänen

als auch für einmalige Erträge:
- Veräußerungsgewinne durch Anteilsverkauf bei Fondssparplänen

Zum Ansatz kommt der Sparer-Pauschbetrag in Höhe von 801 € bzw. 1.602 € bei zusammen veranlagten Ehegatten / eingetragenen Lebenspartnern (§ 20 Abs. 9 EStG).

Hinsichtlich der Sozialversicherungspflicht gilt:

In der Pflichtversicherung der Rentner in der Krankenversicherung zählen Einkünfte aus Kapitalvermögen im Rahmen der privaten Altersvorsorge nicht zu den Versorgungsbezügen und werden nicht für die Beitragsbemessung herangezogen. Nur bei freiwillig versicherten Rentnern würde auf Einkünfte aus Kapitalvermögen der ermäßigte Beitragssatz in der gesetzlichen Krankenversicherung zuzüglich Zusatzbeitrag (2015: 14,0 % + X) zum Tragen kommen und der Beitrag zur gesetzlichen Pflegeversicherung anfallen.

Konventionelle Kapitalversicherung mit Sparanteil

Die Beiträge für seit 1.1.2005 abgeschlossene konventionelle Kapitalversicherungen mit Sparanteil sind nicht mehr als Sonderausgaben abzugsfähig.

kein Sonderausgabenabzug

Hinsichtlich der Leistungen aus den genannten Versicherungen ist zu differenzieren:
- Kapitalleistungen sind stets in vollem Umfang einkommensteuerfrei, wenn sie im Todesfall der versicherten Person ausgezahlt werden.
- Bei Kapitalauszahlungen im Erlebensfall (insbesondere bei Vertragsablauf) unterliegt der Ertrag der Einkommensteuerpflicht (Einkünfte aus Kapitalvermögen).

Eine laufende Besteuerung der Erträge während der Vertragslaufzeit findet nicht statt. Vielmehr erfolgt mit Ablauf des Vertrags die Besteuerung:

Die Erträge berechnen sich aus dem Auszahlungsbetrag abzüglich der auf ihn entrichteten Beiträge. Ist zusammen mit der Kapitalversicherung eine Zusatzversicherung (z. B. Berufsunfähigkeits-Zusatzversicherung) abgeschlossen worden, wird der hierauf bezogene Beitragsanteil bei den entrichteten Beiträgen nicht berücksichtigt.

> **! ▶ Hinweis**
>
> *Halbbesteuerung und Mindesttodesfallschutz*
>
> Erträge, die nach dem vollendeten 62. Lebensjahr des Steuerpflichtigen (Bei vor 2012 abgeschlossenen Verträgen gilt noch das vollendete 60. Lebensjahr.) und nach mindestens zwölfjähriger Vertragslaufzeit anfallen, werden nach § 20 Abs. 1 Nr. 6 Satz 2 EStG zur Hälfte besteuert, wenn der Vertrag die in § 20 Abs. 1 Nr. 6 Satz 6 EStG vorgeschriebene Anforderung an die Mindesttodesfallleistung erfüllt (grundsätzliche Todesfallleistung = 50 % der Beitragssumme). Der Mindesttodesfallschutz wurde für nach dem 31.3.2009 abgeschlossene Kapitallebensversicherungsverträge wieder eingeführt, um eine Abgrenzung von Versicherungsprodukten (mit Schutz vor biometrischen Risiken) und Bankprodukten zu erhalten.

Werden konventionelle Kapitalversicherungen mit Sparanteil zum Zweck der privaten Altersversorgung abgeschlossen, sind die genannten Voraussetzungen in der Regel erfüllt. Folglich ist in diesem Fall auch nur die Hälfte der Differenz zwischen Auszahlungsbetrag und gezahlten Beiträgen mit dem persönlichen Steuersatz zu versteuern.

> **! ▶ Hinweis**
>
> *Kapitalertragsteuerabzug*
>
> Da im Rahmen der Einkommensteuerveranlagung die Besteuerung des hälftigen Unterschiedsbetrags mit dem persönlichen Steuersatz und nicht die Abgeltungsteuer greift, unterliegt der Ertrag dem Kapitalertragsteuerabzug in Höhe von 25 % beim Versicherungsunternehmen. Der Empfänger der Versicherungsleistung erhält darüber eine Bescheinigung zur möglichen Anrechnung auf seine Einkommensteuerschuld. In diesem Zusammenhang ist jedoch zu beachten, dass sich der Kapitalertragsteuerabzug auf den vollen Unterschiedsbetrag zwischen dem Auszahlungsbetrag und den gezahlten Beiträgen bezieht (§ 43 Abs. 1 Satz 1 Nr. 4, 2. HS EStG). In der Konsequenz wird somit in jedem Fall zu viel auf die künftig zu zahlende Einkommensteuer vorausgezahlt, so dass eine Rückerstattung der zu viel gezahlten Steuer erst im Rahmen der Einkommensteuerveranlagung erfolgt.

> **+ ▶ Beispiel**
>
> | | |
> |---|---|
> | Auszahlungsbetrag: | 50.000 € |
> | eingezahlte Beiträge: | 20.000 € |
> | Differenz (50 %): | 15.000 € |
> | Einkommensteuer (Steuersatz 42 %): | 6.300 € |
> | Kapitalertragsteuer (30.000 € × 25 %): | 7.500 € |

Liegen die Voraussetzungen für die Besteuerung des hälftigen Unterschiedsbetrags nicht vor, unterliegt der volle Unterschiedsbetrag der Kapitalertragsteuer mit abgeltender Wirkung (Abgeltungsteuer).

4. Private Lebensversicherung auf Renten- und Kapitalbasis

Bei allen Kapitalauszahlungen im Erlebensfall kann der Sparer-Pauschbetrag in Höhe von 801 € bzw. 1.602 € bei zusammen veranlagten Ehegatten / eingetragenen Lebenspartnern berücksichtigt werden.

Wird der Auszahlungsbetrag aus einer konventionellen Kapitalversicherung mit Sparanteil verrentet, indem der Betrag als Einmalbeitrag in eine sofort beginnende Rentenversicherung eingezahlt wird, so ist zu beachten, dass steuerlich gesehen der Auszahlungsbetrag dem Steuerpflichtigen vor Verrentung zufließt. Dies ist ein entscheidender Unterschied zum Rentenversicherungsprodukt. Nähere Einzelheiten hierzu und zur steuerlichen Behandlung der Rentenleistung werden in diesem Abschnitt unter „Konventionelle Rentenversicherung mit Kapitalwahlrecht" behandelt.

Verrentung der Ablaufleistung

Hinsichtlich der Sozialversicherungspflicht gilt auch hier, dass in der Pflichtversicherung der Rentner in der Krankenversicherung Einkünfte aus Kapitalvermögen im Rahmen der privaten Altersvorsorge nicht zu den Versorgungsbezügen zählen und nicht für die Beitragsbemessung herangezogen werden. Nur bei freiwillig versicherten Rentnern kommt der ermäßigte Beitragssatz in der gesetzlichen Krankenversicherung zuzüglich Zusatzbeitrag (2015: 14,0 % + X) zum Tragen und es fällt der Beitrag zur gesetzlichen Pflegeversicherung an.

Fondsgebundene Lebensversicherung

Auch für Leistungen aus fondsgebundenen Lebensversicherungen gilt:
- Kapitalleistungen sind stets in vollem Umfang einkommensteuerfrei, wenn sie im Todesfall der versicherten Person ausgezahlt werden.
- Bei Kapitalauszahlungen im Erlebensfall (insbesondere bei Vertragsablauf) unterliegt der Ertrag der Einkommensteuerpflicht (Einkünfte aus Kapitalvermögen).

Bei fondsgebundenen Lebensversicherungen werden die Sparbeiträge in Investmentfondsanteilen angelegt. Durch die Besonderheit, dass diese Anlage „innerhalb eines Versicherungsmantels" erfolgt, findet eine laufende Besteuerung der Erträge während der Vertragslaufzeit nicht statt.

Versicherungsmantel

Erträge, die nach dem vollendeten 62. Lebensjahr des Steuerpflichtigen und nach mindestens zwölfjähriger Vertragslaufzeit anfallen, unterliegen der hälftigen Besteuerung, wenn der Vertrag die Mindesttodesfallleistung erfüllt (persönlicher Steuersatz, Kapitalertragsteuerabzug). Bei vor 2012 abgeschlossenen Verträgen gilt noch das vollendete 60. Lebensjahr. Liegen die Voraussetzungen nicht vor, greift die Abgeltungsteuer.

Bei allen Kapitalauszahlungen im Erlebensfall kann der Sparer-Pauschbetrag i. H. v. 801 € bzw. 1.602 € bei zusammen veranlagten Ehegatten / eingetragenen Lebenspartnern zum Ansatz kommen.

Hinsichtlich der Sozialversicherungspflicht wird die fondsgebundene Lebensversicherung wie die konventionelle Kapitalversicherung mit Sparanteil behandelt.

Konventionelle Rentenversicherung mit Kapitalwahlrecht

kein Sonderausgabenabzug

Die Beiträge für seit 1.1.2005 abgeschlossene konventionelle Rentenversicherungen mit Kapitalwahlrecht sind nicht mehr als Sonderausgaben abzugsfähig.

Wird bei Vertragsablauf die Kapitalleistung gewählt, so berechnen sich die Erträge aus dem Auszahlungsbetrag abzüglich der auf ihn entrichteten Beiträge. Erträge, die nach dem vollendeten 62. Lebensjahr des Steuerpflichtigen und nach mindestens zwölfjähriger Vertragslaufzeit anfallen, werden zur Hälfte besteuert (persönlicher Steuersatz, Kapitalertragsteuerabzug). Bei vor 2012 abgeschlossenen Verträgen gilt noch das vollendete 60. Lebensjahr. Sind die Voraussetzungen der hälftigen Besteuerung nicht gegeben, unterliegt der Differenzbetrag der Abgeltungsteuer.

Bei allen Kapitalauszahlungen im Erlebensfall kann der Sparer-Pauschbetrag i. H. v. 801 € bzw. 1.602 € bei zusammen veranlagten Ehegatten / eingetragenen Lebenspartnern berücksichtigt werden.

gleich bleibende oder steigende Bezüge

Alternativ zur Kapitalleistung kann der Versicherungsnehmer die Zahlung einer Rente wählen. Eine Rentenzahlung setzt voraus, dass gleich bleibende oder steigende wiederkehrende Bezüge zeitlich unbeschränkt für die Lebenszeit der versicherten Person (lebenslange Leibrente) vereinbart werden. Wird bei einer Rentenleistung neben einem gleich bleibenden oder steigenden Sockelbetrag eine jährlich schwankende Überschussbeteiligung gewährt, handelt es sich dennoch insgesamt um gleich bleibende oder steigende Bezüge.

▶ Hinweis

Erträge der Ansparphase einkommensteuerfrei

Wählt der Versicherungsnehmer bei Vertragsablauf die Rentenleistung, so sind die erwirtschafteten Erträge der Ansparphase einkommensteuerfrei. Der steuerliche Zufluss einer Kapitalleistung wie bei Lebensversicherungsprodukten (konventionelle Kapitalversicherung mit Sparanteil, fondsgebundene Lebensversicherung) liegt nicht vor. Es erfolgt lediglich eine Besteuerung der in der Leistungsphase erzielten Erträge in Form einer Ertragsanteilbesteuerung als sonstige Einkünfte.

Ertragsanteilbesteuerung

Da die Rentenleistungen bereits aus versteuerten Einkünften des Empfängers finanziert worden sind, wird nur der in den laufenden Zahlungen enthaltene Zins besteuert. Die nachfolgende Tabelle (§ 22 Nr. 1 Satz 3 a) bb) Satz 4 EStG) enthält einen Auszug dieser Ertragsanteile. Nur der dort angegebene Prozentsatz der Leibrente gilt steuerlich als Einkunft des Rentenberechtigten. Je höher das Rentenbeginnalter, umso niedriger ist der Ertragsanteil. Er bleibt für die Dauer der Rentenzahlung gleich hoch. Unter dem Begriff „Alter" ist das Alter des Rentenberechtigten zu Rentenbeginn zu verstehen.

Tabelle nach § 22 Nr. 1 Satz 3 a) bb) Satz 4 EStG (Auszug)

Alter	Ertragsanteil
62	21 %
63	20 %
64	19 %
65	18 %
66	18 %
67	17 %

Von den steuerpflichtigen Einkünften ist eine Werbungskostenpauschale von 102 € (§ 9a S. 1 Nr. 3 EStG) abzuziehen, es sei denn, der Steuerpflichtige weist höhere Aufwendungen nach.

Die Besteuerung der Rentenleistungen wird durch jährliche Rentenbezugsmitteilungen der Lebensversicherungsunternehmen an die zentrale Stelle bei der Deutschen Rentenversicherung Bund sichergestellt. Die zusammengeführten Daten werden an die jeweils zuständige Landesfinanzbehörde übermittelt.

Rentenbezugsmitteilung

In der Pflichtversicherung der Rentner in der Krankenversicherung zählen Kapitalleistungen (Einkünfte aus Kapitalvermögen) und Rentenleistungen (sonstige Einkünfte) aus konventionellen Rentenversicherungen mit Kapitalwahlrecht im Rahmen der privaten Altersvorsorge nicht zu den Versorgungsbezügen und werden nicht für die Beitragsbemessung herangezogen. Nur bei freiwillig versicherten Rentnern würde auf diese Einkünfte der ermäßigte Beitragssatz in der gesetzlichen Krankenversicherung zuzüglich Zusatzbeitrag (2015: 14,0 % + X) angewendet und der Beitrag zur gesetzlichen Pflegeversicherung anfallen.

Fondsgebundene Rentenversicherung

Bei Kapitalauszahlungen im Erlebensfall oder im Fall des Rückkaufs unterliegt der Ertrag der Einkommensteuerpflicht (Einkünfte aus Kapitalvermögen). Eine laufende Besteuerung der Erträge während der Vertragslaufzeit findet nicht statt, da der Erwerb der Investmentfondsanteile im Rahmen einer Versicherung erfolgt. Erträge, die nach dem vollendeten 62. Lebensjahr des Steuerpflichtigen und nach mindestens zwölfjähriger Vertragslaufzeit anfallen, unterliegen der hälftigen Besteuerung (persönlicher Steuersatz, Kapitalertragsteuerabzug). Bei vor 2012 abgeschlossenen Verträgen gilt noch das vollendete 60. Lebensjahr. Liegen die Voraussetzungen nicht vor, greift die Abgeltungsteuer.

Entnahmen von Kapital während der Laufzeit des Rentenversicherungsvertrags können in Form von Teilrückkäufen vorgenommen werden. Es sind aber auch andere Formen möglich. Steuerlich gesehen handelt es sich in diesen Fällen um Teilleistungen bzw. um Teilauszahlungen, bei denen die anteilig entrichteten Beiträge von der Auszahlung abgezogen werden. Die anteilig entrichteten Beiträge sind wie folgt zu ermitteln:

Entnahmen von Kapital

> **Merke**
>
> Teilleistung × Summe der entrichteten Beiträge
> ―――――――――――――――――――――――――――――――
> Zeitwert der Versicherung zum Auszahlungszeitpunkt

> **Beispiel**
>
> Die vertragliche Laufzeit der fondsgebundenen Rentenversicherung von Frau Müller beträgt 40 Jahre. Nach 20 Jahren erfolgt eine Teilleistung in Höhe von 10.000 €. Bis zum Auszahlungszeitpunkt wurden 20.000 € an Beiträgen geleistet. Der Zeitwert der Versicherung im Auszahlungszeitpunkt beträgt 30.000 €.
>
> Berechnung der anteiligen Beiträge:
>
> (10.000 × 20.000) : 30.000 = 6.667 €
>
> Steuerpflichtiger Ertrag der Teilleistung:
>
> 10.000 € − 6.667 € = 3.333 €

Der steuerpflichtige Ertrag der Teilleistung unterliegt grundsätzlich der Abgeltungsteuer. Die Regelung zur hälftigen Besteuerung (persönlicher Steuersatz, Kapitalertragsteuerabzug) des Ertrages der Teilleistung greift aber auch hier.

Bei allen Kapitalauszahlungen im Erlebensfall kann der Sparer-Pauschbetrag i. H. v. 801 € bzw. 1.602 € bei zusammen veranlagten Ehegatten / eingetragenen Lebenspartnern berücksichtigt werden.

Wird bei Vertragsablauf die Rentenleistung gewählt, so sind die erwirtschafteten Erträge der Ansparphase einkommensteuerfrei.

Hinsichtlich der Besteuerung und der Sozialversicherungspflicht der Rentenleistung kann auf die Ausführungen bei der konventionellen Rentenversicherung mit Kapitalwahlrecht verwiesen werden.

Auf eine Besonderheit sei noch hingewiesen: Die Auszahlung in Form einer konstanten Anzahl von Fondsanteilen bei einer fondsgebundenen Rentenversicherung stellt keinen gleich bleibenden Bezug und damit keine Rentenzahlung dar.

> **Hinweis**
>
> Auf das oben dargestellte Praxisbeispiel bezogen ist noch Folgendes anzumerken:
>
> Aus einkommensteuerlicher Sicht ist der unentgeltliche Versicherungsnehmerwechsel (Übernahme durch den Sohn von Herrn Langer) bei Kindervorsorgungsprodukten ohne Bedeutung, er führt allenfalls zu einer Schenkungsteuerthematik.
>
> Die Verfügbarkeit über das angesparte Vermögen während der Laufzeit des Kindervorsorgungsprodukts wird über Entnahmen gesteuert. Die in diesen Teilleistungen enthaltenen Erträge sind einkommensteuerpflichtig.

4. Private Lebensversicherung auf Renten- und Kapitalbasis

Umschichtungen, d. h. Verkäufe und anschließende Neukäufe von Fondsanteilen führen bei fondsgebundenen Lebens- und Rentenversicherungen nicht zu steuerpflichtigen Veräußerungsgewinnen (Grund: Versicherungsmantel).

Bei flexiblen Abrufphasen (Zeitraum, in dem sich der Versicherungsnehmer bereits vor Ende der Vertragslaufzeit die zu diesem Zeitpunkt erreichte Leistung auszahlen lassen kann) spielt es einkommensteuerlich keine Rolle, zu welchem Zeitpunkt innerhalb der Abrufphase die Leistung ausgezahlt wird. Es liegt keine steuerlich relevante Verlängerung eines bestehenden Vertrags vor.

Zusammenfassung

Vorteile der Vorsorgeprodukte der 3. Schicht

- Der Vorteil bei Sparplänen in Schicht 3 liegt in der ständigen Verfügbarkeit des angesparten Vermögens in der Anspar- und Bezugsphase. Der Ruhestand lässt sich flexibel nach individuellen Bedürfnissen gestalten.
- Versicherungen bieten in Form von Leibrenten eine lebenslange Altersabsicherung. In der Regel können diese Renten auch während des Rentenbezuges durch Kapitalleistung abgefunden werden (Verfügungsoption).
- Rentenversicherungen können auch mit einer Todesfallabsicherung versehen werden, so dass nicht nur das Rentenwagnis in der Leistungsphase, sondern auch das Todesfallrisiko in der Ansparphase abgesichert ist.
- Angespartes Vermögen in Produkten der Schicht 3 ist frei vererbbar. Der enge Hinterbliebenenbegriff der Schichten 1 und 2 gilt hier nicht.
- Zusätzliche Risiken (z. B. Berufsunfähigkeitsrisiko) können zusammen mit der privaten Altersvorsorge über Versicherungsprodukte uneingeschränkt abgesichert werden. Eine Beitragsbegrenzung (nur ergänzende Absicherung), wie bei den Versicherungsprodukten in Schicht 1 und 2 gesetzlich vorgeschrieben, muss nicht beachtet werden.
- Wird bei Kapital- oder Rentenversicherungsprodukten am Ende der Laufzeit eine Kapitalleistung ausbezahlt, so kommt es bei Vorliegen bestimmter Voraussetzungen (Todesfallschutz, Alter 62 bei Auszahlung, 12 Jahre Vertragslaufzeit) zur hälftigen Besteuerung der Erträge.
- Bei Besteuerung der Erträge aus Sparplänen und Kapitalleistungen (Versicherungen) wird der Sparer-Pauschbetrag berücksichtigt.
- Wird bei Rentenversicherungen zum Ablauf die Rentenleistung gewählt, sind die während der Ansparphase erwirtschafteten Erträge einkommensteuerfrei.
- Stirbt bei Rentenversicherungen der Rentenbezieher in der Rentengarantiezeit, übernimmt der nachfolgende Rentenbezieher den Ertragsanteil-Prozentsatz des bisherigen Rentenbeziehers.

Nachteile der Vorsorgeprodukte der 3. Schicht

- Die in der Ansparphase zu Produkten der Schicht 3 geleisteten Beiträge sind steuerlich nicht abzugsfähig.
- Durch die Zurechnung der Erträge der Rentenleistung zu den sonstigen Einkünften ist lediglich eine Werbungskostenpauschale von 102 € ansetzbar.
- Angespartes Vermögen in Produkten der Schicht 3 ist grundsätzlich nicht insolvenzgeschützt.

- In der Regel zählt angespartes Vermögen in Produkten der Schicht 3 zum verwertbaren Vermögen im Rahmen der Grundsicherung für Arbeitssuchende und wird auf das Arbeitslosengeld II angerechnet. Vermögen ist lediglich bis zu einem Grundfreibetrag in Höhe von 150 € je Lebensjahr (§ 12 Abs. 2 Satz 1 Nr. 1 SGB II) für den Hilfebedürftigen und in gleicher Höhe für seinen Partner anrechnungsfrei. Geldwerte Ansprüche, die der Altersvorsorge dienen, sind bis zu einer Höhe von 750 € je vollendetem Lebensjahr des erwerbsfähigen Hilfebedürftigen bzw. seines Partners im Rahmen der Grundsicherung für Arbeitssuchende anrechnungsfrei (§ 12 Abs. 2 Satz 1 Nr. 3 SGB II). In diesem Zusammenhang gelten gestaffelte Höchstbeträge (§ 12 Abs. 2 Satz 2 SGB II):

  48.750 € für die Jahrgänge bis einschließlich 1957

  49.500 € für die Jahrgänge 1958 bis 1963

  50.250 € für die Jahrgänge ab 1964

- Kapital- und Rentenversicherungsprodukte erfüllen grundsätzlich die Voraussetzung einesn Altersvorsorgeproduktes in diesem Sinne. Ein Anrechnungsschutz wird dadurch erreicht, dass die Verwertung (Kündigung, Beleihung, Abtretung, Verpfändung usw.) der Ansprüche aus dem Versicherungsvertrag durch Vereinbarung mit dem Versicherer ausgeschlossen wird (Verwertungsausschluss). Der Verwertungsausschluss muss unwiderruflich erfolgen und kann auch im Nachhinein vereinbart werden.

- Soll der Auszahlungsanspruch aus einem Lebensversicherungsvertrag verrentet werden, müssen die im Auszahlungsbetrag enthaltenen Erträge zunächst versteuert werden. Die anschließende Rentenleistung unterliegt der Ertragsanteilbesteuerung. Die Praxis vermeidet dieses Ergebnis dadurch, dass eine Rentenversicherung mit Kapitalwahlrecht (und ggf. Todesfallschutz) abgeschlossen wird. In diesem Fall kann das gesamte angesparte Kapital verrentet werden.

4.2.6 Angebotsgestaltung und Verkauf der Vorsorgeprodukte bei Erwerbsminderung, Berufs- und Erwerbsunfähigkeit

Absicherung der Arbeitskraft

Die Arbeitskraft ist die Grundlage des Lebensstandards. Deshalb sollte das eigene Leistungsvermögen gut abgesichert werden.

Im Fall der Berufsunfähigkeit sind Selbstständige gesetzlich nicht abgesichert. Freiberufler müssen mit Einnahmeausfällen rechnen, Beamte und Angestellte des Öffentlichen Dienstes mit Versorgungslücken. Arbeitnehmern erhalten von der gesetzlichen Rentenversicherung nur einen Teil ihres letzten Netto-Einkommens.

Riester-Rente und BU

Wird das Risiko der Berufsunfähigkeit im Rahmen der Versicherungsprodukte der 1. und 2. Schicht (Basis- und Riester-Rente) abgesichert, so ist zu beachten, dass über den Abschluss eines Riester-Rentenversicherungsvertrags mit Berufsunfähigkeits-Zusatzversicherung eine Schließung der Versorgungslücke grundsätzlich nicht möglich ist. Der Grund dafür sind der förderfähige Höchstbetrag (2.100 € jährlich) und die Einschränkung, dass maximal 20 % des Gesamtbeitrags für die Absicherung dieses Risikos verwendet werden dürfen.

Basis-Rente und BU

Über einen zertifizierten Basis-Rentenversicherungsvertrag kann das Risiko der verminderten Erwerbsfähigkeit und Berufsunfähigkeit umfassend abgesichert werden (Basis-Rente-Erwerbsminderung).

4. Private Lebensversicherung auf Renten- und Kapitalbasis

Bei einem Basis-Rentenversicherungsvertrag mit Berufsunfähigkeitszusatzversicherung müssen mehr als 50 % des Gesamtbeitrags in die Altersversorgung fließen. Aufgrund der höheren jährlichen Fördergrenzen (22.172 € bzw. 44.344 € bei zusammen veranlagten Ehegatten / eingetragenen Lebenspartnern) ist es in der Praxis aber immer möglich, die Versorgungslücke zu schließen.

Der große Vorteil der Absicherung des Berufsunfähigkeitsrisikos im Rahmen einer Basis- oder Riester-Rente liegt in der steuerlichen Abzugsfähigkeit der Beiträge als Sonderausgaben. Bei der Basis-Rente ist die Übergangsregelung bis zum Jahr 2025 zu beachten.

Berufsunfähigkeitsrenten aus Produkten der 1. und 2. Schicht werden nachgelagert besteuert.

▶ Hinweis

Eine Besonderheit ist bei der Verknüpfung eines Basis-Rentenversicherungsvertrags mit Berufsunfähigkeitszusatzversicherung zu beachten: Folgen Renten aus derselben Versicherung einander nach, so wird für die Altersrente der Besteuerungssatz angewendet, der bei Beginn der Berufsunfähigkeitsrente maßgeblich war, sofern die Renten lückenlos aufeinander folgen.

Tritt z. B. bei einem 35-Jährigen der Berufsunfähigkeitsfall 2016 ein, so beträgt der Besteuerungsanteil für die Berufsunfähigkeitsrente aus dem Basis-Rentenvertrag 72 %. Wird diese Rente im Jahr 2048 von der Altersrente aus dem Basis-Rentenvertrag abgelöst, gilt auch für die Altersrente der Besteuerungsanteil von 72 %.

Wird das Berufsunfähigkeitsrisiko über ein Versicherungsprodukt aus Schicht 3 abgesichert, sind die Beiträge hierfür in der Regel nicht abzugsfähig. In der Praxis greift im Bereich der sonstigen Vorsorgeaufwendungen (§ 10 Abs. 1 Nr. 3 und 3a i. V. m. Abs. 4 EStG) der Abzug der Beiträge zur Basiskranken- und Pflegepflichtversicherung. Der Abzug weiterer Versicherungsbeiträge ist nicht mehr möglich.

BU-Absicherung über Schicht 3

Bei Eintritt des Berufsunfähigkeitsfalles ist die Rente allerdings auch nur mit dem Ertragsanteil zu versteuern. Die nachfolgende Tabelle (§ 22 Nr. 1 Satz 3 a) bb) Satz 5 EStG i. V. m. § 55 Abs. 2 EStDV) zeigt auszugsweise Ertragsanteile auf, wobei die Absicherung des Berufsunfähigkeitsrisikos bis zum Alter 67 unterlegt ist.

Ertragsanteilbesteuerung

Tabelle nach § 22 Nr. 1 Satz 3 a) bb) Satz 5 EStG i. V. m. § 55 Abs. 2 EStDV (Auszug)

Alter bei Rentenbeginn	bei BU Ertragsanteil
30	36 %
35	32 %
40	28 %
45	23 %
50	18 %
55	14 %

Im Rahmen einer beabsichtigten Berufsunfähigkeitsabsicherung wird eine gesundheitliche Risikoprüfung durchgeführt. Deshalb sollte nicht nur wegen der günstigeren Versicherungsbeiträge eine möglichst frühzeitige Absicherung dieses Risikos vorgenommen werden. Kinderversorgungsprodukte bieten die Möglichkeit, bereits für ein Kind die Schulunfähigkeit abzusichern. Die Absicherung dieses Risikos kann bei diesen Produkten entweder mit der Altersversorgung verbunden werden (z. B. Altersversorgung ab Alter 0, Schulunfähigkeit ab Alter 5) oder erfolgt über ein eigenständiges Produkt (z. B. Schulunfähigkeit ab Alter 5). Der Versicherer stellt zum Zeitpunkt des Abschlusses des Kinderversorgungsvertrags Gesundheitsfragen. Anschließend besteht die Option, den Vertrag ohne oder mit vereinfachten Gesundheitsfragen auf eine Berufsunfähigkeitsabsicherung umzustellen bzw. die garantierte Rentenleistung in einem bestimmten Maß zu erhöhen. Umstellungen bzw. Leistungserhöhungen können an definierte Ereignisse (z. B. Beginn einer Berufsausbildung, Aufnahme eines Studiums, Eintritt in das Berufsleben, Heirat, Immobilienfinanzierung) gekoppelt sein.

Angebotsgestaltung und Verkauf weiterer Risikovorsorgeprodukte

Hinterbliebenenbegriff bei Riester- und Basis-Rente

Nahe Hinterbliebene (Ehegatte, eingetragener Lebenspartner, kindergeldberechtigte Kinder) können über die Produkte der 1. und 2. Schicht ergänzend mit abgesichert werden. Sie erhalten die vertraglich vereinbarte Hinterbliebenenrente. Bei Tod vorhandenes Vorsorgekapital wird verrentet, falls der Versicherungsvertrag dies vorsieht und enge Hinterbliebene vorhanden sind. Die Beiträge zur Hinterbliebenenversorgung sind als Sonderausgaben abzugsfähig, die Rentenleistungen werden nachgelagert besteuert.

Hinterbliebenenbegriff in Schicht 3

Im Rahmen der Produkte der Schicht 3 ist der Kreis der absicherbaren Hinterbliebenen nicht eingeschränkt. Neben einer Hinterbliebenenrente können auch Kapitalauszahlungen bei Tod vereinbart werden. Risikoversicherungen sehen diese Leistungen vor. Diese Produkte gibt es in zahlreichen Varianten am Markt, beispielsweise als Risikolebensversicherungstarif für Nichtraucher bzw. Raucher, als Risikolebensversicherung mit fallender Todesfallleistung bei Baufinanzierungen. Weiterhin können Risikoversicherungen auch Leistungen bei Eintritt einer schweren Krankheit (Dread Disease) oder bei Eintritt der Pflegebedürftigkeit vorsehen.

Die Beiträge zur Hinterbliebenenabsicherung sind wie bei der Berufsunfähigkeitsabsicherung in der Regel nicht als sonstige Vorsorgeaufwendungen steuerlich absetzbar. Hinterbliebenenrenten werden als Witwen- oder Witwerrente mit dem Ertragsanteil wie Altersrenten (Tabelle nach § 22 Nr. 1 Satz 3 a) bb) Satz 4 EStG) besteuert und als Waisenrenten mit dem Ertragsanteil wie Berufsunfähigkeitsrenten (Tabelle nach § 22 Nr. 1 Satz 3 a) bb) Satz 5 EStG i. V. m. § 55 Abs. 2 EStDV).

Pflegerenten zählen zu den steuerfreien Einnahmen (§ 3 Nr. 1a EStG).

Kapitalauszahlungen bei Tod oder Eintritt einer schweren Krankheit sind einkommensteuerfrei.

4. Private Lebensversicherung auf Renten- und Kapitalbasis

Zusammenfassung

Das Risiko bei Erwerbsminderung, Berufs- und Erwerbsunfähigkeit kann ganz oder teilweise im Rahmen der Versicherungsprodukte der 1. und 2. Schicht abgesichert werden. Der Vorteil dieser Absicherung liegt in der steuerlichen Abzugsfähigkeit der Beiträge als Sonderausgaben. Allerdings werden die Rentenleistungen besteuert.

Wird das Berufsunfähigkeitsrisiko über ein Versicherungsprodukt aus Schicht 3 abgesichert, sind die Beiträge hierfür in der Regel nicht abzugsfähig. Bei Risikoeintritt ist die Rente dann aber auch nur mit dem Ertragsanteil zu versteuern.

In Schicht 1 und 2 sind die Beiträge zur Hinterbliebenenversorgung (enger Hinterbliebenenbegriff) als Sonderausgaben abzugsfähig, die Rentenleistungen werden nachgelagert besteuert. Im Rahmen der Produkte der Schicht 3 ist der Kreis der absicherbaren Hinterbliebenen nicht eingeschränkt. Neben einer Hinterbliebenenrente können auch einkommensteuerfreie Kapitalauszahlungen vereinbart werden.

4.3 Besondere Rechtsgrundlagen

Handlungssituation

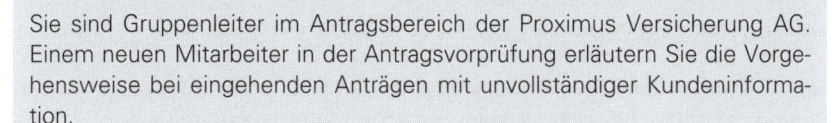

Sie sind Gruppenleiter im Antragsbereich der Proximus Versicherung AG. Einem neuen Mitarbeiter in der Antragsvorprüfung erläutern Sie die Vorgehensweise bei eingehenden Anträgen mit unvollständiger Kundeninformation.

4.3.1 Rechtliche Position des Kunden als Vertragspartner

Wenn Versicherungsunternehmen mit privaten oder gewerblichen Kunden (Unternehmen) Vertragsverhältnisse eingehen, ist es wichtig, rechtliche Besonderheiten zu berücksichtigen und die Verantwortlichkeiten der handelnden Personen oder Organe zu kennen.

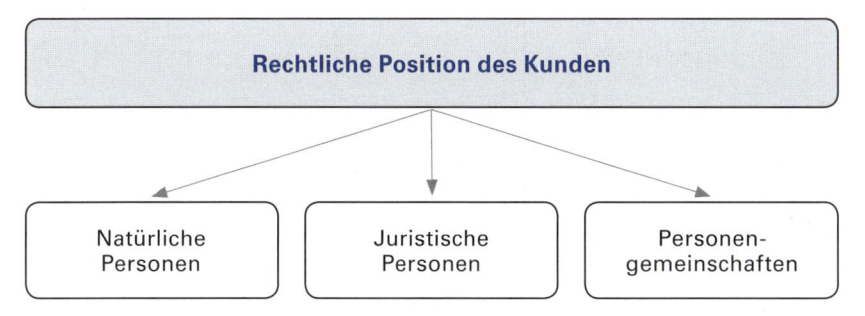

```
                Rechtliche Position des Kunden
           ┌─────────────────┼─────────────────┐
    Natürliche           Juristische          Personen-
    Personen             Personen             gemeinschaften
```

Sonderfall bei natürlichen Personen: beschränkt geschäftsfähige Versicherungsnehmer

Der beschränkt geschäftsfähige Minderjährige kann Kapital- und Rentenversicherungsverträge nur mit Zustimmung seines gesetzlichen Vertreters abschließen.

▶ Exkurs: Gesetzliche Vertretung von Minderjährigen

- Gesamtvertretung:
  - Grundsatzannahme: beide Elternteile vertreten gemeinsam
  - Gilt auch bei: dauernd getrennt lebend oder Scheidung
  - Lebensgemeinschaften: bei Abgabe einer gemeinsamen Sorgerechtserklärung
- Einzelvertretung:
  - Tod oder fehlende Geschäftsfähigkeit eines Elternteils
  - Genehmigung durch das Familiengericht (Sorgerechtsbeschluss)
  - unverheiratete Mütter, sofern keine gemeinsame Sorgerechtserklärung vorliegt
- Bevollmächtigte
  - Gesetzlich vertretungsberechtigte Eltern können sich gegenseitig zur Einzelvertretung bevollmächtigen.

Zustimmung des Familiengerichts

Zusätzlich ist die Zustimmung des Familiengerichts erforderlich, wenn sich der minderjährige Versicherungsnehmer zu wiederkehrenden Leistungen verpflichtet und der Versicherungsvertrag über ein Jahr nach dem 18. Lebensjahr fortdauern soll.

Fehlt die Zustimmung, ist der Vertrag schwebend unwirksam.

Nach Eintritt der Volljährigkeit kann sich der Versicherungsnehmer nach Aufforderung durch den Versicherer entscheiden, ob er eine rückwirkende Vertragsaufhebung mit (beiderseitiger) Rückabwicklung der empfangenen Leistungen oder die Weiterführung des Vertrags wünscht.

Juristische Personen

Juristische Personen des privaten Rechts

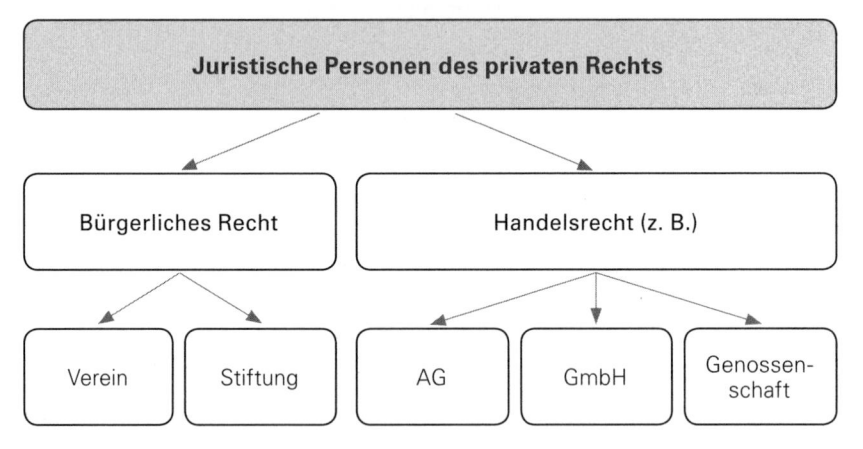

- Bürgerliches Recht
  - Verein
  - Stiftung
- Handelsrecht (z. B.)
  - AG
  - GmbH
  - Genossenschaft

Juristische Personen besitzen eine eigene Rechtspersönlichkeit und handeln über ihre Organe (natürliche Personen).

▶ Beispiel

Die Gesellschaft mit beschränkter Haftung (GmbH) wird durch den oder die Geschäftsführer vertreten. Er/Sie führt/führen die Verhandlungen mit dem Versicherungsunternehmen. Vertragspartner des Versicherungsunternehmens wird die GmbH. Gleiches gilt für die Unternehmergesellschaft, also die auf kleine und mittlere Unternehmensgründungen abgestimmte Version der GmbH.

Die Rechtsfähigkeit einer juristischen Person beginnt mit ihrer Eintragung in das elektronische Handelsregister und endet mit der Löschung der Registereintragung.

Personengemeinschaften entstehen durch Verfolgung eines gemeinsamen Zwecks. Sie sind keine juristischen Personen, können aber insbesondere in Form von Personenhandelsgesellschaften teilrechtsfähig sein (z. B. § 124 HGB).

Personengemeinschaften

Personengemeinschaften sind z. B.:
- Gesellschaft bürgerlichen Rechts (GbR)
- Offene Handelsgesellschaft (OHG)
- Kommanditgesellschaft (KG)
- GmbH & Co KG
- Partnerschaftsgesellschaft (PartG)

Personenhandelsgesellschaften sind nach dem Gesetz keine juristischen Personen, werden im Wirtschaftsleben aber de facto als solche behandelt. Im Falle der GbR sind grundsätzlich alle Gesellschafter an der Geschäftsführung beteiligt und vertreten die GbR nach außen, sofern im Gesellschaftsvertrag nichts anderes bestimmt ist (z. B. Beschlussfassung durch Stimmenmehrheit, Übertragung der Geschäftsführung auf einen oder mehrere Gesellschafter unter Ausschluss der übrigen Mitglieder). Bei der Offenen Handelsgesellschaft ist jeder Gesellschafter zur Vertretung derselben befugt, soweit im Gesellschaftsvertrag keine andere Regelung festgelegt ist. Die Kommanditgesellschaft wird allein von den persönlich haftenden Gesellschaftern, den Komplementären, vertreten. Bei der GmbH & Co. KG tritt als Komplementär eine GmbH auf. Die Vertretung nimmt die Geschäftsleitung der Komplementär-GmbH wahr. Die PartG hat in ihrer Rechtsstellung große Ähnlichkeit mit der OHG. Daher sind auch viele Vorschriften des OHG-Rechts auf die PartG anwendbar. Die PartG ist nur den Angehörigen freier Berufe (z. B. Ärzte, Anwälte, Steuerberater, Architekten, Journalisten, Künstler etc.) zugänglich.

4.3.2 Zustandekommen des Lebensversicherungsvertrags: Vertragsabschlussmodelle

Es gibt verschiedene Möglichkeiten, wie ein Lebensversicherungsvertrag zwischen dem Versicherungsnehmer und dem Versicherungsunternehmen zustande kommt.

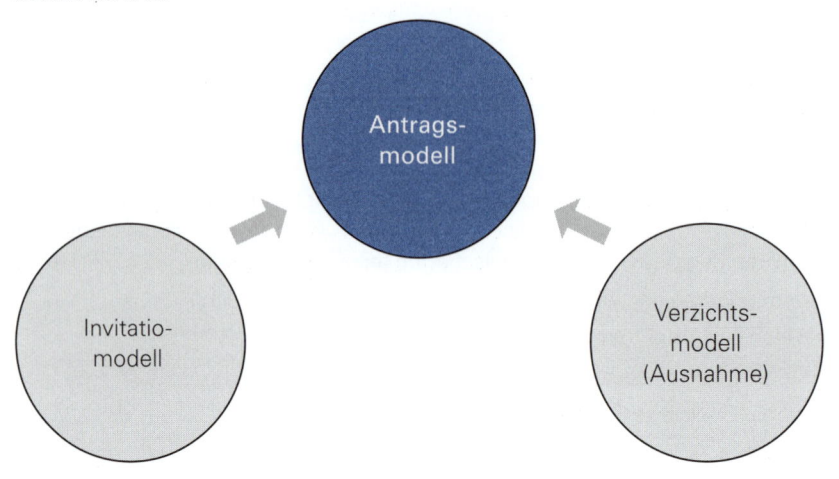

Abbildung 7: Abschlussmodelle

Antragsmodell Beim Antragsmodell werden dem Versicherungsnehmer vor seiner auf den Vertragsabschluss gerichteten Willenserklärung, also vor der Unterschrift, alle relevanten Informationen in Textform zur Verfügung gestellt (§ 7 Absatz 1 VVG). Der künftige Versicherungsnehmer (zu diesem Zeitpunkt noch Anstragsteller) stellt den Antrag (VN-Antrag), das Versicherungsunternehmen prüft und nimmt diesen im Allgemeinen an (VU-Annahme).

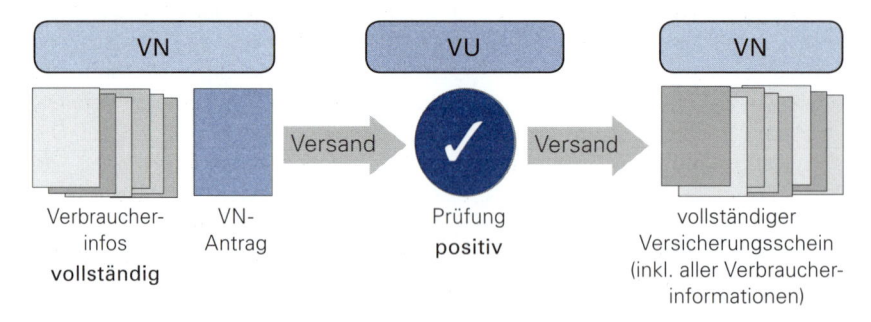

Abbildung 8: Antragsmodell

Antragsmodell: Informationen bei Antragstellung

Das Versicherungsunternehmen hat dem Versicherungsnehmer rechtzeitig vor Abgabe von dessen Vertragserklärung seine Vertragsbestimmungen sowie die in einer Rechtsverordnung bestimmten Informationen in Textform mitzuteilen (§ 7 VVG). Neben der Aushändigung der notwendigen Unterlagen in Papierform kann die Übermittlung beispielsweise auch über CD, USB-Stick oder per E-Mail erfolgen.

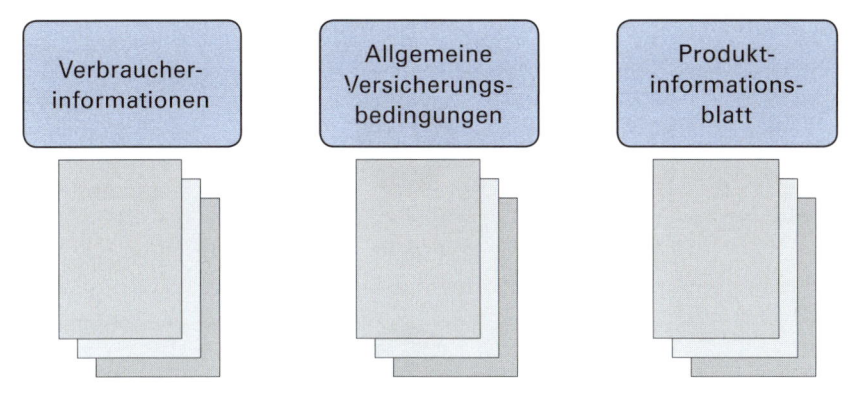

4. Private Lebensversicherung auf Renten- und Kapitalbasis

Abbildung 9: Informationen bei Antragsstellung

Beim Verzichtsmodell werden dem Versicherungsnehmer vor Vertragsabschluss nicht alle relevanten Informationen zur Verfügung gestellt. Er verzichtet gesondert, ausdrücklich und schriftlich auf die fehlenden Unterlagen.

Verzichtsmodell

Der Antragsteller stellt den Antrag (VN-Antrag), das Versicherungsunternehmen nimmt diesen im Allgemeinen an (VU-Annahme) und sendet dem Versicherungsnehmer die fehlenden Vertragsunterlagen mit der Police zu.

Das Verzichtsmodell stellt den Ausnahmefall dar und darf im Verkaufsprozess weder die Regel noch als Abschlussmodell geschäftsplanmäßig vorgesehen sein.

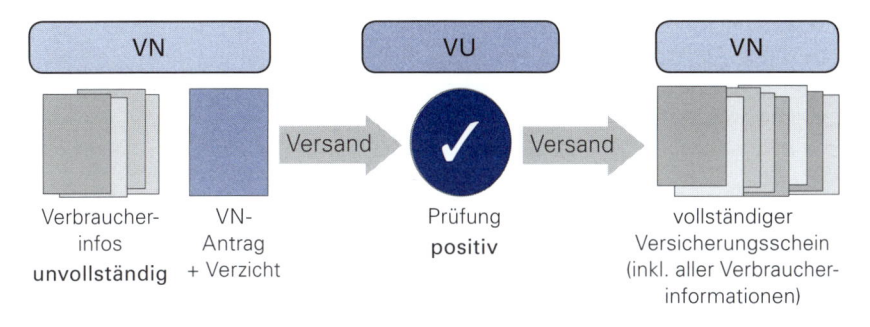

Abbildung 10: Verzichtsmodell

Beim Invitatiomodell fordert der Interessent das Versicherungsunternehmen auf, einen Antrag zum Abschluss eines Vertrags an ihn zu senden (echte Invitatio). Oder das Versicherungsunternehmen kann einen gestellten Antrag nicht zu den gewünschten Bedingungen annehmen und stellt einen neuen Antrag an den Versicherungsnehmer (unechte Invitatio). Das Versicherungsunternehmen stellt den Antrag (VU-Antrag), der Versicherungsnehmer nimmt diesen an (VN-Annahme).

Invitatiomodell

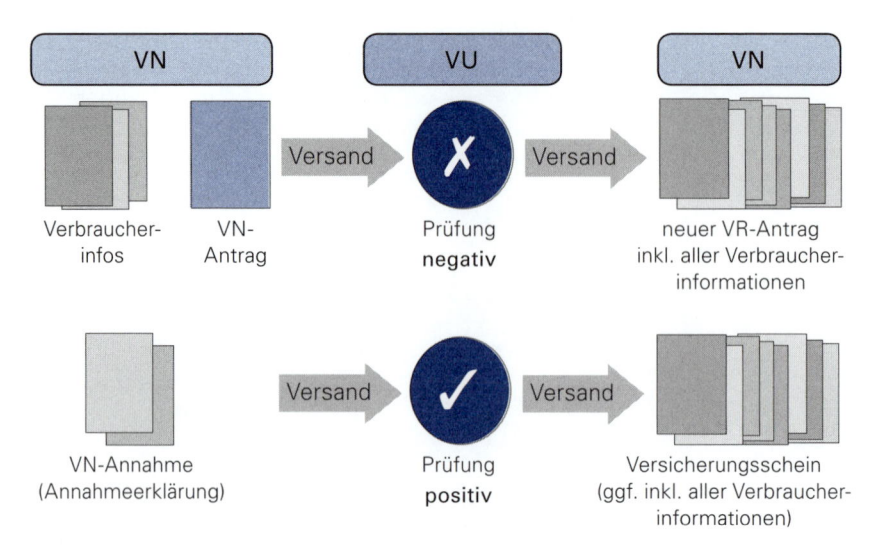

Abbildung 11: Invitatiomodell (unechte invitatio)

Vertretermodell

Das Vertretermodell ist eine Sonderform des Invitatiomodells. Der Versicherungsnehmer lässt den Antrag zum Abschluss eines Vertrags und die dazugehörigen Unterlagen an die Adresse des Maklers senden. Dieser soll dann die Annahme des Antrages im Namen des Versicherungsnehmers ohne weitere Rücksprache mit ihm an das Versicherungsunternehmen erklären. Dazu muss der Makler während der Antragstellung bevollmächtigt werden.

Online- und telefonischer Vertragsabschluss

Ein Versicherungsvertrag kann auch online oder telefonisch geschlossen werden. Beim Online-Abschluss muss das Versicherungsunternehmen dem Versicherungsnehmer vor Vertragsschluss die Vertragsbestimmungen, Versicherungsbedingungen und die Verbraucherinformationen in Textform mitteilen. Bei telefonischem Vertragsabschluss muss die Unterrichtung unverzüglich nach Abschluss des Vertrags nachgeholt werden (§ 7 Absatz 1 VVG).

Widerruf

Bei Lebensversicherungsverträgen kann der Versicherungsnehmer seine Vertragserklärung innerhalb von 30 Tagen in Textform widerrufen (§ 8 i. V. m. § 152 VVG).

> ### ▶ Hinweis
>
> Ist durch Gesetz Textform vorgeschrieben, so muss eine lesbare Erklärung, in der die Person des Erklärenden genannt ist, auf einem dauerhaften Datenträger abgegeben werden. Ein dauerhafter Datenträger ist jedes Medium, das
> 1. es dem Empfänger ermöglicht, eine auf dem Datenträger befindliche, an ihn persönlich gerichtete Erklärung so aufzubewahren oder zu speichern, dass sie ihm während eines für ihren Zweck angemessenen Zeitraums zugänglich ist, und
> 2. geeignet ist, die Erklärung unverändert wiederzugeben (§ 126b BGB).

Neben dem Widerruf in Schriftform sind beispielsweise auch Widerrufe per (Computer-)Fax oder E-Mail wirksam.

Das Versicherungsunternehmen ist verpflichtet, die Belehrung über das Widerrufsrecht und über die Rechtsfolgen in den Antragsunterlagen deutlich zu gestalten. Die Widerrufsfrist beginnt erst mit dem Zugang des Versicherungsscheins und der Informationen zu laufen. Der Fristbeginn ist unabhängig vom Abschlussmodell.

Zusammenfassung

Private oder gewerbliche Kunden können natürliche Personen, juristische Personen oder Personengemeinschaften sein. Hinsichtlich dieser rechtlichen Positionen ist es wichtig, die rechtlichen Besonderheiten der Kunden zu berücksichtigen und die Verantwortlichkeiten der handelnden Personen oder Organe zu kennen.

Ein Lebensversicherungsvertrag zwischen dem Versicherungsnehmer und dem Versicherungsunternehmen kann nach verschiedenen Abschlussmodellen zustande kommen: Antrags-, Verzichts- und Invitatiomodell. Entscheidend ist, ob und wann der Kunde die notwendigen Informationen (Verbraucherinformation, Allgemeine Versicherungsbedingungen, Produktinformationsblatt) erhält. Im Fall eines telefonischen Vertragsabschlusses gelten Besonderheiten.

Bei Lebensversicherungsverträgen kann der Versicherungsnehmer seine Erklärung zum Vertragsabschluss innerhalb von 30 Tagen in Textform widerrufen.

Handlungssituation

Als Mitarbeiter des Fachbereichs Leben der Proximus Versicherung AG testen Sie die neue Version der Angebotssoftware Leben/bAV. In diesem Zusammenhang überprüfen Sie, ob das erzeugte Angebots- und Antragsdokument alle VVG-relevanten Inhalte für den Kunden enthält.

4.3.3 Umfang der mitzuteilenden Informationen vor Vertragsabschluss

VVG-Informationspflichtenverordnung (VVG-InfoV)

Durch § 7 Abs. 2 VVG wurde das Bundesministerium der Justiz ermächtigt, die vom Versicherungsunternehmen vor Abschluss des Versicherungsvertrags mitzuteilenden Informationen zu regeln.

Die VVG-InfoV sieht vor, dass der Versicherer dem Versicherungsnehmer ein sog. Produktinformationsblatt auszuhändigen hat (§ 4 VVG-InfoV). Dieses Informationspapier soll dem Versicherungsnehmer anhand einer kurzen und verständlichen Darstellung eine Übersicht über die wichtigsten Vertragsbestandteile bieten.

Produktinformationsblatt

Zu den Informationen, die für den Abschluss oder die Erfüllung des Versicherungsvertrags von besonderer Bedeutung sind, zählen (§ 4 Absatz 2 VVG-InfoV):
1. Angaben zur Art des angebotenen Versicherungsvertrags
2. eine Beschreibung des durch den Vertrag versicherten Risikos und der ausgeschlossenen Risiken
3. Angaben zur Höhe des Beitrags in Euro, zur Fälligkeit und zum Zeitraum, für den der Beitrag zu entrichten ist, sowie zu den Folgen unterbliebener oder verspäteter Zahlung

> **Hinweis**
>
> Der Beitrag wird nach Ablauf des Widerrufsrechtes fällig (= nach 30 Tagen). Er ist unverzüglich zu zahlen (§ 33 VVG). „Unverzüglich" wird in den AVB verschieden präzisiert = 3 bis 14 Tage.
>
> Hat der Versicherungsnehmer den Erstbeitrag schuldhaft nicht bezahlt und das Versicherungsunternehmen ihn über die Folgen der Nichtzahlung belehrt, z. B. mit auffälligem Vermerk im Versicherungsschein, so hat das Versicherungsunternehmen bei schuldhafter Nichtzahlung ein Rücktrittsrecht und ist leistungsfrei (§ 37 VVG). Wird bei einer Lebensversicherung ein Folgebeitrag nicht bezahlt, so wird der Vertrag in eine beitragsfreie Versicherung umgewandelt, sofern die hierfür erforderliche Mindestsumme erreicht wird.
>
> Das Versicherungsunternehmen hat bei Ausübung eines Kündigungsrechtes (z. B. Obliegenheitsverletzung, Gefahrerhöhung, Zahlungsverzug) nur noch Anspruch auf den anteiligen Beitrag (= risikoproportionale Prämie, § 39 VVG).

4. Hinweise auf im Vertrag enthaltene Leistungsausschlüsse
5. Hinweise auf bei Vertragsschluss zu beachtende Obliegenheiten und die Rechtsfolgen ihrer Nichtbeachtung
6. Hinweise auf während der Laufzeit des Vertrags zu beachtende Obliegenheiten und die Rechtsfolgen bei Nichtbeachtung
7. Hinweise auf bei Eintritt des Versicherungsfalles zu beachtende Obliegenheiten und die Rechtsfolgen bei Nichtbeachtung

> **Beispiel**
>
> Zu den Obliegenheiten des Versicherungsnehmers gehören u. a.:
>
> - Vorvertragliche Anzeigepflicht: Der Versicherungsnehmer hat alle ihm bekannten Umstände, nach denen das Versicherungsunternehmen gefragt hat, anzuzeigen.
> - Vertragliche Obliegenheiten: Anzeigepflicht bei Wohnungswechsel
> - Obliegenheiten im Versicherungsfall: Anzeigepflicht, Auskunfts- und Belegpflicht

8. Angabe von Beginn und Ende des Versicherungsschutzes

> **Hinweis**
>
> Der vorläufige Versicherungsschutz beginnt beim Antrags- und Verzichtsmodell mit Eingang des VN-Antrags beim Versicherungsunternehmen, beim Invitatiomodell mit Eingang der VN-Annahme (Annahmeerklärung) beim Versicherungsunternehmen.

9. Hinweise zu den Möglichkeiten einer Beendigung des Vertrags.

> **Beispiel**
>
> Ein Lebensversicherungsvertrag kann beendet werden durch:
>
> - ordentliche Kündigung des Versicherungsnehmers
> - außerordentliche Kündigung des Versicherungsunternehmens (z. B. bei Obliegenheitsverletzung)
> - Rücktritt des Versicherungsunternehmens wegen Nichtzahlung des Erstbeitrags

4. Private Lebensversicherung auf Renten- und Kapitalbasis

- Rücktritt des Versicherungsunternehmens wegen Verletzung der vorvertraglichen Anzeigepflicht (Frist 5 Jahre*; keine Leistung für kausale Versicherungsfälle)
- Anfechtung des Versicherungsunternehmens wegen arglistiger Täuschung (Frist 10 Jahre*; keinerlei Leistungen)
- Tod der versicherten Person
- Vertragsablauf in der Lebensversicherung

*Fristbeginn: Vertragsabschluss = formeller Versicherungsbeginn

Bei der Lebensversicherung mit Überschussbeteiligung ist obige Nr. 2 mit der Maßgabe anzuwenden, dass zusätzlich auf die vom Versicherer zu übermittelnde Modellrechnung gemäß § 154 Abs. 1 VVG hinzuweisen ist.

Modellrechnung

Danach ist die vom Versicherungsunternehmen zu übermittelnde Modellrechnung mit folgenden Zinssätzen darzustellen (§ 2 Absatz 3 VVG-InfoV):

1. dem Höchstrechnungszinssatz, multipliziert mit 1,67,
2. dem Zinssatz nach Nummer 1 zuzüglich eines Prozentpunktes und
3. dem Zinssatz nach Nummer 1 abzüglich eines Prozentpunktes.

Bei der Lebensversicherung und der Berufsunfähigkeitsversicherung ist darauf zu achten, dass die Abschluss- und Vertriebskosten sowie die sonstigen Kosten jeweils in Euro gesondert auszuweisen sind.

Abschluss- und Vertriebskosten

Zu den Allgemeinen Informationen nach § 1 VVG-InfoV (Informationspflichten bei allen Versicherungszweigen) zählen:

Informationspflichten bei allen Versicherungszweigen

1. Identität des Versicherers
2. Ansprechpartner im Ausland
3. Ladungsfähige Anschrift des Versicherungsunternehmens
4. Hauptgeschäftstätigkeit des Versicherungsunternehmens
5. Zugehörigkeit zu einem Sicherungsfonds (z. B. Protektor Lebensversicherungs-AG)
6. Wesentliche Merkmale der Versicherungsleistung
7. Gesamtpreis der Versicherung
8. Zusätzliche Kosten
9. Einzelheiten hinsichtlich der Zahlung und der Erfüllung
10. Befristung der Gültigkeitsdauer dieser Informationen
11. Kapitalanlagerisiko
12. Angaben über das Zustandekommen des Vertrags, Beginn des Versicherungsschutzes
13. Widerrufsrecht und Widerrufsfolgen
14. Laufzeit des Vertrags
15. Beendigung des Vertrags

16. Abweichendes Recht der Vertragsanbahnung
17. Vertragsklauseln über das auf den Vertrag anwendbare Recht und das zuständige Gericht: Es ist auch der Wohnsitz des Versicherungsnehmers als Gerichtsstand für Klagen gegen das Versicherungsunternehmen zulässig (§ 215 VVG). Für Ansprüche aus Lebensversicherungsverträgen gilt eine Verjährungsfrist von 3 Jahren (§ 195 BGB).
18. Sprache der Versicherungsbedingungen, der Kommunikation und dieser Information
19. Außergerichtliches Beschwerde- und Rechtsbehelfsverfahren: Versicherungsnehmer können das kostenlose außergerichtliche Streitschlichtungsverfahren über den Versicherungsombudsmann in Anspruch nehmen. Von der Inanspruchnahme unberührt bleibt die Möglichkeit, den Rechtsweg zu beschreiten.
20. Zuständige Aufsichtsbehörde und Beschwerdemöglichkeit: Neben der Vermittlerbeschwerde und der Vorstandsbeschwerde an das Versicherungsunternehmen hat der Versicherungsnehmer die Möglichkeit, sich an die zuständige Aufsichtsbehörde (z. B. Bundesanstalt für Finanzdienstleistungsaufsicht/BaFin) zu wenden.

Informationspflichten bei der Lebensversicherung und der Berufsunfähigkeitsversicherung

Zusätzliche Informationen nach § 2 Absatz 1–4 VVG-InfoV (Informationspflichten bei der Lebensversicherung und der Berufsunfähigkeitsversicherung):

1. Im Beitrag enthaltene Kosten (einkalkulierte Kosten)
2. Sonstige Kosten
3. Berechnungsgrundsätze und Maßstäbe für Überschussermittlung und Überschussbeteiligung

> **▶ Hinweis**
>
> Nach § 153 VVG steht seit dem 1.1.2008 dem Versicherungsnehmer eine Beteiligung an den Bewertungsreserven (BWR) zu. Dazu hat das Versicherungsunternehmen seine BWR den anspruchsberechtigten Verträgen nach einem verursachungsorientierten Verfahren rechnerisch zuzuordnen. Bei Vertragsbeendigung bzw. Rentenbeginn wird der zugeteilte Betrag zur Hälfte an den Versicherungsnehmer ausgezahlt. Die Versicherungsnehmer sind einmal jährlich über ihren Anteil an den BWR zu informieren.
>
> Achtung: Bitte beachten Sie in diesem Zusammenhang die Neuregelung vom Juli 2014 im Rahmen des Lebensversicherungsreformgesetzes (LVRG) in Abschnitt 4.5.2 Kapitalanlage aus Unternehmersicht.

4. Angabe der Rückkaufswerte

> **▶ Hinweis**
>
> Nach § 169 Absatz 3 VVG ist bei Kündigung mindestens der Betrag des Deckungskapitals zu zahlen, der sich bei einer Verteilung der Abschluss- und Vertriebskosten auf die ersten fünf Vertragsjahre ergibt. Damit ist sichergestellt, dass auch im Falle einer frühen Beendigung des Vertrags ein Mindestrückkaufswert gezahlt wird.

5. Mindestversicherungsbetrag und Leistungen bei Umwandlung in eine beitragsfreie Versicherung
6. Garantierte Leistungen
7. Angaben über die der Versicherung zugrunde liegenden Fonds und Vermögenswerte
8. Steuerrechtliche Hinweise
9. bei Lebensversicherungsverträgen, die Versicherungsschutz für ein Risiko bieten, bei dem der Eintritt der Verpflichtung des Versicherers gewiss ist, die Minderung der Wertentwicklung durch Kosten in Prozentpunkten (Effektivkosten) bis zum Beginn der Auszahlungsphase

▶ **Hinweis**

Lebensversicherungsverträge müssen ab dem 1.1.2015 eine Kennzahl zur effektiven Kostenbelastung enthalten. Die Effektivkostenquote (Reduction in Yield) gibt an, wie sich die Kosten auf die Rendite einer Police auswirken. Die Kennziffer bezieht alle einkalkulierten Kosten ein, also neben den laufenden auch die Abschluss- und Vertriebskosten sowie bei fondsgebundenen Produkten die Fondskosten. Damit schafft sie eine umfassende Transparenz im Sinne der Verbraucher.

Neben den Inhalten der VVG-InfoV sind speziell zur Berufsunfähigkeitsversicherung noch einige rechtliche Besonderheiten im VVG zu beachten, die im Folgenden zusammengefasst werden:

rechtliche Besonderheiten bei der BU-Versicherung

- Die Definition der Berufsunfähigkeit ist gesetzlich geregelt, wobei § 172 VVG ausdrücklich die abstrakte Verweisbarkeit zulässt. Die gesetzliche Regelung hat Leitbildcharakter, da die Regelung abdingbar (= vertraglich veränderbar, auch zuungunsten des Versicherungsnehmers) ist.
- Das Versicherungsunternehmen muss bei einem Leistungsantrag in Textform erklären, ob es seine Leistungspflicht anerkennt (§ 173 VVG).
- Leistungsfreiheiten (z. B. Vorsatz) müssen in den Vertragsbedingungen getroffen werden, da eine gesetzliche Regelung fehlt (§ 174 VVG).

Zusammenfassung

Die vom Versicherungsunternehmen vor Abschluss des Versicherungsvertrags mitzuteilenden Informationen sind in der Informationspflichtenverordnung (VVG-InfoV) zusammengefasst. Das Produktinformationsblatt soll dem Versicherungsnehmer anhand einer kurzen und verständlichen Darstellung eine Übersicht über die wichtigsten Vertragsbestandteile bieten. Im Weiteren enthält die VVG-InfoV Informationspflichten, die für alle Versicherungszweige gelten, sowie Informationspflichten speziell bei der Lebensversicherung und der Berufsunfähigkeitsversicherung.

4.4 Allgemeine und Besondere Versicherungsbedingungen

Handlungssituation

Sie sind im Bereich Marktbeobachtung Leben der Proximus Versicherung AG tätig. Ein Software-Anbieter hat in sein Vergleichsprogramm die Berufsunfähigkeitsversicherung der Proximus Versicherung AG aufgenommen. Sie prüfen, ob der Bedingungsvergleich die maßgebenden Bedingungstexte des Produkts enthält.

4.4.1 Welchen Zweck haben die Versicherungsbedingungen und wem nützen sie?

Versicherungsbedingungen

Schon vor der Antragstellung, spätestens aber mit dem Versicherungsschein, erhält der Versicherungsnehmer mehrseitige Allgemeine oder auch zusätzliche Besondere Versicherungsbedingungen, die in einer Vielzahl von Paragrafen die Rechte und Pflichten der Vertragspartner, die zu erfüllenden Obliegenheiten, die Leistungsvoraussetzungen und den Leistungsumfang des gewählten Tarifs, die Überschussbeteiligung, die Beitragszahlung und die Folgen bei Nichtzahlung sowie noch weitere juristische Einzelheiten erläutern.

Allgemeine Geschäftsbedingungen

Versicherungsbedingungen fallen unter den Begriff der Allgemeinen Geschäftsbedingungen (AGB) des BGB. AGB sind für eine Vielzahl von Verträgen bereitliegende vorformulierte Vertragsbedingungen, die eine Partei (Verwender) der anderen Partei bei Abschluss des Vertrags stellt (§ 305 BGB).

Durch die Vorschriften in §§ 305 ff. BGB wird in erster Linie der Versicherungsnehmer als schwächerer Vertragspartner vor einer zu weitgehenden Änderung des dispositiven Rechts durch AGB geschützt. Die formularmäßig verwendeten Vertragskodifikationen verdrängen nur dann das Gesetzesrecht, wenn sie einer Abschluss- und Inhaltskontrolle nach den genannten Vorschriften standhalten.

Voraussetzung für die Geltung von AGB im Einzelfall ist ihre Einbeziehung in den Vertrag. Sie kann durch Vereinbarung im Voraus erfolgen, aber auch dadurch, dass der Verwender die andere Vertragspartei ausdrücklich bei Vertragsabschluss oder durch sichtbaren Aushang auf sie hinweist bzw. ihr die Möglichkeit verschafft, in zumutbarer Weise von ihrem Inhalt Kenntnis zu nehmen, und die andere Vertragspartei mit ihrer Geltung einverstanden ist.

AGB, die nach den Umständen so ungewöhnlich sind, dass der Versicherungsnehmer nicht mit ihnen zu rechnen braucht, werden als sog. überraschende Klauseln nach § 305c BGB nicht Vertragsbestandteil. Hinsichtlich der Inhaltskontrolle sind Bestimmungen in AGB nach § 307 BGB unwirksam, sofern sie den Versicherungsnehmer entgegen der Gebote von Treu und Glauben unangemessen benachteiligen. Die Generalklausel des § 307 BGB ist durch den in den §§ 308 und 309 BGB enthaltenen Katalog verbotener Klauseln konkretisiert.

Eine gesetzliche Klarstellung zu den Allgemeinen Versicherungsbedingungen enthält § 10 VAG. Danach müssen die Allgemeinen Versicherungsbedingungen vollständige Angaben enthalten:

§ 10 VAG

1. über die Ereignisse, bei deren Eintritt der Versicherer zu einer Leistung verpflichtet ist, und über die Fälle, wo aus besonderen Gründen diese Pflicht ausgeschlossen oder aufgehoben sein soll;
2. über die Art, den Umfang und die Fälligkeit der Leistungen des Versicherers;
3. über die Fälligkeit des Beitrags und die Rechtsfolgen eines Verzugs;
4. über die vertraglichen Gestaltungsrechte des Versicherungsnehmers und des Versicherers sowie die Obliegenheiten und Anzeigepflichten vor und nach Eintritt des Versicherungsfalls;
5. über den Verlust des Anspruchs aus dem Versicherungsvertrag, wenn Fristen versäumt werden;
6. über die inländischen Gerichtsstände;
7. über die Grundsätze und Maßstäbe, wonach die Versicherten an den Überschüssen teilnehmen.

4.4.2 Bedingungsratings

Außer der vertraglich vereinbarten Hauptleistung bietet eine Versicherungsgesellschaft weitere umfangreiche Serviceleistungen an, z. B.:

- Assistanceleistungen
- Beratungsleistungen
- flexible Vertragsumgestaltungen und Entnahmemöglichkeiten
- steuerliche Hilfestellungen
- Erfüllung gesetzlicher Informationspflichten und Erteilung individueller Auskünfte

Einige dieser Serviceleistungen sind vertraglich vereinbart, andere werden lediglich auf Nachfrage gewährt oder eben auch nicht. Im Rahmen eines Bedingungsratings systematisieren Ratinganbieter das Leistungsspektrum unterschiedlicher Tarifgruppen.

Dabei berücksichtigen sie regelmäßig nur die Leistungen, auf die vertraglicher Anspruch besteht. Solch ein Vergleich ist einerseits sehr hilfreich, wenn es z. B. in der Beratung darum geht, sich einen Marktüberblick zu verschaffen. Andererseits stellt die Beschränkung auf vertraglich garantierte Leistungsversprechen eine erhebliche Einschränkung dar. Manch ein serviceorientierter Versicherer findet im Einzelfall sehr flexible und individuelle Lösungen; einen vertraglichen Anspruch auf solche Lösungen kann oder will er aber nicht bieten. Dazu ist ihm vielleicht die gesetzliche Lage oder das steuerliche Umfeld zu unbeständig. Versicherer, die hier Garantien bieten, sind vielleicht schon bei der nächsten Gesetzesänderung notleidend, weil sie Leistungen erbringen müssen, die aufgrund gesetzlicher Änderungen teuer geworden sind. Was nützt es da, dass sie vorher im Bedingungsrating ganz vorn dabei waren?

> **Beispiel**
>
> Eine Pflegerente, die sich dauerhaft an der jeweils aktuellen Definition der Pflegebedürftigkeit des SGB XI orientiert, ist im Anwartschaftsdeckungsverfahren unkalkulierbar, weil ungewiss ist, welche gesetzlichen Erweiterungen der Pflegebegriff noch erfahren wird. Als 2001 mit dem Pflegeleistungs-Ergänzungsgesetz (PflEG) Demenzerkrankungen im Sozialgesetz als Pflegebedarf auslösend erklärt wurden, dürften solche Versicherer ihre Unvorsichtigkeit teuer bezahlt haben, die bis dato lediglich die Gefahr einkalkuliert hatten, dass die versicherte Person irgendwann außerstande sein könnte, die typischen Verrichtungen des täglichen Lebens eigenständig durchzuführen.

Die Ratinggesellschaft stellt ihre Dienstleistung natürlich nicht aus reiner Nächstenliebe bereit. Für die Nutzung des Dienstes werden Lizenzkosten fällig. Gleichwohl schränkt die Ratinggesellschaft Gewährleistungsansprüche für die Richtigkeit ihrer Angaben ein. Für die Richtigkeit der Beratung ist nach wie vor der Versicherungsvermittler verantwortlich und diese Verantwortung kann nicht delegiert werden. Die gerateten Gesellschaften haben einen Anspruch auf die Berichtigung falscher Tatsachenbehauptungen, aber dazu müssen sie sie erst einmal finden. Auf diese Weise werden die Versicherungsgesellschaften zu Testern und unbezahlten Mitarbeitern der Ratinggesellschaften.

4.4.3 Verbandsbedingungen

Der Gesamtverband der Deutschen Versicherungswirtschaft (GDV) hat die hilfreiche Unterstützung der BAV weitergeführt, seinen Mitgliedern aufsichtsrechtlich einwandfreie Musterbedingungen vorzuschlagen. Er stimmt seine „Verbandsbedingungen" dazu mit der Aufsichtsbehörde ab. Kartellrechtlich sind die Verbandsbedingungen unbedenklich, da sie öffentlich zugänglich und ausdrücklich unverbindlich sind. Sie dienen im Wesentlichen dazu, dass sich Verbraucher ganz allgemein informieren können, welche Rechte und Pflichten normalerweise etwa an einen Altersvorsorgevertrag geknüpft sind. Tatsächlich weichen die konkreten Bedingungsklauseln der meisten Versicherer inzwischen auch ganz erheblich vom Wortlaut der Verbandsbedingungen ab. Die Bedingungen der Proximus Versicherung AG orientieren sich weitgehend an den Verbandsbedingungen.

Das Proximus-Bedingungswerk unterscheidet zwischen Allgemeinen Bedingungen und Besonderen Bedingungen. Die Unterscheidung ist vertragsrechtlich überflüssig und hat rein praktische Gründe. Dies ist ein weit verbreitetes Vorgehen. Die Allgemeinen Bedingungen beschreiben jeweils unterschiedliche Hauptversicherungen. Die Besonderen Bedingungen beschreiben mögliche Zusatzversicherungen oder andere typische Vereinbarungen, die die abgeschlossene Versicherung ergänzen sollen: beispielsweise die Bedingungen, unter denen die Beiträge und Leistungen regelmäßig ohne erneute Gesundheitsprüfung steigen sollen.

4. Private Lebensversicherung auf Renten- und Kapitalbasis

Oft können dieselben Besonderen Bedingungen zu verschiedenen Allgemeinen Bedingungen eingeschlossen werden, so dass bei der Produktentwicklung Synergien entstehen. Andererseits stellt die steuerliche Förderung mancher Rentenprodukte besondere Anforderungen an die Zusatzversicherung, so dass deren Beitragsanteil durch eine vereinbarte Beitragsdynamik nicht beliebig steigen darf. Dies zwingt wieder zu Varianten der Besonderen Bedingungen.

4.5 Kapitalanlage

Was hat Versicherung mit Kapitalanlage zu tun? Für den einen nichts und für den anderen alles!

- Wer in erster Linie das Risiko beseitigen möchte, z. B. das Risiko, durch einen Unfall seiner Existenzgrundlage beraubt zu werden, dem ist die dahinter stehende Kapitalanlage nicht so wichtig. Stattdessen muss im Versicherungsfall der Service stimmen (Risikotragungsfunktion).
- Wer als Kunde für sein Alter vorsorgen möchte, legt dabei selbstverständlich auch Wert auf eine sichere und nach Möglichkeit auch renditestarke Kapitalanlage (Kapitalanlagefunktion).
- Aus Unternehmenssicht erfordern beide Funktionen – die Risikotragungsfunktion und die Kapitalanlagefunktion – eine vorsichtige und planvolle Kapitalanlage. Die Sparfunktion kann sich an den Wünschen der Versicherungsnehmer orientieren; die Risikotragungsfunktion muss der Versicherer für sich durchrechnen. Dabei muss er beurteilen, wie viel Kapital er wann benötigt, um das übernommene Risiko zu tragen. Ein ganzer Zweig der Mathematik, die Ruintheorie, beschäftigt sich mit der Frage, welche Kapitalausstattung mindestens erforderlich ist, damit zukünftige, zufällig eintretende Ereignisse nur mit vorgegebener, geringer Wahrscheinlichkeit zum Ruin des Unternehmens führen.

4.5.1 Kapitalanlage aus Kundensicht

Handlungssituation

Sie sind Finanzexperte. Lothar Felix, einer Ihrer Bekannten, spricht Sie an, er habe durch einen glücklichen Zufall einiges Geld zur Verfügung und möchte es nun vermehren. Sie vereinbaren in den nächsten Tagen einen Termin in Ihrer Agentur, um Lothar dabei zu helfen, seinen Vorsorgebedarf zu ermitteln und daraus sein Anlageziel abzuleiten. Denn: Erst wenn man sein Ziel kennt, kann man sich Gedanken darüber machen, wie man es am besten erreicht.

In der Beratungssituation stellen Sie Ihrem Bekannten ganz allgemein die beiden wesentlichen Funktionen einer Lebensversicherung vor.

Funktionen einer Versicherung

- Kapitalanlagefunktion
  - Sparfunktion
  - Ertragsfunktion
- Risikotragungsfunktion
  - Todesfallrisiko
  - Langlebigkeitsrisiko
  - Invaliditäts- oder Pflegerisiko

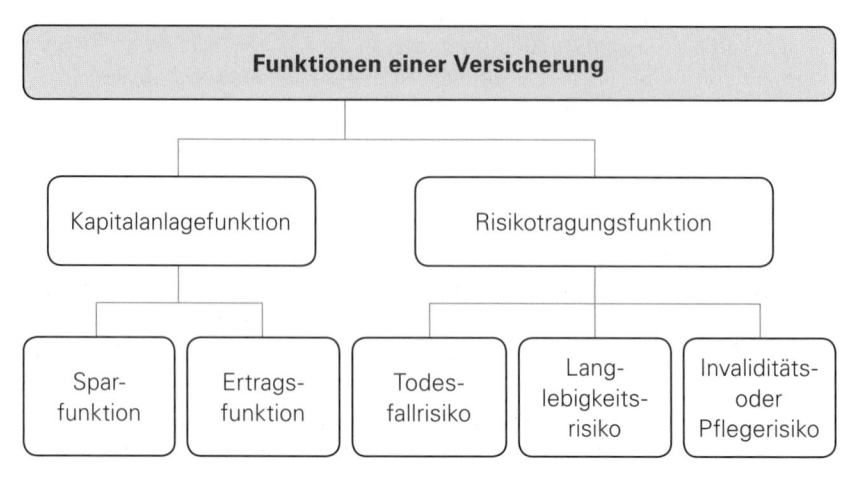

Abbildung 12: Funktionen einer Versicherung

Bis heute werden überwiegend Lebensversicherungsverträge abgeschlossen, die ganz wesentlich die Kapitalanlagefunktion erfüllen. Wer sein Kapital anlegt, verfolgt damit zwei Ziele: den Kapitalerhalt (Sparfunktion) und die Kapitalvermehrung (Ertragsfunktion). Die Anlagestrategie richtet sich danach, welches der beiden Ziele überwiegt. Für die Kapitalvermehrung müssen Risiken eingegangen werden, die den Kapitalerhalt gefährden können.

Anzahl Neuverträge (in Tsd.) in der Lebensversicherung

- Kapitalversicherungen und Rentenversicherungen
- Biometrische Versicherungen

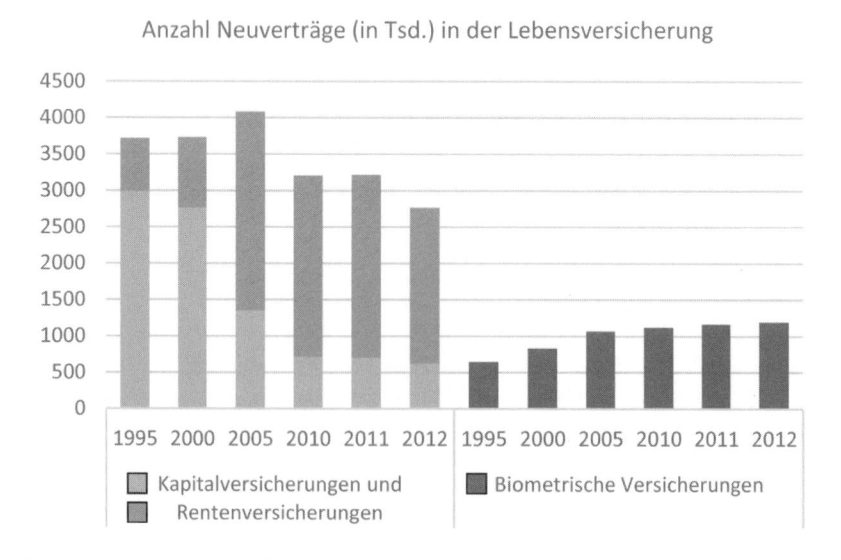

Abbildung 13: Struktur des Neuzugangs in der Lebensversicherung
(Quelle: GDV Statistisches Taschenbuch 2013, S. 42)

4. Private Lebensversicherung auf Renten- und Kapitalbasis

Abbildung 14 zeigt, dass die Bedeutung der Kapitalanlagefunktion in den letzten Jahren rückläufig ist und dass dafür die Risikotragungsfunktion an Bedeutung gewinnt. Links ist die Anzahl der neu abgeschlossenen Verträge mit Kapitalanlagefunktion (unten Kapitalversicherungen und oben Rentenversicherungen), und rechts die Anzahl der neu abgeschlossenen Verträge mit Risikotragungsfunktion (Risikoversicherungen, Berufsunfähigkeitsversicherungen und Pflegerentenversicherungen) dargestellt. Bei den Kapitalanlageprodukten gewinnt die zusätzliche Abdeckung des Langlebigkeitsrisikos in Form von Rentenversicherungen an Bedeutung.

Die Langfristigkeit der Kapitalanlage ist ein weiteres Alleinstellungsmerkmal. Nirgendwo sonst wird der Anlagezins für einen derartig langen Zeitraum garantiert: Im Fall einer konventionellen Rentenversicherung lebenslang. Solche Garantien benötigen ausreichend viel Eigenkapital und finanzielle Spielräume. Und natürlich müssen solche Garantien auch recht vorsichtig ausgesprochen werden. Anders als alle anderen Anbieter sind Versicherungsunternehmen verpflichtet, ihre Überschüsse zum überwiegenden Teil ihren Kunden wieder gutzuschreiben. Zusätzlich zu einem marktfähigen Garantiezins entstehen im derzeitigen Niedrigzinsumfeld Erträge aus den Wertsteigerungen alter langfristiger hochverzinslicher Kapitalanlagen.

Als Versicherungsnehmer wird man auch an Überschüssen beteiligt, die andere Versicherungsnehmer im Kollektiv zu anderen Zeitpunkten generiert haben. Umgekehrt stellt man die Überschüsse, die mit den eigenen Kapitalanlagen erwirtschaftet wurden, bei Bedarf zur Verfügung. Man nennt diese Effekte „Ausgleich im Kollektiv" und „Ausgleich über die Zeit".

Ausgleich im Kollektiv

Ausgleich über die Zeit

Ein Versicherungsnehmer kann sich zum Teil der Ausgleichspflicht entziehen, indem er eine fondsgebundene Versicherung wählt. Bei einem Vertrag ohne garantierte Ablaufleistung liegt dann die gesamte Kapitalanlage in der Hand des Versicherungsnehmers. Er entscheidet durch seine mehr oder weniger geschickte Fondsauswahl allein über den Erfolg oder Misserfolg seiner Kapitalanlagestrategie. Er muss seinen Erfolg nicht mit dem Kollektiv teilen; er erhält aber auch keine Kapitalerträge vom Kollektiv, sollte seine Anlagestrategie floppen.

In einer fondsgebundenen Versicherung mit Garantien kann der Versicherer die Kapitalanlage nicht vollständig dem Versicherungsnehmer überlassen. Er wird sich stattdessen vorbehalten, soweit wie es nötig ist, Teile der Anlagebeiträge in seinem Sicherungsvermögen anzulegen. Dort kann der Versicherer davon ausgehen, den Garantiezins zu erwirtschaften, um damit die garantierte Ablaufleistung darzustellen.

Auf Kapitalerträge müssen grundsätzlich Ertragsteuern abgeführt werden. Verfolgt der Versicherungsnehmer daher eine Ertragsstrategie und geht dazu z. B. in seiner Fondsauswahl höhere Risiken ein, so muss er damit rechnen, einen Teil seiner Erträge an den Fiskus zu verlieren. Wegen der sozialpolitischen Bedeutung der privaten und der betrieblichen Altersvorsorge, kann die Lebensversicherung auf eine Reihe von günstigen Steuervorschriften hinweisen. Dazu sei im Einzelnen auf den Abschnitt 6.3.5 verwiesen.

4.5.2 Kapitalanlage aus Unternehmenssicht

Handlungssituation

Lothar Felix, Ihr zu Geld gekommener Bekannter, erkennt durch Ihre Analyse, dass er noch nicht ausreichend für sein Alter vorgesorgt hat. Andererseits besitzt er schon einige Absicherungen und kann es sich daher leisten, mit seinem unverhofften Geldsegen auch einige begrenzte Risiken einzugehen. Er steht vor der Entscheidung, sein Kapital auf eigene Faust zu investieren oder es bereits jetzt in eine aufgeschobene Rentenversicherung einzuzahlen. Für die Zeit bis zum Rentenbeginn sind ihm Kapitalerhalt und eine Chance auf Wertzuwächse wichtig. Das traut er den Finanzberatern seiner Hausbank durchaus zu. Natürlich kennt er die Gefahr, am Wertpapiermarkt hohe Verluste zu erleiden. Er befürchtet aber, dass auch Versicherungsgesellschaften den Werterhalt nicht garantieren können.

Sie erläutern Ihrem Bekannten, dass es die vornehmste Aufgabe des Versicherungsaufsichtsgesetzes ist, die Anlagen der Versicherungsnehmer zu schützen. Zu diesem Zweck enthält es Vorschriften zur Mindesthöhe der Rückstellungen, zur Höhe der Eigenmittel und auch darüber, wie sicher oder unsicher die Versicherungsunternehmen ihr Kapital anlegen müssen bzw. dürfen. Die Aufsichtsbehörde wacht über die Einhaltung dieser Vorschriften und schreitet bei Verletzungen und in drohenden Notfällen ein. Sie wird von Unternehmensseite durch den Verantwortlichen Aktuar und von unabhängiger Seite durch einen Treuhänder unterstützt.

4.5.2.1 Kapitalanlagevorschriften

Die versicherungstechnischen Rückstellungen und die Verbindlichkeiten gegenüber den Versicherungsnehmern auf der Passivseite der Bilanz sind mit dem Sicherungsvermögen und dem sonstigen gebundenen Vermögen auf der Aktivseite der Bilanz zu überdecken. Beide zusammen bilden das Gebundene Vermögen. Dieser Teil der Kapitalanlagen genießt einen besonderen Schutz, denn er muss selbst im Fall einer Insolvenz den Versicherungsnehmern und nicht irgendwelchen anderen Gläubigern der Gesellschaft zur Verfügung stehen. Deshalb gelten für das Gebundene Vermögen bestimmte Anlagegrundsätze und deshalb überwacht gem. § 70 ff. VAG ein besonders qualifizierter und von der BaFin bestätigter „Treuhänder für das Sicherungsvermögen" (bis 2002 Deckungsstocktreuhänder genannt) das Sicherungsvermögen. Die Kapitalanlagen im Sicherungsvermögen sind im Vermögensverzeichnis eingetragen und mit einem Sperrvermerk versehen. Sie können ohne Zustimmung des Treuhänders nicht veräußert werden.

4. Private Lebensversicherung auf Renten- und Kapitalbasis

Das Versicherungsunternehmen soll das Gebundene Vermögen gem § 54 VAG so anlegen, dass
- möglichst große Sicherheit und Rentabilität
- bei jederzeitiger Liquidität des Versicherungsunternehmens
- unter Wahrung angemessener Mischung und Streuung

erreicht wird.

Diese Ziele sollen gleichzeitig erreicht werden, indem die zulässigen Anlageklassen beschränkt werden auf:

1. Darlehensforderungen, Schuldverschreibungen und Genussrechte
2. Schuldbuchforderungen
3. Aktien
4. Beteiligungen
5. Grundstücke und grundstücksgleiche Rechte
6. Anteile an Organismen für gemeinschaftliche Anlagen in Wertpapieren und für andere Anlagen, die nach dem Grundsatz der Risikostreuung angelegt werden, wenn die Organismen einer wirksamen öffentlichen Aufsicht zum Schutz der Anteilinhaber unterliegen
7. laufende Guthaben und Einlagen bei Kreditinstituten
8. sonstige Anlagen, soweit diese nach Artikel 21 oder Artikel 22 der Dritten Richtlinie Schadenversicherung oder Artikel 23 oder Artikel 24 der Richtlinie über Lebensversicherungen zulässig sind

Spekulative Anlagen, etwa in Devisen oder in Edelmetalle, Kunstobjekte oder Weine, mögen in der Niedrigzinsphase nach 2008 in bestimmten Anlegerkreisen populär geworden sein, sind aber in diesem abschließenden Katalog nicht enthalten. Versicherungen dürfen sie darum nicht für das Sicherungsvermögen nutzen.

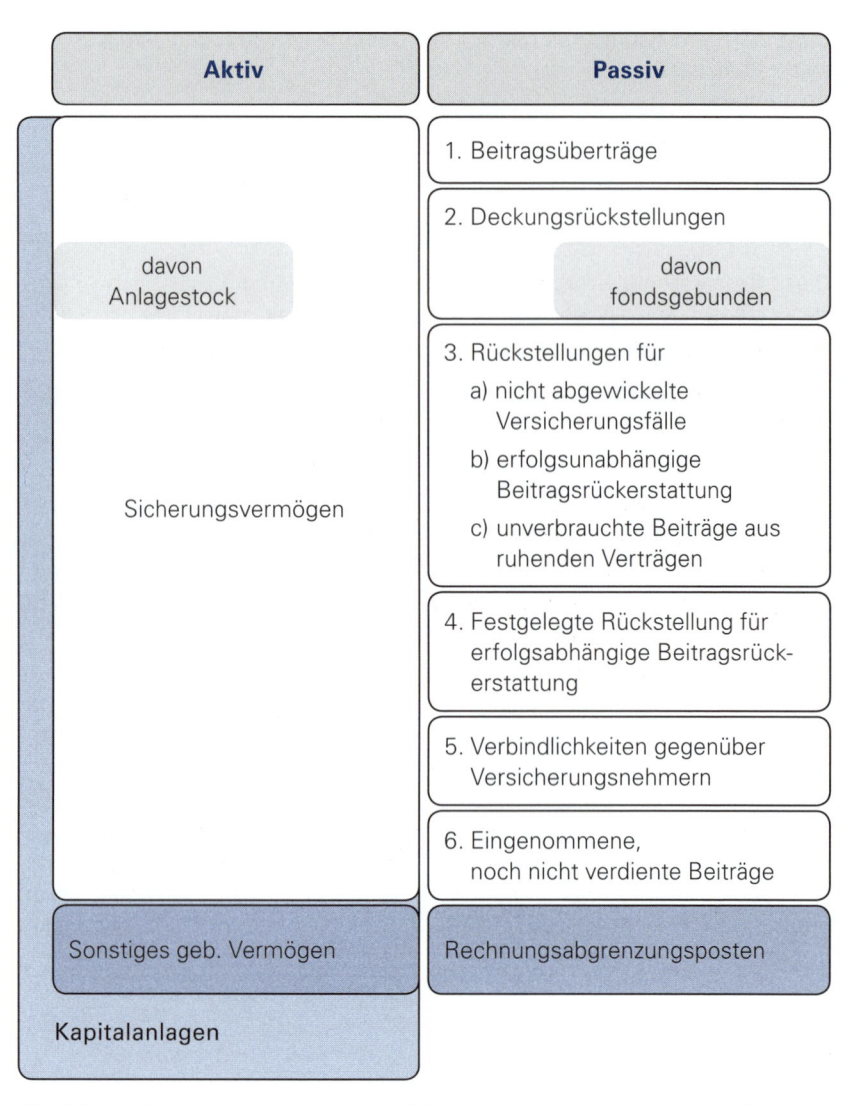

Aktiv	Passiv
Sicherungsvermögen davon Anlagestock	1. Beitragsüberträge
	2. Deckungsrückstellungen davon fondsgebunden
	3. Rückstellungen für a) nicht abgewickelte Versicherungsfälle b) erfolgsunabhängige Beitragsrückerstattung c) unverbrauchte Beiträge aus ruhenden Verträgen
	4. Festgelegte Rückstellung für erfolgsabhängige Beitragsrückerstattung
	5. Verbindlichkeiten gegenüber Versicherungsnehmern
	6. Eingenommene, noch nicht verdiente Beiträge
Sonstiges geb. Vermögen	Rechnungsabgrenzungsposten
Kapitalanlagen	

Abbildung 14: Zusammensetzung des Sicherungsvermögens gem. § 66 VAG

Das Sicherungsvermögen ist nur ein Teil der gesamten Kapitalanlagen des Versicherungsunternehmens. Es ist derjenige Teil, mit dem die Rückstellungen und Verpflichtungen überdeckt werden, die das Unternehmen für bestehende Verträge bilden muss, um sich auf zukünftige Leistungen vorzubereiten. Vereinfacht ausgedrückt parken im Sicherungsvermögen die angelegten Kundengelder. Mit dem gesamten Kapital, idealerweise natürlich nur mit dem Sicherungsvermögen, müssen ausreichend hohe Kapitalerträge erwirtschaftet werden, um die Garantieverzinsung des Bestandes zu bedienen. Die durchschnittliche Zinsverpflichtung im gesamten Lebensversicherungsbestand betrug Ende 2013 3,2 % (BaFin Jahresbericht 2013, S. 25). Die Kapitalanlagen der Versicherer erlaubten ihnen 2013 noch, eine laufende Verzinsung von durchschnittlich 3,53 % für das Jahr 2014 auszusprechen (Assekurata Kurz-

4. Private Lebensversicherung auf Renten- und Kapitalbasis

päsentation Überschussbeteiligung 2014). Darüber hinaus winken zusätzliche Schlussüberschüsse. Zum Vergleich: Die Rendite der 10-jährigen Bundesanleihe betrug Ende 2013 nur 1,9 % (BaFin Jahresbericht 2013, S. 25). Das Überschussniveau kann selbstverständlich nicht dauerhaft garantiert werden. Die Kapitalerträge der Versicherer resultieren auch aus hochverzinsten Anlagen der Vergangenheit, von denen in Niedrigzinsphasen auch Neukunden profitieren können. Je länger eine Niedrigzinsphase anhält, desto schwerer wird es den Versicherern fallen, hohe Kapitalerträge zu erwirtschaften. Das geht anderen Kapitalmarktteilnehmern nicht anders.

Bei der Kapitalanlage des gebundenen Vermögens muss das Versicherungsunternehmen Grundsätze der Mischung und der Streuung beachten und das Kapital kongruent anlegen (§§ 3–5 Anlageverordnung, AnlV). Das sorgt für zusätzliche Sicherheit.

Mischung (quantitative Beschränkungen)	Die Kapitalanlagen sollen auf unterschiedliche Anlageklassen verteilt werden. Die riskanteren unter den zulässigen Anlageformen dürfen jeweils einen bestimmten Anteil des Sicherungsvermögens und des sonstigen gebundenen Vermögens nicht überschreiten. Zum Beispiel: • Sondervermögen mit zusätzlichen Risiken (z. B. Leerverkäufe) max. 5 % • indirekte Anlagen in Rohstoffe (z. B. Gold) max. 5 % • Aktien und nachrangige Verbindlichkeiten max. 35 % • direkte und indirekte Anlagen in Immobilien max. 25 %
Streuung (schuldnerbezogene Beschränkungen)	Auch innerhalb einer Anlageklasse sollen die Kapitalanlagen auf unterschiedliche Schuldner verteilt werden. Grundsätzlich dürfen bei keinem Schuldner mehr als 5 % des Sicherungsvermögens platziert werden. Von dieser Grenze gibt es strengere und weniger strenge Ausnahmen: • Darlehen der Bundesrepublik Deutschland, ihrer Länder und Gemeinden sowie anderer EWR Staaten max. 30 % • Anlagen bei einem Kreditinstitut innerhalb des EWR max. 15 % • Aktien und nachrangige Verbindlichkeiten max. 1 % • einzelne Immobilien max. 10 % • Anlagen einer Pensionskasse im eigenen Trägerunternehmen max. 5 % • bei mehr als zwei Trägerunternehmen insgesamt max. 15 %
Kongruenz	Kapitalanlagen sollen grundsätzlich in der Währung erfolgen, in der auch die Versicherungsleistung geschuldet wird.

Die Versicherungsunternehmen bleiben sicherheitshalber weit hinter diesen Maximalwerten zurück, wie Abbildung 16 verdeutlicht. In der Niedrigzinsphase gibt es speziell bei der Investition in Aktien noch erheblichen Spielraum, die Anlagequoten zu erhöhen, um so möglicherweise höhere Renditen zu erzielen.

Struktur der Kapitalanlagen von Lebensversicherungen

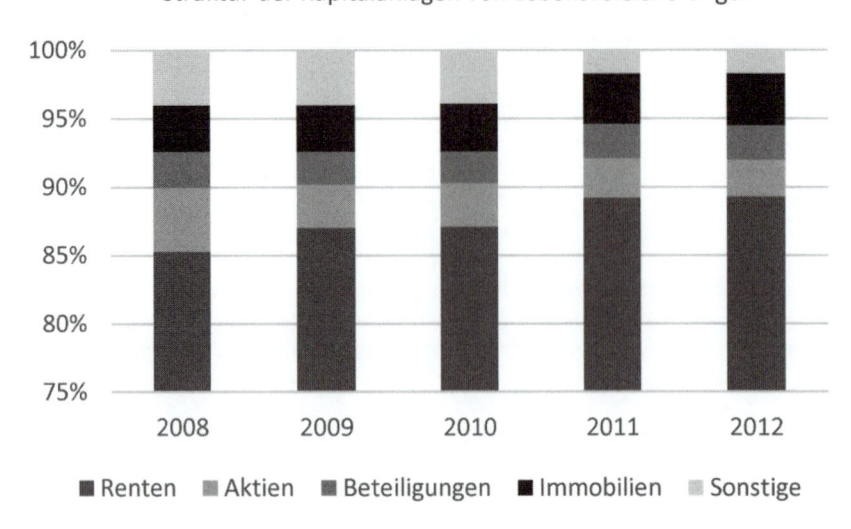

Abbildung 15: Struktur der Kapitalanlagen von Lebensversicherungen
(Quelle: GDV Statistisches Taschenbuch 2013)

4.5.2.2 Bewertungsvorschriften

Handlungssituation

Ihr Bekannter Lothar Felix ist nach diesen ausführlichen Erläuterungen beruhigt, dass seine Anlagen bei einem beaufsichtigten Versicherungsunternehmen gewinnbringend und sicher angelegt sind. Wie kann er aber sicher sein, dass der Wert der Kapitalanlagen nicht nur auf dem Papier steht? Er möchte sich langfristig binden und braucht darum die Sicherheit, dass die bilanzierten Werte realistisch sind.

Tatsächlich sind die Bilanzwerte alles andere als realistisch. Doch bevor Ihr Bekannter sich erschüttert abwendet, erklären Sie ihm einen der wichtigsten Grundsätze ordnungsgemäßer Buchführung: das Imparitätsprinzip. Es sorgt für eine vorsichtige Bewertung und damit für mehr Sicherheit.

Das Imparitätsprinzip fordert die Ungleichbehandlung von Gewinnen und Verlusten. Gewinne dürfen grundsätzlich erst dann bilanziert werden, wenn sie realisiert wurden; Verluste sollen grundsätzlich bereits bilanziert werden, wenn sie hinreichend wahrscheinlich sind.

Für die Bewertung von Vermögensgegenständen (auf der Aktivseite) führt dieser Grundsatz zum sog. Niederstwertprinzip. Bei der Bewertung von Rückstellungen und Verbindlichkeiten (auf der Passivseite) spricht man umgekehrt vom Höchstwertprinzip.

4. Private Lebensversicherung auf Renten- und Kapitalbasis

Es stehen typischerweise zwei alternative Wertansätze für Vermögensgegenstände zur Verfügung: Der Anschaffungswert (ggf. vermindert um planmäßige Abschreibungen) und der Zeit- oder Marktwert.

Das Niederstwertprinzip besagt, dass Vermögenswerte vorsichtigerweise mit dem niedrigeren der beiden Werte bilanziert werden sollen. Im Umlaufvermögen (§ 253 Abs. 4 HGB) muss immer auf einen niedrigeren Zeitwert am Bilanzstichtag abgeschrieben werden (*strenges Niederstwertprinzip*). Im Anlagevermögen (§ 253 Abs. 3 HGB) muss die Abschreibung auf den niedrigeren Zeitwert am Bilanzstichtag nur dann vorgenommen werden, wenn die Wertminderung voraussichtlich dauerhaft ist. Ansonsten hat sie zu unterbleiben. Lediglich Finanzanlagen innerhalb des Anlagevermögens dürfen selbst dann auf den Zeitwert abgeschrieben werden, wenn die Wertminderung nur vorübergehend ist (*abgemildertes Niederstwertprinzip*).

§ 253 Abs. 4 HGB

§ 253 Abs. 3 HGB

Nach einer Abschreibung auf den Zeitwert besteht nach § 253 Abs. 5 HGB in jedem Fall ein Wertaufholungsgebot bis zum ursprünglichen Anschaffungswert (ggf. vermindert um planmäßige Abschreibungen).

§ 253 Abs. 5 HGB

Die Entscheidung, welche Vermögensgegenstände dem Umlaufvermögen und welche dem Anlagevermögen zuzuordnen sind, hat der Gesetzgeber durch den § 341b HGB den Versicherungsunternehmen und Pensionsfonds weitgehend abgenommen:

§ 341b HGB

	Umlaufvermögen	Anlagevermögen
Definition	Das Umlaufvermögen geht in den Produktionsprozess ein und wird dort umgestaltet.	Das Anlagevermögen dient dauerhaft dem Geschäftsbetrieb.
Typische Vermögensgegenstände	▪ Aktien, auch eigene Anteile ▪ sonstige festverzinsliche und nicht festverzinsliche Wertpapiere	▪ entgeltlich erworbene immaterielle Vermögensgegenstände ▪ bebaute und unbebaute Grundstücke ▪ technische und andere Anlagen und Maschinen der Betriebs- und Geschäftsausstattung Als Finanzanlagen innerhalb des Anlagevermögens gelten folgende Kapitalanlagen: ▪ Beteiligungen ▪ Anteile und Ausleihungen an verbundenen Unternehmen ▪ Namensschuldverschreibungen ▪ Hypothekendarlehen

	Umlaufvermögen	Anlagevermögen
Bewertungsvorschrift	▪ strenges Niederstwertprinzip: Abschreibungspflicht bei Wertminderung ▪ Wertaufholungsgebot ▪ Besonderheit: Wertpapiere im Anlagestock immer zum Zeitwert	▪ gemildertes Niederstwertprinzip: Abschreibungspflicht bei dauerhafter Wertminderung ▪ Wertaufholungsgebot ▪ für Finanzanlagen: Abschreibungswahlrecht bei vorübergehender Wertminderung

Tabelle 12: Umlaufvermögen und Anlagevermögen nach § 341b HGB

Für den Anlagestock, das ist der Teil des Sicherungsvermögens, der dazu dient, die Leistungsversprechen von fondsgebundenen Versicherung zu überdecken, gilt eine Besonderheit: Der Anlagestock ist immer mit dem Zeitwert zu bewerten, selbst dann, wenn die Anschaffungskosten für die Fondsanteile geringer waren.

Die Kapitalanlagen eines Versicherungsunternehmens sind weitgehend im Umlaufvermögen und teilweise wohl auch im Anlagevermögen investiert. Wem gehören die viel gescholtenen Glaspaläste der Versicherer? Den Versicherungsunternehmen oder den Versicherten?

Wie weit mag der Anspruch der Kunden gehen? Gehören ihnen nur die niedrigen Bilanzwerte des Sicherungsvermögens oder gehören ihnen die in der Regel deutlich höheren tatsächlichen Werte?

Geht man vom Zweck des Sicherungsvermögens aus, liegt die Antwort auf der Hand: Das Sicherungsvermögen dient dazu, die Leistungsversprechen abzusichern. Es scheint ungerecht, wenn das Versicherungsunternehmen das Risiko einer Wertminderung allein trägt, die Chance einer Wertsteigerung aber mit den Kunden teilen muss.

Geht man hingegen davon aus, dass das im Sicherungsvermögen angesparte Kapital letztendlich aus den Prämienzahlungen der Versicherungsnehmer stammt, ist zumindest eine Beteiligung der Kunden an den tatsächlichen Werten nicht von der Hand zu weisen. Dies zumindest war die Auffassung des Bundesverfassungsgerichts am 26.7.2005 (1 BvR 80/95). Es trug dem Gesetzgeber auf, bis zum 31.12.2007 für eine angemessene Neuregelung zu sorgen. Der kam diesem Auftrag mit § 153 des reformierten Versicherungsvertragsgesetzes nach.

4.5.2.3 Bewertungsreserven

Die Versicherungsunternehmen argumentieren damit, dass sie die Bewertungsreserven benötigen, um damit Solvenzmittel zu bilden. Es geht nicht an, die Gewinne des Unternehmens zu sozialisieren (den Versicherten zu geben) und die Verluste einseitig zu privatisieren (den Eigentümern der Versicherungsunternehmen zu überlassen). Nicht zuletzt würde eine solche Praxis dazu führen, dass Versicherungsunternehmen auf Aktienbasis vom Markt verschwinden, weil die Aktionäre abspringen. Auch Versicherungsvereine auf Gegenseitigkeit müssten sich überlegen, wann und womit sie Eigenmittel bilden wollen, um temporäre Wertverluste auszuhalten.

Bewertungsreserven entstehen immer dann, wenn die tatsächlichen Werte von Kapitalanlagen höher sind als die vorsichtig angesetzten Bilanzwerte. Aktien sind im Wert gestiegen. Vor einigen Jahren erworbene festverzinsliche Wertpapiere, Anleihen und Darlehen (Rentenpapiere) bieten derzeit noch überdurchschnittlich hohe zukünftige Zinserträge und stehen deshalb aktuell hoch im Kurs, haben aber beim Ablauf nur noch den Nominalwert.

Sie haben gelernt, dass die höheren Zeitwerte aufgrund des Niederstwertprinzips nicht bilanziert werden dürfen. Darum entstehen in einer Niedrigzinsphase in den Rentenpapieren automatisch stille Reserven.

In Hochzinsphasen würden die Rentenpapiere umgekehrt stille Lasten enthalten, wenn man in der Bilanz die höhen Anschaffungswerte beibehalten dürfte. Wertminderungen im Umlaufvermögen sind aber (strenges Niederstwertprinzip!) in der Bilanz sofort zu realisieren und deshalb kommen stille Lasten eigentlich nicht vor.

▶ Exkurs

§ 341b Abs. 2 HGB enthält eine Bilanzierungshilfe, die es Versicherungsunternehmen erlaubt, in begrenztem Umfange Aktien und festverzinsliche Wertpapiere dem Anlagevermögen zuzuordnen. Zu Beginn der Finanzmarktkrise im Jahre 2008/2009 haben einige Unternehmen von dieser Bilanzierungshilfe Gebrauch gemacht. Sie haben auf diese Weise außerplanmäßige Abschreibungen vermieden und dadurch stille Lasten gebildet. So konnten sie trotz tatsächlich geringerer Werte ein Sicherungsvermögen in ausreichender Höhe bilanzieren. Die vermiedenen Abschreibungsbedarfe waren selbstverständlich in den folgenden Bilanzjahren nachzuholen, soweit sie dann noch bestanden. Die betreffenden Unternehmen mussten die Inanspruchnahme der Bilanzierungshilfe in ihrem Lagebericht veröffentlichen und wurden wegen ihrer angespannten Kapitalsituation kritisiert.

Die in Niedrigzinsphasen stark anwachsenden stillen Reserven sind für Versicherer sehr nützlich, wenn es darum geht, Solvenzmittel zu bilden und nachzuweisen. Lebensversicherer sind zu deutlich über 80 % in Rentenpapieren investiert (vgl. Abbildung 16), so ermisst sich das Volumen der stillen Reserven. Der Zweck dieser Solvenzmittel wird in Abschnitt 4.7.2.8 erläutert.

Stille Reserven in Rentenpapieren lösen sich stets zum Ende ihrer Laufzeit auf. Das muss so sein, weil gegen Ende der Laufzeit des Papiers eben keine überdurchschnittlich hohen und daher wertvollen Zinserträge mehr zu erwarten sind. Das Papier läuft aus und wird zum Restwert getilgt. Der zwischenzeitlich gestiegene Wert sinkt wieder. Immer. Er beweist damit, dass es richtig war, das Rentenpapier in der Bilanz nur zum Anschaffungswert zu bewerten. Die zwischenzeitliche Werterhöhung war vorhersagbar nur vorübergehend.

Es wäre fatal, die stillen Reserven leistungssteigernd heben zu wollen. Die Leistungserhöhung würde dauerhaft den Bedarf an Sicherungsvermögen erhöhen, der Wert der Rentenpapiere aber fällt zum Ende ihrer Laufzeit wieder ab und steht damit nicht als Sicherungsvermögen zur Verfügung. Die höhere Leistungsverpflichtung bliebe ohne Gegenfinanzierung stehen.

§ 153 VVG Gleichwohl schreibt § 153 VVG seit der VVG-Reform im Jahre 2008 vor, Versicherungsnehmer bei Beendigung ihres Vertrages an den Bewertungsreserven – auch an den Bewertungsreserven festverzinslicher Wertpapiere – verursachungsorientiert zur Hälfte zu beteiligen. Diese Beteiligung erfolgt im Falle einer Kündigung auf die einzig mögliche Weise: durch Auszahlung des auf die beendete Versicherung entfallenden halben Anteils an der Gesamtheit der Bewertungsreserven.

Im Falle der Verrentung endet der Vertrag nicht. Trotzdem ist in diesem besonderen Fall zum Rentenbeginn eine vorzeitige Beteiligung an den Bewertungsreserven vorgesehen. Und wenn in der Folge neue Bewertungsreserven entstehen, sollen auch diese sukzessive zur Hälfte ausgeschüttet werden.

Die Versicherungsindustrie hält die Beteiligung an den Bewertungsreserven, und in besonderem Maße die Beteiligung an den Bewertungsreserven der festverzinslichen Wertpapiere, für einen Geburtsfehler der VVG-Reform 2008. Versichertenverbänden und Verbraucherschützern geht die nur hälftige Beteiligung an den Bewertungsreserven nicht weit genug. Die Positionen könnten gegensätzlicher nicht sein.

Mit dem Lebensversicherungsreformgesetz (LVRG) hat der Gesetzgeber 2014 den Geburtsfehler ein Stück weit korrigiert: Soweit noch ein sog. Sicherungsbedarf besteht, braucht der Versicherer seine Kunden nicht an den Bewertungsreserven in festverzinslichen Wertpapieren zu beteiligen, die nur „auf dem Papier" bestehen.

§ 56a VAG Die Korrektur und der Sicherungsbedarf sind gesetzlich im § 56a VAG normiert. Bei dem Sicherungsbedarf handelt sich um die Differenz zwischen der vorhandenen Deckungsrückstellung und einer mit einem Marktzins berechneten Deckungsrückstellung, der sog. Zinssatzverpflichtung.

Der zu verwendende Marktzinssatz ist der sog. Bezugszins; dies ist der zum Bewertungstermin aktuelle Euro-Zinsswapsatz der Bundesbank für 10-jährige Null-Kuponanleihen. Weil der Rechnungszins normalerweise niedriger ist als der Bezugszins, besteht in normalen Konjunkturphasen kein Sicherungsbedarf. Ist der Zinsswapsatz aber extrem niedrig, gibt der Sicherungsbedarf an, um welchen Betrag die Deckungsrückstellung erhöht werden müsste, wenn das Zinsniveau dauerhaft auf dem niedrigen Stand bliebe. Solange die Gefahr eines hohen Nachreservierungsbedarfes besteht, ist es vernünftig, vorhandene Bewertungsreserven nicht aus der Hand zu geben.

Die Versicherungsnehmer können sich freuen. Sie erhalten eine Beteiligung an den Bewertungsreserven, sind aber vor der Beteiligung an stillen Lasten durch das garantierte Leistungsversprechen der Versicherung geschützt.

4.5.2.4 Überschussbeteiligung

In dem Moment, in dem Wertzuwächse realisiert werden, werden sie ertragswirksam. Aktien werden mit Gewinn veräußert, Grundstücke in guten Lagen werden mit Gewinn veräußert und festverzinsliche Wertpapiere werfen während ihrer Laufzeit Zinserträge ab. Diese Werte sind dann keine Bewertungsreserven mehr, sondern Erträge. Wem gehören sie?

Über diese Kapitalerträge freut sich die Versicherung. Die Versicherung hat fest einkalkuliert, dass diese Erträge entstehen werden, und entsprechende Garantieverzinsungen ausgesprochen. Dieser Teil der Erträge fließt also vollständig den Versicherungsnehmern zu. Manchmal werden aber mehr Kapitalerträge realisiert, als für die garantierte Verzinsung erforderlich ist. Dann erstehen Überschüsse. An den Überschüssen muss der Versicherungsnehmer verursachungsorientiert beteiligt werden. Wie das im Einzelnen geschieht, wird ausführlich in Abschnitt 5.9 behandelt. An den Kapitalerträgen werden die Kunden zu 90 % beteiligt.

An dieser Stelle soll der Hinweis genügen, dass Versicherer natürlich Einfluss darauf nehmen können, welche Wertsteigerungen sie realisieren. Dies ist Teil der Kapitalanlagepolitik des Unternehmens. Während Rentenpapiere normalerweise bis zur Endfälligkeit gehalten werden – die Gründe dafür werden im Abschnitt zum Asset Liability Management behandelt –, können Immobilien oder Aktien veräußert werden, wenn zusätzliche Erträge benötigt werden.

Im Wettbewerb der Versicherungen spielt die Gesamtverzinsung eine wesentliche Rolle. Die Unternehmen steuern ihre Kapitalerträge daher gerne so, dass sie im Marktvergleich eine gute oder zumindest durchschnittliche Position einnehmen. Eine durchschnittliche Position ist in diesem Zusammenhang nicht unbedingt ein Makel. Sie kann genauso gut Ausdruck einer ausgewogenen Kapitalanlagepolitik sein. Ein Unternehmen mit durchschnittlicher Überschussdeklaration bewahrt sich vermutlich Bewertungsreserven als zukünftige Solvenzmittel auf.

4.5.2.5 Geldwäsche

Handlungssituation

Es wird konkret: Lothar Felix möchte 1 Mio. € bei Ihnen für seine Altersvorsorge platzieren. Sie wenden sich an die Hauptverwaltung wegen der nun erforderlichen Einzelfallprüfung.

Banken und Versicherungen haben nach § 1 Geldwäschegesetz (GwG) grundsätzlich die Pflicht, den Einzahlenden zu identifizieren (Identprüfung) und Verdachtsfälle von Geldwäsche zu melden. Unabhängig davon besteht die Pflicht zur Identifikation immer auch bei Beträgen ab 15.000 €. Zudem muss die Transaktion aufgezeichnet und die Aufzeichnung fünf Jahre lang aufbewahrt werden.

§ 1 GwG

4.5.2.6 Liquiditätsplanung

Einen Beitrag von 1 Mio. € nimmt die Versicherungsgesellschaft natürlich gern an. Sie wird vorher noch eine sorgfältige Risiko- und Finanzprüfung vornehmen (siehe dazu Kapitel 3, Abschnitt 1.2). Sie prüft bei großen Verträgen zusätzlich, ob sie einen Teil des Risikos in Rückdeckung geben möchte oder ob bestehender Rückversicherungsschutz ausreicht.

> ▷ **Definition**
>
> Die Aufgabe der **Liquiditätsplanung** ist es, sicherzustellen, dass der Betrieb zu jedem Zeitpunkt seinen Zahlungsverpflichtungen fristgerecht nachkommen kann. Sie hat üblicherweise einen Planungshorizont von 12 bis 24 Monaten.

Das Versicherungsgeschäft ist normalerweise sehr langfristig. Die Abläufe sind früh bekannt und damit gut planbar. Andererseits können zufällige Ereignisse schnell ein hohes Maß an Liquidität nötig machen: der plötzliche Tod eines hoch Versicherten beispielsweise, der spontane Rückkauf eines hoch dotierten Vertrages oder vertraglich vereinbarte, flexible Abrufmöglichkeiten.

Ungewöhnlich hohe Einmalbeiträge und hohe Risikosummen können zu Verträgen führen, die im Schadenfall die durchschnittlich eingeplante Liquiditätsreserve plötzlich aufbrauchen. Wenn solche Verträge gezeichnet werden sollen, müssen möglicherweise das bisherige Liquiditätspolster oder die Kreditlinie bei der Hausbank angepasst werden.

Ungewöhnlich hohe Ablaufleistungen sollten bei der Kapitalanlage berücksichtigt werden. Die Versicherung kann zu einem für sie günstigen Investitionszeitpunkt nach einer Kapitalanlage suchen, die in zeitlicher Nähe zum geplanten Ablauftermin fällig wird. Dies sorgt automatisch für die nötige Liquidität, wenn der Zeitpunkt näher rückt.

4.5.2.7 Asset Liability Management

> ▷ **Merke**
>
> Wenn die Fälligkeiten der Vermögensgegenstände (assets) und die Fälligkeiten der Verbindlichkeiten (liabilites) aufeinander abgestimmt sind, stabilisiert das die Solvabilitätsübersicht des Versicherungsunternehmens gegen Wertverschiebungen durch Änderungen des Marktzinsniveaus.

Solvabilitätsübersicht Die Solvabilitätsübersicht ist eine Gegenüberstellung der Aktiva und der Passiva des Versicherungsunternehmens, also eigentlich eine Bilanz. Während in der handelsrechtlichen Bilanz die Bewertung vorsichtig nach dem Imparitätsprinzip erfolgt (siehe Abschnitt 4.2.2.2), soll in der Solvabilitätsübersicht grundsätzlich *marktkonsistent* bewertet werden. Wenn verfügbar, müssen die Marktwerte angesetzt werden. Auf der Passivseite existieren Marktwerte in der Regel nicht; die Verbindlichkeiten und Leistungsversprechen sind stattdessen mit „besten Schätzern" (best estimate) und realistischen Zinskurven zu bewerten.

4. Private Lebensversicherung auf Renten- und Kapitalbasis

Ändert sich die Umwelt, insbesondere das Marktzinsniveau, steigen oder fallen die Werte der Kapitalanlagen und der Verbindlichkeiten. Je nach Fälligkeit haben Marktzinsänderungen kleine oder große Wertänderungen zur Folge. Diesen erstaunlichen Effekt können Sie unten an einem Beispiel noch näher untersuchen.

Bei dem als „Solvency II" bezeichneten Eingriff in die künftige Beaufsichtigung von Versicherungsgesellschaften spielt die Erstellung der Solvabilitätsübersicht eine große Rolle.

Es ist die zentrale Aufgabe des Asset Liability Managements (ALM), das Unternehmen so zu steuern, dass Marktzinsänderungen dem Unternehmen nicht schaden, sondern nach Möglichkeit sogar nutzen. Wohl dem Unternehmen, das zukünftige Marktzinsänderungen zuverlässig vorhersagen kann!

▶ Definition

Asset-Liability-Management (ALM) bezeichnet Verfahren zur Steuerung des Unternehmens anhand der zukünftigen Entwicklung von Aktiva und Passiva.

Die Anlagemöglichkeiten am Finanzmarkt haben eine maximale Laufzeit von ungefähr 15 Jahren. Zu den üblichen Versicherungsdauern findet die Versicherung daher keine passenden Finanzanlagen. Der relativ hohe Einmalbeitrag von Lothar Felix ist in der Kapitalanlagestrategie des Unternehmens noch nicht berücksichtigt. Der Versicherer muss die Million von Lothar Felix erst einmal anderweitig zwischenparken und darauf vertrauen, später eine ausreichend rentierliche Anschlussinvestition mit einer passenden Bindungsdauer zu finden. Alternativ kann er sich langfristig an einem erfolgreichen Unternehmen beteiligen oder in Immobilien oder Infrastruktur investieren. Dabei gelten aber bestimmte Anlagerestriktionen (vgl. Abschnitt 4.7.2.1).

Warum ist es vorteilhaft, wenn die Fristigkeit der Kapitalanlage zur Fristigkeit der Leistungsverpflichtung passt? Das hängt mit der Tatsache zusammen, dass sich das Zinsniveau am Kapitalmarkt ändern kann. Die Zinsänderung, z. B. eine Zinserhöhung, wirkt sich unterschiedlich stark auf unterschiedlich fällige Papiere aus. Nehmen Sie an, eine Leistungsverpflichtung P auf der Passivseite hätte momentan denselben Wert wie eine Kapitalanlage A auf der Aktivseite der Bilanz:

A = P.

Der Versicherer freut sich über die ausgeglichene Solvabilitätsübersicht. Aber es schlummert eine Gefahr darin: Die Kapitalanlage läuft nur noch ein Jahr, die Leistungsverpflichtung wird jedoch erst in 10 Jahren fällig. Wenn das Zinsniveau am Kapitalmarkt aus irgendwelchen Gründen fällt, z. B. um 1 %, wird die Kapitalanlage wertvoller, denn am Kapitalmarkt gibt es zum Preis A inzwischen keine Papiere mehr, die genauso hohe Zinserträge abwerfen. Das Papier wird wegen des gesunkenen Marktzinsniveaus ungefähr um 1 % im Wert steigen. Auf der Passivseite passiert etwas Ähnliches. Die Leistungsverpflichtung in 10 Jahren besteht der Höhe nach fort, aber wegen des gesunkenen Zinsniveaus ist sie nun kostspieliger. Die Versicherung konnte bisher hoffen, während der 10 Jahre bis zur Fälligkeit Zinserträge zu erwirtschaften. Nun fehlt ihr pro Jahr

1 % Ertrag. Durch den Zinseszinseffekt steigt der aktuelle Wert der Verpflichtung infolge der Zinssenkung insgesamt um mehr als 10 %.

Dadurch gerät die ausgeglichene Solvabilitätsübersicht in Schieflage: Die Aktivseite ist nur um 1 % gestiegen, die Passivseite aber um über 10 %. Hätte der Versicherer darauf geachtet, die Fristigkeiten der „assets" auf der Aktivseite und der „liabilities" auf Passivseite zu synchronisieren, wären die Wertänderungen im Gleichklang und die Übersicht nicht aus dem Ruder gelaufen.

Die Leistung einer aufgeschobenen Rente wird voraussichtlich über viele Rentenjahre verteilt fällig. Der Versicherer könnte versuchen, Wertpapiere mit einer ähnlichen Tilgungsstruktur zu finden. In der ALM-Praxis ermittelt sie aber den Zahlungsschwerpunkt aller zukünftigen Verpflichtungen. Sie tut so, als würden alle zukünftigen Verpflichtungen zu diesem einen Zeitpunkt gleichzeitig fällig. Dieselbe Vereinfachung nimmt sie für ihre Kapitalanlagen vor. Auf die so vereinfachten Zahlungsströme haben Zinsänderungen immer noch etwa dieselben Solvabilitätsauswirkungen wie auf die Originalzahlungsströme. Den Schwerpunkt einer Zahlungsreihe nennt der Finanzspezialist „Duration".

4.5.2.8 Solvabilitätsspanne und Solvenzkapital

Handlungssituation

Ihr Bekannter Lothar Felix hat sich für eine Versicherung entschieden, weil er darauf vertrauen kann, dass seine Kapitalanlage dort sicher verwaltet wird und er darüber hinaus einen gesetzlichen Anspruch hat, an Überschüssen beteiligt zu werden. Noch während seiner Widerrufsfrist kommen ihm Zweifel. Schließlich glaubten auch die Investoren an den Finanzmärkten an die Sicherheit ihrer Kapitalanlagen. Trotzdem sind renommierte Kapitalanlagegesellschaften vom Markt verschwunden und trotzdem diskutierten EZB und IWF noch sechs Jahre später über Schuldenschnitte, um die Staatsschuldenkrise zu überwinden. Wie sichert sich eine Versicherung gegen derart drastische Kapitalmarktszenarien ab?

§ 53c VAG

Die Versicherer sind verpflichtet, freie unbelastete Eigenmittel in Höhe der sog. Solvabilitätsspanne nach § 53c VAG zu bilden, um ihre Verpflichtungen jederzeit erfüllen zu können. Diese Eigenmittel stehen in ungünstigen Kapitalmarktszenarien zur Verfügung. Sie helfen auch, wenn die vorsichtigen Annahmen zum Risiko sich als nicht vorsichtig genug herausstellen sollten. Die Solvabilitätsspanne hängt ab von

- der Höhe der Deckungsrückstellung und von
- der Höhe des Risikokapitals (das ist der Betrag, der im Leistungsfall gezahlt werden müsste, ohne bereits angespart worden zu sein).

Die Berechnungsvorschriften für die Solvabilitätsspanne sind in der Kapitalausstattungsverordnung reguliert.

Zukünftig sollen die Anforderungen noch verschärft und genauer berechnet werden. Das als Solvency II bezeichnete designierte europäische Regelwerk zur Bestimmung einer ausreichenden Kapitalausstattung wird den Begriff der Solvenzspanne ablösen und durch die Begriffe Zielsolvenzkapital oder Solvabilitätskapitalanforderung (SCR = solvency capital requirement) und Mindestsolvenzkapital oder Mindestkapitalanforderung (MCR = minimum capital requirement) ersetzen. Es wird ein Regelwerk geschaffen, mit dem ein Zielsolvenzkapital zu berechnen und so mit freien, unbelasteten Kapitalanlagen bestimmter Qualitätsklassen zu bedecken ist, dass die Wahrscheinlichkeit einer Unterdeckung während des nächsten Geschäftsjahres unter 0,5 % liegt. Dieser geringe Wert bedeutet, dass, sogar wenn ein extremes Stress-Szenario eintreten sollte, nur eines von 200 Versicherungsunternehmen seine Verpflichtungen im nächsten Jahr nicht voll erfüllen kann.

Um die Ausfall-Wahrscheinlichkeit für den eigenen Versicherungsbestand zu berechnen, muss das Versicherungsunternehmen Simulationsrechnungen in unterschiedlich belasteten („gestressten") zukünftigen Kapitalmärkten und Risikosituationen durchführen.

Die hinter diesen Solvabilitätsanforderungen stehende europäische Solvency II-Richtlinie ist noch nicht verabschiedet. Zum Zeitpunkt der Drucklegung dieses Lehrbuches war geplant, die Solvency II-Richtlinie zum 1.1.2016 in Kraft zu setzen. Der Termin war zuvor mehrfach verschoben worden, um das Berechnungsverfahren ausgiebig zu testen und zu kalibrieren. Zu diesem Zweck wurden europaweit fünf und deutschlandweit eine sechste QIS-Studie (quantitative impact studies) durchgeführt.

Aufgrund der bestehenden und zukünftig geplanten Solvenzvorschriften können Versicherungsnehmer davon ausgehen, dass ihre Kapitalanlage im Sicherungsvermögen eines Versicherungsunternehmens extrem sicher angelegt ist.

4.5.2.9 Unternehmensbesteuerung

Ein Versicherungsunternehmen unterliegt verschiedenen Steuerarten. Im Zusammenhang mit der Kapitalanlage kommt es besonders auf die Ertragsbesteuerung an. Natürliche Personen gelten ihre Kapitalerträge durch die Kapitalertragsteuer ab. Sie beläuft sich als Abgeltungssteuer auf 25 % des Kapitalertrags. Die Höhe des Kapitalertrags ist nicht immer einfach zu ermitteln.

Versicherungsunternehmen sind Kapitalgesellschaften oder Versicherungsvereine auf Gegenseitigkeit und damit Körperschaften. Körperschaften versteuern ihren Gewinn mit der Körperschaftsteuer und ihren Gewerbeertrag mit der Gewerbesteuer. Das gilt auch für Erträge aus Kapitalanlagen. Sie fließen sowohl in den Gewinn als auch in den Gewerbeertrag ein.

Der Körperschaftsteuer beträgt 15 % des Bilanzgewinns zzgl. eines Solidaritätszuschlags von 5,5 % auf die Körperschaftsteuerschuld.

Der Gewerbesteuer beträgt je nach Hebesatz der Gemeinde, in der der Gewerbebetrieb ansässig ist, mindestens das Doppelte von 3,5 % des Gewerbeertrags.

Entstehen also Kapitalerträge, ohne dass diesen Kapitalerträgen Aufwände gegenüberstehen, erzielt der Versicherer einen Gewinn und muss ihn versteuern. Gewinnmindernde Aufwände sind typischerweise:

- Versicherungsleistungen
- Aufwendungen für den Versicherungsbetrieb oder Abschlussaufwendungen
- Aufbau einer Rückstellung (z. B. Deckungsrückstellung oder RfB)

Der Gewinn nach Steuern wird entweder zur Rücklagenbildung thesauriert, d. h. einbehalten, oder ausgeschüttet. Ausgeschüttete Gewinne müssen beim Empfänger, je nachdem welchem Steuerrecht dieser unterliegt, ggf. erneut als Einkommen versteuert werden. Um Doppelbesteuerung zu vermeiden, kann dabei bereits abgeführte Körperschaftsteuer angerechnet werden.

Handlungssituation

Das Lebensversicherungsreformgesetz hat 2014 die Ausschüttung von Gewinnen auf den Teil des Bilanzgewinns begrenzt, der den sog. Sicherungsbedarf überschreitet. Ihr Vorstand ist besorgt und bittet Sie, ihm zu erklären, was der Sicherungsbedarf ist. Stellen Sie verschiedene Handlungsalternativen dar und gehen Sie dabei auch auf die steuerlichen Auswirkungen ein.

Mit dieser Ausschüttungssperre nimmt der Gesetzgeber Einfluss auf die Ausfinanzierung der versprochenen Leistungen.

Es darf nur der Teil des Bilanzgewinnes ausgeschüttet werden, der über den Sicherungsbedarf hinausgeht. Den Sicherungsbedarf haben Sie bereits im Zusammenhang mit Bewertungsreserven kennengelernt (vgl. Abschnitt 4.7.2.3).

Ein Unternehmen hat damit folgenden Optionen:

- Das Unternehmen realisiert stille Reserven. Dadurch entsteht ein Bilanzgewinn. Bei bestehendem Sicherungsbedarf darf das Unternehmen diesen aber überwiegend nicht ausschütten. Also bliebe er im Unternehmen, wird versteuert und der Rest thesauriert. Trotz der Thesaurierung und der dadurch verbesserten Eigenkapitalsituation wäre bei gleichbleibendem Marktzinsniveau im nächsten Jahr der Sicherungsbedarf unverändert hoch. Dies ist ein wesentlicher Kritikpunkt der Eigenkapitalgeber an der 2014 erfolgten Neuregelung.
- Das Unternehmen realisiert stille Reserven. Es verwendet den entstehenden Ertrag, um den Sicherungsbedarf zu reduzieren. Dazu erhöht es die Deckungsrückstellungen. Die Erhöhung der Deckungsrückstellungen ist ertragswirksam, so dass entsprechend weniger Bilanzgewinn entsteht. Falls die Stillen Reserven ausreichen, um den Sicherungsbedarf zu tilgen, kann der verbleibende Bilanzgewinn ausgeschüttet oder thesauriert werden. Diese Gewinnverwendung hatte der Gesetzgeber vermutlich vor Augen, als er das LVRG schuf.

- Das Unternehmen realisiert seine stillen Reserven nicht und nimmt die Ausschüttungssperre in Kauf. In dieser Handlungsalternative entsteht kein zusätzlicher Bilanzgewinn; das Unternehmen spart Ertragsteuern. Die Bewertungsreserven bleiben auf hohem Niveau. Solange aber ein hoher Sicherungsbedarf besteht, brauchen die Versicherungsnehmer nicht an den Bewertungsreserven in festverzinslichen Wertpapieren beteiligt zu werden.

5. Kalkulatorische Risiken

5.1 Bedeutung der technischen Geschäftspläne für die private Lebensversicherung

Handlungssituation

Sie erstellen einen Serviceleitfaden für den Kundenbereich. Nach einem Grundsatzurteil haben verschiedene Verbraucherverbände Versicherungskunden dazu aufgerufen, sich die Rechnungsgrundlagen und die einkalkulierten Kosten darlegen zu lassen. Genau wie der Bäcker um die Ecke steht auch Ihr Arbeitgeber auf dem Standpunkt, dass die interne Kostenkalkulation ein Geschäftsgeheimnis ist. Transparent und verständlich will er in Bezug auf die Leistungsversprechen sein.

Sie wissen aber, dass einige Kunden auch Anspruch auf Kostentransparenz haben. Daher muss der zu erstellende Service-Leitfaden unterschiedliche Fälle unterscheiden.

Bis zum 29.7.1994 wurden Versicherungsverträge nach genehmigten Tarifen abgeschlossen. Die Versicherungsgesellschaft hat dazu ihre Kalkulationsgrundlagen und ihr Formelwerk für typische Geschäftsvorfälle wie Neugeschäft, Beitragsfreistellung und Kündigung, den sog. technischen Geschäftsplan, der Aufsichtsbehörde zur Genehmigung vorgelegt. Erst nach erfolgter Genehmigung durften entsprechende Versicherungsverträge abgeschlossen werden.

technischer Geschäftsplan

▶ **Merke**

Der Geschäftsplan nach § 5 VAG ist bis heute die Voraussetzung dafür, dass eine Versicherungsgesellschaft grundsätzlich die Erlaubnis zur Aufnahme des Geschäftsbetriebes erhält. Die angebotenen Versicherungsprodukte wurden durch die technischen Geschäftspläne definiert. Sie bestimmen im sog. Altbestand die Tarife, die die Versicherung bis längstens zum 31.12.1994 angeboten hat, sowie die Grundsätze, nach denen in diesen Tarifen noch heute Reserven berechnet und Geschäftsvorfälle durchgeführt werden.

Mit der Deregulierung entfiel der Genehmigungsvorbehalt. An seine Stelle trat eine Anzeigepflicht gem. § 13d VAG gegenüber der Aufsichtsbehörde. Die 13d-Anzeige enthält die meisten Rechnungsgrundlagen und -grundsätze des vormaligen technischen Geschäftsplans. Neue Produkte haben selbstverständlich neue Eigenschaften und decken zum Teil sogar neue Gefahren ab. Unverändert blieb in all den Jahren das Erfordernis, eine Berechnungsvorschrift für den Neugeschäftsbeitrag und eine andere Vorschrift für die Berechnung des Deckungskapitals anzugeben. Daher hat die 13d-Mitteilung heute im Wesentlichen denselben Aufbau wie seinerzeit der technische Geschäftsplan.

▶ **Merke**

Am 29.7.1994 hat die 13d-Mitteilung die technischen Geschäftspläne im Neugeschäft abgelöst.

Aufbau eines technischen Geschäftsplans		Beispiel der BaFin für die Gliederung einer 13d-Mitteilung
Gliederung	**Hinweise**	
Allgemeines	Inkrafttreten des technischen Geschäftsplans und Schließung etwaiger früherer Geschäftspläne	1. Allgemeines 1.1 Tarifgruppe 1.2 Tarifbezeichnung
Tarifbeschreibung	Leistungsbeschreibung und -fälligkeit; Art und Fälligkeit der Beiträge; Zahlungsdauer	1.3 Tarifbeschreibung 1.4 Vereinbarung von Optionen und Leistungsausschlüssen
Allgemeine Tarifbestimmungen	Eintrittsalterberechnung; Mindest-/Höchsteintrittsalter; Versicherungs- und Beitragszahlungsdauer; Mindestversicherungssumme/ Beitragsrente; Mindestbeitrag; Risikoprüfung; Zusatzversicherungen; Hinweis auf die Versicherungsbedingungen im Anhang; Gebühren mit Verweis auf den allgemeinen Geschäftsplan	1.5 Gesundheitsprüfung 1.6 Beitragszahlung (Zahlweise) 1.7 Überschussbeteiligung (ja/nein)
Rechnungsgrundlagen	Ausscheideordnung; Rechnungszins; Kostenzuschläge; Summenzuschläge und -rabatte; Ratenzuschläge	2. Rechnungsgrundlagen
Tarifbeiträge, Erhöhungssummen, Zuzahlungen	Formeln für die Beitragskalkulation; Formeln für die Berechnung von Summenerhöhungen bei laufender Anpassung; Formeln für die Berechnung von Zuzahlungen; Rundungsvorschriften	2.1 Beitragsberechnung (Angabe von Rechnungszins, Ausscheideordnung, Kostensätze, etc.)
Deckungskapital	Formeln für die Berechnung des Deckungskapitals bei beitragspflichtigen und beitragsfreien Versicherungen	2.2 Deckungskapital
Garantiewerte	Formeln für die Berechnung des Rückkaufswertes und der beitragsfreien Versicherungssumme bzw. -rente; Stornoabzüge; Aufbau der Garantiewerttabelle	3. Garantiewerte 3.1 Rückkaufswert 3.2 Prämienfreie Leistung
Bilanzdeckungsrückstellung	Berechnung der Deckungskapitale zum Bilanzstichtag nach der m/n-Methode	

5. Kalkulatorische Risiken

Aufbau eines technischen Geschäftsplans		Beispiel der BaFin für die Gliederung einer 13d-Mitteilung
Gliederung	Hinweise	
Überschussbeteiligung	Darstellung der Grundzüge mit Verweis auf den Grundsatzgeschäftsplan für die Überschussbeteiligung	4. Überschussbeteiligung (inkl. Beteiligung an den Bewertungsreserven) 4.1 Zusammensetzung 4.2 Verwendungsmöglichkeiten 4.3 Regelungen im Rückkaufsfall 4.4 Regelungen bei Beitragsfreistellung 4.5 Regelungen im Leistungsfall
Anlagenverzeichnis	Zusammenstellung der Bezeichnungen und Grundformeln; Sterbetafelwerte; Berechnungsbeispiele; Auszüge aus den Tarif- und Garantiewerttabellen; Allgemeine und Besondere Versicherungsbedingungen; Muster des Versicherungsantrags, des Versicherungsscheins und von Nachträgen und Anschreiben	5. Formeln 5.1 Beiträge (gezillmerter und ungezillmerter Nettobeitrag, Bruttobeitrag) 5.2 Deckungsrückstellung (einschl. Verwaltungskostenrückstellung) 5.3 Bilanzdeckungsrückstellung 5.4 Schlussüberschussanteilfonds 6. Sonstiges 6.1 Tarifbegrenzungen (z. B. Mindest- und Höchstversicherungssumme, Altersgrenzen) 6.2 Objektive Beschreibung der Kollektive 7. Berechnungsbeispiele Anlagen Tabellen mit Ausscheidewahrscheinlichkeiten

Tabelle 13: Vergleich zwischen technischem Geschäftsplan und 13d-Mitteilung

Bis heute unverändert ist auch die Auffassung, dass die technischen Rechnungsgrundlagen schutzwürdig sind. Versicherungsnehmer erhalten daher keinen Einblick in die Rechnungsgrundlagen. Sollten diese im Streitfall doch einmal gerichtlich überprüft werden, muss dazu regelmäßig ein versicherungsmathematisches Gutachten erstellt werden.

Mit § 10a VAG existiert eine Vorschrift, gegenüber Verbrauchern bestimmte Angaben zu machen – die sog. Verbraucherinformationen. Die im Rahmen der Verbraucherinformationen bei Vertragsschluss mitzuteilenden Werte leiten sich unmittelbar aus den Rechnungsgrundlagen ab: die Rückkaufswerte, die beitragsfreien Leistungen und die Angabe darüber, wie weit diese jeweils garantiert sind.

Als zum 1.1.2008 das Versicherungsvertragsgesetz reformiert wurde, wurden die meisten Verbraucherinformationen nach § 10a VAG aus dem VAG herausgelöst und in § 7 VVG integriert. Im § 10a VAG blieben nur Anzeigepflichten gegenüber Versorgungsanwärtern und -empfängern in der betrieblichen Altersversorgung zurück. Die Informationspflichten des § 7 VVG gelten heute gegenüber allen Versicherungsnehmern. Sie wurden zudem um die Pflicht ergänzt, die Abschluss- und Vertriebskosten sowie die sonstigen Kosten, insbesondere die übrigen Verwaltungskosten in Euro mitzuteilen. Dazu ausführlich Kapitel 3, Abschnitt 1.7. Diese Mitteilungspflicht für Kosten galt im Jahre 2001 bereits für die ersten Riester-Verträge.

5.2 Aufgaben des Verantwortlichen Aktuars

Handlungssituation

Ihr Serviceleitfaden aus dem vorherigen Abschnitt hat 99 % der Kunden überzeugt. Herr Kleinlich, ein wichtiger Kunde, hat aber immer noch Zweifel, dass es bei der Kalkulation seines Beitrages, seiner Rückkaufswerte und seiner Überschussbeteiligung mit rechten Dingen zugegangen ist. Herr Kleinlich hat eine Kapitallebensversicherung aus dem Jahr 1993, die er 1995 durch einen Ergänzungsvertrag aufgestockt hat. Der damalige Chefmathematiker, Herr Winzigmann, bekleidete seit dem 29.7.1994 die Position des Verantwortlichen Aktuars. Er ist jedoch inzwischen aus Ihrem Unternehmen ausgeschieden und kann Herrn Kleinlich die Tarife darum nicht mehr erläutern. Auch der aktuelle Verantwortliche Aktuar delegiert diese Aufgabe an Sie. Sie beruhigen Herrn Kleinlich, indem Sie ihm die Qualifikationen und die Aufgaben von Herrn Winzigmann und seines aktuellen Amtsnachfolgers darstellen.

Äquivalenzprinzip — Das wohl wichtigste Kalkulationsprinzip der Lebensversicherung, das *Äquivalenzprinzip*, ist in § 11 VAG beschrieben. Es lautet:

§ 11 Abs. 1 VAG Prämienkalkulation in der Lebensversicherung

„Die Prämien in der Lebensversicherung müssen unter Zugrundelegung angemessener versicherungsmathematischer Annahmen kalkuliert werden und so hoch sein, daß das Versicherungsunternehmen allen seinen Verpflichtungen nachkommen, insbesondere für die einzelnen Verträge ausreichende Deckungsrückstellungen bilden kann. [...]"

5. Kalkulatorische Risiken

Wenn es die Finanzlage des Unternehmens erlaubt, können hierbei vorübergehend Eigenmittel eingesetzt werden. Dies geschieht z. B. wenn die Abschlussvergütung höher ist als der Einlösungsbeitrag. Planmäßig und auf Dauer dürfen aber nur Mittel eingesetzt werden, die aus Beitragszahlungen stammen.

Wie sich aus Beiträgen und Leistungsversprechen eine ausreichende Deckungsrückstellung ergibt, behandelt Abschnitt 5.6 ausführlich.

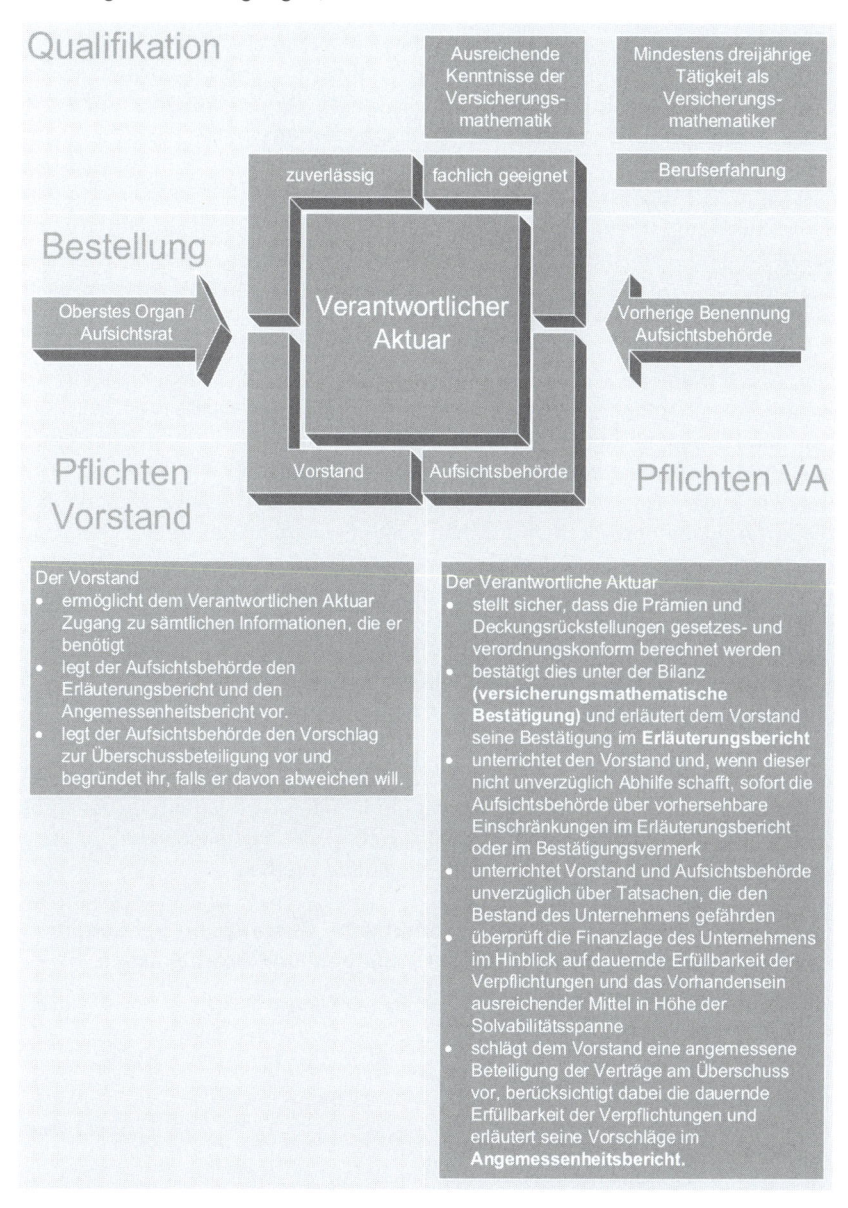

Qualifikation
- Ausreichende Kenntnisse der Versicherungsmathematik
- Mindestens dreijährige Tätigkeit als Versicherungsmathematiker
- zuverlässig
- fachlich geeignet
- Berufserfahrung

Bestellung
- Oberstes Organ / Aufsichtsrat → Verantwortlicher Aktuar ← Vorherige Benennung Aufsichtsbehörde

Pflichten Vorstand — Vorstand | Aufsichtsbehörde — **Pflichten VA**

Der Vorstand
- ermöglicht dem Verantwortlichen Aktuar Zugang zu sämtlichen Informationen, die er benötigt
- legt der Aufsichtsbehörde den Erläuterungsbericht und den Angemessenheitsbericht vor.
- legt der Aufsichtsbehörde den Vorschlag zur Überschussbeteiligung vor und begründet ihr, falls er davon abweichen will.

Der Verantwortliche Aktuar
- stellt sicher, dass die Prämien und Deckungsrückstellungen gesetzes- und verordnungskonform berechnet werden
- bestätigt dies unter der Bilanz (**versicherungsmathematische Bestätigung**) und erläutert dem Vorstand seine Bestätigung im **Erläuterungsbericht**
- unterrichtet den Vorstand und, wenn dieser nicht unverzüglich Abhilfe schafft, sofort die Aufsichtsbehörde über vorhersehbare Einschränkungen im Erläuterungsbericht oder im Bestätigungsvermerk
- unterrichtet Vorstand und Aufsichtsbehörde unverzüglich über Tatsachen, die den Bestand des Unternehmens gefährden
- überprüft die Finanzlage des Unternehmens im Hinblick auf dauernde Erfüllbarkeit der Verpflichtungen und das Vorhandensein ausreichender Mittel in Höhe der Solvabilitätsspanne
- schlägt dem Vorstand eine angemessene Beteiligung der Verträge am Überschuss vor, berücksichtigt dabei die dauernde Erfüllbarkeit der Verpflichtungen und erläutert seine Vorschläge im **Angemessenheitsbericht**.

versicherungsmathematische Bestätigung

Erläuterungsbericht

Angemessenheitsbericht

Abbildung 16: Der Verantwortliche Aktuar in der Lebensversicherung

Gleichbehandlungs-gebot

Das zweite, ebenso wichtige Kalkulationsprinzip ist das *Gleichbehandlungsgebot*. Es ist in § 11 Abs. 2 VAG beschrieben.

> **§ 11 Abs. 2 VAG: Gleichbehandlung**
>
> „Bei gleichen Voraussetzungen dürfen Prämien und Leistungen nur nach gleichen Grundsätzen bemessen werden."

Dieser Grundsatz gewährleistet, dass kein Neukunde auf Kosten anderer bevorzugt wird. Eine Differenzierung ist nur möglich, wenn objektive Kriterien dies nachweislich rechtfertigen. Welche Kriterien hierfür infrage kommen und welche nicht, damit beschäftigt sich der folgenden Abschnitt.

Seit dem 29.7.1994 stellt der Verantwortliche Aktuar sicher, dass im Neugeschäft nur Tarife angeboten werden, die nach diesen beiden Grundprinzipien kalkuliert sind. Die Aufsichtsbehörde kontrolliert ihn im Rahmen einer Missstandsaufsicht. Vor diesem Datum hat die Aufsichtsbehörde Tarife gar nicht erst genehmigt, die diese Grundprinzipien missachteten.

Der Verantwortliche Aktuar befindet sich permanent im Spannungsfeld zwischen Versicherungsaufsicht, Vorstand, Eigentümern, Marketing, Vertrieb, Neu- und Bestandskunden. Er muss zwischen ihnen und ihren unterschiedlichen Interessenschwerpunkten vermitteln. Dies erfordert eine Persönlichkeit mit besonderen Qualifikationen, Rechten und Pflichten. Diese Person benötigt für ihre Aufgabe unbedingten Rückhalt durch die Organe der Gesellschaft und das Vertrauen in ihre Zuverlässigkeit durch die Aufsichtsbehörde. Die Anforderungen und Aufgaben solch einer Persönlichkeit formuliert § 11a VAG. Sie sind in Abbildung 17 zusammengefasst.

Aktuarverordnung

Die Aufsichtsbehörde prüft unter anderem, ob die Belange der Versicherten ausreichend gewahrt werden und ob die Verpflichtungen aus den Versicherungen als dauernd erfüllbar dargetan werden (§ 8 Abs. 1 Nr. 3 VAG). Darum sind in der Aktuarverordnung (AktuarV) nach § 11a Abs. 6 der Wortlaut der versicherungsmathematischen Bestätigung und die Inhalte des Erläuterungsberichtes und des Angemessenheitsberichtes vorgegeben. Die Bestätigung hat für „normales" Lebensversicherungsgeschäft folgenden Wortlaut:

> **§ 1 AktuarV: Versicherungsmathematische Bestätigung bei Lebensversicherungen mit Ausnahme der Pensions- und Sterbekassen**
>
> „Es wird bestätigt, dass die in der Bilanz unter dem Posten ... der Passiva eingestellte Deckungsrückstellung unter Beachtung des § 341f HGB sowie der auf Grund des § 65 Abs. 1 VAG erlassenen Rechtsverordnungen berechnet worden ist; für den Altbestand im Sinne des § 11c VAG und des Artikels 16 § 2 Satz 2 des Dritten Durchführungsgesetzes/EWG zum VAG ist die Deckungsrückstellung nach dem zuletzt am ... genehmigten Geschäftsplan berechnet worden."

Pensionskassen und Lebensversicherungen ohne Altbestand müssen leicht abgewandelte Bestätigungen abgeben.

5. Kalkulatorische Risiken

Die meisten Aufgaben des Verantwortlichen Aktuars beziehen sich auf die Passivseite der Bilanz. Aus der Aufgabe, die Finanzlage des Unternehmens zu überprüfen, leitet sich aber auch die Pflicht ab, ebenfalls die Kapitalanlagen des Sicherungsvermögens auf der Aktivseite zu beurteilen und an der Auswahl der Kapitalanlagen mitzuwirken.

5.3 Beitragskalkulation: Risikobeitrag – Sparbeitrag – Kostenanteil

5.3.1 Risikofaktoren

Versicherungen können keine Schäden verhindern. Sie können eingetretene Schadenereignisse auch nicht rückgängig machen. Versicherer machen die unkalkulierbaren Risiken ihrer Kunden kalkulierbar. Mehr nicht. Die Beherrschung des Zufalls, der Risikotransfer zwischen vielen Versicherungsnehmern, das ist die Kernkompetenz von Versicherungsgesellschaften. Erfolgreich ist der Versicherer, der die Schadeneintrittswahrscheinlichkeiten seiner Kunden genau kennt. Noch erfolgreicher kann ein Versicherer sein, dem es durch Prävention und Risikoberatung gelingt, die Schadeneintrittswahrscheinlichkeiten seiner Kunden günstig zu beeinflussen.

Was heißt das für die Lebensversicherung? Wovon hängt die Sterblichkeit ab? Wovon die Wahrscheinlichkeit, berufsunfähig zu werden? Welches sind die Risikofaktoren, die die Sterblichkeit der Versicherten bestimmen? Abbildung 18 nennt die wesentlichen Determinanten der Sterblichkeit. Was dann noch bleibt, ist das zufällige Element. Versicherungsmathematiker bezeichnen mit q_x bzw. q_y die Wahrscheinlichkeit, dass ein x-jähriger Mann bzw. eine y-jährige Frau während des nächsten Jahres stirbt. Er/Sie hat entweder Glück oder Pech. Das bestimmt der Zufall.

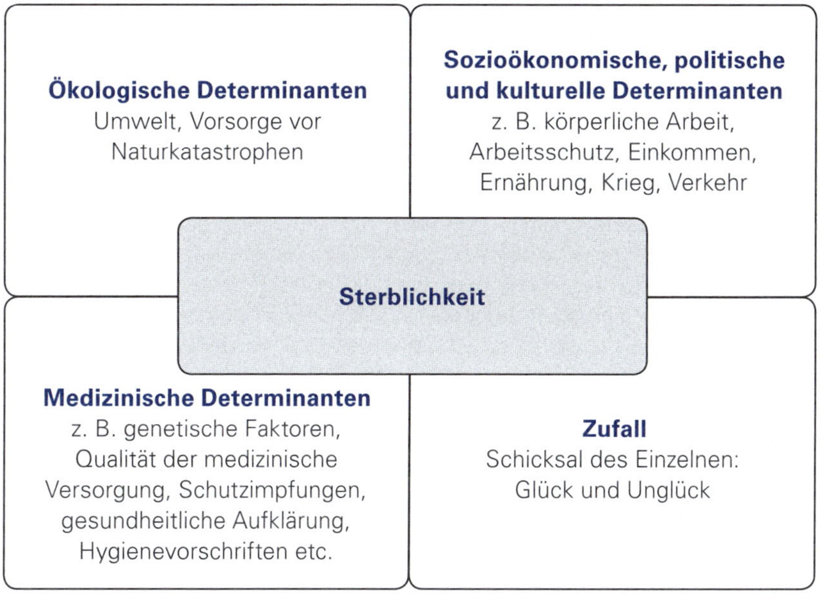

Determinanten der Sterblichkeit

Ökologische Determinanten
Umwelt, Vorsorge vor Naturkatastrophen

Sozioökonomische, politische und kulturelle Determinanten
z. B. körperliche Arbeit, Arbeitsschutz, Einkommen, Ernährung, Krieg, Verkehr

Sterblichkeit

Medizinische Determinanten
z. B. genetische Faktoren, Qualität der medizinische Versorgung, Schutzimpfungen, gesundheitliche Aufklärung, Hygienevorschriften etc.

Zufall
Schicksal des Einzelnen: Glück und Unglück

Abbildung 17: Risikofaktoren – Einflussgrößen auf die Sterblichkeit

Viele der Determinanten sind bereits durch dem Markt bestimmt, auf dem der Versicherer tätig ist. Tritt ein Lebensversicherer in einen neuen Markt ein, begegnet er dort anderen Ausprägungen der Risikofaktoren. Der im Heimatmarkt gut bekannte Zusammenhang zwischen Alter, Geschlecht und Sterbewahrscheinlichkeit kann auf anderen Märkten mit anders ausgeprägten Risikofaktoren ein gänzlich anderer sein.

Einige sozioökonomische und einige medizinische Determinanten der Sterblichkeit hängen individuell von der zu versichernden Person ab. Diese persönlichen Risikomerkmale wird der Versicherer bei seiner Risikoprüfung abfragen (zur Risikoprüfung vgl. auch Kapitel 3, Abschnitt 1). Er stellt damit sicher, dass die von ihm unterstellten Ausscheideordnungen zum versicherten Risiko passen.

5.3.2 Ausscheideordnungen

Die Ausscheideordnung beschreibt das verbliebene zufällige Element. Es handelt sich um eine Tabelle, die jedem Alter die Wahrscheinlichkeit zuordnet, mit der eine Person dieses Alters aus dem Kollektiv ausscheidet. Generell wird dabei zwischen den Geschlechtern unterschieden, obwohl Beiträge und Leistungen sich seit dem 21.12.2012 nicht mehr nach dem Geschlecht unterscheiden dürfen.

- Die *Sterbetafel* ist die mit Abstand wichtigste Ausscheideordnung. Sie beschreibt die Wahrscheinlichkeit, dass ein x-Jähriger bzw. eine y-Jährige im kommenden Jahr aus dem Kollektiv der Lebenden ausscheidet (stirbt). Mit der richtigen Sterbetafel kann man z. B. die Lebenserwartung von Männern und Frauen bestimmen. Ein Beispiel für Sterbewahrscheinlichkeiten der Renten-Sterbetafel DAV 2004 R wird im Abschnitt 5.5.1 dargestellt.

Es gibt weitere Ausscheideordnungen:

- *Invalidisierungstafeln* beschreiben das Ausscheiden aus dem Kollektiv der Berufs- bzw. Erwerbsfähigen.
- *Reaktivierungstafeln* beschreiben das Ausscheiden aus dem Kollektiv der Berufs- bzw. Erwerbsunfähigen zurück in den Normalzustand.
- *Pflegetafeln* beschreiben das Ausscheiden aus dem Normalzustand in den Zustand der Pflegebedürftigkeit.

Periodensterbetafel

Eine sog. Periodensterbetafel erhält man, wenn man während einer bestimmten Periode, bspw. zwischen 2001 und 2004, die Todesfälle zählt und ins Verhältnis zur Anzahl der Lebenden setzt. Gab es in diesem Zeitraum z. B. 1.000.000 Fünfzigjährige, von denen 1.000 gestorben sind, so ist $q_{50} = 0,001$. Ein Promille der Fünfzigjährigen ist gestorben. Solche Untersuchungen stellt regelmäßig die DAV, die Deutsche Aktuarvereinigung, an. Sie prüft dabei auch gleich mit, ob die derzeit verwendete Tafel angepasst werden sollte oder noch ausreichend gut mit den neuesten Beobachtungen übereinstimmt. Die Tafel „DAV 2008 T" beispielsweise ist eine Periodensterbetafel, die auf den beobachteten Todesfällen der Jahre 2001 bis 2004 beruht.

Die Lebenserwartung der Bevölkerung ist während der letzten Jahrhunderte kontinuierlich gestiegen ist. Das hat natürlich mit der Verbesserung der oben

5. Kalkulatorische Risiken

genannten Risikofaktoren zu tun; insbesondere die medizinische Versorgung und die Hygiene werden ständig verbessert.

Vergleicht man zwei zeitlich weit auseinander liegende Periodensterbetafeln, bestätigt sich der Trend: Die Sterblichkeit sinkt. Die später geborenen Generationen leben länger. Sterbetafeln, die neben dem Alter auch das Geburtsjahr berücksichtigen, nennt man passenderweise Generationensterbetafeln. Die Tafeln „DAV 1994 R" und „DAV 2004 R" sind solche Generationensterbetafeln.

Generationensterbetafeln

Der permanente Anstieg der Lebenserwartung hat ernste Konsequenzen. Sie ist den wenigsten Menschen bewusst: Ihre Altersvorsorge wird nicht ausreichen. Die heutige Generation muss deutlich mehr Altersvorsorge betreiben als ihre Eltern- und Großelterngenerationen, damit das angesparte Kapital bis zum Lebensende reicht. Heutige Arbeitnehmer müssen einen größeren Anteil ihres Einkommens sparen, als früher nötig war.

Anstieg der Lebenserwartung

Lebensversicherer kennen und kalkulieren diese Gefahr. Sie benutzen für Rentenversicherungen Generationensterbetafeln. Darum bilden sie für später geborene Versicherte automatisch höhere Rückstellungen.

Rentensterbetafeln weisen noch eine Besonderheit auf: Besteht zum Rentenbeginn ein Wahlrecht zwischen „Kapital" und „Rente", so entscheiden sich überwiegend die Gesunden für die Rente. Das ist sicherlich keine Überraschung. Um für die besonders gesunden Rentner eine lebenslange Rente zu finanzieren, wird extra viel Kapital benötigt. Das Wunderbare ist, dass es der Versicherungsmathematik gelungen ist, das Selektionsverhalten in Sterblichkeitsabschläge umzurechnen. Rentenversicherungen mit Kapitalwahlrecht bilden deshalb automatisch höhere Rückstellungen als Rürup-Versicherungen, die bekanntlich kein Kapitalwahlrecht haben. Man kann auch sagen: Basis-Rentenversicherungen sind dadurch tendenziell etwas günstiger.

Innerhalb der EU wird es als Geschlechterdiskriminierung angesehen, wenn Versicherungsbeiträge und Leistungen geschlechtsabhängig kalkuliert werden. Bis zum 21.12.2012 war dies unter bestimmten Voraussetzungen, die in § 10a VAG beschrieben waren, noch zulässig. Seit diesem Datum dürfen nur noch Unisex-Versicherungsverträge abgeschlossen werden, denn die entsprechende gesetzliche Ausnahmeerlaubnis wurde durch das Unisex-Urteil vom Europäischen Gerichtshof gekippt.

Üblicherweise verwendet man bei der Kalkulation der Unisextarife geschlechtsneutrale Ausscheideordnungen. Diese werden durch Mischung der geschlechtsabhängig gewonnenen DAV-Tafeln hergeleitet. Bei der Mischung muss das Versicherungsunternehmen Annahmen darüber treffen,

- in welchem Verhältnis es voraussichtlich Männer und Frauen als Neukunden gewinnen wird,
- wie sich ein unterschiedliches Stornoverhalten von Männern und Frauen auswirkt und
- ob möglicherweise mehr Männer als Frauen ihr Kapitalwahlrecht ausüben.

Dabei spielt auch die höhere Lebenserwartung der Frauen eine Rolle. Am „Tafelende muss wegen ihrer Langlebigkeit der Frauenanteil übergewichtet werden. Den „natürliche Entmischung" genannten Effekt illustriert Abbildung 19: In einem 100.000 Personen umfassenden Modellbestand von 52-Jährigen mit anfangs 40 % Männeranteil sterben Jahr für Jahr mehr Männer als Frauen. Dadurch sinkt der Männeranteil bis zum Alter 121 auf rund 16 %.

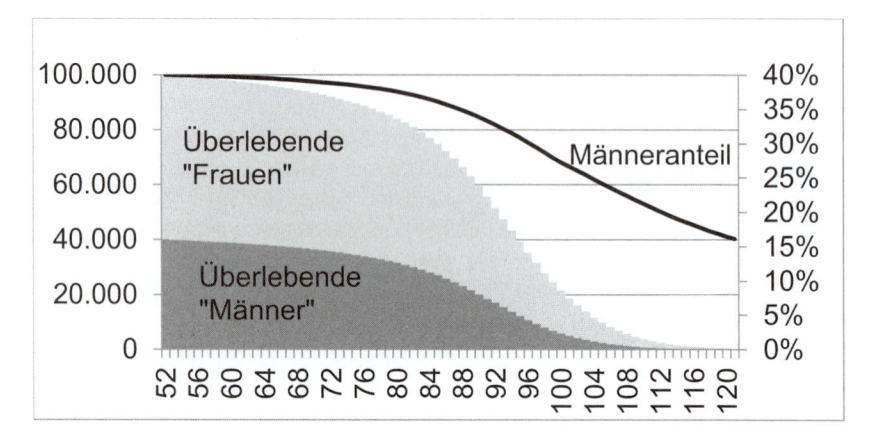

Abbildung 18: Natürliche Entmischung

5.3.3 Risiko- und Sparbeitrag

Handlungssituation

Herr Kleinlich, der Kunde aus Abschnitt 5.2, zeigt sich nach Ihren Erläuterungen beeindruckt von den Fähigkeiten des Verantwortlichen Aktuars. In seinem Fall muss, davon ist er überzeugt, trotzdem ein Fehler passiert sein: Konkret wundert er sich darüber, dass sein Rückkaufswert kleiner ist als die Summe der von ihm gezahlten Beiträge. Ihr Auskunftssystem weist für die Verträge von Herrn Kleinlich Risiko-, Spar- und Kostenanteile aus. Wie überschlagen Sie, ob der von Herrn Kleinlich angegebene Rückkaufswert plausibel ist?

▶ **Merke**

Nur der Sparbeitrag wird angespart. Er bildet später den Rückkaufswert oder zum Ablauf der Versicherung die Erlebensfallleistung.

Für Herrn Kleinlich heißt das: Es ist ganz normal, dass der Rückkaufswert kleiner ist als die Summe der gezahlten Beiträge. Insbesondere dann, wenn der Vertrag von Beginn an eine hohe Todesfallleistung in Aussicht stellt. Erst beträchtliche Zins- und Überschusszuführungen sorgen über die Zeit dafür, dass mit den Sparbeiträgen die Beitragssumme oder eine noch höhere Erlebensfallleistung erreicht wird. Der garantierte Beitragserhalt ist in Niedrigzinsphasen eher die Ausnahme als die Regel.

5. Kalkulatorische Risiken

In einer fondsgebundenen Versicherung wird die garantierte Verzinsung gegen die Chance auf positive Fondswertentwicklungen eingetauscht. Manche fondsgebundene Versicherungen lassen ihre Kunden mit dem Risiko allein, dass der Fonds an Wert verliert. Andere Gesellschaften haben Mechanismen installiert, die die Fondsinvestition zugunsten einer Garantieleistung begrenzen. Der Sparbeitrag wird dann zu einem Teil konventionell und zum restlichen Teil fondsgebunden investiert. Der konventionelle Teil sorgt, möglicherweise zusammen mit Garantien der Fondsgesellschaft, für den versprochenen Kapitalerhalt. Dazu mehr im Abschnitt 6.3.3.

Für beitragsfreie Zeiten wird ein Teil des Sparbeitrags als Kostenreserve aufbewahrt. Das ist nötig, denn selbstverständlich kostet die Verwaltung eines Versicherungsvertrages auch dann Geld, wenn keine Beiträge mehr fließen. Das Versicherungsunternehmen muss für diese Zeit vorsorgen und einen Teil der Sparbeiträge diesem Zweck widmen. Es bildet eine Verwaltungskostenreserve. Endet der Vertrag vor der beitragsfreien Zeit, z. B. durch Rückkauf oder durch Wahl der Kapitalabfindung, wird die Kostenreserve nicht benötigt und fällt dem Kunden zu. Der Kunde merkt dann gar nichts von dieser Vorsichtsmaßnahme des Unternehmens.

Wovon hängt der Risikobeitrag ab?

Der Unterschiedsbetrag zwischen Todesfallleistung und bereits angesammeltem Deckungskapital ist das „riskierte Kapital".

riskiertes Kapital

Je älter Herr Kleinlich wird und je höher sein riskiertes Kapital ist, desto höher ist der Risikoanteil seines Beitrags. Der Risikobeitrag wird sich deshalb im Laufe der Versicherungsdauer ändern. Er wird einerseits steigen, weil der Versicherte altert und andererseits sinken, weil das Deckungskapital steigt und das riskierte Kapital entsprechend fällt. Der Beitrag wird in jedem Beitragszahlungsjahr unterschiedlich zerlegt.

In der Kapitallebensversicherung von Herrn Kleinlich wird gegen Vertragsende viel Geld eingezahlt worden sein – vielleicht sogar mehr, als er für den Todesfall vereinbart hat.

Wenn in einer Vertragsphase eine geringere oder gar keine Beiträge mehr gezahlt werden, müssen die Reserven angegriffen werden. Nur so können weiterhin die Kosten und die Risikobeiträge aufgebracht werden

Gibt es einen Unterschied zwischen Risikoversicherungen und kapitalbildenden Versicherungen?

In Hinblick auf das Prinzip der Beitragszerlegung eigentlich nicht. Ohne die Kapitalbildung findet natürlich kein nennenswerter Sparvorgang statt. Der Sparbeitrag ist deshalb äußerst gering. Aber es gibt ihn. Anfangs ist der Risikobeitrag gering; dann wird mithilfe der Sparbeiträge ein kleiner Kapitalpuffer aufgebaut. Das riskierte Kapital schwankt durch den Auf- und Abbau des kleinen Kapitalpuffers ein wenig. Später, wenn die versicherte Person älter ist, wächst der Risikobeitrag und ist schließlich sogar größer als der garantierte Beitrag.

Auf das große Sparguthaben in der kapitalbildenden Versicherung und auf den kleinen Kapitalpuffer der Risikoversicherung kommt Abschnitt 5.6 noch einmal zurück. Es handelt sich dabei nämlich um das Deckungskapital.

5.3.4 Kostenanteil

Die Begriffe Aufwand und Kosten werden umgangssprachlich oft synonym verwendet. Im betrieblichen Rechnungswesen sind beide Begriffe tatsächlich sehr eng verwandt:

> ▶ **Definition**
>
> **Aufwand** bezeichnet die Verminderung des Nettovermögens einer Abrechnungsperiode.
>
> **Kosten** sind der während einer Periode entstehende Werteverzehr, der bei der Erstellung der Betriebsleistungen anfällt (Wöhe 1986, S. 884).

Fast alle Aufwände sind betrieblich bedingt; sie sind damit zugleich Kosten. Darüber hinaus gibt es neutrale Aufwände, z. B. Spenden, Gewerbesteuerzahlungen, Verluste durch Maschinenbruch, Spesen und betrieblich nicht notwendige Beteiligungen. Diese Positionen stellen aus Sicht des Unternehmens zwar Aufwendungen dar, sie sind aber keine Kosten. Umgekehrt gibt es betrieblich bedingten Werteverzehr, der das Nettovermögen nicht mindert: z. B. kalkulatorische Abschreibungen, die über die tatsächlichen Wertminderungen hinausgehen. Auch der kalkulatorische Unternehmerlohn zählt hierzu. Der kalkulatorische Unternehmerlohn darf nach Auffassung der Aufsichtsbehörde übrigens nicht in den Beitrag eingerechnet werden. Eine Versicherungsgesellschaft soll ohne planmäßige Gewinne kalkulieren.

Die Kosten werden in den Beitrag einkalkuliert. Einkalkulierte Kosten stellen, wenn der Beitrag gezahlt wird, Erträge für das Unternehmen dar. Die Erträge decken dann hoffentlich die tatsächlichen Kosten. Das Ziel einer jeden Kostenkalkulation muss daher sein, ausreichend hohe Kosten in den Beitrag einzukalkulieren.

Das ist nicht nur ein äußerst vernünftiger wirtschaftlicher Ansatz; es ist auch der Auftrag des Gesetzgebers. Wegen § 11 Abs. 1 VAG muss sich der Versicherungsvertrag selbst tragen (siehe Abschnitt 5.2).

> ▶ **Merke**
>
> Einkalkulierte Kosten sind keine Aufwände. Im Gegenteil: Der Kostenanteil des Versicherungsbeitrags stellt für das Versicherungsunternehmen einen Ertrag dar.

Über die Höhe der einkalkulierten Kosten muss der Versicherer seit dem 1.7.2008 vor Vertragsabschluss Auskunft erteilen. Das bestimmen § 7 Abs. 2 Satz 1 Nr. 2 VVG und die dazu erlassene Rechtsverordnung, die VVG-InfoV, in § 2. Die einkalkulierten Kosten müssen zumindest im Produktinformationsblatt nach § 4 VVG-InfoV dargestellt werden. Obwohl der Gesetzgeber in diesen Paragrafen meist nur von Kosten spricht, wird aus dem Zusammenhang und aus der Gesetzesbegründung deutlich, dass er die einkalkulierten Kosten meint.

5. Kalkulatorische Risiken

Man unterscheidet zwischen Abschluss- und Vertriebskosten einerseits und Verwaltungskosten andererseits.

Abschluss- und Vertriebskosten fallen in erster Linie zu Beginn der Versicherung an: Provisionen, Aufwendungen für die Antragsbearbeitung und für die Policierung, möglicherweise auch Aufwendungen für ärztliche Untersuchungen und Berichte. Vorvertragliche Abschlusskosten entstehen bei der Herstellung von Druckstücken (Antragsformulare, Tarifunterlagen, Versicherungsbedingungen und Werbematerial) und ggf. durch Verkaufsfördermaßnahmen. Die einkalkulierten Abschlusskosten müssen lt. VVG-InfoV als einheitlicher Gesamtbetrag mitgeteilt werden.

Abschluss- und Vertriebskosten

Einige Vertriebskosten entstehen laufend und unabhängig vom einzelnen Vertragsabschluss, z. B. laufende Gehälter im Außendienst, in der Vertriebsunterstützung und in der Antrags- und Risikoprüfung, das Marketing und Aufwendungen für die vertrieblich genutzten Geschäftsräume.

Die laufenden Verwaltungskosten schließlich entstehen durch den Beitragseinzug, den Schriftwechsel mit den Versicherungsnehmern, durch Vertragsänderungen, die Leistungsbearbeitung, die laufende Vertragsverwaltung, die Rechnungslegung und durch andere allgemeine Aufwendungen des Versicherers.

Verwaltungskosten

Wie die einmaligen Abschluss- und Vertriebskosten in den Beitrag einkalkuliert werden, behandelt der nächste Abschnitt.

Die laufenden Kosten werden als Zuschläge in den Beitrag einkalkuliert. Dies geschieht mit unterschiedlichen Kostensätzen:

- Stückkostenzuschläge sind für alle Verträge eines Tarifs gleich hoch. Sie eignen sich gut, um jährliche Kosten abzubilden, die konstant und unabhängig von der Höhe des Leistungsversprechens sind. Bestimmte jährliche Fixkosten werden so eingerechnet.
- Mit beitrags- und beitragssummenproportionalen Zuschlägen lassen sich Kosten modellieren, die von der Versicherungsleistung abhängen: die aufwendige Risikoprüfung in Großverträgen beispielsweise. Ein Stück weit können so auch Kleinstverträge subventioniert werden; Riester-Ehegattenverträge zum Mindestbeitrag können beispielsweise aus sich selbst heraus nicht kostendeckend angeboten werden.
- Deckungskapitalabhängige Kosten sind besonders geeignet, in kapitalbildenden Produkten inflationsbedingt steigende Kosten zu modellieren. Versicherungsverträge werden sehr langfristig abgeschlossen. Zukünftige Lohn- und Gehaltssteigerungen können dazu führen, dass der Vertrag zum Ende der Laufzeit nicht mehr kostendeckend verwaltet werden kann. Es müssen ausreichende Sicherheiten einkalkuliert werden. Sind die Kosten später tatsächlich niedriger als kalkuliert, werden die Kunden am entstehenden Überschuss beteiligt.

5.4 Zillmerung

> **Handlungssituation**
>
> Ein Verbraucherschutzverein hat mit Verweis auf einschlägige Urteile zum Zillmerverfahren Musterbriefe verfasst, mit denen Kunden die Abschlusskosten zurückfordern können. Ihre Aufgabe ist es, eine Musterantwort vorzubereiten, in welcher Sie für die abgeschlossenen Verträge der Proximus Versicherung AG darstellen, wie Sie die Abschlusskosten vereinbart haben und mit Prämienteilen decken.

Es gibt Stimmen, insbesondere solche auf Verbraucherseite, die den Versicherern das Recht absprechen wollen, Abschlusskosten in den Beitrag einzukalkulieren. Umsatz sei, so lautet die Argumentation, ein Interesse das Unternehmers und daher seien die damit verbundenen Kosten wie Investitionen zu sehen: Sie werfen später Erträge ab. Ein Unternehmen werde nur dann in Neugeschäft investieren, wenn es sich unterm Strich lohnt.

Diese Argumentation trägt für solche Unternehmen, die einen Unternehmerlohn in ihrer Preiskalkulation berücksichtigen dürfen. Die Lebensversicherung darf das bekanntlich nicht. Hinzu kommt: In praktisch allen Versicherungen ist der Kunde an den entstehenden Überschüssen beteiligt (siehe Abschnitt 5.8). Selbst wenn das Versicherungsunternehmen über die nötige Vorsicht hinaus also einen Unternehmerlohn einkalkulieren würde, wäre dieser mit den Versicherungskunden zu teilen.

Unter diesen Voraussetzungen folgt aus § 11 Abs. 1 VAG, dass auch die Abschlusskosten vom Versicherungsvertrag zu tragen und einzukalkulieren sind.

Das Zillmerverfahren

Die Kosten entstehen zu Beginn. Es ist daher nur recht und billig, sie mit den ersten Prämien zu verrechnen. Bis zur VVG-Reform in 2008 wurde dazu ein nach Dr. August Zillmer (1831–1893) benanntes Verrechnungsverfahren verwendet. Das Zillmerverfahren geht von einer Forderung gegen den Versicherungsnehmer in Höhe der Abschlusskosten aus. Diese Forderung wird schnellstmöglich mit größtmöglichen Prämienbestandteilen verrechnet.

Ein entscheidender bilanzieller Vorteil des Zillmerverfahrens ist die Möglichkeit, die Forderung gegen den Versicherungsnehmer zu aktivieren. Damit die Aktivierung aufsichts- und handelsrechtlich nicht beanstandet wird, genügt es, mit dem Versicherungsnehmer das Zillmerverfahren vereinbart zu haben.

Die Deckungsrückstellungsverordnung (DeckRV) begrenzt bis zum 31.12.2014 die einrechenbaren Abschlusskosten auf 40 ‰ und ab dem 1.1.2015 auf 25 ‰ der vereinbarten Prämiensumme. Für regulierte Tarife waren die Abschlusskosten auf 35 ‰ der Versicherungssumme begrenzt und damit bei langen Laufzeiten sogar höher als heute. Die Absenkung der Abschlusskostenbegrenzung auf 25 ‰ zum 1.1.2015 wurde vom Gesetzgeber damit begründet, dass im Niedrigzinsumfeld höhere Prämiensummen abgeschlossen werden, um dieselbe Versicherungssumme zu erreichen. Um dieselbe Abschlussprovision zu verdienen wie seinerzeit für 35 ‰ der Versicherungssumme genügen nach der Überschlagsrechnung des Gesetzgebers ab dem Jahr 2015 25 ‰ der (höheren) Prämiensumme.

Bei einer Laufzeit von 40 Jahren betragen die einkalkulierten Abschlusskosten in 2014 noch 40 × 40 ‰ = 1,6 Jahresprämien und ab 2015 genau eine Jahresprämie (=40 × 25 ‰). Das ist aus Sicht eines Kunden überraschend und bedarf einiger Erläuterung beim Abschluss. Weil die Abschlusskosten im Zillmerverfahren vollständig der Einlösungsprämie entnommen werden und diese dafür gar nicht ausreicht, ist zwangsläufig der erste Sparbeitrag negativ. Der Kunde schiebt daher von Anfang an einen Schuldenberg vor sich her. So lange der Schuldenberg nicht vollständig getilgt ist, bleibt der Rückkaufswert eines solchen Vertrages Null.

Abkehr vom Zillmerverfahren: Abschlusskostenverteilung

Im viel beachteten Beschluss vom 15.2.2006 – Aktenzeichen 1 BvR 1317/96 – hat das Bundesverfassungsgericht im Jahre 2006 befunden, dass der Rückkaufswert selbst bei extrem früher Kündigung nicht verschwinden dürfe. Es hat dem Gesetzgeber aufgetragen, entsprechende Regelungen zu treffen. Dies ist 2008 mit der Reform des VVG geschehen. § 169 Abs. 3 VVG sieht einen Mindestrückkaufswert in der Höhe vor, die sich ergibt, wenn die gesamten Abschluss- und Vertriebskosten gleichmäßig auf fünf Jahre verteilt einkalkuliert werden.

Mindestrückkaufswert nach § 169 Abs. 3 VVG

Im Regelfall werden trotz dieser Regelung die tatsächlichen Abschlusskosten weiter anfänglich ausgezahlt. Sie können aber erst in den Folgejahren mit den Prämien getilgt oder verrechnet werden. Darum muss das Unternehmen die Abschlusskosten vorfinanzieren. Dem Unternehmen entstehen dadurch weitere Kosten, die sog. Vorfinanzierungskosten. Sie sind letztendlich zusätzlich in die Prämie einzurechnen und belasten den Versicherungsnehmer.

5.5 Nettobeitrag – Bruttobeitrag

5.5.1 Was sind die anerkannten Regeln der Versicherungsmathematik?

Handlungssituation

Der Auszubildende zum Kaufmann für Versicherungen und Finanzen hat in den Versicherungsbedingungen der Proximus Lebensversicherung AG gelesen, dass sich die beitragsfreie Leistung nach anerkannten Regeln der Versicherungsmathematik bestimme. Er war immer sehr an Mathematik interessiert und fragt, ob in der Versicherungsmathematik andere Regeln gelten als in den anderen Fachgebieten der Mathematik. Was sind diese anerkannten Regeln überhaupt?

Versicherungsmathematik ist ein Zweig der angewandten Mathematik und ein wesentliches Anwendungsgebiet der Wahrscheinlichkeitsrechnung und der Statistik. Wer die Beitragskalkulation verstehen möchte, sollte sich die Grundbegriffe dieser Mathematik kurz vor Augen zu führen.

Den wichtigsten Grundsatz kennen wir schon aus Abschnitt 5.2: das Äquivalenzprinzip. Es besagt, vereinfacht ausgedrückt, dass Beitrag und Leistungen *wertgleich* sein sollen.

Bewertung zukünftiger, zufälliger Zins- und Zahlungsströme

Die entscheidenden Regeln der Versicherungsmathematik befassen sich folglich mit der *Bewertung* der Beiträge und Leistungen. Beide liegen in der Zukunft, hängen vom Zufall ab und müssen, will man sie in der Gegenwart bewerten, zinsbereinigt werden. Dafür benutzt der Versicherungsmathematiker einen Rechnungszins und modelliert den Zufall mit Wahrscheinlichkeitstafeln, den sog. Ausscheideordnungen. Immer schnellere Computer ermöglichen auch den Einsatz von Simulationsrechnungen für eine Vielzahl künftiger Kapitalmarktszenarien.

Vererbung mit einer Ausscheideordnung

Die Ausscheideordnung sagt über einzelne Schadenereignisse nichts aus. Die Ausscheideordnung sagt lediglich, dass bei einer großen Zahl gleichaltriger Menschen erwartet werden darf, dass soundso viele im nächsten, übernächsten usw. Jahr sterben werden.

Gesetz der großen Zahlen

Wenn es der Proximus Versicherung AG gelingt, eine große Anzahl Personen zu versichern, hängt die Summe der eintretenden Schäden immer weniger vom Zufall ab. Die Schadensumme wird ziemlich sicher relativ wenig vom erwarteten Gesamtschaden abweichen, wenn der Bestand groß genug ist. Natürlich lässt sich der Zufall nie ganz eliminieren, aber je mehr Personen unabhängig voneinander versichert werden, desto geringer ist der Einfluss des Zufalls. Das besagt das „Gesetz der großen Zahlen".

Die Rentensterbetafel DAV 2004 R macht beispielsweise für 1947 geborene Männer folgende Prognose: Von 100.000 Männern im Alter von 52 Jahren sterben innerhalb eines Jahres 0,3212 ‰, also rund 321. Der Rest, 99.679 Männer, überlebt und erreicht das Alter 53. 335 von ihnen (also 0,3362 ‰) werden in diesem Alter sterben. Die restlichen 99.344 werden das Alter 54 erreichen. Bis zum Alter 121 werden von den ursprünglich 100.000 nur noch 101 Männer am Leben sein. Und diese werden – so sagt es die DAV Tafel voraus – alle sterben.

5. Kalkulatorische Risiken

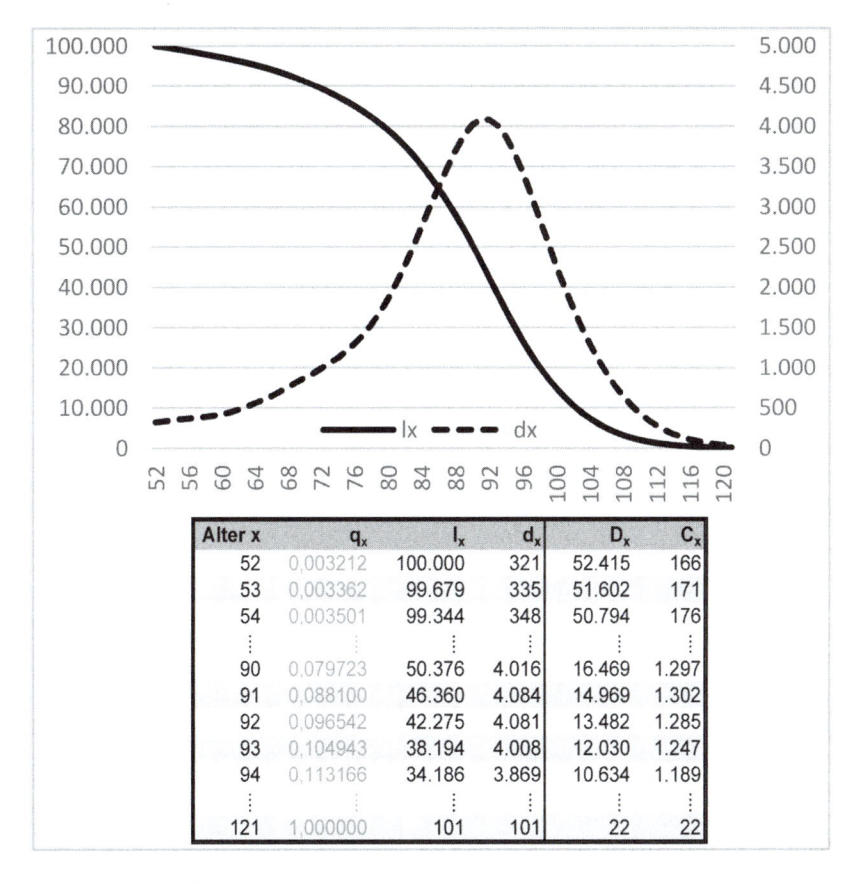

Alter x	q_x	l_x	d_x	D_x	C_x
52	0,003212	100.000	321	52.415	166
53	0,003362	99.679	335	51.602	171
54	0,003501	99.344	348	50.794	176
⋮	⋮	⋮	⋮	⋮	⋮
90	0,079723	50.376	4.016	16.469	1.297
91	0,088100	46.360	4.084	14.969	1.302
92	0,096542	42.275	4.081	13.482	1.285
93	0,104943	38.194	4.008	12.030	1.247
94	0,113166	34.186	3.869	10.634	1.189
⋮	⋮	⋮	⋮	⋮	⋮
121	1,000000	101	101	22	22

Abbildung 19: Überlebende und Tote

Abbildung 20 zeigt die Abnahme des Modellbestandes l_{52} von 100.000 Männern auf 0 während des Zeitraums, in dem ein 52-Jähriger die Chance hat, 121 Jahre alt zu werden. Die meisten der im Jahr 1999 52-jährigen Männer, nämlich 4.084, sterben wahrscheinlich im Alter von 91. Man kann mithilfe der Tafel die Lebenserwartung eines 52-Jährigen berechnen. Sie beträgt 88,4 Jahre.

Mithilfe der „diskontierten Lebenden und Toten", D_x und C_x, lassen sich schon die meisten Versicherungen kalkulieren.

▶ Zahlenbeispiel: Erlebensfallversicherung

Frage: Wie hoch ist der Einmalbeitrag eines 52-jährigen Versicherten im Jahr 1999, wenn er mit 90 Millionär sein möchte? Er ist bereit, im Todesfall alles zu verlieren.

Antwort (ohne Zins): Der Kunde müsste 503.760 € zahlen. Aus dem Gesetz der großen Zahlen ergibt sich, dass von 100.000 Versicherten, die je 503.760 € zahlen, 50.376 bis zum Alter 90 überleben. Für diese reicht das insgesamt eingezahlte und unverzinste Kaptial dann gerade aus.

Antwort (mit Zins i. H. v. 1,25 %): In dem Fall erreichen 16.469 von 52.415 diskontierten Lebenden das Alter 90. Bei einem Garantiezins von 1,25 % reicht es aus, wenn der Kunde 314.203,95 € zahlt. Wenn er noch 38 Jahre überlebt, ist er garantiert Millionär.

▶ Zahlenbeispiel: Todesfallversicherung

Für eine Todesfallversicherung würde man eigentlich eine Todesfalltafel, z. B. die DAV 2008 T Tafel, verwenden. Wir benutzen hier für dieses Beispiel die Rentensterbetafel DAV 2004 R weiter, um auf die Tabelle in Abbildung 20 zugreifen zu können.

Frage: Wie hoch ist der Einmalbeitrag eines 52-jährigen im Jahre 1999, wenn er im Falle seines Todes während der kommenden zwei Jahre 1 Mio. € hinterlassen möchte? Er ist bereit, im Erlebensfall alles zu verlieren.

Antwort (ohne Zins): Der Kunde müsste 6.560 € zahlen. Aus dem Gesetz der großen Zahlen ergibt sich, dass von 100.000 Menschen, die je 6.560 € zahlen, 321 + 335 = 656 in den nächsten 2 Jahren sterben. Die 656 Sterbenden können aus dem insgesamt eingezahlten Kapital je 1 Mio. € erhalten.

Antwort (mit Zins i. H. v. 1,25 %): Auf 52.415 „diskontierte Lebende" kommen 166 + 171 = 337 diskontierte Tote während der nächsten zwei Jahre.

Bei einem Garantiezins von 1,25 % reicht es aus, wenn der Versicherte 6.429,46 € zahlt. Stirbt er in den kommenden 2 Jahren, hinterlässt er 1 Mio. €.

5.5.2 Welchen Einfluss hat der Rechnungszins auf die Deckungsrückstellung?

Dem Rechnungszins kommt eine große Bedeutung zu. In der Beitragskalkulation wird der Kalkulations- oder Garantiezinssatz verwendet. Im versicherungstechnischen Jahresabschluss kommt der Reservierungs- oder Rechnungszins zum Einsatz. Es macht wenig Sinn, unterschiedliche Garantie- und Reservierungszinssätze zu verwenden. Wäre der Kalkulationszins höher als der erlaubte Höchstrechnungszins, reicht die Prämie nicht zum Aufbau der erforderlichen Deckungsrückstellung aus.

Je höher der Rechnungszins ist, desto unvorsichtiger ist die Reservierung im Jahresabschluss. Der Bilanzaktuar nimmt an, dass sich die zukünftigen Beiträge und die Deckungsrückstellung mit dem Rechnungszins fortentwickeln, um schließlich für die garantierte Leistung auszureichen. Mit einem hohen Rechnungszins genügt dafür eine kleine Deckungsrückstellung.

Ein zu hoher Rechnungszins widerspricht daher dem Vorsichtsgebot. Erreicht das Unternehmen den Rechnungszins nicht, muss es dennoch für seine Garantien einstehen. Es realisiert dann spätestes im Moment der Leistung einen Verlust.

Der Gesetzgeber wollte es nicht allein dem Gewissen der Bilanzaktuare überlassen, zu entscheiden, mit welchem Rechnungszins die Deckungsrückstellung berechnet wird. Er hat deshalb in § 65 VAG vorgeschrieben, dass der Höchstrechnungszins sich an den Umlaufrenditen des Landes bemessen soll, in dessen Währung die Leistung vereinbart wurde. Davon soll der Höchstrechnungszins 60 % betragen. Konkreter soll der Höchstrechnungszins in einer Verordnung, der Deckungsrückstellungsverordnung, begrenzt werden, die das Bundesministerium für Finanzen erlässt.

5. Kalkulatorische Risiken

Der Höchstzinssatz bei der Berechnung der Deckungsrückstellung von auf Euro lautenden Verträgen wird von § 2 DeckRV bestimmt. Der Verordnungsgeber hat sich dabei an Umlaufrenditen gut gerateter lang laufender Euro-Staatsanleihen orientiert und bildet den gleitenden Durchschnitt über 10 Jahre. Abbildung 21 illustriert das Verfahren und stellt die jeweils zulässigen Höchstrechnungszinssätze dar.

§ 2 DeckRV

Für andere europäische Währungen gilt nach § 3 DeckRV ein höherer Höchstzinssatz. Damit bringt der Gesetzgeber zum Ausdruck, dass er den Euro für eine besonders stabile Währung hält, die im Verhältnis zu Fremdwährungen in der Zukunft an Wert gewinnen wird.

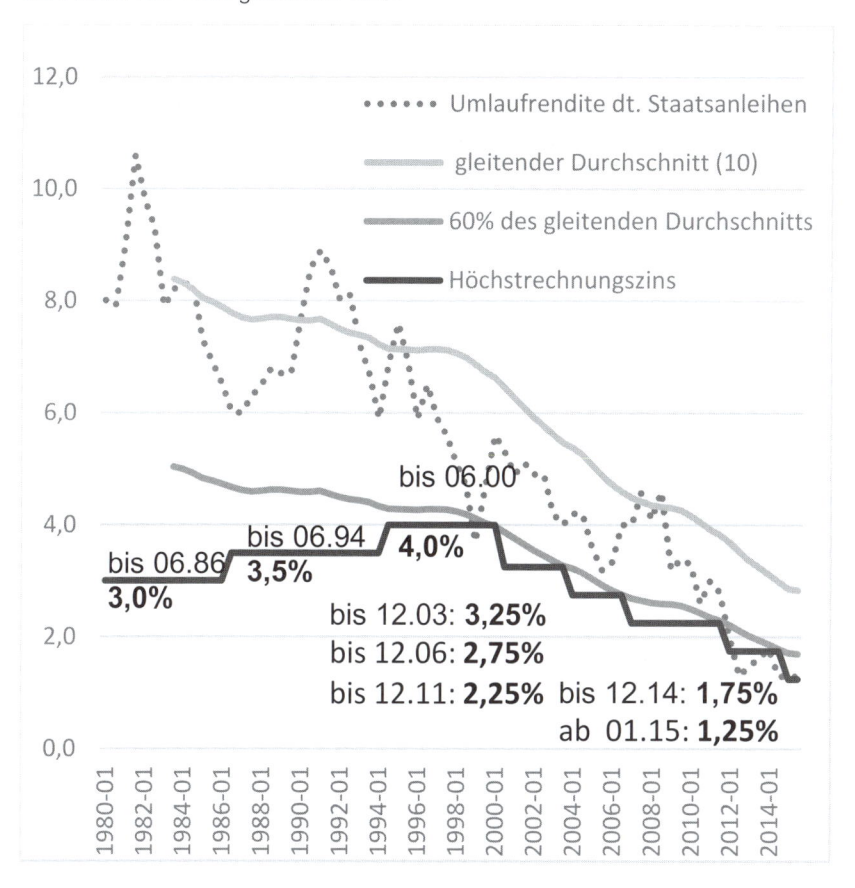

Abbildung 20: Herleitung des Höchstrechnungszinses

5.5.3 Nettobeitrag, gezillmerter Nettobeitrag und Bruttobeitrag

Handlungssituation

Der Auszubildende ist neugierig geworden. Warum ist der Einmalbeitrag für 1 Mio. € Kapitalabfindung einer Rente trotz eines Rechnungszinses von nur 1,25 % so niedrig?

In Abschnitt 5.2 hatten Sie das zentrale Kalkulationsprinzip kennengelernt: das Äquivalenzprinzip. Alle Leistungen des Versicherungsunternehmens müssen letztlich als Beitragsbestandteile einkalkuliert werden. Der Barwert der Leistungen und der Barwert der Beiträge stimmen überein.

Je nachdem, welche Leistungen in die Prämie einkalkuliert sind, unterscheidet man zwischen Nettoprämie, gezillmerter Nettoprämie und Bruttoprämie.

	Einkalkulierte Leistungen	Prämienbestandteile
Nettoprämie	Garantierte Leistungen: Erlebensfallleistungen, Todesfallleistungen, Leistungen bei Berufs- oder Erwerbsunfähigkeit, Pflegeleistungen	Risiko- und Sparprämie
Gezillmerte Nettoprämie	Zusätzlich: Beratungsleistung	Risiko- und Sparprämie zzgl. einkalkulierte einmalige Abschluss- und Vertriebskosten
Bruttoprämie	Zusätzlich: Verwaltungsleistung	Entweder: Gezillmerte Nettoprämie zzgl. einkalkulierte laufende Kosten Oder: Nettoprämie zzgl. einkalkulierte laufende Kosten

Tabelle 14: In die Prämie einkalkulierte Leistungen

Jede dieser Prämien erfüllt das Äquivalenzprinzip. Wie bei den Schichten einer Zwiebel decken die verschiedenen Prämien mehr und mehr Leistungen ab.

▶ **Vereinfachtes Beispiel ohne Zins und Sterblichkeit**

Für eine Leistung in Höhe von 282.000 € sollen drei gleich hohe Jahresprämien berechnet werden. Die Abschlusskosten betragen 25 ‰ der Prämiensumme und die Verwaltungskosten 3,5 % jeder einzelnen Bruttoprämie. Dann ergibt sich Folgendes:

Nettoprämie (p. a.):   94.000 €

Bruttoprämie: 100.000 €

Gezillmerte Nettoprämie: 96.500 €

Der Barwert aller Leistungen (282.000 € + 7.500 € Beratungsleistung + 3 × 3.500 € Verwaltungsleistung) entspricht dem Barwert der Prämien (3 × 100.000 €).

Bei einem Vertrag gegen Einmalprämie kommt es nur auf den Leistungsbarwert an. Der Barwert der Prämie unterscheidet sich nicht von der Prämie, denn sie liegt ja nicht in der Zukunft.

5.6 Deckungskapital

5.6.1 Gilt die Äquivalenzgleichung eigentlich auch während der Vertragslaufzeit?

Der Kunde aus dem vorigen Beispiel hat bereits die ersten 100.000 € gezahlt. Das erste Jahr ist vergangen, die Abschlusskosten in Höhe von 7.500 € sind entstanden und beglichen. Wie steht es um die Äquivalenz? Der Barwert der Leistungen beträgt nun zwar nur noch 282.000 € + 2 × 3.500 € = 289.000 €. Aber der Barwert der zukünftigen Prämien ist noch viel stärker gefallen. Er beträgt nur noch 2 × 100.000 € = 200.000 €. Es klafft eine Deckungslücke in Höhe von 89.000 €. Dies ist das benötigte Deckungskapital des Vertrages. Es wird, wenn möglich, prospektiv bestimmt, d. h. als Differenz der Barwerte der zukünftigen Leistungen und der zukünftigen Prämien.

Die Versicherung tut gut daran, die nicht verbrauchten Prämienbestandteile aufzubewahren; sie decken gerade den Kapitalbedarf.

▶ Merke

Das prospektive Deckungskapital ist der Unterschiedsbetrag zwischen den Zeitwerten der *zukünftigen* Leistungen und Prämien.

5.6.2 Wie baut sich das Deckungskapital auf?

Ein Versicherungsnehmer hat bisher eine Jahresprämie gezahlt und dafür auch schon Leistungen erhalten. Der dabei nicht verbrauchte Prämienteil erhöht sich durch Verzinsung und Vererbung.

Verzinsung bedeutet: Der Versicherungsnehmer erhält von der Versicherungsgesellschaft für sein angespartes Vermögen Kapitalerträge. Die Versicherungsgesellschaft hat entsprechende Aufwände, die sie hoffentlich ihrerseits erwirtschaftet.

Vererbung bedeutet: Der Versicherungsnehmer erhält von der Versicherung frei werdendes Deckungskapital fiktiver gleichartiger Verträge. Diese hat hoffentlich tatsächlich genügend echte Verträge, die leistungsfrei enden.

Die Methode, das Deckungskapital nach seiner Entstehung zu bestimmen, nennt man retrospektiv. Manchmal, insbesondere bei fondsgebundenen Versicherungen, kann das Deckungskapital nur retrospektiv berechnet werden, weil die zukünftigen Leistungen nicht bewertet werden können, da der Verlauf der Kurswerte unbestimmt ist.

Bilanzgleichung für das Deckungskapital

Ganz allgemein gilt folgende Bilanzgleichung für das Deckungskapital:

Deckungskapital zum Anfang einer Versicherungsperiode
+ ggf. Bruttoprämie (nicht in beitragsfreien Zeiten)
− ggf. Risikoprämie (nur wenn Riskiertes Kapital positiv)
− einkalkulierte Kosten für Verwaltungs-, Vertriebs- und Beratungsleistungen
+ ggf. Vererbung (nur wenn riskiertes Kapital negativ)
+ ggf. Verzinsung (nur wenn positiver Garantiezins)
− ggf. kalkulierte Versicherungsleistungen (z. B. im Rentenbezug)

= Deckungskapital zum Ende einer Versicherungsperiode

In fondsgebundenen Versicherungen tritt an die Stelle der Verzinsung die Wertentwicklung der Fonds.

Das Deckungskapital erhöht sich außerdem sprunghaft bei Eintritt bestimmter Versicherungsfälle, insbesondere wenn die beitragsfreie Fortführung der Versicherung bei Eintritt der Berufsunfähigkeit (BUZ) oder bei Tod des Beitragszahlers (Termfix Versicherungen) vereinbart wurde. Dann stockt die Versicherung das dafür erforderliche Deckungskapital auf und finanziert diese Leistung aus den Risikoprämien gleichartiger, nicht leistungspflichtiger Versicherungen.

Offensichtlich hängt das Deckungskapital davon ab, mit welchen Rechnungsgrundlagen (Rechnungszins, Ausscheideordnung) es berechnet wird: Je höher der Rechnungszins, desto weniger Deckungskapital ist nötig, um in kapitalbildenden Versicherungen die Leistungen aufzubauen.

Rückkaufswert

Der Rückkaufswert und das Deckungskapital mit den Rechnungsgrundlagen der Prämienkalkulation sind ein und dasselbe. Das ergibt sich aus § 169 VVG.

Mindestrückkaufswert

Das wird immer dann zum Problem, wenn eine Versicherung gegen laufenden Beitrag früh gekündigt wird. Das Deckungskapital ist noch negativ und der Versicherungsnehmer erhält keinen Rückkaufswert. Im Gegenteil: Der Versicherungsnehmer müsste eigentlich das negative Deckungskapital zahlen, um die Versicherung kündigen zu dürfen. Das wäre einerseits gerechtfertigt, denn die Beratungsleistung hat er ja erhalten und noch nicht vollständig bezahlt. Andererseits geht solch eine Versicherung an der Lebenswirklichkeit und an gesetzlichen Normen vorbei. Die sehen nämlich einen *positiven* Mindestrückkaufswert vor.

Das Versicherungsunternehmen holt sich den Fehlbetrag bis zur Höhe des Mindestrückkaufswertes beim Vermittler zurück. Dessen Provision steht in der Regel unter dem Vorbehalt, dass der Vertrag lange genug besteht (Provisionshaftung). Dieser Vorbehalt ist nachvollziehbar: Wird der Vertrag früh gekündigt, war die Beratung womöglich nicht gründlich genug.

5. Kalkulatorische Risiken

> **§ 169 VVG: Rückkaufswert**
>
> „(3) Der Rückkaufswert ist das nach anerkannten Regeln der Versicherungsmathematik mit den Rechnungsgrundlagen der Prämienkalkulation zum Schluss der laufenden Versicherungsperiode berechnete Deckungskapital der Versicherung, bei einer Kündigung des Versicherungsverhältnisses jedoch mindestens der Betrag des Deckungskapitals, das sich bei gleichmäßiger Verteilung der angesetzten Abschluss- und Vertriebskosten auf die ersten fünf Vertragsjahre ergibt; die aufsichtsrechtlichen Regelungen über Höchstzillmersätze bleiben unberührt. [...]
>
> (4) Bei fondsgebundenen Versicherungen [...] ist der Rückkaufswert nach anerkannten Regeln der Versicherungsmathematik als Zeitwert der Versicherung zu berechnen, soweit nicht der Versicherer eine bestimmte Leistung garantiert; im Übrigen gilt Absatz 3. [...]"

5.6.3 Wann wird der Rückkaufswert ausgezahlt?

Das neue VVG 2008 und mehrere BGH Urteile im Jahr 2012 haben letztlich geklärt, dass der Rückkaufswert vor und nach 2008 eigentlich ein Deckungskapital bzw. ein Zeitwert ist, von dem, wenn vereinbart, noch ein angemessener Abzug, der Stornoabzug, genommen werden darf. Seit 2008 muss dieser Abzug beziffert sein. Der BGH hat hohe Anforderungen an eine wirksame, transparente Vereinbarung des Stornoabzugs gestellt. Der Stornoabzug soll Kosten auffangen, die aufgrund der vorzeitigen Vertragsbeendigung entstehen oder nun nicht mehr gedeckt werden können, obwohl sie entstanden sind. Er soll aber ausdrücklich nicht dazu dienen, noch nicht getilgte Abschluss- und Vertriebskosten zu decken. Der Abzug kann also weder dazu missbraucht werden, den Mindestrückkaufswert zu reduzieren, noch hilft er dabei, in den Beitrag einkalkulierte Abschluss- und Vertriebskosten zu decken, die sonst erst in späteren Jahren mit den Beiträgen fällig geworden wären.

Stornoabzug

Der um den Stornoabzug verminderte Rückkaufswert muss bei Kündigung oder Widerruf des Versicherungsnehmers oder bei Rücktritt oder Anfechtung des Versicherers grundsätzlich ausgezahlt werden. Von diesem Grundsatz gibt es zwei Ausnahmen:

- In Versicherungen, in denen der Eintritt der Verpflichtung ungewiss ist, besteht gem. § 169 Abs. 1 VVG im Kündigungsfall keine Pflicht, den Rückkaufswert tatsächlich auszuzahlen. Dies gilt insbesondere für Kapital- oder Rentenversicherungen ohne Todesfallleistung und für Risikoversicherungen ohne Erlebensfallleistung.
- Die Auszahlung kann gem. § 169 Abs. 2 VVG auf dasjenige Kapital begrenzt werden, das in einem Leistungsfall zum Kündigungszeitpunkt zur Auszahlung gekommen wäre, in der Praxis also z. B. auf die vereinbarte Todesfallleistung.

In beiden Fällen muss der nicht ausgezahlte Teil für eine prämienfreie Versicherung verwendet werden. Er geht dem Versicherten also nicht etwa verloren.

5.6.4 Wertgleichheit in der bAV

Kann ein vollständig gezillmerter Tarif arbeitsrechtlich eine betriebliche Altersvorsorge sein? Das Bundesarbeitsgericht (BAG) hat diese Frage mit seinem salomonischen Urteil 3 AZR 17/09 am 15.9.2009 bejaht. Das Zillmern ist ein aufsichtsrechtlich und versicherungsmathematisch anerkanntes Verfahren und steht der Wertgleichheit nicht prinzipiell entgegen. Arbeitsrechtlich ist die Umwandlung in eine gezillmerte Versicherung nicht zu beanstanden. Zahllose bis dahin geschlossene Entgeltumwandlungen haben Bestand. Die Arbeitgeber müssen nicht befürchten, bereits umgewandelte Gehälter nachträglich doch auszuzahlen. Arbeitnehmer müssen nicht befürchten, dass fehlerhaft umgewandelte Entgeltansprüche inzwischen verfallen sein könnten.

Letztlich offengelassen hat das BAG die Frage, wie hoch die anfänglichen Rückkaufswerte mindestens sein müssen, damit Wertgleichheit angenommen werden kann. Diese Frage sei jedenfalls bei Vertragsabschluss zu beurteilen. Das BAG hat Anzeichen dafür gesehen, dass eine gleichmäßige Abschlusskostenverteilung auf fünf Jahre, wie sie § 169 VVG und § 1 Abs. 1 Nr. 8 AltZertG für Altersvorsorgeverträge fordern, angemessen ist (BAG, 3 AZR 17/09 vom 15.9.2009, Randziffer 50).

5.7 Versicherungstechnische Rückstellungen

Handlungssituation

Lothar Felix ist wieder da. Sie hatten ihm die Bedeutung des Sicherungsvermögens auf der Aktivseite der Bilanz erklärt (vgl. Abbildung 15 in Abschnitt 4.7.2). Es musste mindestens ausreichen, um die versicherungstechnischen Rückstellungen und Verbindlichkeiten gegenüber Versicherungsnehmern zu überdecken. An den Kapitalerträgen sind die Versicherungsnehmer in aller Regel beteiligt. Da Lothar Felix 1 Mio. € Einmalprämie bei Ihnen platziert hat, fragt er nach, wie hoch „seine" Rückstellungen und Verbindlichkeiten derzeit sind.

Bei einer konventionellen Versicherung garantiert der Versicherer der Höhe nach bestimmte Leistungen und bildet dafür Rückstellungen (im folgenden Beispiel den Passivposten E). Die Kapitalanlage unterliegt gesetzlichen Einschränkungen und bleibt dem Versicherer vorbehalten. Nur bei einer fondsgebundenen Versicherung kann der Versicherungsnehmer, soweit die Leistung der Höhe nach nicht garantiert ist, die Kapitalanlage selbst bestimmen. Da diese Rückstellungen etwas höherrangiger sind, werden sie im folgenden Beispiel weiter unten als Posten F dargestellt.

Die Rückstellungen und die verschiedenen Unterposten der versicherungstechnischen Rückstellungen haben kollektiven Charakter, d. h. sie sind den Versicherungsverträgen insgesamt und nicht einzeln zugeordnet. Der vertragsindividuell zugeordnete Wert ist der Rückkaufswert.

5. Kalkulatorische Risiken

Die Verordnung über die Rechnungslegung von Versicherungsunternehmen (RechVersV) beschreibt alle Bilanzposten und ihre Unterposten näher.

Passivposten

A   Eigenkapital
B   Genussrechtskapital
C   Nachrangige Verbindlichkeiten
D   Sonderposten mit Rücklagenanteil
E   Versicherungstechnische Rückstellungen
F   Versicherungstechnische Rückstellungen im Bereich der Lebensversicherung, soweit das Anlagerisiko von den Versicherungsnehmern getragen wird
G   Andere Rückstellungen
H   Depotverbindlichkeiten aus dem in Rückdeckung gegebenen Versicherungsgeschäft
I   Andere Verbindlichkeiten
K   Rechnungsabgrenzungsposten

Die Reihenfolge der Passivposten orientiert sich am Rang der Verbindlichkeit. Die Eigenkapitalgeber (oben) werden im Falle einer Insolvenz als letzte bedient und die Rechnungsabgrenzungsposten (unten) werden sofort aufgelöst.

Eigenkapital ist im Falle einer Insolvenz der letzte Rettungsanker der Gläubiger. Es besteht aus Gezeichnetem Kapital, Kapitalrücklage, Gewinnrücklage und dem Saldo, der dazu führt, dass die Bilanz aufgeht: dem Bilanzgewinn. Rücklagen werden aus dem Überschuss gebildet, wobei der Versicherer die jeweilige Zuweisung zu versteuern hat.

Verbindlichkeiten sind gewiss. Sie müssen dem Gläubiger auf jeden Fall zurückgezahlt werden. Darlehen sind typische Verbindlichkeiten. Im Versicherungskontext bilden die „Verbindlichkeiten aus selbst abgeschlossenem Geschäft" den größten Unterposten von Posten I. Es handelt sich um die aus zugeteilten Überschüssen gebildeten Ansammlungsguthaben der Versicherungsnehmer. Sie sind rückkaufsfähig und werden sowohl im Todes- als auch im Erlebensfall fällig. Sie sind also gewiss. Depotverbindlichkeiten sind ein Passivposten, der nötig wird, wenn das Versicherungsunternehmen einen Teil seines Risikos in Rückdeckung gibt. Die Versicherung muss dann nämlich Sicherungsvermögen auch für den in Rückdeckung gegebenen Teil bilden und „leiht" sich dafür Geld beim Rückversicherer. Gleichzeitig dient das Geld als Faustpfand dafür, dass der Rückversicherer im Leistungsfall zu seinem Leistungsversprechen steht.

Auch der *Rechnungsabgrenzungsposten* stellt eine Verbindlichkeit dar. Das Versicherungsunternehmen hatte im abgelaufenen Geschäftsjahr Einnahmen, schuldet die Leistungen ganz oder teilweise aber erst im nächsten Geschäftsjahr. Der Rechnungsabgrenzungsposten ist der Merkposten für diese geschuldeten Leistungen. Typischerweise finden sich hier Mietvorauszahlungen.

Strukturell damit vergleichbar sind Beitragsvorauszahlungen. Es ist eine Besonderheit von Versicherungsbilanzen, dass Beitragsvorauszahlungen trotzdem nicht im Rechnungsabgrenzungsposten gebucht werden, sondern

- als „Verbindlichkeiten gegenüber Versicherungsnehmern" im Posten I, wenn der Beitrag noch nicht fällig war, und
- als „Beitragsübertrag" im Posten E, soweit der Beitrag fällig war, sich aber teilweise erst auf das nächste Geschäftsjahr bezieht, z. B. $^{11}/_{12}$ des am 1.12. des Vorjahres fällig gewordenen Jahresbeitrags.

Dazu mehr im Abschnitt 5.7.1.

Rückstellungen sind „ungewisse Verbindlichkeiten". Das Versicherungsunternehmen muss damit rechnen, Leistungen zu erbringen; es kann aber auch sein, dass keine Leistungen fällig werden. Das passiert, wenn der Versicherungsfall während der Versicherungsdauer nicht eintritt. Das Unternehmen sorgt mit ausreichenden Rückstellungen vor und verbucht entsprechende Aufwände, um die Rückstellungen aufzubauen. Endet die Versicherung ohne Leistung oder wird mit der Zeit der Eintritt des Versicherungsfalls immer unwahrscheinlicher, löst es die Rückstellung ertragswirksam wieder auf.

▶ Merke

Rücklagen und Rückstellungen unterscheiden sich fundamental. Rücklagen gehören zum Eigenkapital, Rückstellungen zum Fremdkapital. Steuerlich heißt das:

Bildet das Unternehmen Rückstellungen, dann mindert dieser Vorgang seinen Gewinn und spart unterm Strich Steuern. Bildet das Unternehmen jedoch Rücklagen, indem es Gewinne thesauriert, so werden dafür Körperschaft- und Gewerbesteuer fällig.

Steuerlich ist es also von Vorteil, Rückstellungen zu bilden – eigentumsrechtlich eher nicht, denn die Rückstellungen stehen, mehr oder weniger, den Versicherungsnehmern zu. Wie verbindlich die Rückstellungen sind, kann man wiederrum an der Reihenfolge der Rückstellungs-Unterposten ablesen. Diese werden folgendermaßen unterschieden:

Unterposten der Rückstellungsposten E und F
I. Beitragsüberträge
II. Deckungsrückstellung
III. Rückstellung für noch nicht abgewickelte Versicherungsfälle und Rückkäufe
IV. Rückstellung für (erfolgsabhängige und erfolgsunabhängige) Beitragsrückerstattung
/ Schwankungsrückstellungen (irrelevant für Lebensversicherungen)
V. Sonstige Versicherungstechnische Rückstellungen

5.7.1 Beitragsüberträge

Für die Bilanz müssen die Geschäftsjahre periodengerecht abgegrenzt werden. Dazu dient normalerweise der Rechnungsabgrenzungsposten – im Falle von Versicherungsprämien aber nicht.

Beitragsüberträge sind fällig gewordene Beiträge für eine Versicherungsperiode, die ins nächste Geschäftsjahr hineinreicht. Das Versicherungsunternehmen schuldet im nächsten Geschäftsjahr während der noch laufenden Versicherungsperiode Versicherungsschutz oder gar die teilweise Rückzahlung des fällig gewordenen Beitrags. Es bildet dazu eine Rückstellung in Höhe des Beitragsübertrags. In Abbildung 22 fällt ein Drittel der am 1.9.2014 fällig gewordenen Halbjahresprämie in das Jahr 2015. Das wären bei einem Halbjahresbeitrag von 300 € beispielsweise 100 € .

Beitragsüberträge

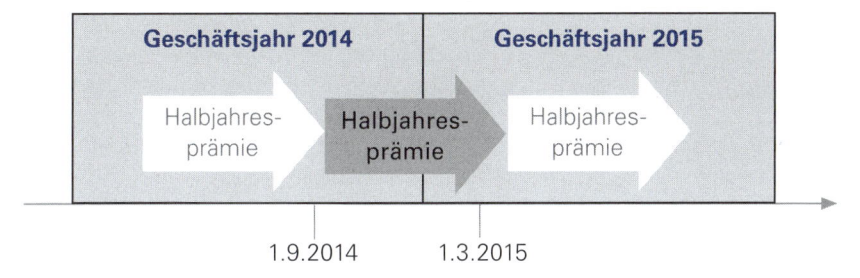

Abbildung 21: Beitragsüberträge

5.7.2 Deckungsrückstellung

Deckungsrückstellung ist eine Bilanzposition. In ihr weist das Versicherungsunternehmen aus, welchen Wert die zukünftigen Versicherungsleistungen haben, die es am Ende des abgelaufenen Geschäftsjahres erwartet. Der Wert der zukünftigen Prämien muss davon abgezogen werden. Dies entspricht einzelvertraglich der Definition des prospektiven Deckungskapitals aus Abschnitt 5.6. Fondsgebundene Versicherungen, jedenfalls soweit das Anlagerisiko von den Versicherungsnehmern getragen wird, müssen stattdessen mit dem retrospektiv ermittelten Deckungskapital bewertet werden.

Deckungsrückstellung

▶ Definition

Das positive einzelvertragliche Deckungskapital aller Verträge am letzten Tag des Geschäftsjahres bildet zusammen die **Deckungsrückstellung**.

Für einige Versicherungstarife stellt sich im Laufe des Vertragslebens heraus, dass das anfänglich vorausberechnete Deckungskapital wohl nicht ausreichen wird. Die Annahmen zu den Rechnungsgrundlagen stellen sich manchmal als zu optimistisch heraus. Das gilt besonders für den Rechnungszins.

Anstelle mit dem bei der Kalkulation unterstellten Garantiezinssatz muss die Deckungsrückstellung gem. § 5 DeckRV für die nächsten 15 Jahre mit dem sog. Referenzzinssatz berechnet werden, wenn dieser kleiner ist als der Rechnungszinssatz. Zukünftige Leistungen werden dadurch heute mit einem hö-

Referenzzinssatz

heren Wert angesetzt. Dasselbe – nur etwas weniger ausgeprägt – gilt auch für die zukünftigen Prämien. Per Saldo muss eine höhere Rückstellung gebildet werden, als ursprünglich vorausberechnet. Bedauerlicherweise reichen die Sparprämien nicht aus, um diese Rückstellung anzusparen. Kein Wunder: Für die Verzinsung des vorhandenen Deckungskapitals und der neuen Sparprämien wurde der Rechnungszins erwartet. Tatsächlich soll für die Berechnung der Deckungsrückstellung nur von einer Verzinsung etwa in Höhe des Referenzzinses ausgegangen werden. Das Versicherungsunternehmen muss Erträge aus Kapitalanlagen zum Aufstocken der Deckungsrückstellung verwenden. Es bildet die

Zinszusatzreserve

sog. Zinszusatzreserve als Teil der Deckungsrückstellung. Die dafür verwendeten Kapitalerträge stehen anschließend nicht mehr für die Überschussbeteiligung zur Verfügung. Sie führen möglicherweise sogar zu einem negativen Kapitalanlageergebnis (vgl. Abschnitt 5.8).

Noch einmal zurück zu Abbildung 21 in Abschnitt 5.5.2: Ungefähr im Jahr 2011 sank der gleitende Durchschnitt lang laufender Euro-Staatsanleihen unter 4 %. Seit diesem Zeitpunkt bilden die Versicherungsunternehmen für die in den Jahren 1994 bis 2000 abgeschlossenen 4-Prozent-Verträge eine Zinszusatzreserve. In den Folgejahren musste Zinszusatzreserve auch für die 3,5-Prozenter und seit 2013 auch für die 3,25-Prozent-Verträge gebildet werden.

Zu Beginn eines Versicherungsvertrages ist das prospektive Deckungskapital negativ. Die Ursache wurde in Abschnitt 5.6.1 dargestellt. Negatives Deckungskapital darf die Deckungsrückstellung nicht mindern (siehe oben: Definition). Stattdessen bildet das Versicherungsunternehmen auf der Aktivseite eine Forderung gegen den Versicherungsnehmer (Forderungen aus dem selbst abgeschlossenen Geschäft). Dies ist gem. § 4 DeckRV allerdings nur zulässig, wenn das Zillmern mit dem Versicherungsnehmer vereinbart worden ist.

In der Bilanz wird sowohl der Brutto- als auch der Nettobetrag der Deckungsrückstellung angegeben. Dasselbe kann auch bei den anderen Rückstellungs-Unterposten passieren. Die Differenz ist die Rückstellung für das in Rückdeckung gegebene Geschäft. Das Versicherungsunternehmen bildet lediglich Rückstellungen für den Teil, für den es selbst das Risiko trägt. Es fließt daher nur die Netto-Deckungsrückstellung in die Bilanz ein. Die Differenz – die vom Rückversicherer zu bildende Rückstellung – sollte recht gut mit dem oben erklärten Posten „Depotverbindlichkeiten" übereinstimmen.

5.7.3 Rückstellung für noch nicht abgewickelte Versicherungsfälle und Rückkäufe

Während für die Verträge, die zusammen die Deckungsrückstellung bilden, die Zukunft noch im Nebel liegt, gibt es einige Verträge mit ziemlich klarer Zukunft: jene Verträge nämlich, bei denen der Versicherungsfall bereits eingetreten ist, oder solche, die sich in Rückabwicklung befinden. Einige dieser Verträge sind bereits vor dem Bilanzstichtag vollständig abgerechnet. Diese braucht man nicht weiter zu betrachten. Andere befinden sich noch vor oder mitten in der Abrechnung.

5. Kalkulatorische Risiken

Für diese Verträge wird die *Rückstellung für noch nicht abgewickelte Versicherungsfälle und Rückkäufe* gebildet. Es kann sich dabei um Vorgänge handeln, die:

- wegen notwendiger Klärungen noch nicht abgeschlossen werden konnten, z. B. weil die Leistungspflicht noch nicht geprüft werden konnte oder weil noch Unklarheit über den Leistungsempfänger oder seine Kontoverbindung herrscht
- erst kurz vor Geschäftsjahresende gemeldet wurden
- erst im beginnenden Geschäftsjahr gemeldet wurden, aber Versicherungsfälle des abgelaufenen Jahres betreffen

Rückstellung für noch nicht abgewickelte Versicherungsfälle und Rückkäufe

Sollte nicht kurzfristig geklärt werden können, wer der Leistungsempfänger ist (z. B. kein Bezugsberechtigter genannt, fehlender Erbschein), kann der Versicherer die Leistung mit befreiender Wirkung auch beim zuständigen Amtsgericht hinterlegen.

5.7.4 Rückstellung für erfolgsabhängige und erfolgsunabhängige Beitragsrückerstattung

Die Prämien sind vorsichtig kalkuliert und die Versicherung erwirtschaftet darum Überschüsse. An den Überschüssen wird in aller Regel der Versicherungsnehmer zeitnah beteiligt. Mit der Überschussverwendung beschäftigt sich Abschnitt 5.10.

Die Höhe der Überschussbeteiligung deklariert der Vorstand auf Vorschlag des Verantwortlichen Aktuars (vgl. Abschnitt 5.2) am Ende des Geschäftsjahres, zu einem Zeitpunkt, zu dem ungefähr absehbar ist, wie viele Überschüsse im noch laufenden Geschäftsjahr erwirtschaftet werden.

Nach der Deklaration ist ziemlich genau festgelegt, wie viele Überschüsse im kommenden Geschäftsjahr zugeteilt werden. Die festgelegte RfB besteht aus:

festgelegte RfB

- deklarierten Überschussanteilen, die an bestimmten Terminen (meist am Versicherungsjahrestag) im kommenden Geschäftsjahr leistungserhöhend zugeteilt werden
- deklarierten Überschussanteilen, die zu Beitragsfälligkeiten beitragsmindernd zugeteilt werden (meist in Risikoversicherungen und Zusatzversicherungen)
- deklarierten Schlussüberschussanteilen für im kommenden Geschäftsjahr ablaufende Verträge

Zusätzlich verpflichtet sich der Versicherer, einen Teil der Überschüsse als Schlussüberschüsse aufzubewahren. Schlussüberschüsse werden bereits einzelvertraglich zugeordnet, aber noch nicht leistungserhöhend zugeteilt. Sie stehen unter dem Vorbehalt, dass der Vertrag seinen geplanten Ablauf erreicht. Die Summe der so zugeordneten Mittel bildet den Schlussüberschussanteilfonds (SÜAF). Festgelegte RfB und SÜAF ergeben zusammen die gebundene RfB. Diese Mittel hat der Versicherer bereits einzelnen Verträgen zugeordnet. Den Rest ist noch frei. Die freie RfB wird voraussichtlich auch am Ende des nach der Deklaration beginnenden Geschäftsjahres noch vorhanden sein.

Schlussüberschussanteilfonds

gebundene RfB

freie RfB

Wie zeitnah muss die Überschussbeteiligung erfolgen? Mithilfe der Rückstellung für Beitragsrückerstattung (RfB) baut der Versicherer einen Puffer auf, der Überschüsse aufnimmt, bevor sie einzelnen Verträgen leistungserhöhend oder beitragssenkend gutgeschrieben werden. Alle Zuführungen zu diesem Puffer sparen Steuern. Der Fiskus drängt daher darauf, den Puffer schnell wieder aufzulösen. Nach § 21 KStG unterliegen Mittel, die länger als drei Jahre in der RfB verblieben sind, der Körperschaftsteuer. Diese Begrenzung gilt nicht für den Schlussüberschussanteilfonds.

Verliert der Versicherer diese Begrenzung aus den Augen, muss er alle schon zu lange gebundenen RfB-Mittel in der Steuerbilanz auflösen. Die dabei entstehenden Erträge werden versteuert. Handelsrechtlich bleibt der Unterposten RfB unverändert. Es dürfte klar sein, dass ein Versicherer angesichts dieser Konsequenz ein sehr waches Auge auf die Obergrenze der RfB hat.

Er legt mindestens so viel RfB für Überschussbeteiligungen im kommenden Geschäftsjahr fest, dass sich am Ende des kommenden Geschäftsjahres außer dem Schlussüberschussanteilfonds nur Beträge in der RfB befinden, die dann vor höchstens drei Jahren zugeführt worden sein werden. Im aktuellen Jahresabschluss sind das die Beträge, die vor höchstens zwei Jahren zugeführt wurden: also die aktuelle Zuführung, die Zuführung aus dem Vorjahr und die Zuführung aus dem Jahr davor. Die Überschussdeklaration und damit die Festlegung von Überschussanteilen wählt der Versicherer so hoch, dass die verbleibende freie RfB kleiner ist als die Summe der letzten drei RfB-Zuführungen.

Mit dem Lebensversicherungsreformgesetz wurde zusätzlich eine aufsichtsrechtliche Obergrenze für die freie RfB in die Mindestzuführungsverordnung eingeführt. Mit ihr soll auch aufsichtsrechtlich die zeitnahe Beteiligung der Versicherungsnehmer an den Überschüssen sichergestellt werden: Nach dem neuen § 9 MindZV dürfen freie RfB-Mittel und die für spätere Geschäftsjahre festgelegten RfB-Mittel zusammen maximal doppelt so hoch sein wie die für das nächste Geschäftsjahr festgelegten RfB-Mittel. Zusätzlich dürfen bis zu 180 % der Solvabilitätsspanne (vgl. Abschnitt 4.7.2.8) in der freien RfB gebunden werden – bei guten Nettoverzinsungen in den vorangegangenen drei Geschäftsjahren nur bis zu 80 %.

erfolgsabhängige RfB In der Regel werden nur dann Mittel der RfB zugeführt, wenn das Unternehmen ein positives Ergebnis erzielt hat. Man spricht dann von erfolgsabhängiger RfB.

erfolgsunabhängige RfB Manche Tarife garantieren bei Eintritt bestimmter Ereignisse eine besondere Überschussbeteiligung, z. B. eine doppelte Todesfallleistung, wenn der Tod kurz nach der Heirat des Versicherungsnehmers eintritt. Mitunter wird auch eine erhöhte Leistung gewährt, wenn der Versicherungsfall trotz nachgewiesener regelmäßiger Vorsorge eintritt. Soweit diese Mehrleistungen aus Überschüssen versprochen werden, müssen sie selbst dann reserviert werden, wenn das Unternehmen kein gutes Jahresergebnis vorweisen kann. Solche Zuführungen zur RfB sind dann erfolgsunabhängig.

5.7.5 Sonstige Versicherungstechnische Rückstellungen

Der letzte Rückstellungs-Unterposten, die sonstigen Versicherungstechnischen Rückstellungen, enthält im wesentlichen zwei Positionen.

- *Stornorückstellungen* zu Forderungen aus dem Versicherungsgeschäft: Dies ist die Gegenposition zu den aktivierten Forderungen gegen den Versicherungsnehmer (vgl. Abschnitt 5.7.2). Sollte der Versicherungsnehmer tatsächlich kündigen, während sein Deckungskapital bei Zillmerung noch negativ ist, muss die entsprechende Forderung abgeschrieben werden, denn natürlich kann das „Austrittsgeld" gegen den kündigenden Versicherungsnehmer nicht durchgesetzt werden. Das Unternehmen muss für den Fall der frühen Kündigung entsprechende Rückstellungen bilden.

- Die Rückstellung für drohende Verluste aus dem Versicherungsgeschäft, auch *Drohverlustrückstellung* genannt, sorgt für nicht kalkulierte Leistungen und Aufwände vor. Mit diesem Posten sichert sich das Unternehmen insbesondere gegen rechtliche Risiken ab. Schwebende Verbandsklageverfahren, Musterprozesse gegen das eigene Unternehmen oder anhängige Grundsatzklagen vor dem BGH können, je nach Prozessausgang, dazu führen, dass erhöhte Leistungen, höhere Rückkaufswerte oder höhere Auszahlungsbeträge fällig werden, geringere Kosten als vereinbart erhoben werden dürfen oder zukünftig deutlich mehr Verwaltungsaufwand entsteht. Der mögliche Schaden für den Versicherer und die Versichertengemeinschaft geht oft in die Millionen. Es ist handels- und steuerrechtlich erforderlich, für den Fall eines ungünstigen Urteils rechtzeitig ausreichende Rückstellungen zu bilden.

5.8 Überschussquellen

Die neuen Versicherungsbedingungen der Proximus Lebensversicherung AG erklären die Überschussentstehung vorbildlich. Lesen Sie z. B. § 2 „Wie erfolgt die Überschussbeteiligung?" der Basis-Rentenversicherung (Proximus 3, S. 70).

Die gesetzliche Grundlage der Überschussermittlung findet sich in § 4 der gem. § 81c Abs. 3 VAG erlassenen Mindestzuführungsverordnung (MindZV):

> **§ 4 Abs. 1 MindZV: Mindestzuführung zur RfB**
>
> Zur Sicherstellung einer ausreichenden Mindestzuführung zur Rückstellung für Beitragsrückerstattung müssen Lebensversicherungsunternehmen […] die überschussberechtigten Versicherungsverträge angemessen am Kapitalanlageergebnis […], am Risikoergebnis [….] und am übrigen Ergebnis […] beteiligen. […] Alt- und Neubestand werden dabei getrennt betrachtet.

§ 4 Abs. 2 MindZV fordert dasselbe für Pensionskassen, nur ermitteln sich dort die drei Ergebnisse nach anderen Vorschriften.

eigene Abrechnungsverbände

Die Ergebnisse werden für jeden Abrechnungsverband getrennt ermittelt. Insbesondere muss zwischen dem Altbestand (einschl. Zwischenbestand) und dem Neubestand unterschieden werden. Weitere Abrechnungsverbände könnten mit Genehmigung der BaFin für große Gruppen-und Konsortialverträge gebildet werden. Die BaFin behandelt den Wunsch nach eigenen Abrechnungsverbänden sehr restriktiv, denn sie befürchtet eine Aushöhlung des Kollektivgedankens.

Innerhalb der Abrechnungsverbände erfolgt eine unabhängige Kapitalanlage. Auch die zugehörigen Sicherungsvermögen würden getrennt voneinander verwaltet.

Vor dem Inkrafttreten des Lebensversicherungsreformgesetzes am 7.8.2014 war eine angemessene Beteiligung eine solche, bei der negative Ergebnisse nicht mit positiven verrechnet werden durften und bei der mindestens 90 % der Kapitalerträge, 75 % des positiven Risikoergebnisses und 50 % des übrigen Ergebnisses den Versicherungsnehmern zugute kamen. Auf dieser Rechtsgrundlage basieren übrigens auch noch die Versicherungsbedingungen der Proximus Lebensversicherung.

Die anhaltende Niedrigzinsphase machte im Sommer 2014 eine Änderung nötig. Allein der Garantiezins im Bestand und die Notwendigkeit, Zinszusatzreserven zu bilden, führen – wenn das Zinsniveau unverändert niedrig bleibt – zu einer mehr als 90 %-igen Beteiligung an den Kapitalerträgen. Die Garantieverzinsung der hochprozentigen Verträge kann mit Neuanlagen am Kapitalmarkt schon nicht mehr erzielt werden. Zum Glück haben die Gesellschaften ausreichend gut verzinstes Sicherungsvermögen angelegt (vgl. Abschnitt 4.7.2.1). Wenn die Kapitalanlagen auslaufen, können sie nicht mehr gleichwertig ersetzt werden. Inzwischen erlaubt die MindZV deshalb, ein negatives Kapitalanlageergebnis mit einem positiven Risikoergebnis und einem positiven übrigen Ergebnis zu verrechnen. Zum Ausgleich muss der Versicherungsnehmer auch am Risikoergebnis zu mindestens 90 % beteiligt werden.

5. Kalkulatorische Risiken

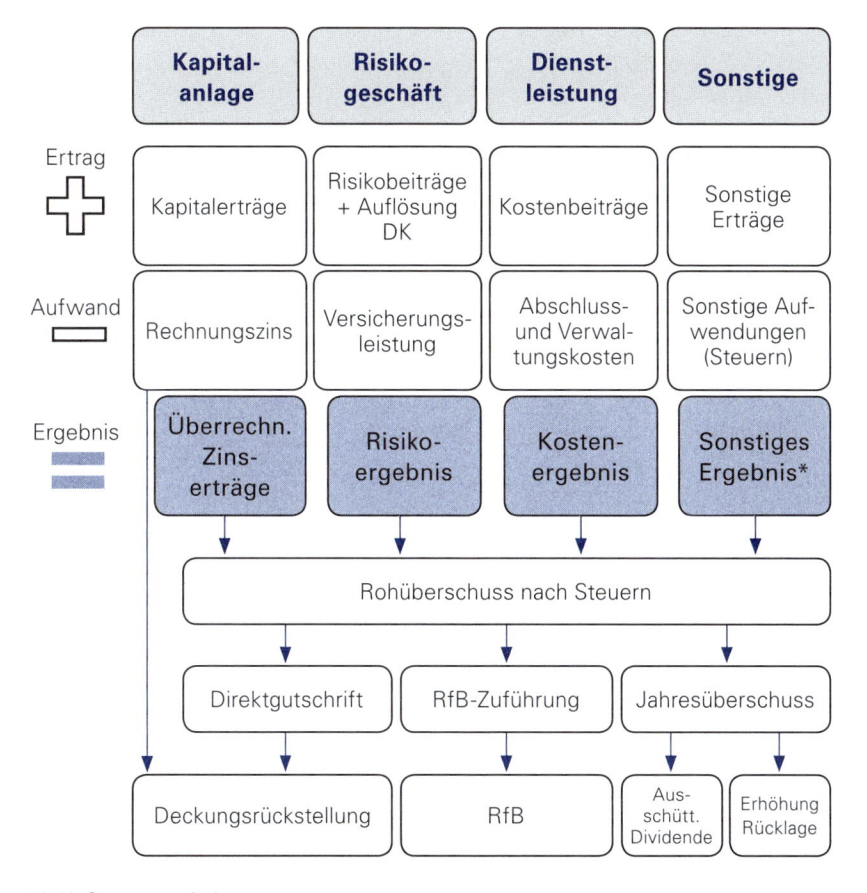

	Kapital-anlage	Risiko-geschäft	Dienst-leistung	Sonstige
Ertrag +	Kapitalerträge	Risikobeiträge + Auflösung DK	Kostenbeiträge	Sonstige Erträge
Aufwand −	Rechnungszins	Versicherungs-leistung	Abschluss- und Verwaltungskosten	Sonstige Aufwendungen (Steuern)
Ergebnis =	Überrechn. Zinserträge	Risikoergebnis	Kostenergebnis	Sonstiges Ergebnis*

→ Rohüberschuss nach Steuern

→ Direktgutschrift → RfB-Zuführung → Jahresüberschuss

→ Deckungsrückstellung → RfB → Ausschütt. Dividende / Erhöhung Rücklage

*inkl. Stornoergebnis

Abbildung 22: Ergebnisermittlung und Ergebnisverwendung

Wie werden das Kapitalanlageergebnis, das Risikoergebnis und das übrige Ergebnis ermittelt?

Kapitalerträge: Der Versicherungsnehmer ist zu mindestens 90 % an den Kapitalerträgen zu beteiligen. Aufwände im Zusammenhang mit dem Kapitalanlagenmanagement, z. B. Depotgebühren und Gehälter der Kapitalmanager dürfen vorher abgezogen werden. Die 90 % müssen für den garantierten Rechnungszins und für andere erforderliche Erhöhungen der Deckungsrückstellung (Stichwort: Zinszusatzreserve) reichen. Was übrig bleibt, erhöht die RfB oder kommt den Versicherungsnehmern sofort und ohne Umweg durch die RfB als Direktgutschrift zugute. In der Niedrigzinsphase wird es immer wahrscheinlicher, dass selbst 100 % der Kapitalerträge nicht ausreichen, um die garantierten Zinsen zu stellen. In Abbildung 23 entstehen dann keine überrechnungsmäßigen Zinserträge, sondern Verluste aus der hohen Zinsgarantie. Diese Verluste dürfen seit dem Inkrafttreten des Lebensversicherungsreformgesetzes 2014 vollständig mit dem Risikoergebnis und dem übrigen Ergebnis verrechnet werden.

Kapitalerträge

Risikoergebnis — *Risikoergebnis*: Der Versicherer nimmt Risikoprämien ein (vgl. Abschnitt 5.3.3). Diese sind so kalkuliert, dass sie zusammen mit dem freiwerdenden Deckungskapital der laufenden oder endenden Verträge für die Leistungen reichen sollen. Ob diese Rechnung im zurückliegenden Geschäftsjahr aufgegangen ist, zeigt das Risikoergebnis. Am positiven Risikoergebnis ist der Versicherungsnehmer zu 90 % zu beteiligen. Ein negatives Risikoergebnis geht voll zulasten des Versicherers und kann nicht mit positiven anderen Ergebnissen verrechnet werden.

Kostenergebnis — *Kostenergebnis*: Der mit den Prämien eingenommene Kostenanteil (vgl. Abschnitt 5.3.4) wurde ebenfalls so kalkuliert, dass er die tatsächlichen Abschluss-, Verwaltungs- und Schadenregulierungskosten deckt. Der Unterschied zwischen kalkulierten und tatsächlichen Kosten im vergangenen Geschäftsjahr bildet das Kostenergebnis.

Ein wachsendes Neugeschäft führt automatisch zu einem negativen Kostenergebnis. Bei der Interpretation von Kostenquoten wird das immer wieder gern übersehen. Die tatsächlichen Abschlussprovisionen zum Versicherungsbeginn werden erst durch Kostenentnahmen in späteren Jahren kompensiert. In den ersten fünf Jahren müssen zunächst die Mindestrückkaufswerte angespart werden. Die Abschlussprovisionen muss der Versicherer so lange auf Kosten des Ergebnisses vorfinanzieren.

sonstiges Ergebnis — *Sonstiges Ergebnis*: Erträge aus Stornoabzügen im Falle von Beitragsfreistellungen und Rückkäufen, möglicherweise auch ein positives Rückversicherungsergebnis, fließen ins sonstige Ergebnis. Ergebnisverringernd wirken fällige Steuern.

übriges Ergebnis — Das Kostenergebnis und das sonstige Ergebnis bilden zusammen das *übrige Ergebnis*. Ein positives übriges Ergebnis ist ganz wesentlich ein Verdienst des Versicherers, der durch effiziente Prozesse seine Kosten niedrig gehalten hat. Am übrigen Ergebnis ist der Versicherungsnehmer deshalb nur zu 50 % zu beteiligen. Auch ein negatives übriges Ergebnis kann nicht mit positiven anderen Ergebnissen verrechnet werden.

Veröffentlichungspflicht für die Überschussquellen — Die Kapitalerträge, das Risikoergebnis und das übrige Ergebnis sowie die Aufteilung dieser Beträge auf Rechnungszins, Zuführung zur RfB und Direktgutschrift sollen Lebensversicherungsunternehmen nach § 11 MindZV erstmals für das Geschäftsjahr 2014 spätestens 9 Monate nach Schluss des Geschäftsjahres veröffentlichen. Dies gilt nicht für Pensionskassen.

Die Ergebnisanteile, die nicht den Versicherungsnehmern als RfB-Zuführungen oder als Direktgutschrift zugute kommen, werden als Gewinnrücklage thesauriert oder bei Aktiengesellschaften als Dividende ausgeschüttet.

5.9 Überschussverteilung

> **Handlungssituation**
>
> Zuletzt hatten Sie Lothar Felix erklärt, dass er zwar mit seiner konventionellen Versicherung keinen Einfluss auf die Kapitalanlage seines Vertrages nehmen kann, dass er aber an den Überschüssen beteiligt ist. Lothar Felix will genau wissen, wonach sich seine Überschussbeteiligung richtet und wie er die voraussichtliche Höhe der Überschussbeteiligung erfahren kann.

Mit der Überschussbeteiligung ist die Beteiligung an den Bewertungsreserven untrennbar verknüpft.

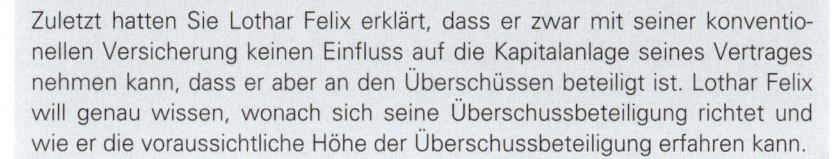

Zunächst ist es wichtig festzustellen, ob ein bestimmter Versicherungsvertrag überhaupt – wie bei Lothar Felix – am Überschuss beteiligt ist oder nicht. Nach § 153 VVG kann die Beteiligung am Überschuss insgesamt vertraglich ausgeschlossen werden. Ein teilweiser Ausschluss – etwa die Einschränkung auf beitragspflichtige Zeiten oder ein Ausschluss der Beteiligung an den Bewertungsreserven – ist nicht zulässig. Die Proximus Versicherung AG hat ihre Unfalltod-Zusatzversicherung insgesamt von der Beteiligung am Überschuss ausgeschlossen (Proximus 3, S. 136). So ein Ausschluss kommt relativ selten vor, ist aber bei der UZV üblich.

Die Überschussbeteiligung und auch die Zuordnung der Bewertungsreserven zu den Verträgen müssen gem. § 153 VVG nach einem *verursachungsorientierten* Verfahren erfolgen. Der Gesetzgeber hat bewusst das Wort „verursachungsgerecht" vermieden. Gerechtigkeit ist ein Ideal, das nie ganz erreicht werden kann. Wäre es gerecht, Kunden mit hohem Verwaltungs- und Beratungsbedarf nicht an Kostenüberschüssen zu beteiligen? Sollen Kunden mit erhöhtem Risiko keine Risikoüberschüsse erhalten? Sollen diese Fragen womöglich vor einem Gericht geklärt werden? Nein. Verursachungsorientierung reicht aus.

verursachungsorientiertes Verfahren

5.9.1 Verursachungsorientierte Überschussverteilung

Als Kriterien für ein verursachungsorientiertes Verfahren zur Überschussbeteiligung haben sich durchgesetzt:

- Zuordnung der Versicherungen zu sog. Bestandsgruppen (im Altbestand auch Abrechnungsverbände). Bestandsgruppen nach Anlage 1 Abschnitt D BerVersV sind beispielsweise:
  - kapitalbildende Lebensversicherung mit überwiegendem Todesfallcharakter
  - Risikoversicherung
  - kapitalbildende Lebensversicherung mit überwiegendem Erlebensfallcharakter (Rentenversicherungen)
  - kapitalbildende Lebensversicherung mit überwiegendem Erlebensfallcharakter nach § 1 AltZertG (Riester-Rentenversicherungen)

Bestandsgruppen

- Berufsunfähigkeitsversicherung (einschließlich Berufsunfähigkeits-Zusatzversicherungen)
- Pflegerentenversicherung (einschließlich Pflegerenten-Zusatzversicherungen)

Die Bestandsgruppen unterscheiden typischerweise auch zwischen Einzel- und Kollektivversicherungen und zwischen fondsgebundenen und konventionellen Versicherungen.

Gewinnverbände
- Zuordnung der Versicherungen einer Bestandsgruppe zu unterschiedlichen Gewinnverbänden abhängig von den verwendeten Rechnungsgrundlagen (Zins, Ausscheideordnungen und Kosten)
- getrennte Beteiligung am Zins-, Risiko- und übrigen Ergebnis

Im ersten Schritt der Überschussverteilung muss der Teil der Überschüsse bestimmt werden, der auf überschussberechtigte Verträge entfällt.

Im zweiten Schritt wird der zu verteilende Überschuss den Bestandsgruppen und anschließend den Gewinnverbänden zugeschlüsselt.

Überschussbemessungsgröße
Im dritten Schritt wird der so zugeschlüsselte Überschuss je nach Entstehung als Zins-, Risiko- oder Kostenüberschuss dem Schlussüberschussanteilfonds zugeführt oder dem Vertrag zugeteilt. Der jeweilige Tarif sieht dafür geeignete Überschussbemessungsgrößen vor:

- Für den Zinsüberschuss ist das typischerweise das Deckungskapital, manchmal auch die Versicherungssumme oder die vereinbarte Rente.
- Der Risikoüberschuss bemisst sich oft am riskierten Kapital oder bei Risikoversicherungen an der Versicherungssumme.
- Der Kostenüberschuss kann an den vereinbarten Verwaltungskosten bemessen werden oder einfacher am Beitrag oder auch an der Versicherungssumme.

Überschussanteilsatz
Die konkrete Höhe der Überschussbeteiligung ergibt sich durch Multiplikation der Bemessungsgröße mit dem Überschussanteilsatz.

Die Höhe des Anteilsatzes für den Zinsüberschuss richtet sich nach dem Garantiezins des Vertrages, und zwar so, dass alle Verträge der Gesellschaft im Wesentlichen dieselbe Gesamtverzinsung erhalten.* Die Höhe des Anteilsatzes für den Risikoüberschuss richtet sich nach den im Gewinnverband verwendeten Ausscheideordnungen. Die Höhe des Anteilsatzes für den übrigen Überschuss richtet sich nach der Höhe der im Gewinnverband verwendeten Kostensätze und nach den in den Tarifen tatsächlich entstandenen Verwaltungsaufwänden.

Überschussdeklaration
Die Deklaration der Anteilsätze erläutert der Verantwortliche Aktuar im Angemessenheitsbericht (vgl. Abschnitt 5.2). Die Gesellschaft veröffentlicht sie in

---

* Erstmals 2013 sind konventionelle Versicherungen mit einem Garantiezins unter dem Höchstrechnungszins am Markt aufgetaucht, die für den Verzicht auf die höchstzulässige Garantie eine „Belohnung" in Form einer etwas höheren Gesamtverzinsung in Aussicht stellen.

ihrem Geschäftsbericht. Die Überschussanteilsätze werden in einer Höhe deklariert, dass die den Gewinnverbänden zugeschlüsselten Überschüsse verursachungsorientiert verwendet werden.

Die Höhe der Überschussbeteiligung war und ist ein wichtiges Vertriebsargument. Bei Abschluss von Versicherungsverträgen werden gern Modellrechnungen auf Grundlage fiktiver oder aktueller Überschussdeklarationen angefertigt. Bis 2008 bestand ein unübersichtliches Durcheinander verschiedener Modellrechnungen mit mehr oder weniger realistischen Annahmen bezüglich der zukünftigen Überschusshöhe. Die Modellrechnungen waren untereinander nur schwer vergleichbar. § 2 VVG-InfoV normiert nun drei Gesamtzinssätze auf Basis des aktuellen Höchstrechnungszinses. Die sog. normierten Modellrechnungen nach § 154 VVG müssen im Rahmen dieser drei Zinsszenarios angefertigt werden und sind damit vergleichbar. In seiner jährlichen Benachrichtigung nach § 155 VVG muss der Versicherer auf Abweichungen zwischen seinen anfänglichen Angaben und der tatsächlichen Entwicklung der Überschüsse hinweisen.

normierte Modellrechnung

Informationsquellen zur Überschussbeteiligung			
Vor	Vertragsabschluss	Normierte Modellrechnung	▪ Mögliche, unverbindliche Wertentwicklung
Bei		Vertragsunterlagen	▪ Gewinnverband des Vertrages ▪ Bemessungsgrößen für die Überschusssätze
		Aktueller Geschäftsbericht	▪ Aktuell deklarierte Überschusssätze aller Gewinnverbände
Nach		Künftige Geschäftsberichte	▪ Künftige Deklarationen für alle Gewinnverbände
		Jährliche Mitteilung	▪ Erreichte Wertstände einschl. Überschusszuteilungen ▪ Information, wie sich die bisherige tatsächliche Überschussentwicklung von den anfänglichen Angaben unterscheidet

▶ Exkurs: Besonderheiten bei der Überschussbeteiligung großer Kollektiv(rahmen)verträge

Große Gruppenverträge und Konsortialversicherungsgeschäfte können einem eigenen Gewinnverband zugeordnet werden. Dadurch lässt sich das Kosten- und das Risikoergebnis separat erfassen und abrechnen. Besonders große Kollektiv(rahmen)verträge dürfen sogar ein eigenes Sicherungsvermögen nach § 54b VAG bilden.

Besonderheiten im Kollektivgeschäft

Da Begünstigungsverträge und Sondervergütungen im Versicherungsgeschäft grundsätzlich untersagt sind (vgl. § 81 VAG) und dasselbe erst recht für die Provisionsabgabe gilt, besteht die einzige Möglichkeit, bestimmten Versichertengemeinschaften günstigere Konditionen anzubieten, darin, sog. Kollektivversicherungen zu kalkulieren. Das BAV-Rundschreiben R 3/94 (siehe VerBAV 1/95, S. 3–9) bestimmt die Voraussetzungen, unter denen Kollektiv-Tarife kalkuliert und angeboten werden dürfen. Große Kollektivverträge dürfen zudem eine eigene Überschussbeteiligung vorsehen.

Hinweise für die Kollektivlebensversicherung (R 3/94)

Die dort erlassenen Hinweise für die Kollektivlebensversicherung (Anlage zu R 3/94) lauten entsprechend:

„[...]

1.4.2 Für einen Kollektiv(rahmen)vertrag größeren Umfangs, zu dem eine eigene erfolgsabhängige Überschussbeteiligung nach den Grundsätzen der mathematischen Risikotheorie vorgenommen werden kann, kann eine eigene Abrechnung durchgeführt werden. Sie darf keine Subventionen zu Lasten der übrigen Versichertengemeinschaft des Versicherungsunternehmens erhalten; insbesondere ist sie mit den Gemeinkosten des Versicherungsunternehmens anteilig zu belasten.

Erläuterung: Dabei kann es sich um eine vollständige oder auch teilweise erfolgsabhängige Abrechnung (wie z. B. Risikoüberschussbeteiligung oder Tranchenzinsen) handeln. Bei den Tranchenzinsen orientiert sich der Zinszuwachs des Guthabens an der Verzinsung der auf den Tarif bezogenen (kongruenten) Kapitalanlagen.

Die Erfahrung hat gezeigt, dass von einem Kollektiv(rahmen)vertrag größeren Umfangs ausgegangen werden kann, wenn dieser einen Gesamtjahresbeitrag von mindestens 1 Mio. DM oder eine Gesamtversicherungssumme von mindestens 30 Mio. DM aufweist.

1.4.3 Bei einem Kollektiv(rahmen)vertrag mit besonders großem Umfang kann gemäß § 54 b VAG vorgegangen werden."

Diese Hinweise gelten auch heute noch (bei entsprechender Umrechnung von D-Mark in Euro).

5.9.2 Verursachungsorientierte Zuordnung der Bewertungsreserven

Auch die Beteiligung an den Bewertungsreserven erfolgt nach einem angemessenen Verfahren. Dazu hat der GDV folgendes Verfahren vorgeschlagen. Es muss für jeden Teilbestand mit eigenen Kapitalanlagen separat durchgeführt werden:

1. Schritt: Ermittlung der verteilungsfähigen Bewertungsreserven in den am Überschuss beteiligten Beständen. Ein kleiner Teil der gesamten Bewertungsreserven entfällt auf nicht überschussberechtigte Verträge. Alle anderen Bewertungsreserven sind verteilungsfähig. Seit dem 7.8.2014 dürfen Bewertungsreserven in festverzinslichen Wertpapieren unberücksichtigt bleiben, soweit sie zur Bildung des sog. Sicherungsbedarfes benötigt werden (vgl. Abschnitt 4.7.2.3).

2. Schritt: Ermittlung des verursachungsorientierten Anteils pro Vertrag. Verursachungsorientiert heißt hier, dass Verträgen, denen auf der Passivseite schon für lange Zeit viel Deckungskapital, Überschussguthaben und Schlussüberschussguthaben zugeordnet wurde, ein höherer Anteil an den Bewertungsreserven zusteht als Verträgen, die erst kurz und mit wenig Kapital im Bestand sind.

3. Schritt: Zur Vertragsbeendigung und zum Rentenbeginn erfolgt die hälftige Beteiligung am verursachungsorientierten Anteil.

Während des Rentenbezugs erfolgt die Beteiligung an den Bewertungsreserven durch die laufenden Überschüsse.

Wegen der bestehenden hohen Bewertungsreserven waren im Jahr 2013 einige Unternehmen dazu übergegangen, im Rahmen der Deklaration eine sog. Sockelbeteiligung an den Bewertungsreserven als Schlussüberschuss zu deklarieren. Diese Sockelbeteiligung wird selbst dann gewährt, wenn die Bewertungsreserven niedriger ausfallen als erwartet.

5.9.3 Laufende Verzinsung und Gesamtverzinsung

Der Zinsüberschuss hat in der Vergangenheit immer die größte Rolle gespielt. Die laufende Verzinsung, also die Summe aus Garantieverzinsung und deklariertem Zinsüberschuss, streute im Jahr 2014 relativ wenig um ihren Durchschnitt, der bei 3,4 % lag. Die Gesamtverzinsung, zu der auch Risiko- und übrige Überschüsse (in Abbildung 24 „Sonstige Gewinnanteile" genannt) sowie die Zuführungen zum Schlussüberschussanteilfonds und ein ggf. deklarierter Sockelzins zählen, hatte eine deutlich größere Bandbreite. Das Rating-Unternehmen Assekurata bereitet jährlich eine Marktstudie zur Überschussbeteiligung auf.

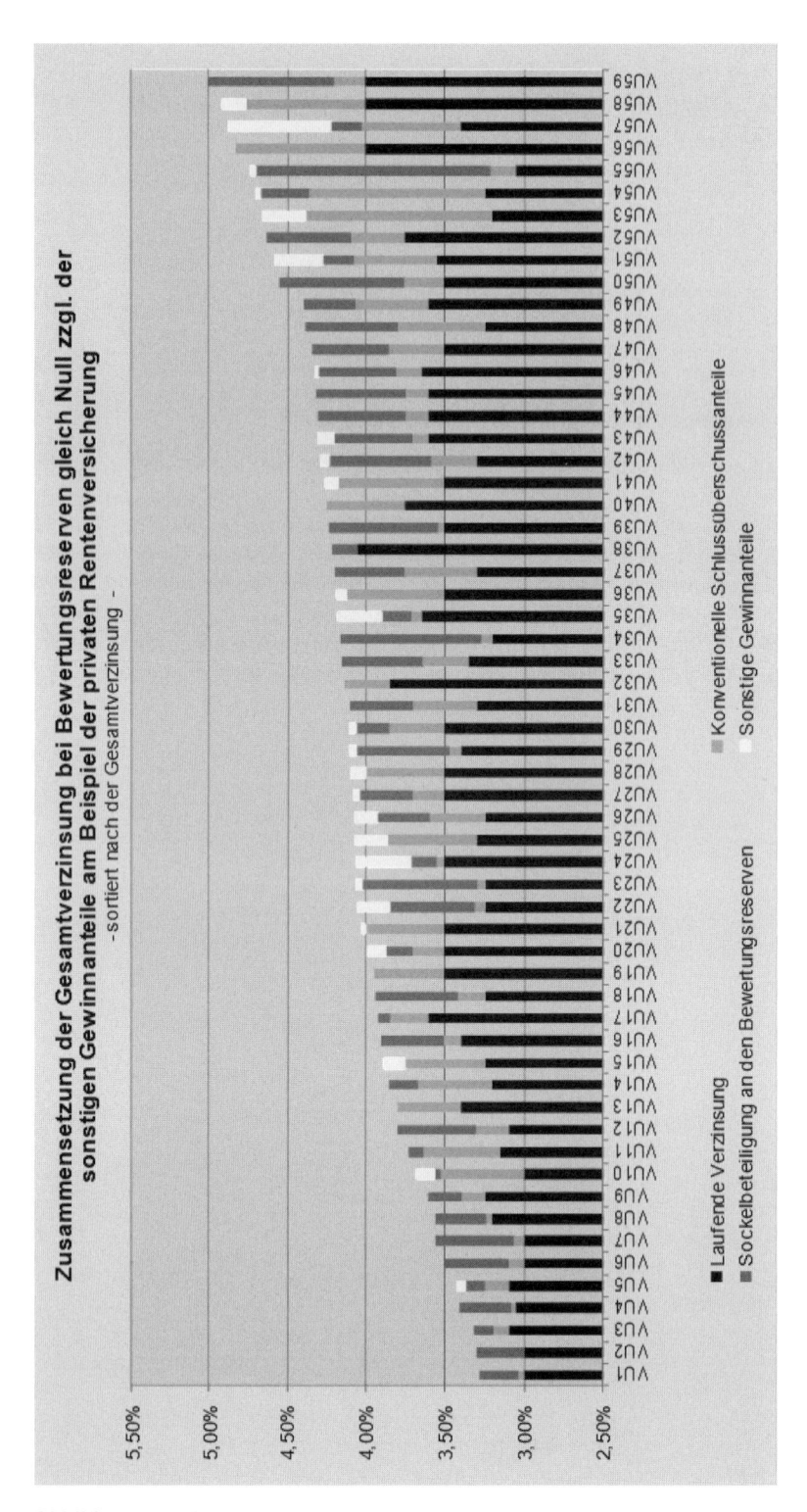

Abbildung 23: Gesamtverzinsung gem. Deklaration für 2014 (Quelle: Assekurata)

5.10 Überschussverwendung

Die Überschüsse der Versicherung sind ermittelt und verursachungsorientiert auf die verschiedenen Verträge verteilt worden. Welchen Nutzen haben die Versicherungsnehmer von diesen Zuteilungen? Welche verschiedenen Verwendungsmöglichkeiten für zugeordnete Überschüsse gibt es und wer entscheidet darüber?

Über die tariflich vorgesehenen Überschussverwendungen wird meist bereits während der Produktentwicklung entschieden. Dabei richtet sich die Überschussverwendung auch danach, in welcher Vertragsphase sich die Versicherung gerade befindet, also danach, ob die Versicherung beitragspflichtig oder beitragsfrei in der Aufschubzeit ist oder ob sie sich bereits im Leistungsbezug befindet. Für den Rentenbezug stehen häufig mehrere Überschussverwendungsmöglichkeiten alternativ zur Wahl. Der Versicherungsnehmer muss sich spätestens zum Rentenbeginn für eine Möglichkeit entscheiden.

	Überschussverwendung	Vor- und Nachteile, Besonderheiten
Während der Aufschubzeit	Bonussystem	Erhöhung der Versicherungssumme in der Risiko- und Kapitalversicherung (Todesfallbonus); Erhöhung der versicherten Rente in der BU/EU-Versicherung (Bonusrente). Der zugeteilte Überschuss erhöht das Deckungskapital des Vertrags.
	Verzinsliche Ansammlung	Bildung eines rückkaufsfähigen Überschussguthabens (Verbindlichkeit), welches im Todes- und im Erlebensfall fällig wird
	Beitragsreduktion / Beitragsverrechnung	Ermäßigung des Zahlbeitrags. Der vereinbarte Beitrag bleibt unverändert hoch, wird aber z. T. aus Überschüssen finanziert. Typische Überschussverwendung für Risikoüberschüsse in Risiko- und BU/EU-Tarifen. Nur anwendbar bei beitragspflichtigen Verträgen.
	Barausschüttung	Auszahlung der Zuteilung an den Versicherungsnehmer. Oft gewünscht bei arbeitgeberfinanzierter bAV; Nachteil in Schicht 3: volle Ertragsbesteuerung bei früher Leistung
	Abkürzung der Versicherungsdauer	Vorverlegung des Ablauftermins und damit der Fälligkeit der Erlebensfallleistung; bei vorzeitigem Todesfall keine Zusatzleistung aus der Überschussbeteiligung, daher heute selten verwendet, eher: Abrufklausel

	Überschussverwendung	Vor- und Nachteile, Besonderheiten
Während des Rentenbezugs	Progressive Rente / Dynamikrente / Volldynamische Rente	Die jährliche Zuteilung erhöht die garantierte Rente.
	Degressive Rente	Die jährliche Zuteilung wird in der Regel in 12 monatlichen Raten bar ausgeschüttet. Die Zuteilung sinkt meist mit dem Deckungskapital, darum fällt jedes Jahr die Rente etwas niedriger aus, sinkt aber nicht unter die anfänglich garantierte Rente.
	Konstante Rente / Teildynamische Rente	Anfänglich wird eine Rente garantiert. Zusätzlich wird aus den erwarteten zukünftigen Überschüssen eine Zusatzrente berechnet. Diese kann nicht garantiert werden.

6. Tarife und Produkte

Ein Tarif im eigentlichen Sinne ist ein öffentliches Angebot, zu bestimmten Konditionen Leistungen zu erbringen. Die Bahn befördert ihre Kunden z. B. nach ihrem Beförderungstarif. Sie kann niemanden ablehnen, der sich zu den dort beschriebenen Konditionen befördern lassen will.

Anders die Versicherung: Ein *Versicherungstarif* ist letztendlich nur eine interne Vorgabe der Geschäftsführung an die damit Beauftragten, Versicherungsverträge abzuschließen. Solange die Geschäftsführung die rechtlichen Rahmenbedingungen einhält, steht es ihr frei, Verträge abzuschließen oder abzulehnen. Abgeschlossene Versicherungsverträge müssen unter gleichen Voraussetzungen gleich behandelt werden. Dies besagt das Gleichbehandlungsgebot in § 11 Abs. 2 VAG (vgl. Abschnitt 5.2). Der Tarif beschreibt die Art und Weise, wie die Prämien und Leistungen eines neu abzuschließenden Vertrages berechnet werden. Der Tarif beschreibt zudem, wie gesetzlich oder vertraglich zugesicherte Änderungen berechnet werden, und ob und wie darüber hinaus freiwillige Vertragsänderungen vereinbart und durchgeführt werden.

Gleichbehandlungsgebot

6.1 Einzeltarife – Kollektivtarife

Einzeltarife können in der Regel von jedem abgeschlossen werden, der sich dafür interessiert und der den Anforderungen des jeweiligen Tarifs gerecht wird. Annahmegrenzen betreffen typischerweise das Mindest- und Höchsteintrittsalter, die Mindestversicherungsdauer sowie den Mindestbeitrag und den Höchstbeitrag, bis zu dem ein Abschluss ohne besondere Risikoprüfung durchgeführt werden kann. Mitunter gibt es die Einschränkung, dass die Prämienzahlung nur im Lastschriftverfahren erfolgen darf.

Im Niedrigzinsumfeld können manche Verträge der zweiten Schicht nicht angeboten werden, in denen der steuerlich oder arbeitsrechtlich vorgeschriebene Beitragserhalt nicht kostendeckend garantiert werden kann.

Kollektivtarife sind gegenüber Einzeltarifen in der Regel günstiger. Damit dabei das Gleichbehandlungsgebot nicht verletzt wird, muss das Kollektiv, welches zu diesen Vergünstigungen berechtigt sein soll, nachweisbar günstiger sein. Gehört das Kollektiv vielleicht einer Berufsgruppe mit besonderen Risikomerkmalen an? Die Vergünstigungen dürfen nicht zulasten der Versichertengemeinschaft gehen (vgl. Exkurs im Abschnitt 5.9.1), sondern müssen aus sich selbst heraus berechnet sein. Die Vergünstigung könnte z. B. im Verzicht auf Gesundheitsfragen bestehen. Innerhalb der bAV sind Vergünstigungen bei den Verwaltungskosten um bis zu 4 % des Beitrags gerechtfertigt, wenn gemäß BAV-Rundschreiben R 3/94 in VerBAV 1/95

Ziffer 1.4.1 der Hinweise für die Kollektivlebensversicherung (R 3/94)

- innerhalb des Kollektivrahmenvertrages mindestens 10 Personen versichert werden und
- wenn die Art und die Höhe der Versicherungsleistungen nach objektiven Merkmalen festgelegt ist oder, anderenfalls, der Gesamtjahresbeitrag mindestens 30.000 DM oder die Gesamtversicherungssumme mindestens 1 Mio. DM betragen.

Die objektiven Merkmale beziehen sich darauf, dass für bestimmte Versichertenkreise, beispielsweise für „die in der Fertigung beschäftigten Arbeitnehmer" oder für „Abteilungsleiter im Alter 28 bis 58 mit mindestens 5 Dienstjahren" oder für „gewerbliche Arbeitnehmer mit mindestens zehn Dienstjahren", die versicherten Leistungen im Kollektivrahmenvertrag festgeschrieben sind: Sie erhalten z. B. alle eine arbeitgeberfinanzierte Beitragsbefreiung bei Berufsunfähigkeit oder eine Hinterbliebenenrente in bestimmter Höhe o. ä. Die Festlegung des Versichertenkreises bleibt dem Arbeitgeber überlassen. Er hat an dieser Stelle sicherlich Beratungsbedarf. Er muss in seinem Unternehmen dafür sorgen, dass die jeweiligen Abgrenzungen akzeptiert werden und niemand diskriminiert oder willkürlich ausgegrenzt wird. Typischerweise wird eine solche Betriebsvereinbarung mit dem Betriebsrat abgestimmt.

Die Versicherten werden in der Regel listenmäßig durch die Personalabteilung des Arbeitgebers erfasst und gemeldet. Der Arbeitgeber kann einen Teil der Informationspflichten nach § 7 VVG und § 10a VAG übernehmen, soweit sie gegenüber den Versorgungsanwärtern und -empfängern bestehen. Er trägt dadurch selbst zu günstigeren Abschluss-, Vertriebs- und Verwaltungskosten bei.

6.2 Haupttarife – Zusatztarife

Die Proximus Lebensversicherung AG bietet eine ganze Reihe unterschiedlicher Produkte an. Eine Versicherung, die für sich alleine abgeschlossen wird und bestehen kann, ist eine Hauptversicherung, der zugehörige Tarif der *Haupttarif*.

BMF-Schreiben vom 1.10.2009, Rz. 36–39

Eine Hauptversicherung kann durch Einschluss einer Zusatzversicherung erweitert werden; die Zusatzversicherung kann ohne die Hauptversicherung nicht allein weiterbestehen. Der Zusatzversicherung liegt ein passender *Zusatztarif* zugrunde. Mit der Zusatzversicherung wird ein weiteres Risiko abgesichert, beispielsweise kann eine Kapitallebensversicherung um eine Absicherung gegen die Gefahr, berufsunfähig zu werden, erweitert werden. Die Zusatzversicherung übernimmt dann im Falle der Berufsunfähigkeit die Beitragszahlung der Hauptversicherung und leistet darüber hinaus evtl. sogar eine Berufsunfähigkeitsrente. Vertrags- und steuerrechtlich bilden Haupt-und Zusatzversicherung eine Einheit – das gilt auch für den nachträglichen Ein- oder Ausschluss der Zusatzversicherung.

6.3 Produktsystematik

Lebensversicherungsprodukte sind vielfältig. Gemeinsam ist ihnen die Absicherung eines oder mehrerer biometrischer Risiken. Es geht immer entweder um das Risiko, besonders lange zu leben, oder um das Risiko, besonders kurz zu leben. Aktuariell gleichartig und darum auch der Lebensversicherung zugeordnet, ist das Risiko, arbeitsunfähig, berufsunfähig, erwerbsgemindert oder pflegebedürftig zu werden oder an einer schweren, unheilbaren Krankheit zu leiden. Ein Lebensversicherungstarif beschreibt genau:

- welches Risiko versichert sein soll
- ob sich das Risiko bereits manifestiert, wenn eine oder erst wenn mehrere Personen betroffen sind

6. Tarife und Produkte

- wie die Risikogemeinschaft beschaffen ist, die füreinander einsteht
- ob und wenn ja, welche zusätzlichen Risiken abgesichert werden können
- ob und wenn ja, wie eine Kapitalbildung zusätzlich zum Risikoschutz erfolgt
- welche steuerliche Förderung dadurch erreicht werden soll
- ob der Versicherungsnehmer am Überschuss beteiligt wird
- ob der Eintritt des Versicherungsfalls gewiss sein soll; d. h. ob selbst dann eine Leistung fällig wird, wenn sich das versicherte Risiko nicht manifestiert

Wird ein Vertrag nach dem so umschriebenen Tarif abgeschlossen, müssen bestimmte Parameter vereinbart werden. Zuallererst müssen natürlich die zu versichernden Personen benannt werden und das Bezugsrecht geklärt werden. Wer kommt für die Prämien auf und wer ist der Vertragspartner? Das versicherte Risiko wird in seinen Ausprägungen vereinbart:

- Welche Höhe hat die Versicherungsleistung und wie ändert sie sich ggf. während der Versicherungsdauer?
- Wann beginnt und endet die Versicherungsdauer?
- Wann beginnt und endet die Beitragszahlung und welche Höhe hat die Prämie zu welchem Zeitpunkt? Ist unterjährige Beitragszahlung gewünscht?
- Wird die Leistung einmalig oder als Rente fällig? Lebenslang oder abgekürzt?

Man unterscheidet prinzipiell zwischen:
- *Risikoversicherungen*: Hier werden ein oder mehrere Risiken versichert, aber keine Kapitalbildung betrieben.
- *Kapitalversicherungen*: Hier werden ein oder mehrere todesfallartige Risiken versichert und zusätzlich steuerlich gefördert Kapitalbildung betrieben.
- *Rentenversicherung*: Hier wird das Langlebigkeitsrisiko versichert und dazu steuerlich gefördert ein Rentenvermögen angesammelt.

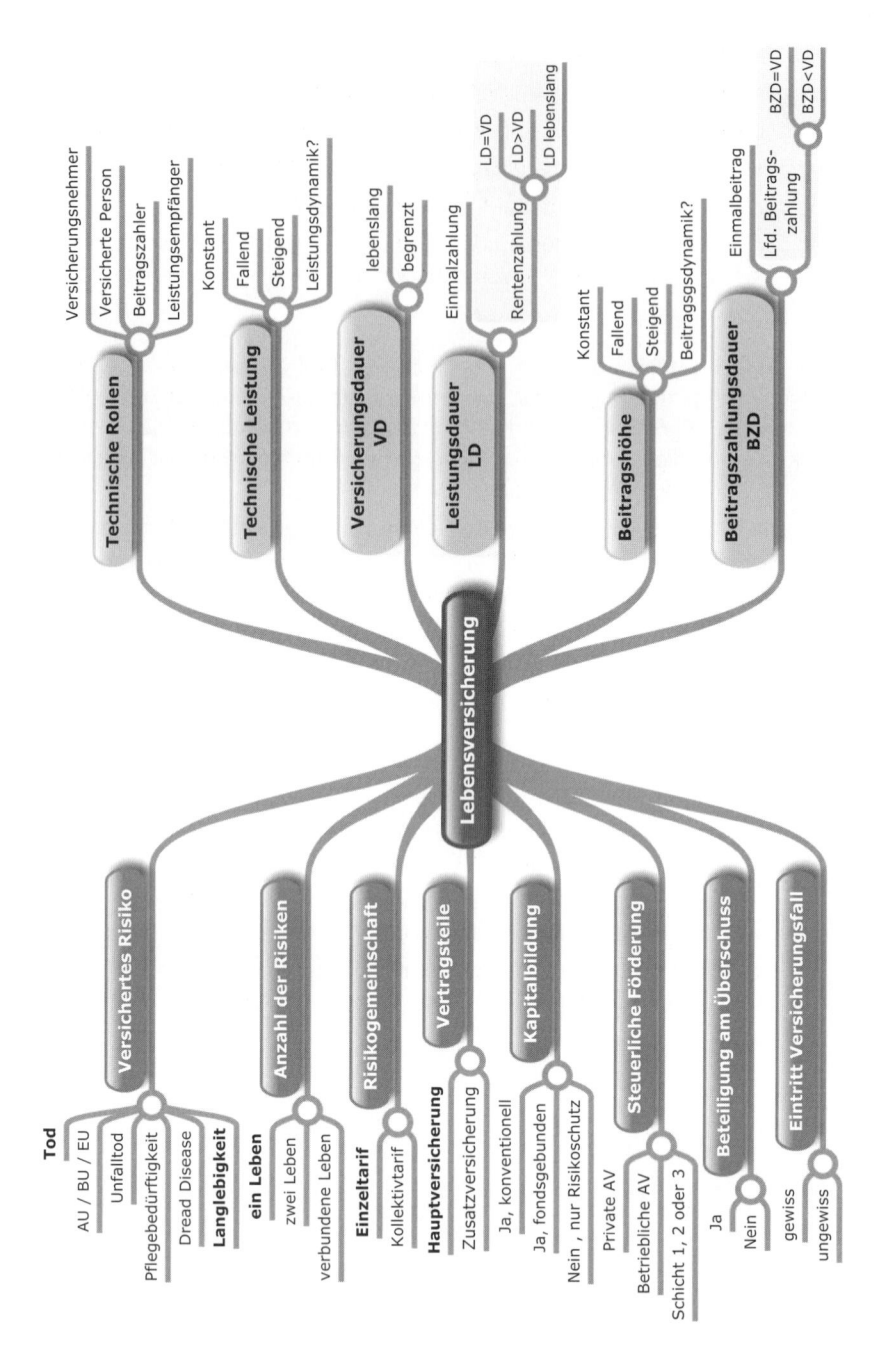

Abbildung 24: Tarifausprägungen (dunkel) und Vertragsausprägungen (hell)

Die Tarifausprägungen in Abbildung 25 stellen eine Art Produktbaukasten dar. Mit ihm kann ein Produktentwickler einen bedarfsgerechten Tarif kreieren.

Um eine kapitalbildende Versicherung gegenüber Bankprodukten steuerlich fördern zu lassen, sind bestimmte Nebenbedingungen zu erfüllen. Diese beziehen sich z. B. auf eine Mindest-Todesfallleistung oder auf eine Mindestgarantie hinsichtlich der Rentenhöhe. Da die Risikoumverteilung die Kernkompetenz der Versicherer ist, sollte es eigentlich keiner Vorgabe zur Übernahme eines Mindestrisikos bedürfen. Weil aber der Versicherer für seine Leistung „Risikotransfer" keinen angemessenen Preis verlangen kann und stattdessen sogar das Risikoergebnis zu 75 %, seit Sommer 2014 sogar zu 90 % an den Versicherungsnehmer zurückfließt, wird die „Risikoübernahme" zunehmend unattraktiv.

Die Frage, ob der Eintritt des Versicherungsfalls gewiss oder ungewiss ist, entscheidet letztlich, ob der Vertrag rückkaufsfähig ist oder ob er im Kündigungsfall nur in eine beitragsfreie Versicherung umgewandelt wird (vgl. Abschnitt 5.6.3).

6.3.1 Risikoversicherungen

Todesfallversicherungen sind Lebensversicherungen, die nur bei Tod der versicherten Person fällig werden, egal, wann dieser eintritt.

Todesfallversicherung

In diesem Sinne ist die Versicherungsdauer also lebenslang; der Eintritt der Versicherung ist damit gewiss.

Da ohnehin die Todesfallleistung angespart werden muss – schließlich wird sie ja mit Sicherheit fällig – macht es kalkulatorisch keinen großen Unterschied, wenn sie bereits bei Erleben eines hohen Alters, etwa im Alter 85 oder 90, fällig wird. Streng genommen handelt es sich dann nicht mehr um eine Todesfallversicherung, sondern um eine Gemischte Kapitallebensversicherung (vgl. Abschnitt 6.3.2)

▶ Exkurs: Überzahlung

Würden Sie als 50-Jähriger folgende Versicherung abschließen?

Die Versicherung ist zunächst kostenlos. Ihre Hinterbliebenen erhalten bei Ihrem Tod 1.000 €. Erleben Sie jedoch das Alter 100, müssen Sie 1 Mio. € Prämie zahlen.

Kalkulatorisch könnte diese „Versicherung" sogar aufgehen: Von 1.000 50-Jährigen erreicht tatsächlich nur etwa einer das Alter 100. Der muss die Prämie für alle vorher auszuzahlenden Leistungen begleichen. Die Äquivalenzgleichung ist erfüllt.

Trotzdem scheint hier etwas nicht zu stimmen. Eigentlich sind es sogar gleich zwei Störgefühle:

1. 1 Mio. € kommt dem 50-Jährigen subjektiv viel zu teuer vor. Er muss ja tausendmal mehr einzahlen, als er maximal herausbekommt. Dies ist ein extremer Fall von Überzahlung.

2. Der Versicherer geht ein großes Wagnis ein. Jeder gewiefte Versicherungsnehmer wird den Vertrag im Alter 99,9 kündigen. Er erhält natürlich keinen Rückkaufswert, spart sich aber die gigantische Prämie, die ja erst im Alter 100 fällig geworden wäre.

Natürlich bietet keine Versicherung so einen Vertrag an. Im Zusammenhang mit Todesfallversicherungen kann es aber im Prinzip zu ganz ähnlichen Situationen kommen. Das Dilemma ist als Überzahlungsproblematik bekannt:

Überzahlungsproblematik

Wird der Barwert der Leistungen gleichmäßig auf einen langen Zeitraum verteilt, müssen ihn auch die wenigen Überlebenden zahlen, die ein sehr hohes Alter erreichen. Da sie zahlenmäßig so wenige sind, ist die von ihnen zu zahlende Prämie entsprechend hoch. Das führt unter Umständen dazu, dass die Summe der schon gezahlten Prämien irgendwann höher ist als die vereinbarte Leistung. Überzahlung!

Als Ausweg aus diesem Dilemma bietet sich eine abgekürzte Prämienzahlungsdauer an. Die zu zahlende Prämie steigt dann zwar, es kommt aber nicht mehr so leicht zu einer Überzahlung.

Dieselbe Versicherung wie im obigen Beispiel gegen eine anfängliche Einmalprämie von unter 1.000 € ist vollkommen unproblematisch. Für die anfangs eingezahlten sagen wir 900 € bekommt der Versicherte bei seinem Tod mit Zins und Zinseszins 1.000 € zurück. Ein gutes Geschäft für alle Beteiligten.

Risikoversicherung   *Risikoversicherungen i. e. S.* sind „kurze Todesfallversicherungen"

Geht man noch einen Schritt weiter und begrenzt außer der Prämienzahlungsdauer auch die Versicherungsdauer, so gelangt man zu den eigentlichen Risikoversicherungen. Geleistet wird bei Tod während der Versicherungsdauer, aber nicht bei Erleben des Ablauftermins.

Der Eintritt des Leistungsfalls ist ungewiss. Die Versicherung ist also nicht zwingend rückkaufsfähig. Der Rückkaufswert und ggf. aufgelaufene Überschüsse werden gleichwohl meist abgefunden, weil eine nennenswerte beitragsfreie Leistung aus dem Betrag nicht finanziert werden kann.

Bei den Überschüssen handelt es sich überwiegend um Risiko- und übrige Überschüsse. Sie werden meist als Beitragsreduktion (Reduktion der zu zahlenden Prämie während des nächsten Jahres um beispielsweise 40 %) oder als Todesfallbonus (Erhöhung der versicherten Leistung während des nächsten Jahres um beispielsweise 66,667 %) gewährt. In der Regel bleibt es für lange Zeit bei derselben Überschussdeklaration, weil sich das Niveau des Risikoergebnisses nur ganz allmählich ändert.

Weil sie auf Kapitalbildung verzichtet, kann die Risikoversicherung für kleines Geld einen hohen Versicherungsschutz bieten. Das macht die Risikoversicherung ideal für:

- *Die Hinterbliebenenabsicherung*
  Es gibt die Risikoversicherung sowohl mit einer der Höhe nach fest vereinbarten einmaligen Todesfallleistung, die auf Wunsch auch verrentet werden kann, als auch mit einer Leistung in Form einer lebenslangen oder abgekürzten Hinterbliebenenrente in vereinbarter Höhe für einen benannten Hinterbliebenen. Der Wert der Hinterbliebenenrente hängt in diesem Fall vom Alter des Hinterbliebenen bei Tod der versicherten Person ab. Keine Hinterbliebenenrente wird fällig, wenn der benannte Hinterbliebene bereits vor der versicherten Person verstirbt.

Wenn die Versicherungsleistung in Form einer Rente erfolgt, spricht man je nach Begünstigtem von einer Hinterbliebenen-, Witwen-/Witwer- oder Waisenrente. Die Proximus Versicherung AG bietet eine Hinterbliebenenrenten-Zusatzversicherung zu sofort beginnenden Rentenversicherungen an (Proximus 3, S. 137).

Hinterbliebenenrentenversicherung

- *Die Absicherung von Krediten*

  In diesem Fall wird gern eine mit der Zeit fallende Versicherungssumme vereinbart. Man spricht auch von einer *Restschuldversicherung*.

  Restschuldversicherung

- *Den Einstieg in den Aufbau eines später erweiterbaren Versicherungsschutzes*

  Dies gilt umso mehr, als die Risikoversicherung während der ersten zehn Versicherungsjahre häufig ohne erneute Gesundheitsprüfung in eine Versicherung mit Erlebensleistung, z. B. in eine Gemischte Versicherung mit gleich hoher Todesfallleistung, umgetauscht werden kann. Solche Versicherungen bezeichnet man daher auch als *Risiko-Umtauschversicherungen*. Ein Umtausch innerhalb der ersten zehn Jahre ist auch dann möglich, wenn sich die Gesundheitsverhältnisse der versicherten Person verschlechtert haben sollten.

  Risiko-Umtauschversicherungen

  Den ursprünglichen Versicherungsbeginn kann sich der Versicherungsnehmer mit dieser Methode leider nicht erhalten; er müsste sonst beispielsweise den bisher nicht gezahlten Sparbeitrag nachzahlen.

Sind außer dem Partner keine weiteren Hinterbliebenen zu versichern, kann die Absicherung auf *Verbundene Leben* erwogen werden: Bei dieser Spezialform der Risikoversicherung werden zwei Personen gleichzeitig versichert. Die Leistung wird bereits fällig, wenn die erste der beiden Personen stirbt; bei Tod der zweiten erfolgt keine erneute Leistung. Aus diesem Grunde ist die Risikoversicherung verbundener Leben zwar teurer als die Absicherung nur eines Lebens, aber günstiger als der Abschluss zweier unabhängiger Risikoversicherungen.

Verbundene Leben

Man kann den eigenen Tod in beliebiger Höhe versichern – vorausgesetzt ein Versicherer trägt das Risiko. Versicherer überprüfen eine mögliche Überversicherung:

- anhand der Angaben des Versicherten selbst, die er im Antrag preisgibt
- anhand von gespeicherten Datensätzen im „Hinweis- und Informationssystem der Versicherungswirtschaft" (HIS) des Verbandes
- anhand von Erkenntnissen, die bei der Rückversicherung von Großrisiken gewonnen werden

Eine hohe, ggf. auch kumulative Todesfallleistung kann ein Indiz für einen Versicherungsbetrug oder -missbrauch sein. Eventuell weiß die versicherte Person, dass ihre Zeit abläuft, und sie versucht noch schnell, ihre Hinterbliebenen auf Kosten der Versichertengemeinschaft zu versorgen (vgl. Kapitel 3, Abschnitt 4).

Den Tod eines anderen kann man grundsätzlich nicht ohne dessen Einverständnis versichern, wenn die Leistung die gewöhnlichen Beerdigungskosten übersteigt (§ 150 VVG). Derzeit geht die Rechtsprechung dabei von 8.000 € aus. Es dient der Sicherheit der versicherten Person, wenn sie weiß, wer von ihrem Tod profitiert.

> **Merke**
>
> Bei Einschluss eines Hinterbliebenenschutzes in eine betriebliche Altersvorsorge ist es erforderlich, dass der Arbeitgeber dafür das schriftliche Einverständnis des Arbeitnehmers einholt.

Tod des Versicherungsnehmers

Stirbt der Versicherungsnehmer vor der versicherten Person, wird die Leistung natürlich nicht fällig. Statt dessen fällt die Versicherung in die Erbmasse oder sie wird, wenn der Versicherer einverstanden ist oder wenn der Übergang der Versicherungsnehmereigenschaft bereits vorher vertraglich vereinbart wurde, von der versicherten Person oder einem Dritten weitergeführt. Die Proximus Versicherung AG nimmt für die Übertragung der Versicherungsnehmereigenschaft eine Gebühr in Höhe von 15 € (Proximus 3, z. B. auf S. 90).

Dread-Disease-Versicherung

Hinterbliebenenschutz und Restschuldversicherung sind keine überzeugenden Verkaufsansätze für Singles. Sie gehen an ihrem Vorsorgebedarf vorbei. Alleinstehende benötigen die Leistung bereits zu Lebzeiten. Mit einer *Dread-Disease-Versicherung* wird diese Versorgungslücke geschlossen. Die Dread-Disease-Versicherung leistet bereits, wenn eine schwere, meist tödlich verlaufende Krankheit diagnostiziert worden ist. Die Versicherungsbedingungen zählen diese Krankheiten abschließend auf. Mögliche schwere Erkrankungen in diesem Sinne sind Herzinfarkt, Schlaganfall, Krebs, Multiple Sklerose, Lebererkrankung, Lungenerkrankung, Parkinson, (chronisches) Nierenversagen, Bypass-Operation, Aids, Transplantation, Querschnittslähmung, Kinderlähmung, Erblindung, Hör- und Sprachverlust. Die Leistung kann beliebig verwendet werden, um das Leiden zu mildern, teure (Auslands-)Behandlungen zu finanzieren, die eigene Wohnung pflegegerecht umzubauen oder um einen Ortswechsel zu ermöglichen. Vielleicht begleicht die Leistung einen laufenden Kredit, der ansonsten die finanziellen Spielräume stark einschränken würde.

Berufsunfähigkeitsversicherung, Erwerbsunfähigkeitsversicherung, Arbeitsunfähigkeitsversicherung, Pflegeversicherung

Bei der Todesfall- und bei der Risikoversicherung i. e. S. spielt die Ausscheideordnung „Tod" die entscheidende kalkulatorische Rolle. Verwendet man stattdessen eine Ausscheideordnung zum Eintritt der Berufsunfähigkeit, erhält man die selbstständige Berufsunfähigkeitsversicherung (BU-Versicherung) oder die unselbstständige *Berufsunfähigkeits-Zusatzversicherung* (BUZ). Entsprechendes gilt für Erwerbsunfähigkeit (EU), Arbeitsunfähigkeit (AU) und Pflegebedürftigkeit.

Während bei der Todesfall- und Risikoversicherung i. e. S. die Todesfallleistung der Höhe nach vereinbart ist, ist bei der BU-Versicherung und bei ihren Anverwandten nur die versicherte Rentenhöhe vereinbart. Die Leistungsdauer hängt jedoch vom Zufall ab. Ein erfolgreiches Casemanagement hilft im Versicherungsfall dabei, die Leistungsdauer abzukürzen. Das ist zum beiderseitigen Vorteil für den Versicherten und den Versicherer.

Für die Kalkulation der Berufsunfähigkeitsversicherung benötigt man zusätzlich

- Tafeln (Ausscheideordnungen) über die zu erwartende Verweildauer als Berufsunfähiger (Ausscheiden durch Tod oder Rehabilitation) und
- vertragliche Vereinbarungen zur maximalen Leistungsdauer.

In der Regel endet die Leistungsdauer mit der Versicherungsdauer. Oft findet man auch die gegenüber der Versicherungsdauer verlängerte Leistungsdauer. Eine lebenslange Leistungsdauer ist in der *Pflegeversicherung* üblich.

Pflegeversicherung

Im Falle einer Zusatzversicherung zur Beitragsübernahme bei AU, EU oder BU entspricht die Leistungsdauer immer der Beitragszahlungsdauer der Hauptversicherung.

Für die Berufsunfähigkeitsversicherung hat der Gesetzgeber mit der VVG-Reform 2008 ein gesetzliches Leitbild entwickelt. Die §§ 172–177 VVG beschreiben, was sich fortan noch Berufsunfähigkeitsversicherung nennen darf.

Leitbild der Berufsunfähigkeitsversicherung

§ 172 VVG: Leistungen bei Berufsunfähigkeit

„(1) Bei der Berufsunfähigkeitsversicherung ist der Versicherer verpflichtet, für eine nach Beginn der Versicherung eingetretene Berufsunfähigkeit die vereinbarten Leistungen zu erbringen.

(2) Berufsunfähig ist, wer seinen zuletzt ausgeübten Beruf, so wie er ohne gesundheitliche Beeinträchtigung ausgestaltet war, infolge Krankheit, Körperverletzung oder mehr als altersentsprechendem Kräfteverfall ganz oder teilweise voraussichtlich auf Dauer nicht mehr ausüben kann.

(3) Als weitere Voraussetzung einer Leistungspflicht des Versicherers kann vereinbart werden, dass die versicherte Person auch keine andere Tätigkeit ausübt oder ausüben kann, die zu übernehmen sie auf Grund ihrer Ausbildung und Fähigkeiten in der Lage ist und die ihrer bisherigen Lebensstellung entspricht."

Die Regelung in Absatz 2 verzichtet darauf, einen Grad der Berufsfähigkeit festzulegen, unterhalb dessen unbedingt von einer Berufsunfähigkeit auszugehen ist. Marktübliche Berufsunfähigkeitsversicherungen wie diejenige der Proximus Lebensversicherung AG, gehen von einer Berufsunfähigkeit aus, wenn der zuletzt ausgeübte Beruf nur noch zu weniger als 50 % ausgeübt werden kann (Proximus 3, S. 97).

Die Regelung in Absatz 3 ist als Verweisung bekannt: Der Versicherer kann vereinbaren, dass er nicht leistet, wenn die versicherte Person eine andere geeignete Tätigkeit konkret ausübt (konkrete Verweisung) oder theoretisch ausüben könnte, wenn sie sich nur genug Mühe gäbe, einen solchen Job zu finden (abstrakte Verweisung). Verträge, in denen die abstrakte Verweisung vereinbart ist, können deutlich günstiger angeboten werden. Sie stellen den Versicherten dafür aber auch deutlich schlechter. Verträge, die auf jede Form der Verweisung verzichten, auch auf die konkrete, sind hingegen deutlich teurer.

laufende Rentenversicherung sofort beginnende Rentenversicherung

Auch eine *laufende Rentenversicherung* und die *sofort beginnende Rentenversicherung* können als Risikoversicherungen aufgefasst werden – jedenfalls dann, wenn keine Todesfallleistungen während des Rentenbezugs vereinbart sind. Todesfallleistungen von Rentenversicherungen während des Rentenbezugs sind beispielsweise:

- eine Rentengarantiezeit: Bei Tod während der Rentengarantiezeit wird die Rente noch bis zum Ende der Rentengarantiezeit weitergezahlt oder durch einen einmaligen Betrag abgefunden.
- eine Hinterbliebenenrente: Bei Tod der versicherten Person erhält eine mitversicherte Person, falls sie noch lebt, eine lebenslange Hinterbliebenenrente in Höhe von beispielsweise 60 % der versicherten Altersrente.
- eine Restkapitalabfindung: Bei Tod der versicherten Person wird ein Restkapital ausgezahlt, wenn die bisher gezahlte Rentensumme noch nicht das anfangs verrentete Kapital erreicht.

Obwohl also eine laufende Rentenversicherung über viel Kapital verfügt, ist sie nicht rückkaufsfähig. Warum ist das so? Inwiefern ist bei einer laufenden Rente der Eintritt des Versicherungsfalls ungewiss?

Das in der Rentenversicherung abgesicherte Risiko ist die Langlebigkeit. Während des Rentenbezugs weiß man nicht, ob noch eine einzige weitere Rentenrate fällig werden wird. Die versicherte Person kann jederzeit vor dem nächsten Fälligkeitstermin sterben.

6.3.2 Kapitalversicherungen

Bei Kapitalversicherungen tritt zur Risikoabsicherung zusätzlich eine Kapitalbildung. Die Kapitalbildung macht den Vertrag bei gleicher Versicherungssumme natürlich teurer als die reine Risikoversicherung. Den eigentlichen Risikoschutz erhält man jedoch günstiger, weil durch die Kapitalbildung von Jahr zu Jahr immer weniger Kapital unter Risiko steht (vgl. Abschnitt 5.3.3).

gemischte Versicherung

Die am weitesten verbreitete Kapitalversicherung ist die *gemischte Versicherung*. Unter der gemischten Versicherung versteht man eine Versicherung auf den Todes- und Erlebensfall. Die versicherte Summe wird bei Tod der versicherten Person fällig, spätestens aber, wenn diese den vereinbarten Ablauftermin bzw. das vereinbarte Endalter erlebt.

Bei vor dem 1.1.2005 abgeschlossenen gemischten Versicherungen sind unter bestimmten Voraussetzungen sämtliche Kapitalerträge während der Ansparphase steuerfrei (vgl. Abschnitt 6.3.5). Dieser Vorteil und natürlich die hohen Renditen haben dafür gesorgt, dass die gemischte Versicherung bis 2005 eine der beliebtesten Altersvorsorgeformen in Deutschland war.

fondsgebundene Lebensversicherung

Die *fondsgebundene Lebensversicherung* ist die fondsgebundene Schwester der gemischen Versicherung. Bei ihr erfolgt die Kapitalbildung mithilfe von Fonds, die der Versicherungsnehmer zum Versicherungsbeginn oder später auswählt. Die Sparbeiträge werden in diese Fonds investiert und dort wie in einem Wertpapierdepot angesammelt. Der Versicherungsnehmer kann die Fondsauswahl für künftige Sparprämien ändern (das nennt man Switchen) und/oder das bereits angesammelte Fondsguthaben auf andere Fonds umverteilen (das nennt man Umschichten oder Shiften). Shiften und Switchen ist meist kostenlos. Als Erlebensfallleistung gibt es das erreichte Fondsvermögen bei Ablauf. Der Versicherungsnehmer hat die Kapitalanlage also weitgehend selbst in der Hand. Anders als bei Bank-Fondssparplänen ist allerdings nicht der Kunde der Depotinhaber, sondern die Versicherungsgesellschaft. Der Versicherungsnehmer hat lediglich einen Anspruch auf die Wertentwicklung der von ihm ausgewählten Fonds. Erst zum Ablauf der Versicherung entsteht in vielen Verträgen der Anspruch auf Übertragung der Fondsanteile anstelle der Auszahlung des entsprechenden Euro-Betrages. So ist es auch bei der fondsgebundenen Lebens- und Rentenversicherung der Proximus Lebensversicherung AG (vgl. Proximus 3, S. 123).

Weil der Fondskurs bei Ablauf gerade sehr ungünstig sein kann, sehen – abgesehen von der Proximus Lebensversicherung AG – eigentlich alle fondsgebundenen Versicherungen eine Ablaufphase vor: Das ist ein meist mehrere Jahre andauernder Zeitraum, in dem die Auszahlung der Versicherung verlangt werden kann. Je nach Vereinbarung werden während der Ablaufphase noch Beiträge fällig oder nicht.

Ebenfalls der Absicherung guter Kurse dient das Recht, die fondsgebundene Versicherung in eine konventionelle Versicherung umzutauschen. Solch ein Umtauschrecht räumen einige fondsgebundenen Tarife, u. a. derjenige der Proximus Lebensversicherung AG, ihren Versicherungsnehmern ein.

Die Todesfallleistung einer fondsgebundenen Lebensversicherung wird in fester Höhe (z. B. 60 % der Beitragssumme) oder in Relation zum Fondsvermögen (z. B. Todesfallleistung = 110 % des Fondsvermögens) vereinbart. Das riskierte Kapital schwankt daher mit dem Fondskurs. Sind die Kurse niedrig, wird besonders viel Kapital für das Risikoversprechen benötigt.

Überschüsse fließen in der Regel dem Fondsguthaben zu. Verwaltungskosten werden dem Fondsguthaben entnommen. Bei einer nicht ausreichenden Wertentwicklung kann es theoretisch dazu kommen, dass das Fondsvermögen von den Risikoprämien und den Kostenentnahmen aufgezehrt wird, bevor der Ablauf der Versicherung erreicht ist. Die Versicherung zahlt dann so lange keine Leistungen mehr, bis durch erneute Beitragszahlung neues Fondsvermögen aufgebaut wird.

Die Beiträge sind meistens monatlich zu entrichten, um zu vermeiden, dass die Beitragsfälligkeit auf einen Termin mit hohem Kursstand und damit zu wenigen Anteilgutschriften führt. Es werden günstigere Durchschnittskosten erreicht („cost-average-Effekt").

Neben der reinen fondsgebundenen Versicherung gibt es sog. *Hybridversicherungen*, das sind fondsgebundene Versicherungen mit garantierter Ablaufleistung. Es gibt sie in unterschiedlichen Varianten. Verbreitet sind diese Varianten allerdings eher in fondsgebundenen Rentenversicherungen, darum werden sie erst in Abschnitt 6.3.3 ausführlicher erklärt.

indexgebundene Versicherung

Einen Schritt weiter gehen *indexgebundene Versicherungen*. Anstelle der Wertentwicklung der gewählten Fonds verspricht hier der Versicherer die Wertentwicklung eines marktüblichen Index, z. B. die Wertentwicklung der Aktienindices EuroStoxx 50 oder DAX oder die Werteentwicklung des Rentenindex REX. Es obliegt dem Geschick der Kapitalanleger der Versicherung, tatsächlich diese Wertentwicklung zu erwirtschaften. Wie sie das machen, ist meist ein Geschäftsgeheimnis. Eine Möglichkeit, wenn auch eine sehr aufwendige, wäre, jeden Sparbeitrag aufzuteilen und davon im richtigen Verhältnis die Wertpapiere zu kaufen, die dem Index zugrunde liegen. Bei einer indexgebundenen Versicherung entfällt bei Ablauf die Option, sich den Wert der Versicherung in Indexanteilen auszahlen zu lassen.

Mitunter wird gegen einen Preisaufschlag die Garantie ausgesprochen, dass der Stand des Index zu bestimmten Stichtagen nicht niedriger ist als am vorangegangenen Stichtag. Sollte also der Index gefallen sein, trägt der Versicherer die Differenz.

Die Kapitalanlage zur Sicherstellung der Rückstellungen für die fondsgebundene und die indexgebundene Versicherung erfolgt innerhalb des besonders gut überwachten Sicherungsvermögens im Anlagestock (vgl. Abbildung 15 in Abschnitt 4.7.2.1)

Termfixversicherung

Eine andere Variante der gemischten Versicherung ist die *Termfixversicherung*.

Die Terminfixversicherung hat eine ganz spezielle Todesfallleistung: Ihre Todesfallleistung besteht darin, im Falle des Todes des Versicherten für die noch fehlenden vereinbarten Beiträge dieser gemischten Versicherung aufzukommen, indem das vorhandene Deckungskapital auf den Barwert der künftigen Leistung aufgefüllt wird. Anders ausgedrückt:

Die Ablaufleistung der Termfixversicherung wird zum vereinbarten Termin fällig, selbst dann, wenn wegen des Todes des Versicherten nicht alle vereinbarten Beiträge gezahlt worden sind.

Der Versorger kann mit solch einer Versicherung die Altersversorgung seiner Hinterbliebenen gegen die Gefahr absichern, dass er als Beitragszahler ausfällt.

Ausbildungsversicherung

Eltern oder Großeltern können mit einer Termfixversicherung zum Ausbildungsbeginn ihrer Kinder bzw. Enkelkinder für ein Startkapital sorgen, das sogar dann zur Verfügung steht, wenn sie selbst dann nicht mehr leben sollten. Mit einer *Ausbildungsversicherung* erhält das begünstigte Kind die Leistung zum vereinbarten Termin. Ob die Versicherungssumme tatsächlich für die Ausbildung oder für etwas anderes verwendet wird, ist unerheblich. Die Leistung wird sogar dann fällig, wenn das begünstigte Kind den vereinbarten Termin nicht erleben sollte. Sie fällt dann seinen Erben zu oder einem vom Versicherungsnehmer zu dessen Lebzeiten bestimmten Ersatz-Begünstigten.

In einer Termfixversicherung ist es nicht ohne Weiteres möglich, nach dem Tod des Versicherungsnehmers vor Fälligkeit an das Geld zu gelangen. Ohne die

6. Tarife und Produkte

Versicherungsnehmereigenschaft kann der Begünstigte nicht einseitig kündigen und eine frühere Auszahlung des Rückkaufswertes verlangen.

6.3.3 Rentenversicherungen

Eine *aufgeschobene Rentenversicherung* ist versicherungsmathematisch eigentlich eine gemischte Versicherung mit anschließender Verrentung der Erlebensfallsumme. Die Bedeutung der Rentenversicherung für den Versicherten unterscheidet sich jedoch ganz erheblich von der Bedeutung einer gemischten Versicherung:

aufgeschobene Rentenversicherung

Mit einer aufgeschobenen Rentenversicherung beherrscht der Versicherte schon bei Abschluss das Risiko, dass er besonders lange lebt.

Ohne Versicherung droht Altersarmut: Sogar wenn eigenes Vermögen vorhanden ist, mit dem die gesetzlichen Rente vorübergehend auf eine komfortables Niveau aufgestockt werden kann, ist man vor den Risiken der Langlebigkeit nicht gefeit. Ist das Vermögen verbraucht, sinkt das Einkommen wieder auf das Niveau der gesetzlichen Rentenversicherung ab. Kurzum: Der gewohnte Standard muss ausgerechnet in einem Alter aufgegeben werden, in dem Veränderungen nicht mehr wie selbstverständlich zum Leben dazugehören.

Dagegen helfen aufgeschobene und *sofort beginnende Rentenversicherungen*: Die Versicherungsunternehmen zahlen selbst dann weiter, wenn das anfängliche Kapital schon aufgebraucht wäre. Sie beziehen ihr gefühlt unerschöpfliches Kapital aus dem Kollektiv jener Versicherten, die – leider – viel zu früh aus dem Leben scheiden und dabei keine oder nur eine geringe Todesfallleistung erhalten.

sofort beginnende Rentenversicherung

Das Kapital der Rentenversicherung ist natürlich nicht wirklich unerschöpflich. Dass es ausreicht, ist das Ergebnis einer genauen Kalkulation, bei der die angenommene Ausscheideordnung der Rentner und die erwarteten Zinserträge auf die Rückstellungen für die Rentenanwärter und -empfänger die entscheidende Rolle spielen.

In der Vergangenheit haben sich Versicherungsunternehmen in diesen beiden Faktoren bereits getäuscht und mussten die Rückstellungen aus eigenen und aus Überschussmitteln aufstocken. Versicherer bilden die Zinszusatzreserve, um sich auf dauerhaft niedrige Zinsen vorzubereiten (vgl. Abschnitt 5.7.2).

Der Übergang von der Rententafel DAV1994R auf die Tafel DAV2004R war nötig, weil neuere Sterblichkeitsuntersuchungen der Deutschen Aktuarvereinigung belegt hatten, dass sich die Lebenserwartung etwa durch den medizinischen Fortschritt rasanter erhöht, als es die Tafel DAV 1994R unterstellt hat. Die Prämie für eine Rente fester Höhe wurde durch die neue Tafel signifikant höher.

Wie gut, wenn man sich als Versicherter noch die ältere Sterbetafel sichern konnte. Hier zeigt sich: Je früher man sich um seine Altersvorsorge kümmert, desto günstiger sind tendenziell die Konditionen.

Abgesehen davon, dass man sich mit der aufgeschobenen Rente frühzeitig eine günstige Sterbetafel sichert, sind im Falle der Verrentung alle Erträge der Aufschubzeit steuerfrei. Für weitere steuerliche Einzelheiten sei auf Abschnitt 6.3.5 verwiesen.

fondsgebundene Rentenversicherung

Die *fondsgebundene Rentenversicherung* ist immer aufgeschoben. Die Kapitalbildung erfolgt wie in der fondsgebundenen Lebensversicherung durch Investition in die vom Versicherungsnehmer gewählten Fonds. Die zugrunde liegende Fondsauswahl gibt der Versicherer vor. Hieraus sucht sich der Versicherungsnehmer einen oder mehrere Investmentfonds aus. Neben der fondsgebundenen gibt es ebenso auch die *indexgebundene Rentenversicherung*. Beide funktionieren während der Aufschubdauer prinzipiell wie die entsprechenden Kapitalversicherungen.

indexgebundene Rentenversicherung

Der Wert der Fondsanteile kann während der Aufschubdauer steigen und birgt so viele Chancen für den Versicherungsnehmer. Er kann aber auch fallen und dadurch die auskömmliche Altersversorgung gefährden. Das ist insbesondere dann möglich, wenn der Versicherungsnehmer sich blind auf die Qualität seiner anfänglich gewählten Fonds verlässt und deren Wertentwicklung über Jahre nicht beobachtet. Mitunter endet solches Desinteresse zum Rentenbeginn mit einem bösen Erwachen. Dagegen helfen:

- *Aktives Fondsmanagement:* Der Versicherungsnehmer hat es in der Hand, selbst aktiv zu werden, seine gewählten Fonds zu beobachten und zumindest jährlich anhand der Benachrichtigung nach § 155 VVG zu kontrollieren, inwieweit die erreichten Werte mit der anfänglichen Modellrechnung übereinstimmen.
- *Gemanagte Fonds:* In manchen Versicherungsverträgen wird lediglich die Anlagestrategie vereinbart. Eine zur Strategie passende Fondsauswahl nimmt der Versicherer im Auftrag des Kunden vor.

Garantiefonds

- *Garantiefonds*: Am Fondsmarkt werden Laufzeitfonds mit Garantie angeboten. Die Anlagestrategie basiert dabei stets auf dem CPPI-Modell (vgl. Abschnitt 6.3.4). Die Fondsgesellschaft oder eine dahinter stehende Bank garantieren, dass der Fonds am Ende seiner Laufzeit einen bestimmten Wert erreicht, z. B. den höchsten, jemals zu bestimmten Stichtagen erreichten Fondskurs. Über drei Gefahren sollte der Versicherungsnehmer dann aufgeklärt werden:
  1. Die Garantie stammt vom Fondsanbieter oder einer dahinter stehenden Bank, nicht vom Versicherer.
  2. Das Laufzeitende des Fonds und der Ablauftermin der Versicherung müssen zueinander passen, denn die Garantie wirkt nur zum Laufzeitende des Fonds. Ist die Laufzeit der Versicherung länger als die Laufzeit des Fonds, kann der Versicherer durch Umschichtung in später aufgelegte, länger laufende Garantiefonds die Höchststandsgarantie meist für den Kunden retten.

Cash-Lock

  3. Garantiefonds mit Höchststandsgarantie bergen die Gefahr des Cash-Locks. Dadurch, dass sich das Garantieniveau des Fonds mit jedem erreichten Höchststand höher und höher schraubt, kann das Fondsmanagement immer weniger riskieren. Mit Pech entsteht eine Situation, in

der die Garantie nur noch durch Investition in festverzinsliche Anlagen sichergestellt werden kann. Dann besteht kein Spielraum mehr für höher rentierliche Anlagenformen. Aus dem Cash-Lock kann sich der Fonds selbst im Falle einer Hausse nicht mehr aus eigener Kraft befreien.

- *Zwei-Topf-Hybridversicherungen:* Hybridversicherungen verbinden die konventionelle Versicherungswelt mit der fondsgebundenen. Der Versicherer garantiert eine bestimmte Versicherungssumme oder eine bestimmte Rentenhöhe. Er sorgt durch konventionelle Anlage der Sparprämie dafür, dass die für die Garantie benötigte Summe erreicht wird. Nur der für die Garantie nicht benötigte Teil der Sparprämie wird fondsgebunden angelegt.

Hybridversicherung

- *Drei-Topf-Hybridversicherungen:* Drei-Topf-Hybridversicherungen bauen ihre Garantie nach Möglichkeit fondsgebunden mithilfe eines speziellen Garantiefonds auf. Nur wenn dafür nicht genug Kapital zur Verfügung steht, wird konventionell investiert. Der dritte, ebenfalls fondsgebundene Topf nimmt den Teil der Sparprämie auf, der nicht für die Garantie benötigt wird.

Der Garantiefonds verspricht, während eines Monats maximal 20 % an Wert zu verlieren. Dieses relativ harmlose Versprechen schränkt den Fondsanbieter kaum ein. Er kann also gute Renditen erwirtschaften. Der Versicherer schichtet monatlich das Vertragsvermögen um und stellt dabei sicher, dass in den ersten beiden Töpfen ausreichend Kapital liegt, um sicher die vereinbarte Garantieleistung zu erreichen.

Kunden in Hybridversicherungen sollten darüber aufgeklärt werden, dass unter Umständen die von ihnen gewählte Fondsauswahl nicht oder nur zu einem geringen Anteil die tatsächliche Kapitalanlage ihres Vertrages bestimmt. Außerdem sollten sie wissen, dass viel von der Wertentwicklung des Garantiefonds abhängt.

6.3.4 Fondswissen Kompakt

Handlungssituation

In der Beratungsphase erläutern Sie ihrem Kunden Lothar Felix die Unterschiede zwischen konventioneller und fondsgebundener Rentenversicherung. Lothar Felix möchte von Ihnen wissen, was ein Fonds ist und welche Vorteile eine fondsgebundene Versicherung gegenüber einer konventionellen Versicherung hat. Wer gibt in fondsgebundenen Versicherungen mit Garantiekomponente welche Garantie ab?

Fonds sind letztlich Sondervermögen, welche von einer Kapitalanlagegesellschaft verwaltet werden und in Anteile zerlegt sind. Zu bestimmten Stichtagen, meist börsentäglich, bestimmt die Gesellschaft den Wert des Sondervermögens und damit auch den Wert eines Anteils.

Zu diesem Preis nimmt die Kapitalanlagegesellschaft die Fondsanteile wieder zurück und zahlt dafür einen Teil des Sondervermögens aus.

In offenen Fonds können zu diesem Preis neue Anteile bei der Kapitalanlagegesellschaft gekauft werden. Der Kaufpreis wird dem Sondervermögen zugeführt.

Bei einer Bank werden beim Kauf und Verkauf oft Ausgabeaufschläge und manchmal Rücknahmeabschläge erhoben, die sich die Bank für ihre Mühe einbehält. Versicherungen handeln dagegen ohne diese Auf- und Abschläge. Im Rahmen einer Drei-Topf-Hybridversicherung, die allmonatlich zwischen dem Garantiefonds und den gewählten Fonds des Kunden umschichtet, wären Auf- und Abschläge die reinste Geldvernichtung. Die Versicherung achtet bei der Auswahl eines Fonds-Dienstleisters deshalb darauf, dass auch dieser sich nicht von jedem Fondshandelsvolumen ein kleines Scheibchen abschneidet.

Die Kapitalanlagegesellschaften unterliegen der Finanzaussicht, die in Deutschland von der BaFin durchgeführt wird. Die Luxemburger Fonds werden stattdessen von der CSSF (Commission de Surveillance du Secteur Financier) beaufsichtigt. Natürlich unterliegen alle europäischen Fondsgesellschaften denselben europäischen Finanzrichtlinien.

Investmentfonds

Es gibt eine ganze Reihe verschiedener Fondsklassen. Wenn man von Investmentfonds spricht, meint man meist die öffentlich gehandelten, offenen Publikumsfonds. Die Anlage- und Veröffentlichungspflichten der offenen Publikumsfonds sind in Kapitel 2 des Kapitalanlagegesetzbuch (KAGB) reguliert. Die meisten offenen Publikumsfonds sind OGAW-Sondervermögen (OGAW = Organismus für gemeinsame Anlage in Wertpapiere). Diese Fonds müssen zum Zwecke eines flüssigen Handels immer eine gewisse Liquidität vorhalten, sie dürfen keine Edelmetalle halten und keine Leerverkäufe tätigen.

OGAW-Fonds

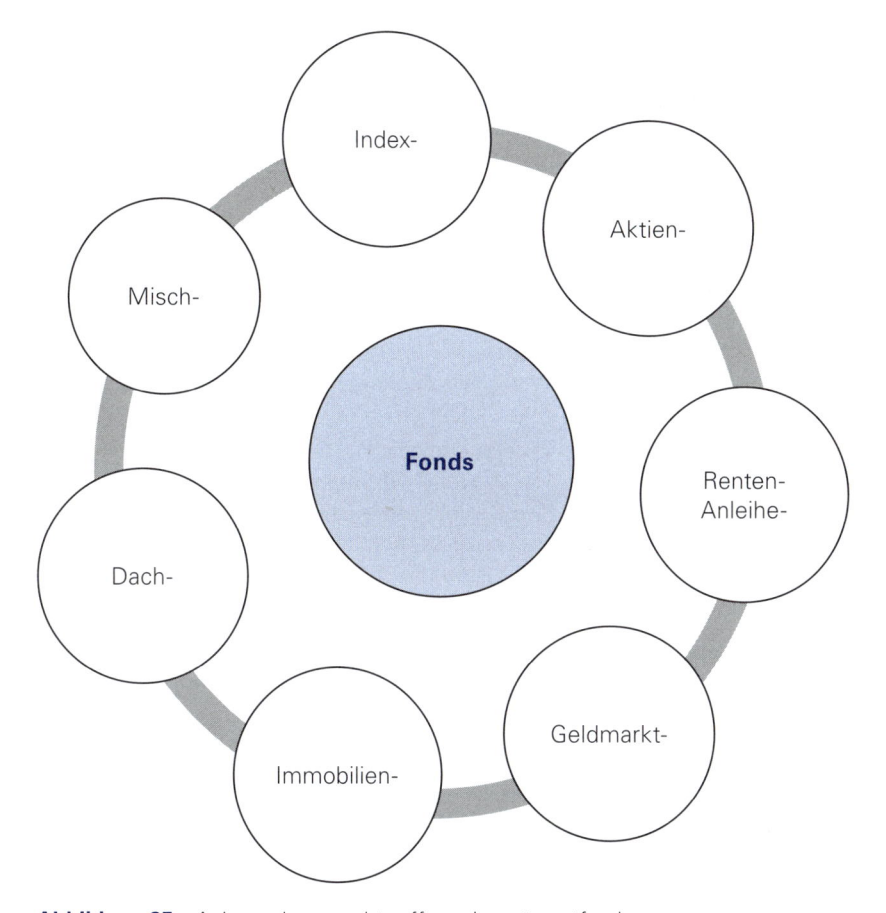

Abbildung 25: Anlageschwerpunkte offener Investmentfonds

Je nach Anlageschwerpunkt unterscheidet man:
- *Aktienfonds:* Die Fonds investieren ganz allgemein in irgendwelche Unternehmensanteile oder in Unternehmensanteile mittelgroßer Unternehmen mit Wachstumspotenzial, in Unternehmen bestimmter Regionen (z. B. International, Europa, Nordamerika, Schwellenländer, …) oder bestimmter Branchen (Telekommunikation, Medizin, Energieversorgung, Infrastruktur, Handel, …) oder Themen (Ethik, Nachhaltigkeit, …). Es gibt eine ganze Reihe erfolgversprechender Anlagestrategien am Markt.
- *Renten- und Anleihefonds:* Je nach Schwerpunkt investieren diese Fonds in Staats- und/oder Unternehmensanleihen bestimmter Regionen, unterschiedlicher Laufzeiten und unterschiedlicher Qualitäten.
- *Geldmarktfonds* sind für kurzfristige Anlagen geeignet. Das Kapital wird sehr liquide, sehr risikoarm und mit geringen Ertragschancen am Geldmarkt geparkt.
- *Mischfonds* investieren konjunkturabhängig sowohl in Aktien als auch in Anleihen und in den Geldmarkt.

- *Indexfonds* bilden einen anerkannten Index nach. Das Sondervermögen entwickelt sich genau wie der Index. Dies erreicht das Fondsmanagement entweder, indem es die Zusammensetzung des Index durch das Fondsvermögen repliziert oder indem es geeignete, am Index orientierte Derivate kauft oder verkauft. Die sonst für OGAW-Sondervermögen geltenden Anlagevorschriften sind im Falle von Indexfonds gelockert, damit der Index nachgebildet werden kann.

Immobilienfonds

- *Immobilienfonds* können die für Versicherungen erforderliche jederzeitige Liquidität nicht garantieren. Sie behalten sich im Gegenteil vor, für sechs Monate, in besonders angespannten Immobilienmärkten sogar bis zu 30 Monate, die Rücknahme auszusetzen, um währenddessen Immobilien zu veräußern. Für fondsgebundene Versicherungen sind Immobilienfonds deshalb ungeeignet.

- *Dachfonds* sind Fonds, die in andere Fonds, z. B. die jeweils besten Fonds eines Sektors, investieren. Die Wertentwicklung des Dachfonds muss nicht nur die Verwaltungskosten des Dachfonds tragen, sondern auch die Verwaltungskosten der unterliegenden Investmentfonds. Es gibt gute Dachfonds, die diesen doppelten Aufwand rechtfertigen. Die besonders hohen kumulierten Verwaltungskosten sollten aber in der Beratung angesprochen werden.

Wertpapierprospekt

Alle Publikumsfonds, haben regelmäßige Veröffentlichungs- und Informationspflichten. Bereits vor dem ersten öffentlichen Angebot der Wertpapieranteile muss die Kapitalanlagegesellschaft im Wertpapierprospekt alle wesentlichen Angaben über den Emittenten und die angebotenen Wertpapiere mitteilen. Der Prospekt soll den Anleger in die Lage versetzen, sich ein zutreffendes Bild über das Angebot zu machen, um auf dieser Grundlage seine Investitionsentscheidung zu treffen. Wesentlich kompakter, nämlich auf zwei Seiten, stellt sich der

KIID

Fonds mit dem KIID, dem Key Investors Information Document vor. Hierzulande wird es als Wesentliche Anlegerinformation (WAI) bezeichnet. Das KIID stellt u. a. folgende Informationen bereit:

- die Art des Anlageproduktes, seine Funktionsweise und die damit verbundenen Risiken
- den Synthetic Risk Reward Indicator (SRRI), das ist eine Kennzahl zwischen 1 (geringes Risiko) und 7 (hohes Risiko) auf Grundlage der Volatilität
- die mit der Anlage verbundenen Kosten in Prozent des Wertes
- eine Vergangenheitsbetrachtung zur Wertentwicklung

Die Anlagestrategie des Investmentfonds wird meistens zusätzlich kurz und prägnant als Factsheet dargestellt. Bei der Finanzberatung zu einzelnen Fonds sollte man zumindest deren KIID zur Verfügung stellen.

Die Fondsverwaltung ist mit Kosten verbunden. Über diese Kosten muss die Versicherung informieren, die diese Fonds einbindet. Letztlich erhöhen diese Kosten die Verwaltungskosten des Versicherungsvertrages und reduzieren die erzielte Rendite des Versicherungsvertrages. Ein gutes Fondsmanagement und die richtige Anlagestrategie vermögen allerdings bei überdurchschnittlichen Fonds über die Verwaltungskosten des Fonds hinaus einen Nutzen zu erzielen. Hohe Fondskosten sind deshalb nicht gleichbedeutend mit schlechter Rendite.

Mindestens jährlich erstellt und veröffentlicht der Fonds einen Jahresabschluss, in dem auch seine Erträge und Aufwände dargestellt werden. Die Anteilsinhaber werden entsprechend ihrem Anteil am Ergebnis des Fonds beteiligt. Der Gewinn wird entweder thesauriert, erhöht also das Fondsvermögen und insofern auch den Wert eines Anteils, oder er wird an die Anteilsinhaber ausgeschüttet. Die Tarifbedingungen von fondsgebundenen Versicherungen stellen meist klar, wie die Versicherung mit den Ausschüttungen umgeht. In der Regel werden die Ausschüttungen reinvestiert.

Wer sich nicht aktiv um seine Fondsauswahl kümmert, verpasst aktuelle Investmenttrends und sollte möglicherweise einen Fonds wählen, dessen Anlagestrategie dem Fondsmanagement viele Freiheiten lässt. Die Gefahr, ausgerechnet zu einem ungünstigen Zeitpunkt Fondsanteile zu kaufen, vermeidet ein eher passiver Anleger mithilfe des Cost Average Effekts. Dieser Effekt sorgt bei einer Versicherung gegen laufende Prämie automatisch dafür, dass bei niedrigen Kursen viele Fondsanteile und bei hohen Kursen nur wenige Fondsanteile gekauft werden. Am Ende hat man also mehr Fondsanteile im Fondsvermögen, die zu niedrigen Kursen gekauft wurden, und insgesamt ergibt sich ein günstiger Durchschnittskurs. Die Gefahr, den schlechtestmöglichen Kurs erwischt zu haben, ist gebannt.

Cost Average Effekt

Umgekehrt kann man im Rahmen eines Ablaufmanagements Fondsanteile in konventionelles Deckungskapital oder in stabile Geldmarktfonds umtauschen. Geschieht dies nach und nach, bannt der Cost Average Effekt auch die Gefahr, ausgerechnet den schlechtestmöglichen Kurs bei Ablauf des Vertrages zu realisieren.

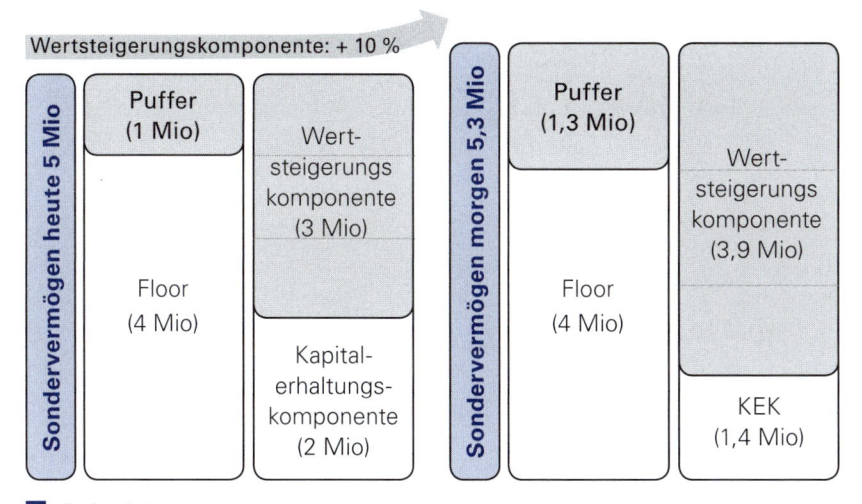

▶ Beispiel

Die Wertsteigerungskomponente steigt um 10% von 3 Mio auf 3,3 Mio. Bei einem Multiplikator von hier 3 ist das Fondsmanagement überzeugt, maximal $1/3$ der Wertsteigerungskomponente zu verlieren, bevor es Gegenmaßnahmen ergreift. Es widmet darum weitere 0,6 Mio aus der Kapitalerhaltungskomponente (KEK) in die Wertsteigerungskomponente um. Schlimmstenfalls verliert der Fonds dann seinen Puffer.

Abbildung 26: Umschichtung im CPPI-Modell

CPPI-Modell   *Garantiefonds* nutzen in der Regel das CPPI-Modell (Constant Proportion Portfolio Insurance), um ihre Garantie zu erzeugen (vgl. Abbildung 27). Die Garantie besteht darin, dass das Sondervermögen zu einem zukünftigen Zeitpunkt, z. B. dem Laufzeitende in 10 Jahren, einen bestimmten Wert hat. Das CPPI-Modell war in der Vergangenheit sehr erfolgreich. Ein Nachteil ist jedoch, dass der konstante Multiplikator als zu starr empfunden wird. In stabilen Aufwärtsphasen mit wenig Volatilität möchte das Fondsmanagement die Freiheit haben, auch höhere Multiplikatoren zu verwenden; in Abwärtsphasen möchte es lieber vollständig in der Kapitalerhaltungskomponente investiert bleiben. Daher gibt es am Markt flexibilisierte Varianten des CPPI-Modells.

> ▶ **Merke**
>
> Investiert ein Versicherungsnehmer im Rahmen seiner fondsgebundenen Versicherung in einen Garantiefonds, so steht die Kapitalverwaltungsgesellschaft des Fonds, nicht die Versicherung, für die Garantie ein.

6.3.5 Steuerliche Anforderungen an die Produktgestaltung

Das Steuerrecht versucht zu jedem Zeitpunkt, eine Balance zwischen der fiskalpolitisch notwendigen Einkommensbesteuerung und der sozialpolitisch gewollten Förderung privater und betrieblicher Altersvorsorge herzustellen (vgl. Abbildung 28). Die Regelungen, die diese Balance austarieren sollen, werden politisch immer wieder nachjustiert. Das Ergebnis ist nicht immer leicht zu verstehen. Diese Komplexität ist der Grund dafür, dass Steuerberatung die Aufgabe der Steuerberater und nicht in erster Linie die Aufgabe der Versicherungsberater ist.

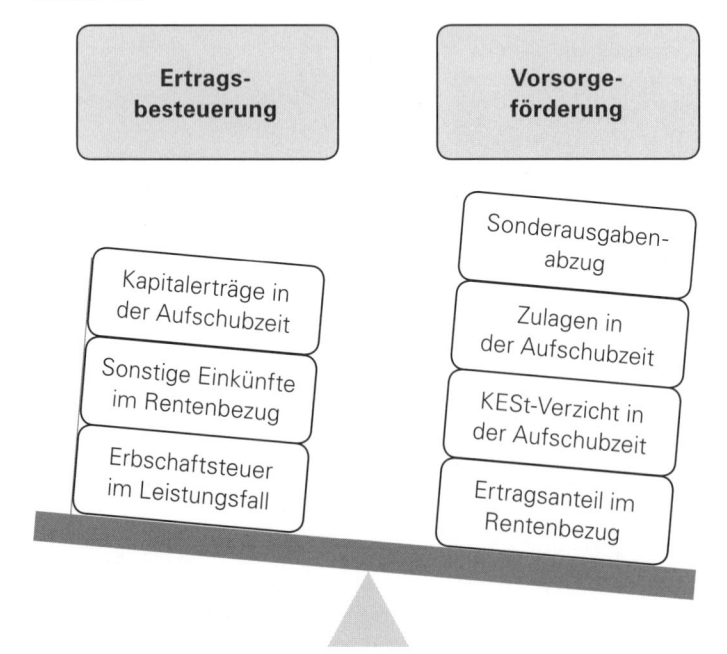

Abbildung 27:   Steuerpolitischer Balanceakt

Die Anpassung der Versicherungsprodukte an ein sich ständig wandelndes Steuerrecht nimmt viel Raum in der Verwaltung und in der Produktgestaltung ein. Für die Beauskunftung und für die Produktpflege älterer Tarife ist es erforderlich, auch deren Besteuerung, und zwar besonders die Besteuerung der Leistungen zu beherrschen. Für die Besteuerung aktueller Produkte sei auf Kapitel 1, Abschnitt 5 verwiesen. Oft sind es steuerliche Restriktionen, die bestimmte Vertragskonstellationen oder Vertragsänderungen verhindern. Es lohnt sich, auch die alten, bei Vertragsabschluss geltenden steuerlichen Regelungen zu kennen.

Todesfallleistungen

Todesfallleistungen und andere Leistungen aus Risikoversicherungen (z. B. Berufsunfähigkeits- und Erwerbsunfähigkeitsleistungen) entstehen nicht aus den angesparten Beiträgen des Versicherungsnehmers, sondern werden dem Leistungsempfänger vom Versichertenkollektiv finanziert. Natürlich hat dabei der Leistungsempfänger einen erheblichen Ertrag; es handelt sich aber nicht um einen Kapitalertrag, sondern – falls es solch eine steuerliche Einkommenskategorie gäbe – um einen Risikoertrag. Der Ertrag unterliegt jedenfalls nicht der Kapitalertragsteuer.

- Wenn die Todesfallleistung dem Versicherungsnehmer zufällt und dieser noch lebt, so erhält er die Leistung steuerfrei (dasselbe gilt für BU/EU-Leistungen aus versteuertem Einkommen). Dies ist der Grund dafür, dass man Lebensgefährten eine Überkreuzversicherung empfiehlt. Der Beitragszahler ist der Begünstigte, wenn sein Partner stirbt.

- Wenn die Todesfallleistung nicht dem Versicherungsnehmer, sondern einer begünstigten Person zufällt, so muss, je nach Verwandtschaftsgrad, mehr oder weniger Erbschaftsteuer gezahlt werden. Die Leistung gilt jedoch nicht als Einkommen, selbst dann nicht, wenn die Beiträge aus unversteuertem Einkommen bezahlt wurden. Eine aus der Todesfallleistung gebildete Hinterbliebenenrente wird als Rente, nicht als Todesfallleistung versteuert.

Kapitalleistungen in vor dem 1.1.2005 abgeschlossenen Kapitalversicherungen

Rechtsgrundlagen: § 20 Abs. 1 Nr. 6 und § 10 Abs. 1 Nr. 2 Buchstabe b EStG i. d. F. vom 31.12.2004, § 52 Abs. 28 EStG sowie BMF-Schreiben IV C 4 – S 2221-211/02 vom 22.8.2002)

Wie viel Versicherungsschutz sollte eine Kapitalversicherung bieten? Und: Was hat diese Frage mit der Besteuerung zu tun?

Bis zum teilweisen Wegfall des Steuerprivilegs für Kapitalversicherungen durch das Alterseinkünftegesetz (AltEinkG) am 1.1.2005 waren Kapitalversicherungen wesentlich beliebter als Rentenversicherungen.

Auch heute noch sind Kapitalerträge steuerfrei, wenn die dafür erforderlichen Voraussetzungen bei Abschluss des Vertrages erfüllt und später eingehalten wurden.

Besteuert wird der Kapitalertrag erst bei dessen Fälligkeit. Bei vor dem 1.1.2005 abgeschlossenen Versicherungen sind das die rechnungsmäßigen und die überrechnungsmäßigen Zinserträge: also der Rechnungszins und die

Zinsüberschüsse. Fällig werden die Kapitalerträge zusammen mit der Versicherungsleistung und nicht etwa jährlich am Ende des Kalenderjahres wie bei Bankprodukten und den meisten Fonds.

Die Kapitalerträge bleiben unter folgenden Voraussetzungen kapitalertragsteuerfrei:

- Der Zinsüberschuss diente der Beitragsverrechnung oder
- der Vertrag war gegen laufenden Beitrag abgeschlossen, er besteht zum Zeitpunkt der Kapitalleistung mindestens 12 Jahre und, falls der Vertragsabschluss nach dem 31.3.1996 erfolgte, wurde ein Mindesttodesfallschutz in Höhe von wenigstens 60 % der Beitragssumme eingeschlossen.

Mit der letzten Bedingung will der Gesetzgeber Steuersparmodelle eindämmen, die eher Sparcharakter und weniger Versicherungscharakter haben. Auch Kapitalversicherungen gegen Einmalbeitrag haben so gut wie keinen Versicherungscharakter, denn es mangelt am riskierten Kapital.

Als Indiz für laufende Beitragszahlung gilt eine mindestens fünfjährige Beitragszahlungsdauer.

Kapitalleistungen in vor dem 1.1.2005 abgeschlossenen Rentenversicherungen

Rechtsgrundlagen: § 20 Abs. 1 Nr. 6 und § 10 Abs. 1 Nr. 2 Buchstabe b EStG i. d. F vom 31.12.2004 sowie BMF-Schreiben IV C 4 – S 2221-211/02 vom 22.8.2002)

Auch in Rentenversicherungen kann es durch Rückkauf oder – soweit vertraglich vorgesehen – durch Wahl der Kapitalabfindung zu Kapitalleistungen kommen.

Die Voraussetzungen für die Steuerbefreiung der Kapitalerträge sind von Rentenversicherungen leichter zu erfüllen, als von Kapitalversicherungen: Rentenversicherungen haben auch ohne Todesfallleistung immer Versicherungscharakter. In Rentenversicherungen bleiben Zinserträge daher steuerfrei, wenn

- der Zinsüberschuss der Beitragsverrechnung diente oder
- der Vertrag kein Kapitalwahlrecht einräumt (egal ob Einmalbeitrag oder laufender Beitrag) oder
- der Vertag gegen laufenden Beitrag abgeschlossen wurde (mind. 5 Jahre Beitragszahlungsdauer), und ein Kapitalwahlrecht frühestens nach 12 Jahren besteht.

Kapitalleistungen in nach dem 31.12.2004 abgeschlossenen Versicherungen

Rechtsgrundlagen: §§ 20 Abs. 1 Nr. 6 und 52 Abs. 28 EStG, BMF-Schreiben IV C 1 – S 2252/07/0001 vom 1.10.2009.

Das Alterseinkünftegesetz hat die Berechnung der Kapitalerträge vergröbert und dadurch deutlich vereinfacht.

Kapitalleistungen kommen in der *ersten Schicht* (Basisversorgung) nicht vor. Sie müssen hier also nicht untersucht werden.

In den Altersvorsorgeverträgen (Riester-Verträgen) der *zweiten Schicht* stellen Kapitalleistungen eine schädliche Verwendung dar. Sie haben die Rückforderung der staatlichen Zulagen zur Folge und machen die nach Abzug der zurückgeforderten Zulagen verbleibende Kapitalleistung zu einer Leistung der dritten Schicht.

In der bAV (ebenfalls *zweite Schicht*) stellen Kapitalleistungen, soweit sie auf unversteuerten Beiträgen beruhen, spätes Einkommen dar. Daher auch der Name *deferred compensation* für die Entgeltumwandlung. Die volle Leistung, nicht nur der Kapitalertrag, muss nachgelagert versteuert werden.

In der *dritten Schicht* (Kapitalanlageprodukte) gilt:

Für seit dem 1.1.2005 abgeschlossene Versicherungsverträge berechnet sich der Kapitalertrag nicht mehr kompliziert als Summe aller Zinserträge, sondern ganz einfach als Unterschiedsbetrag zwischen der Versicherungsleistung und der Summe der auf sie entrichteten Beiträge. Zusatzversicherungsbeiträge dürfen nicht abgezogen werden. Auf den so berechneten Kapitalertrag führt das Versicherungsunternehmen eine Abschlagsteuer in Höhe von 25 % und den Solidaritätszuschlag ab.

Kapitalertragsteuer wird nur auf den halben Unterschiedsbetrag erhoben, wenn
- die Auszahlung erst nach Vollendung des 60. Lebensjahres (bzw. des 62. Lebensjahres für Vertragsabschlüsse nach dem 31.12.2011) erfolgt und
- der Vertrag mindestens 12 Jahre lang bestanden hat.

Den zu viel abgeführten Abschlag kann sich der Versicherte im Rahmen seiner Einkommensteuererklärung rückerstatten lassen.

Auch nach dem 31.12.2004 stellen steuerliche Vergünstigungen einen erheblichen Anreiz für private und betriebliche Altersvorsorge dar. Und auch nach dem 31.12.2004 achtet der Fiskus genau darauf, dass dieser Anreiz nicht missbraucht wird. Darum gibt es steuerliche Kriterien, die dafür sorgen sollen, dass Versicherungsschutz gewährt und nicht nur Kapitalanlage betrieben wird:
- In Kapitalversicherungen mit Versicherungsbeginnen nach dem 31.3.2009 ist ein permanenter Todesfallschutz in Höhe von mindestens 50 % der Beitragssumme erforderlich oder spätestens ab dem sechsten Versicherungsjahr eine Todesfallleistung von 110 % des Deckungskapitals, des Zeitwertes oder der gezahlten Beiträge. Der Prozentsatz darf bis zum Ablauf des Vertrages gleichmäßig auf 100 % fallen. Ohne diesen Mindesttodesfallschutz kommt es nicht zur hälftigen, sondern zur vollen Besteuerung des Kapitalertrags.
- Seit dem 1.7.2010 muss jede nach dem 31.12.2004 abgeschlossene Rentenversicherung eine Rente in absoluter Höhe oder einen Rentenfaktor garantieren. Bereits abgeschlossene Verträge ohne solch eine Garantie wur-

den von den Versicherungsunternehmen freiwillig mit einer ausreichenden Garantie ausgestattet. Ohne die Rentengarantie drohte der Vertrag wie ein Bankprodukt als Kapitalanlage mit jährlicher KESt-Pflicht klassifiziert zu werden.

Basis-Renten: Rentenleistungen aus Verträgen der ersten Schicht

Rechtsgrundlagen: § 22 Nr. 1 Satz 3 Buchstabe a Doppelbuchstabe bb und Nr. 5 EStG

Zur ersten Schicht, der sog. Basisversorgung, gehören vor allem die gesetzliche Rentenversicherung und die berufsständische Versorgung. Seit dem 1.1.2005 dürfen auch private Lebensversicherungen Basis-Rentenversicherungen anbieten, die dann ganz ähnliche Eigenschaften aufweisen müssen wie die Vorbilder aus der Sozialversicherung. Insbesondere sind sie nicht kapitalisierbar, nicht übertragbar und müssen zu Rentenleistungen führen, die nicht vor Vollendung des 60. Lebensjahres (bzw. des 62. Lebensjahres für Vertragsabschlüsse nach dem 31.12.2011) ausgezahlt werden dürfen.

Die Besteuerung der Rentenleistungen hat der Gesetzgeber mit dem AltEinkG umgebaut. Die Steuereinnahmen profitieren nun von der demografischen Entwicklung. Ausgehend von einer 50-prozentigen Besteuerung der Rentenleistungen für Rentenbeginne im Jahr 2005 erhöht sich die Belastung für jeden später beginnenden Rentenjahrgang zunächst um zwei Prozentpunkte pro Jahr bis zum Rentenjahrgang 2020 (dann also 80 % Besteuerung der Rentenleistungen) und schließlich um einen Prozentpunkt pro Jahr bis zum Rentenjahrgang 2040. Ab 2040 werden neu beginnende Renten zu 100 % als Sonstige Einkünfte gewertet und entsprechend voll nachgelagert besteuert. Mit einer Regelaltersgrenze von 67 betrifft das also die Geburtsjahrgänge 1973 und später voll. Vergleichen Sie ergänzend auch die Ausführungen im Abschnitt 2.5.5.

Versicherungsförmige bAV (Direktversicherung, Pensionskasse und Pensionsfonds) und Altersvorsorgeverträge: Rentenleistungen aus Verträgen der zweiten Schicht

Rechtsgrundlagen: § 22 Nr. 5 EStG, § 92a Abs. 2 EStG

Soweit in der zweiten Schicht Leistungen fällig werden, die auf geförderten Beiträgen beruhen, sind sie voll nachgelagert als Einkommen zu versteuern.

Kapitaltrennungsverfahren

Soweit fällige Rentenleistungen nicht auf geförderten Beiträgen beruhen, werden sie wie Produkte der dritten Schicht besteuert. Bereits bei der Produktentwicklung wird zu diesem Zweck ein Aufteilungsverfahren implementiert, das die Leistung entsprechend seiner Entstehung in einen geförderten und einen ungeförderten Teil zerlegt. Dies dürfte der häufigste Anwendungsfall für das sog. Kapitaltrennungsverfahren sein.

In der bAV kann dasselbe Verfahren zusätzlich dazu benutzt werden, um den arbeitgeberfinanzierten Teil der Leistung vom arbeitnehmerfinanzierten und vom privat fortgeführten Teil zu trennen.

6. Tarife und Produkte

Eine weitere Besonderheit muss in Altersvorsorgeverträgen beachtet werden: Nach Inanspruchnahme eines Altersvorsorge-Eigenheimbetrages, landläufig „Wohnriesterentnahme" genannt, fällt die Altersrente entsprechend niedriger aus. Die Wohnriesterentnahme ist weder schädlich noch wird sie versteuert. Offenbar ist der Fiskus sehr besorgt darüber, dass ihm auf diese Weise steuerbares Einkommen entzogen werden könnte. Er erhöht deshalb ab dem vereinbarten Rentenbeginn die Bemessungsgröße der Einkommensteuer um die fiktive Riester-Rente, die der Versicherte in etwa erhalten hätte, wenn er keine Wohnriesterentnahme vorgenommen hätte. Um abzuschätzen, wie hoch die Rente gewesen wäre, führt die ZfA die Entnahme als Wohnförderkonto weiter. Das Wohnförderkonto erhöht sie Jahr für Jahr bis zum Rentenbeginn um 2 %. Dies geschieht sogar dann, wenn der Riestervertrag zwischenzeitlich beendet werden sollte. Ab dem Rentenbeginn fällt das Konto gleichmäßig bis zum Alter 85 auf Null ab. Der Verminderungsbetrag gilt als Einkommen, obwohl er dem Steuerpflichtigen nicht zufließt. Es ist ihm ja schon Jahre zuvor, damals als unversteuerte Wohnriesterentnahme, zugeflossen.

Der Riester-Sparer hat die Möglichkeit, das Wohnförderkonto vorzeitig abzubauen, indem er Beiträge in seinen Vertrag einzahlt, ohne dafür Zulagen zu beantragen. Er umgeht damit die spätere fiktive Erhöhung seiner Steuerbemessungsgrundlage. Steuerlich ist das kein Problem, denn durch die Rückzahlung des Altersvorsorge-Eigenheimbetrags samt der 2-prozentigen jährlichen Erhöhung, erhöht sich die Bemessungsgrundlage auf das ursprüngliche Niveau.

Bis zur Neuregelung im Altersvorsorge-Verbesserungsgesetz zum 1.1.2014 war es die Aufgabe der Anbieter, das Wohnförderkonto für die Zentrale Stelle zu führen, solange der Vertrag bei ihnen bestand.

Kapitalanlageverträge: Rentenleistungen aus Verträgen der dritten Schicht

Rechtsgrundlagen: § 22 Nr. 1 Satz 3 Buchstabe a Doppelbuchstabe bb und Nr. 5 EStG, § 55 EStDV

Die gute Nachricht nach der Reform durch das Alterseinkünftegesetz lautet: Im Falle der Verrentung bleibt es bei der Befreiung von der Kapitalertragsteuer für sämtliche Kapitalerträge der Aufschubzeit. Das gilt, egal wie früh oder wie spät die Verrentung einsetzt.

> **Merke**
> Alle Kapitalerträge bis zum Rentenbeginn sind steuerfrei.

Ertragsanteil

Zum Rentenbeginn steht ein Deckungskapital parat und wirft weiterhin Zinsen ab. Um nicht bei Rentenbeginn hohe Kapitalerträge und im höheren Alter geringe Kapitalerträge besteuern zu müssen, bildet der Gesetzgeber den Durchschnitt und nennt ihn Ertragsanteil der Rente oder auch „Ertrag des Rechtenrechts". Die Ertragsanteile einer lebenslangen Altersrente führt § 22 Nr. 1 Satz 3 Buchstabe a Doppelbuchstabe bb EStG für jedes Rentenbeginnalter tabellarisch auf. Je höher das Rentenbeginnalter ist, desto niedriger ist der Ertragsanteil. Für einen 67-jährigen Neurentner ist der Ertragsanteil 17 %. Das bedeutet, dass 17 % des Jahresbetrages seiner lebenslangen Rente dauerhaft als „Sonstige Einkünfte" gelten und mit dem persönlichen Steuersatz versteuert werden.

Wird die Rente später durch Überschüsse erhöht, so gilt leider auch für die Erhöhungen der anfängliche Ertragsanteil. Die Überschussrenten gelten nicht als selbstständiges, neues Rentenrecht (BFH-Urteil vom 22.8.2012, X R 47/09).

Eine Berufsunfähigkeits- oder Erwerbsunfähigkeitsrente ist eine abgekürzte Rente. Die Ertragsanteile von abgekürzten Renten richten sich im Wesentlichen nach der Rentendauer: Je länger, desto höher. Sie werden aber nicht höher als der Ertragsanteil einer im selben Alter beginnenden lebenslangen Altersrente besteuert.

Aufgaben zur Selbstüberprüfung

1. Ein Kunde ist bei der Erläuterung des 3-Schichten-Modelles auf die Leistungen der gesetzlichen Rentenversicherung aufmerksam geworden. Ihr Kunde ist Angestellter.
   a) In welche 2 zentralen Bereiche gliedern sich die Leistungen aus der gesetzlichen Rentenversicherung?
   b) Beschreiben Sie die 4 Faktoren der Rentenformel und beschreiben Sie deren Berechnung.
   c) Nennen Sie mindestens 2 Voraussetzungen, unter denen die kleine Witwen-/Witwerrente erbracht wird.
   d) Nennen Sie mindestens 3 Voraussetzungen, die erfüllt sein müssen, um eine große Witwen-/Witwerrente zu erhalten.
   e) Wer kann aus der gesetzlichen Rentenversicherung eine Waisenrente erhalten?
   f) Nennen Sie die 3 Voraussetzungen, die im Falle der Erwerbsminderung für eine Rentenversicherung in der Gesetzlichen Rentenversicherung erfüllt sein müssen.

2. Sie sind Sachbearbeiter in der Bestandsverwaltung für fondsgebundene Lebensversicherungsverträge. Ihre Gruppenleiterin bittet Sie, für neue Außendienstmitarbeiter einen Vortrag vorzubereiten. Hierbei sollen Sie folgende Fragestellungen erläutern:
   a) Eine fondsgebundene Rentenversicherung bringt – neben Risiken – vor allem die Chancen der Marktentwicklung mit sich. Zum Vertragsende darf auch schon während der Beratung auf Abschluss des Vertrages das Risiko nicht außer Acht gelassen werden. Hierzu kennt das Proximus-Bedingungswerk vielfältige Möglichkeiten. Beschreiben Sie 2 Möglichkeiten der vertraglichen Gestaltung zur Risikominimierung für den Kunden, damit es nicht durch niedrige Fondskurse zu Verlusten zum Ablauf führt.
   b) Weshalb besteht während der Vertragslaufzeit die Schwierigkeit, eine feste monatliche Rente zum Ablauf des Vertrages zu prognostizieren?
   c) Erläutern Sie den Cost-Average-Effekt während der Vertragslaufzeit.
   d) Wie sollte sinnvollerweise eine Beitragszahlung bei laufender Beitragszahlung bei der Proximus Versicherung AG erfolgen?
      i. monatlich
      ii. vierteljährlich
      iii. halbjährlich
      iv. jährlich
   Begründen Sie Ihre Entscheidung.

3. Erläutern Sie folgende Begriffe: Shiften, Switchen, Cost-Average-Effekt, Ablaufmanagement, Rentenfonds, Aktienfonds, Mischfonds, Immobilienfonds

4. Beschreiben Sie 3 Aufgaben der BaFin für die private Lebensversicherung.

5. Nennen Sie 3 Möglichkeiten, wie sich die BaFin Informationen über die wirtschaftliche und finanzielle Lage von Versicherungsunternehmen beschaffen kann.

6. Beschreiben Sie eine konkrete Eingriffsmöglichkeit der BaFin, falls sie einen Missstand bei einem Versicherungsunternehmen feststellt, der die Belange der Versicherten gefährdet.

7. Nennen Sie 3 mögliche Arten von Beschwerden bei Unstimmigkeiten zwischen Kunden und Versicherungsunternehmen.

8. Grenzen Sie das Umlageverfahren vom Kapitaldeckungsverfahren ab.

9. Beschreiben Sie, welchen grundsätzlichen Problemen sich die gesetzliche Rentenversicherung bezüglich der Finanzierung durch Beiträge und der Leistungsauszahlungen zukünftig immer stärker gegenüber steht.

10. Nennen Sie 3 Personenkreise, die von der gesetzlichen Rentenversicherungspflicht befreit sind.

11. Erläutern Sie, in wie weit Selbstständige in der gesetzlichen Rentenversicherung pflichtversichert sind und wonach sich in diesem Fall die Beiträge bemessen.

12. Erläutern Sie die Bestandteile der Rentenformel.

13. Nennen Sie die unterschiedlichen rentenrechtlichen Zeiten, die einem Versicherungsverlauf zugrunde liegen können.

14. Beschreiben Sie die steuerliche Behandlung von Rentenzahlungen aus der gesetzlichen Rentenversicherung.

15. Erläutern Sie, warum sich bei der Versorgungssituation aus der gesetzlichen Rente deutliche geschlechtsspezifische Unterschiede zeigen.

16. Herr Schneider, 63 Jahre alt, ist seit dem 16. Lebensjahr ununterbrochen berufstätig. Aufgrund einer plötzlich aufgetretenen Erkrankung fragt er Sie, unter welchen Voraussetzungen er zum heutigen Zeitpunkt in Rente gehen kann.

17. Während eines Beratungsgesprächs kommen Sie auf die Erwerbsminderungsrente zu sprechen. Ihr Kunde ist skeptisch, ob für ihn diese Rente in Frage kommen könnte. Erläutern Sie ihm die versicherungsrechtlichen Voraussetzungen, um Anspruch für eine Erwerbsminderungsrente zu haben.

18. In einer Zeitung hat Herr Meier gelesen, dass seine Ehefrau im Fall seines Todes Anspruch auf eine Witwenrente hat. Erläutern Sie, unter welchen Voraussetzungen dies der Fall ist und gehen Sie dabei auf die Unterscheidung zwischen kleiner und großer Witwenrente ein.

19. Beschreiben Sie die Aufgaben und Inhalte der Renteninformation.

20. Frau Ottmann, ledig, hat 2015 als Versicherungsangestellte ein Bruttoeinkommen von 40.000 €. Errechnen Sie die abzugsfähigen Alters-Vorsorgeaufwendungen für das Jahr 2015 aus den Beiträgen der gesetzlichen Rentenversicherung (Beitragssatz 2015: 18,7 %).

21. Herr Pauli ist Bankangestellter, Frau Reis Justizbeamtin und Herr Suttner Versicherungsmakler. Alle drei sind ledig, verfügen im Jahr 2015 über ein Einkommen bzw. Betriebseinnahmen von jeweils 55.000 € und schließen über 8.000 € Jahresbeitrag einen Basisrentenvertrag ab. Ermitteln Sie für diese drei genannten Personen den noch verbleibenden Sonderausgaben-Höchstbetrag für das Jahr 2015 (GRV-Beitragssatz 2015: 18,7 %).
    a) Ermitteln Sie für diese drei genannten Personen den noch verbleibenden Sonderausgaben-Höchstbetrag für das Jahr 2015 (GRV-Beitragssatz 2015: 18,7 %).
    b) Berechnen Sie die Förderquote der Basisrentenversicherung für Frau Reis bei einem Grenzsteuersatz von 40 % inkl. Solidaritätszuschlag und Kirchensteuer.

22. Frau Tröger (ledig, keine Kinder) erzielte als Angestellte im Jahr 2014 ein Bruttoeinkommen von 33.850 €. 2015 hat sie durchgängig 50 € monatlich in einen Zulagenrentenvertrag einbezahlt. Berechnen Sie die Zulage von Frau Tröger für dsa Jahr 2015.

23. Erläutern Sie den Begriff Günstigerprüfung im Zusammenhang mit der Zulagenrente.

24. Nennen Sie neben den in der GRV Pflichtversicherten 3 weitere Personengruppen, die unmittelbar zulageberechtigt sind.

25. Erklären Sie den Begriff „mittelbar zulageberechtigte Person" anhand eines Beispiels.

26. In einem Handwerksbetrieb arbeiten neben dem Betriebsinhaber Herrn Meier (Arbeitgeber) noch vier Angestellte (Mitarbeiter). Für die Mitarbeiter wurde eine betriebliche Altersversorgung in Form einer Direktversicherung durch Gehaltsumwandlung eingerichtet. Herr Meier möchte auch etwas für seine Altersversorgung tun. Erläutern Sie, welche Möglichkeiten er im Rahmen der betrieblichen Altersversorgung und darüber hinaus hat.

27. Als Mitarbeiter der Proximus Versicherung AG im Bereich Konkurrenzbeobachtung analysieren Sie ein Kapitalversicherungsprodukt mit laufender Beitragszahlung. Bei diesem Produkt kann der Versicherungsnehmer bei gleichbleibendem Sparziel die Todesfallleistung jährlich neu bedarfsgerecht festlegen.
    a) Beschreiben Sie die steuerliche Behandlung der Todesfallleistung im Bereich der Einkommensteuer.
    b) Um die vorteilhafte hälftige Besteuerung der Kapitalleistung in der Einkommensteuer zu gewährleisten, sind Einschränkungen bei der Wahl des Versicherungsschutzes erforderlich. Stellen Sie die entsprechende Regelung dar und begründen Sie diese aus Sicht des Gesetzgebers.

28. Um im Rahmen der Einkommensteuer eine Rentenversicherung von einem reinen Ansparvorgang (Bankprodukt) abzugrenzen, muss das Rentenversicherungsprodukt am Ende der Anspar- bzw. Aufschubphase bestimmte Voraussetzungen erfüllen.
    Stellen Sie diese dar.

29. Erläutern Sie schrittweise bis zum Vertragsabschluss 2 Modelle, die es für das Zustandekommen des Versicherungsvertrages gibt.

30. Das VVG sieht hinsichtlich des Zustandekommens eines Versicherungsvertrages eine Sonderregelung für telefonisch abgeschlossene Verträge vor.
Beschreiben Sie die hier vorgesehene Möglichkeit.

31. Sie sind Ausschließlichkeitsvermittler der Proximus Versicherung AG und bieten ihrer Kundin Berta Suttner eine selbstständige Berufsunfähigkeitsversicherung an. Die entsprechenden Angebotsunterlagen der Proximus Versicherung AG liegen Ihnen vor. Nennen Sie 4 Produktinformationen, die entsprechend der VVG-InfoV im Produktinformationsblatt enthalten sein müssen.

32. Erläutern Sie 3 in § 54 VAG für das Sicherungsvermögen genannte Anlagegrundsätze.

33. Nennen Sie 6 in der Verordnung über die Anlage des gebundenen Vermögens von Versicherungsunternehmen (AnlV) erlaubte Anlageformen.

34. Untersuchen Sie, ob die Besonderen Bedingungen zur planmäßigen Erhöhung der Beiträge der Proximus Versicherung AG dazu geeignet sind, zu einer Basisversicherung eingeschlossen zu werden. Die Voraussetzungen für die steuerliche Förderung finden Sie im Abschnitt 4.2.6.

35. Überlegen Sie, warum die Bewertung des Anlagestocks zum Zeitwert eine sinnvolle Ausnahme von der üblichen Bewertung des Umlaufvermögens nach dem strengen Niederstwertprinzip darstellt.

36. Diskutieren Sie die unterschiedlichen Standpunkte von Versicherungs- und Verbraucherverbänden hinsichtlich der Beteiligung der Versicherungsnehmer an den Bewertungsreserven.

37. Die Verrentung von Bewertungsreserven in festverzinslichen Wertpapieren zum vereinbarten Garantiezins des Vertrages ist unter Kapitalanlageaspekten äußerst problematisch. Legen Sie dar, warum das so ist.

38. Erläutern Sie, inwiefern es eine Bilanzierungshilfe für festverzinsliche Wertpapiere und Aktien ist, wenn diese dem Anlagevermögen zugeordnet werden können.

39. Ihr Unternehmen bringt ein neues Produkt heraus. Bilden Sie im Plenum die im Abschnitt 5.2 genannten Interessengruppen (Versicherungsaufsicht, Vorstand, Eigentümer, Marketing, Vertrieb, Neu- und Bestandskunden) nach. Jede Gruppe stellt mit einem knappen Statement ihre Kernanforderungen an das neue Produkt dar.
Diskutieren Sie dann darüber und argumentieren Sie dabei möglichst geschickt. Welche Rolle spielt der Verantwortliche Aktuar in Ihrer Diskussion?

40. Manche Verbraucherschützer sehen in der Erhöhung der Deckungsrückstellung zulasten des Kapitalanlageergebnisses eine Enteignung der Versicherten. Überschüsse werden den Versicherten vorenthalten.
Diskutieren Sie darüber, ob die Überschüsse wirklich entstanden wären und wem die Zinszusatzreserve zugute kommt.

41. Prüfen Sie anhand der Versicherungsbedingungen der kapitalbildenden Lebensversicherung, ob die Proximus Lebensversicherung AG das Zillmerverfahren mit ihren Versicherungsnehmern vereinbart hat.

42. Zum 1.1.2015 musste die Proximus Versicherung AG den Rechnungszins von 1,75 % auf 1,25 % senken. Beschreiben Sie die Auswirkungen auf neu abzuschließende Verträge für:
    a) die Beitragshöhe
    b) die Höhe des Deckungskapitals
    c) den Risikoanteil in dem Beitrag
    d) den Sparanteil in dem Beitrag

43. Suchen Sie in den Versicherungsbedingungen der Proximus Versicherung AG die Überschussbemessungsgrößen der Kapitallebensversicherung, der Risikoversicherung und der Berufsunfähigkeits-Zusatzversicherung heraus.

44. Überlegen Sie, warum in einer Risikoversicherung eine Beitragsreduktion um 40 % und alternativ dazu ein Todesfallbonus in Höhe von 66,667 % gleichwertige Überschussverwendungen sind.

45. Das gesetzliche Leitbild einer Berufsunfähigkeitsversicherung spricht davon, dass der Versicherte aus gesundheitlichen Gründen nicht mehr zur Berufsausübung in der Lage sein darf.
    a) Stellen Sie fest, ab welchem Berufsunfähigkeitsgrad die Proximus Versicherung unterstellt, dass dies der Fall ist.
    b) Wann erbringt die Proximus Versicherung AG Leistungen, obwohl der erforderliche Berufsunfähigkeitsgrad unterschritten wird?
    c) Stellen sie fest, ob nach den Bedingungen der Proximus Versicherung AG die abstrakte Verweisung zulässig ist.

46. Suchen Sie in den Versicherungsbedingungen der fondsgebundenen Lebens-/ Rentenversicherung der Proximus Versicherung AG Hinweise darauf, dass die Versicherung einen leistungsfreien Zustand erreichen kann und endet, wenn das Fondsvermögen aufgezehrt ist. Warum werden Sie nicht fündig?

47. Sie sind Mitarbeiter im Bereich der Ruhestandsplanung im Produktmanagement. Immer mehr Kunden und Vertriebspartner wünschen eine Rentenversicherung mit einer garantierten Rente gegen einen Einmalbeitrag bzw. die Erhöhung der Leistung durch eine Zuzahlung.
    a) Beschreiben Sie 3 Gründe, weshalb sich bei vielen Lebensversicherungsgesellschaften der Umfang der Einmalbeiträge/Zuzahlungen erhöht hat.
    b) Beschreiben Sie die Auswirkungen bei der Kapitalanlage des Versicherers durch ein stark steigendes Einmalbeitragsgeschäft.
    c) Welche speziellen Regelungen hat der Versicherer im Einmalbeitragsgeschäft durch die BaFin zu beachten?

48. Der PSVaG ist eine Selbsthilfeorganisation der deutschen Wirtschaft. Erläutern Sie diesen Begriff.

49. Wessen Ansprüche sichert der PSVaG ab?
50. Welche Zusagearten der betrieblichen Altersversorgung sind nicht insolvenzgeschützt?
51. Wovon ist der Beitragssatz des PSVaG abhängig?
52. Was gilt für Anwartschaften aus der Entgeltumwandlung bei der Insolvenzsicherung?

Kapitel 3

Regeln der Annahmepolitik im Hinblick auf die betriebswirtschaftlichen und vertrieblichen Auswirkungen

Nachzuweisende Befähigung

Die angehenden Fachwirte/Fachwirtinnen für Versicherungen und Finanzen sollen Regeln zur Annahmepolitik im Hinblick auf die betriebswirtschaftlichen sowie vertrieblichen Auswirkungen erläutern und begründen können (gemäß Erläuterungsbroschüre, Qualifikationsinhalte und Handlungssituationen, 4 c) 4.3).

Qualifikationsinhalte des Kapitels

Die Absolventen können im Einzelnen:

- Regeln zur Annahmepolitik eines Lebensversicherungsunternehmen begründen (4.3.1)
- die Umsatz- und die Ertragsorientierung gegenüberstellen (4.3.2)
- die Auswirkungen auf die Kapitalanlagepolitik des Unternehmens erkennen (4.3.3)
- die Auswirkungen auf die Vertriebssteuerung erläutern (4.3.4)

1. Annahmerichtlinien

Erfunden wurde die Versicherung seinerzeit, um für Einzelpersonen untragbare Risiken auf eine Versichertengemeinschaft zu übertragen. Die Seekaufleute der Hanse haben beispielsweise gemeinsam finanzierte Handelsreisen ausgerüstet und dadurch bereits das Risiko des zufälligen Untergangs auf mehrere finanzielle Schultern verteilt. Sie beschlossen, gemeinsame Sicherheitsvorkehrungen, z. B. 20 bewaffnete Männer auf großen Hanseschiffen und Handelsreisen im Flottenverband. Mit diesen Maßnahmen schützten sich die Kaufleute vor Risiken, die sie nicht tragen wollten. Ein paar hundert Jahre später, 1688, trafen sich Londoner Kaufleute, Reeder und Bankiers regelmäßig in einem bekannten Kaffeehaus in der City, um gegen angemessene Prämien mit ihrem Privatvermögen ebenfalls Schifffahrtsrisiken abzusichern. Der Inhaber jenes Kaffeehauses hieß Edward Lloyd. Damals entstand die Bezeichnung „Underwriter" für jene Geschäftsleute, die bereit waren, einen gewissen Prozentsatz des Risikos zu zeichnen, also dafür zu unterschreiben.

Auch heute ist der Bedarf für Versicherungsschutz ungebrochen. Und auch heute braucht eine Gefahrengemeinschaft Regeln, um sich vor Risiken zu schützen, die sie nicht eingehen möchte. Schon immer war Versicherung eine Mischung aus sozialer Verantwortung den Versicherten gegenüber und dem Handelsinteresse: Was kostet das Risiko und wie kann ich die Risikokosten reduzieren?

Die Proximus Versicherung AG ist von ihrer Konzernstruktur her ein breit aufgestellter Kompositversicherer. Ihr Produktangebot in der Lebensversicherung ist entsprechend der Konzernstrategie ebenfalls breit gefächert. Praktisch alle Formen der Lebensversicherung werden angeboten. Entsprechend groß ist ihre Bereitschaft, auch Versicherungen zu zeichnen, deren Risiko weit vom Durchschnitt entfernt ist (vgl. dazu auch Abschnitt 2). Sie braucht einen großen und ständig wachsenden Versichertenbestand, um die Verwaltungskosten aufzubringen, die eine solche Produktspannweite zwingend verursacht. Ihre Annahmepolitik ist diejenige eines Vollsortimenters: Mit dem richtigen Zuschlag, wird sie versuchen, jedes Risiko zu zeichnen.

Zu diesem Zuschlag gelangt sie durch eine sorgfältige Risikoprüfung.

▶ Merke

Die Risikoprüfung sorgt dafür, dass nur versicherbare Risiken versichert werden. Das Ergebnis der Risikobeurteilung, der Erschwerungsgrad, setzt das geprüfte Risiko in ein Verhältnis zum Normalrisiko, welches der Kalkulation des beantragten Tarifs zugrunde liegt.

Die Risikoprüfung ist nie angenehm. Warum belästigt die Proximus Versicherung AG ihre Kunden mit zum Teil sehr persönlichen Fragen? Weshalb mutet sie ihren Vertriebspartnern peinliche Interviews zu? Könnte sie nicht ohne die Annahmegrundsätze deutlich mehr Umsatz machen? Würde sie nicht erhebliche Verwaltungskosten sparen, wenn sie diese Dinge etwas „gelassener" anginge?

Es gibt natürlich viele und gewichtige Gründe all diese Nachteile in Kauf zu nehmen:

Sieben Gründe, warum eine sorgfältige Risikoprüfung unverzichtbar ist

1. Bestandshygiene:

Das Kollektiv muss zwingend von Risiken freigehalten werden, für die die verwendeten Rechnungsgrundlagen nicht passen: die unversicherbaren Risiken. Ohne die Risikoprüfung würden die Aufwendungen für Leistungen unkalkulierbar in die Höhe schnellen.

2. Preisfeststellung für ein erhöhtes Risiko:

Der Erschwerungsgrad drückt aus, um welchen Faktor das geprüfte Risiko vermutlich teurere, frühere oder längere Leistungen verursachen wird als Normalrisiken.

3. Homogener Bestand:

Der Faktor unterstützt den Ausgleich im Kollektiv. Dieser mathematische Risikoausgleich funktioniert umso besser, je ähnlicher die einzelnen Risiken im Hinblick auf Schadenhöhe und Schadenwahrscheinlichkeit sind. Dafür sorgt bei erhöten Risiken die Erschwerung.

4. Grundlage der Leistungsprüfung:

Im Falle einer vorvertraglichen Anzeigepflichtverletzung (vgl. Abschnitt 1.5.1) kann sich der Versicherer nur dann auf sein Rücktritts- oder Kündigungsrecht berufen, wenn er beweisen kann, dass er in Kenntnis der verschwiegenen Umstände den Vertrag nicht gezeichnet hätte oder wenigstens das entsprechende Risiko ausgeschlossen hätte.

Antiselektion   *5. Verbesserung der Wettbewerbsfähigkeit / Verhinderung von Antiselektion:*

Tendenziell versichern sich solche Personen, die subjektiv erwarten, damit ein gutes Geschäft zu machen – dies sind Personen, die bereits erwarten, früher als der Durchschnitt Leistungen zu beziehen. Die Risikoprüfung soll diese Personen herausfiltern und mit Normalrisiken nivellieren. Sie möchten mit ihrem Unternehmen nicht zu jenen Marktteilnehmern gehören, die schlechten Risiken attraktive Beiträge bieten, von guten Risiken aber gemieden werden, weil diese woanders günstigere Konditionen finden (vgl. Abbildung 1). Gelingt es Ihnen auf der anderen Seite durch die erfolgreiche Risikoprüfung, einen gesünderen und leistungsärmeren Bestand aufzubauen, als ihn die Wettbewerber haben, gewinnt der Versicherer das Wettrennen um die guten Risiken.

6. Prophylaxe vor Risikoverschlechterung:

Während der Vertragslaufzeit treten Risikoverschlechterungen ein. Das ist mit zunehmendem Alter normal. Aber bei zu Beginn bereits erhöhten Risiken läuft dieser Prozess schneller ab. Ein leichtes Übergewicht nimmt beispielsweise infolge mangelnder Bewegung schneller zu. Weil aber der Versicherer während der Vertragslaufzeit keine Möglichkeit mehr hat, den Beitrag oder den Risikozuschlag nachzujustieren, sollte der Risikoprüfer bei der Festlegung des Erschwerungsgrads lieber von der schlimmstmöglichen Entwicklung ausgehen.

7. *Senkung des Rückversicherungsbeitrags:*

Die Erstversicherung hat alle Risiken oder alle großen Risiken, deren Versicherungssumme einen vereinbarten Schadenexzedenten überschreitet, in Rückdeckung gegeben. Die Rückversicherung verlangt für die Schadenübernahme selbstverständlich eine gewisse Mindestqualität der Risikoprüfung und behält sich bei Versicherungssummen oberhalb des Exzedenten ihrerseits eine eigene Risikoprüfung vor.

```
Erster Marktteilnehmer mit günstigen Beiträgen für bevorzugte Risiken
  → Bevorzugte Risiken wählen günstigen Anbieter und dessen Nachahmer
  → Restliche Risiken bleiben Anbietern mit undifferenzierten Beiträgen
  → Dort: Beitragserhöhung wegen zunehmend schlechter Risiken
  → Undifferenzierte Anbieter verschwinden vom Markt oder spezialisieren sich auf schlechte Risiken
  → Neues „differnziertes Marktgleichgewicht"
```

Abbildung 1: Marktdifferenzierung durch Antiselektion

> **Handlungssituation**
>
> Sie sind ein erfahrener Risikoprüfer der Proximus Versicherung AG. In Ihrem Team sind sehr technikbegeisterte Mitarbeiter, die Ihnen dabei helfen sollen, ein computergestütztes Expertensystem zur Risikoprüfung zu trainieren. Allerdings scheinen die jungen Kollegen dem Computer eine Art Allwissenheit zuzutrauen. Erklären Sie ihnen, was ein Expertensystem kann und was nicht und bei welchen Aufgaben es die Arbeit der Risikoprüfer ausgezeichnet unterstützen kann.

Wovon hängt das Risiko ab? – Ein kleiner risikotheoretischer Unterbau

Versicherung ist viel mehr als Rechnen. Zu glauben, man könne genau ausrechnen, wie wahrscheinlich bestimmte Schadenereignisse sind, heißt, die Fähigkeiten der Aktuare maßlos zu überschätzen. Mathematik hilft erst weiter, wenn man Wahrscheinlichkeiten zur Hand hat. Die Mathematik kann ohne objektive, messbare Größen nicht rechnen. Ohne Zahlen sind die Aktuare blind.

Das gilt erst recht für Computer und wissensbasierte Expertensysteme.

Deswegen werden täglich Tausende von Entscheidungen auf allen Ebenen auch ohne mathematisches Kalkül getroffen: Lade ich Stefanie heute zum Essen ein? Gefällt mir die neue Wohnung von Patrick? Fahre ich mit der Bahn oder setze ich mich ins Auto? Greifen wir als Staat in diesen oder jenen Konflikt ein? Soll die Europäische Zentralbank (EZB) den Leitzins weiter absenken? Wen wähle ich zum Bürgermeister? Spiele ich heute Lotto?

Dies sind *Entscheidungen unter Unsicherheit*. Der Entscheider weiß nicht, was passieren wird, wenn er sich so oder so entscheidet. Man unterscheidet Entscheidungen unter Unsicherheit in:

Entscheidung unter Ungewissheit	Entscheidungen unter Risiko	Entscheidungen unter Unwissen
▪ Die Auswirkungen der Entscheidung sind bekannt, leider kennt man die Wahrscheinlichkeit nicht, mit der die Auswirkungen eintreten. ▪ Stefanie sagt ja oder nein. Aber ich habe keine Ahnung, wie wahrscheinlich das eine oder das andere ist.	▪ Die Auswirkungen der Entscheidung sind bekannt und man kennt sogar Wahrscheinlichkeiten für die Auswirkungen. ▪ Wenn ich Lotto spiele, habe ich mit der Wahrscheinlichkeit 1 zu 13.983.816 sechs Richtige. Ungewiss bleibt bei dieser Entscheidung trotzdem noch die Höhe meines Gewinns.	▪ Sogar die Auswirkungen der Entscheidung sind unbekannt. ▪ Wird, wenn die EZB den Leitzins weiter senkt, mittelfristig die Staatsschuldenkrise beendet oder eskaliert sie sogar noch mehr oder werden gar Reaktionen von Finanzmarkt-Teilnehmern ausgelöst, deren Auswirkungen wir uns heute noch gar nicht vorstellen können?

1. Annahmerichtlinien

Es ist die Kernkompetenz einer Versicherung, ein Risiko beurteilen zu können.

Der Risikoprüfer entscheidet an der Grenze zwischen Ungewissheit und Risiko über die Frage: Passt diese zu versichernde Person in das Kollektiv? Er hat seine Erfahrungswerte und Annahmerichtlinien. Bei häufigen Vorerkrankungen verfügt das Versicherungsunternehmen mit Glück auch über Statistiken, z. B. darüber, wie viele Pflegekräfte mit Bandscheibenvorfall später berufsunfähig werden. Aber wirklich belastbare Wahrscheinlichkeiten, wie beim Lottospielen, gibt es nicht.

Eventuell hilft ein vorgeschaltetes Expertensystem bei der Entscheidung. In das Expertensystem sind die Erfahrungen vieler Risikoprüfer, die Annahmepolitik der Proximus Lebensversicherung AG und die des Rückversicherers eingeflossen. Ein intelligentes Expertensystem lernt mit der Zeit vielleicht sogar dazu.

Expertensystem

Das Expertensystem stellt zusätzliche Risikofragen, lehnt ggf. den Antrag ab oder schlägt eine Erschwerung vor (vgl. Abschnitt 1.4), mit der der Vertrag noch policierbar ist. 90 % aller Verträge ohne eingeschlossene Zusatzversicherung werden erfahrungsgemäß ohne Erschwerung policiert.

Erst nach der Entscheidung, das Risiko grundsätzlich zu zeichnen, fällt der Beitragsrechner die Entscheidung über die Höhe der Beiträge. Dies ist eine klassische Entscheidung unter Risiko. Der Beitrag lässt sich anhand von Wahrscheinlichkeiten berechnen, allerdings nur auf Basis der Annahme, dass es sich um ein Normalrisiko handelt – ein durchschnittliches Risiko also, wie es auch der Herleitung der verwendeten Ausscheideordnungen zugrunde lag. Von Senior-Risikoprüfern vorher als unversicherbar abgelehnte Risiken sind gar nicht erst in die Herleitung der Ausscheideordnungen eingeflossen und können nun auch nicht mit ihnen berechnet werden.

▶ Merke

Die Antragsprüfung stellt sicher, dass der Antrag allen formalen Anforderungen genügt und die einschlägigen Annahmerichtlinien des Unternehmens eingehalten wurden.

Der Antragsprüfer stellt sicher:
- dass der Antrag vollständig ausgefüllt wurde
- alle Angaben zur Person erfolgt und plausibel sind (z. B. PLZ existent, Bankverbindung gültig)
- die notwendigen Angaben zum gewünschten Versicherungsumfang erfolgt sind und im geschäftspolitisch gewollten Rahmen liegen
- sämtliche Gesundheitsfragen beantwortet wurden
- dass alle erforderlichen Unterschriften geleistet wurden

Hat im Falle der Fremdversicherung die versicherte Person zugestimmt? Haben, falls die versicherte Person minderjährig ist, die gesetzlichen Vertreter bzw. ihr Vormund zugestimmt? Ist dem Versicherungsnehmer eine rechtliche Betreuung zur Seite gestellt worden und hat diese dem Vertrag zugestimmt?

Bei diesen Fragen kann ein elektronischer Antrag oder ein Expertensystem ausgezeichnet unterstützen. Es weist bereits bei der Antragsaufnahme auf möglicherweise noch fehlende Angaben und auf in Einzelfall zusätzlich nötige Abklärungen hin. Außerdem unterstützt es bei der umfassenden Beratung und der Beratungsdokumentation. Schließlich vereinfacht es durch entsprechende Datenschnittstellen die Antragserfassung in der Hauptverwaltung.

Erst wenn ein vollständiger Antrag vorliegt, ist die aufwendige Risikoprüfung überhaupt sinnvoll.

Risikomerkmale: Determinanten der Sterblichkeit und der BU-Gefahr

Als Unternehmen mit Sitz in Deutschland schreibt die Proximus Lebensversicherung AG ihr Geschäft vorwiegend in einem sehr stabilen und weitgehend homogenen Marktumfeld. Dies ist eine Voraussetzung dafür, dass die Proximus Versicherung AG überhaupt am deutschen Markt tätig ist: Es gibt hier eine Vielzahl von im Großen und Ganzen gleichartigen Risiken. Die vorhandenen Unterschiede können leicht mithilfe einer aufmerksamen Risikoprüfung nivelliert werden.

Im Kapitel 2, Abschnitt 5.3.1 ging es ausführlich um die Risikofaktoren am Beispiel der Sterblichkeit. Sie haben eine große Zahl von Determinanten der Sterblichkeit kennengelernt: ökologische, sozioökonomische, politische, kulturelle und medizinische. Erst wenn alle diese Determinanten feststehen, kommt zuletzt der Zufall ins Spiel.

1.1 Objektives und subjektives Risiko

Es gibt Untersuchungen, die belegen, dass die gesunde Bergluft letztlich lebensverlängernd wirkt, aber noch kein Versicherer ist deswegen auf die Idee gekommen, Bergbewohnern einen Zuschlag in der Rentenversicherung abzuverlangen.

Nichtraucher- und Rauchertarife

Rauchen als eine weitere sozio-ökonomische und kulturelle Determinante führt hingegen bei manchen Anbietern zur Einstufung in einen teureren Risikotarif – so auch bei der Proximus Versicherung AG (siehe Proximus 3, S. 91 ff.). Nachdem erste Anbieter Nichtraucher-Tarife an den Markt gebracht hatten, führte der in Abbildung 1 beschriebene Antiselektionsprozess dazu, dass mehr und mehr Anbieter zwischen Raucher- und Nichtraucherprodukten unterscheiden.

Das Rauchen war vor Jahren noch kein Tarifierungsmerkmal, sondern allenfalls ein Erschwerungsgrund. Manchmal war es nicht einmal das, sondern wurde bei der Policierung vollkommen ausgeblendet. In diesem Fall gehörte das Rauchen zu den subjektiven Risikomerkmalen.

> ### ▶ Definition
> Ein **objektives Risikomerkmal** ist nicht durch absichtliches Handels des Versicherten (kurz- oder mittelfristig) beeinflussbar.
>
> Ein **subjektives Risikomerkmal** hängt hingegen wesentlich vom Handeln des Versicherten ab oder ist in seinem Ausmaß nur dem Versicherten selbst bekannt.

1. Annahmerichtlinien

Einige Beispiele für objektive und subjektive Risikomerkmale sind in folgender Tabelle aufgeführt:

Objektive Risikomerkmale	Subjektive Risikomerkmale
- Alter* - Geschlecht* - Konstitution (Größe, Gewicht) - Anamnese (Gesundheitliche Vorgeschichte) - Status präsens (derzeitiger Gesundheitszustand)** - Heredität** (Gesundheitsverhältnisse und ggf. Todesursache bei Eltern und Großeltern) - Beruf, Tätigkeit - Wohnort - Finanzielle Verhältnisse - Sportliche Aktivitäten	- Persönlichkeit und Charakter des Versicherungsnehmers und der versicherten Person - Lebensgewohnheiten und Lebenseinstellungen - Einkommens- und Vermögensverhältnisse (sofern danach nicht gefragt wird) - Lebenswille*** - Umgang mit Stresssituationen, Sorgen, Fehlschlägen beruflicher und familiärer Art*** - Rauchen, Alkohol- und/oder Drogenkonsum (sofern danach nicht gefragt wird) - Einstellung zur Arbeit - Zahlungsmoral
* Einige objektive und durchaus relevante Risikomerkmale dürfen aus Diskriminierungsgründen nicht für die Beitrags- und Leistungsfestsetzung herangezogen werden. Diskriminierend wäre nach § 19 AGG Benachteiligung aufgrund der Rasse, der ethnischen Herkunft und des Geschlechts. Die begründete Benachteiligung aufgrund der Religion, einer Behinderungs oder der sexuellen Identität ist gem. § 20 Abs. 2 AGG nur nach einer versicherungsmathematisch ermittelten Risikobewertung zulässig.	
** Bereits 2001 haben Kranken- und Lebensversicherer freiwillig darauf verzichtet, prädikative Gentests zu verlangen oder freiwillig durchgeführte prädikative Gentests bei der Risikobeurteilung in Verträgen mit geringer Versicherungssumme zu verwenden. § 18 GenDG schließt sich der Selbstverpflichtung an. Erlaubt bleibt es, bestehende Krankheiten im Rahmen der vorvertraglichen Anzeigepflicht abzufragen. Es ist außerdem zulässig, sich freiwillig durchgeführte Gentests bei Lebensversicherungen, Berufs- und Erwerbsunfähigkeitsversicherungen sowie bei Pflegerentenversicherung vorlegen zu lassen, wenn eine Leistung von mehr als 300.000 € oder mehr als 30.000 € Jahresrente versichert werden sollen.	
*** Die Leistungspflicht besteht nach § 161 VVG grundsätzlich auch nach einem Suizid. In der Berufs- und Erwerbsunfähigkeitsversicherung wird der Versicherungsschutz infolge freiwilliger Selbstverletzung und versuchter Selbsttötung regelmäßig ausgeschlossen (vgl. Proximus 3, S. 100).	

Allgemeines Gleichbehandlungsgesetz

Gendiagnostikgesetz

Tabelle 1: Objektive und subjektive Risikomerkmale

Um Beiträge und Leistungen zu vereinbaren, werden immer alle objektiven Risikomerkmale herangezogen, die verfügbar und gesetzlich zulässig sind. Sie fließen entweder direkt in den kalkulierten Beitrag ein (Eintrittsalter, Berufsklassen, früher: Geschlecht) oder sorgen nach erfolgter Risikoprüfung für eine passende Erschwerung.

Leider ist es gar nicht so leicht, subjektive Risikomerkmale zu erkennen. Wer weiß schon, ob der Antragsteller beispielsweise dazu neigt, Risiken einzugehen, die seine Fähigkeiten übersteigen. Sofern subjektive Risikomerkmale starken Einfluss auf den Eintritt des Versicherungsfalls haben können, sollte man versuchen, durch tarifliche Leistungsausschlüsse diesen Einfluss zu reduzieren. Der Leistungsausschluss für Berufsunfähigkeit infolge von Selbstverstümmelung ist dafür ein Beispiel.

Grundlage jeder Risikoprüfung sind die Informationen, die der Versicherer von der zu versichernden Person durch die Antragsangaben selbst erhält.

„Vorvertragliche Anzeigepflicht gem. § 19 VVG"

▶ Merke

Risikoerheblich sind alle Gefahrumstände, nach denen der Versicherer vor der Vertragserklärung des Antragstellers oder anschließend vor seiner eigenen Vertragserklärung in Textform gefragt hat. Der Antragsteller und (bei einer Fremdversicherung) auch die zu versichernde Person sind verpflichtet, wahrheitsgemäß diese Gefahrumstände anzuzeigen.

Ist anhand der Informationen im Antrag eine begründete Risikoeinschätzung nicht möglich, z. B. weil der zu Versichernde zu seinen Vorerkrankungen keine erschöpfende Auskunft gibt, kann der Versicherer als Ergänzung dazu einen entsprechenden spezielleren Fragebogen ausfüllen lassen.

Erscheint dem Versicherer die Selbstauskunft der zu versichernden Person für eine Risikoeinschätzung nicht aussagefähig genug, wird er weitere Informationsquellen zu Rate ziehen.

Alternative Informationsquellen für die Risikoprüfung

Unterlage / Informationsquelle	Inhalt
Ärztliches Zeugnis	Ergebnis einer meistens aufgrund der Höhe des beantragten Versicherungsschutzes veranlassten ärztlichen Untersuchung
Ärztliche Berichte, Hausarztberichte	Vom Versicherer erbetene allgemeine oder spezielle Informationen über die zu versichernde Person zur Ergänzung / Abklärung der Angaben im Antrag
Vorversicherungen	Informationen zu früher abgeschlossenen Versicherungen bei der eigenen Gesellschaft oder ggf. bei einer Konzerngesellschaft. Der Datenaustausch erfolgt im Rahmen der Ermächtigung zur Datenverarbeitung im Antrag.
„Hinweis- und Informationssystem der Versicherungswirtschaft" (HIS)	Informationsdatenbank der im GDV assoziierten Mitgliedsunternehmen gem. geltenden Datenschutzgesetzen. Erhöhte Risiken, wie besonders gefahrenträchtige Berufe oder Vorerkrankungen, können zu einem HIS-Eintrag führen. Gesundheitsdaten enthält das HIS nicht. Eine Meldung im HIS führt nicht zur Ablehnung einer Leistung oder eines Vertrages. Das System hilft, die Risikoprüfung schneller und effizienter zu gestalten sowie Versicherungsbetrug und -missbrauch aufzudecken.

Tabelle 2: Alternative Informationsquellen zur Risikoprüfung

1. Annahmerichtlinien

Die Informationserhebung zu Gesundheitsdaten bei Dritten darf gem. § 213 VVG nur mit der Einwilligung der betroffenen Person geschehen. Der Antragsteller und die zu versichernde Person haben darum als Teil seines Versicherungsantrags eine pauschale oder eine fallweise Schweigepflichtentbindungserklärung abgegeben (vgl. Abschnitt 1.5). Die betroffene Person muss von der geplanten Informationserhebung zu Gesundheitsdaten unterrichtet werden, um dieser noch widersprechen zu können.

Recht auf informationelle Selbstbestimmung nach § 213 VVG

Schweigepflichtentbindungserklärung

Somit ergibt sich in der Risikobeurteilung folgender Ablauf.

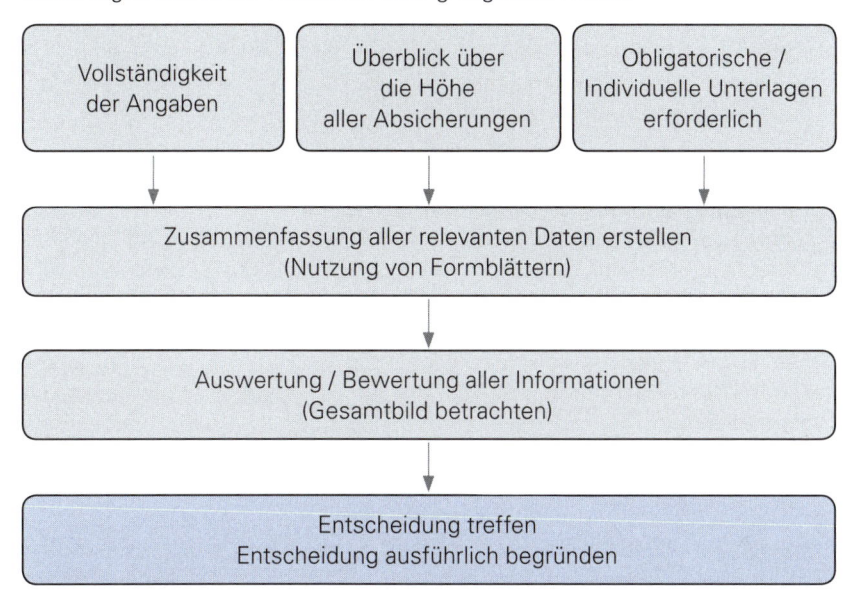

```
┌─────────────────┐  ┌─────────────────┐  ┌─────────────────┐
│ Vollständigkeit │  │  Überblick über │  │  Obligatorische/│
│  der Angaben    │  │    die Höhe     │  │ Individuelle    │
│                 │  │ aller Absiche-  │  │ Unterlagen      │
│                 │  │     rungen      │  │  erforderlich   │
└────────┬────────┘  └────────┬────────┘  └────────┬────────┘
         │                    │                    │
         ▼                    ▼                    ▼
┌──────────────────────────────────────────────────────────┐
│   Zusammenfassung aller relevanten Daten erstellen        │
│              (Nutzung von Formblättern)                   │
└──────────────────────────┬───────────────────────────────┘
                           ▼
┌──────────────────────────────────────────────────────────┐
│        Auswertung / Bewertung aller Informationen         │
│              (Gesamtbild betrachten)                      │
└──────────────────────────┬───────────────────────────────┘
                           ▼
┌──────────────────────────────────────────────────────────┐
│                  Entscheidung treffen                     │
│            Entscheidung ausführlich begründen             │
└──────────────────────────────────────────────────────────┘
```

Abbildung 2: Ablauf der Risikobeurteilung

1.2 Finanzielles Risiko

Die Prüfung von finanziellen Risiken dient genauso wie die Prüfung von medizinischen Risiken oder Sonderrisiken (Auslandsaufenthalt, Sport, Beruf) der Risikoselektion. Die Zunahme von Geldwäsche und Wirtschaftskriminalität hat die Bedeutung der finanziellen Risikoprüfung noch stärker in den Vordergrund gerückt.

Sechs Gründe, warum eine sorgfältige finanzielle Risikoprüfung unverzichtbar ist

1. Liquiditätsprüfung:

Untersuchung des wirtschaftlichen Umfelds des Antragstellers. Laufen bereits Mahnverfahren gegen ihn? Führt er ein Unternehmen mit wirtschaftlichen und finanziellen Schwierigkeiten und/oder schlechter Zukunftsperspektive? Ergebnis der Risikoprüfung ist hier kein Risikozuschlag oder Leistungsausschluss, sondern eine Annahme, eine Ablehnung oder eine Begrenzung der Versicherungsleistung.

Der Versicherungsvertrag ist auf Dauer angelegt. Mit seiner Beratung geht der Versicherer zunächst in Vorleistung. Die Beratungsleistung wird erst in den folgenden fünf Jahren bezahlt und mitunter sogar über einen noch längeren Zeitraum verteilt. Bleibt die Tilgung der Abschlusskosten aus, haben weder der Versicherer noch der Versicherungsnehmer Freude am Vertrag. Ergibt die finanzielle Risikoprüfung, dass der Antragsteller sich den beantragten Versicherungsschutz voraussichtlich nicht dauerhaft leisten kann, sollte offen über das Problem gesprochen werden. Das Risiko für den Versicherer kann durch Einmalbeitragsversicherungen anstelle von laufenden Beiträgen und durch pfändungsgeschützte, nicht rückkaufsfähige Verträge vermieden werden. Das Kundeninteresse darf nicht aus den Augen verloren werden. Es ist besser, einen Versicherungsumfang vorzuschlagen, der dem Geldbeutel des Antragstellers angemessen ist.

2. *Begrenzung des Subjektiven Risikos:*

Aggravation

Unangemessen hohe Leistungen sollten den Kunden nicht in Versuchung führen, sich Leistungen zu erschleichen (Aggravation). Die Höhe einer Berufsunfähigkeitsrente sollte ca. 75 % des regelmäßigen Einkommens nicht überschreiten. Je höher der Versicherungsschutz, desto eher ist ein moralisch nicht gefestigter Versicherter geneigt, seine Arbeitsfähigkeit zu leugnen. Geprüft werden die Anpassungen des Versicherungsschutzes an die tatsächlichen Bedürfnisse und Verhältnisse des Versicherten. Zu beachten sind pauschale Grenzen bei Studenten und Auszubildenden. Hierbei kann der Versicherer voll und ganz seiner Beraterrolle gerecht werden.

3. *Beratungspflichten:*

Versicherer und Rückversicherer müssen genau wissen, was sie versichern, damit sie angemessene Vertragsannahmebedingungen anbieten können und den aktuellen Zustand ihres Portefeuilles kennen.

4. *Bestandshomogenität / Bessere Kenntnis des abzudeckenden Risikos:*

Verträge mit extrem hohen Beiträgen oder Leistungen gefährden die Homogenität des Bestandes und erschweren den Ausgleich im Kollektiv.

5. *Begrenzung der Antiselektion (Vermeidung einer selektiven Auslese):*

Antragsteller, die trotz geringen Einkommens hohe Versicherungsleistungen abschließen wollen, sind potenziell auch gesundheitliche Risiken. Auf diese Weise können finanzielle Auffälligkeiten auch Anhaltspunkte liefern, welche Anträge besonders aufmerksam auf ihr medizinisches Risiko hin geprüft werden sollten.

6. *Bekämpfung der Wirtschaftskriminalität:*

Die Versicherungsunternehmen in Deutschland sind nach dem Geldwäschegesetz (GwG) dazu verpflichtet, verdächtige Finanzgeschäfte bei der Financial Intelligence Unit (FIU) Deutschland des BKA anzuzeigen. Die Pflicht zur Identifikation des Geschäftspartners besteht grundsätzlich bei Begründung der Geschäftsbeziehung, aber auch ohne bestehende Geschäftsbeziehung bei Geldtransaktionen ab 15.000 €, etwa bei Eingang einer Zuzahlung zu einem bestehenden Vertrag von einem bisher unbekannten Konto.

Die finanzielle Risikoprüfung besteht aus einer Reihe von Prüfungsschritten, die eine umfassende Einschätzung des Risikos ermöglichen sollen. Dabei werden hauptsächlich folgende Punkte geprüft:

- Kumul von Versicherungen: Es soll vermieden werden, dass eine strenge Risikoprüfung dadurch umgangen wird, dass mehrere Verträge mit geringeren Versicherungssummen bei unterschiedlichen Gesellschaften abgeschlossen werden.
- Existenz und wirtschaftlich gesunde Situation aller am Vertrag beteiligten Gesellschaften oder natürlichen Personen (Vertragspartner)
- finanzielle und/oder wirtschaftliche Begründung des jeweils beantragten Versicherungsschutzes, damit überprüft werden kann, ob diese Versicherungssummen den tatsächlichen Bedürfnissen des Versicherungsnehmers entsprechen. Ziel ist, eine „Überversicherung" zu vermeiden und die dauerhafte Beitragszahlung zu gewährleisten

1.3 Annahmepolitik und die damit verbunden Möglichkeiten der Vertragsgestaltung

1.3.1 Was ist ein Vertrag und wie kommt er zustande?

Der Versicherungsnehmer erbringt seinen einmaligen oder laufenden Beitrag; der Versicherer erbringt im Versicherungsfall Leistungen. Die Leistungspflicht bemisst sich am Leben und der Gesundheit der versicherten Person. Versicherungsnehmer und versicherte Person stimmen oft überein (Selbstversicherung), das muss aber nicht so sein (Fremdversicherung).

Zustande kommt der Vertrag nach ausführlicher Beratung meist auf Antrag des späteren Versicherungsnehmers.

> **Handlungssituation**
>
> Nachdem Sie Ihrer Kundin, Frau Patricia von Servanda, die Bedeutung der Versicherungsbedingungen erläutert haben (siehe Kapitel 2, Abschnitt 4.4), möchte sie gerne wissen, was sonst noch zum Vertragsbestandteil wird.

Den Umfang des Vertrages bestimmen die Vertragsparteien regelmäßig selbst. Im Falle eines Versicherungsvertrages scheint es manchmal so, als würde der Versicherer den Vertragsumfang einseitig diktieren. Und tatsächlich legt er durch seinen Tarif und seine Annahmepolitik fest, zu welchen Bedingungen er bereit ist, Verträge einzugehen. Frau von Servanda kann die Konditionen akzeptieren oder es bleiben lassen. Abändern kann sie sie nur, wo das ohnehin vorgesehen ist, oder, in sehr geringem Umfang, durch eine besondere Vereinbarung im Antrag.

| Angebot
1. Willenserklärung | + | Annahme
2. Willenserklärung | = | Vertrag |

Abbildung 3: Der Vertrag

▷ Definition

Ein **Vertrag** ist eine übereinstimmende Willenserklärung zweier oder mehrerer Parteien. Er kommt durch Angebot und Annahme zustande.

Vertragsbestandteile

Es bietet sich an, die Vertragsklauseln schriftlich niederzulegen, um die Übereinstimmung besser erkennen zu können. Die Vertragsbestandteile sind:

- der Antrag
- die Allgemeinen und die Besonderen Versicherungsbedingungen
- Unterlagen, die durch den Antrag oder die Versicherungsbedingungen einbezogen werden, insbesondere
  - die Garantiewerttabelle und
  - die Information zur Höhe der vereinbarten Kosten, z. B. im Rahmen des Produktinformationsblatts

Billigungsklausel

- unwidersprochene Abweichungen im Versicherungsschein, wenn die Hinweispflichten des § 5 VVG (Abweichender Versicherungsschein) beachtet wurden, nach Ablauf der Widerrufsfrist

Widerrufsrecht

Kein Vertragsbestandteil, sondern ein gesetzlich bestehendes, vertraglich nicht änderbares Recht, ist das Widerrufsrecht (§ 8 VVG und § 152 VVG). Über dieses Recht muss der Versicherungsnehmer in Textform belehrt werden. Die Widerrufsbelehrung muss bestimmte formelle und inhaltliche Kriterien erfüllen (siehe Abschnitt 1.5.2). Eine fehlerhafte oder gar eine nicht erfolgte Widerrufsbelehrung führt zu einem ewigen Widerrufsrecht, denn die Widerrufsfrist beginnt nicht vor dem Zugang dieser Belehrung. In der Lebensversicherung beträgt die Widerrufsfrist 30 Tage.

Rechtsfolgen des Widerrufs:

Nach einem Widerruf braucht der Versicherer keinen Versicherungsschutz mehr zu gewähren. Er zahlt den Rückkaufswert einschließlich der Überschussanteile zurück und alle bereits eingenommenen Beitragsteile, die sich auf die Zeit nach dem Widerruf beziehen. Natürlich muss er sämtliche Beiträge zurückzahlen, wenn er noch keinen Versicherungsschutz getragen hat. Bisher wurde noch kein Versicherungsschutz getragen, wenn

- der Versicherungsbeginn zum Widerrufstermin noch in der Zukunft liegt oder
- der Versicherer es versäumt hat, mit dem Versicherungsnehmer abzuklären, ob dieser überhaupt Versicherungsschutz vor Ablauf der Widerrufsfrist wünscht.

Ist die Widerrufsbelehrung nicht in der erforderlichen Form und im erforderlichen Umfang erfolgt, muss der Versicherer nicht nur den Rückkaufswert und die Überschussanteile, sondern sogar sämtliche Prämien des ersten Versicherungsjahres zurückzahlen, wenn das für den Versicherungsnehmer günstiger ist.

Ein Versicherungsvertrag kann im Prinzip auch mündlich geschlossen werden. Praktisch ist das aber nicht, dazu ist der Versicherungsvertrag zu komplex. Erst

1. Annahmerichtlinien

die Textform ermöglicht es, die umfangreichen Willenserklärungen der Parteien abzugleichen.

Der Vertrag ist abgeschlossen, wenn jede der beiden Parteien die Willenserklärung der jeweiligen Gegenpartei kennt oder kennen müsste und also erkennen kann, dass die Willenserklärungen übereinstimmen. Wann ist das der Fall? Das hängt davon ab, wer den ersten Schritt tut, also davon, wer das Angebot abgibt und wer es annimmt.

Grundsätzlich unterscheidet man zwischen dem *Antragsmodell* und dem *Invitatiomodell*.

Bei beiden Modellen sollte darauf geachtet werden, dass die Informationspflichten nach § 7 VVG auf jeden Fall *rechtzeitig vor der Angabe der Vertragserklärung* des Antragstellers erfüllt werden. Man sollte nicht versäumen, ihm vor seiner Vertragserklärung

- die Vertragsbestimmungen
- einschließlich der Allgemeinen Versicherungsbedingungen
- sowie die in der VVG-Informationspflichtenverordnung (VVG-InfoV) bestimmten Informationen

in Textform mitzuteilen, sonst wird womöglich der Vertrag nicht wirksam geschlossen. Diese Informationspflichten werden in Kapitel 4, Abschnitt 1 noch genauer thematisiert.

Informationspflichten nach § 7 VVG

Die Widerrufsfrist beginnt erst nach Zugang aller fehlenden Informationen. Ob es vorher überhaupt zum Vertragsschluss kommt, hängt von der Art der fehlenden Informationen ab und davon, ob der Antragsteller ohne diese Informationen ein klares Bild über die wesentlichen Rechte und Pflichten aus dem zu schließenden Vertrag gewinnen konnte.

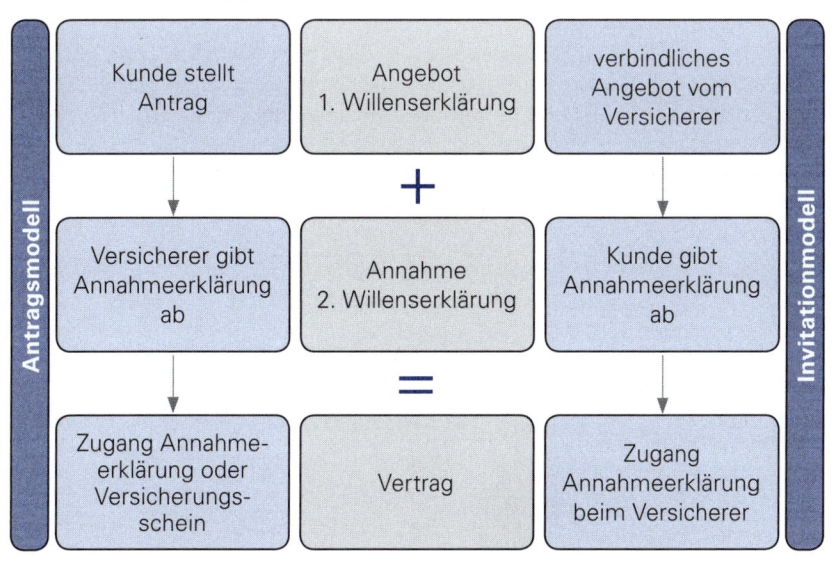

Abbildung 4: Gegenüberstellung von Antrags- und Invitatiomodell

1.3.1.1 Antragsmodell

Antragsmodell
Im *Antragsmodell* ist es mitunter aufwendig, die Informationspflichten rechtzeitig vor Vertragserklärung zu erfüllen. „Rechtzeitig" kann bei komplexen Verträgen bedeuten, dass zwei Beratungstermine nötig sind: Beim ersten Termin wird die Versorgungssituation analysiert und der Kunde erhält alle Informationen. Beim zweiten füllt er gemeinsam mit dem Vermittler den Antrag aus und unterschreibt.

Verzichtsmodell
Nicht immer ist es möglich, die Informationspflichten rechtzeitig vor Vertragserklärung zu erfüllen. § 7 Abs. 1 VVG erlaubt daher zwei Ausnahmen: erstens, wenn der Vertrag im Fernabsatz abgeschlossen wird, und zweitens, wenn der Antragsteller schriftlich auf die Information verzichtet. In beiden Fällen muss die Information unverzüglich nach Vertragsschluss nachgeholt werden. Werden im Antragsmodell die Informationspflichten erst nach Vertragsschluss erfüllt, spricht man vom *Verzichtsmodell*. In dieser Variante des Antragsmodells kommt der Vermittler mit einem Beratungstermin aus. Im Fernabsatz findet gar nur eine telefonische Beratung oder eine Beratung im Internet oder im Onlineforum statt.

Es ist kein Wunder, dass das Verzichtsmodell für Vermittler attraktiv ist. Aber Vorsicht: Viele Juristen sind der Auffassung, dass der Verzicht per Ankreuzklausel im Antrag unwirksam ist. Der Verzicht kann weder geschäftsplanmäßig vorgesehen werden noch per Vertragsklausel erklärt werden, sondern muss vielmehr individuell formuliert werden. Es kann nur im Ausnahmefall angewendet werden. Zu groß ist nämlich bei einem verklausulierten Verzicht die Ähnlichkeit zum seit dem 1.1.2008 verbotenen Policenmodell (siehe Abschnitt 1.3.1.3).

Nach Prüfung des Antrages nimmt der Versicherer den Antrag an. Das kann explizit durch Annahmeerklärung erfolgen oder implizit durch Zusendung des Versicherungsscheins.

Erschwerungsangebot
Ergibt die Antrags- oder die Risikoprüfung, dass dem Antrag so nicht entsprochen werden kann, lehnt der Versicherer das Angebot ab oder erstellt ein Erschwerungsangebot. Er übermittelt die entsprechend geänderten Informationen neu und wartet seinerseits auf die Annahmeerklärung des Kunden. Dieses Vorgehen wird auch als „unechte Invitatio" bezeichnet, weil hier die erste Vertragserklärung (nämlich das Änderungsangebot) vom Versicherer ausgeht.

Bei nicht substanziellen Abweichungen vom Kundenangebot kann der Versicherer von § 5 VVG Gebrauch machen und gleich einen abweichenden Versicherungsschein ausstellen. Die Abweichungen müssen im Versicherungsschein deutlich gekennzeichnet sein. Im Fall des § 5 VVG bedarf es keiner erneuten Willenserklärung durch den Kunden (Billigung). Es ist einer der seltenen Fälle, in denen Schweigen auch vor dem Gesetz tatsächlich als Zustimmung gilt.

1. Annahmerichtlinien

Der formelle Vertragsbeginn, der Termin also, zu dem der Versicherungsnehmer Kenntnis von der Vertragsannahme des Versicherers erhält, lässt sich meist nur schätzen. Oftmals wird er aus dem Ausfertigungsdatum des Versicherungsscheins und dem Postweg bis zum Antragsteller rekonstruiert. Er ist aber wichtig für den Fristbeginn im Falle einer Selbsttötung (3 Jahre), eines Rücktritts (5 Jahre) und einer Anfechtung (10 Jahre).

1.3.1.2 Invitatiomodell

Im Invitatiomodell reicht in der Regel ein Vermittlerbesuch aus. Bei diesem Besuchstermin werden alle Informationen übergeben und der Antrag ausgefüllt. Im Fall einer Normalannahme ist im Prinzip auch schon klar, wie hoch die Leistung und der Beitrag sein werden, die der Versicherer anbieten wird. Der Zweck des Antrags ist jedoch nicht, dem Versicherer eine Willenserklärung zu übermitteln, sondern nur, den Versicherer „einzuladen", seinerseits die erste Willenserklärung, das Angebot nämlich, abzugeben. Dies bezeichnet man als „echte Invitatio" (invitatio ad offerendum = Einladung zur Angebotsabgabe). Mit seinem Antrag bindet sich der Kunde noch nicht. Bis zu seiner eigenen Willenerklärung vergeht im Allgemeinen einige Zeit, so dass er auf jeden Fall rechtzeitig vorher alle Informationen erhalten kann.

Invitatiomodell

Der eingeladene Versicherer prüft, ob er ein Angebot abgeben will; ggf. fragt er weitere Gesundheitsdaten in Textform ab. Dann übermittelt er sein Angebot mit sämtlichen erforderlichen Informationen. Er kann bereits ein Dokument beifügen, das später zum Versicherungsschein wird.

Der Vertrag kommt formell erst zustande, wenn die Annahmeerklärung des Kunden beim Versicherer eingeht: Am besten schriftlich. Oder telefonisch. Oder konkludent durch Überweisung des Einlösungsbeitrags. Eine unwidersprochene Abbuchung des Einlösungsbeitrags stellt hingegen keine konkludente Vertragserklärung des Kunden dar.

Erst durch die Annahmeerklärung des Kunden wird das dem Angebot beigefügte Dokument zum Versicherungsschein.

Das Vertretermodell ist eine Sonderform des Invitatiomodells. Der Versicherungsnehmer lässt den Antrag zum Abschluss eines Vertrags und die dazugehörigen Unterlagen an die Adresse des Maklers senden. Dieser soll dann die Annahme des Antrages im Namen des Versicherungsnehmers ohne weitere Rücksprache mit ihm an das Versicherungsunternehmen erklären. Dazu muss der Makler während der Antragsstellung bevollmächtigt werden.

Vertretermodell

1.3.1.3 Policenmodell

Auch vor der Reform des Versicherungsvertragsgesetzes gab es bereits Informationspflichten. Sie waren nicht „rechtzeitig vor Vertragserklärung" (§ 7 VVG), sondern lediglich „vor Abschluss und während der Laufzeit des Vertrages" (§ 10a VAG in der bis zum 1.1.2008 geltenden Fassung) zu erfüllen.

Das Policenmodell machte sich dieses fehlende „rechtzeitig" zunutze. Alle nötigen Informationen wurden spätestens mit der Police oder mit der Annahmeerklärung verschickt. Sie lagen dem Versicherungsnehmer also noch vor dem Vertragsabschluss vor. Im Zweifel war sich der Versicherungsnehmer wegen des späten Zugangs der Informationen noch nicht vollständig über den Vertragsinhalt im Klaren. Doch das war kein wirkliches Problem, denn natürlich gab es auch damals eine Frist, um es sich nach Vertragsabschluss noch einmal anders zu überlegen.

Widerspruchsrecht Der Widerruf hieß damals Widerspruch, und das Widerspruchsrecht wurde seit dem 1.7.1994 in § 5a VVG (alter Fassung) geregelt. Schon die abweichende Bezeichnung des Widerrufs deutet an, worum es ging: Der Versicherungsnehmer musste dem Vertragsabschluss widersprechen. Er gab keine Vertragserklärung ab, sondern musste im Gegenteil aktiv werden, um den Vertragsschluss zu verhindern. Der Vertragsschluss wurde nach vollständiger Information und Widerspruchsbelehrung durch Ablauf der Widerspruchsfrist (zunächst nur 14 Tage, seit dem 9.12.2004 so wie heute 30 Tage) fingiert. Spätestens ein Jahr nach Zahlung der Einlösungsprämie galt der Vertrag auch ohne vollständige Information und trotz mangelhafter Widerspruchsbelehrung als wirksam abgeschlossen.

Zweifel an der Europarechtskonformität

In der jüngeren Vergangenheit wurden Zweifel an der Europarechtskonformität der Jahresfrist laut. Kann ein Vertrag ohne zweite Willenserklärung einfach so durch Fristablauf wirksam geschlossen werden? Der EuGH hat diese Frage Ende 2013 verneint (EuGH-Urteil vom 19.12.2013 zum Az. C-209/12). Damit lastet auf allen zwischen dem 1.7.1994 und dem 31.12.2007 nach dem Policenmodell abgeschlossenen Verträgen ein dunkler Schatten.

Aber sind alle in dieser Zeit nach dem Policenmodell abgeschlossenen Verträge deswegen unwirksam? Nein. Die Versicherungsnehmer haben viele Jahre ihre Verträge bedient. Der Versicherer kann sich inzwischen darauf verlassen, dass sie den Vertrag auch abschließen wollten.

Lediglich jene „kranken Fälle", in denen die Widerspruchbelehrung nicht den rechtlichen Anforderungen genügte, können auch nach all diesen Jahren ihrem Vertrag noch widersprechen. Diese Versicherungsnehmer wussten ja wegen der mangelhaften Belehrung nicht, dass sie diese Ausstiegsmöglichkeit gehabt hätten.

Der BGH hat sich im Mai 2014 mit der Frage beschäftigt, welche finanziellen Konsequenzen solch ein später Widerspruch hat (BGH-Urteil vom 7.5.2014 zum Az.: IV ZR 76/11): Er vertritt die Auffassung, dass bei der Rückabwicklung des Vertrages dem gewährten Versicherungsschutz ein Wert beizumessen ist. Dieser Wert kann von den Beiträgen abgezogen werden, so dass nicht sämtliche Beiträge und deren Nutzungen zurückzuzahlen sind. Zweifel an der Europarechtskonformität des Policenmodells an sich hatte der BGH nicht.

Fehlerhafte Widerspruchsbelehrungen in den Jahren 1994 bis 2007 führen nach dieser Rechtslage dazu, dass Versicherte ihre Verträge rückabwickeln lassen können. Wäre damals eine sorgfältige juristische Prüfung der Widerspruchsbelehrung durchgeführt worden, wären die Mängel vielleicht aufgefallen. Es gäbe dann heute weniger „kranke Fälle".

Auch bei einer angespannten Terminsituation sollte ein Versicherungsunternehmen sich immer für eine juristische Qualitätssicherung des Antrages entscheiden.

1.3.2 Welchen Einfluss hat die Annahmepolitik auf die Vertragsgestaltung?

Der Versicherungsvertrag kommt entweder im Antragsmodell oder im Invitatiomodell zustande.

Manche Produkte sind derart beratungsintensiv, dass das Invitatiomodell zum Vertragsabschluss ausfällt. In der bAV muss nicht nur der Arbeitgeber in seiner Rolle als Versicherungsnehmer informiert werden, sondern auch die Versorgungsanwärter haben einen Informationsanspruch. Der Versicherer kann seine Informationspflicht gegenüber den Versorgungsanwärtern vertraglich auf den Arbeitgeber delegieren, sollte ihm dann aber auch entsprechendes Informationsmaterial in ausreichender Anzahl zur Verfügung stellen.

Die Vereinbarung zwischen Versicherer und Arbeitgeber sollte diesem klar und übersichtlich die übernommenen Informationspflichten aufzählen und auch die gesetzlich bestehenden Pflichten gegenüber den Arbeitnehmern aufführen.

Es spielt eine Rolle, ob der Vertrag mit oder ohne Beteiligung eines Vermittlers zustande kommt. Im Invitatiomodell ist die zu versichernde Person weitgehend auf sich selbst gestellt, wenn es darum geht, die Versicherungsbedingungen zu studieren.

Welches Abschlussmodell für welche Verträge?

	Vermittlergestützter Vertrieb	Direkt- und Onlinevertrieb
Antragsmodell	Besonders einfache Produkte sind mit einem Beratungstermin eine halbe Stunde vor Vertragsabschluss noch rechtzeitig erklärt. Bei komplizierteren Produkten müssen Informationspflichten rechtzeitig vorab per E-Mail oder Brief oder bei einem zusätzlichen Beratungstermin erfüllt werden. Dann wird das Angebot des Kunden auf dem Antrag erst beim Folge-Beratungstermin erfasst.	Im Direkt- und Onlinevertrieb ist das Antragsmodell lediglich für einfache, selbsterklärende Produkte geeignet. Der Antrag kann online übermittelt werden, wenn dialoggesteuert vorher alle erforderlichen Informationen dargestellt werden und z. B. mithilfe des elektronischen Personalausweises (ePA) die Identprüfung erfolgen kann. Überraschende Ausschlüsse in den Bedingungen (Terrorklausel, Suizid) sollten vermieden werden. Im Fernabsatz müssen fehlende Informationen unverzüglich nachgeliefert werden.
Invitatiomodell	Für Produkte mit Risikoprüfung muss der Kunde beim Beratungstermin eine Schweigepflichtentbindung unterschreiben und wahrheitsgemäße Angaben zu seiner Gesundheit machen. Auf dieser Grundlage erfolgt die Risikoprüfung und wird vom Backoffice zeitnah ein verbindliches Angebot erstellt. Der Kunde erhält das Angebot und muss es ausdrücklich annehmen. Dazu unterschreibt der Kunde die vorbereitete Annahmeerklärung und bestätigt mit einer separaten Unterschrift den Empfang aller erforderlichen Informationen. Man sollte sich in dieser Phase des Vertragsschlusses zur Sicherheit die gemachten Angaben zum Gesundheitsstatus bestätigen lassen und ggf. wegen der Annahmeerklärung telefonisch nachhaken.	Das echte Invitatiomodell ist im Direkt- und Onlinevertrieb eher ungeeignet für Verträge mit Risikoprüfung. Das liegt an der nötigen Mehrstufigkeit des Vertragsabschlusses: zuerst Gesundheitsfragen und Unterschrift zur Schweigepflichtentbindung. Dann unterbreitet der Versicherer möglichst schnell (aber erst nach ggf. erforderlichen Arztrückfragen) sein Angebot. Schließlich nimmt der Direktkunde mit einer erneuten Unterschrift das Angebot an.

Tabelle 3: Abschlussmodelle

Der Antrag sollte es leicht machen, das geschäftspolitisch gewollte Geschäft rechtssicher abzuschließen. Er wird so gestaltet, dass die Vertragspartner die Hauptleistung und die Hauptpflichten auf den ersten Blick erkennen können. Auch gesetzlich vorgeschriebene Hinweis- und Aufklärungspflichten müssen sofort ins Auge springen, um wirksam zu sein. Mehr zur Antragsgestaltung führt Abschnitt 1.5 aus.

Transparente Versicherungsbedingungen können helfen, komplizierte Versicherungen auch ohne Vermittlermitwirkung zu erklären. Es ist wohl eine geschäftspolitische Frage, welche Verträge der Versicherer als zu beratungsbedürftig einschätzt, um sie im Rahmen von Direktkampagnen zu vermarkten.

1.4 Versicherung anormaler Risiken

1.4.1 Annahme des Antrages

1.4.1.1 Uneingeschränkte Annahme

Bei einer uneingeschränkten Annahme des Antrages wird der Versicherungsschein ausgefertigt und dem Versicherungsnehmer zugeschickt.

1.4.1.2 Annahme mit Erschwerung

Möglicherweise hält es der Versicherer für nötig, die zu versichernde Person als erhöhtes Risiko einzustufen. Dann hat er in Abhängigkeit von der Ursache der Risikoerhöhung, von der Dauer der Versicherung und dem Alter der zu versichernden Person folgende Möglichkeiten, einen wirtschaftlichen Ausgleich für dieses zusätzliche Risiko zu vereinbaren.

Risikozuschlag

Je nach Erschwerungsgrad wird ein Zuschlag auf den Tarifbeitrag erhoben, der das erhöhte Risiko ausgleichen soll.

Üblich sind Risikozuschläge für die gesamte Beitragszahlungsdauer. Bei manchen Versicherern können aber auch zeitlich begrenzte Zuschläge vereinbart werden, z. B. wenn sich ein bei Antragstellung erhöhtes Risiko – etwa nach einer Operation – erfahrungsgemäß nach einiger Zeit wesentlich mindert.

Dauerverkürzung

Eine Dauerverkürzung (Abkürzung der beantragten Versicherungsdauer auf ein niedrigeres Endalter) wird vorgeschlagen, wenn bei der zu versichernden Person bereits eine Gesundheitsschädigung vorliegt, die wahrscheinlich erst in einem höheren Alter die Lebenserwartung (bzw. in der Invaliditätsversicherung die Erwerbs- oder Berufsfähigkeit) beeinträchtigen dürfte (z. B. bei Diabetes Typ I oder Asthma).

Keine Dynamik

Keine Dynamikvereinbarung zur Todesfall- oder Berufsunfähigkeits-Leistung, wenn eine erhöhte Sterbe- oder Invalidisierungswahrscheinlichkeit vorliegt

Kein Todesfallbonus

Kein Todesfallbonus, wenn ein erhöhtes Risiko gegeben ist

Keine Todesfallleistung

Keine Todesfallleistung, sondern nur noch Erlebensfallleistungen (Rente), wenn das Sterberisiko zu hoch ist

Leistungsausschluss in der BU und BUZ

Während in der Kapitalversicherung und in der Unfall-Zusatzversicherung üblicherweise keine Risikoausschlüsse vereinbart werden, schließen die Lebensversicherer in der Berufsunfähigkeits(-Zusatz)versicherung häufig die Leistungspflicht für bereits bestehende Leiden, die die Berufsunfähigkeit der versicherten Person unmittelbar beeinflussen, aus.

Handlungssituation

Herr Breuer aus der Antragsabteilung der Proximus Versicherung AG hat regelmäßig Kontakt mit Agenturinhabern, welche natürlich einen Überblick über solche Erschwerungs möglichkeiten und deren Auswirkung haben möchten.

Er stellt ihnen die nachstehende Übersicht zusammen:

Erschwerungsmöglichkeiten und ihre Auswirkungen		
Erschwerungs-möglichkeiten	Auswirkung	Beispiele für Gründe
■ Temporärer Risikozuschlag	Zeitlich begrenzte Prämienerhöhung oder Leistungsminderung	Akute Erkrankung mit guten Heilungschancen nach gerade erfolgter Operation
■ Staffelung (früher vielfach praktiziert)	Bei Tod in den ersten (z. B. drei Versicherungsjahren nur Teilleistung; z. B. Tod im ersten Jahr ein Drittel der Summe, Tod im zweiten Jahr zwei Drittel der Summe	Beispiel: wie beim temporären Zuschlag
■ Risikozuschlag	Beitragserhöhung oder Leistungsminderung bei unverändertem Beitrag	Wahrscheinlich dauerhafte Gesund-heitsschädigung
■ Dauerverkürzung	Wahl eines niedrigeren Endalters (dann Tarif-beitrag mit/ohne Risikozuschlag)	Gesundheitsschädi-gung, die aber wahr-scheinlich erst in einem höheren Alter die Lebenserwartung (bei BUZ: die Berufsunfähigkeit) beeinträchtigen dürfte
■ Dynamikausschluss	Keine Dynamikverein-barung zur Todesfall- oder Berufsunfähig-keitsleistung	Gesundheits-schädigung, die zu erhöhter Sterbe- oder Invalidisierungswahr-scheinlichkeit führt
■ Eingeschränkte Über-schussbeteiligung	Kein Todesfallbonus	

1. Annahmerichtlinien

Erschwerungsmöglichkeiten und ihre Auswirkungen		
Erschwerungsmöglichkeiten	**Auswirkung**	**Beispiele für Gründe**
• Ausschlüsse durch Klauseln (praktisch nur bei Zusatzversicherungen)	Keine Leistung, wenn der Versicherungsfall auf dem Ausschlusstatbestand beruht	Zu versichernde Person hat schon eine Schädigung (Beeinträchtigung z. B. an der Wirbelsäule) zu versichernde Person ist Extremkletterer oder -taucher
• Berufszuschläge (meistens bei Zusatzversicherungen)	Beitragserhöhung	Ausübung eines(r) besonders gefährlichen Berufes (Tätigkeit)
• Rückstellung für ein bis drei Jahre	Vorerst kein Vertragsabschluss	Akute Gesundheitsschädigung, die in ihrer Auswirkung auf die Lebenserwartung (bei BUZ: auf die Berufsfähigkeit) zurzeit nicht abgeschätzt werden kann. Oftmals auch „dezentere" Form der Ablehnung.
• Ablehnung	Kein Versicherungsabschluss möglich (u. U. Hauptversicherung ja, Zusatzversicherung nein) evtl. kein Todesfallschutz, aber Erlebensfallleistung bleibt erhalten	HIV-Infektion, Aids, Krebs, andere lebensbedrohende Erkrankungen Gesundheitsschädigungen oder berufliche/ sportliche Aktivitäten, die einen baldigen BU-Fall wahrscheinlich erscheinen lassen.

Tabelle 4: Erschwerungsmöglichkeiten

1.4.2 Vorläufiger Versicherungsschutz

Die Proximus Lebensversicherung AG gewährt dem Antragsteller einen vorläufigen Versicherungsschutz ab Antragsstellung.

Dadurch gewährt die Proximus Versicherung AG dann im Todesfall Versicherungsschutz, obwohl der Hauptvertrag noch nicht zustande gekommen ist (siehe Proximus 3, S. 138 und 139).

Der Vertrag über den vorläufigen Versicherungsschutz stellt nach § 49 VVG einen separaten und von der beantragten Versicherung unabhängigen Versicherungsvertrag dar. Sein Beitrag wird im Leistungsfall mit der versicherten Todesfallleistung verrechnet.

1.5 Gestaltung des Antrags

▷ Definition

Der dem Antragsteller vorgelegte **Antrag** verdeutlicht diesem, was der Versicherer von ihm wissen möchte, gibt ihm Informationen, die für die Antragstellung selbst und für den Versicherungsabschluss und -verlauf bis zum Leistungsfall wichtig sind, und erläutert ihm den gewählten Tarif.

Das Versicherungsvertragsgesetz schreibt weder einen bestimmten Antragsinhalt und -aufbau noch eine Schriftform vor. Dennoch kommt es bei allen Lebensversicherern erst dann zum Vertragsabschluss, wenn vorher auf einem vom Versicherer vorgegebenen Formular ein schriftlicher Antrag gestellt wurde. Ob dieser nun in Papierform oder – wie inzwischen häufig – am Bildschirm gestellt wird, ist eine Frage der Praktikabilität und Gewöhnung. Wichtig ist, dass der Antragsteller unmittelbar eine Kopie erhalten kann und der Versicherer schnellstens informiert wird, damit er die Antrags- und Risikoprüfung sowie die Risikobeurteilung in die Wege leiten kann.

Die Gestaltung der Lebensversicherungsanträge war in der Vergangenheit ein ständiges Bemühen, nicht zu umfangreich zu werden, ein einfaches Ausfüllen zu ermöglichen, die Datenerfassung zu erleichtern, die rechtlichen Vorgaben zu erfüllen und den sich aus den Bestandsführungssystemen ergebenden Vorgaben gerecht zu werden. Mit einem Antragsformular mehrere unterschiedliche Tarife alternativ beantragen zu können (siehe Proximus 3), ist zwar rationell, aber nicht gerade kundenfreundlich, da nicht alle in diesem Antrag gestellten Fragen auch für jeden Tarif zutreffend sind und somit irritierend wirken; beispielsweise die Frage, ob man weit- oder kurzsichtig ist, wenn man nur eine Renten- oder Risikoversicherung beantragen möchte. Hier haben natürlich Bildschirm-Lösungen, die von sich aus nur das anzeigen, was für den geplanten Tarif wichtig ist, einen erheblichen Vorteil.

„Computer-Anträge" haben zudem den Vorzug, dass sie mit mehr oder weniger umfassenden Expertensystemen verbunden werden können. Damit ist es möglich, den Antrag schon unmittelbar einer Prüfung auf Vollständigkeit zu unterziehen, aber auch schon zu prüfen, ob einer Normalannahme möglicherweise noch etwas entgegensteht. So können etwaige zusätzliche Auskünfte und/oder Arztrückfragen sofort veranlasst werden.

Billigungsklausel Die Schriftform dient der besseren Beweisführung. Weil die Beweislast für die Abgabe und den Inhalt des Antrages beim Versicherungsnehmer liegt (vgl. § 69 Abs. 3 VVG), gehört es zum Service eines jeden Versicherers, dem Antragsteller eine Kopie seines Antrags zu überlassen. Dies ermöglicht dem Kunden außerdem, seinen Versicherungsschein auf Deckungsgleichheit mit den Antragsdaten zu vergleichen und etwaige vom Versicherer gekennzeichnete Abweichungen gemäß § 5 VVG (Abweichender Versicherungsschein) auf Annehmbarkeit oder Ablehnung hin zu überprüfen.

1. Annahmerichtlinien

Im Antrag haben der Antragsteller und – vor allem bei den Angaben zu den Gesundheitsverhältnissen – die zu versichernde Person in erster Linie folgende Angaben zu machen:

- persönliche Daten des Antragstellers: Name, Vorname, Adresse, Geburtsdatum
- persönliche Daten der zu versichernden Person und der evtl. mitzuversichernden Person
- Angaben zur Bezugsberechtigung
- technische Vertragsdaten zur beantragten Versicherung, z. B. Haupttarif, Zusatztarif, Vertragsbeginn, Vertragsende, Leistungsbeginn, Leistungsende
- Beitrag: Zahlungsdauer, Zahlungsweise, Höhe
- Dynamikform: Anpassungssatz, Anpassungsrhythmus
- ggf. Vereinbarung des Lastschriftverfahrens
- Angaben zu Vorversicherungen zur besseren Risikoeinschätzung und für etwaige Rückfragen beim Vorversicherer
- Angaben zur beruflichen Tätigkeit und zu außerberuflichen Aktivitäten (Sport, Hobby) zur richtigen Risikoeinschätzung
- Gesundheitsangaben der zu versichernden Person zur Feststellung der Gesundheitsverhältnisse
- Daten zur Identifizierung im Rahmen des Geldwäschegesetzes

Da aus den genannten Gründen im Antrag eine Reihe von recht persönlichen Daten anzugeben sind, müssen vom Versicherer die Bestimmungen des Datenschutzgesetzes ebenso beachtet werden wie die (ärztliche) Schweigepflicht.

Die Aufzählung lässt im Übrigen erkennen, dass es teils um Daten geht, die rein formell zur Ausfertigung des Versicherungsscheins und zur späteren Vertragsverwaltung notwendig sind. Darüber hinaus gilt aber:

> **▶ Merke**
>
> Der Antrag gibt dem Versicherer Informationen, die dieser für die Prüfung und Einschätzung des von ihm zu übernehmenden Risikos benötigt. Dabei kann er mündliche Informationen, die dem Vermittler gegeben wurden und von denen er nicht unterrichtet wurde, nicht berücksichtigen. Gleichwohl wird ihm im Konfliktfall u. U. die Kenntnis des Vermittlers angerechnet.

Im Antrag werden die Willenserklärung des Antragstellers zum Abschluss eines Versicherungsvertrages mit einer Wissenserklärung von ihm selbst, ggf. auch von der zu versichernden dritten Person, wenn die Versicherung nicht auf sein eigenes Leben abgeschlossen werden soll, zusammengefasst. Dabei kommt es entscheidend darauf an, dass die Abgabe dieser Erklärungen, insbesondere natürlich der Wissenserklärungen zu den Gesundheitsverhältnissen, nicht vom Vermittler oder anderen Personen beeinflusst wird. Falsche oder unterlassene Angaben gefährden den späteren Versicherungsschutz. Sind diese jedoch auf entsprechende Ratschläge oder Beschwichtigungen des Vermittlers zurückzuführen, so muss der Versicherer dessen Kenntnisse nach der herrschenden Rechtsauffassung gegen sich gelten lassen. Dies kann auch nicht dadurch zulasten des künftigen Versicherungsnehmers geändert werden, dass der Versicherer im Antrag oder in den AVB erklärt, mündliche Informationen an den Vermittler seien unwirksam. Auch diese können also, falls sie nachgewiesen werden, zugunsten des Versicherungsnehmers gewertet werden.

Der Antrag und ggf. vertiefende Gesundheitsfragebögen enthalten natürlich auch Fragen zu risikoerheblichen Gefahrumständen. Dazu mehr im folgenden Abschnitt. Ehe der Antragsteller und die zu versichernde Person den Antrag unterschreiben, werden sie aufgefordert, eine Schlusserklärung abzugeben und einige besondere Informationen zur Kenntnis zu nehmen.

Einwilligungs- und Schweigepflichtentbindungserklärung in der Versicherungswirtschaft

In den Schlusserklärungen müssen der Antragsteller und die zu versichernde Person die Richtigkeit ihrer Angaben bestätigen. Außerdem müssen sie alle Personen und Institutionen, die in der Phase der Risikoprüfung und ggf. bei einem späteren Leistungsfall (ärztliche) Auskünfte geben können, pauschal oder individuell von deren ärztlicher Schweigepflicht entbinden. Dazu dient meist die mit den obersten Aufsichtsbehören für den Datenschutz abgestimmte „Einwilligungs- und Schweigepflichtentbindungserklärung in der Versicherungswirtschaft" (Beschluss des Düsseldorfer Kreises vom 17.12.2012). Diese Erklärung ist so umfangreich, dass für sie eine separate Unterschrift im Antrag vorgesehen ist. Die vollständige Mustererklärung kann beispielsweise auf der Homepage des Bundesdatenschutzbeauftragten eingesehen werden.

Antragsteller und zu versichernde Personen werden über Fragen des Datenschutzes informiert, über ihr Widerspruchs- oder Rücktrittsrecht aufgeklärt und auf den u. U. zunächst langsamen Aufbau eines Rückkaufswertes hingewiesen. Viele Versicherer geben an dieser Stelle auch an, wohin sich der Versicherungsnehmer im Falle einer evtl. Beschwerde wenden kann, wozu auch die Angabe der BaFin-Anschrift gehört, die zu den Pflichtangaben gemäß VVG-InfoV zählt.

Die Schlusserklärungen sind zwangsläufig vom Text her sehr umfangreich. Gleichwohl sollten sie vor der Unterschrift abgedruckt werden. Andernfalls ist ein Hinweis vor der Unterschrift notwendig, der besagt, dass vor dem Unterschreiben die Schlusserklärungen an anderer Stelle des Antrages gelesen und zur Kenntnis genommen werden sollten.

1.5.1 Antragsinhalt

Zur Willenserklärung gehören Angaben zu Beginn und Laufzeit der Versicherung, dem Tarif – ggf. mit Zusatzversicherungen – und der vereinbarten Versicherungsleistung sowie die Unterschrift des zukünftigen Versicherungsnehmers und – bei einer Fremdversicherung, bei der Antragsteller und die zu versichernde Person abweichen – der zu versichernden Person bzw. des gesetzlichen Vertreters.

Der Antrag enthält außerdem Wissenserklärungen, d. h. Fragen nach den Gesundheitsverhältnissen, dem Gewicht, der Größe und dem Beruf der zu versichernden Person.

Der Schlussteil des Antrages enthält noch weitere Erklärungen des Antragstellers bzw. der versicherten Person (= Schlusserklärungen).

Zu den Schlusserklärungen gehört u. a.:

- *die „Ermächtigungsklausel"*
  Sie ist inzwischen Teil der Einwilligungs- und Schweigepflichtentbindungserklärung. Die beteiligten Personen geben mit dem Antrag ihre Einwilligung, persönliche Daten des Versicherungsnehmers bzw. der versicherten Personen zu speichern, zu nutzen und
  - an den zuständigen Versicherungsvermittler,
  - an andere Personenversicherer,
  - Verbände des Versicherers,
  - das Hinweis- und Informationssystem (HIS) und
  - an Rückversicherer

  weiterzugeben.

Das gilt vorübergehend auch für den Fall, dass der Vertrag nicht zustande kommt.

Bei einem Wechsel eines selbstständigen Vermittlers ist dem betroffenen Kunden ein Widerspruchsrecht vor der Weitergabe seiner Gesundheitsdaten einzuräumen.

Mit der Unterschrift erkennt der Antragsteller die Allgemeinen Versicherungsbedingungen des entsprechenden Lebensversicherers an und er bestätigt ausdrücklich die Richtigkeit seiner Antragsangaben.

vorvertragliche Anzeigepflichtverletzung

Verschuldensgradabhängige Folgen bei vorvertraglicher Anzeigepflichtverletzung

Verschuldensgrad			
Arglistig	**Grob fahrlässig**	**Leicht fahrlässig**	**Nicht schuldhaft**
▪ *Anfechtung* ▪ Keine Leistungspflicht ▪ Frist: 10 Jahre nach Vertragsabschluss	▪ Rücktrittsrecht, falls Vertrag bei Kenntnis des Umstands nicht abgeschlossen worden wäre ▪ Ohne Kausalität: Leistungspflicht, aber Kündigung/ Änderung wie bei leichter Fahrlässigkeit möglich ▪ Frist: 5 Jahre, bei Vorsatz: 10 Jahre nach Vertragsschluss	▪ Kündigungsrecht, falls Vertrag bei Kenntnis des Umstands nicht abgeschlossen worden wäre, sonst nur Änderungsrecht ▪ Leistungspflicht, aber: ▪ Ausschluss der Gefahr oder Zuschlag ▪ Änderung wirkt ab Beginn ▪ Frist: 5 Jahre nach Vertragsschluss	▪ Im Prinzip wie „Leicht fahrlässig" ▪ Trotzdem oft freiwilliger vertraglicher Verzicht auf das Kündigungs-/ und Änderungsrecht ▪ Ansonsten: Änderung wirkt ab der laufenden Versicherungsperiode
	Grundsätzliche Voraussetzungen: ▪ Ausreichende Belehrung über die Wahrheitspflicht und die Folgen einer Anzeigepflichtverletzung ▪ Unkenntnis bei Abschluss ▪ Einmonatige Frist nach Kenntnisnahme nicht abgelaufen		

Tabelle 5: Verschuldensgradabhängige Folgen bei vorvertraglicher Anzeigepflichtverletzung

1.5.2 Widerrufsbelehrung

1.5.2.1 Widerrufsbelehrung seit dem 1.1.2008

Die Widerrufsbelehrung klärt den Versicherungsnehmer darüber auf, an wen er sich innerhalb welcher Frist wenden muss, um den Vertragsabschluss rückgängig zu machen. Die Belehrung muss deutlich gestaltet sein. Fehlerhafte Widerrufsbelehrungen haben zur Folge, dass diese Frist nicht zu laufen beginnt. Der Versicherungsnehmer hat dann ein latent bestehendes ewiges Widerrufsrecht.

Das VVG enthält als Anhang einen Mustertext für eine ausreichende Widerrufsbelehrung. Er lautet für die Lebensversicherung:

1. Annahmerichtlinien

Widerrufsrecht

Sie können Ihre Vertragserklärung innerhalb von 30 Tagen ohne Angabe von Gründen in Textform (z. B. Brief, Fax, E-Mail) widerrufen. Die Frist beginnt, nachdem Sie den Versicherungsschein, die Vertragsbestimmungen einschließlich der Allgemeinen Versicherungsbedingungen, die weiteren Informationen nach § 7 Abs. 1 und 2 des Versicherungsvertragsgesetzes in Verbindung mit den §§ 1 bis 4 der VVG-Informationspflichtenverordnung und diese Belehrung jeweils in Textform erhalten haben. Zur Wahrung der Widerrufsfrist genügt die rechtzeitige Absendung des Widerrufs. Der Widerruf ist zu richten an: Proximus Lebensversicherung AG, Proximus-Platz 1, 80333 München (zusätzlich können angegeben werden: Telefaxnummer, E-Mail-Adresse und/oder, wenn der Versicherungsnehmer eine Bestätigung seiner Widerrufserklärung an den Versicherer erhält, auch eine Internet-Adresse.)

Widerrufsfolgen

Im Falle eines wirksamen Widerrufs endet der Versicherungsschutz, und wir erstatten Ihnen den auf die Zeit nach Zugang des Widerrufs entfallenden Teil der Prämien, wenn Sie zugestimmt haben, dass der Versicherungsschutz vor dem Ende der Widerrufsfrist beginnt. Den Teil der Prämie, der auf die Zeit bis zum Zugang des Widerrufs entfällt, dürfen wir in diesem Fall einbehalten; dabei handelt es sich um [einen Betrag in Höhe von ... / den im Antrag/im ... auf Seite .../unter Ziffer ... ausgewiesenen Betrag]. Den Rückkaufswert einschließlich der Überschussanteile nach § 169 des Versicherungsvertragsgesetzes zahlen wir Ihnen aus. Die Erstattung zurückzuzahlender Beträge erfolgt unverzüglich, spätestens 30 Tage nach Zugang des Widerrufs. Beginnt der Versicherungsschutz nicht vor dem Ende der Widerrufsfrist, hat der wirksame Widerruf zur Folge, dass empfangene Leistungen zurückzugewähren und gezogene Nutzungen (z. B. Zinsen) herauszugeben sind.

Haben Sie Ihr Widerrufsrecht nach § 8 des Versicherungsvertragsgesetzes wirksam ausgeübt, sind Sie auch an einen mit dem Versicherungsvertrag zusammenhängenden Vertrag nicht mehr gebunden. Ein zusammenhängender Vertrag liegt vor, wenn er einen Bezug zu dem widerrufenen Vertrag aufweist und eine Dienstleistung des Versicherers oder eines Dritten auf der Grundlage einer Vereinbarung zwischen dem Dritten und dem Versicherer betrifft. Eine Vertragsstrafe darf weder vereinbart noch verlangt werden.

Besondere Hinweise

Ihr Widerrufsrecht erlischt, wenn der Vertrag auf Ihren ausdrücklichen Wunsch sowohl von Ihnen als auch von uns vollständig erfüllt ist, bevor Sie Ihr Widerrufsrecht ausgeübt haben.

....
(Ort), (Datum), (Unterschrift des Versicherungsnehmers)

[alternativ zur Unterschriftzeile die Worte „Ende der Widerrufsbelehrung" oder „Ihre Proximus Lebensversicherung AG"]

gesetzlicher Mustertext für eine ausreihende Widerrufsbelehrung

1.5.2.2 Widerspruchsbelehrung vor dem 1.1.2008

Vor dem 1.1.2008 galt ein ähnliches Widerspruchsrecht, auf das auch damals schon deutlich hingewiesen werden musste. Der Wortlaut der Widerspruchsbelehrung war allerdings nicht gesetzlich vorformuliert. Eine rechtskonforme Widerspruchsbelehrung ist im Zusammenhang mit der BGH Rechtsprechung zum Policenmodell ausschlaggebend dafür, ob der Versicherungsvertrag wirksam zustande gekommen ist (vgl. Abschnitt 1.3.1.3)

2. Umsatz- gegenüber Ertragsorientierung

Welche Auswirkungen hat die Ertragsstrategie (Umsatz- und Ertragsorientierung) des Unternehmens auf die Annahmepolitik?

Die Proximus Lebensversicherung AG will ertragreich wachsen. Leider gibt es kein „Kochbuch" für Unternehmenserfolg. Die Geschäftsleitung, jede Führungsebene und jeder Mitarbeiter werden in ihrem jeweiligen Verantwortungsbereich und im Rahmen ihrer Ziele von Fall zu Fall entscheiden, wie die Erfolgsstrategie des Unternehmens am besten unterstützt wird.

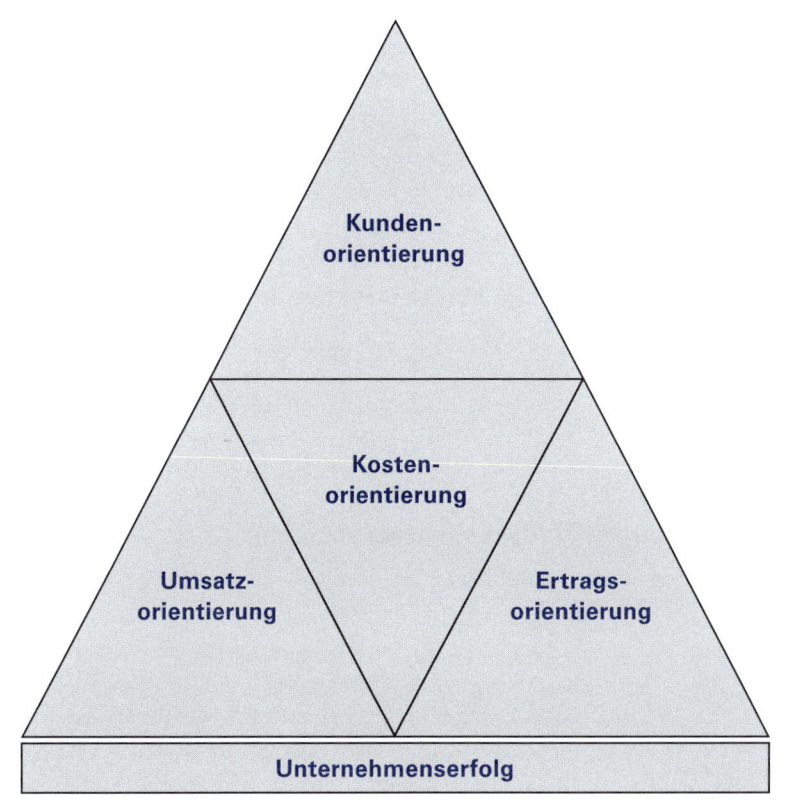

Abbildung 5: Bausteine zum Unternehmenserfolg

Managementhandbücher gibt es wie Sand am Meer. Ihre Handlungsempfehlungen kreisen meist um Unternehmensziele und darum, wie sie auf breiter Basis implementiert und gefestigt werden und mit welchen Methoden die Zielerreichung unterstützt werden kann.

Letztlich haben nur solche Unternehmen Erfolg, die sich an den Bedürfnissen ihrer Kunden orientieren. Die Kundenorientierung bildet daher die Spitze der Pyramide in Abbildung 5. Den Unternehmenserfolg wird wohl jedes Unternehmen am Bilanzgewinn messen. Die Frage ist nur: Wie maximiert das Unternehmen seinen Erfolg? Dazu gibt es prinzipiell zwei Strategien: Umsatzorientierung und Ertragsorientierung.

2.1 Umsatzorientierung: Die Masse machts

Umsatzorientierung

Einen hohen Gewinn erzielt das Unternehmen, wenn jeder Einzelumsatz zwar wenig Marge abwirft, dafür aber dieser Einzelumsatz extrem oft getätigt wird. Im Einzelhandel findet sich dieses Prinzip oft bei Discountern: Der niedrige Preis führt zu einer geringen Marge. Das zwingt zu niedrigen Kosten, die unter anderem durch Beschränkung des Sortiments auf „Massenware" erreicht werden. Unterstützt wird die umsatzorientierte Gewinnstrategie durch schlanke, fein auf das beschränkte Sortiment abgestimmte Prozesse. Die Massenware kann günstig beschafft und in großer Stückzahl verkauft werden. Wenn die Strategie aufgeht, ist das Unternehmen erfolgreich und der Kunde zufrieden.

Eine andere Gruppe von Umsatzmaximierern im Einzelhandel sind die Vollsortimenter. Der Preis mag etwas höher liegen, dafür ist der Einkauf für den Kunden bequem. Der Vollsortimenter führt alles, was das Herz begehrt. Es ist nicht nötig, weitere Anbieter aufzusuchen. Der Vollsortimenter zielt auf eine zahlungskräftigere, dafür auf Bequemlichkeit und Zeitersparnis bedachte Klientel ab. Auch bei den Vollsortimentern wird der Unternehmenserfolg durch mehr Umsatz gesteigert.

2.2 Ertragsorientierung: Klasse statt Masse

Ertragsorientierung

Weniger Umsatz, dafür aber Produkte in exzellenter Qualität und mit höherer Marge: Das ist die Strategie der Spezialisten. Auch der Spezialist achtet natürlich auf die Kosten. Er verdient am Ertrag des einzelnen Umsatzes. Er muss unbedingt darauf achten, nur ertragreiches Geschäft anzubieten. Wegen des geringen Umsatzes ist jede Fehlkalkulation ein Schlag ins Kontor.

2.3 Folgerungen für die Lebensversicherung

Handlungssituation

Der Proximus Versicherung AG steht im aktuellen Niedrigzinsumfeld ein Strategiewechsel bevor. Sie erstellen für den Vorstand der Proximus Versicherung AG einen Marktüberblick. Ordnen Sie dabei die Proximus Versicherung und deren vier fiktive Mitbewerber den unterschiedlichen Erfolgsstrategien zu.

Der Mitbewerber der Proximus Versicherung AG auf dem deutschen Markt, die *OnLife.de AG*, vertreibt einfachen Versicherungsschutz über ihr Internet-Portal. Sie kann über das Portal keine erschöpfende Beratung bieten. Für telefonische Rückfragen beschäftigt sie einige Mitarbeiter in ihrem Call Center, welches ansonsten nur die laufende Vertragsbetreuung und die Leistungsfälle bearbeitet. Für einfache Vertragsbetreuung, wie Adressänderungen und Vertragsauskünfte, hat sie Onlinedialoge im Kundenportal geschaffen. Für sich wiederholende Rückfragen verweist sie ihre Interessenten auf ständig erweiterte FAQ-Listen im Internet.

Komplizierte Produkte, Kunden mit besonderen Bedürfnissen oder vorerkrankte Kunden lehnt sie strikt ab.

Der Senial VVaG, ein anderer Mitbewerber, verfolgt eine andere Annahmepolitik und beschränkt sich auf ein ganz bestimmtes Marktsegment: Er hat sich auf Senioren und Best-Ager spezialisiert und bietet ein günstiges und vielseitiges Angebot von Pflege- und Sterbegeldversicherungen. Außerdem bietet er konkurrenzlos gute Servicequalität für Senioren und kooperiert mit verschiedenen Pflegedienstleistern.

Die ebenso fiktive Professional-LV AG verfügt über grenzenloses Know-how zur betrieblichen Altersversorgung. Ihre Vertriebskanäle reichen in die Personalabteilungen aller großen Unternehmen und die Anbindung ihres Bestandssystems an die Lohn-und Gehaltssysteme der Groß- und mittelständischen Betriebe ist legendär. Im Rahmen der arbeitgeberfinanzierten Versicherung verzichtet sie regelmäßig auf fast alle Risikofragen; sie nimmt allerdings, je nach Branche, unterschiedliche Zuschläge für das BU-Risiko und den Hinterbliebenenschutz. Von einigen Branchen, z. B. aus dem Schaustellergewerbe, hält sie sich nach schlechten Erfahrungen komplett fern. In diese Nische ist eine Kleinstversicherung, die fiktive Kirmes AG geschlüpft.

Alle Marktteilnehmer haben ihre Annahmepolitik ihrem Geschäftsmodell angepasst und untergeordnet:

- Sie haben ihre Annahmeprozesse automatisiert, rationalisiert und optimiert.
- Sie haben durch klare Annahmerichtlinien ein Regelwerk geschaffen, welche Zielgruppen mit welchen Risiken unter welchen Voraussetzungen bis zu welcher Höhe gewünscht sind und bis zu welcher Versicherungssumme welche Mitarbeiter aufgrund ihrer Erfahrung entscheidungsbefugt sind.
- Sie haben ihre Annahmegrundsätze und die Erschwerungen dokumentiert, die sie für typische Vorerkrankungen und andere Risikoerhöhungen vereinbaren wollen.
- Sie dokumentieren alle übernommenen Risiken, alle risikoerheblichen Angaben der Versicherten und alle vereinbarten Leistungsausschlüsse akribisch, um sie im Versicherungsfall erneut prüfen zu können.

Als Vollsortimenter zeichnet die Proximus Versicherung AG nach Möglichkeit jedes Geschäft mit dem richtigen Zuschlag. Sie ist umsatzorientiert, muss beständig wachsen und für den erforderlichen Umsatz sorgen, um ihre hohen, mit der Produktvielfalt verbundenen Verwaltungskosten zu decken. Für das nötige Wachstum sorgt sie durch Provisionszahlungen. Diese belasten bedauerlicherweise die Wettbewerbsfähigkeit ihrer Produkte.

Die OnLife.de AG ist ein typischer Discounter. Sie bedient das Niedrigpreissegment, hat aber keine Ressourcen, ihre Produkte den individuellen Bedürfnissen einzelner Kunden anzupassen. Die mit komplizierteren Produkten verbundenen Beratungs- und Informationspflichten rechtzeitig vor Vertragserklärung des Antragstellers kann sie mangels Personal nicht erbringen.

Spezialisten auf ihren jeweiligen Gebieten sind der Senial VVaG (Senioren) und die Professional AG (bAV). Die Kirmes AG hat sich noch weiter spezialisiert und versichert nur das Schaustellergewerbe. Dort hat sie quasi eine Monopolstellung. Alle drei Anbieter arbeiten überwiegend ertragsorientiert. Als Spezialisten bieten sie ihren Kunden besonderen Service und eine besondere Qualität (Senial: Pflegedienste, Professional: Datenschnittstellen zum Lohn- und Gehaltssystem, Kirmes: Monopolstellung). Sie können und müssen aus diesem Grund höhere Kosten verlangen als ihre umsatzorientierten Konkurrenten. Trotzdem achten sie auf ihre Kosten. Sie steuern mit ihrer Annahmepolitik zielgenau auf das gewünschte Geschäft zu; andere Kunden werden nicht beworben oder sogar abgelehnt.

Der immerwährenden Spezialisierung im Lebensversicherungsbereich sind wahrscheinlichkeitstheoretische Grenzen gesetzt. Irgendwann wird der Versichertenbestand so klein, dass der Ausgleich im Kollektiv nicht mehr funktioniert. Dann müssen die Bestände auf einer höheren Ebene wieder zusammengefasst und rückversichert werden.

3. Auswirkung auf die Kapitalanlagepolitik des Unternehmens

3.1 Welche Auswirkungen hat die Annahmepolitik auf die Kapitalanlagepolitik des Unternehmens?

3.1.1 Besondere Produkte

Am Markt begegnen der Proximus Versicherung AG auch noch die drei folgenden Anbieter:

Die *RüRiest-AG Versicherung* hat sich auf geförderte Altersvorsorgeprodukte spezialisiert und für ihren großen Bestand kostengünstig die gesetzlich vorgeschriebenen Anbindungen zur ZfA implementiert. Sie hat laufende Einnahmen aus Beiträgen und Zulagen und so gut wie keine Rückkaufe. Ab und zu kommt es zu überschaubaren Übertragungen von Altersvorsorgevermögen.

Die *FONDI-Vorsorge* glänzt in ihrer fondsgebundenen Versicherung mit einem breiten Fondsuniversum und damit zusammenhängenden Beratungstools für ihre Kunden.

Die Todalitas Versicherung ist ein reiner Risikoversicherer.

Diese Marktteilnehmer berücksichtigen mit ihrer Kapitalanlage die bevorzugten Versicherungsprodukte. Sie haben ihre Kapitalanlagepolitik an die Geldflüsse der von ihnen vertriebenen Versicherungsarten angepasst.

- Die RüRiest-Versicherung benötigt nennenswerte Liquidität erst, wenn ihre Basis-Renten und Altersvorsorgeverträge leistungspflichtig werden. Ab diesem Zeitpunkt ist die benötigte Liquidität gut planbar. Vorherige Rückkäufe kommen eher nicht vor. Die Kapitalanlagepolitik kann den Vertragslaufzeiten entsprechende, lange Kapitalbindungen eingehen, sogar wenn es sich um Einmalbeiträge handelt.
- Ganz anders die Todalitas Versicherung: Jederzeit kann ein Versicherungsfall erhebliche und schnelle Kapitalauszahlungen erfordern. Entsprechend liquide muss ein bedeutender Teil der Kapitalanlage investiert sein.
- Die FONDI-Vorsorge verfügt über eine ausgezeichnete Fondsanlage-Plattform. Ihre Kunden haben jederzeitigen Zugriff auf Fondskurse und Fonds-Beratungsdokumente. Die Versicherungsgesellschaft verfügt in ihrem Kapitalanlagenmanagement über Kapitalanleger, die eine kundenorientierte und zugleich gewinnbringende Fondsvorauswahl treffen. Fortune bei der geschickten Kapitalanlage benötigt dieser Versicherer meist nicht, weil das Kapitalanlagerisiko überwiegend vom Versicherungsnehmer getragen wird.
  Lediglich im Rahmen ihrer alternativen Anlagestrategien hat die FONDI-Vorsorge – dann allerdings gegen Aufpreis – die Verantwortung für eine strategiekonforme Fondsauswahl selbst übernommen.
  Das Geheimnis ihres Erfolges liegt bei der FONDI-Vorsorge in der Antizipation künftiger Wertentwicklungen. Die Mittelzuflüsse ihrer Fondversicherungen ist recht gut prognostizierbar. Sie kann also Fondsanteile, die sie bald

benötigen wird, auf eigenes Risiko vorab günstig kaufen. Außerdem spart sie für ihre Kunden Transaktionskosten, indem sie Verkäufe und Käufe ihrer Kunden saldiert, nicht real handelt, sondern die Fondanteile lediglich intern vom abgebenden Fondsvertrag in den aufnehmenden Fondsvertrag umbucht.

3.1.2 Besondere Mittelzu- und -abflüsse

hohe Einmalbeiträge

Nimmt der Versicherer eher laufende Beiträge ein, kann er fällige Leistungen, die Gehälter und die Vermittlerprovisionen meist aus dem Cashflow oder aus einer geringen Liquiditätsreserve zahlen. Nimmt der Versicherer hingegen hohe Einmalbeiträge entgegen, muss er das Kapital bis zum voraussichtlichen Leistungstermin rentierlich anlegen und für den Fall des Rückkaufs dennoch jederzeitigen Zugriff darauf haben. Spätestes zum Ablauf muss ein außergewöhnlich hoher Betrag ausgezahlt werden, der dann zum zweiten Mal Probleme bereitet, weil er wieder nicht aus dem Cashflow finanzierbar ist. Hohe Einmalbeiträge bergen für den Versicherer also ein viel höheres Anlagerisiko und müssen in der Kapitalanlage besonders berücksichtigt werden.

Abschlusskosten in der Gründungsphase

Während der Gründungsphase einer Versicherung erzielt sie noch keine nennenswerten Beitragseinnahmen. Das Neugeschäft, das der Versicherer in dieser Phase zeichnet, kann nicht aus den Kostenanteilen der laufenden Beiträge finanziert werden. Dazu verfügt der neu gegründete Versicherer noch über zu wenig Bestand. Stattdessen muss sich der Versicherer am Kapitalmarkt liquide Mittel beschaffen oder auf Eigenkapital zurückgreifen. Die Kapitalanlagepolitik muss also in besonderen Wachstumsphasen für ausreichend Liquidität sorgen, um fällige Abschlusskosten zu bezahlen. Dies kann gleichermaßen auch für besondere Verkaufsaktionen, neue Marktauftritte oder für vom Gesetzgeber geförderte, gesteigerte Produktnachfrage gelten.

3.2 Welche Auswirkungen hat die Kapitalanlagepolitik auf die Annahmepolitik des Unternehmens?

Auch die umgekehrte Frage spielt eine wichtige Rolle. Es gehört zu den Aufgaben des Verantwortlichen Aktuars und des Treuhänders für das Sicherungsvermögen die Kapitalanlage des Unternehmens zu überwachen (vgl. Kapitel 2, Abschnitt 4.6.2). Der Verantwortliche Aktuar hat u. a. die Aufgabe, die Finanzlage des Unternehmens im Hinblick auf die dauernde Erfüllbarkeit der Verpflichtungen und auf das Vorhandensein ausreichender Mittel in Höhe der Solvabilitätsspanne hin zu überprüfen (vgl. Kapitel 2, Abschnitt 5.2, Abbildung 18).

▶ Beispiel: Niedrigzinsphase

Die anhaltende Niedrigzinsphase im Jahr 2014 ist ein gutes Beispiel für den Einfluss der Kapitalanlagepolitik auf die Annahmepolitik.

Zum Jahresende 2014 lag der Euro-Zinsswapsatz der Bundesbank für 10-jährige Null-Kuponanleihen bei 0,820 %[1] und damit unter dem aktuellen Rechnungszins. Neugeschäft kann unter diesen Umständen nur dann geschäftspo-

---

1 Quelle: Zeitreihe BBK01.WX0082 der Deutschen Bundesbank

litisch vertretbar sein, wenn das Unternehmen über eine Kapitalanlage verfügt, die das Garantiezinsniveau erwirtschaftet.

Während also Neugeschäft auf dieser Grundlage weiterhin vertretbar scheint, muss der Verantwortliche Aktuar auch über Solvenzmittel nachdenken. Der Sicherungsbedarf nach § 56a VAG basiert letztlich auf dem Euro-Zinsswapsatz. „Reicht", fragt sich der Verantwortliche Aktuar am Ende des Jahres 2014, „die derzeitige Rendite der neu getätigten Kapitalanlage aus, um nicht nur den Rechnungszins, sondern zusätzlich auch Abschluss- und Verwaltungskosten sowie die Zunahme des Sicherungsbedarfes zu finanzieren? Wird die Niedrigzinsphase vorbei sein, bevor auch die Zinszusatzreserve auf Basis dieses niedrigen Zinsniveaus ausfinanziert werden muss?"

Der Verantwortliche Aktuar muss abwägen, ob er es mit seinem gesetzlichen Auftrag vereinbaren kann, wenn das Unternehmen in Kenntnis des derzeitigen Zinsniveaus noch Neugeschäft schreibt. Tatsächlich wurden 2014 öffentlich sog. *Run-Offs* von Versicherungen diskutiert. Damit war die Einstellung des Neugeschäftes gemeint.

Run-Offs

Das Zinsniveau Ende 2014 stellt auch für die Proximus Lebensversicherung AG eine Herausforderung dar. Sie wird trotz ihrer Vollsortimentspolitik bestrebt sein, kostenintensives Geschäft zu vermeiden, das Abschlusskostenniveau drastisch zu senken, Prozesse zu automatisieren und die Effizienz durch hervorragende Ausbildung ihrer Mitarbeiter zu steigern.

Vielleicht drückt die Proximus Lebensversicherung AG durch ihre Annahmepolitik im Jahr 2015 aus, dass kurzlaufende Produkte der zweiten Schicht (bAV und Altersvorsorgeprodukte) die benötigte Kapitalerhaltungsgarantie nicht mehr aussprechen können. Sie wird vielleicht diese Produkte vollständig aus ihrem Sortiment entfernen oder mithilfe restriktiver Annahmegrundsätze zu kurz laufende Verträge nicht mehr annehmen oder nicht mehr vergüten.

Aufgaben zur Selbstüberprüfung

1. Sie sind neuer Mitarbeiter im Produktmanagement der Proximus Versicherung AG. Im Rahmen eines Projektes für eine neue Risikoversicherung erhalten Sie den Auftrag, einen Antrag zu entwickeln.
   a. Prüfen Sie, ob es bezüglich der Antragsgestaltung im VVG zu berücksichtigende Vorschriften gibt.
   b. Nennen Sie 3 Bereiche eines Antrages auf Abschluss einer Risikoversicherung und geben Sie jeweils 1 Beispiel.
   c. Erläutern Sie, welche Funktion der Versicherungsantrag hat für:
      i. den Versicherer
      ii. den Antragsteller
   d. Beschreiben Sie, was unter
      i. dem objektiven Risiko und
      ii. dem subjektiven Risiko
   zu verstehen ist und nennen Sie jeweils 3 Beispiele.

2. Wo und wie vereinbart die Proximus Lebensversicherung AG mit ihren Kunden, dass der Versicherungsschutz bereits vor Ablauf der Widerrufsfrist beginnt?

3. Wer bezahlt den vorläufigen Versicherungsschutz, den die Proximus Versicherung AG gewährt? Überlegen Sie, ob nach dem Wortlaut der Bedingungen die Proximus Versicherung AG vorläufigen Versicherungsschutz auch im Invitatiomodell gewährt. Halten Sie das für richtig?

4. Beurteilen Sie die Widerrufsbelehrung im Antrag der Proximus Lebensversicherung AG vom rechtlichen Standpunkt.

5. Welche Unterlagen müssen dem Kunden ausgehändigt werden?

6. Während eines Beratungsgespräches möchte ein Kunde die „Ermächtigungsklausel" und die „Erklärung zum Datenschutz" erläutert haben. Geben Sie Auskunft, wenn der Kunde eine kapitalbildende Lebensversicherung mit BUZ abschließen möchte.

7. Nennen Sie die 4 Inhalte der Produktinformationen.

8. Welche besonderen Informationen müssen Sie dem Kunden in der Lebensversicherung mitteilen? Erläutern Sie 5 davon.

9. Unterscheiden Sie das Antragsmodell von dem Invitatiomodell.

10. Ordnen Sie den formellen, materiellen und technischen Beginn zu: Ein Versicherungsinteressent unterschreibt am 26.9. Einen Antrag auf eine kapitalbildende Lebensversicherung ohne Vereinbarung eines vorläufigen Versicherungsschutzes. Auf dem Antrag vermerkter Beginn der Versicherung: 1.11.

    Der Versicherungsvertreter händigt alle Verbraucherinformationen aus, nimmt den Antrag entgegen und schickt ihn mit der Post am 28.9. an den Lebensversicherer (Eingang dort 29.9.). Ende der Risikoprüfung und Ausfertigung des Versicherungsscheines im Versicherungsunternehmen (ohne Abweichung vom Antrag) am 10.10. Zugang des Vers.-Scheines beim Versicherungsnehmer am 11.10. Der Lebensversicherer zieht am 28.10. den Erstbeitrag per Lastschrift ein.

Kapitel 4

Die Auswirkungen der Entwicklung neuer Produkte
auf die betrieblichen Kernprozesse

Nachzuweisende Befähigung

Die angehenden Fachwirte/Fachwirtinnen für Versicherungen und Finanzen sollen die Auswirkungen der Entwicklung neuer Produkte auf die betrieblichen Kernprozesse beschreiben können (gemäß Erläuterungsbroschüre, Qualifikationsinhalte und Handlungssituationen, 4 c) 4.4).

Qualifikationsinhalte des Kapitels

Die Absolventen können im Einzelnen:

- Auswirkungen der Produktentwicklung auf den Vertrieb beschreiben und nachvollziehbar umsetzen (4.4.1)
- Auswirkungen auf den Versicherungsbetrieb bei der Vertragsgestaltung berücksichtigen (4.4.2)
- Auswirkungen auf die Leistungsbearbeitung beachten (4.4.3)

1. Die Kundenberatung – Beratungs- und Dokumentationspflicht des Vermittlers

1.1 Kundenberatung

> **Handlungssituation**
>
> Sie sind Teilnehmer im Projekt Verhaltenskodex der Proximus Versicherung AG. In diesem Zusammenhang erstellen Sie Umsetzungsvorgaben für die Überarbeitung der Beratungsdokumentationen zur Absicherung der Arbeitskraft.

Die Kundenberatung ist elementar für den Verkauf von Lebensversicherungsprodukten. Das Versicherungsvertragsgesetz (VVG) sieht Beratungs- und Dokumentationspflichten für den Vermittler und den Versicherer vor.

Beratungs- und Dokumentationspflicht des Vermittlers

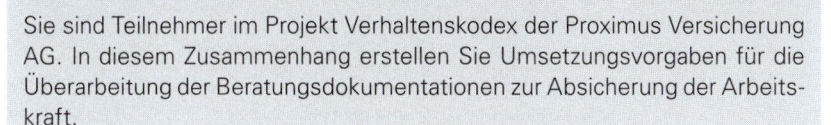

Eine gute Beratung sollte für jeden Vermittler selbstverständlich sein. Zum Schutz des Kunden schreibt das VVG für alle Vermittler eine Beratungs- und Dokumentationspflicht bei Vertragsabschluss vor (§ 61 VVG). Bei Falschberatung macht sich der Vermittler selbst schadenersatzpflichtig, wenn dem Versicherungsnehmer hierdurch ein Schaden entsteht (§ 63 VVG). Das Ergebnis der Beratung muss der Vermittler in Textform dokumentieren. Diese Beratungsdokumentation muss er dem Versicherungsnehmer aushändigen.

Die Beratungs- und Dokumentationspflicht ist eine eigene Rechtspflicht des Vermittlers. Gegen Schadenersatzansprüche wegen Falschberatung kann sich der Vermittler durch eine eigene Vermögensschaden-Haftpflichtversicherung, die für die meisten Vermittler gesetzlich vorgeschrieben ist, absichern. Wenn bei gebundenen Vermittlern der Versicherer die uneingeschränkte Haftungsübernahme erklärt hat, haftet der Versicherer für Falschberatung durch den Vermittler.

Bei der Antragstellung sind gemäß § 7 VVG dem Kunden folgende Informationen zu übermitteln:

Informationspflicht

- Versicherungsinformation (§ 1 VVG-InfoV)
- Produktinformationsblatt (§ 4 VVG-InfoV)
- AVB (Teil der Versicherungsinformation)

Eine zusätzliche Verbraucherinformation in der Lebensversicherung: Der Umfang der Verbraucherinformationen, die vom Versicherer bei Antragstellung auszuhändigen sind, geht in der Lebens- und BU-Versicherung noch über den Umfang anderer Sparten hinaus (vgl. § 2 VVG-InfoV).

Die Aushändigung in Textform ist in Papierform und elektronisch möglich.

Beratungspflicht des Versicherers

Analog zur Beratungspflicht des Vermittlers ist auch der Versicherer selbst zur Beratung des Versicherungsnehmers verpflichtet. Für den Kunden macht es deshalb keinen Unterschied, ob ein Angestellter des Versicherers oder der Vermittler die Beratung durchführt.

Eine Beratungspflicht des Versicherers besteht nur, soweit für die Beratung ein Anlass besteht. In welchem Umfang eine Beratung zu erfolgen hat, hängt von der Schwierigkeit des Versicherungsprodukts, der Person des Versicherungsnehmers und der zu zahlenden Prämie ab. Dabei sind die Wünsche und Bedürfnisse des Kunden zu erfragen. Der Versicherer ist zudem zur Nachfrage verpflichtet, wenn eine qualifizierte Beratung allein aufgrund der Angaben, die der Kunde von sich aus macht, nicht möglich ist.

Die vom Versicherer neben dem Vermittler obliegende Beratungspflicht ist nur einmal zu erfüllen. Wird der Kunde bei Abschluss des Vertrags durch den Vermittler beraten, so erfüllt der Vermittler mit seiner Beratung zugleich die Beratungspflicht des Versicherers. Für Beratungsfehler haften der Vermittler und der Versicherer. Eine Beratungspflicht des Versicherers besteht nicht, wenn der Vertrag mit dem Versicherungsnehmer von einem Versicherungsmakler vermittelt wird.

Über die Beratungspflicht des Vermittlers hinausgehend ist der Versicherer wie ein Makler zur Beratung während der Laufzeit des Vertrags verpflichtet, soweit für den Versicherer ein Anlass für eine Nachfrage und Beratung des Versicherungsnehmers erkennbar ist.

Die Beratung, die der Vermittler oder der Versicherer durchführt, muss schriftlich in einem Beratungsprotokoll festgehalten werden. Bei der Erstellung des Beratungsprotokolls ist zu beachten, dass die Dokumentation möglichst genau den Verlauf des Beratungsgesprächs wiedergibt.

Nachfolgende Inhalte sollte das Protokoll haben:

- *Vorkenntnisse:*

  Grundsätzlich ist davon auszugehen, dass der Kunde über keine Vorkenntnisse verfügt und deshalb umfassend beraten werden muss.

- *Beratungsanlass:*

  Persönliche Daten des Kunden, etwaiger weiterer bei der Beratung anwesender Personen, Thema der Beratung, Vorkenntnisse des Kunden

- *Befragung:*

  Wünsche und Bedürfnisse, Anlageziele, bestehende Produkte, vorhandene Risiken, Vorversicherungen, zur Verfügung stehendes Einkommen/Kapital

- *Beratungsinhalt:*

  Was wurde dem Kunden zu seinen Risiken erklärt? Unterschiedliche Absicherungsmöglichkeiten, Fragen des Kunden, Produktbesonderheiten

1. Die Kundenberatung – Beratungs- und Dokumentationspflicht

- *Rat des Vermittlers:*
  Empfehlung, Begründung, Entscheidung des Kunden mit Begründung.

- *Bestehende Absicherungen:*
  Sollen bestehende Versicherungen nicht weitergeführt werden, so muss der Kunde auf Nachteile dieses Vorgehens (z.B. neue Abschlusskosten, erneute Gesundheitsprüfung) hingewiesen werden.

Aus Beweisgründen sollte das Beratungsprotokoll auch genaue Angaben zu Ort, Datum und Zeit der Beratung enthalten.

Verzicht auf die Beratung oder Dokumentation

Der Versicherungsnehmer kann aber auch auf die Beratung oder Dokumentation verzichten. Für einen solchen Verzicht besteht insbesondere dann ein praktisches Bedürfnis, wenn der Versicherungsnehmer sich mit einem eindeutigen Antrag zum Abschluss einer bestimmten Versicherung an den Versicherer wendet. Doch werden an einen solchen Verzicht hohe Anforderungen gestellt.

▶ Hinweis

Für die Verzichtserklärung gelten strenge Anforderungen gegenüber dem Versicherer (§ 6 Abs. 3 VVG) und gegenüber dem Vermittler (61 Abs. 2 VVG).

- *Anforderungen an die Verzichtserklärung:*
  Es muss eine gesonderte Erklärung des Versicherungsnehmers in schriftlicher Form vorliegen, mit einem ausdrücklichen Hinweis auf evtl. Nachteile bei späteren Schadenersatzansprüchen.

- *Ausnahme von der Beratungs- und Dokumentationspflicht:*
  Keine Beratungs- und Dokumentationspflicht besteht für Verträge, wenn es sich um Fernabsatz handelt. Ein solcher liegt z. B. vor, wenn eine Versicherung bei einem Direktversicherer im Internet abgeschlossen wird.

Handlungssituation

Sie sind Agenturinhaber einer Proximus-Agentur in Köln und erhalten von Rainer Wunder die nachfolgende E-Mail:

„Welche Lebensversicherung wäre für mich denn die richtige, wenn ich gleichzeitig Todesfallschutz und eigene Altersvorsorge erreichen will? Außerdem möchte ich sicherstellen, dass mein Sohn Kevin auf jeden Fall genügend Geld für eine Ausbildung zur Verfügung hat, auch wenn ich vorher sterben sollte."

Gerade weil es so viele unterschiedliche Gründe für den Abschluss einer Lebensversicherung gibt, muss der Versicherungsschutz individuell auf die Wünsche des einzelnen Kunden abgestimmt werden. Um einen möglichst bedarfsgerechten Versicherungsschutz aufbauen zu können, bietet jeder Lebensversicherer viele unterschiedliche Formen („Tarife") der Lebensversicherung an.

Bei den Formen der Lebensversicherung unterscheidet man grundsätzlich:
- Kapitalversicherungen
- fondsgebundene Lebens- und Rentenversicherungen
- Rentenversicherungen
- Zusatzversicherungen

Diese Grundformen können von den einzelnen Lebensversicherern durch eine Reihe von Besonderheiten bei der Vertragsgestaltung ergänzt oder verändert werden, so dass am Markt eine Vielzahl von unterschiedlichen Lebensversicherungstarifen angeboten wird.

In einer Zeit, in der sich die Vorsorgeprodukte durch gesetzliche Vorgaben immer ähnlicher werden, liegt die einzige wirkliche Chance zur Differenzierung in der Art und Weise, wie man sie dem Kunden anbietet.

Die Kombination aus dem, was man sagt (Nutzenargumentation), und dem, wie man es sagt (Kommunikation), entscheidet über Erfolg oder Misserfolg in der Beratung.

Man bedient sich hier rhetorischer, präsentatorischer und verkaufspsychologischer Techniken.

So manches Beratungsgespräch verfehlt sein Ziel, weil die Berater nicht kundenorientiert, sondern produktorientiert handeln.

Um Kunden an das Unternehmen zu binden und neue Kunden zu gewinnen, ist die Kommunikation mit ihnen von entscheidender Bedeutung. Die Erfolgsaussichten einer Kommunikationsmaßnahme sind umso größer, je besser man sie auf eine bestimmte Zielgruppe ausrichtet, je mehr man also am Bedarf und an den Wünschen einer Gruppe orientiert ist.

Die Beschreibung einer Zielgruppe sollte traditionell und vergleichsweise einfach über soziodemografische Merkmale (wie z. B. Alter, Familienstand, verfügbares Haushaltseinkommen oder Beruf usw.) erfolgen.

Für die Beratung könnte beispielsweise das nachstehende Raster auf den ausgeübten Beruf und den Familienstand eine Basis sein:

Zielgruppen-Personenversicherung

Singles	▪ Berufsunfähigkeit ▪ Invalidität ▪ Pflege ▪ Alter ▪ Beerdigung ▪ Immobilienerwerb
Partnerschaften	▪ Berufsunfähigkeit ▪ Alters- und Hinterbliebenenschutz ▪ Pflegefall ▪ Invalidität
Erwachsene mit Kindern	▪ Berufsunfähigkeit ▪ Immobilienerwerb ▪ Kinderunfall ▪ Kinderkrankheiten ▪ Pflege ▪ Alters- und evtl. Hinterbliebenenschutz ▪ Startkapital zur Ausbildung der Kinder
Freiberufler/Landwirte/ Unternehmer/ Handwerker	▪ Berufsunfähigkeit ▪ Alters- und Hinterbliebenenschutz ▪ Pflege ▪ Krankheit ▪ Unfall ▪ Vermögensbildung – Immobilien
Senioren	▪ Aktien-/Rentenfonds ▪ evtl. Pflege bis zum 70. Lebensjahr versicherbar ▪ Unfall ▪ Alter ▪ Todesfall, Beerdigung und Erbschaftssteuer
Beamte	▪ Alters- und evtl. Hinterbliebenenschutz ▪ Pflege ▪ Baufinanzierung über Lebensversicherung und Bausparkasse
Schuldner, Baufinanzierer (Haus- bzw. Wohnungsfinanzierer)	▪ Risikoabsicherung ▪ Restschuld ▪ Berufsunfähigkeit ▪ Baufinanzierung über Lebensversicherung und Bausparkasse

Kapitalanleger	- Kapitalbildung
	  - Investmentfonds
	  - Bausparen
	  - Wertpapiere
	  - fondsgebundene Renten- und Lebensversicherung

Studenten/ Berufseinsteiger	- Berufsunfähigkeit - Unfall

Tabelle 1: Zielgruppen-Personenversicherung

Um den tatsächlichen persönlichen Bedarf des Kunden (Alters- und Hinterbliebenenvorsorge, Absicherung der Arbeitskraft und Pflegekosten) zu ermitteln, muss die individuelle Lebensplanung des Interessenten in die Gestaltung eines Finanz- und Vorsorgeplanes, der in einem Beratungsgespräch erarbeitet wird, einfließen. Nicht immer ist die preisgünstigste Versicherung auch die bedarfsgerechte Lösung.

Der Ablauf eines optimierten Beratungsgespräches erfolgt in sechs Phasen.

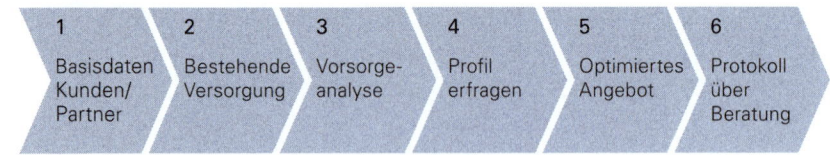

1	2	3	4	5	6
Basisdaten Kunden/Partner	Bestehende Versorgung	Vorsorgeanalyse	Profil erfragen	Optimiertes Angebot	Protokoll über Beratung

1. Daten zum Kunden/Partner erfassen – Rente/Pension berechnen
2. Bestehende Versorgung erfassen und berechnen
3. Vorsorgelücken für Alter, Invalidität und Hinterbliebenenschutz berechnen
4. Über qualitative Fragen werden die Präferenzen des Kunden ermittelt
5. Anhand der Präferenzen wird ein Vorschlag zur Deckung der Vorsorgelücken erstellt
6. Protokoll über Beratung erstellen und aushändigen

(Quelle: Ausbildungsliteratur „Vorsorgekonzepte im 3-Schichten-Modell", S. 8)

1.2 Kundenbindung

Aber nicht nur die Kundenakquise und der Vertragsabschluss, sondern auch die dauerhafte Betreuung des Kundenstammes, der Ausbau der Kundenverbindung und die Bestandserhaltung sind wichtig.

Früher war es keine Seltenheit, dass Kunden lebenslang bei einem Versicherer blieben. Doch die Zeiten der langfristigen Bindung sind längst vorbei. Die Bereitschaft, das Versicherungsunternehmen zu wechseln, ist deutlich gestiegen. Neben dem ständig wachsenden Angebot und der Möglichkeit, die Versicherer schnell und unkompliziert zu wechseln, hat das Internet die Loyalität der Kunden gegenüber ihren Versicherern verringert.

In Zeiten des demografischen Wandels werden immer weniger junge Neukunden auf den Markt kommen. Die Versicherungsnehmer erwarten zudem eine immer höhere Qualität von ihren Versicherungsgesellschaften und eine bessere Beratung.

Untersuchungen zeigen, dass Kunden, die mindestens drei Verträge bei einem Berater/Versicherungsunternehmen haben, seltener die Verträge kündigen und zu einem Mitbewerber wechseln.

Berater und Versicherer müssen weiter daran arbeiten, die Anforderungen von Kunden zu erkennen, zu bewerten und die Erkenntnisse daraus unternehmensweit in alle kundenbezogenen, wertschöpfenden Prozesse einzubringen. Kundenorientierung konsequent und strategisch zu steuern, ist Aufgabe des Managements.

Dazu gehört es, dass ein regelmäßiger Kontakt zwischen dem Berater und dem Kunden besteht. Denn nicht nur Produkte ändern sich, auch alle Menschen durchlaufen verschiedene Lebensphasen, in denen grundlegende Motive dafür gelten, wie wir unser Leben erfolgreich bewältigen.

So muss über eine Versorgungsanalyse immer wieder neu hinterfragt werden, ob beispielsweise der Todesfallschutz (Kunde hat geheiratet oder die Geburt eines Kindes steht an) bzw. die Altersabsicherung (Gehalt des Kunden ist gestiegen) von der Höhe her noch passen oder ob z. B. ein junger Kunde, der in das Erwerbsleben eingetreten ist, einen Zulagenvertrag oder eine Berufsunfähigkeitsabsicherung benötigt.

1.3 Beratungshinweise

Handlungssituation

Sie entwickeln als Führungskraft im Vertrieb ein Beratungskonzept für die Zielgruppe junger Menschen, die nach dem Schulabschluss ihre berufliche Karriere starten und für die frühzeitige Planung ihrer Altersvorsorge angesprochen werden sollen.

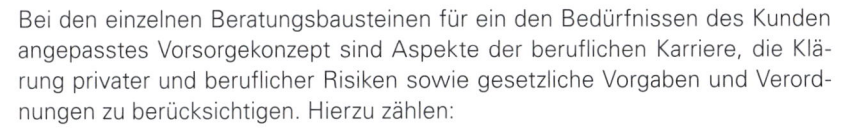

Bei den einzelnen Beratungsbausteinen für ein den Bedürfnissen des Kunden angepasstes Vorsorgekonzept sind Aspekte der beruflichen Karriere, die Klärung privater und beruflicher Risiken sowie gesetzliche Vorgaben und Verordnungen zu berücksichtigen. Hierzu zählen:

Beratungsbausteine

- Stellensuche
- Bewerbung
- Karriereplanung
- Arbeitsvertrag
- Bundeswehr bzw. Zivildienst
- Auslandsaufenthalte

- Einkommensverhältnisse
- steuerliche Veranlagung
- gesetzliche Abgaben und Versorgungseinrichtungen
- Absicherung existenzieller Risiken wie Krankheit, Berufsunfähigkeit und Haftpflicht
- private und betriebliche Altersversorgung
- vermögenswirksame Leistungen
- Kapitalanlage und Vermögensaufbau

Bei der Auswahl der richtigen betrieblichen Altersversorgung sollten für den Arbeitnehmer besonders folgende Fragen geklärt werden:

- Welchen Durchführungsweg bietet der Arbeitgeber an?
- Welche Art der Förderung ist für den Arbeitnehmer besonders günstig?
- Wer sind die Ansprechpartner?

Zunächst ist bei der Geschäftsleitung, der Personalabteilung oder dem Betriebsrat zu klären, ob es in der Firma eine betriebliche Altersversorgung gibt. Danach ist zu prüfen,

- ob der für den Betrieb geltende Tarifvertrag die Umwandlung von Arbeitsentgelt für den Aufbau einer Betriebsrente überhaupt zulässt,
- ob sich der Aufbau einer zusätzlichen Rente über den Betrieb oder durch eine private Vorsorge mehr lohnt und
- ob sich der Arbeitgeber an der Finanzierung der Betriebsrente beteiligt.

Weitere Gesichtspunkte sind die Höhe der Verwaltungskosten und auch die Frage, ob der Arbeitgeber dem Versicherer einen Teil des Verwaltungsaufwands bei der betrieblichen Altersversorgung abnimmt.

Wichtig ist: Der Arbeitnehmer hat keinen Einfluss auf die Entscheidung, bei welcher Versicherungsgesellschaft, Pensionskasse oder welchem Pensionsfonds die vom Betrieb zu überweisenden Beiträge angelegt werden. Zu berücksichtigen ist zudem, dass von einer Betriebsrente später Beiträge zur Kranken- und Pflegeversicherung gezahlt werden müssen, von den Renten aus einer privaten Vorsorge dagegen nicht. Es ist dem Arbeitgeber zudem mitzuteilen, dass er Entgelt für eine Betriebsrente umwandeln soll.

Arbeitgeber können, wie schon dargelegt, folgende Möglichkeiten der bAV anbieten:

- Direktzusage / Pensionszusage / Versorgungszusage
- Unterstützungskasse
- Pensionskasse
- Direktversicherung
- Pensionsfonds

Für den Arbeitnehmer ist je nach Durchführungsweg zu beachten:
- Ist der Arbeitgeber Mitglied in einer Pensionskasse oder einem Pensionsfonds, kann er die Betriebsrente auf diese Formen beschränken. Ansonsten kann man den Abschluss einer Direktversicherung verlangen.
- Prüfen sollte man, welcher Förderweg günstiger ist: Riester-Förderung oder steuer- und sozialabgabenfreie Entgeltumwandlung?
- Wie passt der angebotene Weg in das bisherige oder geplante Vorsorgekonzept?
- Kann man auf eine bereits bestehende betriebliche Altersversorgung aufbauen?

Achten sollte man auch auf anfallende Abschlusskosten und möglichst geringe Verwaltungskosten. Und bedenken sollte man, dass bei einer privaten Riester-Rente keine Krankenkassenbeiträge auf die Rente anfallen.

> **Hinweis**
> Wichtige Informationen zur bAV erhält man auch bei den Gewerkschaften sowie den Personal- und Betriebsräten. In allen Fragen zum Zulagenverfahren und zur Förderung der zusätzlichen Altersvorsorge kann auch der Service der Zentralen Zulagenstelle für Altersvermögen (ZfA) genutzt werden (www.zfa.deutsche-rentenversicherung-bund.de).

1.4 Beratung des Arbeitgebers

In vielen Großunternehmen ist die Betriebsrente längst selbstverständlich. Im Mittelstand herrscht dagegen noch Nachholbedarf. Viele mittelständische Arbeitgeber wissen nicht, dass ihre Mitarbeiter ein gesetzliches Recht auf eine betriebliche Altersversorgung durch Entgeltumwandlung haben.

Da der Arbeitgeber einer Entgeltumwandlung zustimmen muss, aber andererseits den Versorgungsweg festlegt und er in Haftung genommen werden kann, muss er sich umfassend beraten lassen in Bezug auf:
- Analyse des Versorgungswerkes
- Finanzierung der Leistungen
- Rechtsanspruch auf und Unverfallbarkeit von Leistungen
- steuerliche Rahmenbedingungen
- Vorteilhaftigkeitsvergleich und Produktauswahl

Für die Eignung der einzelnen Durchführungswege gilt:

Für den Arbeitgeber ist das Angebot einer *Direktversicherung* aus mehreren Gründen sinnvoll. Das Recht des Arbeitnehmers auf Entgeltumwandlung wird in einfacher und sicherer Weise erfüllt. Die Direktversicherung kann somit als ausschließlicher Durchführungsweg vom Arbeitgeber angeboten werden. Arbeitgeber können ihre Beiträge als Betriebsausgaben steuerlich abziehen. Die Einsparung von Lohnnebenkosten ist möglich. Es erfolgt kein Ausweis in der Unternehmensbilanz. Es fallen keine Pensions-Sicherungs-Vereins-Beiträge zur Insolvenzsicherung an. Der Anspruch des Arbeitnehmers auf Portabilität wird erfüllt.

Die *Pensionskasse* bietet kleinen und mittleren Unternehmen die Möglichkeit, für die Mitarbeiter eine Altersversorgung bei einer überbetrieblichen Einrichtung aufzubauen.

Pensionsfonds sind gedacht für Arbeitgeber, die ihre Mitarbeiter von den Renditechancen der Kapitalmärkte profitieren lassen möchten und nach einem verwaltungsarmen Durchführungsweg suchen.

Die *Unterstützungskasse* ist gedacht für Arbeitgeber, die die betriebliche Altersversorgung und die damit verbundenen Verpflichtungen im Rahmen einer rückgedeckten Gruppen-Unterstützungskasse aus dem Unternehmen auslagern möchten.

Pensionszusagen stellen einen besonders flexiblen Weg der betrieblichen Altersversorgung dar. Mit einer Pensionszusage sind jedoch auch betriebsfremde Risiken verbunden. Derartige Risiken können allerdings über eine Rückdeckungsversicherung aus dem Betrieb ausgelagert werden.

Das *Lebensarbeitszeitkonto* liefert die Grundlage für eine flexible Gestaltung der Arbeitszeit, um beispielsweise den vorzeitigen Ruhestand oder individuelle Freistellungsphasen zu ermöglichen – und das auch noch garantiert durch Proximus.

Die Akquisition einer betrieblichen Altersvorsorge erfordert ein fundiertes Wissen, eine detaillierte Planung, wie im Folgenden dargestellt ist, und ein verkäuferisches Geschick, das alle Beteiligten von den Vorzügen einer bAV überzeugen kann.

Als Beteiligte kommen infrage:
- der Arbeitnehmer
- der Betriebsrat
- der Arbeitgeber

In der betrieblichen Altersvorsorge einschließlich des Zeitwertkontos treffen den Arbeitgeber zahlreiche Gefahren einer Haftung. Dazu zählen die „Abschlusskostenhaftung", die „Ausfallhaftung" sowie die Pflicht zur Beratung beim Zeitwertkonto, um das eingesparte Bruttogehalt nebst Arbeitgeberanteil zur Sozialversicherung gegen Insolvenz zu schützen. Oft verbieten sich hierbei verprovisionierte Produkte, so dass der bAV-Berater für seine Tätigkeit dann zwangsläufig ein Honorar von dem Arbeitgeber verlangen muss.

1. Die Kundenberatung – Beratungs- und Dokumentationspflicht

1.5 Hinweise und Erläuterungen

In dem formalen Teil des Antrages gibt es weitere Antragsbestandteile:

1.5.1 Einwilligungserklärung, Erklärung zur Datenverarbeitung

Neben den Risikodaten, die der Versicherer zur Beurteilung der Risikolage benötigt, erhebt der Versicherer auch personenbezogene Daten. Diese Daten dürfen nach dem Bundesdatenschutzgesetz (BDSG) erhoben, verarbeitet oder genutzt werden. Das Datenschutzrecht bezeichnet dies als Datenverwendung. Die Verwendung der allgemeinen personenbezogenen Daten (z. B. Alter oder Adresse) ist erlaubt, wenn es der Zweckbestimmung eines Vertragsverhältnisses dient.

personenbezogene Daten

Der Versicherer verwendet allgemeine personenbezogene Daten und lässt sich die Speicherung und die weitere Verwendung von dem Antragsteller genehmigen. Die Genehmigung umfasst die Datenverwendung:

- zur Risikobeurteilung und Vertragsabwicklung sowie Prüfung der Leistungspflicht
- zur Risikobeurteilung durch Datenaustausch mit einem Vorversicherer
- zur gemeinschaftlichen Führung von Datensammlungen im (Proximus-)Konzern
- zur Risikobeurteilung und Abwicklung der Rückversicherung
- durch andere Unternehmen/Personen innerhalb und außerhalb des (Proximus-)Konzerns, denen der Versicherer Aufgaben ganz oder teilweise zur Erledigung überträgt

▶ Exkurs: Assistance-Leistungen

Bei der Abwicklung von Auftragsverhältnissen für Assistance-Leistungen zwischen Versicherer und Assisteur werden in starkem Maße auch personenbezogene Daten der Kunden erhoben, genutzt und verarbeitet. Im Umgang mit Daten ist eine besondere Sensibilität gefordert, die sich auch in den rechtlichen Regeln niederschlagen muss, die dem Auftragsverhältnis zwischen Versicherer und Assisteur zugrunde liegen. Neben der Datenschutzerklärung ist also ein entsprechender Vertrag zwischen dem Versicherer und dem Assisteur erforderlich. In dem Vertrag werden u. a. die Regeln zur Datenverwendung festgeschrieben.

Zusätzlich ist eine Einwilligungserklärung für Verbraucher vorgesehen, mit der erklärt wird, dass ein Telefonanruf durch den Versicherer und den Vermittler erwünscht ist. Diese Erklärung erfüllt die Vorschrift nach dem Gesetz gegen den unlauteren Wettbewerb (UWG). Nach § 7 UWG ist ein Werbe-Telefonanruf eines Verbrauchers ohne dessen vorherige ausdrückliche Einwilligung eine unzumutbare Belästigung. Bei einem sonstigen Marktteilnehmer ist zumindest eine mutmaßliche Einwilligung erforderlich. Von einigen Versicherern wird diese Erklärung auch als separate Erklärung außerhalb des Antrags angefordert.

Die BDSG-Novelle II regelt die Datenverarbeitung und -nutzung zum Zweck der Werbung. Die Rechtsgrundlage bildet der § 28 Abs. 3, 3a und 4 BDSG.

Danach ist eine schriftliche Einwilligung für schriftliche Werbung und Werbung per Telefon, Telefax, E-Mail oder SMS notwendig.

1.5.2 Hinweise zur Annahmefrist

Der Versicherer kann den Antrag innerhalb einer Frist von einem Monat annehmen. Die Frist beginnt mit dem Tag der Antragstellung. Weiterhin hat der Versicherer die Pflicht, dem Vermittler unverzüglich die Annahme oder Ablehnung eines vermittelten Geschäfts mitzuteilen (§ 86a HGB).

Außerdem hat der Hinweis zu erfolgen, dass die selbstständige Abgabe von Deckungszusagen Vermittlern verboten und ohne rechtliche Wirkung für den Versicherer ist und dass Nebenabreden nur dann verbindlich sind, wenn der Versicherer sie schriftlich oder durch Aufnahme in den Versicherungsschein oder Nachtrag genehmigt.

Letztendlich folgt die Beantragung mit der Belehrung über den Widerruf gemäß § 8 VVG durch die Unterschrift des Kunden.

1.6 Der Versicherungsbeginn

Der Begriff Versicherungsbeginn ist nicht eindeutig und kann drei verschiedene Zeitpunkte im Zusammenhang mit dem Abschluss eines Lebensversicherungsvertrages beschreiben, die als formeller Versicherungsbeginn, materieller Versicherungsbeginn oder technischer Versicherungsbeginn unterschieden werden.

- *Formeller Beginn:*

  Der formelle Versicherungsbeginn ist der Zeitpunkt des rechtlich für beide Seiten bindenden Vertragsabschlusses. In der Regel ist dies die Kenntnisnahme der Annahme des Antrages durch den Vertragspartner. Wichtig für den Fristbeginn im Falle einer Selbsttötung, bei Rücktritt und bei Anfechtung.

- *Materieller Beginn:*

  Der materielle Versicherungsbeginn ist der Zeitpunkt, ab dem das Versicherungsunternehmen den Versicherungsschutz für eintretende Versicherungsfälle übernimmt. Voraussetzung ist die Zahlung des ersten Versicherungsbeitrags (strenge Einlösungsklausel).

- *Technischer Beginn:*

  Der technische Versicherungsbeginn ist der Tag, der im Versicherungsschein festgehalten wird (beispielsweise der 1.12.2014). Im Allgemeinen übereinstimmend mit dem im Versicherungsantrag vorgesehenen Termin. Es wird vereinbart, dass ab dem technischen Beginn der Versicherungsnehmer die Beitragszahlung aufnimmt.

1.7 Vereinbarung der Vertragsgrundlagen

Durch den Antrag vereinbaren Antragsteller und Versicherer die Verwendung der Bedingungen, die dem Vertrag zugrunde liegen sollen. Neben den AVB wird auch die Anwendung entsprechender, zu den einzelnen Gefahren genannter Besonderer Zusatz- und Sonderbedingungen sowie geschriebener oder vom Versicherer vorgefasster Klauseln vereinbart.

Die Versicherungsinformation muss enthalten:

- Angaben zum Versicherer
- Anschrift der BaFin
- AVB
- Beitrag der Versicherung
- Hinweise zur Zahlung
- Zustandekommen des Vertrags
- Informationen zur Beendigung des Vertrags

Bestandteile Versicherungsinformation

Eine zusätzliche Verbraucherinformation in der Lebensversicherung: Der Umfang der Verbraucherinformationen, die vom Versicherer bei Antragstellung auszuhändigen sind, geht in der Lebens- und BU-Versicherung noch über den Umfang anderer Sparten hinaus. Nach § 2 der VVG-InfoV sind die Lebensversicherer verpflichtet, zusätzlich folgende Informationen zu geben:

Umfang Verbraucherinformation

- Höhe der Vermittlungs- und Abschlusskosten
- Sonstige Kosten
- Berechnungsgrundlage für Überschussbeteiligung
- Angabe zum Rückkaufswert
- Ausmaß, in dem die Leistung garantiert ist
- Angaben zur steuerlichen Regelung

Das Produktinformationsblatt soll nach § 4 VVG-InfoV folgende Angaben enthalten:

Produktinformationsblatt

- Versichertes Risiko
- Höhe der Prämie und Fälligkeit
- Leistungen und Ausschlüsse
- Obliegenheiten
- Vertragslaufzeit
- Abschluss- und Vertriebskosten (nur in LV und KV)

Die Aushändigung in Textform ist in Papierform und elektronisch möglich:

- in Papierform als Ausdruck der Infos im Verkaufsgespräch oder als Ausgabe einer vorgedruckten Info-Broschüre
- in elektronischer Form durch den Versand einer E-Mail oder durch Ausgabe eines Datenträgers (z. B. einer CD-ROM)

1.8 Veränderungen rechtlicher Rahmenbedingungen im Verlauf der Vertragsdauer

Nicht nur eine Produktinnovation, sondern auch das gesetzliche und steuerrechtliche Umfeld verändert sich. Beispielsweise mit der Einführung des Alterseinkünftegesetzes und der dazu gehörenden Klarstellungen durch die Schreiben des Bundesministeriums für Finanzen sowie der Überarbeitung des Versicherungsvertragsgesetzes 2008 ergaben sich Änderungen an den betrieblichen Kernprozessen eines Lebensversicherungsunternehmens. Zuletzt ist dies sicherlich auch der Fall durch das am 11.7.2014 durch den Deutschen Bundesrat beschlossene und am 6.8.2014 im Bundesgesetzblatt veröffentlichte Lebensversicherungsreformgesetz.

Mit der Novellierung des Betriebsrentengesetzes hat der Gesetzgeber auf den Umstand reagiert, dass Arbeitnehmer zunehmend gezwungen sind, selbst für eine betriebliche Altersversorgung aktiv zu werden, und ihnen in § 4 a BetrAVG einen Auskunftsanspruch eingeräumt.

Insgesamt bedeutet dies zusammen mit anderen Neuregelungen eine Verbesserung der Situation in der betrieblichen Altersversorgung. Das war dringend notwendig, um die Akzeptanz dieses Instruments der zusätzlichen Vorsorge in der Arbeitnehmerschaft zu erhöhen. Die zusätzliche Eigenleistung des Arbeitnehmers wird zunehmend wichtiger, denn durch die Rentenreformen der letzten Jahre werden die Einnahmen aus der gesetzlichen Rente kontinuierlich sinken. Und diese Einnahmeausfälle müssen durch private Vorsorge ausgeglichen werden – auch durch ein Engagement des Arbeitnehmers in der betrieblichen Altersversorgung.

1.9 Informationsrechte und Informationspflichten

Handlungssituation

Peter Bücheler arbeitet seit vielen Jahren als Werkzeugmacher für die Stahlwerke Bad Mergentheim. Er ist zwischenzeitlich 40 Jahre alt und macht sich Gedanken darüber, wie er seinen Lebensstandard auch im Alter dauerhaft sichern kann.

Ihm ist bekannt, dass es bei seinem Arbeitgeber eine betriebliche Altersversorgung gibt, die zum einen eine Altersrente vorsieht und zum anderen eine Hinterbliebenenleistung. Die Höhe der Leistungen ist ihm aber nicht bekannt, und so bittet er Sie von der Agentur der Proximus Versicherung AG um Hilfe.

1. Die Kundenberatung – Beratungs- und Dokumentationspflicht

Die Informationsrechte des Arbeitnehmers und -pflichten des Arbeitgebers beziehen sich im Einzelnen auf:

Informationsrechte / Informationspflichten

- Wertmitteilungen
- Aktivierungswerte
- Mitteilungen an den PSVaG
- Rahmenvertragslisten
- Mahnungen nach § 38 VVG

    Der Versicherer muss den Arbeitnehmer über Zahlungsverzug informieren. Dem Arbeitnehmer ist eine Zahlungsfrist von mindestens zwei Monaten einzuräumen.

Der versicherte Arbeitnehmer kann bei einem berechtigten Interesse (Beispiel: Versorgungsanalyse zur Schließung von Versorgungslücken, Wechsel des Arbeitgebers) verlangen, dass ihn der Arbeitgeber darüber informiert, in welcher Höhe aus der bisher erworbenen unverfallbaren Anwartschaft bei Erreichen der in der Versorgungsregelung vorgesehenen Altersgrenze ein Anspruch auf Altersversorgung entsteht. Hierbei ist insbesondere von Interesse, wie hoch die Altersleistung aus der Anwartschaft beim Erreichen der Altersgrenze sein wird (§ 4a Abs. 1 Nr. 1 BetrAVG). Der Arbeitnehmer hat einen Anspruch auf schriftliche Auskunft.

Auch im Falle des vorzeitigen Ausscheidens aus den Diensten des Arbeitgebers hat der Arbeitnehmer einen Auskunftsanspruch. Die Informationsansprüche im Zusammenhang mit der Übertragung und Übernahme der Anwartschaften ergänzen den allgemeinen Informationsanspruch. Sie entsprechen im Übrigen auch der Fürsorgepflicht des Arbeitgebers – sowohl des alten als auch des neuen. Denn erst diese Informationen machen es dem Arbeitnehmer möglich zu überprüfen, inwieweit die Übertragung ordnungsgemäß erfolgt ist und ob ihm dadurch keine Vermögensnachteile entstanden sind.

Der Arbeitnehmer hat einen Anspruch auf Auskunft:

- *vom alten Arbeitgeber*

bzw. dessen Versorgungsträger über die Höhe der zu erwartenden Versorgungsleistung aus einer erworbenen unverfallbaren Anwartschaft und über die Höhe des Übertragungswertes bei einer Übertragung der Anwartschaft auf den neuen Arbeitgeber bzw. dessen Versorgungsträger,

- *vom neuen Arbeitgeber*

bzw. dessen Versorgungsträger über die Höhe der zu erwartenden Versorgungsleistungen aus einer übertragenen Anwartschaft und darüber, ob eine BU- und/oder Hinterbliebenenleistung bestehen würde.

Diese Regelungen gelten für Alt- und Neuzusagen ab 1.1.2005. Mit den arbeitsrechtlichen Neuregelungen sind die Rechte der Arbeitnehmer im Rahmen der betrieblichen Altersversorgung gestärkt worden. Insgesamt wird dadurch auch die Attraktivität der betrieblichen Altersversorgung verbessert und ermöglicht einen ganzheitlichen Beratungsansatz.

Mit dem Jahressteuergesetz 2007 wurden in Abs. 1 des neuen § 5 LStDV besondere Aufzeichnungspflichten des Arbeitgebers und in Abs. 2 die bisher in § 6 AltvDV enthaltene Mitteilungspflicht des Arbeitgebers gegenüber den Trägern versicherungsförmiger Durchführungswege (Pensionskasse, Direktversicherung, Pensionsfonds) aufgenommen. Diese Aufzeichnungs- und Mitteilungspflichten waren erstmals anzuwenden auf laufenden Arbeitslohn, der für einen nach dem 31.12.2006 endenden Lohnzahlungszeitraum gezahlt wird, und für sonstige Bezüge, die nach dem 31.12.2006 zufließen.

1.10 Aufzeichnungspflichtige Informationen

Je Arbeitnehmer und je Versorgungszusage ist bei Inanspruchnahme der Steuerbefreiung nach § 3 Nr. 63 Satz 3 EStG festzuhalten:

- Zeitpunkt der Zusageerteilung
- Zeitpunkt der Übertragung nach dem „Übertragungsabkommen für Direktversicherungen und Pensionskassen"
- alle Änderungen nach dem 31.12.2004 für eine vor dem 1.1.2005 erteilte Versorgungszusage bei Anwendung des § 40b EStG (i. d. F. vom 31.12.2004)
- Inhalt der am 31.12.2004 bestehenden Versorgungszusagen
- ggf. die Verzichtserklärung des Arbeitnehmers auf die Förderung nach § 3 Nr. 63 EStG bei der Übernahme einer Versorgungszusage nach § 4 Abs. 2 Nr. 1 BetrAVG oder bei einer Übertragung nach dem „Übertragungsabkommen für Direktversicherungen und Pensionskassen" oder nach vergleichbaren Regelungen zur Übertragung von Versicherungen in Pensionskassen oder Pensionsfonds im Falle einer vor dem 1.1.2005 erteilten Versorgungszusage
- zusätzlich die Erklärung des ehemaligen Arbeitgebers, dass diese Versorgungszusage vor dem 1.1.2005 erteilt und dass diese bis zur Übernahme nicht als Versorgungszusage im Sinne des § 3 Nr. 63 Satz 3 EStG (Neuzusage) behandelt wurde

1.11 Informationen des Arbeitgebers an den Versorgungsträger

Spätestens zwei Monate nach Ablauf des Kalenderjahres oder nach Beendigung des Dienstverhältnisses im Lauf des Kalenderjahres muss der Arbeitgeber – gesondert je Versorgungszusage – die für den einzelnen Arbeitnehmer geleisteten Beiträge und deren steuerliche Behandlung mitteilen, in Bezug auf:

- Steuerfreiheit nach § 3 Nr. 56 EStG
- Steuerfreiheit nach § 3 Nr. 63 EStG
- Pauschalbesteuerung nach § 40b EStG (i. d. F. vom 31. 12. 2004)
- individuelle Besteuerung

- Steuerfreiheit nach § 3 Nr. 66 EStG (Diese Mitteilungspflicht trifft neben dem Arbeitgeber auch die Unterstützungskasse, falls die Durchführung vor Übertragung über Unterstützungskasse erfolgte.)

1.12 Gesetze und Rechtsgrundsätze

Zu den Auskunfts- und Informationspflichten des Arbeitgebers sind folgende Gesetze und allgemeine Rechtsgrundsätze von besonderer Bedeutung:

- *§ 4a Betriebsrentengesetz:*

  Regelt die Informationspflichten des Arbeitgebers gegenüber dem Arbeitnehmer bei „berechtigtem Interesse" zur Höhe einer Anwartschaft (schriftliche Auskunft über Höhe der Anwartschaft, Höhe des Übertragungswertes)

- *§ 2 Abs. 1 Nachweisgesetz:*

  Regelt die schriftliche Niederlegung der wesentlichen Vertragsbedingungen und Aushändigung an Arbeitnehmer. Hierzu gehören auch Regelungen zur betrieblichen Altersversorgung.

- *§ 242 BGB Grundsatz von Treue und Glauben:*

  Regelt die allgemeine Hinweis- und Aufklärungspflicht des Arbeitgebers bei besonderen Anlässen, z. B. bei Versorgungsänderungen, bei Beendigung des Dienstverhältnisses, komplexerer Rechtslage.

2. Reaktion auf Veränderungen der Lebenssituation der Versicherungsnehmer im Verlauf der Vertragsdauer

Handlungssituation

Sie erhalten als Mitarbeiter der Proximus Lebensversicherung AG von Herrn Weber, dem Personalleiter der Elba AG, ein Schreiben, aus dem hervorgeht, dass es dem Mitarbeiter Walter Ohm zumindest vorübergehend nicht möglich sein wird, die bisherigen laufenden Beiträge für seine Direktversicherung gegen Entgeltumwandlung zu bezahlen. Klären Sie die Bedingungen für eine Fortführung der Versicherung bei kurz- und langfristigen Zahlungsschwierigkeiten.

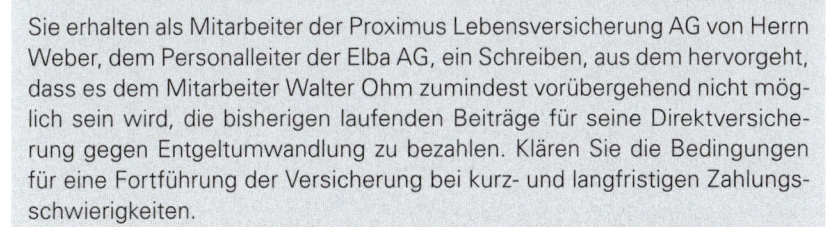

2.1 Kurzfristige Zahlungsschwierigkeiten

Hat ein Versicherungsnehmer zeitlich begrenzt (i. d. R. bis max. zwei Jahre) Schwierigkeiten, seine Beiträge zu entrichten, so wird der Versicherer versuchen, ihm die Vorteile des bestehenden Lebensversicherungsvertrages deutlich zu machen und ihm gleichzeitig Möglichkeiten aufzeigen, den Versicherungsschutz trotz finanzieller Engpässe aufrechtzuerhalten.

finanzielle Engpässe

Handlungssituation

Herr Ohm führt aus, dass er demnächst für ein Jahr an einer beruflichen Umschulungsmaßnahme teilnehmen wird, die er weitgehend selbst finanzieren muss. Er ist deshalb aus wirtschaftlichen Gründen nicht mehr in der Lage, ab August die monatlichen Beiträge zu seiner kapitalbildenden Lebensversicherung mit Unfall-Zusatzversicherung zu bezahlen.

Er selbst sieht momentan keine andere Möglichkeit als die Kündigung der Lebensversicherung und bittet um Mitteilung, welcher Betrag dann an ihn ausgezahlt würde.

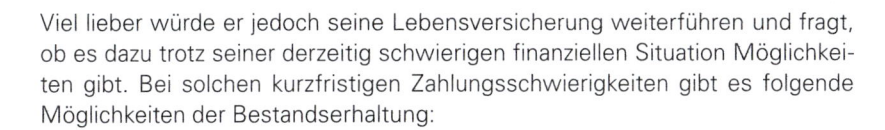

Viel lieber würde er jedoch seine Lebensversicherung weiterführen und fragt, ob es dazu trotz seiner derzeitig schwierigen finanziellen Situation Möglichkeiten gibt. Bei solchen kurzfristigen Zahlungsschwierigkeiten gibt es folgende Möglichkeiten der Bestandserhaltung:

- *Umstellung der Zahlungsweise:*
  Wenn der Beitrag bisher jährlich, halbjährlich oder vierteljährlich gezahlt wurde, kann zur Zahlungserleichterung eine Umstellung auf monatliche Zahlungsweise vorgenommen werden, auch wenn dies wegen des Ratenzuschlags zu einer höheren Gesamtbelastung führt. Dafür ist aber eine monatliche Beitragszahlung für viele Versicherungsnehmer überschaubarer und damit angenehmer.

- *Teilstundung der Beiträge / Risikozwischenbeitrag:*

  Der Versicherungsnehmer zahlt für die begrenzte Zeit der voraussichtlichen Zahlungsschwierigkeiten nur den Risiko- und Kostenanteil zu seiner Versicherung und behält während dieser Zeit den vollen Versicherungsschutz. Die „fehlenden" Sparanteile kann der Versicherungsnehmer später nachentrichten oder durch eine Vertragsänderung ausgleichen.

- *Vollstundung der Beiträge:*

  Für die begrenzte Zeit der Zahlungsschwierigkeiten zahlt der Versicherungsnehmer keine Beiträge und behält doch den vollen Versicherungsschutz. Die gestundeten Beiträge sind nachzuzahlen (einmalig oder durch Beitragszuschlag). Andernfalls wird die Versicherungssumme bei unveränderter Laufzeit und Beitragshöhe herabgesetzt.

- *Entnahme von Überschussguthaben:*

  Ist für den entsprechenden Lebensversicherungsvertrag ein Überschussguthaben vorhanden, wird daraus ein Beitragsrückstand oder der zu zahlende laufende Beitrag zeitlich begrenzt finanziert.

Dies ist allerdings nicht möglich bei Verträgen mit der Vereinbarung, die Gewinnguthaben zur Verkürzung der Vertragslaufzeit zu verwenden. In Höhe des Rückkaufswertes, ggf. abzüglich eines Sicherheitsabschlags der Lebensversicherung, ist eine Vorauszahlung auf die Versicherungsleistung möglich. Die Tilgung erfolgt spätestens durch Verrechnung mit der Auszahlung im Leistungsfall.

Falls der Lebensversicherer Herrn Weber und seinen Mitarbeiter Herrn Ohm überzeugen kann, trotz der finanziellen Schwierigkeiten den Vertrag weiterzuführen, sollte der Versicherer die Teilstundung der Beiträge / die Zahlung eines Risikozwischenbeitrages empfehlen, vorausgesetzt, der Arbeitnehmer bei einer Entgeltumwandlung oder die Firma ist doch noch zur Zahlung eines wenn auch geringeren Beitrages als bisher in der Lage.

2.2 Langfristige Zahlungsschwierigkeiten

Sollte eine Firma oder ein Arbeitnehmer aufgrund der beruflichen und finanziellen Situation jedoch langfristig nicht in der Lage sein, den bisherigen Beitrag zu der bestehenden Lebensversicherung zu zahlen, so helfen nur Möglichkeiten, bei denen auf Dauer nur geringere oder gar keine Beiträge mehr aufzubringen sind:

Bei langfristigen Zahlungsschwierigkeiten gibt es folgende Möglichkeiten der Bestandserhaltung:

- *Fall 1: Der Kunde kann noch einen verringerten Beitrag zahlen*

  Verlängerung der Vertragslaufzeit:

  Sie kommt für Verträge in Betracht, die nicht schon von vornherein mit einer langen Laufzeit abgeschlossen wurden. Durch die so entstehende längere Beitragszahlungsdauer ergibt sich ein geringerer laufender Beitrag.

Der Risikoschutz bleibt voll erhalten, das Sparziel wird entsprechend der längeren Vertragsdauer später erreicht. Bei Kapitalversicherungen ist die Verlängerung der Vertragsdauer ggf. von einer erneuten Gesundheitsprüfung abhängig.

Nachteil: Die Vertragsänderung ist bei Altverträgen aus der Zeit vor der großen Steuerreform steuerschädlich. Auch bei neueren Verträgen ist darauf zu achten, dass die Fälligkeit möglichst nach dem vollendeten 60. Lebensjahr liegt, damit nur der halbe Kapitalertrag zu versteuern ist.

Die geringere Versicherungssumme mindert den Versicherungsschutz, führt aber dadurch auch zu einem Sinken der Beiträge. Vorgesehene Mindestversicherungssummen müssen dabei eingehalten werden.

Ausschluss von Zusatzversicherungen:

Bisher vereinbarte BUZ oder UZV können zukünftig mit entsprechender Beitragsminderung ausgeschlossen werden. Der Verzicht auf die UZV wird allerdings nur zu relativ geringen Beitragsermäßigungen führen. Die Aufgabe der BUZ ändert schwerwiegend den Umfang des Versicherungsschutzes, besonders bei Einschluss einer BU-Rente und ist deshalb i. d. R. nicht ratsam.

- *Fall 2: Der Kunde kann oder will keinen Beitrag mehr zahlen*

  Beitragsfreistellung:

  Wenn die Versicherung einen Rückkaufswert aufweist und eine vom Versicherer festgelegte Mindestversicherungssumme durch Umwandlung in eine beitragsfreie Versicherung nicht unterschritten wird, ist die Beitragsfreistellung des Vertrags möglich.

  Dabei wird der vorhandene Rückkaufswert der Versicherung (evtl. nach Abzug eines Stornoabzugs) unter Berücksichtigung des aktuellen Eintrittsalters und der Restlaufzeit des Vertrags als Einmalbeitrag für die Berechnung einer neuen (verminderten) Versicherungssumme verwendet.

- *Fall 3: Nichtzahlung des Erstbeitrages (Einlösungsbeitrages)*

  Wird der Versicherungsschein nicht eingelöst, ist der Versicherer leistungsfrei, wenn der Versicherungsnehmer den Zahlungsverzug nicht zu vertreten hat und wenn der Versicherer auf die Rechtsfolgen bei Nichtzahlung hingewiesen hat. Der Versicherer kann den Rücktritt erklären (auch stillschweigend) und es steht ihm eine Geschäftsgebühr zu.

- *Fall 4: Nichtzahlung des Folgebeitrages*

  Wird ein Folgebeitrag nicht fristgerecht gezahlt, erinnern die Lebensversicherungsunternehmen ihren Versicherungsnehmer an die Zahlungspflicht und mahnen. Bei Mahnung ist der Versicherer nach Ablauf der zweiwöchigen Mahnfrist von der Verpflichtung zur Leistung frei. Leistungsfreiheit in der Lebensversicherung bedeutet jedoch, dass – soweit ein Deckungskapital vorhanden ist – nach Ablauf der Mahnfrist eine weitergehende Leistungspflicht in Höhe der beitragsfreien Versicherungssumme besteht.

  Die Wiederinkraftsetzungsfrist (Reaktivierungsfrist) nach Zahlung der angemahnten Beiträge nebst evtl. Gebühren und Verzugszinsen beträgt nach VVG einen Monat nach Wirksamwerden der Kündigung. Manche Lebensversicherer setzen den Vertrag aber auch wieder in Kraft, wenn spätestens sechs Monate vom Fälligkeitstermin des erstmals unbezahlten Beitrages an alle Rückstände beglichen wurden.

Sollte der Versicherungsnehmer nach Ablauf von sechs Monaten den Vertrag wieder aufleben lassen, so ist eine erneute Gesundheitsprüfung notwendig. Steuerlich ist eine Wiederinkraftsetzung bis zu zwei Jahre ohne Bedeutung.

3. Reaktion auf Veränderungen der rechtlichen Rahmenbedingungen während der Vertragsdauer

Lebensversicherungen auf Kapital- und Rentenbasis sind im Allgemeinen auf Jahrzehnte abgeschlossen. Es ist also denkbar, dass sich in einer derart langen Zeit auch rechtliche Rahmenbedingungen ändern. Diese müssen jedoch keineswegs unbedingt Einfluss auf die bestehenden Verträge haben. So hat es 1994, als die Deregulierung erheblich in die Gestaltung der Versicherungsbedingungen eingegriffen hatte, keine Probleme mit den Versicherungsnehmern gegeben, zumal deren Rechte ja auch eher erweitert als eingeschränkt wurden.

Gleiches kann man von der Einführung des neuen VVG im Jahre 2008 sagen. Unter bestimmten Voraussetzungen sind Beitrags- und Leistungsänderungen sowie Bedingungsanpassungen möglich (siehe § 163 VVG 2008). Dies muss sich aber stets in einem engen, mit der Aufsichtsbehörde abgestimmten Rahmen bewegen und darf die Versicherungsnehmer nicht unangemessen benachteiligen.

Natürlich sind neben der Änderung von rechtlichen Rahmenbedingungen beispielsweise auch Änderungen steuerrechtlicher Rahmenbedingungen möglich, wie wir es zuletzt in entscheidendem Maße 2005 erlebt haben. Aber man kann davon ausgehen, dass der Gesetzgeber langfristige Übergangsregelungen vorsieht, wie den Übergang auf die nachgelagerte Besteuerung bis 2040, oder dass die alte Steuerregelung für Altverträge bestehen bleibt.

Letzteres war für viele Versicherer und ihre Vermittler der Anlass, ihre Kunden auf die Vorteile eines Vertragsabschlusses bis zum Jahresende 2004 hinzuweisen, mit dem ein Vertrag zu den alten, günstigeren Steuerkonditionen möglich gewesen ist. Bei der Kundenberatung und -betreuung muss der Vermittler generell sehr genau beachten, ob er bei Neu- und auch Bestandskunden aktiv werden sollte.

Zusammenfassung

Altersvorsorge kann ganz schön kompliziert sein. Umso wichtiger ist, dass sich alle Beteiligten gut beraten fühlen, wenn einmal Zahlungsschwierigkeiten oder sonstige Unwägbarkeiten auftreten, die den Versicherungsschutz und damit die Alters- und Hinterbliebenenversorgung gefährden.

Auch ist es für den Berater heute besonders wichtig, dass er seine rechtlichen Pflichten bei der Vermittlung von Versicherungsverträgen kennt und diese jeden Tag in der Kundenbetreuung anwendet. Nur so sind dauerhafte Kundenbindung und damit ein optimales Vertrauensverhältnis gewährleistet.

Lebens- und Rentenversicherungsverträge werden mit Laufzeiten über viele Jahre abgeschlossen, um langfristige Spar- oder Versorgungsziele zu erreichen.

> Die vorzeitige Beendigung eines Lebensversicherungsvertrages ist für beide Vertragspartner nachteilig: für den Versicherungsnehmer, weil er das Versorgungsziel nicht mehr erreicht, für den Versicherer, weil er beim außerplanmäßigen Ende des Vertrages einen wirtschaftlichen Nachteil erleidet, da er seine Beiträge und Kosten unter der Annahme der vollständigen Vertragserfüllung kalkuliert.
>
> Ein Lebensversicherungsvertrag kann vorzeitig beendet werden durch:
>
> - Kündigung
> - Anfechtung
> - Rücktritt
> - Nichtigkeit
> - Vereinbarung

3.1 Kündigung durch den Versicherungsnehmer

Ein Lebensversicherungsvertrag kann jederzeit auch ohne Vorliegen besonderer Gründe nach § 168 VVG zum Ende der laufenden Versicherungsperiode schriftlich durch den Versicherungsnehmer gekündigt werden.

Mit der Kündigung wird der Vertrag aufgelöst. Der Rückkaufswert der Versicherung wird ausgezahlt.

Rechte dritter Personen durch beispielsweise Abtretungen, Verpfändungen, sowie evtl. Verfügungsbeschränkungen durch gesetzliche Auflagen sind zu beachten. Die Fristen der Proximus Versicherung AG sind dem Bedingungswerk entsprechend zu berücksichtigen.

3.2 Kündigung durch den Versicherer

Zum Schutz des (vertragstreuen) Versicherungsnehmers hat ein Versicherer in der Lebensversicherung grundsätzlich keine Möglichkeit, einen Versicherungsvertrag ordentlich zu kündigen.

Dem Versicherer steht allerdings ein außerordentliches Kündigungsrecht zu:

```
                    Außerordentliches Kündigungsrecht des Versicherers
                                          bei
                    ┌─────────────────────┴─────────────────────┐
          Nichtzahlung des Folgebeitrages        schuldloser oder leicht fahrlässiger
                                                 Verletzung der vorvertraglichen
                 § 38 Abs. 3 VVG                          Anzeigepflicht
                   § 166 VVG
                                                         § 19 Abs. 3 VVG
        Fristlos nach Ablauf der Mahnfrist
                                                         mit Monatsfrist
          ┌──────────────┬──────────────┐                       │
   beitragsfreie VS   beitragsfreie VS                      § 169 VVG
    ≥ Mindest VS       < Mindest VS                              │
          │                  │                           Erstattung des
   Umwandlung in      Erstattung des                     Rückkaufswertes
   eine beitragsfreie  Rückkaufswertes
         VS              § 169 VVG              Die Lebensversicherungs-
      § 165 VVG                                 unternehmen machen von
                                                diesem Recht in der Praxis
                                                     keinen Gebrauch.
```

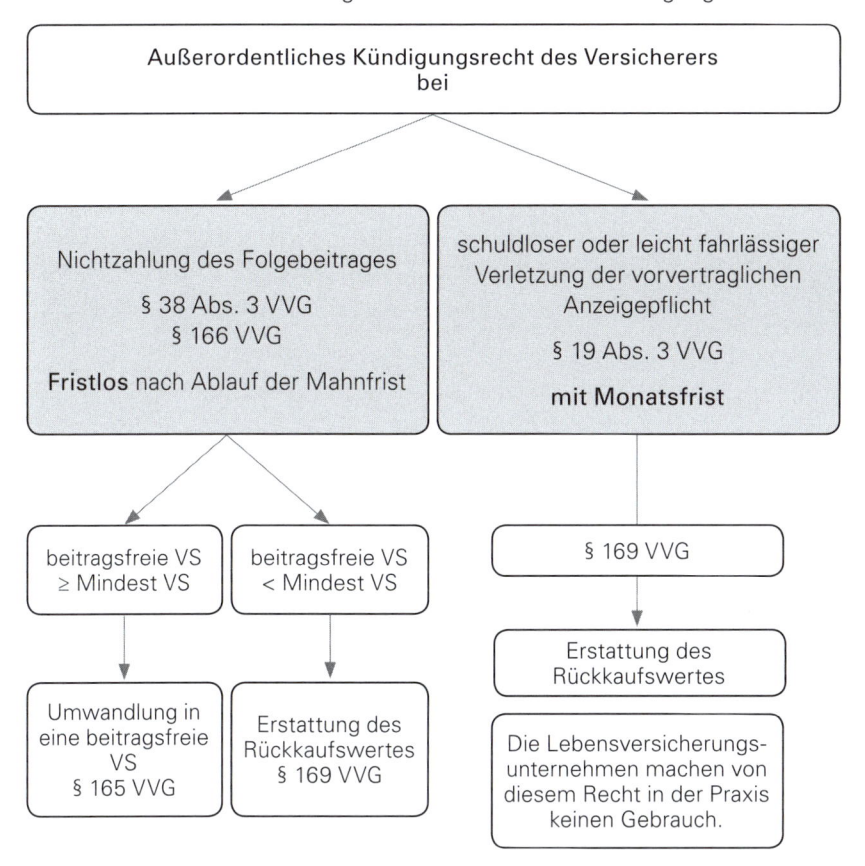

Abbildung 1: Außerordentliches Kündigungsrecht des Versicherers
(Quelle: Ausbildungsliteratur „Vorsorgekonzepte im 3-Schichten-Modell", S. 462)

Kündigt der Versicherer das Versicherungsverhältnis, wandelt sich mit der Kündigung die Versicherung in eine beitragsfreie Versicherung um, sofern die Mindestsumme erreicht wird. Sonst wird der Rückkaufswert nach § 169 VVG erstattet.

Beitragsrückstände und evtl. gewährte Policendarlehen werden vom Rückkaufswert abgezogen.

Das VVG stellt den Rückkaufswert mit dem Begriff Deckungskapital gleich und nicht mehr mit dem Begriff Zeitwert. Der Rückkaufwert ist demnach das

Deckungskapital, das sich bei gleichmäßiger Verteilung der angesetzten Abschluss- und Vertriebskosten auf die ersten fünf Vertragsjahre ergibt. Die garantierten Rückkaufswerte müssen dem Versicherungsnehmer mitgeteilt werden.

Zum Rückkaufswert können noch Gewinnguthaben hinzukommen.

4. Rücktritts- und Anfechtungsgründe in der Lebensversicherung

Die folgende Übersicht zeigt, unter welchen Umständen ein Lebensversicherungsvertrag angefochten werden kann und welche Umstände zum Rücktritt vom Vertrag berechtigen:

	Rücktritt ...	Anfechtung ...
... durch VR bei	Nichtzahlung des Erstbeitrages (§ 37 VVG)	Irrtum bezüglich Angaben von Leistungen und Beiträgen (§§ 119 und 121 BGB)
	schuldhafter Verletzung der vorvertraglichen Anzeigepflicht (§§ 19, 21 VVG) Aber: Rücktritt zeitlich begrenzt auf 5 Jahre (§ 21 Abs. 3 VVG 2008)	arglistiger Täuschung bei Verletzung der vorvertraglichen Anzeigepflicht (begrenzt auf 10 Jahre) (§ 123 BGB und § 22 VVG)
... durch VN bei	Kein Rücktrittsrecht, nur ein Widerrufsrecht bei Vertragsabschluss bzw. falscher Policierung	arglistiger Täuschung durch VR oder seinen Vermittler (§§ 123, 124 VVG)
		Irrtum (§§ 119, 121 BGB)

Tabelle 2: Rücktritts- und Anfechtungsgründe in der LV

Kann der Versicherer also nachweisen, dass der Versicherungsnehmer vorsätzlich oder arglistig die vorvertragliche Anzeigepflicht verletzte, so kann er innerhalb eines Jahres nach Kenntnis der Pflichtverletzung den Vertrag anfechten. Bei Irrtum muss der Versicherer unverzüglich nach Entdeckung des Irrtums anfechten.

Gelingt es dem Versicherer nicht, dem Versicherungsnehmer Arglist zu beweisen, kann er innerhalb eines Monats nach Kenntnisnahme der Anzeigepflichtverletzung vom Lebensversicherungsvertrag zurücktreten.

(Quelle: Ausbildungsliteratur „Vorsorgekonzepte im 3-Schichten-Modell", S. 466)

4.1 Verletzung der vorvertraglichen Anzeigepflicht

Mit Hilfe der ärztlichen Zeugnisse, die im Versicherungsfall vorgelegt werden, kann überprüft werden, ob der Versicherte bei Antragstellung falsche Angaben zu seinen Gesundheitsverhältnissen gemacht hat.

Wird eine schuldhafte Verletzung der vorvertraglichen Anzeigepflicht nachgewiesen, hat der Versicherer das Recht zum Rücktritt vom Vertrag. Der Rücktritt ist nur in den ersten 5 Jahren nach Vertragsabschluss möglich, sofern kein Vorsatz oder Arglist vorliegt, dann sind es 10 Jahre.

Leistungspflicht des Lebensversichereres bei Verletzung der vorvertraglichen Anzeigepflicht

Recht des VR	Leistungsumfang
Anfechtung durch VR	→ VR erstattet den Rückkaufswert (§ 169 Abs. 1 VVG)
Rücktritt, ohne dass Kausalität vorliegt	→ VR ist uneingeschränkt leistungspflichtig (§ 21 Abs. 2 VVG)
Rücktritt; Kausalität liegt vor	→ VR erstattet den Rückkaufswert (§ 169 Abs. 1 VVG)

(Quelle: Ausbildungsliteratur „Vorsorgekonzepte im 3-Schichten-Modell", S. 466)

4.2 Der Versicherungsfall

Als Versicherungsfall sind alle Ereignisse anzusehen, für die der Versicherer zu einer Leistung verpflichtet ist.

In den Allgemeinen Lebensversicherungs-Bedingungen werden die Ereignisse genannt, die den Versicherungsfall auslösen. Je nach vereinbartem Tarif können solche Ereignisse sein:

- Tod bzw. Unfalltod, soweit eine Unfall-Zusatzversicherung abgeschlossen wurde
- Vertragsablauf
- Erleben des Rentenzahlungszeitpunktes in der Rentenversicherung
- Berufsunfähigkeit
- Pflegefall
- Rückkauf

4. Rücktritts- und Anfechtungsgründe in der Lebensversicherung

Die versicherten Leistungen der Proximus Versicherung AG ergeben sich aus dem Bedingungswerk zu jedem einzelnen Tarif in § 1. Hier einmal beispielhaft der Auszug für die Berufsunfähigkeits-Versicherung:

> **§ 1 Welche Leistungen erbringen wir?**
>
> **Unsere Leistung bei Berufsunfähigkeit**
>
> **(1)** Wird die versicherte Person (das ist die Person, auf deren Berufsfähigkeit die Versicherung abgeschlossen ist) während der Versicherungsdauer dieser Zusatzversicherung berufsunfähig (siehe § 2 Absatz 1 oder 2), erbringen wir folgende Leistungen:
>
> **(a)** Wir befreien Sie von der Beitragszahlungspflicht für die Hauptversicherung und die eingeschlossenen Zusatzversicherungen, längstens für die vereinbarte Leistungsdauer.
>
> **(b)** Wir zahlen die Berufsunfähigkeitsrente, wenn diese mitversichert ist, längstens für die vereinbarte Leistungsdauer.
> Die Versicherungsdauer ist der Zeitraum, innerhalb dessen Versicherungsschutz besteht. Mit Leistungsdauer wird der Zeitraum bezeichnet, bis zu dessen Ablauf eine während der Versicherungsdauer anerkannte Leistung längstens erbracht wird.
>
> **Unsere Leistung bei Berufsunfähigkeit infolge Pflegebedürftigkeit**
>
> **(2)** Wird die versicherte Person während der Versicherungsdauer dieser Zusatzversicherung berufsunfähig infolge Pflegebedürftigkeit (siehe § 2 Absatz 4 bis 8), ohne dass Berufsunfähigkeit im Sinne von § 2 Absatz 1 oder 2 vorliegt, erbringen wir folgende Versicherungsleistungen:
>
> **(a)** Wir befreien Sie von der Beitragszahlungspflicht für die Hauptversicherung und die eingeschlossenen Zusatzversicherungen, längstens für die vereinbarte Leistungsdauer.
>
> **(b)** Wir zahlen eine Berufsunfähigkeitsrente, wenn diese mitversichert ist, längstens für die vereinbarte Leistungsdauer.
> - in Höhe von 100 % der vereinbarten Berufsunfähigkeitsrente bei Pflegestufe III,
> - in Höhe von 70 % der vereinbarten Berufsunfähigkeitsrente bei Pflegestufe II,
> - in Höhe von 40 % der vereinbarten Berufsunfähigkeitsrente bei Pflegestufe I.

Abbildung 2: Leistung bei Berufsunfähigkeit (Quelle: Proximus 3, S. 131)

Die Frage, welches Überschusssystem verwendet worden ist, ergibt sich dann aus den Beitrags- und Leistungstabellen im Bedingungswerk 3. Dieses einmal beispielhaft für die Berufsunfähigkeits-Versicherung, wo eine Bonusrente von zurzeit 43 % die garantierte Leistung erhöht:

> **Beiträge und Leistungen einer Berufsunfähigkeits-Versicherung nach Tarif S 35**
>
> Berufsunfähigkeits-Versicherung
> Endalter 63 Jahre oder 67 Jahre
>
> Vorgabe: Beitrag von jährlich 1.200 € einschließlich Stückkosten
>
> Zugrunde liegende Bedingungen:
> Allgemeine Bedingungen für die Berufsunfähigkeits-Versicherung
>
> Berufsgruppe:
> - kaufmännische Berufe = Normaltarif
> - akademische Berufe = 20 % Abschlag auf den Normaltarif
> - handwerkliche Berufe = 30 % Zuschlag auf den Normaltarif
>
> Überschussbeteiligung: Bonusrente z. Zt. 43 %

Abbildung 3: Beiträge und Leistungen einer BU-Versicherung
(Quelle: Proximus 3, S. 149)

Ebenfalls ist im Proximus-Bedingungswerk geregelt, ob Leistungsausschlüsse bestehen.

> **§ 5 In welchen Fällen ist der Versicherungsschutz ausgeschlossen?**
>
> Grundsätzlich besteht unsere Leistungspflicht unabhängig davon, auf welcher Ursache die Berufsunfähigkeit beruht. Es besteht kein Versicherungsschutz, wenn die Berufsunfähigkeit verursacht ist:
>
> (a) durch vorsätzliche Ausführung oder den Versuch einer Straftat durch die versicherte Person;
>
> (b) durch innere Unruhen, sofern die versicherte Person aufseiten der Unruhestifter teilgenommen hat;
>
> (c) durch folgende von der versicherten Person vorgenommene Handlungen
> - absichtliche Herbeiführung von Krankheit,
> - absichtliche Herbeiführung von mehr als altersentsprechenden Kräfteverfalls,
> - absichtliche Selbstverletzung oder
> - versuchte Selbsttötung.

Abbildung 4: Wann ist der Versicherungsschutz ausgeschlossen?
(Quelle: Proximus 3, S. 100)

Darüber hinaus können natürlich auch individuelle Leistungsausschlüsse bei Vertragsabschluss z. B. durch den ausgeübten Beruf oder Vorerkrankungen bestehen.

Anzeige des Versicherungsfalles

Ein Versicherungsnehmer ist grundsätzlich nach § 30 VVG zur unverzüglichen Anzeige des Versicherungsfalles verpflichtet.

Nachweise im Versicherungsfall

Um Ansprüche aus dem Versicherungsvertrag geltend machen zu können, ist grundsätzlich der Versicherungsschein einschließlich evtl. ausgefertigter Nachträge vorzulegen.

Unter Umständen verlangt der Versicherer auch einen Nachweis über die letzte Beitragszahlung.

Darüber hinaus muss der Anspruchsteller den Eintritt des Versicherungsfalles durch weitere geeignete Unterlagen nachweisen:

geeignete Unterlagen

- in der Todesfallversicherung
  - amtliche Sterbeurkunde mit Angabe des Geburtsortes und -datums
  - ärztliches Zeugnis über Todesursache mit Angaben zum Verlauf der Krankheit, die zum Tod geführt hat (i. d. R. nur innerhalb der Rücktrittsfrist des Versicherers)
- in der Unfall-Zusatzversicherung (zusätzlich)
  - Unfallbericht
- Aktenzeichen der Staatsanwaltschaft, damit der Versicherer in die Ermittlungsakten einsehen kann, um ein Fremdverschulden zu prüfen
- in der Erlebensfallversicherung (Rentenversicherung)
  - regelmäßiger Lebensnachweis durch den Anspruchsberechtigten
- in der Berufsunfähigkeitsversicherung
  - Arztberichte mit Angaben über Ursache und Art sowie Beginn, Dauer und Verlauf des Leidens, Grad der Berufsunfähigkeit
  - Nachweis über die zuletzt ausgeübte berufliche Tätigkeit einschl.
  - Beschreibung des beruflichen Tagesablaufes

In der Unfall-Zusatzversicherung ist dem Versicherer der Unfalltod innerhalb von 48 Stunden anzuzeigen, damit ggf. möglichst schnell eine Obduktion vorgenommen werden kann.

Die Schadensregulierung ist nicht nur für die Kundenzufriedenheit ein wichtiges Thema, sondern auch für die Versichertengemeinschaft. Daher hat das Produktmanagement immer wieder zu hinterfragen, wie die Schadenverläufe sind, und muss dies bei ihrem Produktangebot berücksichtigen; auch unter Bezug auf einen adäquaten Risikobeitrag zu der versicherten Leistung.

Zusammenfassung

Für die Umsetzung des Projektergebnisses halten Sie fest:

Nach dem VVG haben Vermittler und Versicherer bestimmte Beratungs- und Dokumentationspflichten. Bereits bei Antragstellung muss der Kunde die Versicherungsinformation, das Produktinformationsblatt und die AVB mindestens in Textform erhalten. Der Umfang der Beratung hängt von der Schwierigkeit des Versicherungsprodukts, der Person des Versicherungsnehmers und des zu zahlenden Beitrags ab. Über die Beratungspflicht des Vermittlers hinausgehend sind der Versicherer und der Versicherungsmakler zur Beratung auch während der Laufzeit des Vertrags verpflichtet. Im schriftlichen Beratungsprotokoll sollten insbesondere der Beratungsanlass, die Befragung des Kunden, der Beratungsinhalt und der Rat des Vermittlers mit Begründung festgehalten werden. Ein Beratungsverzicht muss vom Kunden gesondert und schriftlich erklärt werden.

Aufgaben zur Selbstüberprüfung

1. Herr Hofmann ist Ausschließlichkeitsvertreter der Proximus Versicherung AG. Beim Kundentermin mit Frau Heller kommt es zum Abschluss einer Rentenversicherung.
   a. Stellen Sie dar, wie Herr Hofmann seine Beratungs- und Dokumentationspflicht erfüllt.
   b. Erläutern Sie den Beratungs-/Dokumentationsverzicht durch Frau Heller.

2. Sie sind in einem Projekt für ein neues Bestandsführungssystem tätig. Hierbei möchten Sie Ihren Kollegen aus der Anwendungsentwicklung erläutern, wie ein Versicherungsvertrag beendet werden kann. Nennen und beschreiben Sie jeweils 5 Möglichkeiten.

3. Wo und wie vereinbart die Proximus Lebensversicherung AG mit ihren Kunden, dass der Versicherungsschutz bereits vor Ablauf der Widerrufsfrist beginnt?

4. Wer bezahlt den vorläufigen Versicherungsschutz, den die Proximus Versicherung AG gewährt? Überlegen Sie, ob nach dem Wortlaut der Bedingungen die Proximus Versicherung AG vorläufigen Versicherungsschutz auch im Invitatiomodell gewährt. Halten Sie das für richtig?

5. Beurteilen Sie die Widerrufsbelehrung im Antrag der Proximus Lebensversicherung AG vom rechtlichen Standpunkt.

6. Warum gibt sich der Gesetzgeber solche Mühe, Allgemeine Geschäftsbedingungen für Verbraucher und zum Teil sogar für Geschäftskunden klar und verständlich zu halten?

7. Diskutieren Sie die Vor- und Nachteile eines Bedingungsratings.

Kapitel 5

Prozess der Markteinführung neuer Produkte,
Mechanismen der Steuerung und des Controllings
bei der Einführung neuer Produkte

Nachzuweisende Befähigung

Die angehenden Fachwirte/Fachwirtinnen für Versicherungen und Finanzen sollen bei dem Prozess der Markteinführung neuer Produkte mitwirken und die Mechanismen der Steuerung und des Controllings bei der Einführung neuer Produkte darstellen können (gemäß Erläuterungsbroschüre, Qualifikationsinhalte und Handlungssituationen, 4. c) 4.5).

Qualifikationsinhalte des Kapitels

Die Absolventen können im Einzelnen:
- Konzepte zur Markteinführung umsetzen (4.5.1)
- Absatzpolitik anwenden und Vertriebskanäle auswählen (4.5.1)
- Controlling-Routinen und Qualitätsmanagement anwenden (4.5.2)
- Controlling-Daten umsetzen und Kennzahlen anwenden (4.5.3)
- Anpassungsmaßnahmen im betrieblichen Arbeitsablauf umsetzen (4.5.4)
- Verkaufsunterlagen anwenden (4.5.4)
- Marketingmaßnahmen umsetzen (4.5.5)

1. Gestaltung der Absatzpolitik bei Produktneueinführungen

Handlungssituation

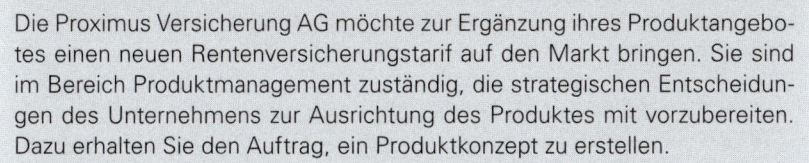

Die Proximus Versicherung AG möchte zur Ergänzung ihres Produktangebotes einen neuen Rentenversicherungstarif auf den Markt bringen. Sie sind im Bereich Produktmanagement zuständig, die strategischen Entscheidungen des Unternehmens zur Ausrichtung des Produktes mit vorzubereiten. Dazu erhalten Sie den Auftrag, ein Produktkonzept zu erstellen.

Neben der konkreten Gestaltung des Tarifes sollen darin die Auswahl und Ausrichtung der zugehörigen Marketinginstrumente und der späteren Controllingmaßnahmen festgelegt werden.

Das Produktangebot der Versicherungsunternehmen ist aus verschiedenen Gründen regelmäßig anzupassen. Durch laufende Änderungen technischer, wirtschaftlicher, sozialer und rechtlicher Verhältnisse ist die Bedarfsstruktur der Kunden in permanentem Wandel. Darauf hat die Versicherungswirtschaft mit neuen Produkten oder Produktänderung zu reagieren. Das Internet führt zudem für Kunden und Vermittler zu einer stark steigenden Transparenz und Vergleichbarkeit von unterschiedlichen Angeboten. Die Ansprüche an Produkte und Beratung nehmen dadurch zu.

Um diesem zunehmenden Wettbewerbsdruck gerecht werden zu können, müssen die Versicherungsunternehmen möglichst kundengerechte Produktlösungen anbieten und sich eine gute Wettbewerbsposition im Vergleich zu ihren Konkurrenten verschaffen.

Durch die relativ starre Reglementierung der Produktmöglichkeiten und den fehlenden Patentschutz für innovative Produkte sind wirklich einzigartige Produktvorteile (Alleinstellungsmerkmale) im Lebensversicherungsmarkt selten. Die Versicherer versuchen daher, sich auf unterschiedlichen Ebenen Verkaufsvorteile zu verschaffen, z. B. durch einzelne Produkteigenschaften, ein besonders günstiges Preis-/Leistungsverhältnis oder einen besonders guten Service.

Neben sich wandelnden Bedürfnissen und Ansprüchen zwingen vor allem Änderungen der rechtlichen Rahmenbedingungen die Versicherer in immer kürzeren Abständen zu einer Überarbeitung ihrer Produkte (z. B. Unisex-Tarife, Rechnungszins-Änderungen).

1.1 Ableiten von Produktmaßnahmen aus strategischen Unternehmensentscheidungen

1.1.1 Festlegen der Produktstrategie

3 mögliche Produktstrategien

Vor der Überarbeitung oder Neueinführung eines Produktes muss das Versicherungsunternehmen eine grundsätzliche Entscheidung über die Ausrichtung seiner Produkte treffen. Grundsätzlich können drei Produktstrategien eingeschlagen werden:

- *Niedrigpreisstrategie / Preisführerschaft:*

  Die Gewinnung von Neukunden bzw. Marktanteilen soll in erster Linie über Beitragsvorteile erfolgen. Voraussetzung dafür sind i. d. R. besonders niedrige Kosten (Kostenführerschaft). Dies hat zur Folge, dass optimale Prozessabläufe in der Abwicklung des Versicherungsgeschäftes und eine möglichst effiziente Ausnutzung der vorhandenen Ressourcen erforderlich sind.

- *Qualitätsstrategie / Strategie der Differenzierung:*

  Ziel ist es, besondere Produkt- und/oder Servicevorteile gegenüber dem Wettbewerb zu bieten. Dies können z. B. zusätzliche Leistungskomponenten, flexiblere Gestaltungsmöglichkeiten, höhere Deckungssummen oder spezielle Servicevorteile sein.

- *Nischenstrategie:*

  Der Anbieter spezialisiert sich auf eine einzelne Produktkategorie (z. B. biometrische Risiken, Altersvorsorge, fondsgebundene Tarife) oder den Bedarf bestimmter Zielgruppen (z. B. Senioren, Beamte, Studenten, Akademiker). Dadurch können alle Produkt- und Serviceangebote sehr zielgruppengerecht gestaltet werden. Gleichzeitig kann sich der Anbieter ein entsprechendes Spezialisten-Image aufbauen.

  Entscheidet sich das Unternehmen für eine Strategie der Nischenbildung, so können in diesem speziellen Segment auch verhältnismäßig hohe Beiträge und Gewinne realisiert werden.

Die Strategien treten in der Praxis selten in Reinform auf. Vielmehr gibt es zahlreiche Mischformen, auch innerhalb eines Unternehmens oder Konzerns.

ausführliche Analyse erforderlich

Die gewählte Ausrichtung bestimmt ganz wesentlich die konkrete Ausgestaltung des gesamten Leistungsangebots des Versicherers. Um diese Grundsatzentscheidung treffen zu können, ist im Vorfeld eine ausführliche Analyse erforderlich, die z. B. ermittelt:

- Wie passt die Strategie zum bisherigen Geschäftsmodell und zur Unternehmensphilosophie?
- Ist das erforderliche Know-how innerhalb des Unternehmens vorhanden bzw. wie könnte dieses durch Dritte erworben werden?
- Welche Markttrends existieren und wie entwickeln sich die Märkte allgemein?
- Mit welcher Strategie können welche Marktpotenziale erschlossen werden (im besten und im schlechtesten Fall)?

1. Gestaltung der Absatzpolitik bei Produktneueinführungen

- Welche Rentabilität kann mit den unterschiedlichen Strategien erzielt werden?
- Welche Wettbewerber verfolgen bereits eine ähnliche Strategie?
- Welche Rahmenbedingungen (wirtschaftlich, rechtlich, politisch, technisch …) begünstigen die eine oder andere Strategie?

Die getroffene Entscheidung ist in regelmäßigen Abständen kritisch zu überprüfen. Rahmenbedingungen können sich in kurzer Zeit ändern, Produkte lassen sich sehr schnell durch andere Marktteilnehmer kopieren. Dies hat zur Folge, dass ein dauerhafter Innovationsprozess bei allen Strategien notwendig ist.

Eine weitere strategische Entscheidung betrifft die Frage der Markenbildung. Für die Vermarktung der Produkte ist zu prüfen, ob bzw. welche Produkt- oder Unternehmensmarken für die Kommunikation aufgebaut und eingesetzt werden sollen.

Die Versicherungsmarke ist ein wichtiges Entscheidungskriterium für die Wahl einer Versicherungsgesellschaft. Kunden suchen nach starken, vertrauenswürdigen, aber auch finanziell unabhängigen Marken, mit denen sie Sicherheit und Zuverlässigkeit verbinden. Eine solche Marke ist in der Vermarktung sehr wertvoll. Die Marke aufzubauen, zu entwickeln und ihr ein entsprechendes Image zu verleihen, erfordert aber auch einen hohen zeitlichen und finanziellen Aufwand.

1.1.2 Zielmarktbestimmung

Aufbauend auf die Festlegung einer Produktstrategie werden durch das Versicherungsunternehmen zunächst Zielmärkte, also Teilmärkte des gesamten Versicherungsmarktes, festgelegt, die mit Produktangeboten bearbeitet werden sollen.

Die Bearbeitung des gesamten Marktes ist aus wirtschaftlichen Gründen nicht möglich und auch nicht sinnvoll. Kein Unternehmen kann in jedem Teilsegment des Marktes das beste Angebot bereithalten. In einigen Bereichen wäre eine Marktbearbeitung daher vermutlich nur mit sehr geringem Erfolg möglich. Die Anbieter müssen sich auf die ausgewählten Teilbereiche konzentrieren, in denen sie besonders marktfähige Produkte anbieten können. So können vorhandene finanzielle Mittel möglichst effektiv und effizient eingesetzt werden.

Die Unterscheidung von Teilmärkten kann nach verschiedenen Gesichtspunkten erfolgen, z. B. nach:

Unterscheidung von Teilmärkten

- versicherter Gefahr (z. B. Unfall, Tod, Berufsunfähigkeit, Diebstahl, Krankheit)
- versichertem Objekt (z. B. Kfz, Gebäude oder Person)
- Status der Nachfrager (z. B. Privatkunden oder Firmenkunden)
- Sparte (z. B. Kranken-, Unfall- oder Lebensversicherung)

- Segment oder Produkt (Kranken-Voll- oder Kranken-Zusatzversicherung, Kapitallebens-, Renten- oder Risikolebensversicherung, klassische oder fondsgebundene Basis-Rentenversicherung)
- Status des Versicherers (Erst- oder Rückversicherung)
- Kundenbeziehung (Neu- oder Stammkunde)
- Vertriebsweg (Markt für Direktversicherungen oder für dezentralen Vertrieb)
- Zielgruppen (Altersgruppen, Berufsgruppen, Familiensituationen)

Vor der Entscheidung sind potenzielle Zielmärkte im Rahmen der Marktanalyse hinsichtlich verschiedener Eigenschaften zu untersuchen, wie z. B.:

- Marktvolumen und Marktpotenzial (aktueller und zukünftig möglicher Umsatz)
- aktuelle Wettbewerbssituation (Anzahl der Wettbewerber, Wettbewerbsintensität)
- Entwicklung des Marktes (Ist der Umsatz in diesem Markt wachsend oder rückläufig?)
- besondere Anforderungen des Marktes an die Anbieter (Produkt-Know-how, Vertriebswege, Kapitalstärke, Risikotragfähigkeit, Image)

Das Marktvolumen beschreibt die Summe der tatsächlich erzielten Umsätze. Das Marktpotenzial bezeichnet möglicherweise zu erreichende Umsätze bei Kunden, die ein Interesse am jeweiligen Produkt haben und über die nötigen finanziellen Mittel verfügen würden. Bei einem gesättigten Markt liegen Marktpotenzial und Marktvolumen relativ nah beieinander. Zeigt sich ein größerer Unterschied, gilt es, diese Differenz mithilfe von geeigneten Marketingmaßnahmen zu verringern, d. h. die potenziellen Kunden zum Kauf zu bewegen.

1.1.3 Festlegen von Zielgruppen

Handlungssituation

Sie sind Produktentwickler bei der Proximus Versicherung AG und fragen sich, wie Sie den Absatz des von Ihnen zu entwickelnden Produktes bereits in der Entwicklungsphase positiv beeinflussen können. Sie beschäftigen sich zunächst mit der Zielgruppe von Versicherungsprodukten.

Nach der Auswahl geeigneter Zielmärkte werden vom Versicherungsunternehmen Zielgruppen festgelegt, die mit einem neuen Produkt angesprochen werden sollen.

▶ Definition

Eine **Zielgruppe** ist eine Personengruppe, die sich hinsichtlich ihrer inneren Einstellungen, ihrer finanziellen Möglichkeiten, ihrer Ansprüche, ihres Kaufverhaltens, ihres Bedarfs etc. ähnlich verhält und die daher ähnliche Wünsche und Bedürfnisse hat.

Die konkrete Festlegung von Zielgruppen erfolgt z. B. nach:
- sozioökonomischen Gesichtspunkten (Alter, Familienstand, Anzahl Kinder)
- Lebensformen/Lifestyle/Verhalten
- Kundenart (Neu- oder Bestandskunden)
- Einstellung zu Versicherungsvermittlern

▶ Beispiele

Junge Kunden in der Ausbildung oder junge Familien haben häufig geringere finanzielle Möglichkeiten als gutverdienende Alleinverdiener. In beiden Zielgruppen werden außerdem einzelne Produkteigenschaften unterschiedlich wichtig wahrgenommen (z. B. Leistungen im Todesfall oder im Alter).

Die Kommunikation mit Firmenkunden läuft anders als die mit Privatkunden.

Senioren sind für andere Vertriebs- und Kommunikationswege zugänglich als z. B. Studenten.

Als Ausgangspunkt für die Festlegung auf einzelne Zielgruppen sollte zunächst geklärt werden, bei welchen Zielgruppen das Unternehmen bereits erfolgreich ist:
- Für welche Zielgruppen ist besonderes Know-how vorhanden?
- Für welche Zielgruppen können besondere Nutzen geboten werden?
- Zu welchen Zielgruppen bestehen die besten Zugangsmöglichkeiten über bestehende Vertriebswege?
- Welche speziellen Bedürfnisse und Probleme haben diese Zielgruppen? Ist entsprechende Kaufkraft vorhanden?

Verschiedene Zielgruppen haben unterschiedliche Ansprüche an ein Versicherungsprodukt. Ein passgenaues Angebot des Versicherers ist Voraussetzung für eine erfolgreiche vertriebliche Umsetzung und einen möglichst effizienten Einsatz der vorhandenen finanziellen Mittel. Man erspart sich damit Verkaufsanstrengungen bei Kunden, denen man kein oder ein eher unpassendes Produkt anbieten kann. Für jede Zielgruppe ist eine individuelle Ausgestaltung der Absatzpolitik sinnvoll.

Nur wer seine Zielgruppe, sprich seine potenziellen Kunden, kennt, weiß, wie er sie richtig ansprechen kann. Eine Zielgruppendefinition ist für ein Unternehmen deshalb so wichtig, weil es letztendlich die Kunden mit ihren persönlichen Bedürfnissen, Wünschen oder Problemen sind, die über Erfolg oder Misserfolg eines Unternehmens entscheiden.

1.2 Gestaltung der Absatzpolitik

Nachdem der Versicherer den Markt segmentiert hat und nun weiß, welchen Teil des Marktes er abdecken will (Zielmarktbestimmung), gilt es für ihn zu überlegen, welche Produkte bzw. Dienstleistungen die Bedürfnisse der Kunden in den einzelnen Marktsegmenten am besten befriedigen und auf welche Weise diese Produkte bestmöglich vermarktet werden können.

Absatzpolitik oder Marketing-Mix

Versicherungsprodukte weisen verschiedene Besonderheiten auf. Sie sind immaterieller Natur und werden aus verschiedenen Gründen vom Kunden meist nicht aktiv gekauft, sondern über Vermittler verkauft. Dies beeinflusst alle Maßnahmen, die zur Vermarktung eines Produktes getroffen werden. Die Summe dieser Maßnahmen bezeichnet man als Absatzpolitik oder Marketing-Mix und besteht aus folgenden Teilbereichen (Marketinginstrumente):

- Produktpolitik
- Preispolitik
- Servicepolitik
- Kommunikationspolitik
- Vertriebspolitik

Die Produktpolitik wird häufig als Kern des Marketing-Mix angesehen, da die zweckmäßige und attraktive Gestaltung des Absatzprogramms von zentraler Bedeutung für die Stellung im Wettbewerb angesehen wird. Aufgrund der genannten Besonderheiten der Versicherungsprodukte ist die Vertriebspolitik aber mindestens ebenso wichtig.

Entscheidend ist, die gewählte Produktstrategie, Zielmärkte, Zielgruppen und die Ausgestaltung der Marketinginstrumente möglichst gut in Einklang zu bringen. Auch ein inhaltlich sehr gutes Produkt wird im falschen Vertriebsweg, mit der falschen Kommunikationsstrategie oder einem zu hohen Preis nicht erfolgreich sein können.

▷ **Beispiel**

Ein Direktversicherer möchte ein neues, sehr komplexes Produkt aus dem Bereich der Berufsunfähigkeitsversicherung anbieten. Ein solches Produkt verlangt in der Regel einen etwas höheren Beitrag und eine umfassende persönliche Beratung. Beides ist in diesem Fall problematisch. Zum einen verfolgen Direktversicherer häufig eine Niedrigpreisstrategie und sprechen auch die an günstigen Beiträgen interessierten Zielgruppen an. Zum anderen ist eine Beratung über den in diesem Fall einzigen Vertriebsweg Direktvertrieb höchstens telefonisch möglich, was den Verkaufsprozess deutlich erschwert.

1.2.1 Produktpolitik

Die Produktpolitik umfasst sämtliche Maßnahmen, Entscheidungen und Aktivitäten, die mit den Leistungen eines Unternehmens verbunden sind. Im Einzelnen geht es vor allem um die Entwicklung neuer oder die Veränderung bereits bestehender Produkte, was aus verschiedenen Motiven erfolgen kann, z. B.:

- Anpassung aufgrund gesetzlicher Zwänge
- Ergänzungsentwicklung zur Abrundung des Produktportfolios
- Neuentwicklung eines Produkts für bestehende oder neue Zielgruppen im Rahmen eines Wachstumsvorhabens und von definierten Wachstumsstrategien
- Weiterentwicklung analog zum Wettbewerb

Weitere Aspekte der Produktpolitik sind die Gestaltung der Produktverpackung bzw. Prospekte, der Aufbau einer Marke, die Zusammenstellung des angebotenen Sortiments sowie die Gestaltung von Service- und Garantieleistungen.

Gestaltung des Produktnutzens

Kunden kaufen keine Produkte, Kunden kaufen den oder die Nutzen eines Produktes. Ganz besonders bei der Wahl einer Qualitäts- oder Nischenstrategie geht es daher für ein Versicherungsunternehmen darum, durch die Produktgestaltung möglichst einen größeren Gesamtnutzen zu bieten als die Wettbewerber.

Ein Mehrnutzen kann z. B. aus zusätzlichen oder besseren Produkteigenschaften, höheren Versicherungssummen, flexibleren Gestaltungsmöglichkeiten, erweiterten Serviceangeboten oder einer einfacheren Risikoprüfung bestehen. Da sich jeder Mehrnutzen in Kosten für den Versicherer und/oder erhöhtem Beitrag für den Kunden niederschlägt, ist die Sinnhaftigkeit jedes zusätzlichen Produktvorteils genau zu prüfen. Sinnvoll ist dieser nur dann, wenn er in der ausgewählten Zielgruppe und den festgelegten Vertriebswegen auch wahrgenommen und wertgeschätzt wird, d. h. der Kunde auch bereit ist, für diese Eigenschaft einen gewissen Preis zu bezahlen. Dies lässt sich beispielsweise durch Umfragen bei Kunden oder Vermittlern erkennen.

Mehrnutzen

Beinhaltet ein neues Produkt völlig neue versicherte Risiken, ist die Risikosituation kritisch zu betrachten. Häufig besteht dann im eigenen Unternehmen (oder sogar auf dem gesamten Markt) dazu wenig oder keine Kalkulations- bzw. Leistungserfahrung. In diesem Fall ist zunächst festzulegen, ob und wie ein solches Risiko überhaupt versichert und kalkuliert werden kann. Dies erfolgt häufig in Zusammenarbeit mit Rückversicherern.

Teilbereiche und Aufgaben der Produktpolitik

Im angesprochenen Bereich der Produktneuerungen umfasst die Produktpolitik zwei Teilbereiche:

- Produktinnovationen
  Einführung neuer Produkte in den Markt. Es kann sich dabei um Markt- oder um Unternehmensneuheiten handeln.

- Produktveränderungen (Produktmodifikation)
  Veränderung/Verbesserung bestimmter Eigenschaften oder Leistungsmerkmale von Produkten. Dazu gehören die Produktvariation (Weiterentwicklung einzelner Produktkomponenten oder Neueinführung neuer Nebenrisiken) und die Produktdifferenzierung (Flexibilisierung der bestehenden Deckung, z. B. durch Angebot des gleichen Produktes mit unterschiedlichen Preis-/Leistungsangeboten für unterschiedliche Zielgruppen).

Aufgabe im Rahmen der Produktpolitik ist es zunächst, das Produkt inhaltlich festzulegen, d. h. vor allem Art und Umfang des Versicherungsschutzes, der Risikoausschlüsse sowie Mindest- und Höchstleistungsgrenzen. Dies erfolgt vor allem in den „Allgemeinen Versicherungsbedingungen". Außerdem muss eine formale Produktgestaltung erfolgen. Dazu gehören z. B. die Bezeichnung

inhaltliche und formale Produktgestaltung

des Versicherungsproduktes sowie die rein äußerliche Gestaltung von Versicherungsantrag, Verbraucherinformation oder Versicherungsschein.

Eine Besonderheit im Versicherungsmarkt ist, dass es keinen Patentschutz für Versicherungsprodukte gibt. Nachahmungen sind daher relativ schnell und einfach möglich. Obwohl dadurch Produktneu- bzw. -weiterentwicklungen gehemmt werden, besteht in der Versicherungsbranche trotzdem eine relativ hohe Innovationsrate. Dies ist darauf zurückzuführen, dass die Investitionsrisiken (verglichen mit der Sachgüterindustrie) verhältnismäßig gering sind.

In vielen Fällen wird die Produktpolitik in der Versicherungswirtschaft durch gesetzliche Bestimmungen eingeschränkt. So dürfen keine Leistungen angeboten werden, die nicht dem Versicherungsgedanken entspringen. Andererseits ergeben sich durch neue gesetzliche Regelungen immer wieder neue Produkte, z. B. die Riester-Rente oder Basis-Rente oder auch Absatzmöglichkeiten in der bAV durch die gesetzlich geregelte Entgeltumwandlung.

1.2.2 Preispolitik

Die Preisgestaltung hängt stark von der Ausgestaltung der anderen Instrumente der Absatzpolitik ab, ganz besonders vom Leistungsumfang des Produktes. Trotzdem bestehen Gestaltungsspielräume, die im Rahmen einer Markteinführung von großer Bedeutung sind. Kunden vergleichen den Preis aber selten isoliert, sondern immer im Zusammenhang mit den Leistungen, sie betrachten also das Preis-/Leistungsverhältnis.

relevante Preisgrenzen

Dabei ist es wichtig, sich an den im Markt vorhandenen relevanten Preisgrenzen – nach oben und nach unten – zu orientieren. Liegt der Beitrag über bestimmten Preisobergrenzen (z. B. dem Beitrag relevanter Wettbewerber im selben Marktsegment mit ähnlichen Vertriebswegen) wird ein neues Produkt möglicherweise Absatzprobleme haben, weil die Kunden zum Wettbewerber abwandern.

Andererseits sind auch relevante Preisuntergrenzen zu beachten. Werden diese unterschritten, kann zusätzliches Marktpotenzial erschlossen werden, weil das neue Produkt dann z. B. in Vergleichsportalen als eines der günstigsten Produkte erscheint. Besonders relevant ist dies, wenn der Versicherer eine Niedrigpreisstrategie verfolgt oder wenn zum Verkaufsstart eines Produktes möglichst schnell eine große Stückzahl an Neuverträgen erreicht werden soll.

1.2.3 Kommunikationspolitik

Aufgabe der Kommunikationspolitik ist es, Informationen über das Produkt und dessen Nutzen an Vermittler und Kunden zu transportieren und deren Einstellung gegenüber dem anbietenden Versicherungsunternehmen bzw. dem Produkt positiv zu beeinflussen. Dadurch erfolgt gegebenenfalls auch eine Markenbildung.

Es ist wichtig, genau zu überlegen, welche Werbebotschaften inhaltlich übermittelt werden sollen und auf welchen Kommunikationswegen diese am besten an die Empfänger gebracht werden können. Zentraler Punkt ist, den Nutzen, den das Produkt bietet, besonders gut herauszuarbeiten und darzustellen.

Für die Kundengewinnung ist zudem die Überzeugungskraft des Kundenberaters vor Ort im Verkaufsgespräch („Sales Promotion") von großer Bedeutung.

Werbemaßnahmen und Kundengewinnung

Die Werbeausgaben der Versicherungsunternehmen sind gemessen an anderen Branchen eher gering. Es ist aufgrund der Komplexität der Produkte sehr schwer, durch produktbezogene Werbung beim Kunden den Abschluss eines Versicherungsproduktes zu bewirken. Die klassische Werbung (d. h. vor allem in Radio und TV) beschränkt sich daher hauptsächlich auf imagebildende Maßnahmen wie Kampagnen zur Erhöhung des Bekanntheitsgrades eines Unternehmens oder eines Produktes.

Von besonderer Bedeutung ist dabei, die Art der Kommunikation (Sprache, Medium, Darstellung) an die gewählten Zielgruppen anzupassen.

▶ **Beispiel: Gezielte Werbung in Zeitschriften oder durch TV-Spots**

- Die verschiedenen Fernsehsender unterscheiden sich deutlich in der Zusammensetzung ihrer jeweiligen Zuschauer. Die öffentlich-rechtlichen Sender sprechen z. B. deutlich ältere Zielgruppen an als einige der großen Privatsender.
- Berufstätige Personen sind in den Abendstunden oder am Wochenende besser mit Werbung zu erreichen.
- Im Umfeld von Sportübertragungen am Abend wird eine Werbebotschaft von einer völlig anderen Zielgruppe wahrgenommen als beispielsweise am Sonntagvormittag, wo in großem Umfang auch Kindersendungen laufen.
- Werbung, die sich an junge oder jugendliche Zielgruppen richtet, muss sich einer völlig anderen Sprache und bildlichen Gestaltung bedienen, als dies z. B. bei der Zielgruppe der Senioren der Fall ist.

Public Relations

Public Relations (Kurzform PR) ist die englische Bezeichnung für Öffentlichkeitsarbeit. Bei diesem Teilbereich der Kommunikationspolitik geht es darum, die Beziehungen zwischen den Versicherungsunternehmen und der Öffentlichkeit (zu den sog. Anspruchsgruppen – wie etwa Kunden, Kapitalgebern, Rückversicherer etc.) systematisch zu pflegen. Dazu gehört vor allem, ein entsprechendes Image aufzubauen, die Bekanntheit des Unternehmers zu steigern und das Vertrauen der Öffentlichkeit zu gewinnen. Die Umsetzung dieser Ziele kann beispielsweise durch Pressemitteilungen und -konferenzen, durch Geschäftsberichte und Betriebsbesichtigungen erreicht werden.

1.2.4 Vertriebspolitik

Eine zentrale Rolle in der Absatzpolitik nimmt bei Dienstleistern und speziell bei Versicherern die Vertriebspolitik ein, da die Produkte meistens vom Kunden nicht aktiv nachgefragt werden, sondern über Vertriebsorgane verkauft werden müssen.

> **Handlungssituation**
>
> Sie sollen zur Auswahl des richtigen Vertriebsweges für die Einführung eines neuen Produktes die in der Versicherungswirtschaft vorhandenen Vertriebswege näher untersuchen.

Die Beziehung zwischen dem Versicherungsinteressenten und dem Versicherungsunternehmen kann unmittelbar oder durch Einschaltung von Versicherungsmittlern zustande kommen. In der Mehrzahl der Fälle erfolgt der Vertrieb des Versicherungsschutzes durch Vermittler, die für den Versicherer Absatz- oder Vertriebsorgane darstellen.

Ein Grund dafür sind die bereits angesprochenen Eigenheiten des Produktes „Versicherung". Zudem sind die meisten Kunden nicht in der Lage, ihre Versorgungslücken richtig zu ermitteln und zielgerichtet die passenden Versicherungsprodukte für sich auszuwählen. Dies gilt ganz besonders bei den komplexen Produkten der Altersvorsorge oder der Berufsunfähigkeitsversicherung.

Direktvertrieb

Wenn sich der Kunde direkt an das Versicherungsunternehmen wendet, spricht man von Direktvertrieb. Der Kontakt zwischen dem Kunden und dem Versicherungsunternehmen findet dann ausschließlich über Wege der Telekommunikation statt, also durch Brief, Telefon oder elektronische Medien (z. B. Internet). Damit entfällt zugleich die individuelle Betreuung durch einen Vermittler vor Ort.

Der Direktvertrieb eignet sich in erster Linie für einfachere, standardisierte Produkte, die beim Endkunden bekannt sind und auch verstanden werden (z. B. Risiko-Lebensversicherung).

Indirekter Vertrieb über Versicherungsaußendienst

Bei den meisten Produkten sind die Versicherungsunternehmen in Deutschland auf den Vertrieb durch Versicherungsvermittler angewiesen. Unter anderem durch die EU-Vermittlerrichtlinie ist das vorhandene Gefüge der Versicherungsvermittler im Versicherungsaußendienst kräftig durcheinander gewürfelt worden. Sinkende Vermittlerzahlen und steigender Wettbewerbsdruck unter den Anbietern führen dazu, dass am Versicherungsmarkt auch ein starker Wettbewerb um Vertriebe und Vermittler zu beobachten ist.

In der Bundesrepublik Deutschland sind am Versicherungsmarkt etwa 250.000 selbstständige Versicherungsvermittler tätig.

1. Gestaltung der Absatzpolitik bei Produktneueinführungen

Bei der Versicherungsvermittlung werden die folgenden wesentlichen Vertriebswege unterschieden:

Der Ausschließlichkeitsvertreter

Der Ausschließlichkeitsvertreter ist vertraglich nur an einen Versicherer gebunden. Er kann seinen Kunden daher nur Produkte dieses einen Versicherers bieten; eine Tätigkeit für andere Versicherungsunternehmen ist ihm verboten. Obwohl er zumeist als selbstständiger Handelsvertreter tätig ist, gehört er zum Vertrieb dieses Unternehmens und ist an dessen Weisungen und Strategien gebunden.

Als Vergütung erhalten die Ausschließlichkeitsvertreter vor allem Abschluss- und Bestandsprovisionen, häufig aber auch für eine Übergangs- bzw. Einarbeitungszeit feste Bezüge (Fixum) sowie Zuschüsse zu Büro- oder Fahrtkosten. Für mögliche Beratungsfehler haftet das Versicherungsunternehmen gegenüber dem Kunden.

Der Versicherungsmakler

Der unabhängige Versicherungsmakler steht auf der Seite des Kunden und hat mit diesem eine vertragliche Vereinbarung über Beratungsleistungen (Maklervertrag). Er gewährleistet eine umfassende Beratung und Betreuung seiner Kunden auf der Grundlage eines umfangreichen Produktsortiments verschiedener Versicherer. Daher hat der Bundesgerichtshof ihn als treuhänderischen Sachwalter der Versicherungsnehmer bezeichnet.

Der Versicherungsmakler ist verpflichtet, für seinen Kunden ein passendes Produkt aus dem Markt herauszusuchen, und haftet für mögliche Falschberatungen. Er unterhält Vergütungsvereinbarungen (Courtagevereinbarungen) mit den Versicherern, deren Produkte er im Sortiment hat. Seine Vergütung (Courtage) erhält er daher im Falle eines Vertragsabschlusses vom Versicherer.

Der Mehrfachvermittler

Der Mehrfachvermittler arbeitet mit einigen wenigen Versicherungsunternehmen zusammen, ohne wirtschaftlich nur von einem Unternehmen abhängig zu sein. Er kann seinen Kunden so einen relativ unabhängigen Marktüberblick bieten. Aus den vielen Produkten des Versicherungsmarktes stellt er individuelle Lösungen zusammen, die der jeweiligen persönlichen Situation des Versicherungsnehmers optimal gerecht werden sollen.

Von einem unechten Mehrfachvermittler spricht man dabei, wenn ein Vermittler zwar in unterschiedlichen Sparten oder Produktsegmenten mit verschiedenen Versicherern zusammenarbeitet, in jeder einzelnen Sparte bzw. Produktsegment aber nur Produkte eines einzigen Anbieters im Angebot hat (z. B. Unfallversicherung der Pfefferminzia, Lebensversicherung der Proximus, Krankenversicherung der Südstern etc.).

unechter Mehrfachvermittler

Bei solchen Vermittlern handelt es sich somit eher um Ausschließlichkeitsvermittler, da es bei einem konkreten Absicherungswunsch eines Kunden keine Konkurrenzsituation zwischen Anbietern bzw. keine Auswahlmöglichkeit für Kunde und Vermittler geben kann.

Selbstständige Versicherungsvermittler/-berater*

Jahr	2009	2010	2011	2012	2013
Versicherungs-vermittler insgesamt	255.351	263.256	257.572	253.141	246.502
gebundene Versicherungsvermittler[1]	176.747	182.224	175.773	171.759	165.735
Versicherungsvertreter mit Erlaubnis[2]	33.771	33.829	33.083	32.035	31.116
Versicherungsmakler	41.972	44.192	45.641	46.271	64.544
produktakzessorische Vermittler[3]	2.861	3.011	3.075	3.076	3.107
Versicherungsberater[4]	174	196	223	260	274

* Stand am Jahresende
1 von Versicherungsunternehmen registrierte Einfirmenvertreter i. S. v. § 34d Abs. 4 GewO
2 Ein- und Mehrfirmenvertreter mit Gewerbeerlaubnis der zuständigen IHK
3 Gewerbetreibende, die Versicherungen als Ergänzung der im Rahmen ihrer Haupttätigkeit gelieferten Waren oder Dienstleistungen vermitteln und ihre Tätigkeit unmittelbar im Auftrag eines oder mehrerer Versicherungsvermittler, die Inhaber einer Erlaubnis sind, oder eines oder mehrerer VU ausüben
(§ 34d Abs. 3 GewO)
4 Gewerbetreibende, die über Versicherungen beraten, ohne von einem Versicherungsunternehmen einen wirtschaftlichen Vorteil zu erhalten oder von ihm in anderer Weise abhängig zu sein (§ 34e GewO)

Tabelle 1: Selbstständige Versicherungsvermittler/-berater (Quelle: DIHK)

Vertriebsorganisationen

Es handelt sich hier um rechtlich selbstständige Vertriebsorganisationen in unterschiedlicher Abhängigkeit von den Versicherungsunternehmen. Kennzeichnend ist eine stark differenzierte Hierarchie („Struktur" – daher auch teilweise die Bezeichnung Strukturvertrieb). Die Mitarbeiter dieser Vertriebe können sich in einem Anstellungsverhältnis befinden, sind aber in den meisten Fällen selbstständig tätig. Ob diese Vertriebsorganisationen wirtschaftlich von Versicherungskonzernen unabhängig und frei in der Auswahl ihrer Produkte sind, kann nur nach Prüfung ihres Vermittlerstatus (meist Mehrfachvermittler oder Makler) und ihrer Eigentümerstruktur eindeutig bestimmt werden. Die einzelnen Mitarbeiter sind es in der Regel nicht und von den Weisungen und der Produktauswahl ihrer Gesellschaft abhängig.

klare Fokussierung auf Vertragsabschluss

Vertriebsorganisationen haben meist eine klare Fokussierung auf die Phase des Vertragsabschlusses und verfügen über großes Vermittler- und Kundenpotenzial. Problematisch ist die teilweise hohe Vermittlerfluktuation, unter der die Qualität der Pflege der Kundenbeziehung leiden kann.

Einige Versicherungsunternehmen arbeiten bei Produkteinführungen gezielt mit Vertriebsorganisationen, um deren großes vertriebliches und verkäuferisches Know-how zu nutzen. Die Vertriebsorganisationen erhalten dafür im Gegenzug die Möglichkeit, ein für sie möglichst gut vermarktbares Produkt mit zu gestalten.

Bankenvertrieb

Der Verkauf von Versicherungen über den Bankschalter ist bereits Jahrzehnte alt, gleichwohl nimmt die Bedeutung erst jetzt langsam im Rahmen von Allfinanz-Konzepten zu. In der Regel werden in den Banken und Sparkassen nur Versicherungsprodukte von zur eigenen Konzernstruktur gehörenden Versicherern vertrieben. Bankberater werden zunehmend auch im Versicherungsverkauf geschult, sie sind jedoch keine hauptberuflichen Versicherungsvermittler. Das profunde Know-how eines ausgebildeten Versicherungsfachmanns kann daher grundsätzlich nicht erwartet werden.

Annexvertrieb über andere Handelsorganisationen

Gelegentlich werden Versicherungen über andere Handelsunternehmen verkauft. Bekannte Beispiele sind die Kfz-Versicherung beim Autohändler oder Reiseversicherungen im Reisebüro. Diese Vertriebsform ist – wenn überhaupt – nur für hochgradig standardisierte Versicherungsprodukte geeignet. Eine ganzheitliche und umfassende Beratung ist hier in der Regel nicht möglich.

Tippgeber

Tippgeber benötigen keine Erlaubnis nach § 34d GewO. Daher ist der Rahmen dieser Tätigkeit auch sehr begrenzt. Der Tippgeber darf Kontakte herstellen und die Daten beim Kunden aufnehmen – mehr nicht. Konkretisierungen auf ein bestimmtes Produkt sind nicht erlaubt. Es gilt der Grundsatz: Tippgeber dürfen während ihrer Tätigkeit beim Kunden nicht wissen, was dieser am Ende für einen Vertrag abschließen wird.

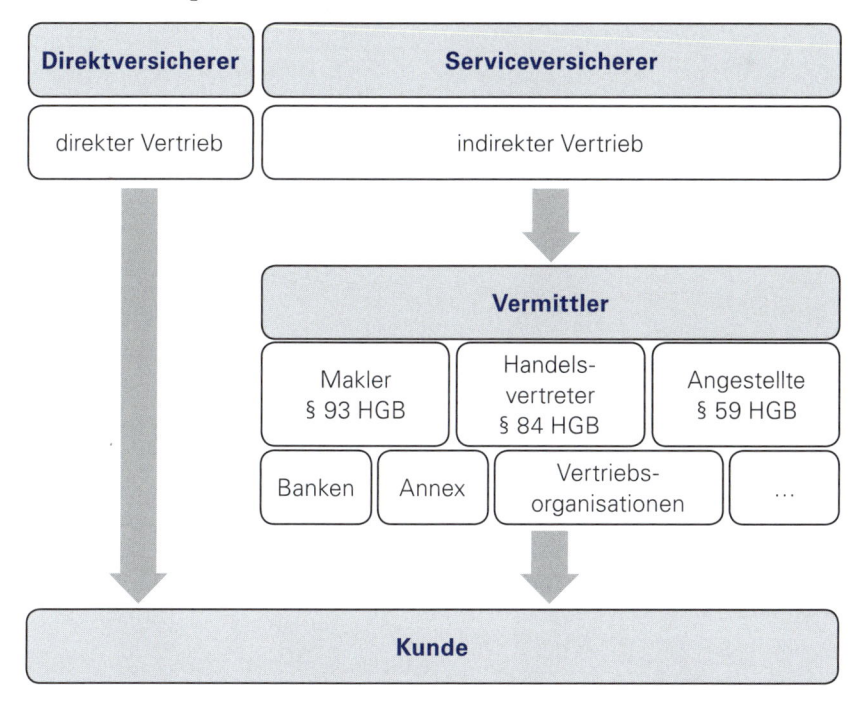

Abbildung 1: Direkt- und Serviceversicherer

Erfolgsfaktoren bei der Auswahl des geeigneten Vertriebsweges

Für eine erfolgreiche Produkteinführung ist von elementarer Bedeutung, Zugang zu den passenden Vertriebswegen zu haben und deren Akzeptanz für das Produkt zu erreichen. Diese ist beispielsweise von folgenden Punkten abhängig:

- ob die Komplexität des Produktes zum Verkaufsprozess des Vertriebsweges passt
- was im Rahmen des Beratungs- und Antragsprozesses vom Vermittler erwartet wird
- ob die Zielgruppen des Produktes zu den Kundengruppen des Vertriebsweges gehören
- ob für den jeweiligen Vertriebsweg angemessene Vergütungen zu erzielen sind
- ob Wettbewerber bereits ähnliche oder sogar bessere Angebote auf dem Markt platziert haben
- wie gut die technischen Abwicklungsprozesse eines Vertragsabschlusses ausgestaltet sind (z. B. Dauer der Policierung, Auszahlung der Vergütung, Berechnung des Angebots)

1. Gestaltung der Absatzpolitik bei Produktneueinführungen

Entscheidungsmatrix für Versicherer: Welcher Vertriebsweg eignet sich?

Vertriebsweg	Neugeschäfts-potenzial	Vergütung/ Provision	Steuerbarkeit für Versicherer	Kriterien für Produktakzeptanz im Vertrieb			
				Prämienhöhe	Mögliche Komplexität Produkt/ Verkaufsprozess	Service- und Technikqualität (Policierung etc.)	
Ausschließ-lichkeits-vertrieb	gering bis mittel (Aufbau großer Anzahl an Vermittlern erforderlich)	mittel	hoch	weniger wichtig	je nach Ausbildungsstand gering bis hoch	wichtig	
Maklervertrieb	hoch bis sehr hoch	hoch	gering	wichtig	mittel bis hoch	sehr wichtig	
Vertriebs-organisationen	hoch bis sehr hoch	sehr hoch	gering bis mittel (je nach Vermittlerform)	weniger wichtig	gering bis mittel	teilweise wichtig	
Bankvertrieb / Annexvertrieb	gering bis hoch (je nach Kooperationspartner)	gering	mittel	weniger wichtig	gering	weniger wichtig	
Direktvertrieb	hoch	keine	hoch	Sehr wichtig	gering	sehr wichtig	

Tabelle 2: Entscheidungsmatrix für Versicherer

Informationspolitik gegenüber Vertrieben

Ein weiterer wichtiger Schlüssel, um die Akzeptanz der Vertriebe zu erreichen, ist eine umfassende und rechtzeitige Informationspolitik. Hilfreich ist es auch häufig, unternehmenseigene, aber auch unternehmensfremde Vertriebswege in frühen Stadien der Produktentwicklung einzubeziehen. Dann können die wesentlichen Stellschrauben des Produktes noch zur Zufriedenheit aller Beteiligten beeinflusst werden. Insbesondere große Vertriebsorganisationen arbeiten gerne bei der Produktentwicklung mit, um später ein aus ihrer Sicht optimal verkaufbares Produkt zur Verfügung zu haben.

2. Ablauf der Produkteinführung und Auswirkungen auf bestehende Prozesse

Neue Produkte stellen das gesamte Unternehmen, insbesondere Vertrieb, Verwaltung und EDV, immer wieder vor Herausforderungen. Im Rahmen eines geordneten Produkteinführungsprozesses müssen diese möglichst effektiv und effizient bewältigt werden. Dazu ist die Koordinierung vieler unterschiedlicher Beteiligter erforderlich. Dies ist in der Regel die Aufgabe des Produktmanagements.

2.1 Beteiligte im Unternehmen und deren Aufgaben

> **Handlungssituation**
>
> Neben dem Privatkundengeschäft hat sich die Proximus Versicherung AG entschieden, künftig auch verstärkt in das Firmenkundengeschäft einzutreten und den Absatz von bAV-Produkten zu forcieren, weil hier eine langfristige Kundenbindung möglich ist und das Angebot für den Kundenstamm erweitert wird.
>
> Hierzu wurde Klaus Pfeiffer als Projektleiter eingesetzt, um mit gezielten Maßnahmen den Einführungsprozess zu begleiten. Zunächst verschafft er sich einen Überblick darüber, welche Auswirkungen die Einführung des neuen Produktsegmentes hat.

Von einer Produkteinführung sind sehr viele (nahezu alle) Bereiche eines VU betroffen. Im Gegensatz zu den Kernprozessen im Unternehmen (z. B. Vertrieb, Produktion, Finanzierung) handelt es sich beim Produkteinführungsprozess (Product Launch) um einen zeitlich befristet aufgesetzten Prozess. Die Organisation ist dabei in den Versicherungsunternehmen unterschiedlich. Typische Aufgaben können z. B. sein:

nahezu alle Bereiche eines VU betroffen

Rechtsabteilung	Formulierung der Versicherungsbedingungen, Gestaltung von Antragsformularen und Verbraucherinformation
Mathematik / Aktuariat	Kalkulation der Beiträge, Festlegung der Überschusssätze, Beurteilung der Risikosituation
Kapitalanleger	Prüfung, ob der vorgesehene Rechnungszins auch erzielbar sein könnte
IT	Anpassung der Bestandsverwaltung und der Angebotssysteme
Controlling / Rechnungswesen	Wirtschaftlichkeitsbetrachtungen, Kostenrechnung

Antragsbearbeitung, Underwriting	Antragsprozesse, Beurteilung der Risikosituation, Festlegung der Annahmebedingungen
Vertragsverwaltung / Bestand	Anpassung der Bestandsprozesse
Leistungsabteilung	Risikobeurteilung, ggf. Anpassung der Leistungsprozesse
Vertrieb	Festlegen der Vertriebsstrategie, Auswahl der Vertriebswege, Schulungen für Vermittler, Festlegung von Vergütungsmodellen
Marketing	Gestaltung von Verkaufsunterlagen und Internetauftritt, Durchführung von Einführungskampagnen
Produktmanagement	Koordinierung der Beteiligten, Projektsteuerung, Marktanalysen, Festlegen der Produktgestaltung

Tabelle 3: Typische Aufgaben im Unternehmen

Um die Risiken eines „Flop-Produktes" soweit wie möglich zu minimieren, werden Produktideen vor der Umsetzung genau geprüft und durchlaufen einen umfangreichen Entwicklungs- und Entscheidungsprozess. Letztlich sind Marketing-Entscheidungen aber immer mit Unsicherheiten behaftet. Eine Erfolgsgarantie lässt sich auch bei noch so gewissenhafter Prüfung einer Produktidee nicht geben.

2.2 Ablauf des Produkteinführungsprozesses: von der Ideenfindung zur Verkaufsfreigabe

Kosten- oder Kapazitätsengpässe

Es gibt immer wieder zahlreiche Ideen und Ansätze für neue Produkte oder für Produktverbesserungen. Nicht alle sind realisierbar, z. B. weil Kosten- oder Risikogesichtspunkte dagegen sprechen oder weil sie nicht zur Strategie eines bestimmten Unternehmens passen. Aus Kosten- und Kapazitätsgründen können zudem immer nur einige wenige Ideen gleichzeitig umgesetzt werden. Daher ist es erforderlich, aus der Vielzahl von Produktideen die für das eigene Unternehmen am besten geeigneten herauszufinden und eine sinnvolle Umsetzungsreihenfolge festzulegen. Um laufend wettbewerbsfähig zu bleiben, ist es wichtig, dies als laufenden und immer wiederkehrenden Vorgang zu verstehen.

Prozess der Produkteinführung

```
┌─────────────────────────────────────────┐
│   Ideenfindung und Ideenselektion       │
└─────────────────────────────────────────┘
                    ▼
┌─────────────────────────────────────────┐
│              Vorstudie                  │
└─────────────────────────────────────────┘
                    ▼
┌─────────────────────────────────────────┐
│           Entscheidung I                │
└─────────────────────────────────────────┘
                    ▼
┌─────────────────────────────────────────┐
│    Tarifentwicklung und -gestaltung     │
└─────────────────────────────────────────┘
                    ▼
┌─────────────────────────────────────────┐
│           ggf. Produkttest              │
└─────────────────────────────────────────┘
                    ▼
┌─────────────────────────────────────────┐
│          Entscheidung II                │
└─────────────────────────────────────────┘
                    ▼
┌─────────────────────────────────────────┐
│  Umsetzung / Vorbereitung der Einführung│
└─────────────────────────────────────────┘
                    ▼
┌─────────────────────────────────────────┐
│ Beschluss, Verkaufsfreigabe und Roll-Out│
└─────────────────────────────────────────┘
```

Abbildung 2: Prozess der Produkteinführung

Phase 1: Ideenfindung und -selektion

In der ersten Phase geht es zunächst darum, möglichst viele Produktideen zu sammeln und zu priorisieren. Ansätze für neue Produkte oder Produktverbesserungen entstehen aus Änderungen der gesetzlichen Vorgaben, aus Wettbewerbsbeobachtungen oder Rückmeldungen aus dem Vertrieb. Zusätzlich können auch interne regelmäßige Workshops oder Kundenbefragungen durchgeführt werden, um auf diese Weise kreative Ideen für neue Produkte zu gewinnen. Dabei sollten insbesondere vorhandene Produktlücken und Markttrends berücksichtigt werden.

Für einen besseren Überblick ist es sinnvoll, die Ideen an einer zentralen Stelle in einer Datenbank zu sammeln. Zu diesen gesammelten Ideen werden anschließend erste Vorüberlegungen durchgeführt:

Ideensammlung und -bewertung

- Erscheint die Idee grundsätzlich realisierbar?
- Passt die Idee grundsätzlich zur Unternehmensstrategie, zum Produktportfolio oder zu den vorhandenen Vertriebswegen?
- Wie ist die Marktsituation?
- Wie könnte eine konkrete Umsetzung aussehen?
- Wer bietet ein solches Produkt bereits an bzw. zu welchen Konditionen?
- Gibt es K.O.-Kriterien, die gegen das Produkt sprechen?

Aus den Ideen werden so die nicht umsetzbaren Vorschläge herausgefiltert. Um eine objektive Entscheidungsgrundlage zu haben, müssen die Ideen nach einem einheitlichen Maßstab bewertet werden.

▷ Beispiel: Bewertungsraster

Im Rahmen eines Produkteinführungsprozesses haben sich bei der Ideensammlung drei Produktvorschläge als konkret umsetzbar herauskristallisiert. Jeder davon hat unterschiedliche Vor- und Nachteile. Trotz intensiver Diskussion kommen die Projektmitarbeiter nicht zu einem einheitlichen Ergebnis, welches Produkt zuerst weiterverfolgt werden soll.

Daher einigt man sich zunächst untereinander auf ein einheitliches Bewertungsraster, mit dem man anschließend alle Produkte untersucht:

Kriterium	Gewicht	Produkt A		Produkt B		Produkt C	
		Punkte (1–5)	Bewertung gewichtet	Punkte (1–5)	Bewertung gewichtet	Punkte (1–5)	Bewertung gewichtet
Gesetzliche Rahmenbedingungen	20 %	5	1,0	2	0,4	3	0,6
Anzahl potenzieller Kunden	20 %	3	0,6	4	0,8	5	1,0
Wettbewerbsintensität	10 %	1	0,1	3	0,3	1	0,1
Vertriebspotenzial	10 %	2	0,2	5	0,5	3	0,3
Kundennutzen	10 %	3	0,3	3	0,3	1	0,1
Gewinnmarge	25 %	4	1,0	1	0,25	3	0,75
Marktentwicklung/ Trend	5 %	2	0,1	2	0,1	4	0,2
Gesamt	100 %		3,3		2,65		3,05

Für jedes Kriterium können pro Produkt 1 bis 5 Punkte vergeben werden. Durch die zuvor festgelegte Gewichtung ergibt sich ein Gesamtergebnis, aus dem eine Priorisierung der Produktideen abgeleitet werden kann. In diesem Beispiel erhält Produkt A die höchste Gesamtbewertung. Es verbindet die verschiedenen Anforderungen am besten miteinander.

Die einzelnen Parameter und die Gewichtung können sich je nach Versicherungsunternehmen unterscheiden. Wichtig ist nur, alle Produktideen nach dem identischen Raster zu vergleichen, um eine objektive Entscheidungsgrundlage zu erhalten.

Phase 2: Vorstudie und Business-Plan bis zur Entscheidung I

Grobkonzepte Für die erfolgversprechendsten Produktideen sind in der Folge im Rahmen einer Vorstudie umfangreichere Voranalysen durchzuführen. Dazu werden für die ausgewählten Produktideen Grobkonzepte etwa zur Produktgestaltung, zur IT-technischen Umsetzung und zu Verwaltungsprozessen sowie eine erste Grobkalkulation erstellt. Daraus lassen sich Kostenschätzungen und ein möglicher

2. Ablauf der Produkteinführung und Auswirkungen auf bestehende Prozesse

Zeitplan für die Umsetzung ableiten. Die Ergebnisse münden idealerweise in einem sogenannten Business-Plan.

Ein Business-Plan beschreibt die Chancen und Risiken bei der Gründung eines neuen oder der Erweiterung eines bestehenden Unternehmens, z. B. bei der Einführung einer neuen Produktlinie oder der Ausweitung in neue Märkte. Die zentralen Vorhaben, Ziele und Strategien sind hier zusammengefasst. Auch zeigt er die erforderlichen Investitionen für das Unternehmen auf, die eine Produkteinführung zur Folge hat.

Business-Plan

Diese Basis hilft, das eigene Geschäft wirklich zu verstehen, und ist sinnvoller Bestandteil eines jeden Produkteinführungsprozesses. Ein Business-Plan kann helfen, bei einem Interessenkonflikt (z. B. wenn mehrere konkurrierende Ideen für ein neues Produkt diskutiert werden) die Entscheidung für ein Produkt mit dem höchsten potenziellen Ertrag oder der bestmöglichen Marktdurchdringung zu fällen.

Mit den Ergebnissen kann nun eine erste interne Entscheidung herbeigeführt werden, welche Ideen weiterverfolgt werden sollen und welche nicht (Entscheidung I).

Phase 3: Tarifentwicklung und – Gestaltung bis zur Entscheidung II

Für die verbliebenen Ideen werden nun konkrete Feinkonzepte erstellt. Dies beinhaltet detaillierte Festlegungen zu den Bereichen

konkrete Feinkonzepte

- Produkt (Umfang Versicherungsschutz, Gestaltung AVB und Verbraucherinformation, Festlegungen zur Risikoprüfung und Underwriting)
- vollständige Kalkulation inkl. Vorabfestlegung der Kosten und Überschussbeteiligung (Technischer Geschäftsplan)
- Marketing-Feinplanung (u. a. Kommunikations- und Vertriebswegemix, Schulungsmaßnahmen)
- Vorgaben für Geschäftsprozesse (z. B. Policierung, Vertragsänderungen, Vertragsbeendigung, Service)
- Konzept zur Erstellung oder Anpassung von IT-Anwendungen
- Kosten- und Absatzplanung
- benötigte und verfügbare Personalressourcen
- Zeitplan für die Produkteinführung

Produkttests sind im Versicherungsmarkt nur sehr schwer möglich. Anders als z. B. in Industriebetrieben lässt sich ein neues Versicherungsprodukt nicht zuerst in kleiner Stückzahl „probeweise" herstellen, um die Erfolgsaussichten am Markt zu testen. Mit der Herstellung der Verkaufsfähigkeit eines Versicherungsproduktes sind die entsprechenden finanziellen Aufwände bereits weitgehend entstanden.

Produkttest

Dafür kann es aber in diesem Entwicklungsstadium sehr wertvoll sein, Kunden – oder noch häufiger Vermittler – zu deren Einschätzung hinsichtlich der Produkte zu befragen, um deren Marktfähigkeit einschätzen zu können.

Mit den Ergebnissen dieser Vorarbeiten ist die Unternehmensleitung dann in der Lage, eine endgültige Entscheidung über die Produkteinführung zu treffen (Entscheidung II).

Phase 4: Umsetzung und Verkaufsfreigabe

Nach der Umsetzungsentscheidung werden die beschriebenen Konzepte realisiert. Dies beinhaltet auch die Fertigstellung aller benötigten Druckstücke (AVB, Antrag, Produktinformationsblatt, Verkaufsunterlagen), die Aktualisierung des Internetauftritts, die Informationsversorgung von Dienstleistern oder Ratinganbietern, die Aktualisierung der Verkaufssoftware etc.

erste Kommunikationsmaßnahmen sinnvoll

In dieser Phase ist es auch sinnvoll, erste Kommunikationsmaßnahmen durchzuführen, um die Produkteinführung vorzubereiten. Das Produkt ist beim Endkunden, bei den maßgeblichen Vermittlern, aber auch im Innendienst (Verwaltung, Call-Center etc.) anzukündigen. Dies erfolgt durch Werbe- und Schulungsmaßnahmen.

Außerdem ist in dieser Phase ein Controlling-Konzept für die Produktanlaufphase zu entwickeln, um die Produkt-Performance während der Einführung zu überwachen, um gegebenenfalls rechtzeitig Anpassungsmaßnahmen einleiten zu können (siehe Abschnitt 3.2.2).

Nachdem die Umsetzungsarbeiten abgeschlossen sind, erfolgt die formale Verkaufsfreigabe durch die Unternehmensleitung.

2.3 Auswirkung auf Geschäftsprozesse und Qualitätsmanagement

Mit der Einführung neuer Produkte sind fast immer neue Arbeitsabläufe in einem Versicherungsunternehmen verbunden. Diese sollten im Idealfall möglichst schlank und effektiv in die vorhandenen Prozesse integriert werden.

Geschäftsprozesse

Sowohl technische als auch fachliche Anforderungen sind dabei aufeinander abzustimmen. Innen- und Außendienst sind mit unterschiedlichen Aufgaben in verschiedenen Teilprozessen bei der Einführung neuer Produkte beteiligt. Diese verschiedenen Tätigkeiten werden in sogenannten Geschäftsprozessen organisiert, die als Schlüsselinstrument zur Koordination von Aktivitäten und Akteuren dienen.

Die systematische Analyse und Optimierung von Geschäftsabläufen eines Versicherungsunternehmens hat in den letzten Jahren an Bedeutung gewonnen. Mit einer effizienten Gestaltung der Geschäftsprozesse sollen als Zielvorstellung

- die Kundenzufriedenheit erhöht,
- die Kosten gesenkt und
- die Einführung von neuen Produkten beschleunigt werden.

Workflow und Workflow-Management

Ein Workflow ist ein Arbeitsablauf, der aus einzelnen Tätigkeiten aufgebaut ist, die sich auf Teile eines Gesamtprozesses oder andere organisatorische Vorgänge beziehen. Hierbei bestimmt ein Workflow die operative Ebene so genau, dass die folgenden Tätigkeiten durch den Ausgang der jeweils vorangehenden bestimmt sind. Ein Workflow hat damit

Workflow

- einen genau beschriebenen Anfang,
- einen genau organisierten Ablauf und
- ein genau beschriebenes Ende.

Aktivitäten stehen somit in einer Abhängigkeit zueinander. Sie reihen sich aneinander wie die Perlen einer Kette.

Beispiel: Workflow „Policierung"

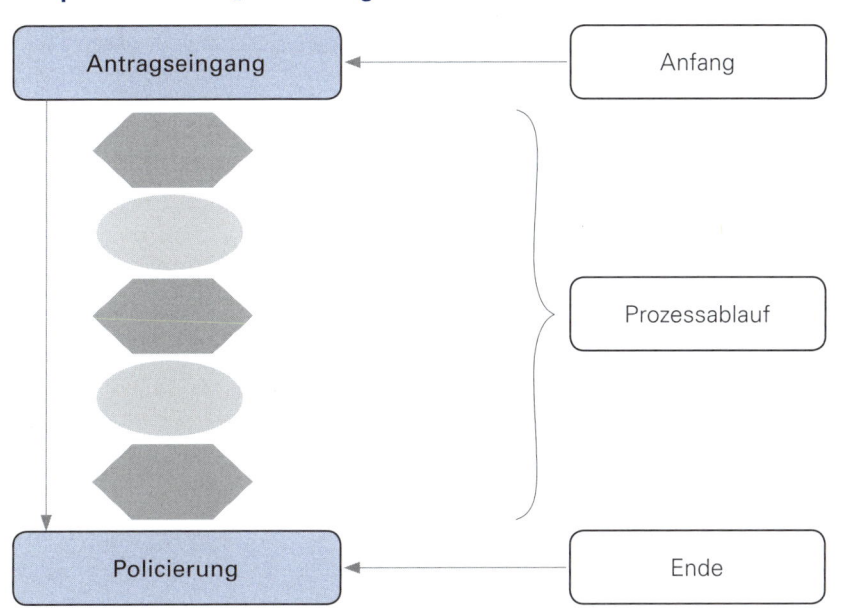

Abbildung 3: Workflow „Policierung"

Ein gezieltes Workflow-Management soll diese Workflows koordinieren, strukturieren und optimieren. Dazu wird in der Praxis auch spezielle Software (Workflow-Management-Systeme) eingesetzt.

Mit der Einführung von Workflow-Management werden üblicherweise folgende Ziele verfolgt:

Ziele des Workflow-Managements

- Erhöhung der Überschaubarkeit von Tätigkeiten
- Dokumentation von Entscheidungen
- Erfassung von Bearbeitungszeiten
- Erhöhung der Qualität von Arbeitsprozessen
- Vereinheitlichung von Arbeitsprozessen

- verbesserte Informationsverfügbarkeit für alle Beteiligten
- Verhinderung von Medienbrüchen
- verbesserte Anpassungen bei notwendigen Veränderungen
- nach Möglichkeit Automatisierung der Geschäftsprozesse

Kritik am Workflow-Management

Das Workflow-Management sieht sich aber auch Kritik ausgesetzt. Die Optimierung von Prozessabläufen setzt eine gewisse Standardisierung voraus. Dadurch setzt man teilweise einen recht starren Handlungsrahmen, der sich schnell von der täglichen Arbeitspraxis entfernen kann. Kunden wünschen sich immer häufiger eine individuelle Behandlung und Lösung ihrer Probleme, die mit festen Arbeitsabläufen nicht immer in Einklang zu bringen ist.

Festgelegte Prozesse schränken außerdem den Handlungsspielraum und damit die Eigenverantwortung der Mitarbeiter ein. Kreative Verbesserungsvorschläge durch Mitarbeiter werden dadurch zumindest erschwert, was die persönliche Weiterentwicklung der Mitarbeiter behindern und zur Demotivation führen kann.

Qualitätsmanagement

Neu definierte oder veränderte Prozesse sind in die Qualitätskontrolle die z. B. im Rahmen eines allgemeinen Qualitätsmanagements im Unternehmen stattfindet, aufzunehmen, um eine effektive Prozessgestaltung nachhaltig sicherzustellen.

Das Qualitätsmanagement hat grundsätzlich die Aufgabe, die Qualität eines Produktes oder Prozesses bzw. des Prozessergebnisses zu planen, zu steuern und zu überwachen und ggf. entsprechende Verbesserungsmaßnahmen durchzuführen.

3. Controlling bei Produkteinführungen

> **Handlungssituation**
>
> Sie sind für die Proximus Versicherung AG im Controlling tätig. Gestern wurden Sie von Ihrem Abteilungsleiter gebeten, eine neue Mitarbeiterin aus der Auslandsniederlassung Maastricht im Controlling-Bereich einzuarbeiten, damit die Berufsanfängerin dieser Aufgabe in ihrem Heimatland gerecht werden kann.
>
> Sie bereiten für Ihre Maastrichter Kollegin einen Überblick zu den täglichen Aufgaben eines Controllers vor.

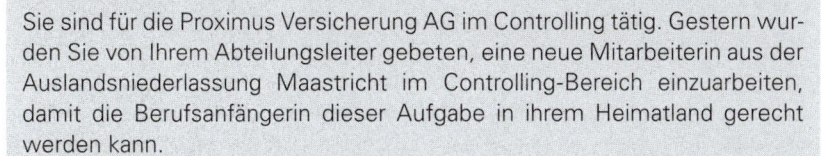

3.1 Grundbegriffe und Aufgaben des Controlling im Unternehmen

3.1.1 Was bedeutet Controlling?

Controlling leitet sich aus dem englischen Wort „to control" ab und bedeutet „Steuerung". Es handelt sich um ein umfassendes Steuerungs- und Koordinationskonzept zur Unterstützung der Geschäftsführung und der führungsverantwortlichen Stellen bei der zielgerichteten Beeinflussung bestehender betrieblicher Prozesse. Langfristiges Ziel ist dabei die Sicherung und Mehrung des Vermögens der Unternehmung und die Einschätzung und Abwendung von evtl. Risiken.

Controlling = Steuerung

> ▶ **Merke: Planung, Steuerung, Zielfindung**
>
> Controller gestalten und begleiten den Management-Prozess der Zielfindung sowie die Planung und Steuerung der Unternehmensprozesse und tragen damit Mitverantwortung für die Zielerreichung.

Controlling bezeichnet primär keine Stelle oder Person, sondern ein funktionelles Aufgabenfeld. Nach einer umfassenderen Begriffsdefinition kann Controlling als die „Beschaffung, Aufbereitung und Analyse von Daten zur Vorbereitung zielsetzungsgerechter Entscheidungen" verstanden werden. Anders als die Managementtätigkeit ist Controlling eine entscheidungsunterstützende Tätigkeit. Die Aufgaben des Managers und des Controllers sind klar zu unterscheiden. Während das Management für Strategie, Geschäftsergebnis und Prozessgestaltung verantwortlich ist, sorgt das Controlling für Strategie-, Finanz-, Ergebnis- und Prozesstransparenz.

Das Controlling als Führungssubsystem soll nach Deyhle vor allem:
- betriebswirtschaftlichen Service leisten
- für Kosten-, Ergebnis- und Strategietransparenz sorgen
- Teilpläne des Unternehmens zahlenmäßig und ganzheitlich koordinieren
- ein unternehmensübergreifendes Berichtswesen organisieren
- für mehr Wirtschaftlichkeit im System sorgen

Aufgaben des Controllings

In der Versicherungswirtschaft wurde im Vergleich mit dem produzierenden Gewerbe oder anderen Dienstleistungsbereichen Ende der 1970er / Anfang der 1980er Jahre relativ spät damit begonnen, das Controlling als unterstützende Einheit der Unternehmensführung und der Führungskräfte zu etablieren.

Ein Grund lag sicherlich zum einen darin, dass sich Versicherungsunternehmen kaum am Kapitalmarkt durch Kreditaufnahmen bedienten, zum anderen an den geringen technischen Möglichkeiten (IT-Ausstattung). Eine Ausnahme stellten hier sicherlich die Lebensversicherungsunternehmen dar, bei denen bereits über viele Jahre die Mehrung der Kundengelder für die Überschussbeteiligung ein wichtiger Vertriebsaspekt war, also die Renditeerwartung des Kunden im Leistungsfall.

Seit einigen Jahren gibt es aber auch weitere Entwicklungen, die eine Transparenz der Kennzahlen fordern und damit einen intensiveren Einsatz des Controllings. Hierzu zählen insbesondere Funktionsauslagerungen aus den Versicherungsgesellschaften, wie z. B. von Kundenbetreuungseinheiten bei der Annahme der eingehenden Kunden- und Vermittlertelefonate, die Schadenbegutachtung von Kfz-Schäden oder die Ausgliederung ganzer Unternehmensteile wie der IT in selbstständige Gesellschaften, die auch für andere Kunden tätig werden können.

Dadurch hat sich im Versicherungsunternehmen mehr als ein reines Finanzcontrolling durchgesetzt; das Controlling umfasst darüber hinaus eine Vielzahl von Aufgaben für eine strategische Entwicklung des Unternehmens sowie eine transparente Darstellung von operativen Aufgabenstellungen.

Anforderungen an das Controlling

Ein Controlling muss folgende Punkte verbinden:
- Es muss operativ anwendbar sein,
- die strategische Ausrichtung berücksichtigen,
- eine Wertorientierung aufweisen und
- risikoorientiert sein.

Controlling wird häufig fälschlich als Kontrollinstrument statt als Steuerungsinstrument verstanden. In zahlreichen Unternehmen werden daher Controller als Kontrolleure und nicht als Fachleute für die Steuerung der Unternehmensprozesse angesehen. Dabei ist der Controller nur „Lotse der Unternehmensführung"; er hat dafür zu sorgen, dass steuerungsgeeignete Informationen über die Vergangenheit, Gegenwart und Zukunft erstellt und diese Informationen im Rahmen einer übergreifenden Kommunikation gemeinsam bewertet werden.

3.1.2 Einführung eines Controllings

Controlling stellt gewisse Anforderungen an die Unternehmensleitung und die Führungskräfte. Eine controllingorientierte Führung entsteht nur, wenn das Linienmanagement die Herausforderung annimmt, sich selbst über Ziele zu steuern, und sich diesen Zielen verpflichtet. Die Einführung eines Controlling-Systems kann erst dann als erfolgreich bezeichnet werden, wenn sich das Linienmanagement aktiv in den Controlling-Prozess einbringt und sich des Controllings als Servicefunktion bedient.

Sollte die Initiative zur Controlling-Einführung nicht unmittelbar von der Geschäftsleitung ausgehen, muss gegebenenfalls der kaufmännische Leiter die Geschäftsleitung von der Notwendigkeit des Konzepts überzeugen. Ohne die Bereitschaft der Geschäftsleitung, Controlling im Unternehmen einzuführen, ist dessen erfolgreiche Umsetzung im Allgemeinen von vornherein zum Scheitern verurteilt. Die Unternehmensleitung muss akzeptieren, dass mit dem Controlling auch Veränderungen bei der praktischen Unternehmensführung verbunden sein können, da Kompetenzen, Verantwortung und Entscheidungsvollmachten neu, und zwar im Sinne von mehr Befugnissen für das Management, geordnet werden müssen. Insbesondere bisher autoritär geführte Unternehmen können hierdurch auf nicht unerhebliche Anpassungsschwierigkeiten stoßen.

Einbeziehung der Geschäftsleitung

Für die Einführung von Controlling sind dabei häufig mehrere Gründe ausschlaggebend. Dies sind beispielsweise:
- wirtschaftliche Schwierigkeiten
- geringe Wachstumsraten
- Umsatzrückgänge
- Gewinnrückgänge
- starke Kostensteigerungen
- Strukturprobleme
- hohe Schadenquoten
- Abstimmungs- und Koordinationsprobleme
- geringe Flexibilität des Unternehmens
- strategische Fragestellungen
- Veränderungen bei den Eigentumsverhältnissen
- stärkere Kontrolle der Muttergesellschaft über Tochtergesellschaften, Geschäfts- oder Funktionsbereiche
- personelle Veränderungen im Top-Management

3.2 Controlling-Routinen und Controlling-Daten bei Produkteinführungen

Handlungssituation

Der Vorstand der Proximus Versicherung AG hat die Entscheidung getroffen, einen neuen Rentenversicherungstarif einzuführen. Sie haben den Auftrag erhalten, die Aufgaben des Controlling in diesem Zusammenhang zu beschreiben und bereits vor der Markteinführung Maßnahmen/Konzepte zu erarbeiten, mit deren Hilfe später transparent gemacht werden kann, wie erfolgreich die Produkteinführung verlaufen ist.

Controlling als Informationslieferant

Das Controlling ist als Informationslieferant sowohl in der Phase der Vorbereitung eines neuen Produktes, also bereits bei der Produktentwicklung, als auch nach dem Verkaufsstart in den Produkteinführungsprozess umfangreich eingebunden.

Es ist dabei Aufgabe des Controllings, alle Aufgaben von der Marktforschung über die Strategieentwicklung des Unternehmens, die Schaffung der technischen Voraussetzung zur Verwaltung der Verträge, die Schulung der Mitarbeiter im Innen- und Außendienst sowie die Kundenbeziehungsentwicklung (Customer-Relations-Management) bis zur Festlegung des Vertriebswegs transparent und nachvollziehbar zu machen.

Die Analysen müssen je nach Versicherungssparte und Produkt unterschiedlich verlaufen, da u. a. die Vertragslaufzeiten, aber auch Kundengruppen (Privat-, Gewerbe- oder Industriekunden) massiv voneinander abweichen.

3.2.1 Controlling während der Produktentwicklung

externe Quellen

Versicherungsunternehmen müssen für die Entwicklung von Versicherungsprodukten auf eine Vielzahl von Daten und Informationen zurückgreifen, um eine fundierte Entscheidung über die Einführung eines Produktes treffen zu können. Diese Daten können aus eigenen Analysen stammen (z. B. Bestandsauswertungen hinsichtlich Kunden- und Risikosituationen) oder aus externen Quellen.

Externe Quellen sind z. B.:

- Rückversicherer (Schadenhäufigkeiten, medizinische Hintergründe, mögliche risikoseitige Problemfelder)
- Bund, Länder und Gemeinden (u. a. über das Statistische Bundesamt)
- Gesamtverband der Deutschen Versicherungswirtschaft e.V. (GDV)
- gesetzliche Renten- und Krankenversicherer
- Kundenbefragungen
- Ratings und Rankings externer Unternehmen
- Presseveröffentlichungen
- internationale Vergleiche

Bei diesen Daten handelt es sich somit um die Ergebnisse einer in der Regel erforderlichen Marktforschung. Das Controlling ist für die Beschaffung und sinnvolle Analyse dieser Ergebnisse verantwortlich. Mit Hilfe der gesammelten Daten erhalten neben den Produktentwicklern auch die Controller eine Vielzahl von Informationen, die für die Planung von Produkten und Unternehmensprozessen unerlässlich sind.

► **Beispiel**

Die Proximus Versicherung AG möchte ein neues Berufsunfähigkeitsprodukt entwickeln. Um den Versicherungsumfang und die Kalkulationsentscheidungen vorzubereiten, sind Informationen über die Ursachen von Berufsunfähigkeit, Unterschiede der Wahrscheinlichkeiten in verschiedenen Berufsbildern, medizinische Entwicklungen, Informationen zu Produktratings in diesem Bereich, Analysen von Durchschnittsbeiträgen oder Kundenpräferenzen u. v. m. erforderlich.

Zu den Controlling-Aufgaben gehören bei der Zusammenarbeit verschiedener Bereiche im Rahmen der Tariferstellung auch die Erstellung der erforderlichen Planungsunterlagen und die zeitliche Koordination der Teilpläne in Form eines Planungskalenders, der den Bereichen vorgegeben wird. Die Teilpläne der Bereiche werden anschließend durch den Controller zusammengefasst, d. h. auf Zielkonformität überprüft und zu einem abgestimmten Gesamtplan zusammengefasst.

3.2.2 Controlling während und nach der Produkteinführung

Für das Versicherungsunternehmen ist es von großer Bedeutung, zu wissen, ob die mit einer Produkteinführung verfolgten Ziele und Annahmen erfüllt werden. Fragen wie „Treffen wir unser Absatzziel?", „In welchem Kundenstamm und durch welchen Vertriebsweg wird unser Produkt verkauft?" und viele mehr spielen eine entscheidende Rolle. Hier ist es die Aufgabe des Controllings, dafür zu sorgen, eine dauerhafte Analyse und Planung für die Sicherheit einer wertorientierten Steuerung des Versicherungsunternehmens zu ermöglichen.

Um Fehlentwicklungen möglichst frühzeitig erkennen und ggf. rechtzeitig Anpassungsmaßnahmen einleiten zu können, ist die Produkt-Performance bereits während und unmittelbar nach der Einführung zu überwachen. Dazu werden in kurz getakteten Abständen Analysen durchgeführt zu:

Analysen zum frühzeitigen Erkennen von Fehlentwicklungen

- Neugeschäfts-Stückzahlen und Durchschnittsbeiträge nach Vertriebswegen, Regionen und Zielgruppen
- Stornoquoten nach Vertriebswegen
- Qualität des Neugeschäfts (Quote an abgelehnten Anträgen)
- Kontakt- und Abschlussquoten im Vertrieb
- Kennzahlen zur Prozessqualität (z. B. fehlerhafte Anträge, Probleme bei der Risikoprüfung, Fehler bei Policen oder anderen Vertragsunterlagen)
- Beratungsqualität und Schulungsbedarf (Rückfragen aus Innen- und Außendienst zum neuen Produkt)
- Beschwerden (Kunden/Vermittler)

Des Weiteren findet eine Abfrage von Produktverbesserungsvorschlägen statt.

Außerdem werden die Ergebnisse von Beurteilungen durch Ratingagenturen – sofern erforderlich bzw. gewünscht – herbeigeführt und die Ergebnisse entsprechend ausgewertet.

Ziel ist es, nicht marktkonforme Angebote oder Prozesse möglichst umgehend zu erkennen und ggf. nachzubessern. Es ist dabei sehr wichtig, zu reagieren, bevor sich Probleme mit einem Produkt oder Prozess im Markt und insbesondere in Vertrieben herumgesprochen haben. Andernfalls besteht die Gefahr, dass von einem betroffenen Produkt, selbst wenn zwischenzeitlich nachgebessert wurde, zukünftig generell Abstand genommen wird oder das Vertrauen in dieses Produkt nur mit großem Aufwand wieder herzustellen ist.

Zusammenfassung von Controlling-Ergebnissen: Die Balanced Scorecard

Überblick über die Leistungsfähigkeit und Effektivität der Organisation

Balanced Scorecard (BSC) ist ein Konzept zur Dokumentation der Ergebnisse aus Messungen der Aktivitäten im Hinblick auf die Vision und Strategien des Versicherungsunternehmens, um den Führungskräften einen umfassenden Überblick über die Leistungsfähigkeit und Effektivität der Organisation zu bieten.

Kernelement ist, dass sich die BSC nicht nur auf die Finanzperspektive fokussiert, sondern auch die menschlichen Aspekte beinhaltet, die Treiber für die Ergebnisse sind. Die Organisation konzentriert sich dadurch auf ihre Zukunft und ihre langfristigen Interessen. Aufgrund ihrer flexiblen und damit umfassenden Gestaltungsmöglichkeit ist die BSC ein Instrument zur Einrichtung eines integrierten Managementsystems.

für jede Organisation individuelle Inhalte

Die Inhalte der BSC werden für jede Organisation individuell festgelegt. Sie umfassen aber praktisch immer die Finanzperspektive und die Kundenperspektive, meist auch die Prozess- und die Mitarbeiterperspektive.

Über die Kennziffern in der BSC wird es möglich, die Entwicklung dieser Geschäftsvision zu verfolgen. Auf diese Weise ermöglicht die BSC den Führungskräften, nicht nur die finanziellen Aspekte zu betrachten, sondern auch strukturelle Frühindikatoren für den Geschäftserfolg zu steuern bzw. Misserfolge frühzeitig zu erkennen.

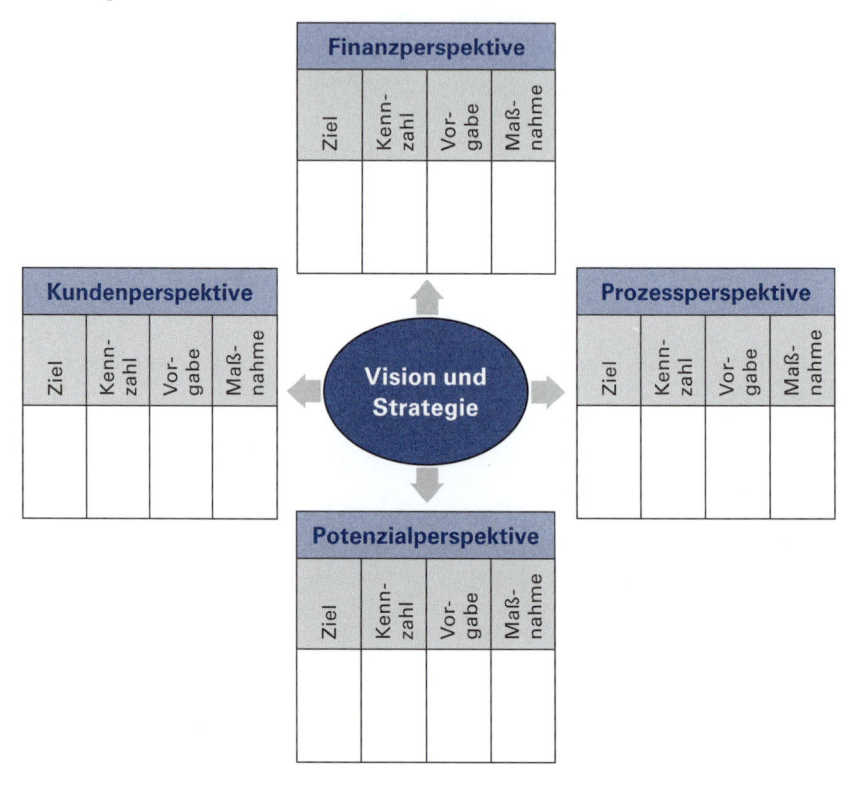

Abbildung 4: Balanced Scorecard (Quelle: wikipedia.org)

3.2.3 Verwendung von Ratings und Rankings

Ratings und Rankings kommen sowohl im Vorfeld einer Produkteinführung als auch im laufenden Betrieb zum Einsatz. Unter einem Rating (englisch für „Bewertung" oder „Einschätzung") ist die Beurteilung der Finanzstärke eines Unternehmens oder der Qualität eines Produktes zu verstehen. Aus den für das jeweilige Rating festgelegten Untersuchungskriterien ergibt sich ein Ergebnis in Form einer „Note" (beispielsweise die Bewertungen durch die Stiftung Warentest mit „sehr gut", „gut" usw.). Bei einem Ranking werden die untersuchten Unternehmen oder Produkte darüber hinaus auch untereinander verglichen und so in eine Rang- oder Reihenfolge gebracht.

Ursprünglich wurde der Begriff des Ratings in der Finanz- und Bankenwelt geprägt. Damit erfolgte eine Einordnung der Schuldnerqualität, d. h. eine Einschätzung dazu, mit welchem Risiko es für einen Gläubiger verbunden ist, dem betreffenden Schuldner Geld zu leihen (z. B. in Form von Anleihen oder Krediten). Die wichtigsten Ratings werden heute von international tätigen Ratingagenturen wie Moody's, Standard & Poor's oder Fitch, die einen Großteil des weltweiten Ratingmarktes abdecken, durchgeführt („externe Finanzmarkt-Ratings"). Bewertet werden Unternehmen bzw. deren Finanzprodukte wie Unternehmensanleihen und sogar Länder. Hier eine Tabelle mit einigen wichtigen Ratingcodes:

Einordnung der Schuldnerqualität

	Standard & Poor's	Moody's	
Sehr gute Anleihen	AAA AA+ AA AA-	Aaa Aa1 Aa2 Aa3	Anleihen mit höchster bis hoher Qualität. Die Fähigkeit des Emittenten zur Bedienung von Zinsen und Kapital wird außerordentlich gut eingeschätzt. Es ist relativ unwahrscheinlich, dass diese Fähigkeit durch irgendwelche künftigen Ereignisse beeinträchtigt wird.
Gute Anleihen	A+ A A-	A1 A2 A3	Die Fähigkeit des Emittenten zur Bedienung von Zinsen und Kapital wird als sehr stark angesehen, könnte aber bei Änderung der wirtschaftlichen Rahmenbedingungen beeinträchtigt werden.
Etwas riskantere Anleihen	BBB+ BBB BBB-	Baa1 Baa2 Baa3	Die Fähigkeit des Emittenten zur Bedienung von Zinsen und Kapital wird als angemessen angesehen. Bei negativen Änderungen der wirtschaftlichen Rahmenbedingungen steigt das Risiko.
Spekulative Anleihen	BB+ BB BB-	Ba1 Ba2 Ba3	Geringwertiges Papier mit eher spekulativem Charakter. Die Fähigkeit des Emittenten zur Bedienung von Zinsen und Kapital ist nicht besonders stark. Die Bonität ist nicht hinreichend abgesichert.

	Standard & Poor's	Moody's	
Sehr riskante Anleihen	B+ B B-	B1 B2 B3	Höchstspekulative Anleihen. Papiere mit dieser Klassifizierung sind nur äußerst schwach geschützt, was die Bedienung von Zinsen und Kapital zum Fälligkeitszeitpunkt betrifft.
Extrem spekulative Anleihen	CCC CC C	Caa Ca C	Die Bedienung von Zins- und Kapitalansprüchen ist bereits eingestellt oder steht unmittelbar bevor. Es besteht kaum noch Hoffnung auf Zinszahlungen und Rückzahlung des eingesetzten Kapitals.
	D		Zahlungen sind eingestellt: Bewertung erfolgt nur im Sanierungsfall.

Tabelle 4: Ratingcodes

Die Beurteilung durch die Ratingagenturen hat großen Einfluss auf die internationalen Finanzmärkte und erhebliche Konsequenzen für die beurteilten Unternehmen oder Länder. Ein schlechtes Rating kann sich unmittelbar in schlechteren Kreditkonditionen, z. B. höheren Zinsen, niederschlagen oder sogar dazu führen, überhaupt keine Geldgeber mehr zu finden.

Um eine Produkt- oder Unternehmensqualität umfassend beurteilen zu können, sind hohes Fachwissen und zahlreiche Detailinformationen erforderlich. Für einen Außenstehenden und ganz besonders für einen Laien ist es kaum möglich, eine solche Bewertung selbst vorzunehmen. Ziel von Ratings und Rankings ist es daher, einem interessierten Investor bzw. bei Produktratings dem potenziellen Kunden eine Entscheidungshilfe im Auswahlverfahren anzubieten. Gleiches gilt auch für Versicherungsvermittler, die häufig aus Zeit- und Vereinfachungsgründen auf Ratingergebnisse zurückgreifen, um für ihre Kunden ein empfehlenswertes Produkt aus dem Marktangebot herauszufiltern.

Neben den großen US-amerikanischen Ratingagenturen, gibt es im Versicherungsbereich in Deutschland eine Reihe spezialisierter Unternehmen, die Ratings zur finanziellen Situation von Unternehmen (Unternehmensratings) oder zur Qualität von Produkten (Produktratings) erstellen.

Produktratings und Produktvergleiche

In den letzten Jahren ist das Leistungsvermögen von Versicherungsprodukten mehr und mehr in die Öffentlichkeit gerückt. Unter anderem vergleichen diverse Zeitschriften Dienstleistungen aus dem Finanzsektor, wie z. B. Versicherungen und Geldanlageprodukte, und geben Rat zu steuerlichen und rechtlichen Fragen. So veröffentlicht z. B. die Stiftung Warentest die Zeitschrift „Finanztest" mit einem umfassenden Serviceteil und vergleicht Monat für Monat Aktien und Anlagefonds im Dauertest. Aber auch Zeitschriften wie „Focus Money" oder „Capital" vergleichen regelmäßig die Produkte der Versicherungswirtschaft. Anbieter dürfen unter bestimmten Bedingungen mit den Testurteilen werben.

Für den Produktentwickler und den Controller sind diese Veröffentlichungen von besonderem Interesse, da sie hierdurch eine Vielzahl von Informationen über das Marktumfeld erhalten. Auch der Blick für die Wünsche der Kunden nach Leistungen und Services wird hierdurch geschärft, da diese Auswertungen nicht einfache Preis-Leistungs-Vergleiche bieten, sondern eine Vielzahl von individuellen Gesichtspunkten berücksichtigen, die in Zukunft auch das Marktgeschehen beeinflussen.

Ratings als Informationslieferant

Es ist wichtig zu wissen, dass die meisten Ratings schon aufgrund ihrer Systematik keine Aussage über zukünftige Entwicklungen machen können, sondern ausschließlich eine Beurteilung der Vergangenheit darstellen. Ob und inwieweit diese Erkenntnisse für die Zukunft relevant sind, sollte vom Verwender des Ratings im Einzelfall genau geprüft werden, wenn er eine Produktentscheidung aufgrund eines Ratings trifft.

3.2.4 Besonderheiten des Versicherungscontrollings

Versicherungsunternehmen weisen gegenüber Industrie- oder Gewerbebetrieben einige Besonderheiten auf, die Auswirkungen auf die Aufgaben und Instrumente des Controlling haben:

- Der Versicherer muss permanent leistungsbereit für ein eventuelles Schadenereignis sein.
- Ein Versicherungsunternehmen zeichnet sich durch typische bzw. anders gewichtete Produktionsfaktoren aus als Gewerbebetriebe.
- Vor der Herstellung der Ware/Produktion werden bereits Beitragseinnahmen erzielt.
- Es findet ein Risikotransfer vom Kunden zum Versicherer statt.
- Es besteht eine zeitliche Differenz zwischen Kostenanfall und Erlöserzielung.
- Es besteht Unsicherheit in Bezug auf Zeitpunkt und Höhe der Versicherungsleistung.
- Eine Gefahrengemeinschaft muss definiert und organisiert werden.
- Es bestehen Restriktionen im Bereich der Preiskalkulation (keine Ist-Kosten-Kalkulation).
- Es gilt die gesetzliche Spartentrennung (also keine zwischenbetriebliche Leistungsverrechnung).
- Versicherungsprodukte sind keine geringen Konsumprodukte und stark erklärungsbedürftig. Für den Vertrieb ist ein leistungsstarker Außendienst notwendig.

Durch diese Besonderheiten sind die Controlling-Systeme aus anderen Branchen auf die Versicherungsunternehmen kaum übertragbar. Zudem werden spezielle Informationsanforderungen für Versicherer durch die zuständigen Aufsichtsorgane definiert, die ebenfalls durch das Controlling erfüllt werden müssen.

3.2.5 Vertriebscontrolling

Unter Vertriebscontrolling versteht man in der Betriebswirtschaftslehre und in der betrieblichen Praxis die zielgerichtete Steuerung des Vertriebs eines Unternehmens. Damit stellt das Vertriebscontrolling den Teil des Unternehmenscontrollings dar, der sich mit dem Aufgabenfeld des Vertriebs befasst.

Aufgaben des Vertriebscontrollings

Es handelt sich um eine Schnittstelle zwischen der Unternehmensleitung, dem Vertrieb und dem Controlling, die für ein Optimum zwischen Umsatzmaximierung und Kostenoptimierung in der Kalkulationswelt sorgt. Hierzu zählen u. a. folgende Aufgaben:

- Informationen systematisch gewinnen und auswerten
- relative Stärken und Schwächen im Vertrieb erkennen
- Kunden analysieren
- eigene Produkt- und Dienstleistungsangebote (im Vergleich mit dem Wettbewerbern) am Markt platzieren
- Vertriebsorganisationen bewerten und ausrichten
- Vertriebsprozesse aufnehmen und verbessern
- Vertriebswege beurteilen

Kennzahlen im Vertriebscontrolling

Die Vertriebsleistung sowie die Verkaufserfolge werden durch Kennzahlen und andere Messdaten erhoben. Kennzahlen im Vertriebscontrolling eines Versicherungsunternehmens können u. a. sein:

- Neugeschäft bzw. Nettoproduktion mit einer spartenspezifischen Unterscheidung
- Verhältnis Neukunden zu Bestandskunden in Prozent
- Bestandsentwicklung (Welche Vertragsabgänge haben stattgefunden im betrachteten Zeitraum?)
- Anzahl der Termine bis zum Vertragsabschluss
- Größe der Bestände der einzelnen Agentur
- durchschnittlicher Beitrag für ein Produkt
- Verträge pro Kunde

Das Vertriebscontrolling findet in der Regel im Unternehmensalltag mehr Beachtung als andere Controllingbereiche, da die Mitarbeiter im Vertrieb meist variable Vergütungsbestandteile beziehen und die Messergebnisse des Vertriebscontrollings für sie unmittelbare Auswirkungen auf ihre Zielvereinbarungen und die Vergütungshöhe haben.

Hierfür muss am Anfang des Prozesses für alle Beteiligten das Ziel feststehen. Das Controlling hat sicherzustellen, dass ein Plan-/Ist-Abgleich erfolgt.

3. Controlling bei Produkteinführungen

Beim Vertriebscontrolling sollten für den Einsatz und die Ausgestaltung folgende Eckpunkte beachtet werden:
- Das Vertriebscontrolling ist oberstes Steuerungsinstrument und Grundlage für regelmäßige Diskussionen der Unternehmensleitung mit den Vertriebsverantwortlichen.
- Es wird als Steuerungsmedium von allen Beteiligten akzeptiert.
- Es liefert die Vorgaben für eine durchgängig operative Vertriebssteuerung.
- Es hat einen geringen Umfang mit hoher Informationsdichte.
- Es erfolgt eine Gegenüberstellung von Ist und Soll zur Erklärung von Zielgrößen mit Bewertung von Kennzahlen auf einer einfachen Präsentationsebene (Schwarz-Weiß-Betrachtung: Ziel erfüllt / nicht erfüllt).
- Es wird strukturiert nach Vertriebswege-Verantwortlichkeiten (z. B. bei der Proximus Versicherung AG zwischen der eigenen Ausschließlichkeitsorganisation und dem Maklervertrieb).

Beispielsitutation zur Vertriebssteuerung: Die Agentur Ehrlicher

Für die Proximus-Agentur Paul Ehrlicher ist das Controlling in dreifacher Hinsicht von Bedeutung: Erstens ist sie selbst Controlling-Objekt der Proximus Versicherung AG, indem sie die Vorgaben der Direktion erfüllen muss. Zweitens steuert die Agentur ihre eigenen Mitarbeiter (= Personal-Controlling), um sie zum Erfolg zu führen, und drittens schließlich ist die Erwartungshaltung der Kunden Triebfeder aller Controlling-Aktivitäten.

Dadurch ergibt sich folgendes Bild der strategischen Steuerung der Agentur Ehrlicher – im Zusammenspiel von Kunde, Agentur und Direktion:

Kunde erwartet	Agentur Paul Ehrlicher möchte		Versicherer kann
- genaue Analyse seiner Risikosituation - Bearbeitung und Problemlösung - gute und regelmäßige Betreuung → individuelle Vorteile aus einer Agenturbeziehung	- ihr Image verbessern - Leistungs- und Serviceziele erreichen - Behauptung im Wettbewerb mit anderen Vermittlern → Ertragssteigerung der Agentur	- organisatorische Voraussetzungen nutzen - Statistiken und sonstige Daten zur Verfügung gestellt bekommen - Marktrisiken vermeiden und ausschalten → die Vorgaben der Direktion erfüllen	- Erfolgsweg der Agentur aufzeigen - Produktkonzepte entwickeln, die auch umsetzbar sind - Wettbewerbsschutz bieten - Risk-Management-Techniken anbieten - Akquise-Strategien entwickeln - Schulungen vornehmen → Controlling entwickeln und anwenden

Paul Ehrlicher nimmt eine Gegenüberstellung seiner Zielvorgaben und den im Geschäftsjahr erreichten Daten vor, um daraus die Abweichungen zu errechnen (Soll-/Ist-Vergleich) und abschließend eine Abweichungsanalyse zu erstellen:

Zielvorgabe der Proximus		Erreichte Produktionszahlen der Agentur		Zielerreichung
Sparte	Vorgabe in €	Sparte	Ergebnis	
Sachversicherung	15.000 € Mehrprämie	Sachversicherung	18.000 € Mehrprämie	übererfüllt 3.000 €
Unfall	1.000.000 € Versicherungs-Summe	Unfall	1.100.000 € Versicherungs-Summe	übererfüllt 100.000 €
Leben	1.500.000 € Bewertungssumme	Leben	2.000.000 € Bewertungssumme	übererfüllt 500.000 €
Kranken	5.000 € Mehrbeitrag	Kranken	2.000 € Mehrbeitrag	unterfüllt 3.000 €

Das Ergebnis in der Krankenversicherung ist nicht zufriedenstellend. Die Produkte der Proximus Versicherung AG in dieser Sparte entsprechen dem neuestem Produktstandard und wurden mehrfach ausgezeichnet, sie können also nicht der Grund für die schlechten Produktionsergebnisse sein.

Paul Ehrlicher führt das schlechte Teilergebnis in „Kranken" zunächst auf die Konkurrenzsituation zurück (einer der Marktführer ist am gleichen Ort ansässig). Eine mögliche Ursache könnte der relativ niedrige Provisionssatz für die Agentur und seine Mitarbeiter sein, da Paul Ehrlicher erst vor zwei Jahren die Kranken-Sparte in sein Programm aufgenommen hat.

Die Schulungsangebote der Direktion waren bislang auf ein einziges Einführungsseminar beschränkt; hier könnte ein vermehrter Bedarf gesehen werden. Deshalb bittet Paul Ehrlicher die Direktion um eine weitere Schulung, insbesondere im Bereich der Beamtenversorgung, da an seinem Standort Bonn viele Beamte leben.

Als Maßnahme für eine dauerhafte Zielerreichung führt Paul Ehrlicher in seiner Agentur für alle Mitarbeiter einen monatlichen Abgleich der Soll- und Ist-Werte je Sparte ein. Hier kann Paul Ehrlicher außerdem erkennen, ob die Schulungsmaßnahmen zum Erfolg führen. Zudem erreicht er mit dem monatlichen Abgleich, dass er schnell auf negative Abweichungen reagieren kann.

3. Controlling bei Produkteinführungen

Paul Ehrlicher übernimmt die Aufgabe des Controllers und Lotsen in seiner Agentur. Dies verdeutlicht sich im Regelkreis:

Dauerhafter Prozess
- Vorgabe der Sollwerte
- Kennzahlensystem der Agentur
- Soll-/Ist-Vergleich
- Abweichungsanalyse
- Anreize/Sanktionen
- Steuerung der Maßnahme
- Ergebnis der Rechnungsperiode

Kommunikation im Prozess

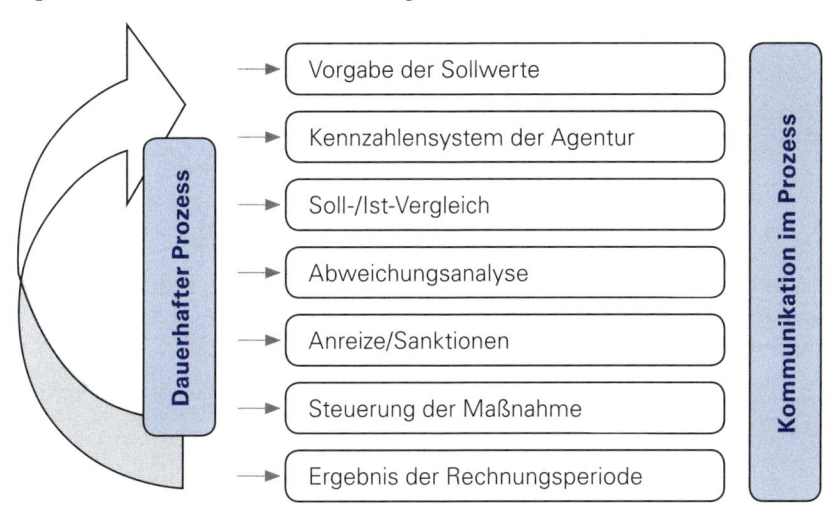

Abbildung 5: Regelkreis des Controllings

Zusammenfassung

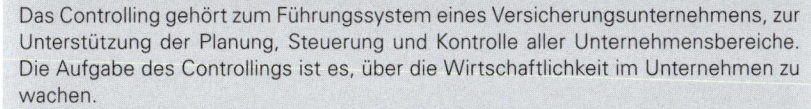

Das Controlling gehört zum Führungssystem eines Versicherungsunternehmens, zur Unterstützung der Planung, Steuerung und Kontrolle aller Unternehmensbereiche. Die Aufgabe des Controllings ist es, über die Wirtschaftlichkeit im Unternehmen zu wachen.

Wer dieses richtig einsetzt und ständig die Weiterentwicklung seiner Kennzahlen betreibt, wird mittel- und langfristig eine optimale Unterstützung des Managements erreichen.

3.2.6 Controlling in der Praxis

Die praktischen Aufgaben des Controllings gehen über den reinen Soll-Ist-Vergleich (Umsetzungsprüfung) hinaus. Im Rahmen der Abweichungsanalyse analysiert der Controller eventuelle Abweichungen, ermittelt deren Ursachen und ihre Auswirkungen auf den Geschäftsverlauf. Falls erforderlich, zeigt er Handlungsbedarf auf und regt beim Management Gegensteuerungsmaßnahmen zur Zielerreichung an.

Auf dieser Basis kann ein laufender, kontinuierlicher Verbesserungsprozess in Gang gesetzt werden. Es können im Einzelfall Entwicklungsschritte übersprungen werden, es gibt aber kein „Ende", sondern der Prozess muss zur Weiterentwicklung des Unternehmens immer wieder durchlaufen werden.

kontinuierlicher Verbesserungsprozess

Die nachstehende Aufstellung ist sicherlich keine „Blaupause" für jegliche Bearbeitung von Controlling-Aufgaben in der Praxis. Sie soll aber helfen, die richtigen Fragen zu erkennen und in den Prozess einzubinden:

1. Schritt: Abstimmung mit dem Auftraggeber und Definition der Fragestellung / des Problems

- Wie lautet die grundsätzlich zu lösende Frage?
- Wie ist die Ausgangslage?
- Wer sind die Entscheidungsträger?
- Wie ist Ihre Rolle als Controller?
- Wer sind die anderen Interessengruppen?
- Was ist das erwartete Endprodukt?

2. Schritt: Strukturieren des Problems / der Fragestellung und Entwicklung von Lösungsmöglichkeiten, Priorisieren der Ansätze, Ableiten von Analysen

- Haben Sie die grundsätzlich zu lösenden Fragen formuliert und Lösungsansätze dargestellt?
- Haben Sie die Lösungsansätze nach relevanten Kriterien priorisiert?
- Haben Sie die Lösungsansätze durch Analysen untermauert?

3. Schritt: Synthetisieren der Ergebnisse

- Haben Sie die erarbeiteten Ergebnisse gegenübergestellt?
- Haben Sie Pro und Contra der unterschiedlichen Lösungen herausgearbeitet?
- Haben Sie jeweils den „springenden Punkt" der Ergebnisse herausgearbeitet?

4. Schritt: Entwickeln der Empfehlung: Wie ist die Geschichte?

- Haben Sie Ihre Zielgruppe und Ihr Ziel festgelegt, das Sie mit der Präsentation Ihrer Ergebnisse aus dem Controlling-Prozess erreichen wollen?
- Haben Sie eine klare Einleitung/Ausgangslage?
- Haben Sie eine Kernaussage/Handlungsempfehlung?
- Ist diese auf den verschiedenen Ebenen logisch untermauert?
- Passt Ihre Untermauerung zu der erwarteten Frage der Adressaten?
- Logische Gruppe: Warum? Wie? Was?
- Logische Kette: Warum?
- Haben Sie die Struktur in Ihrem Unternehmen überprüft?
- Was möchte Ihr Auftraggeber bzw. das Management erreichen?
- Was kann von den Beteiligten geleistet werden?
- Haben Sie einen überzeugenden Schluss (Zusammenfassung, nächste Schritte)?

5. Schritt: Grafisches Darstellen der Empfehlung – Schaubilddesign

- Erzählen Sie eine logisch und sinnvoll aufgebaute „Story" mit den aneinandergereihten Aussagetiteln der Schaubilder.
- Hat jedes Schaubild eine Kernaussage, einen Titel und eine visuelle Darstellung?
- Unterstützt die visuelle Darstellung die Aussage des Schaubildes (kleine Pyramide)?
- Wie geht es weiter?
- Wo und wann finden die Ergebnisse Berücksichtigung?
- Welche Entscheidungen sind erforderlich und wer kümmert sich ggf. hierum?

Das folgende Beispiel zeigt, wie Informationen zur Erreichung des Unternehmensziels der Kundenzufriedenheit gesammelt und ausgewertet werden können:

> **Beispielsituation: Ein Verbesserungsprozess unter Begleitung eines Controllers**
>
> Frau Silvia Hauke ist Abteilungsleiterin im Kundendienst der Proximus Versicherung AG. Hier betreut Frau Hauke die Lebensversicherungs-Kunden von Vertragsbeginn bis zum Ablauf des Vertrages. Sie bittet Sie als Controller bei der Proximus Versicherung AG um Hilfe beim Aufbau eines Beschwerdemanagements zur systematischen Erfassung und Auswertung von Beschwerden. Frau Hauke möchte sowohl Schwachstellen im Bearbeitungsprozess wie im Produkt erkennen. Nach Aussagen von Frau Hauke schlägt die Zufriedenheit bzw. Unzufriedenheit von Kunden sich u. a. in der Häufigkeit von Beschwerden nieder.

Die Beschwerdequote ist somit ein guter Indikator für die Qualität des Versicherungsgeschäftes und die Kundenzufriedenheit. Dies entspricht auch der Position der Bundesanstalt für Finanzdienstleistungsaufsicht (BaFin).

Im Erstgespräch gibt Frau Hauke Ihnen bereits einen Einblick in ihre Vorstellungen. Ihr sind Qualitätsdimensionen sehr wichtig. Hierzu zählt sie u. a.:

- Verlässlichkeit
- Einhaltung von Kundenversprechen wie Postbearbeitungszeiten oder telefonischen Rückrufversprechen
- Kompetenz
- Kundenbehandlung
- Vertrauenswürdigkeit
- Beratungs- und Fachkompetenz der Mitarbeiter
- Einfühlungsvermögen
- Verständnis für Kundenprobleme
- Flexibilität und Lösungsorientierung
- Verhalten bei Kundenbeschwerden

Nach dem Gespräch machen Sie sich mit einem kleinen Team an die Arbeit. Als erstes finden Sie eine Beschreibung, was Sie überhaupt als Beschwerde werten möchten. Hier einigen Sie sich auf die folgende Formulierung:

> **Definition**
>
> Als **Beschwerde** gilt jede Äußerung des Kunden über eine Unzufriedenheit, die im Zusammenhang mit einem Produkt, einem Prozess, einer Dienstleistung oder einer Person steht.

Danach stellen Sie im Posteingang fest, dass es bei der Proximus Versicherung AG vier Beschwerdetypen gibt:

- *Allgemeine Beschwerden:*

  Beschwerden, die telefonisch, schriftlich oder persönlich bei der Proximus Versicherung AG, Vermittlern oder Maklern eingehen. Auch Wettbewerbsbeschwerden fallen unter den Begriff der „allgemeinen" Beschwerde.

- *Vorstands-/AR-Beschwerden:*

  Schreiben, die an ein Vorstandsmitglied persönlich, allgemein „an den Vorstand", „an die Geschäftsleitung" oder „an den Aufsichtsrat" gerichtet sind

- *BaFin-Beschwerden:*

  Schreiben, die über die Bundesanstalt für Finanzdienstleistungsaufsicht (BaFin) an das Unternehmen gerichtet sind

- *Ombudsmann-Beschwerden:*

  Schreiben, die über den Ombudsmann an das Unternehmen gerichtet sind (d. h. der Beschwerdeführer muss nicht unbedingt ein Versicherungsnehmer der Proximus Versicherung sein, sondern es können auch Dritte sein).

Aus einer Stichprobe der laufend eingehenden Beschwerden filtern Sie danach die Hauptbeschwerdegründe heraus. Diese sind:

- Produktmerkmale (z. B. Höhe der Rückvergütung oder der Ablaufleistung)
- Erreichbarkeit
- Verhalten der Mitarbeiter/Vermittler
- Fehlerfreiheit der Bearbeitung
- Schnelligkeit
- Verständlichkeit in der Kundenkorrespondenz

Um eine systematische Erfassung sicher zu stellen, bauen Sie mithilfe Ihres Projektteams eine Erfassungsdatei auf, die laufende Auswertungen ermöglicht. Hierin erfassen die Sachbearbeiter des Kundendienstes der Proximus Versicherung künftig folgende Daten:

- Kundennummer
- Beschwerdeführer
- Beschwerdetyp

3. Controlling bei Produkteinführungen

- Vermittlernummer/Vertriebsweg (Ausschließlichkeit/Makler)
- Mehrfachbeschwerde
- Eingang der Beschwerde und Erledigungsdatum
- Beschwerdeverursacher (intern)

Um den Verbesserungsprozess einzuleiten, vereinbaren Sie mit Frau Hauke einen vierteljährlichen Beschwerdereport für das Management der Proximus Versicherung. Außerdem wird einmal im Jahr eine Beschwerdeauswertung vorgenommen.

Sie erkennen damit gezielt, wie sich Beschwerden entwickeln und die Ursachen hierfür. Auch woher die Beschwerden stammen, ist näher eingrenzbar; damit kann gezielt gegengesteuert werden.

4. Einführungskampagnen als begleitende Marketingmaßnahmen einer Produkteinführung

Die Einführung eines neuen Produktes wird regelmäßig mit einem Bündel besonderer Marketingmaßnahmen begleitet, um einen erfolgreichen Markteintritt zu unterstützen. Besondere, kurzzeitige Produkt- oder Preisvorteile wie in anderen Branchen („Eröffnungsangebote") sind in der Lebensversicherung kalkulatorisch und aufsichtsrechtlich nicht möglich, so dass der Schwerpunkt auf zusätzlichen oder besonderen Vertriebs-, Service- und Kommunikationsmaßnahmen liegt. Diese werden inhaltlich und zeitlich in Form von Einführungskampagnen zusammengefasst.

Bündel besonderer Marketingmaßnahmen

Dabei geht es darum, die verfügbaren Möglichkeiten optimal auf die ausgewählten Zielgruppen und Vertriebswege abzustimmen. Als Bestandteile von Einführungskampagnen stehen beispielsweise folgende Maßnahmen zur Verfügung:

Klassische Werbung und PR

Diese eignen sich vor allem, um die Einführung kommunikativ vorzubereiten und zu begleiten. Das Produkt wird im Rahmen von Presse- und Werbemaßnahmen angekündigt, es finden Imagebildung und Erhöhung des Bekanntheitsgrades statt.

kommunikative Vorbereitung

Ein wichtiger Bestandteil sind dabei spezielle Vermittlermedien, vor allem Fachzeitschriften. Diese können mit redaktionellen Inhalten (z. B. Fachartikel) oder mit Werbeanzeigen genutzt werden. Pressekonferenzen ermöglichen es, die (Fach-)Presse „mit ins Boot" zu holen und auf diese Weise Aufmerksamkeit in den betreffenden Medien zu erhalten.

Die Maßnahmen werden mit zeitlichem Vorlauf vor dem Produktstart begonnen und begleiten die gesamte Einführungsphase bis einige Zeit nach dem Einführungstermin. Es ist empfehlenswert, verschiedene Informationskanäle und Medien koordiniert einzusetzen, um möglichst viele Menschen der anvisierten Zielgruppe – und dies nach Möglichkeit mehrfach – zu erreichen.

Direktmarketing

Einführungskampagnen werden häufig durch Telefonmarketing- oder Mailingaktionen begleitet. Diese können sich an Vermittler oder potenzielle Kunden richten und entweder auf die Vereinbarung eines Beratungstermins oder auf einen direkten Vertragsabschluss ausgerichtet sein.

Im Vordergrund stehen dabei zunächst meist die eigenen Bestandskunden. Zum einen sind hier die datenschutzrechtlichen Voraussetzungen für eine Kontaktaufnahme i. d. R. einfacher sicherzustellen als bei Fremdadressen. Zum anderen ist es aus Marketingsicht deutlich einfacher und damit kosteneffizienter,

Direktansprache von Bestands- oder Neukunden

Verkaufserfolge bei einem Bestandskunden zu erzielen, als einen Neukunden zu überzeugen.

Messen

Vor allem Fach-, das heißt Vermittlermessen, spielen im Zusammenhang mit Produkteinführungen eine Rolle. Interessierten Vermittlern und Vertriebsorganisationen kann die Produktneuerung dabei umfassend im persönlichen Gespräch vorgestellt werden. Dies ermöglicht den Aufbau persönlicher Kontakte und eine umfangreiche Informationsverbreitung. Bestimmte regelmäßige Messetermine (z. B. die jährlich stattfindende Deckungskonzeptmesse DKM im Oktober) werden daher teilweise als Zieltermine für Produkteinführungen definiert.

Schulungen und Präsentationsveranstaltungen

Ein neues Produkt kann nur erfolgreich sein, wenn die relevanten Vertriebseinheiten es kennen und in allen Facetten verstanden haben. Dazu sind Informations- und Schulungsveranstaltungen durchzuführen. Dies können Informationsveranstaltungen sein, die gleichzeitig einen gewissen Erlebnischarakter haben. Sie sollen vor allem Interesse für das Produkt wecken, die Vermittler zum Verkauf animieren und motivieren sowie das Image des Versicherers positiv beeinflussen. Gleichzeitig dienen sie – speziell bei Veranstaltungen für Makler – als Gelegenheit zu Kontaktaufbau und -pflege. Informationen zum Produkt werden an dieser Stelle eher oberflächlich und motivierend vermittelt.

Zusätzlich ist es sinnvoll, detaillierte Produktschulungen anzubieten, so dass das Produkt auch in Einzelheiten verstanden wird. Hier können z. B. Fragen zur Risikoprüfung und technischer Abwicklung diskutiert werden.

Um organisatorische und zeitliche Aufwände, sowie Reisekosten zu reduzieren und möglichst viele Personen in kurzer Zeit erreichen zu können, werden entsprechende Veranstaltungen inzwischen verstärkt auch als Online-Schulungen (Webinare) angeboten.

Wettbewerbe / Sondervergütungen

Um die Vertriebe vom Verkaufsstart an zusätzlich zu motivieren, werden in vielen Fällen finanzielle Anreize in Form von Sondervergütungen oder besonderen Einführungs-Wettbewerben gesetzt.

Internet / E-Mail / Soziale Medien

interaktive Elemente — Eine Einführungskampagne kann durch besondere Inhalte in Internet oder Sozialen Medien begleitet werden, sofern dies für die ausgewählten Vertriebswege und Kundenzielgruppen sinnvoll erscheint. Häufig handelt es sich um interaktive Elemente, mit denen das Produkt erlebbar und verständlich wird (Beispiel: Darstellungen des Vorsorgebedarfs, Produktrechner) oder die einfache Kontaktmöglichkeiten schaffen sollen (z. B. Gewinnspiele).

4. Einführungskampagnen als begleitende Marketingmaßnahmen

Ein weiteres Aktionsfeld ist die Suchmaschinenoptimierung (SEO – search engine optimization), mit deren Hilfe neue Produkte oder Produktgattungen besser in diversen Suchmaschinen auffindbar sind. Dazu existieren eine Fülle von Maßnahmen, die vor allem die Inhalte der Internetseiten (z. B. die Verwendung der richtigen Keywords = Suchbegriffe), den Aufbau der Seitenstruktur und die sinnvolle Einbindung von Links beinhalten. Für Direktversicherer ist die SEO von besonders großer Bedeutung, da deren Zielgruppen häufig über das Internet auf das Produktangebot aufmerksam werden.

Suchmaschinenoptimierung

Außerdem sind der Versand von E-Mail-Newslettern und die Weitergabe der Neuigkeiten in Sozialen Netzwerken ein häufig eingesetztes Kommunikationsmittel im Umfeld einer Produktneuerung.

E-Mail-Newsletter

Verkaufshilfen

Für den Einsatz in Beratungsgesprächen (speziell bei Beteiligung eines Vermittlers, d. h. am Point-of-Sale) sind unterstützende Verkaufshilfen erforderlich. Dabei handelt es sich z. B. um:

Unterstützung am „Point-of-Sale"

- gedruckte Werbeunterlagen (Flyer, Prospekte)
- Produktunterlagen (Kurzanträge, AVB)
- Beratungs- und Verkaufssoftware
- Argumentations- und Verkaufshilfen (Gesprächsleitfäden, Fragen- und Antwortenkatalog)

Um eine zielgenaue Entwicklung zu ermöglichen, ist eine Einbindung der betreffenden Vertriebe bereits in der Entwicklungsphase solcher Verkaufshilfen besonders wichtig.

Zeitliche Planung

Einführungskampagnen sind in die ganzheitliche Vertriebs-Jahresplanung zu integrieren. Damit für das neue Produkt genügend zeitliche Ressourcen im Vertrieb bereit stehen, sind Urlaubszeiten, Veranstaltungen, andere Vertriebsaktionen und auch Zeiten mit ohnehin hohem Arbeitsanfall zu meiden.

ganzheitliche Vertriebs-Jahresplanung

> **▶ Beispiel**
>
> Im Herbst finden viele Beratungen zum Thema Kfz- oder Krankenversicherung statt, weil es hier einzuhaltende Wechselfristen gibt bzw. Beitragserhöhungen bekanntgegeben werden. Die Einführung eines Produktes, die genau zu dieser Zeit stattfindet und vielleicht einen hohen Schulungsbedarf nach sich zieht, wird möglicherweise auf vertriebliche Probleme stoßen.

Lässt man das gleiche Produkt Mitte Juli starten, besteht die Gefahr, durch die Urlaubszeit viele Vermittler und Kunden nicht ansprechen zu können. Es kann also anfänglich zu verhaltener Nachfrage kommen.

Fazit

Es gibt nicht die eine Entscheidung im Marketing oder bei der Planerstellung, welche das eine Unternehmen erfolgreich macht und ein anderes scheitern lässt. Vielmehr ist es wichtig, dass das Management des Unternehmens mit all seinen Mitarbeitern ein klares Ziel in seiner Produkt- und Vertriebsstruktur verfolgt. Alle Maßnahmen müssen zusammen stimmig sein und sich gegenseitig positiv unterstützen.

Die in diesem Kapitel beschriebenen Wege können helfen, diesen Erfolg voranzutreiben und damit vertriebsförderlich einzusetzen. Es muss aber allen bewusst sein, dass nur ein individueller und abgestimmter Einsatz im Marketing-Mix langfristig den Erfolg sichert.

Aufgaben zur Selbstüberprüfung

1. Beschreiben Sie, wie Produktmaßnahmen aus grundsätzlichen Unternehmensentscheidungen abgeleitet werden.

2. Erläutern Sie die Bestandteile der Absatzpolitik im Zusammenhang mit der Neueinführung eines Produktes.

3. Beschreiben Sie die Vor- und Nachteile möglicher Vertriebswege aus Sicht der Proximus Versicherung AG bei einer Produkteinführung.

4. Nennen Sie die Beteiligten an einem Produkteinführungsprozess und skizzieren Sie den Ablauf einer Produkteinführung in einem Versicherungsunternehmen.

5. Definieren Sie die Aufgaben des Workflow-Managements sowie mögliche Kritikpunkte.

6. Beschreiben Sie, was man unter Controlling versteht.

7. Sie sind Controller bei der Proximus Versicherung AG. Diese ist als internationaler Konzern tätig. Für einen ausländischen Kollegen wollen Sie darstellen, welche Aufgaben sie bei der Proximus Versicherung AG übernehmen. Stellen Sie 5 Aufgaben vor.

8. Grenzen Sie den Aufgabenbereich des Controllers zum Management ab.

9. Erläutern Sie die Bedeutung von Ratings für ein Versicherungsunternehmen.

10. Erläutern Sie, wie das Controlling eine Produkteinführung unterstützen kann.

11. Beschreiben Sie die Inhalte einer Balanced Scorecard. Wo wird sie in der Regel im Versicherungsunternehmen eingesetzt?

12. Beschreiben Sie die 3 Schritte, wie ein Controller in der Praxis vorgehen sollte.

13. Beschreiben Sie in 2 Beispielen für ein Finanz- und Versicherungsunternehmen, wie das Controlling die Prozesse im Unternehmen verbessern kann.

14. Erläutern Sie die Abweichungsanalyse und beschreiben Sie, wie sie in einem Versicherungsunternehmen genutzt werden kann.

15. Welche Punkte sind bei einem kontinuierlichen Verbesserungsprozess (KVP) von einem besonderen Interesse?
Nennen Sie mindestens 4 Punkte.

16. Erläutern Sie die Ziele und Aufgaben einer Einführungskampagne für ein neues Produkt und stellen Sie anhand eines konkreten Produktbeispiels dar, aus welchen Einzelmaßnahmen eine solche Kampagne bestehen kann.

Literaturverzeichnis

Berufsbildungswerk der Deutschen Versicherungswirtschaft (BWV) e. V. (Hrsg.): Proximus 3 – Versicherungsbedingungen und Tarife, München, Aufl. 2014

Buttler, Andreas: Einführung in die betriebliche Altersversorgung, 6. Aufl., Karlsruhe 2012

Doetsch / Hagemann / Oecking / Reichenbach: Betriebliche Altersversorgung, 4. Aufl., Freiburg 2013

Förster / Cisch / Karst: Betriebsrentengesetz, Kommentar 13. Aufl., München 2012

Gesamtverband der Deutschen Versicherungswirtschaft e.V. (GDV): Statistisches Taschenbuch der Versicherungswirtschaft, Karlsruhe 2013

Hanau / Arteaga / Rieble / Veit: Entgeltumwandlung, 2. Aufl., München 2006

Holthausen, Hubert et al.: Vorsorgekonzepte im 3-Schichten-Modell, 2. Aufl., Karlsruhe 2009

Weis, Thomas; Weis, Sandra: 100 Fragen zur betrieblichen Altersversorgung, 9. Aufl., Karlsruhe 2011

Wöhe, Günther: Einführung in die Allgmeine Betriebswirtschaftslehre, 16. Aufl., München 1986

Internetquellen

Arbeitsgemeinschaft für betriebliche Altersversorgung e.V.	http://www.aba-online.de/
BaFin Jahresbericht 2013	http://www.bafin.de/SharedDocs/Downloads/DE/Jahresbericht/dl_jb_2013.pdf?__blob=publicationFile&v=8
Bundesministerium der Finanzen	http://www.bundesfinanzministerium.de/
Bundesministerium für Arbeit und Sozialordnung	http://www.bma.de/
Bundesvereinigung der Deutschen Arbeitgeberverbände	http://www.arbeitgeber.de/www/arbeitgeber.nsf/id/home
Deutsche Rentenversicherung Bund	http://www.deutsche-rentenversicherung.de/Bund/de/Navigation/0_Home/home_node.html
Gesamtverband der Deutschen Versicherungswirtschaft e. V.	http://www.gdv.de/
Gesetze im Internet	http://bundesrecht.juris.de/ http://www.gesetze-im-internet.de
Industrie-Pensions-Verein e. V.	http://www.ipv.de
Juristische Gesetzestexte und Versorgungen	http://www.jusline.de/
Pension-Sicherungs-Verein VVaG, Köln	http://www.psvag.de/

SLPM Schweizer Leben PensionsManagement GmbH

Versicherungsglossar   http://www.slpm.de/services/glossary search1all/?lang=%252525252f

VersWiki   http://www.deutsche-versicherungsboerse.de/verswiki

Stichwortverzeichnis

3-Schichten-Modell	14
§ 2 BetrAVG	202
§ 4d EStG	201
§ 6a Abs. 3 EStG	201
§ 10 Absatz 1 BetrAVG	199

A

Abfindung	53, 54
Abgabenvorteile	32
abgekürzte Leibrente	148
Abgeltungsteuer	147
Ablaufphase	335
Abrechnungsverbände	317
Absatzpolitik	435
Abschluss- und Vertriebskosten	257, 295
Aggravation	368
Aktien	98
Aktivwert	68, 71
Aktuarverordnung	288
Allgemeine Geschäftsbedingungen	260
allgemeine Sonderausgaben	149
Allgemeines Gleichbehandlungsgesetz	365
allgemeine Wartezeit	187
Alterseinkünftegesetz	91
Altersentlastungsbetrag	149
Altersrente	61, 190
Altersvorsorge-Eigenheimbetrag	230, 349
Altersvorsorge-Verbesserungsgesetz	214
Anbieterwechsel	222
Angemessenheitsbericht	287, 288, 318
Anlagestock	272
Anlagevermögen	271
Annahme mit Erschwerung	377
Annexvertrieb	447
Anpassungsprüfungspflicht	100
Anrechnungszeit	186
Ansammlungsguthaben	307
Anschaffungswert	271
Ansparphase	24, 90
Antiselektion	360, 361, 368
Antragsmodell	252, 372
Anwartschaften	73
Anwartschaftszeit	66
Anzeige des Versicherungsfalles	429
Äquivalenzprinzip	286, 298, 302
Arbeitgebersituation	28
Arbeitnehmereinkünfte	66
Arbeitnehmer-Pauschbetrag	146
Arbeitnehmersituation	28
Arbeitnehmersparzulage	50, 51
Arbeitnehmerstellung	75
Arbeitslosengeld II	222
Arbeitsunfähigkeitsversicherung	332
Asset Liability Management	276
aufgeschobene Rentenversicherung	337
Ausbildungsversicherung	336
Ausfinanzierung	74
Ausgleich im Kollektiv	368, 390
Auslagern von Pensionszusagen	73
Ausschließlichkeitsvertreter	445
außergewöhnliche Belastung	151
Auszahlungsphase	18

B

BaFin	103
Balanced Scorecard	464
Bankenvertrieb	447
Barausschüttung	323
Basis-Rente	213
Basis-Rente-Erwerbsminderung	214
Basisversorgung	15
Beiratsversammlung	84
Beitrag	72
Beitragsbemessungsgrenze	33, 67, 74, 178

beitragsfreie Zeiten	186
Beitragspflicht	34
Beitragsreduktion	323
Beitragssatz	200
Beitragsüberträge	309
Beitragsverrechnung	323
Beitragszeiten	185
Bemessungsgrundlage	200, 201
Beratungsgespräch	404
Beratungshinweise	405
Beratungs- und Dokumentationspflicht des Vermittlers	399
Berufsunfähigkeit	68, 99
Berufsunfähigkeitsdeckung	58
Berufsunfähigkeitsrisiko	43
Berufsunfähigkeitsversicherung	20, 332
Besitzstand	61
Bestandsgruppen	317
Bestätigung	287
beste Schätzer	276
best estimate	276
betriebliche Altersversorgung	13
Betriebsausgaben	66, 68, 71, 74
Betriebsrat	83
Betriebsrente	50
Betriebsvereinbarung	58
Bevollmächtigte	250
Bewertungsreserven	258
Bewertungsvorschriften	270
Bezugsgröße	34, 179
Bezugsrecht	102
Bilanz	61
Bilanzausweis	47
Bilanzneutralität	90, 93
Bilanzrechtsmodernisierungesgesetz	62
Bilanzverlängerung	70
Billigung	372
Billigungsklausel	370
biometrische Risiken	27, 41, 82
Bonusrente	323
Bonussystem	323
BU-Deckung	44
Bundeszentralamt für Steuern	217
Business-Plan	454

C

Cash-Lock	338
Constant Proportion Portfolio Insurance	344
Controlling	459
Controlling-Daten	461
Cost Average Effekt	343
CPPI-Modell	338, 344

D

Datenschutz	382
Dauerzulageantrag	225
Dauerzulagenantrag	18
DAX	336
Deckungsrückstellung	101, 309
Deckungsstocktreuhänder	266
deferred compensation	347
Degressive Rente	324
Depotverbindlichkeiten	307
direkter Anspruch	201
Direktgutschrift	315
Direktversicherung	19, 25, 26, 36, 53, 67
Direktvertrieb	444
Direktzusage	19, 25, 26, 59
Doppelbesteuerungsabkommen	143
Dotierungsrahmen	92
Dread-Disease-Versicherung	332
Drei-Topf-Hybridversicherung	339
Drohverlustrückstellung	313
Duration	278
Durchgriffshaftung	45
Durchschnittseinkommen	181
Durchschnittssteuersatz	154
Dynamikrente	324

E

echte Invitatio	373
Ehegattenveranlagung	155
Ehezeitanteil	58
Eigenkapital	307
Einkommensgrenze	52
Einkommensteuertarif	154
Einkommensteuer-Vorauszahlung	159
Einkünfte aus Gewerbebetrieb	145
Einkünfte aus Kapitalvermögen	146
Einkünfte aus Land- und Forstwirtschaft	145
Einkünfte aus selbstständiger Arbeit	145
Einwilligungserklärung	382
Einzeltarife	325
Einzelveranlagung	155
Einzelvertretung	250
Einzelzusage	59
ELStAM	156
Elterngeld	48, 57
Elternzeit	49
Entgeltpunkte	180
Entgeltumwandlungsrahmen	37
Entgeltumwandlung	26, 36, 38, 39, 44
Erdienbarkeit	77
Erfolgsfaktoren bei der Auswahl des geeigneten Vertriebsweges	448
Erhebung der Einkommensteuer	160
Erläuterungsbericht	287, 288
Ermächtigungsklausel	383
Ermittlung des zu versteuernden Einkommens	153
Ersatzzeit	187
Erschwerungsangebot	372
Ertragsanteil	148, 242, 349
Ertragsorientierung	388
Ertragsrisiko	109
Erwerbsminderung	191
Erwerbsminderungsrente	191
Erwerbsunfähigkeitsversicherung	332
EuroStoxx 50	336
Expertensystem	363
externe Teilung	56

F

Faktorverfahren	159
Falschberatung	399
Fernabsatz	372
fiktive Beitragsleistung	16
fiktive Rente	35
Finanzamt	51
Finanzierbarkeit von Zusagen	77
flexible Abrufphase	245
fondsgebundene Lebensversicherung	21, 334
fondsgebundene Rentenversicherung	94, 338
Fondsrückdeckung	71
formeller Beginn	410
Formen der Einkommensteuer-Vorauszahlung	156
Freibetrag	29
Freibeträge in der Einkommensteuer	152
Freigrenze	34
Freistellungsauftrag	147
freiwillig versicherte Rentner	161
Fremdversicherung	369
Führungskräfte	70
Fünftelungsregelung	91
Future Service	73, 74

G

Garantiefonds	338
garantierte Rente	22
Garantieverzinsung	98
Garantiewerttabelle	370
Gebundene Vermögen	266
Gehaltsabrechnung	52, 92
Gehaltserhöhung	93
Gehaltstrend	65
Gehaltsumwandlung	26
Geldwäsche	275
Geldwäschegesetz	368
gemischte Versicherung	334
Gendiagnostikgesetz	365
Generationensterbetafel	291
Generationenvertrag	169

Gerichtsstand	258
Geringfügigkeitsgrenze	39
Gesamtversorgung	20, 70
Gesamtvertretung	250
Gesamtverzinsung	321
Gesamtzusage	59
Gesellschafter-Geschäftsführer	70, 74, 75, 79, 89
Gesetz gegen den unlauteren Wettbewerb	409
gesetzliche Rentenversicherung	13, 173
gesetzlicher Insolvenzschutz	199
Gewerkschaft	95
Gewinnrücklage	307
GGF-Zusagen	60
Gleichbehandlungsgebot	288, 325
GmbH	79, 81
GmbH-Geschäftsführer	79
Grenzsteuersatz	155
Grundfreibetrag	154
Grundsicherung für Arbeitssuchende	246
Grundtabelle	154
Grundtarif	154
Grundzulage	224
Gültigkeitsdatum	60
Günstigerprüfung	149, 150, 228

H

Haftungssicherheit	37, 101
Handelsbilanz	65
Haupttarif	326
Herkunftslandprinzip	207
Hinterbliebene	248
Hinterbliebenenrente	193, 248
Hinterbliebenenrentenversicherung	331
Hinterbliebenenversorgung	61
Hinterbliebenenvorsorge	99
Hinweis- und Informationssystem	331, 366, 383
HIS	331, 366
Höchstwertprinzip	270
Höchstzinssatz	301

höherer Betrag	203
Homogenität	368
Hybridversicherung	335

I

Ideenfindung	453
Identprüfung	275, 376
Immobilienfonds	342
Imparitätsprinzip	270
indexgebundene Rentenversicherung	338
indexgebundene Versicherung	336
indirekter Vertrieb	444
informationelle Selbstbestimmung	367
Informationspflichten	286
Informationspflichtenverordnung	371
Insolvenz	68
Insolvenzbeiträge	72
Insolvenzschutz	200
Insolvenzschutz der Basis-Rente	215
Insolvenzsicherung	72
Insolvenzsicherungspflicht	48
interne Teilung	56
Invalidisierungstafel	290
Investmentfonds	71, 340
Invitatiomodell	253, 373

J

Jahresbruttoeinkommen	32
Jahresbruttogehalt	31, 79
Jahresnettoaufwand	31
Jahresnettoeinkommen	32
juristische Personen	250

K

Kapitalabfindungen	31
Kapitaldeckungsverfahren	171, 201
Kapitalertragsteuer	159
Kapitallebensversicherung	21
Kapitalleistungen	90
Kapitalrücklage	307

Kapitaltrennungsverfahren	348
Kapitalzahlung	66
Kaufmann	65
Kindererziehungszeit	186
Kinderfreibetrag	152
Kinderzulage	224
Kirchensteuer	155
Kohortenprinzip	91
Kollektiv	43
Kommunikationspolitik	442
kongruente Rückdeckung	69
Kongruenz	269
konkrete Verweisung	333
Körperschaftssteuer	96
Körperschaftssteuerbefreiung	86
Körperschaftssteuerpflicht	83
Körperschaftsteuer	87
Kostengewinn	45
Kostenreserve	293
Kundenberatung	108
Kundenbeschwerden	211
Kundenbindung	404
Kündigung durch den Versicherer	423
Kündigung durch den Versicherungsnehmer	422

L

längere Krankheit	49
laufende Aufsicht	208
laufende Rentenversicherung	334
laufende Versorgungsleistungen	202
laufende Verzinsung	321
Lebenspartner	99
Lebensversicherungsunternehmen	67, 95
Leistungen	45
Leistungsarten	104
Leistungszusage	59, 80
Liquiditätsabfluss	102
Liquiditätsbelastung	47, 71
Liquiditätsplanung	276
Liquiditätsvorteil	61, 70
Lohnnebenkosten	109
Lohnsteuer	156
Lohnsteuerklassen	157

M

Marketinginstrumente	440
Marktanalyse	438
Marktpotenzial	438
Marktvolumen	438
materieller Beginn	410
MCR	279
Mehrfachvermittler	445
Meldepflicht	34
Mindest-Altersvorsorgebeitrag	226
Mindesteigenbeitrag	17
Mindestgarantiefonds	208
Mindestkapitalanforderung	279
Mindestrückkaufswert	258, 304
Mindestsolvenzkapital	279
Mindesttodesfallschutz	240
Mindestzuführungsverordnung	313
Minijobber	38, 177
Minijob-Zentrale	41
Mischfinanzierung	28
Mischung	267, 269
mittelbare Förderberechtigung	224
Modellrechnung	257
Mutterschutz	49

N

Nachfinanzierungsrisiko	100
nachgelagerte Besteuerung	29, 188
Nachhaltigkeitsrücklage	174
Nachversicherung	201
Nachweise im Versicherungsfall	429
Niederstwertprinzip	271
Niedrigzinsphase	45
normierte Modellrechnung	319

O

objektive Risikomerkmale	42
Obliegenheit	256
Online-Abschluss	254

P

partielle Rückdeckung	70
Past Service	73
Pauschalbeitrag	39
Pauschalversteuerung	27
Pensionsalter	60
Pensionsfonds	19, 25, 26, 74, 104, 105, 107, 108
Pensionsfondsrichtlinie	105
Pensionskasse	19, 26, 36
Pensionskassen	95
Pensionsrückstellungen	62
Pensions-Sicherungs-Verein	102, 109
Pensionsverpflichtung	64
Pensionszusage	58, 79
Pensionszusagen	62
Periodensterbetafel	290
Personengemeinschaften	251
Personenhandelsgesellschaften	251
persönliche Steuerpflicht	143
Pfandgläubiger	72
Pfandreife	72
Pflegetafel	290
Pflegeversicherung	33, 332, 333
Pflichtbeitragszeiten	40
Pflichtversicherte	35
Pflichtversicherung	200
Pflichtversicherung der Rentner	160
Policenmodell	374, 386
Portabilität	37, 109
Preispolitik	442
private Lebensversicherung	13
Produkteinführungsprozess	451
Produktinformationsblatt	255, 294
Produktinnovation	441
Produktmodifikation	441

Produktnutzen	441
Produktpolitik	440
Produktstrategie	436
Progressionsvorbehalt	144
Progressionszone	154
progressive Rente	324
Proportionalzone	154
Protektor	102
Protektor Lebensversicherung AG	210
Provisionshaftung	304
PSVaG	199
PSV-Beitragspflicht	70
Public Relations	443

Q

Qualitätsmanagement	456, 458
quasi-kongruente Rückdeckung	69
Quersubventionierung	87
Quotierungsprinzip	56

R

Rankings	465
ratierliche Methode	48
Ratingagenturen	466
Ratings	465
Rauchertarife	364
Reaktivierungstafel	290
Realteilung	61
Rechnungsabgrenzungsposten	307
Rechnungszins	65, 300
Referenzinssatz	309
Regelaltersgrenze	57, 64, 185, 348
Reichensteuer	154
Renditechancen	109
Rentenanpassungen	188
Rentenartfaktor	183
Rentenbeginnalter	101
Rentenbesteuerung	14
Rentenbezugsmitteilung	148
Rentenbezugszeit	61
Renteneinkünfte	100

Rentenfaktor	108, 238	SCR	279
Rentenformel	180	Selbstversicherung	369
Rentenfreibetrag	218	Shiften	22, 335
Renteninformation	195	Sicherungsbedarf	274, 320, 393
Rentenleistung	90	Sicherungsfälle vorliegen	202
Rentenversicherung	21	Sicherungsfonds	210
Rentenwert	185	Sicherungsvermögen	266, 268
Rentenwertumlageverfahren	201	Sockelbeitrag	18
Rentenzugangsfaktor	184	Sockelbeteiligung	321
Restschuldversicherung	331	Sockelbetrag	226
Restverrentung	107	sofort beginnende Renten-	
REX	336	versicherung	334, 337
Riester-Rente	16, 37	Solidaritätszuschlag	155
Riester-Vertrag	44, 45, 49	Solvabilität	209
Risikofaktoren	43, 289	Solvabilitätskapitalanforderung	279
Risikoklassifizierung	42	Solvabilitätsspanne	278, 312
Risikolebensversicherung	20	Solvabilitätsübersicht	276
risikoproportionale Prämie	256	Solvency II	277, 279
Risiko-Umtauschversicherung	331	Solvenzaufsicht	206
Risikoversicherung	330	Solvenzkapital	278
Risikozwischenbeitrag	418	Solvenzmittel	273
riskiertes Kapital	293	Sonderausgaben	149
Rückdeckung	89	Sonderausgabenabzug	15, 18, 28
Rückdeckungsversicherung	67, 73, 89	Sondervermögen	81
rückgedeckte Unterstützungskasse	82, 94	sonstige Einkünfte	147
Rückkaufswert	304	Sorgerechtsbeschluss	250
Rückstellungen	61, 66, 308	Sorgerechtserklärung	250
Rücktritts- und Anfechtungsgründe	425	Sozialabgaben	24
Rückversicherung	361	Sozialabgabenvorzüge	52
Rürup-Rente	15, 37, 213	Sozialversicherungsfreiheit	40, 47
		Sozialversicherungspflicht	160
S		Sparer-Pauschbetrag	147
Schadenexzedent	361	Spartentrennung	208
Schadensverlauf	200	Spitzenverdiener	70
schädliche Verwendung	229	Splittingtabelle	154
Scheidung	55	Splittingtarif	154
Scheidungsfälle	58	SRRI	342
Schichten	15	Standardrente	182
Schlussüberschussanteilfonds	311	Sterbegeld	97
Schweigepflichtentbindung	382	Sterbetafel	290
Schweigepflichtentbindungserklärung	367	Sterblichkeitsgewinn	45

Steuerabgaben	24
Steuerbefreiung	97
Steuerbilanz	65
Steuerklassenwahl	159
Steuerpflicht	105
Steuervorteile	52
Stiftung	81
stille Reserven	71
Stornoabzug	305
Stornorückstellung	313
Streuung	267, 269
subjektive Risikomerkmale	42
subsidiäre Haftung	96
Switchen	22, 335
Synthetic Risk Reward Indicator	342

T

Tarife	23, 43, 94
Tarifvertrag	44
Tarifverträge	52
Tätigkeitslandprinzip	207
technischer Geschäftsplan	283
technischer Beginn	410
Teilauszahlung	243
teildynamische Rente	324
Teilkapitalisierung	105
Teilleistung	243
Teilstundung der Beiträge	418
Teilwert	64
telefonischer Vertragsabschluss	254
Termfixversicherung	336
Textform	254
Tippgeber	447
Todesfall	68
Todesfallbonus	323
Todesfallleistung	22
Todesfallversicherung	329
Treuhänder für das Sicherungsvermögen	266

U

Überdotierung	86
Überkreuzversicherung	345
Überschuldung	68
Überschussanteilsatz	318
Überschussbemessungsgröße	318
Überschussbeteiligung	275
Überschussdeklaration	318
Überschüsse	45
Überversorgungsverbot	59
Überzahlungsproblematik	329
Umfang der mitzuteilenden Informationen vor Vertragsabschluss	255
Umlageverfahren	169
Umlaufvermögen	271
Umsatzorientierung	388
Umschichten	335
Umschichtung	245
Umstellung der Zahlungsweise	417
Underwriter	359
unechte Invitatio	372
uneingeschränkte Annahme	377
ungekürzte Leibrente	148
Unisex-Tarife	18
Unisex-Urteil	291
Unternehmensbilanz	90
unterschiedliche Bemessungsgrundlage	201
Unterstützungskasse	19, 25, 26, 80, 92
unverfallbare Anwartschaften	202
Unverfallbarkeit	47, 48

V

Veranlagung eingetragener Lebenspartner	155
Verbindlichkeiten	307
Verbraucherinformationen	286
Verbundene Leben	331
Verein	81, 87
Verfügungsoption	245
Verjährungsfrist	258
Verletzung der vorvertraglichen Anzeigepflicht	425

Vermögensbildungsgesetz	50
Vermögensverzeichnis	266
vermögenswirksame Leistungen	28, 44, 50, 100
Verpfändung	72
Versichererkonsortium	199
Versichertenkonto	180
versicherte Person	369
Versicherungsaufsicht	206
Versicherungsbedingungen	260
Versicherungsbeginn	410
Versicherungscontrolling	467
Versicherungsfall	426
versicherungsfremde Geschäfte	208
Versicherungsmakler	445
Versicherungsmantels	241
Versicherungsmathematik	298
versicherungsmathematische Bestätigung	287, 288
Versicherungsnehmer	369
Versicherungsnehmerwechsel	244
Versicherungsombudsmann	211
Versicherungsschein	370
Versicherungstarif	325
versicherungstechnische Rückstellungen	306
Versicherungsunternehmen	199
Versicherungsvermittler	444
Versorgungsausgleich	55, 187
Versorgungsbezüge	146, 160
Versorgungseinrichtung	87
Versorgungsfall	66, 69, 71
Versorgungsfreibetrag	91, 146
Versorgungslücke	53, 198
Versorgungsträger	60
Versorgungsverpflichtung	59
Versorgungswerk	15, 107
Versorgungszusage	76, 92
Vertragsabschlussmodelle	252
Vertragsbeendigung	256
Vertragsbeginn	373
Vertretermodell	254, 373

Vertriebscontrolling	468
Vertriebsorganisationen	446
Vertriebspolitik	443
Vervielfältigungsregel	55
Vervielfältigungsregelung	53
Verwaltungsaufwand	80
Verwaltungskosten	295
Verweisung	333
Verwertungsausschluss	246
Verzichtsmodell	253, 372
verzinsliche Ansammlung	94, 323
Vieraugenprinzip	208
volldynamische Rente	324
volle Höhe	202
Vollstundung	418
Vorsorgeaufwendungen nach neuem Steuerrecht	150
Vorsorgepauschale Teil 1	158
Vorsorgepauschale Teil 2	158
Vorsorgeprodukte	55
Vorstudie	454
vorvertragliche Anzeigepflicht	366
vorvertragliche Anzeigepflichtverletzung	384

W

Waisengeld	97
Waisenrente	194
Werbungskosten	29, 85, 145
Wertaufholungsgebot	271
Wertguthaben	54
Widerrufsbelehrung	370
Widerrufsrecht	370
Widerspruchsrecht	374
Witwengeld	97
Witwen-/Witwerrente	193
Wohnförderkonto	232
Wohn-Riester	230
Wohnriesterentnahme	349
Workflow	457
Workflow-Management	457

Z

Zahlungsschwerpunkt	278
Zahlungsschwierigkeiten	417
Zeit- oder Marktwert	271
Zeitrenten	148
zertifizierte Versicherungsformen	15
Zertifizierung	18
Zertifizierungsverfahren	217
Zielgruppe	20, 402, 438
Zielmarktbestimmung	437
Zielsolvenzkapital	279
Zinsgewinn	45
Zinssatzverpflichtung	274
Zinszusatzreserve	310, 314, 337
Zugewinnausgleich	56
Zulageantrag	225
Zulagenummer	225
Zurechnungszeiten	187
Zusagearten	99
Zusageform	60
Zusagen der Pensionskasse	200
Zusammenveranlagung	156
Zusatztarif	326
Zusatzversicherungen	23
Zustimmung des Familiengerichts	250
Zweckbindung	84, 87
Zwei-Topf-Hybridversicherung	339

BWV
Bildungsverband

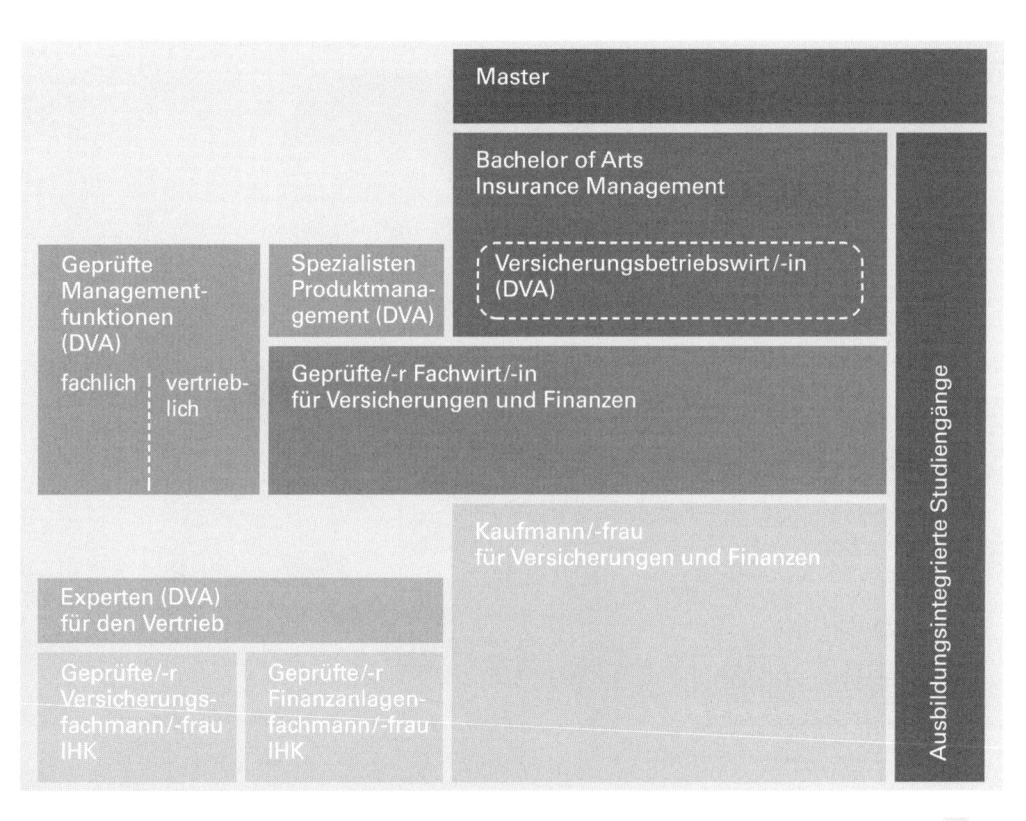

Die Bildungsarchitektur der Versicherungswirtschaft

Diagramm (Bildungsarchitektur):
- Master
- Bachelor of Arts Insurance Management
- Versicherungsbetriebswirt/-in (DVA)
- Geprüfte Managementfunktionen (DVA) – fachlich | vertrieblich
- Spezialisten Produktmanagement (DVA)
- Geprüfte/-r Fachwirt/-in für Versicherungen und Finanzen
- Kaufmann/-frau für Versicherungen und Finanzen
- Experten (DVA) für den Vertrieb
- Geprüfte/-r Versicherungsfachmann/-frau IHK
- Geprüfte/-r Finanzanlagenfachmann/-frau IHK
- Ausbildungsintegrierte Studiengänge

▪ = Berufspraxis

- **Experten (DVA) für den Vertrieb:**
  Experte/-in Bausparen und Immobilienfinanzierung (DVA)
  Experte/-in Betriebliche Altersversorgung (DVA)
  Experte/-in Kranken- und Pflegeversicherung (DVA)
  Experte/-in Private Altersvorsorge (DVA)
  Experte/-in Sach-/Vermögensversicherung im Gewerbekundengeschäft (DVA)

- **Spezialisten Produktmanagement (DVA):**
  Haftpflicht Underwriter (DVA)
  Spezialist/-in Betriebliche Altersversorgung (DVA)
  Spezialist/-in Betrugsbekämpfung (DVA)
  Spezialist/-in Kranken- und Pflegeversicherung (DVA)
  Spezialist/-in Personenversicherung (DVA)
  Spezialist/-in Schaden (DVA)
  Spezialist/-in Transportversicherung (DVA)
  Technischer Underwriter der gewerblichen und industriellen Sachversicherung (DVA)

- **Geprüfte Management-Funktionen (DVA):**
  Certified Insurance Compliance Officer Solvency II (DVA)
  Certified Insurance Risk Manger Solvency II (DVA)
  Certified Internal Auditor Solvency II (DVA)
  Geprüfte/-r Agenturmanager/-in (DVA)
  Geprüfte/-r Berater/-in Vorsorge- und Vermögensnachfolge (DVA)
  Geprüfter Coach (DVA)
  Geprüfte/-r Controller/-in in Versicherungsunternehmen (DVA)
  Geprüfte/-r Datenschutzbeauftragte/-r der Versicherungswirtschaft (DVA)
  Geprüfte/-r Facharchitekt/-in in Versicherungsunternehmen (DVA)
  Geprüfte Führungskraft im Versicherungsvertrieb (DVA)
  Geprüfte/-r Interne/-r Unternehmensberater/-in (DVA)
  Geprüfte/-r IT-Sicherheitsbeauftragte/-r der Versicherungswirtschaft (DVA)
  Geprüfte/-r Maklerbetreuer/-in (DVA)
  Geprüfte/-r Marketing-Professional (DVA)
  Geprüfte/-r Projektleiter/-in (DVA)
  Geprüfte/-r Prozessmanager/-in (DVA)
  Geprüfte/-r Strategische/-r Prozessverantwortliche/-r (DVA)
  Geprüfte/-r Trainer/-in (DVA)
  Geprüfte/-r Vertriebsmanager/-in im Agenturvertrieb (DVA)

www.bwv.de/bildungsangebote

Eine Branche macht Bildung

BWV Bildungsverband

DVA Deutsche Versicherungsakademie

Bachelor of Insurance Management (B. A.)
Das berufsbegleitende Studium der Assekuranz

Verbessern Sie Ihre beruflichen Aufstiegschancen:
- International anerkannter akademischer Bachelor of Arts (B. A.)
- Fachliche Spezialisierung im Vertrieb möglich
- Gezielte Vorbereitung auf die Übernahme von anspruchsvollen Fach- und Führungsaufgaben in der Versicherungsbranche
- Kleine Lerngruppen an Studienorten in Ihrer Nähe

Weitere Informationen und Beratung:
Berufsbildungswerk der Deutschen Versicherungswirtschaft (BWV) e. V.
Tel. 089 922001-848 | info-bb@bwv.de

www.bwv.de/bachelor

Eine Branche macht Bildung

BWV
Bildungsverband

DVA
Deutsche Versicherungsakademie

Spezialistenstudiengänge (DVA)
Die fachspezifische Weiterbildung

Erweitern Sie Ihre beruflichen Kompetenzen:
- Abschluss zum/-r zertifizierten Spezialist/-in (DVA)
- Aufbaulehrgang geeignet für Geprüfte Fachwirte für Versicherungen und Finanzen
- Hoher versicherungsfachlicher Spezialisierungsgrad durch zahlreiche praxisorientierte Fallbeispiele
- Kleine Lerngruppen an Studienorten in Ihrer Nähe

Spezialisierungsmöglichkeiten:
Betriebliche Altersversorgung, Betrugsbekämpfung, Kranken- und Pflegeversicherung, Personenversicherung, Schaden, Transportversicherung sowie Haftpflicht-Underwriting und Technisches Underwriting.

Weitere Informationen und Beratung:
Berufsbildungswerk der Deutschen Versicherungswirtschaft (BWV) e. V.
Tel. 089 922001-848 | info-bb@bwv.de

www.bwv.de/spezialisten

Eine Branche macht Bildung

V BWV
Bildungsverband

V DVA
Deutsche Versicherungsakademie

Geprüfte Managementfunktionen (DVA)

Spezialisierung in den Fachbereichen der Versicherungswirtschaft

Spezialisieren Sie sich auf Ihrem Gebiet:
- Thematisch in sich geschlossene Lehrgänge
- Abschluss mit Zertifizierung
- Aufbaulehrgänge geeignet für Geprüfte Fachwirte für Versicherungen und Finanzen
- Branchenweite Anerkennung der Abschlüsse
- Hoher Praxisbezug

Ein Auszug unserer Spezialisierungsmöglichkeiten:
- Geprüfte/-r Agenturmanager/-in (DVA)
- Geprüfte/-r Controller/-in in Versicherungsunternehmen (DVA)
- Geprüfte/-r Coach/Trainer/-in (DVA)
- Geprüfte/-r Maklerbetreuer/-in (DVA)

Weitere Informationen und Beratung:
Berufsbildungswerk der Deutschen Versicherungswirtschaft (BWV) e. V.
Tel. 089 922001-848 | info-bb@bwv.de

www.bwv.de

Eine Branche macht Bildung